Verhandlungen

des

Sechsten Deutschen Juristentages.

Herausgegeben

von

dem Schriftführer-Amt der ständigen Deputation.

Zweiter Band. (Register-Band.)

Berlin, 1866.
Druck und Commissions-Verlag von G. Jansen.

Sachen- und Personen-Register

zu den

Verhandlungen

des

ersten bis incl. fünften

Deutschen Juristentages.

Herausgegeben

von

dem Schriftführer-Amt der ständigen Deputation.

Berlin, 1866.

Druck und Commissions-Verlag von G. Jansen.

Inhalt
des Register-Bandes.*)

*) Der Register-Band ist entworfen von Herrn Ober-Justizrath Feuerbach in Stuttgart, revidirt von dem Schriftführer-Amte.

☞ **Die Römische Zahl im Register-Bande bezeichnet den Juristentag, die erste Arabische Zahl den Band, die zweite Arabische Zahl die Seite.**

Vorwort.

Den Mitgliedern des großen vaterländischen Juristen-Vereines überreichen wir den die bisherigen Arbeiten desselben umfassenden Register-Band.

Er wird — so hoffen wir — öffentliches und vollgiltiges Zeugniß ablegen, daß der Deutsche Juristentag nicht nur die Einigung des ganzen ungeschmälerten Deutschlands auf dem Rechtsgebiete mit Entschiedenheit angestrebt, sondern auch diejenigen großen Rechts-Prinzipien und Reformen, welche die Grundpfeiler der Rechtseinheit zu bilden tauglich, mit Eifer aufgesucht, mit Gründlichkeit berathen und mit Besonnenheit verkündet hat.

Mit dem Rückblicke auf die Vergangenheit, welchen der Register-Band uns gewährt, verbinden wir einen Blick in die Zukunft.

Wie steht es fortan mit der Existenz-Berechtigung des Deutschen Juristentages, die ja allein abhängig ist von der Möglichkeit, eine fruchtreiche Thätigkeit zu entfalten?

Als der Deutsche Juristentag gegründet wurde, waren sämmtliche Deutsche Lande durch ein politisches Band vereinigt, welches zwar überaus schwach, aber immerhin ein Band war. Alles Streben war dahin gerichtet, dieses Band zu stärken; allein die Frage, in welchen bestimmten staatsrechtlichen Formen Deutschland fester geeinigt werden könne und solle, stand noch weitab im Hintergrunde. Man wagte bei den Verhandlungen des Zweiten Deutschen Juristentages (1861 in Dresden) noch nicht einmal, das künftige Organ für eine gemeinsame

Deutsche Gesetzgebung anders als eine „Einrichtung" zu bezeichnen. So tief in Dunkel gehüllt erschienen die staatsrechtlichen Formen der zu erringenden Einheit, daß man dieselben willig auf sich beruhen ließ und sich lediglich damit beschäftigte, welcher Inhalt auch ohne sie — mittelst der Einzelgesetzgebungen — als gemeinsames Gut auf dem Rechtsgebiete zur Geltung gebracht werden könne und solle.

Der Juristentag durfte hoffen, daß diese Thätigkeit keine resultatlose sein werde. Denn es war in Deutschland keine legislative Körperschaft vorhanden, welche Ansehn und Macht genug besessen hätte, um jene Aufgabe selbst in die Hand nehmen zu können, oder doch wenigstens ungescheut den von dem Juristentage proklamirten Prinzipien andere, eigene gegenüber zu stellen. Es war vielmehr anzunehmen, daß auch die bedeutendsten legislativen Faktoren — wo immer sich Gelegenheit dazu bieten würde — den von dem Juristentage als communis opinio ausgesprochenen Grundsätzen möglichst Rechnung tragen würden.

Und diese Hoffnung — wir könnten viele Beweise dafür anführen — ist in der That nicht getäuscht worden. Der Deutsche Juristentag durfte sich als ein — wenn auch mit blos berathender Stimme ausgestattetes — so doch von den Deutschen Regierungen und Landesvertretungen, ja von den mächtigsten Deutschen Fürsten anerkanntes Deutsches „Vorparlament ad hoc" betrachten, dessen Legitimation zwar lediglich auf der Liebe zur Sache und dem inneren Berufe der einzelnen Mitglieder beruhte, indeß nirgends in einer sein Ansehn wirksam beeinträchtigenden Weise angezweifelt wurde.

Durch die jüngsten Ereignisse hat sich die Sachlage völlig geändert. Die Frage nach den einigenden staatsrechtlichen Formen ist dergestalt in den Vordergrund getreten, daß vor ihr jede andere Frage verschwindet. Sie ist es, welche alle Gemüther ausschließlich beschäftigt und beschäftigen muß, da nicht einmal jenes lose Band mehr existirt, welches einst das ganze Vaterland umschloß, und Deutschland zur Zeit in drei große Theile auseinandergefallen erscheint. Es kann sich im Augenblicke nicht darum handeln, welche civil- und kriminalrechtlichen Institutionen das Norddeutsche Parlament und die Gesetzgebung der Süddeutschen Staaten ins Leben rufen soll, sondern einzig und allein darum, auf welchem Wege und in welcher Form möglichst bald eine gemeinsame Legislation für Nord- und Süddeutschland hergestellt werden kann.

Der Lösung dieser Frage ist der Deutsche Juristentag nicht gewachsen. Er würde auch, falls die Schaffung einer gemeinsamen gesetzgeberischen Gewalt für Nord- und Süddeutschland vorläufig mißlingen sollte, nicht der Aufgabe gewachsen sein, das legislatorische Band zwischen dem Norden und Süden irgendwie zu ersetzen, und weder bei dem großen Norddeutschen Reichstage, noch bei den Süddeutschen gesetzgeberischen Gewalten die für eine Vermittler-Rolle nothwendige Autorität zu erringen und zu behaupten vermögen.

Gelänge aber jene Vereinigung, so wäre der Einfluß des Juristentages erst recht absorbirt durch das allgemeine Deutsche Parlament, welches — entsprungen aus Volkswahlen und zweifellos auch die bedentendsten theoretischen und praktischen Juristen in sich umschließend — in gerechtem Selbstgefühle wenig Gewicht auf die Aussprüche einer anderen, nicht aus Wahlen, sondern aus eigener Entschließung hervorgegangenen Versammlung legen würde.

Hiernach bleibt auf alle Fälle als alleiniger Zweck für den Deutschen Juristentag eine rein theoretische Aufgabe: die Förderung der Rechtswissenschaft, stehen. Ob aber hierzu nicht kleinere Kreise viel geeigneter sind, als unser mitgliederreicher Verein; ob hierzu nicht ein längerer Zusammentritt als der allein mögliche von drei oder vier Tagen erforderlich; ob gerade die strebendsten juristischen Kräfte sich nicht lieber dem Deutschen oder auch dem nur Norddeutschen Parlamente als dem Juristentage widmen werden; ob nicht hierdurch schon jetzt ein fühlbarer Mangel an Arbeitskräften und durch das verminderte Ansehn, den verminderten Einfluß des Juristentages eine Abnahme der Arbeitslust innerhalb des Vereins bewirkt werden wird; ob dann nicht die dringende Gefahr vorhanden ist, daß der Juristentag von seiner früheren Höhe zu einem wesentlich „geselligen Vereine" herabsinkt: dies sind Fragen, die unseres Erachtens unschwer zu beantworten sind.

Für uns steht es daher fest, und viele Männer, die als eifrige Mitarbeiter für die bisherigen Zwecke des Juristentages erprobt sind, theilen unsere Ansicht: „Der Deutsche Juristentag hat die äußersten Marksteine seiner Wirksamkeit erreicht!" Seine Arbeiten, seine Bestrebungen werden der Nation unvergeßlich sein; seine Beschlüsse werden auf die Gestaltung der Zukunft um so nachhaltigeren Einfluß ausüben, je weniger die Autorität seiner Aussprüche durch einen langsamen Todeskampf abgeschwächt wird. — Die Lehren der Todten pflegen williger befolgt zu werden, als die der Lebenden; williger mit Recht, als die Lehren Derer, welche nur ein Scheinleben führen.

In dieser Ueberzeugung bieten wir den gegenwärtigen Band unserem Vereine als eine letzte Gabe dar. Möge derselbe auch unserer Thätigkeit ein freundliches Andenken bewahren!

Berlin, im Dezember 1866.

Das Schriftführer-Amt der ständigen Deputation.

Hiersemenzel.

I.

Verzeichniß des Inhalts der Verhandlungen der ersten fünf Juristentage

nach der Zeitfolge.

Erster Juristentag.

Ungedruckte Anträge.

Stenographische Berichte.

Zweiter Juristentag.

Erster Band.

Seite

Neue Anträge.

Zweiter Band.

Neue Anträge (Schluß).

Stenographische Berichte.

Dritter Juristentag.

Erster Band.

Zweiter Band.

Vierter Juristentag.

Erster Band.

Zweiter Band.

Stenographische Berichte.

Fünfter Juristentag.

Erster Band.

Seite

Zweiter Band.

II.

Verzeichniß der bei den ersten fünf Deutschen Juristentagen zur Verhandlung gebrachten Gegenstände mit dem Gang der Verhandlung,

nach Fächern geordnet.

I. Verhandlungen über den Juristentag selbst.

A. Das Statut.

1. Ursprüngliche Feststellung desselben.

a. Die von der „Kommission der Juristischen Gesellschaft in Berlin für Ausschreibung eines Deutschen Juristentages“ entworfene

„Vorläufige Ordnung für den Deutschen Juristentag“ I. 3—6.

wurde in der Plenar-Versammlung vom 28. August 1860 mit der von dem einstweiligen Vorsitzenden derselben, Stadtgerichtsrath Dr. Graf v. Wartensleben aus Berlin, Namens der gedachten Kommission beantragten Aenderung in §. 7., daß statt zweier vier Vice-Präsidenten für das Plenum ernannt werden, unter Vorbehalt der Prüfung im Einzelnen, vorläufig angenommen. I. 179.

b. Einzelberathung in der 1. Abtheilung, beziehungsweise in der vollen Versammlung vom 30. desselben Monats:

§. 1. der „vorläufigen Ordnung“

„Der Zweck des Deutschen Juristentages ist: eine Vereinigung für den lebendigen Meinungsaustausch und den persönlichen Verkehr unter den Deutschen Juristen zu bilden, auf den Gebieten des Privatrechts, des Prozesses und des Strafrechts den

Forderungen nach einheitlicher Entwickelung immer größere Anerkennung zu verschaffen, die Hindernisse, welche dieser Entwickelung entgegenstehen, zu bezeichnen und sich über Vorschläge zu verständigen, welche geeignet sind, die Rechtseinheit zu fördern," I. 3.

aa. in der Abtheilung nach Zurückziehung, beziehentlich Abwerfung eines Antrages von Professor Dr. Kuntze aus Leipzig auf einen Zusatz hinsichtlich des Handelsrechts und eines Antrages von Rechtskonsulent Bacher aus Stuttgart auf einen solchen hinsichtlich der freiwilligen Gerichtsbarkeit angenommen, I. 308.

und von einem Antrage des Professors Dr. Aegidi aus Hamburg: zu Protokoll zu erklären, ob der nächste Juristentag nicht seine Verhandlungen auch auf das öffentliche Recht erstrecken wolle, abgesehen, I. 308.

bb. in der Plenar-Versammlung angenommen. I. 204.

§. 2. „Der Deutsche Juristentag tritt alljährlich zusammen," I. 3.

in der Abtheilung, I. 308.

und in der Plenar-Versammlung, I. 304.

angenommen.

§. 3. „Zur Mitgliedschaft berechtigt sind die Deutschen Richter, Staatsanwälte, Advokaten und Notare, die Aspiranten des Richteramtes, der Anwaltschaft und des Notariats, die Lehrer an den Deutschen Hochschulen, die Mitglieder der gelehrten Akademieen und die rechtsgelehrten Mitglieder der Verwaltungsbehörden," I. 3.

in der Abtheilung mit dem auf Antrag des Professors Dr. Unger aus Wien beschlossenen Zusatze „Doctores juris," sowie unter Abwerfung der Anträge des Kreisgerichtsraths Wollheim von Kammin auf Beschränkung des Wortes „Aspiranten," des Advokaten Dr. Pfeiffer aus Bremen auf den Zusatz der Worte „Sekretäre" und (nach „Verwaltungs-Behörden") „Justizbehörden," und des Professors Dr. Kuntze aus Leipzig auf den allgemeinen Ausdruck: „Alle, welche die akademische Laufbahn zurückgelegt haben," angenommen, I. 309.

und ebenso in der Plenar-Versammlung nach der zufolge eines Antrages des Privatdozenten Dr. Kühns aus Berlin, den Zusatz zu machen: „gleichviel, ob die zur Mitgliedschaft berechtigten Staatsbeamten in oder außer Dienst sind," von dem Berichterstatter abgegebenen Erklärung, daß die Abtheilung davon ausgegangen sei, daß Richter, welche ihr Amt niedergelegt haben, dadurch ihre Fähigkeit zur Mitgliedschaft nicht verlieren. I. 204 205.

§. 4. „Die Mitgliedschaft beginnt mit dem Empfange der Mitgliedskarte und berechtigt zur Theilnahme an den Verhandlungen und an der Abstimmung,"

in der Abtheilung, I. 309.

und in der Plenar-Versammlung, I. 205.

angenommen.

§. 5. „Der Beitrag der Gesellschaftsmitglieder wird auf drei Thaler jährlich festgesetzt und ist für das Jahr 1860 innerhalb vier Wochen nach der Seitens des Deutschen Juristentages erfolgten Genehmigung dieses Statuts, für jedes folgende Jahr innerhalb vier Wochen nach Beginn des neuen Jahres zu entrichten, widrigenfalls derselbe durch Postvorschuß eingezogen wird. Nimmt ein Mitglied den mit Postvorschuß beschwerten Brief nicht an, so wird dies einer ausdrücklichen Austrittserklärung gleich geachtet,"

ebenso. I. 309 u. 205.

§. 6. „Den Plenar-Verhandlungen des Deutschen Juristentages gehen der Regel nach Abtheilungs-Berathungen voraus. Zu diesem Zwecke werden durch freiwillige Einzeichnung der Mitglieder folgende vier Abtheiluugen gebildet:

1. Abtheilung für Privatrecht, insbesondere Obligationen- und Pfandrecht;
2. Abtheilung für Handels-, Wechsel-, See- und internationales Recht;
3. Abtheilung für Strafrecht, Strafprozeß und Gefängnißwesen;
4. Abtheilung für Gerichtsverfassung, Civilprozeß und juristisches Studium.

Die Abtheilungen wählen ihre Vorsitzenden, Schriftführer, Berichterstatter und benachrichtigen den Vorsitzenden der Plenar-Versammlung (§. 7), sobald ihre Berathungen über einzelne Gegenstände geschlossen sind; ihre Anträge sind schriftlich zu fassen,"

in der Abtheilung auf den Antrag einer auf Vorschlag des Obergerichtsraths Bähr aus Kassel zur Vorberathung niedergesetzten Kommission angenommen mit dem Zusatze zu Nr. 4. „und praktische Ausbildung," sowie unter Ablehnung der Anträge: des Notars Uchatzy aus Reichenberg (Böhmen) auf Streichung der Nr. 1, des Professors Dr. Unger aus Wien auf Zusammenfassung der Nr. 1 und 2 und des Professors Dr. Aegidi aus Hamburg auf Trennung des juristischen Studiums von Nr. 4, I. 309 312.

und ebenso in der Plenar-Versammlung. I. 205.

§. 7. „Die Verhandlungen der Plenar-Versammlungen leitet ein

Vorsitzender, welcher für die Dauer eines jeden Juristentages in der ersten Plenar-Versammlung durch Stimmzettel oder Akklamation gewählt wird. Derselbe ernennt zwei Stellvertreter und vier Schriftführer. Er bestimmt die Tagesordnung und kann einzelne Gegenstände, ohne Vorberathung in den Abtheilungen (§. 6), unmittelbar zur Plenar-Berathung stellen. Auch ist er befugt, Nichtmitglieder als Zuhörer zuzulassen,"

in der Abtheilung ohne Debatte, I. 309.

in der Plenar-Versammlung nach der Bemerkung des Vorsitzenden, daß zufolge des am 28. August gefaßten Beschlusses gesagt werden müsse: „zwei bis vier Stellvertreter," angenommen. I. 205.

§. 8. „Bei allen Beschlüssen der Plenar-Versammlung und der Abtheilungen entscheidet einfache Stimmenmehrheit der anwesenden Mitglieder; bei allen Wahlen relative Majorität und im Falle der Stimmengleichheit das Loos,"

in der Abtheilung, I. 309.

und in der Plenar-Versammlung, I. 206.

angenommen.

§. 9. „Wird Schluß der Debatte beantragt, so wird über diesen Antrag sofort abgestimmt. In der Plenar-Versammlung sind alle Anträge, mit Ausnahme des Antrages auf Schluß der Debatte, schriftlich zu stellen,"

in der Abtheilung, I. 309.

und in der Plenar-Versammlung, I. 206.

angenommen.

Bei §. 10. „Vor dem Schlusse eines jeden Juristentages wird von der Plenar-Versammlung durch Stimmzettel in einem einzigen Skrutinium eine aus fünf Personen bestehende ständige Deputation mit folgenden Befugnissen und Obliegenheiten gewählt:

1) sie sorgt für die Ausführung der von dem Juristentage gefaßten Beschlüsse, veranstaltet nach eigenem Ermessen den Druck der Protokolle und Vorlagen, bewirkt die Vertheilung der Drucksachen an die Mitglieder und verwahrt alle Akten und Schriftstücke des Juristentages;
2) sie bestimmt Zeit und Ort des nächsten Juristentages, trifft die für denselben nöthigen Vorbereitungen, erläßt die Einladungen und stellt die vorläufige Tagesordnung auf;
3) sie nimmt die Beitrittserklärungen neuer Mitglieder entgegen, fertigt die Mitgliedskarten aus, empfängt die Bei-

träge, bestreitet die Ausgaben und legt der folgenden Deputation Rechnung;

4) sie ergänzt sich selbst, falls eines oder mehrere ihrer Mitglieder während des Geschäftsjahres ausscheiden.

Die Deputation wählt aus ihrer Mitte einen Vorsitzenden, dessen Wohnort der Sitz der Deputation ist. Zur Gültigkeit ihrer Beschlüsse ist die Einladung sämmtlicher Mitglieder, sowie die Mitwirkung von wenigstens drei Mitgliedern erforderlich,"

wurde, den Eingang betreffend, in der Abtheilung, nachdem die obenerwähnte Kommission zuerst beantragt hatte, (von der Plenar-Versammlung) durch Akklamation oder durch Stimmzettel (wie oben) eine aus neun Personen, von denen fünf am Orte des eben versammelten Juristentages wohnen, bestehende Deputation wählen zu lassen, I. 311.

Stadtrichter Hiersemenzel aus Berlin aber, die Zahl der Mitglieder der ständigen Deputation auf eilf zu erhöhen, welchen der Präsident des jeweiligen Juristentages als Ehrenpräsident zuzugesellen, I. 312.

nach dem später von der Kommission zu dem ihrigen gemachten Antrage des Justizraths und Rechtsanwalts Dr. Hinschius aus Berlin beschlossen: fünfzehn Mitglieder, sieben von dem Orte des letzten Juristentages, sieben von außerhalb, und den Ehrenpräsidenten, in die Deputation zu wählen, I. 312.

in der Plenar-Versammlung aber zunächst: daß die Deputation aus vierzehn Mitgliedern und dem Präsidenten des letzten Juristentages bestehen solle, I. 206.

sodann, daß sie zusammengesetzt werden solle, wie die Abtheilung beantragte, I. 213. f.

und daß ebenso ihre Wahl entweder durch Stimmzettel oder durch Akklamation zu geschehen habe, I. 216.

nachdem Prof. Dr. Anschütz aus Greifswald beantragt hatte, nach dem ersten Satze des §. 10 der „vorläufigen Ordnung" die Wahl in einem einzigen Skrutinium erfolgen zu lassen. I. 215.

Ueber Ziff. 1 fand eine Erörterung nicht statt.

Zu " 2 wurde in der Abtheilung nach dem Antrage der Kommission beschlossen, den Zusatz zu machen: „bei welcher in der Regel nur diejenigen Vorlagen zu berücksichtigen sind, welche bis zum 31. Mai des laufenden Jahres eingegangen sind," und ein Antrag des Professors Dr. Aegidi aus Hamburg, die Bestimmung des Orts für den nächsten Juristentag der Plenar-Versammlung vorzubehalten, verworfen, I. 311. f.

in der Plenar-Versammlung, unter Ablehnung der Anträge des Ober-Staatsanwalts Dr. Frh. v. Groß aus Eisenach, jenen Zusatz zu verwerfen, und des Justizraths, Rechtsanwalt Vogler aus Berlin, der

Deputation das ihr zuzuweisende Recht nur unter dem Vorbehalte der Entscheidung der Plenar-Versammlung einzuräumen, der von der Abtheilung beschlossene Zusatz angenommen und festgesetzt, daß die Wahl des Ortes der nächsten Zusammenkunft der ständigen Deputation zu überlassen sei. I. 209 f. 217.

Ueber Ziff. 3 fand eine Erörterung nicht statt.

Zu = 4 wurde in der Abtheilung nach dem Kommissions-Antrage der Zusatz beschlossen: „sie bereitet Abänderungs-Vorschläge in Betreff der Geschäfts-Ordnung für die Plenar-Versammlung vor und setzt erforderlichen Falles Abänderungen provisorisch ins Werk," I. 311 f.

dagegen in der Plenar-Versammlung dieser Zusatz nur in seinem ersten Theile angenommen, im zweiten aber, nachdem Obergerichtsrath Bähr aus Kassel erklärt hatte, daß die Absicht desselben nur gewesen sei, der Deputation diese Befugniß bis zum nächsten Juristentage zuzuweisen, abgelehnt. I. 210 f.

Der Schlußsatz wurde nach der von der Kommission beantragten Fassung:

> „Die Deputation wählt aus ihrer Mitte einen Vorsitzenden und einen Schriftführer, welcher letztere ein von der Deputation festzusetzendes Pausch-Quantum für baare Auslagen erhält. Der Sitz der Deputation ist der Ort des letzten Juristentages. Zur Gültigkeit ihrer Beschlüsse ist die Einladung sämmtlicher Mitglieder, sowie die Mitwirkung von wenigstens fünf Mitgliedern erforderlich," I. 311.

in der Abtheilung, I. 312.

und in der Plenar-Versammlung, I. 311 f.

angenommen.

Zu §. 12 (§. 11 des Statuts, da §. 11 der „vorl. Ordnung" als transitorisch im Statut ausfiel): „Abänderungen des vom Juristentage genehmigten Statuts können zwar von der Plenar-Versammlung durch einfache Stimmenmehrheit, jedoch nur auf schriftlichen Antrag, der vier Wochen vor dem Zusammentritte des Juristentages der ständigen Deputation (§. 10) überreicht worden, beschlossen werden,"

fand eine Erörterung nicht statt.

2. Fortbildung des Statuts.

ad §. 2 a) Ein Antrag des Hofgerichtsraths E. Brauer zu Bruchsal:

„In Bezug auf die Wahl des Versammlungsortes gilt, abgesehen von außerordentlichen Ausnahmsfällen, die Regel, daß abwechselnd eine geeignete Stadt in der nördlichen und in der südlichen Hälfte Deutschlands zu wählen ist, sofern nicht, was dazwischen zu jeder Zeit geschehen kann und öfters geschehen soll, eine annähernd im Mittelpunkte von Deutschland liegende geeignete Stadt als Versammlungsort bestimmt wird," II. 1, 228.

wurde von demselben zurückgezogen. II. 2, 134.

b) Antrag der ständigen Deputation:

„Der Deutsche Juristentag tritt in der Regel alljährlich zusammen; doch ist die ständige Deputation ermächtigt, aus Gründen der Zweckmäßigkeit ausnahmsweise die Wiedereinberufung des Juristentages erst in dem auf dessen letzten Zusammentritt folgenden zweiten Kalenderjahre vorzunehmen,"

angenommen in der Plenar-Versammlung vom 26. August 1864. V. 2, 45.

ad §. 3. Antrag des Obertribunalraths Frh. v. Sternenfels zu Stuttgart: diesen §. dahin abzuändern:

„Zur Mitgliedschaft berechtigt sind die Deutschen Richter, Staatsanwalte, Advokaten und Notare, die Aspiranten zu einer dieser Stellen, sowie jeder, welcher dazu nach seinen Landesgesetzen für befähigt erkannt ist, ferner die Lehrer an den Deutschen Hochschulen, die Mitglieder der gelehrten Akademien, die Doktoren der Rechte und rechtsgelehrten Mitglieder der Verwaltungsbehörden," II. 1, 276.

angenommen in der Plenar-Versammlung vom 27. August 1861. II. 2, 98.

ad §. 5. Antrag der ständigen Deputation: diesen §. dahin abzuändern:

„Der Beitrag der Gesellschafts-Mitglieder wird vom dritten Vereinsjahre an auf Zwei Thaler jährlich festgesetzt und ist innerhalb vier Wochen nach Beginn jedes neuen Jahres zu entrichten, widrigenfalls x. (wie oben §. 5 bis „gleich geachtet").

Für die am Orte des Juristentages selbst zu lösende Anmeldungskarte ist Ein Thaler zu entrichten," II. 1, 227.

angenommen in der Plenar-Versammlung vom 27. August 1861. II. 2, 88.

ad §. 6.

a) Ein von dem (Gerichts-Assessor, später) Kreisrichter Dulheuer aus Lüdenscheid eingereichter, ausführlich entwickelter Antrag betraf auch die Einrichtung der Abtheilungen des Juristentages, I. 121—123.

und wurde von der Plenar-Versammlung vom 28. August 1860 an die erste Abtheilung verwiesen, I. 183.

vom Antragsteller wiederholt und event. dahin als neuer Antrag gestellt:

„Der Deutsche Juristentag wolle beschließen:

A. Von den im §. 6 der Statuten aufgeführten Abtheilungen werden

a) die Abtheilungen ad 1 und 2 zu einer „Abtheilung für Civilrecht,"

b) die Abtheilungen ad 3 und 4 zu einer „Abtheilung für Strafrecht, Prozeß, Studium und Praxis"

vereinigt.

B. Jede der beiden Abtheilungen zergliedert sich nach den einzelnen Deutschen Ländern in Unterabtheilungen, deren Organisation auf Grund der früheren und einer wiederholten Einzeichnung der Mitglieder in geeignete Listen der ständigen Deputation übertragen wird," II. 1, 228 f.

wurde von demselben später zurückgenommen. II. 2, 134.

b) Ein Antrag der ständigen Deputation:

den §. 6 mit nachstehender transitorischer Zusatzbestimmung zu versehen: „Für die Dauer des zweiten Juristentages werden die Erste und Zweite Abtheilung zu einer einzigen verschmolzen," II. 1, 227.

erledigte sich in der Plenar-Versammlung vom 27. August 1861 durch den schon zuvor gefaßten Beschluß, beide gedachten Abtheilungen (für den zweiten Juristentag) zu vereinigen, wobei zugleich von einer bleibenden Verschmelzung Beider Abstand genommen wurde. II. 2, 85, 88 f.

c) Der Antrag der ständigen Deputation:

in diesen §. hinter den Worten: „der Regel nach Abtheilungsberathungen voraus," folgende Bestimmung einzuschalten: „Nach der Berathung in der bezüglichen Abtheilung findet eine Erörterung und Entscheidung in dem Plenum nur dann statt, wenn die Abtheilung eine solche beantragt oder das Plenum sich dieselbe vorbehält," II. 1, 227.

wurde in der Plenar-Versammlung vom 27. August 1861, nachdem Rechtsanwalt Lewald aus Berlin beantragt hatte, denselben abzulehnen, angenommen. II. 2, 91 f.

d) Der Antrag der ständigen Deputation:

den §. 6 des Statuts auch noch mit folgendem Zusatze zu versehen: „In jeder Abtheilung stimmen nur diejenigen mit, welche sich bei ihrer persönlichen Anmeldung in die betreffende Abtheilung eingezeichnet haben," II. 1, 228.

wurde, nachdem Kreisrichter Lefeldt aus Beuthen die Fortlassung der Worte: „bei ihrer persönlichen Anmeldung," II. 2, 93.

Andere die Fortlassung des ganzen Zusatzes beantragt hatten, II. 2, 93.

unter Weglassnng jener Worte in derselben Plenar-Versammlung angenommen. II. 2, 95.

e) Ebenso der Antrag derselben:

Der Juristentag wolle beschließen, am Schlusse des §. 6 des Statuts die Worte hinzuzufügen:

„Sämmtliche Beschlüsse der Abtheilungen werden in der Plenar-Versammlung mitgetheilt. Es findet jedoch eine Erörterung und Entscheidung im Plenum nur statt, wenn dieselbe von der betreffenden Abtheilung vorgeschlagen oder wenn sie von mindestens zehn Mitgliedern beantragt und von der Plenar-Versammlung beschlossen wird. Im letzteren Falle wird über die Vorfrage nur einem der Antragsteller und dem Berichterstatter das Wort ertheilt," III. 1, Vorlagen Nr. 1.

in der Plenar-Versammlung vom 25. August 1862, III. 2, 10.

nachdem ein von dem Hof- und Gerichts-Advokaten Dr. Berger aus Wien gestellter Antrag auf Einfügung der Worte (nach Abtheilungen): „in Rechts- und Gesetzgebungsfragen" zurückgezogen worden war, III. 2, 9 f.

und indem über einen Antrag des Advokaten Judeich aus Dresden, zu sagen: „(zehn) im Plenum anwesenden" u. s. w. zur Tagesordnung übergegangen worden. III. 2, 9 f.

f) Der Antrag der ständigen Deputation:

der Ersten Abtheilung des Juristentages die das juristische Studium und die praktische Ausbildung betreffenden Vorlagen zuzuweisen, IV. 1, 6.

wurde in der Plenar-Versammlung vom 25. August 1863 angenommen. IV. 2, 7.

g) Antrag des Professors Dr. Glaser aus Wien:

der Deutsche Juristentag wolle beschließen:

es habe der §. 6 Nr. 3 der Statuten künftig zu lauten: „Abtheilung für Strafsachen und Strafprozeß mit Einschluß des Militär-Strafrechts und für Gefängnißwesen," II. 1, 277.

von dem Antragsteller zurückgezogen. II. 2, 96.

ad §. 8. Antrag des Staatsanwalts Dalke in Delitzsch:

zu diesem Paragraphen den Zusatz zu beschließen:

„Anträge und Verbesserungsanträge (Amendements) werden nur dann zur Berathung und Abstimmung gebracht, wenn sie in den Plenar-Sitzungen von mindestens 50, in den Abtheilungs-Sitzungen von mindestens 20 Mitgliedern durch Aufstehen unterstützt werden; darüber, ob ein Antrag durch die erforderliche

Zahl von Mitgliedern unterstützt ist, entscheidet, ohne daß es einer besonderen Zählung bedarf, das Büreau,"

in der Plenar-Versammlung vom 25. August 1863 verworfen. IV. 2, 10.

ad §. 9. Antrag des Staatsanwalts Nessel zu Breslau:

Der Juristentag wolle zu §. 9 des Statuts folgenden Zusatz machen:

„Anträge werden nur dann zur Berathung und Abstimmung gestellt, wenn sie in den Plenar-Versammlungen von mindestens zwanzig und in den Abtheilungs-Sitzungen von mindestens zehn Mitgliedern sofort nach der Vorlesung des Antrages durch Aufstehen unterstützt werden," III. 1, Vorl. Nr. 2.

von dem Antragsteller zurückgezogen. III. 2, 10

ad §. 10.

a) Antrag der ständigen Deputation:

in §. 10 des Statuts hinter dem ersten Alinea folgende Bestimmung einzuschalten:

„Die Liste der zur Akklamation vorzuschlagenden Personen wird nicht von dem Präsidenten allein, sondern durch ihn, seine Stellvertreter und je zehn von jeder Abtheilung gewählte Vertrauensmänner festgestellt," II. 1, 228.

angenommen in der Plenar-Versammlung vom 27. August 1861. II. 2, 96.

b) Antrag des Obertribunalraths Frh. v. Sternenfels aus Stuttgart:

den §. 10 des Statuts dahin zu ändern:

„Vor dem Schlusse eines jeden Juristentages wird von der Plenar-Versammlung auf Vorschlag des Präsidenten durch Akklamation oder in einem einzigen Skrutinium durch Stimmzettel eine aus achtzehn Mitgliedern und dem Präsidenten des letzten Juristentages als Ehrenpräsidenten bestehende ständige Deputation gewählt. Von jenen achtzehn Mitgliedern müssen mindestens drei am Orte des letzten Juristentages, und jedenfalls zwölf auswärts wohnen," II. 1, 276.

angenommen in derselben Versammlung. II. 2, 99.

3. Anträge in Beziehung auf die Ordnung des Juristentages im Allgemeinen.

Antrag des Notars Dr. Uchatzy aus Reichenberg in Böhmen, betreffend den Entwurf eines Statuts und einer Geschäfts-Ordnung für den Deutschen Juristentag, I. 111—120.

in der Plenar-Versammlung vom 28. August 1860 an die (mit der

Berathung der „vorläufigen Ordnung“ für den Deutschen Juristentag befaßte) Erste Abtheilung verwiesen. I. 183.

B. Einzelne Zwecke und Mittel des Juristentages.

1. Antrag des Obergerichtsraths Bähr zu Kassel, nach welchem der Juristentag für seine Mitglieder ein bleibendes Organ zum Austausch begehrter Auskunft über das in den einzelnen Deutschen Ländern geltende besondere Recht bilden und die zu diesem Zwecke dienliche Einrichtung im Einzelnen erhalten soll, I. 5 f.

in der Plenar-Versammlung vom 28. August 1860 auf Antrag des Antragstellers in die Erste Abtheilung verwiesen, I. 191.

(worauf noch über einen von mehreren Mitgliedern gestellten Antrag, den Bähr'schen Antrag unter Aufhebung des eben gedachten Beschlusses an eine besondere Kommission zu verweisen, zur Tagesordnung übergegangen wurde, I. 197.)

in der gedachten Abtheilung mit einigen Aenderungen angenommen, I. 312 f.

in der Plenar-Versammlung vom 30. August 1860 aber in Erwägung, daß der Antrag in seiner Ausführung auf große ökonomische und technische Schwierigkeiten stoßen würde, derselbe jedenfalls auch mit Rücksicht auf die eigentlichen und nächsten Zwecke des noch in der Organisation begriffenen Juristentages verfrüht erscheint, in Anerkennung der löblichen Intentionen des Antragstellers durch Uebergang zur Tagesordnung beseitigt. I. 213.

2. Antrag des Geh. Raths, Professor Dr. Mittermaier in Heidelberg, nach welchem der Juristentag es sich als eine weitere Aufgabe zu setzen habe, die Bearbeitung von Entwürfen solcher Gesetze zu übernehmen, deren Erlassung für das gesammte Deutschland ein allgemeines Interesse hat, und demgemäß die geeignete Einrichtung bekommen soll, I. 60—62.

in der Ersten Abtheilung auf Antrag des Geh. Raths, Professor Dr. v. Wächter, I. 310.

in der Plenar-Versammlung vom 30. August 1860 abgelehnt. I. 225.

3. Antrag des (Gerichts-Assessors, später) Kreisrichters Dulheuer aus Lüdenscheid, nach welchem die Unterabtheilungen des Juristentages, in welche (nach dem oben unter Litt. A., Ziff. 2, ad §. 6 a. angeführten Antrage) die Abtheilungen zerfallen sollten, den Beruf erhalten würden, auf dem ihnen zugetheilten Rechtsgebiete nach einem von der Hauptabtheilung festgestellten und für sämmtliche Unterabtheilungen maßgebenden Systeme ihr heimathliches Recht in Form eines Gesetzentwurfs in kurzer und präziser Fassung auszuarbeiten, die Abtheilungen selbst aber

den, auf dem betreffenden Rechtsgebiete die wichtigsten abweichenden Rechtsnormen der Deutschen Partikulargesetzgebungen in systematischer Ordnung nebeneinander darzustellen, zu diesem Zwecke die Arbeiten der Unterabtheilungen zu fördern uud zu unterstützen und über die Resultate an die Plenar-Versammlung des Deutschen Juristentages gutachtlich zu berichten, I. 121—123.

von dem Antragsteller zurückgezogen. II. 2, 134.

4. Antrag des Obergerichtsraths Vorwerk aus Wolfenbüttel:

„Der Deutsche Juristentag wolle beschließen:

1) daß auf jedem Juristentage von den Mitgliedern Auskunft darüber erwartet werde, was in den einzelnen Deutschen Staaten von Regierungen, Kammern, Gerichten und Vereinen für oder wider die Förderung Deutscher Rechtseinheit seit Jahresfrist geschehen sei,

2) daß die ertheilte Auskunft besprochen und sammt etwaigen Resolutionen veröffentlicht werden solle", II. 1, 237.

und des Advokaten Förster zu Pirna:

„Der Deutsche Juristentag möge seine ständige Deputation (bis auf Weiteres) ein für alle Mal beauftragen, ihm alljährlich über die bisherige Einigung des in sein Bereich gehörigen Rechts und darüber, ob eine weitere Einigung des letzteren zur Zeit ausführbar und wünschenswerth sei, Bericht zu erstatten und im Falle der Bejahung dieser Frage ihm darüber, in welchen Rechtszweigen etwa die sofortige Ausführbarkeit und Dringlichkeit einer weiteren Einigung auszusprechen sei, unter möglichster Verfolgung eines gewissen Planes geeigneten Vorschlag zu machen", II. 1, 237.

welcher letztere Antragsteller in der Plenar-Versammlung vom 27. August 1861 an seinen Antrag noch einen Zusatz hinsichtlich der von den Mitgliedern des Juristentages erwarteten Auskunft (wie in Ziff. 1. des Vorwerk'schen Antrages) gemacht wissen wollte. II. 2, 155.

Beschluß der Plenar-Versammlung vom angeführten Tage auf Antrag des Vorsitzenden:

„Die Deputation zu beauftragen, in dieser Beziehung alljährlich dem Juristentage Bericht zu erstatten." II. 2, 136.

5. Antrag des Obertribunalraths Frh. v. Sternenfels aus Stuttgart:

„Der Juristentag wolle beschließen:

1) daß die in Berlin erscheinende Zeitschrift „Preußische Gerichts-Zeitung" als gemeinschaftliches Organ für Bespre-

chung der Zwecke und näheren Ausbildung des Deutschen Juristentages erklärt werde;

2) daß die ständige Deputation des Juristentages zur Ausführung dieses Beschlusses mit der Redaktion der genannten Zeitschrift sich ins Einvernehmen setze, auch dahin wirke, daß diese Zeitschrift sich als gleichzeitiges Organ für den Deutschen Juristentag ankündige." I. 124.

in der Ersten Abtheilung dahin angenommen:

es solle die Preußische Gerichtszeitung zum Organ des Juristentages gewählt und der ständigen Deputation das betreffende Arrangement, eventuell die Bestimmung eines andern Organs überlassen werden, I. 311 f.

und in der Plenar-Versammlung vom 30. August 1860 beschlossen:

die genannte Zeitung als Organ des Juristentages zu benutzen, und (nachdem Obertribunalsrath Dr. Waldeck aus Berlin zuerst beantragt hatte, auszusprechen, daß dieselbe unter dem Namen „Deutsche Gerichts-Zeitung" dieses Organ werde, sich aber dann mit dem Vorschlag des Vorsitzenden, der Redaktion den Wunsch auf Verallgemeinerung des Titels der Zeitung auszusprechen, einverstanden erklärt hatte, dagegen von anderer Seite der Antrag auf eine desfalls zu machende Bedingung gestellt worden war) der Redaktion den angeführten Wunsch zu erkennen zu geben. I. 221—224.

II. Verhandlungen über Gegenstände des Rechts-Gebietes.

A. Rechtsstudium und praktische Ausbildung.

1. Antrag des Advokatur-Kandidaten Dr. Costa in Laibach:

„Der Deutsche Juristentag wolle folgende Sätze zum Beschlusse erheben:

1) Die Nothwendigkeit der Errichtung eigener Lehrkanzeln an den Deutschen Hochschulen für vergleichende Rechtsgeschichte, Gesetzgebungswissenschaft und Justizpolitik wird anerkannt und den Regierungen zur möglichsten Beachtung empfohlen.

2) Es wird in Erwägung gezogen, durch welche direkten Mittel (etwa Aussetzung eines entsprechenden Preises) die Abfassung eines den wissenschaftlichen und praktischen Zwecken entsprechenden Handbuchs der „Justizpolitik" gefördert werden könnte." I. 144.

abgelehnt in der Vierten Abtheilung, I. 335.
ebenso in der Plenar-Versammlung vom 30. August 1860. I. 294.

2. Antrag des Justizraths, Rechtsanwalt Volkmar aus Berlin:

„Der Juristentag wolle als seine Ueberzeugung aussprechen:

Das juristische Studium auf den Universitäten bedarf einer weiteren Entwickelung. Diese anzubahnen erscheinen folgende Maßregeln geeignet:

1) Die Exegese und die juristische Literaturgeschichte ist mehr zu berücksichtigen, als dies bisher geschehen.
2) Bei der Besetzung der Professuren ist auch auf die praktische Vorbildung des Dozenten Gewicht zu legen.
3) Es ist durch eine juristische Klinik den Bedürfnissen der Praxis zu genügen.
4) Die Studienzeit ist auf einen vierjährigen Zeitraum auszudehnen.
5) Ein einziges Examen genügt. Bei diesem wirken in gleicher Zahl als Examinatoren mit:
   a) die Dozenten der Fakultät ohne Unterschied zwischen den ordentlichen und außerordentlichen Professoren und den Privatdozenten,
   b) die Mitglieder der Gerichte,
   c) die Mitglieder des Barreau.

   Die Personen der Examinatoren wechseln.
6) Die Collegia publica sind ein wesentliches Moment des Unterrichts.
7) Die Lernfreiheit ist so nothwendig, als die Lehrfreiheit. Es fällt daher fort:

   jeder Kollegienzwang,
   jedes Monopol der Landesuniversität,
   jede Verkümmerung des Privatdozententhums."

Hierzu stellte bei der Erörterung in der Vierten Abtheilung zunächst ad Ziff. 7 der Berichterstatter, Geh. Rath, Professor Dr. v. Wächter aus Leipzig, den Antrag, die Versammlung solle aussprechen, daß jeder Kollegienzwang und jede Verkümmerung des Privatdozententhums, ferner die Nothwendigkeit der Ertheilung von Fleiß-Zeugnissen an Zuhörer wegfallen solle, IV. 2, 160.

welcher Antrag von dem Antragsteller und dem Berichterstatter gemeinschaftlich in Beziehung auf die Verkümmerung des Privatdozententhums durch die Worte: „durch Ertheilung der venia docendi auf Widerruf und durch Beschränkung der Fächer, über welche der Privatdozent solle lesen dürfen," (indem sie zugleich nach einer Bemerkung des Geh. Justizraths Dr. Ihering aus Gießen das Wort „namentlich" vor diesem Einschiebsel fallen ließen) ergänzt wurde; IV. 2, 169.

und wurde nun (zu Ziff. 7. des Antrages) beschlossen:

a) die Abtheilung erklärt sich gegen jeden Kollegienzwang (unter Verwerfung des Verbesserungs-Antrages des Kreisrichters Dockhorn aus Kempen: „Die Zwangs-Kollegia sind auf eine geringe Anzahl zu beschränken,") IV. 2, 171.
es sollen sodann fortfallen

b) die Zwangsteſtate und

c) das Monopol der Landes-Universität, IV. 2, 171.

d) (nach Einschaltung der Worte „durch Regierungs-Konzession" auf Antrag des Bürgermeisters Dr. Drechsler aus Parchim) jede Beschränkung des Privatdozententhums durch Regierungs-Konzession, durch Ertheilung der venia docendi auf Widerruf und durch Beschränkung der Fächer, über welche der Privatdozent lesen darf. IV. 2, 171 f.

Weiterer Antrag des Berichterstatters:

Für Diejenigen, welche in den Staatsdienst oder in die Advokatur einzutreten beabsichtigen, ist die Bestehung einer strengen Prüfung nothwendig. Es sollen aber höchstens zwei Examina stattfinden, ein theoretisches und ein praktisches. Das erstere soll von akademischen Lehrern und Mitgliedern der Gerichte sowie der Advokatur abgehalten werden, IV. 2, 185.

ward unter Ablehnung des Antrages des Antragstellers: „es soll nur Ein Examen stattfinden," und eines Zusatz-Antrages des Regierungsraths v. Witzleben aus Leipzig, „die Abstufung in den Zeugnissen der Reife durch Censur und Censurgrade habe wegzufallen," angenommen, IV. 2, 185 f.

indem die übrigen von dem Antragsteller angeregten Fragen bis auf Weiteres liegen gelassen wurden. IV. 2, 167.

Nachricht hiervon an die Plenar-Versammlung in der Sitzung derselben vom 25. August 1863. IV. 2, 124.

3. Antrag des Professors Dr. Aegidi in Hamburg:

„Der Erste Deutsche Juristentag wolle sich **für die Erhaltung des reichskammergerichtlichen Archivs zu Wetzlar** in seiner gegenwärtigen Einheit erklären und dieselbe der Fürsorge der hohen Staatsregierung dringend empfehlen;" I. 146.

wad abgelehnt in der Vierten Abtheilung, I. 335.

zurückgezogen in der Plenar-Versammlung am 30. August 1860. I. 294.

B. Gesetzgebung überhaupt.

1. Antrag des Professors Dr. Unger aus Wien:

„Der Juristentag wolle

1) aussprechen: es sei dringend wünschenswerth, daß im Anschluß an das Deutsche Wechsel- und Handelsrecht und zur Anbahnung eines gemeinsamen Deutschen Civilgesetzbuchs sofort die Abfassung eines allgemeinen Deutschen Gesetzes über das Obligationenrecht unternommen werde; und

2) die ständige Deputation beauftragen, die deshalb erforderlichen Schritte bei den Deutschen Regierungen zu thun," I. 128.

in der Ersten Abtheilung im Anschlusse an einen Antrag des Geh. Raths Dr. v. Wächter aus Leipzig dahin erweitert:

„Man möge aussprechen, daß, da die Abfassung eines gemeinsamen Gesetzbuches höchst wünschenswerth, ja ein dringendes Bedürfniß sei, die Umstände zur Zeit aber die Ausführung dieses Unternehmens nicht gestatten, die Deutschen Regierungen ersucht werden möchten, mindestens eine gemeinsame Gesetzgebung über das Obligationenrecht herbeizuführen,"

und so, unter Abwerfung des auf Verweisung des Antrages an eine Kommission zur Berathung für den nächsten Juristentag lautenden Antrages des Advokaten Dr. Pfeiffer aus Bremen, von der gedachten Abtheilung angenommen. I. 310 f. 225 f.

In der Plenar-Versammlung vom 30. August 1860 wurde,

nachdem man sich in Folge eines Antrages des Kreisrichters Lefeldt aus Beuthen (I. 340, 229.) dahin erklärt hatte:

„daß der Juristentag nur seine Ueberzeugung über die an ihn gebrachten Anträge auszusprechen, nicht aber die Beschlüsse in irgend einer offiziellen Weise an die Regierungen zu bringen habe," I. 229.

mit der hieraus folgenden Einschränkung der Abtheilungs-Antrag genehmigt.

2. Antrag der ständigen Deputation:

„Der Juristentag wolle erklären,

a) daß die erfolgreiche Förderung einer gemeinsamen Deutschen Gesetzgebung über den Civil-Prozeß und das Obligationenrecht, zu welcher sich die Mehrzahl der Deutschen Regierungen bereitwillig erklärt habe, des allgemeinen Dankes des Vaterlandes sicher sei;

b) daß eine Meinungsverschiedenheit über die Form der Einleitung zu diesem Werke für dessen Zustandekommen unerheblich sei und beseitigt werden möge,

c) umsomehr, als es sich zur Zeit nur um Vorarbeiten für dieses Werk handle und der Juristentag der Ueberzeugung sei, daß zum endlichen Zustandekommen einer gemeinsamen Gesetzgebung auf dem Gebiete des Prozeß- und Obligationenrechts die Einleitung zu einem gemeinsamen, von den Regierungen und den Kammern der Einzelstaaten anerkannten — wenn auch lediglich zu diesem nationalen Werke ermächtigten — Organe nothwendig sei." II. 2, 104 f.

In der Plenar-Versammlung vom 27. August 1861 erfolgte sofortige Annahme der beiden ersten Sätze des Antrages (a. und b.). II. 2, 108.

Hinsichtlich des dritten Satzes wurde,

nachdem ein (in Folge einer Anregung von Seiten des Obertribunalsraths Dr. Waldeck aus Berlin) von dem Rechtsanwalt Lewald von dort dahin, daß der letzte Theil dieses Satzes zu lauten hätte: „daß es zum endlichen Zustandekommen erforderlich sei, daß den Kammern der Einzelstaaten eine rechtzeitige Einwirkung gestattet werde," gestellter (II. 2, 121.) und, nachdem Rechtsanwalt Lewald ihn zurückgezogen, von dem Appellationsgerichts-Präsidenten Dr. Heimsoeth aus Köln unter Abänderung des Wortes „Einwirkung" in „Mitwirkung" wiederaufgenommener (II. 2, 127.) Antrag abgelehnt, II. 2, 128.

und ein Verbesserungs-Antrag des Geh. Justizraths Krug aus Dresden hinsichtlich dieses letzten Theiles zurückgenommen worden, II. 2, 113 127.

nach dem Antrage des Berichterstatters Dr. Bluntschli aus München: die Worte: „einem u. s. w. ermächtigten — Organe" in: „einer u. s. w. festgesetzten — Einrichtung" (II. 2, 125.) zu ändern, der Deputationsantrag mit dieser Aenderung angenommen (II. 2, 130.) und zwar

unter Ablehnung des von dem Gerichts-Assessor und Ober-Staatsanwalts-Gehilfen Dr. Mittelstädt aus Posen gestellten Antrages, das Wort „Organ" zu belassen, II. 2, 130.

und des Antrages des Advokatur-Kandidaten Dr. Raudnitz aus Prag, die Worte: „auf den Gebieten des Prozeß- und Obligationenrechts" und: „wenn auch nur zu diesem nationalen Werke festgesetzten," wegzulassen, II. 2, 126—132.

dagegen, dem Antrage des Appellationsgerichtsrathes v. Kräwel aus Naumburg a/S. gemäß, unter Aufnahme des „Strafrechts" in den Beschluß. II. 105 131.

3. Antrag des Advokatur-Kandidaten Dr. Costa aus Laibach:

„Der Juristentag wolle beschließen:

Es wird als höchst zweckentsprechend und nothwendig anerkannt, größere und wichtigere Gesetze, deren Beendigung einen Aufschub zuläßt, durch Veröffentlichung des Entwurfes im Druck der **allgemeinen freien Beurtheilung** anheimzugeben," I. 144.

in der Vierten Abtheilung, I. 335.

und in der Plenar-Versammlung vom 30. August 1860 abgelehnt. I. 294.

C. Bürgerliches Recht.

1. Allgemeine Lehren.

a) Die Rechts-Quellen.

Zu der von der ständigen Deputation aufgeworfenen Frage:

„Soll von der Gesetzgebung das Gewohnheitsrecht (im Privatrechte) als gültige Rechtsquelle anerkannt werden, und bejahenden Falls in welchem Umfange?"

stellte der Oberappellationsgerichts-Rath Becker aus Oldenburg in dem von ihm der ständigen Deputation erstatteten Gutachten den Antrag, zu erklären:

„Die Gesetzgebung darf dem Gewohnheitsrechte die Anerkennung als gültige Rechtsquelle im Allgemeinen nicht versagen; nur bei allgemeinen Gesetzen solcher Natur, daß das Interesse der Allgemeinheit die **absolute** Unterwerfung des Einzelnen fordert, ist die Bildung abändernden partikulären Gewohnheitsrechts nicht zu gestatten (wobei er es auch als wünschenswerth aussprach, daß die Gesetzgebung Gesetze solcher Natur möglichst bestimmt bezeichne)." V. 1, 12.

Der Geh. Justizrath, Professor Dr. Beseler in Berlin aber faßte sein Gutachten dahin zusammen:

I. Gesetz und Gewohnheitsrecht bestehen als selbstständige Rechtsquellen ursprünglich in gleicher Kraft und Bedeutung neben einander.

II. Die Aufhebung des Gewohnheitsrechts durch die Gesetzgebung ist ohne ein besonderes Bedürfniß nicht gerechtfertigt.

III. Eine umfassende Gesetzgebung (Kodifikation) hat die derogatorische Kraft des Gewohnheitsrechts nicht anzuerkennen.

IV. Das Gewohnheitsrecht als ergänzende Rechtsquelle kann auch neben einer umfassenden Gesetzgebung in Geltung bleiben und ist nur aus besonderen Gründen und soweit diese reichen, auszuschließen oder zu beschränken. V. 1, 110.

Bei der Behandlung dieser Frage in der Ersten Abtheilung wurden zunächst die beiden ersten Sätze des letzteren Gutachtens angenommen und sodann, unter Ablehnung des als Verbesserungs-Antrag zum dritten Beselerschen Satze behandelten Beckerschen Vorschlages und eines Antrages des Rechtsanwalts Hasse aus Chemnitz:

„Der Juristentag möge sich dafür aussprechen, daß Rechtsgewohnheiten, welche den guten Sitten oder öffentlichen Rechten widerstreiten, nichtig sind, indem man es der Beurtheilung des einzelnen Falles überläßt, ob die Rechtsgewohnheit den guten Sitten entspricht,"

auch die beiden letzten Sätze des Beselerschen Gutachtens angenommen. V. 2, 100.

Nachricht hiervon an die Plenar-Versammlung in der Sitzung vom 29. August 1864. V. 2, 50.

b) Die Personen.

Zu den von der ständigen Deputation aufgeworfenen Fragen:

„Ist es wünschenswerth, daß schon jetzt gemeinsame Bestimmungen über folgende drei Punkte, die auch zum Theil in das prozessualische Verfahren eingreifen, getroffen werden:

1) über den Zeitpunkt der Großjährigkeit;
2) über die Handlungsfähigkeit großjähriger Personen unter väterlicher Gewalt;
3) über die Interzessionen der Personen weiblichen Geschlechts?" II. 1, 126.

sprach sich der Professor Dr. Unger aus Wien in dem von ihm der Deputation erstatteten Gutachten dahin aus: es sei diese Frage hinsichtlich aller drei Punkte zu verneinen, dagegen (da das Mittel zur Abhilfe für die aus der Verschiedenheit der gesetzlichen Bestimmungen über Rechts- und Handlungsfähigkeit entstehenden Unzuträglichkeiten auf dem Boden des internationalen Privatrechts liege) auszusprechen:

„Die Handlungsfähigkeit eines Ausländers wird in der Regel nach den Gesetzen seines Wohnortes beurtheilt. Doch wird ein nach diesen Gesetzen nicht handlungsfähiger Ausländer durch die Abschließung von Rechtsgeschäften im Inlande verpflichtet, wenn er nach den Gesetzen des Inlandes handlungsfähig wäre." II. 1, 126 u. 128.

a. In der vereinigten Ersten und Zweiten Abtheilung stellte (ad Ziff. 1.) der Berichterstatter, Gerichtsrath Abeken aus Dresden (indem er sich in Betreff der unter Ziff. 2 und 3 erwähnten Punkte mit dem Gutachten in seinem negativen Theile einverstanden erklärte) den Antrag:

„Der Deutsche Juristentag möge als zweckmäßig und wünschenswerth anerkennen, daß die Frage, ob in den örtlichen Verhältnissen der Einzelstaaten ein genügender Grund liege, die Verschiedenheit in den bestehenden Partikularrechten in Betreff des Eintritts der dem er die verfallenen und anfällig werdenden Versicherungsprämien, sowie die der Gesellschaft gebührenden Wiederersatzsummen für Rettung bei 42 Handelshäusern, den ersten des Handelsplatzes N., mit Beschlag belegen ließ, dem Kredit der Gesellschaft den empfindlichsten Schlag versetzte, der sie nur je treffen konnte; Erw. . . . daß der vielleicht tödtliche Streich, welcher der Gesellschaft durch jenen Beschlag versetzt wurde, nur dem Versehen und der Unbesonnenheit des M. zuzuschreiben ist, welcher nach Art. 1382 u. 1384 C. civ. dafür Ersatz leisten muß; daß den Gerichten auch zusteht, die Größe dieses Ersatzes nach *billigem Ermessen* anzuschlagen; — Aus d. Gr. sei M. in 5000 Fr. Schäden und Interessen gegen die Gesellschaft, sowie in die Kosten zu verurtheilen, auch der angelegte Beschlag wieder aufzuheben.

---

2. Sachenrecht, insbesondere Pfandrecht.

1. Die Anträge

a) des Obertribunalsraths Meyer aus Berlin:

„Zur Begründung eines, an einem ferneren Juristentage vorzulegenden allgemeinen Deutschen Hypothekengesetzes ist eine Kommission zu ernennen, welche zum nächsten Juristentage die Grundprinzipien sowohl für das materielle als für das formale Hypothekenrecht zu prüfen hat, insbesondere ob das Hypothekenbuch ein Grund- oder ein reines Hypothekenbuch sein solle, welche Grenzen der Publizität, Spezialität und Legalitätsprüfung zu setzen, welche einfache und sichernde Formen das Verfahren regeln sollen; ob namentlich hypothèques au porteur ausgestellt werden dürfen; ob das obligatorische Verhältniß von dem hypothekarischen gänzlich zu scheiden; ob die Hypotheken-Buchführung bei den Gerichten stattfinden solle;" I. 125.

b) des Advokat-Anwalts, Justizrath König aus Cleve:

„auf Anerkennung mehrerer Sätze, nach denen das den Preußischen und anderen Germanischen Hypothekenrechten zu Grunde liegende Legalitätsprinzip verwerflich, übrigens da, wo es gilt, vorläufig daran festzuhalten; da aber, wo das Französische Hypothekensystem Geltung hat, auf der Basis des Antilegalitäts-Prinzips die sonstige Reform des Hypothekenwesens vorzunehmen ist, damit seiner Zeit über die Art der Beseitigung des Legalitätsprinzips ein reiferes Urtheil gefällt werden könne;" I. 126.

sowie

2. die Anträge

a) des zweiten Präsidenten des Königl. Obertribunals Dr. Bornemann zu Berlin in Betreff mehrerer, das Hypothekenwesen betreffender Sätze, II. 1, 229—232.

b) des Obertribunalsraths Meyer zu Berlin, der dem Juristentage mehrere leitende Sätze für eine künftige Deutsche Hypotheken-Ordnung zur Annahme vorschlägt, II. 1, 232—236.
und

c) als Zusatz zu Ziff. 6. des Antrages unter litt. b. („Das Prinzip der Publizität wird unbedingt und im vollsten Umfange festgehalten") der Antrag des Kreisrichters Geck zu Werden a/R.:

Der Juristentag wolle beschließen:

„Dem Prinzip der Publizität ist auch in subjektiver Hinsicht durch unbedingte Gestatlung der Einsicht des Hypothekenbuchs und der dazu überreichten Urkunden (der Grundakten) Geltung zu verschaffen," II. 1, 277.

wurden

a) auf dem Zweiten Juristentage

in der vereinigten Ersten und Zweiten Abtheilung, nachdem zuerst Oberappellationsgerichts-Direktor Molitor aus München Ablehnung der gedachten Anträge vorgeschlagen, II. 2, 225.

und Advokat Miller aus Dresden eine Erklärung des Juristentages bezüglich der Reform des Hypothekenwesens beantragt hatte, nach welcher die Beseitigung der General- und gesetzlichen Hypotheken, die Anwendung der Grundsätze der Publizität, Spezialität und Legalität, die möglichst geringe Beschränkung der Uebertragbarkeit hypothekarischer Forderungen u. A. m. als wünschenswerth erscheine, II. 2, 228.

auch der Vorsitzende der Abtheilungen, Geh. Justizrath und Präsident Dr. Heimsoeth aus Köln den Antrag gestellt hatte:

„zu erklären, daß es wünschenswerth sei, statt detaillirter Bestimmungen über das Hypothekenwesen zunächst eine Vorlage über allgemeine Grundsätze zu erhalten, welche sich für eine Hypothekengesetzgebung für ganz Deutschland eignen; der Juristentag erkenne es aber als dringendes Bedürfniß, daß die Hypothekengesetzgebung in allen Deutschen Ländern nach gemeinsamen Grundsätzen erfolge, und beauftrage seine ständige Deputation, weiteres Material für diesen wichtigen Gegenstand zu sammeln und weitere Vorlagen zu machen," II. 2, 249.

durch die Annahme des schließlich dahin gestellten Antrages des Bürgermeisters Dr. Drechsler aus Parchim:

„Der Juristentag geht zwar auf die Berathung der Bornemann- und Meyer'schen Anträge zur Zeit nicht ein, erkennt es aber als ein dringendes Bedürfniß, daß die Hypothekengesetzgebung in allen Deutschen Ländern auf gemeinsamen Grundsätzen erfolge, und beauftragt daher die ständige Deputation, weiteres Material für diesen wichtigen Gegenstand zu sammeln und weitere Vorlagen zu machen, II. 2, 251.

welchem sich auch Appellations-Gerichts-Direktor Molitor anschloß, II. 2, 235.

und in welchen nachträglich auch noch die Erwähnung des Geck'schen Antrages (oben unter Ziff. 2 c.), hinsichtlich dessen Kammergerichts-Assessor Wache aus Berlin Tagesordnung beantragt hatte, (II. 2, 255.) aufgenommen wurde,

erledigt; II. 2, 251—257.

und ebenso in der Plenar-Versammlung vom 30. August 1861. II. 2, 704.

b) In den sodann der Deputation über die von ihr ausgehobenen Sätze 1 — 3 des Bornemannschen Gutachtens (Erwerb und Aufhören des Pfandrechts durch Eintragung in das Hypothekenbuch in Folge einer geeigneten Erklärung der als Eigenthümer eingetragenen Person, beziehungsweise durch Löschung in diesem Umfang — formelle Prüfung von Seiten der Behörde — Herstellung des Hypothekenscheins durch die Beifügung des Eintragungsvermerks unter die gedachte Erklärung) und die Sätze 1 und 2 des Meyer'schen Gutachtens (über Errichtung eines Grund- und Unterpfandbuchs, dessen Eintragungen allein Rechte an unbeweglichen Sachen begründen, aber von Seiten des Betheiligten zu veranlassen sind), sowie über den Geck'schen Zusatzantrag (III. 1, 73 f.) erstatteten Gutachten kam Hofrath und Advokat Dr. v. Kerstorf aus Augsburg, indem er sich seinerseits wieder auf die Hauptgrundsätze beschränkte, zu dem Ergebniß:

„Es möge der Juristentag beschließen, daß es im Interesse der gleichen Rechte und Rechtszustände in ganz Deutschland liege, einem auf die Prinzipien der Publizität und Spezialität gebauten selbstständigen Hypothekensysteme, wie es sich in der neuen Gesetzgebung und insbesondere in dem Bayerischen Hypothekengesetze vom Jahre 1822 gestaltet hat, in allen Deutschen Staaten gesetzliche Geltung verschafft zu sehen, und daß hiebei vom Standpunkte der Wissenschaft, sowie des praktischen Bedürfnisses eine vollkommen konsequente und beziehungsweise konsequentere Durchführung dieses Systems dringend zu empfehlen sei," III. 1, 84.

Dr. jur. G. Lührsen zu Hamburg aber, indem er den Standpunkt, den die Deputation bezeichnet, verlassen hatte und wesentlich von der Germanischen Entwickelung des Hypothekenwesens und dem Hamburger Rechtsbrauch ausging, zu folgenden fünf selbstständigen Grundsätzen:

1) „Der Besitz von Grundeigenthum kann nur vor dem kompetenten Gerichte (der Hypotheken-Behörde der gelegenen Sache) übertragen und erworben werden. III. 1, 87.

2) Die Deutsche Hypothek ist als Reallast des Grundstücks, auf dessen Folium sie eingetragen, aufzufassen und nach den Deutschrechtlichen Grundsätzen über diese zu beurtheilen, mit der Ausdehnung einer durch das Gesetz zu bestimmenden persönlichen Haftverbindlichkeit des jedesmaligen Besitzers des belasteten Grundstücks, wenn durch Zwangsverkauf die Hypothek durch den erzielten Kaufpreis nicht gedeckt wird. III. 1, 90.

3) Eine Hypothek entsteht nur durch Eintragung in die von dem Gerichte der gelegenen Sache geführten Hypothekenbücher, kann

rechtsgültig nur von dem Gerichte, in dessen Protokolle sie eingetragen, übertragen werden, und erlischt nur durch Tilgung in denselben. III. 1, 92.

4) Nur auf Antrag Desjenigen, welcher in den Eigenthums- oder Hypothekenbüchern als Besitzer von Grundeigenthum oder einer Hypothek darauf eingetragen steht, eventualiter dessen gesetzlichen Vertreter oder in Gemäßheit eines den Konsens supplirenden rechtskräftigen Erkenntnisses darf in diese Bücher etwas eingetragen oder darin verändert, umgeschrieben oder getilgt werden. III. 1, 93.

5) Im Konkurse bildet jedes auf einem Folium eingetragene Grundstück mit seiner Belastung eine Spezialmasse für sich, aus welcher nur der Ueberschuß des von den eingetragenen hypothekarischen Gläubigern und den Kosten nicht in Anspruch genommenen Verkaufspreises in die Generalmasse fällt." III. 1, 96.

c) Auf dem Dritten Juristentage wurde bei der Verhandlung in der vereinigten Ersten und Zweiten Abtheilung, nachdem der Berichterstatter, Gerichts-Assessor Meyer aus Berlin, sich mit den v. Kerstorf'schen Anträgen einverstanden erklärt, III. 2, 151.

und der Rechtsanwalt Kretzschmann aus Burg einen von ihm gestellten Antrag in Beziehung auf Einführung einer Hypotheken-Verjährung, III. 2, 150. zurückgezogen hatte, III. 2, 182.

beschlossen, auszusprechen:

„Das Bedürfniß einer gemeinsamen Deutschen Gesetzgebung über das Hypothekenwesen, beziehungsweise den Immobiliarkredit, III. 2, 186.

sodann, daß hiebei die konsequente Durchführung der allgemein für das Hypothekenwesen anerkannten Prinzipien der Spezialität und der Oeffentlichkeit zu Grunde zu legen, III. 2, 186.

daß das Hypothekenwesen auf Grundlage des sachenrechtlichen Grundbuchssystems errichtet werde." III. 2, 187.

Ferner wurde eine Erklärung über den Antrag des Advokat-Anwalts, Justizrath König aus Cleve, es sei auch die vollständige Beseitigung des Legalitätsprinzips als wünschenswerth auszusprechen (s. oben Ziff. 1 b.), gegen welchen sich der Advokat, Dr. v. Kerstorf aus Augsburg erklärt hatte, abgewiesen, III. 2, 188.

ebenso Anträge des Professor Dr. Stein aus Wien, nach welchen bei dem Verlangen einer gemeinsamen Immobiliarkredit-Gesetzgebung in Deutschland auf die Art der Entstehung des Handelsgesetzbuches hingewiesen werden sollte, III. 2, 176 u. 189 f.

und des Advokaten Dr. Auerbach aus Frankfurt a/M. in Beziehung auf Uebertragung einer Hypothek, III. 2, 190.

ferner über den Geck'schen Zusatzantrag (s. oben Ziff. 2 c.) in Erwägung, daß durch die gefaßten Beschlüsse derselbe schon im bejahenden Sinne erledigt sei, nach dem Vorschlage des Berichterstatters, beziehungsweise des Advokatur-Kandidaten Dr. Beer aus Bielitz zur Tagesordnung übergegangen, III. 2, 201 203.

woneben ein von dem Finanz-Prokuratur-Adjunkten Floch aus Wien in Betreff der Erwerbung dinglicher Sachenrechte an Grundstücken gestellter Antrag (III. 2, 182.) von demselben, als im Wesentlichen schon angenommen, zurückgezogen, III. 2. 195.

und die Einverleibung der von dem Keisgerichts-Direktor Horn aus Naumburg a/S. und dem Bürgermeister Dr. Drechsler aus Parchim eingereichten Zusammenstellungen von Anträgen in Betreff des Grundbuchswesens in das Protokoll beschlossen wurde. III. 2, 192—196.

Hiervon wurde der Plenar-Versammlung vom 28. August 1862 Nachricht gegeben.

3. Obligationen-Recht.

Antrag des Geheimen Justizraths, Professor Dr. Heydemann zu Berlin:

„Der Deutsche Juristentag wolle sich für baldige Herstellung eines gemeinsamen Deutschen Gesetzes zum Schutze des Urheberrechts an Werken der Literatur und Kunst gegen Nachdruck so wie gegen unbefugte Nachbildung und Aufführung aussprechen," II. 1. 236.

in der vereinigten Ersten und Zweiten Abtheilung, nachdem ein Vertagungsantrag des Hofraths Dr. v. Kerstorf aus Augsburg, II. 2, 260.

und ein Zusatzantrag des Professors Dr. Unger aus Wien, sich hinsichtlich der Mittel zur Herbeiführung einer gemeinsamen Gesetzgebung in diesem Punkte so auszusprechen, wie bereits hinsichtlich des Civilprozesses rc. beschlossen worden, zurückgezogen war, II. 2, 277.

angenommen; II. 2, 278.

und ebenso in der Plenar-Versammlung vom 30. August. 1861, II. 2. 705.

4. Familien-Recht.

a) Eherecht.

aa) Antrag des Geheimen Raths, Professor Dr. Mittermaier in Heidelberg:

„Der Juristentag wolle beschließen,

daß durch eine Kommission ein Gesetzes-Entwurf bearbeitet

werde über die Stellung der Ehefrau in Bezug auf Vornahme von Rechtsgeschäften und über das eheliche Güterrecht," I. 127.

in der Plenar-Versammlung vom 28. August 1860 an die Erste Abtheilung verwiesen, I. 183.

bb) Antrag des Kreisgerichtsraths Geck zu Werden:

„Der Deutsche Juristentag wolle erklären:

1) daß ein gemeinsames Ehegüterrecht für Deutschland anzustreben, und

2) daß die Gütergemeinschaft als das der Deutschen Ehe vorzugsweise entsprechende System zu empfehlen sei," III. 1, Vorlage Nr. 6.

in der vereinigten Ersten und Zweiten Abtheilung, nachdem dieselbe sich dahin ausgegesprochen hatte, auf den Gegenstand einzugehen (III. 2, 214 u. 217.), nach seinen beiden Theilen abgelehnt, III. 2. 217.

und der Plenar-Versammlung vom 28. August 1862 Nachricht hiervon gegeben. III. 2, 70.

b) Verhältniß zwischen Eltern und Kindern.

Antrag des Professors Dr. Unger in Wien:

„Der Deutsche Juristentag wolle als seine Ueberzeugung aussprechen: daß die Klage auf Anerkennung der unehelichen Vaterschaft im Prinzip für zulässig zu halten sei, daß sie jedoch

1) auf eine ganz kurze Anstellungsfrist zu beschränken sei;

2) daß sie auszuschließen sei, wenn der als Vater in Anspruch Genommene zur Unzucht verführt oder zur Zeit der Beiwohnung verehelicht war, sowie wenn die Mutter notorisch eine lüderliche Weibsperson ist;

3) daß sie durch die exceptio plurium concumbentium entkräftet werden könne." III. 1, Vorlage 7.

aa) In der vereinigten Ersten und Zweiten Abtheilung, nachdem der von dem Advok.-Kandidaten Dr. Beer aus Bielitz gestellte Antrag auf eine motivirte Tagesordnung abgelehnt war (III. 2, 263.), wurde beschlossen:

„Die Vaterschaftsklage (im Grundsatze) für zulässig zu erklären," III. 2, 271.

sodann auszusprechen wie ad 3. des Antrages. III. 2. 271.

und in Folge von Anträgen des Hofgerichts-Advokaten Dr. Vogel in Darmstadt und des Bürgermeisters Dr. Drechsler aus Parchim (III. 2, 252 u. 261.): die gedachte Klage sei nur zulässig unter zwei Voraussetzungen, entweder wenn ein Eheversprechen oder wenn eine Anerkennung des Vaters vorliegt

(III. 2, 275.), auf eine (Meinungs-) Aeußerung über weitere Beschränkungen der Klage nicht einzugehen, III. 2, 276.

wohl aber (in Gemäßheit eines Antrages des Professors Dr. Stubenrauch aus Wien [III. 2 (238 und) 277.]) zu erklären, sie sei in angemessener Weise zu beschränken, III. 2, 277.

wonach dann weitere Anträge, wie der des Professor Dr. Heller aus Wien, die Klage mit der einzigen Beschränkung einer kurzen Anstellungsfrist zuzulassen, III. 2, 150 u. 277.

des Regierungsraths Dr. Weil aus Wien in Betreff einer Beschränkung der Ausnahme bei Verehelichung des als Vater Belangten, III. 2, 255.

des Amtsrichters a. D. Wedekind aus Lüneburg auf eine ausdrückliche Unzulässigkeitserklärung der Vaterschaftsklage, III. 2, 259.

von selbst entfielen, während ein von dem Gerichts-Assessor Meyer aus Berlin gestellter Antrag, die Klage auszuschließen, wenn die Mutter des Kindes eine in geschlechtlicher Beziehung bescholtene Person ist, zurückgezogen wurde. III. 2, 230 u. 277.

bb) In der Plenar-Versammlung vom 28. August 1862 aber wurde, nachdem zur Sache selbst ein Gegenantrag gegen den der Abtheilung dahin:

> „zu erklären, die Klage auf Anerkennung der Vaterschaft ist nur zulässig, wenn sie neben der causa stupri noch auf ein vorangegangenes Eheversprechen gegründet oder die Anerkennung der Vaterschaft erfolgt ist,“

von Drechsler, von v. Kerstorf und Vogel gestellt, III. 2, 128 130.

und ein Antrag des Advokaten Dr. Judeich aus Dresden, in Erwägung, daß die vorliegende Frage einen speziell aus dem Rechtssystem herausgegriffenen Punkt betrifft, über denselben zur Tagesordnung überzugehen, III. 2, 131.

abgelehnt worden war, dem Antrage von Dr. Drechsler gemäß, III. 2, 135. beschlossen, den Gegenstand auf die Tagesordnung des nächsten Juristentages zu setzen und die ständige Deputation, welcher nach einem Antrage des Advokaten Dr. Fries aus Weimar der Unger'sche Antrag zur Berichterstattung überwiesen werden sollte (III. 2, 128.), mit der Ausführung dieses Beschlusses zu befassen. III. 2, 135.

cc) In der Plenar-Versammlung vom 28. August 1863 wurde, nachdem anfänglich der Vorschlag des Vorsitzenden, diese Frage noch ein Jahr ruhen zu lassen, genehmigt war (IV. 2, 85.), später aber doch auf die Sache eingegangen wurde (IV. 2, 132.), zunächst ein Antrag des Advokat-Anwalts König aus Cleve:

> „In dem künftigen gemeinsamen Deutschen Civilgesetzbuch ist die Klage auf Vaterschaft unehelicher, nicht anerkannter Kinder **nicht** zuzulassen,“ IV. 2, 134.

abgelehnt, IV. 2, 147.

und hierauf ein von ꝛc. Drechsler, dem sich v. Kerstorf und der Antragsteller, Professor Dr. Unger, anschlossen (IV. 2, 130—133, 167.), dahin angebrachter Antrag:

zu erklären:

„Die Paternitätsklage ist in den Gegenden Deutschlands, wo sie zur Zeit noch im Prinzipe besteht, in die engsten Grenzen einzuschränken; in einem gemeinsamen Deutschen Gesetzbuche ist sie jedoch nur in Ausnahmefällen zuzulassen," IV. 2, 133.

angenommen. IV. 2, 147.

c) Vormundschaftswesen.

Die Anträge

a) des Professors Dr. Heller aus Wien:

„Die gedeihliche Entwickelung des Deutschen Vormundschaftsrechts erfordert die Bildung eigener aus dem Schooße der Gemeinden hervorgehender Vormundschaftsbehörden mit dem Familienrathe als vorwiegend berathendem Organe zur Seite," III. 2, 143, V. 1, 14 f.

(schon in der vereinigten Ersten und Zweiten Abtheilung des Dritten Juristentages der Deputation zur weiteren Behandlung zurückgelassen, III. 2, 143.)

b) des Advokatur-Kandidaten Dr. Schenk aus Wien:

„Der Deutsche Juristentag wolle als seine Ueberzeugung aussprechen:

A. Das Deutsche Familienrecht beruht auf dem Altdeutschen Gedanken des Mundiums.

Daraus folgt:

aa) die Vormundschaft ist Sache der Familie,

bb) in deren Ermangelung der Gemeinde.

Es ist daher

B. die Vormundschaft auf das Familienprinzip zurückzuführen.

Zu diesem Ende ist erforderlich:

aa) die Schaffung einer Familienversammlung,

bb) die Stellung derselben in einer Weise, daß der Schwerpunkt der Vormundschaft in ihr liegt.

C. Uebrigens ist mit dem staatlichen Aufsichtsrechte immer nur ein Gericht zu betrauen,"

wurden in der vereinigten Ersten und Zweiten Abtheilung des Vierten

Juristentages, nachdem der Berichterstatter, Advokat Dr. Bernays aus Mainz die Anträge in folgender Fassung empfohlen hatte:

„Der Deutsche Juristentag spreche als seine Ueberzeugung aus:

1) daß ein Familienrath zu schaffen sei, der in allen durch das Gesetz zu bestimmenden Fällen bald eine entscheidende, bald eine berathende Stimme hat;

2) daß dem Familienrathe eine richterliche Behörde beigegeben werde, welche den Familienrath leitet und in demselben Sitz und Stimme hat;

3) daß den Gerichten die Obervormundschaft über diesen Familienrath derart zustehe, daß in den durch das Gesetz zu bestimmenden Fällen die Beschlüsse des Familienrathes der Bestätigung der Gerichte bedürfen, und die Letzteren über alle zwischen dem Vormunde und dem Familienrathe entstandenen Streitigkeiten entscheiden," IV. 2, 195 f.

auf Vorschlag des Vorsitzenden IV. 2, 196.

und ebenso in der Plenar-Versammlung vom 28. August 1863 dem nächsten Juristentage zur Einholung schriftlicher Gutachten überwiesen. IV. 2, 125.

In den über diese vereinigten Schenk-, Heller-, Bernays'schen Anträge erstatteten Gutachten kam

aa) der Gerichtsrath Aull in Mainz zu dem Schlußantrag:

„Der Juristentag wolle als seine Ueberzeugung aussprechen:

A. Das Deutsche Familienrecht beruht auf dem Altdeutschen Gedanken des Mundiums.

Daraus folgt:

aa) die Vormundschaft ist Sache der Familie.

bb) in deren Ermangelnng der Gemeinde.

Es ist daher

B. die Vormundschaft auf das Familienprinzip zurückzuführen.

Zu diesem Ende ist erforderlich:

aa) die Schaffung einer besonderen Familienversammlung für jede Pflegschaft, welche aus den vom Gesetze zu bezeichnenden Familienangehörigen des Pflegebefohlenen und in deren Ermangelung aus den vom Gesetze zu bezeichnenden Angehörigen der Gemeinde, in welcher der Mündel wohnt, zu bestehen, den Vormund zu wählen und alle weiteren vom Gesetze der Obervormundschaft zugewiesenen Rechte und Pflichten auszuüben hat.

bb) Diesem Familienrathe ist ein Richter beizugeben, welcher den Vormund zu verpflichten, die Familienversammlung zu berufen, deren Berathung zu leiten und an dieser Theil zu nehmen, aber keine entscheidende Stimme hat.

C. In den vom Gesetze zu bezeichnenden Fällen ist dem Vormunde sowohl als den bei den Entscheidungen des Familienrathes in der Minderheit gebliebenen Mitgliedern desselben ein Rekursrecht gegen jene Entscheidungen an ein Kollegialgericht zu gewähren.

D. Jedenfalls sei mit dem staatlichen Aufsichtsrechte immer nur ein Gericht zu betrauen.

Im Falle der Juristentag sich für Ueberweisung der Vormundschaften an eigene aus den Gemeinden zu bildende Behörden erklären sollte, wolle derselbe seine Ueberzeugung dahin aussprechen:

E. Daß in diesem Falle es nicht rathsam sei, diesen Behörden einen Familienrath an die Seite zu geben." V. 1, 27 f.

bb) der Hof- und Gerichts-Advokat Dr. Heyßler aus Wien zum Ausspruch folgender Ansicht:

„Die Vormundschaft ist ein Recht und eine Obliegenheit der Familie. Sie wird ausgeübt durch den Vormund und durch den Familienrath, welcher dem Vormunde theils mit berathender, theils mit beschließender Stimme zur Seite steht.

Die Obervormundschaft ist ein Recht und eine Obliegenheit der Gemeinde; sie wird ausgeübt durch Entscheidung in gewissen vorbehaltenen Fällen, sei es wegen der Wichtigkeit des Gegenstandes, sei es wegen Meinungsverschiedenheit der vormundschaftlichen Organe; und durch die Oberaufsicht über die vormundschaftliche Gestion.

Jede Administrativ-Thätigkeit der Gerichte in Vormundschaftssachen hat aufzuhören; die Gerichte haben in diesen Angelegenheiten ausschließend in den Grenzen und nach den Formen ihrer allgemeinen (Civil- und Straf-) Gerichtsbarkeit einzuschreiten." V. 1, 53.

In der Ersten Abtheilung wurde sodann, nachdem der Berichterstatter, Notar Euler aus Düsseldorf, beantragt hatte:

„Der Juristentag wolle als seine Ueberzeugung aussprechen:

1) daß die Vormundschaft Sache der Familie, in deren Ermangelung der Gemeinde ist;

2) daß ein Familienrath zu schaffen ist, der in allen durch das Gesetz zu bestimmenden Fällen bald entscheidende, bald berathende Natur hat, daß diesem eine richterliche Behörde beigegeben wird, welche den Familienrath leitet und in demselben Sitz und Stimme erhält;

3) daß dem Gerichte das staatliche Aufsichtsrecht über diesen Familienrath der Art zusteht, daß in den durch das Gesetz zu bestimmenden Fällen die Beschlüsse des Familienrathes der Bestätigung des Gerichts bedürfen, und daß dasselbe über alle zwischen dem Vormunde und dem Familienrathe entstehenden Streitigkeiten entscheidet," V. 2, 118 f.

hinsichtlich der in dem Schenk'schen Antrage unter A. und B. aufgestellten Sätze, sowie eines von dem Advokat-Anwalt, Justizrath König aus Cleve gestellten und von dem Vorsitzenden u. A. etwas umgestalteten Verbesserungsantrages beschlossen:

„Es ist ein Familienrath, d. h. ein Organ aus Familienmitgliedern eventuell Freunden für jede Vormundschaft zu schaffen, welches unter Vorsitz des Orts-Einzelrichters theils berathend, theils beschließend in die Vormundschaftsverwaltung einzuführen ist und dessen Beschlüsse in wichtigeren, vom Gesetze zu bestimmenden Fällen von dem Kollegial-Gerichte zu bestätigen sind," V. 2, 130 f.

wodurch die Anträge des Berichterstatters und ein zu denselben von dem Obergerichtsrath Vorwerk aus Wolfenbüttel gestellter Unterstützungs-Antrag sich erledigten.

Sodann wurde die Frage über die Betheiligung der Gemeinde an der Vormundschaft von dem Vorsitzenden zur Berathung gestellt, in dieser Hinsicht aber ein Antrag nicht eingebracht, V. 2, 131 f.

und nun auch der Antrag von Bernays unter Ziff. 3. als durch Annahme des König'schen erledigt erklärt, V. 2, 132.

der Heller'sche Antrag (s. oben a.) aber verworfen. V. 2, 133.

Hiervon erhielt die Plenar-Versammlung vom 29. August 1864 Nachricht. V. 2, 50 ff.

5. Erbrecht.

Antrag des Kreisgerichts-Raths v. Piper zu Wriezen:

„Der Deutsche Juristentag wolle die Ueberzeugung aussprechen:

es sei gerecht, daß der Erbe den Gläubigern des Erblassers niemals über den Betrag der Erbmasse hinaus verhaftet werde."
III. 1, Vorl. Nr. 5.

Beschluß:

a) in der vereinigten Ersten und Zweiten Abtheilung, in der der Antragsteller nicht anwesend und kein Berichterstatter ernannt war, III. 2, 203.

b) in der Plenar-Versammlung vom 28. August 1862, III. 2, 70.

„die Sache auf einen folgenden Juristentag zu vertagen."

Ebenso wurde der Antrag auf dem Vierten Juristentage von der Tagesordnung abgesetzt. IV. 2, 211. (125.)

6. Handels- und Wechselrecht, Gewerberecht.

a) Antrag des Advokaten Dr. Auerbach aus Frankfurt a/M. u. A.:

„Der Juristentag spricht den Wunsch aus, daß diejenigen Deutschen Bundesstaaten, in welchen das Allgemeine Deutsche Handelsgesetzbuch noch keine Gesetzeskraft hat, dasselbe alsbald unverändert einführen," IV. 2, 211.

in der vereinigten Ersten und Zweiten Abtheilung mit Einschaltung der Worte: „mit Einschluß des Seerechts" hinter „Handelsgesetzbuch" angenommen, IV. 2, 211 f.

und in der Plenar-Versammlung vom 28. August 1863, welche hiervon nur benachrichtigt werden sollte (IV. 2, 212 u. 127.), ebenfalls zum Beschlusse erhoben. IV. 2, 128.

b) Antrag des Stadtrichters Primker aus Breslau:

„Der Deutsche Juristentag möge anerkennen, daß das dringende Bedürfniß vorhanden, eine Reform der Gesetzgebung über die stille Gesellschaft in Deutschland noch vor dem Zustandekommen eines Deutschen Handelsgesetzbuches vorzunehmen." I. 107.

Beschluß:

a) in der Zweiten Abtheilung, I. 315.

b) in der Plenar-Versammlung vom 30. August 1860, I. 232 f.

„In Erwägung, daß die gesetzliche Regulirung der Verhältnisse der stillen Gesellschaft vor Publikation des Deutschen Handelsgesetzbuches die Vollendung des nationalen Werkes nur von Neuem verzögern würde, geht der Juristentag über den Antrag des Herrn Stadtrichters Primker zur Tagesordnung über. Der Deutsche Juristentag spricht jedoch hierbei die Erwartung aus, daß die Regierungen Alles aufbieten werden, damit die Bearbeitung des Deutschen Handelsgesetzbuchs so rasch als möglich zum Abschluß gebracht werde und das Gesetzbuch selbst in's Leben trete."

c) Antrag der Advokaten Kuntzsch zu Chemnitz und Miller zu Dresden, sowie des Gerichts-Assessors Bernau zu Magdeburg:

„Der Deutsche Juristentag wolle aussprechen:

1) es sei dringend wünschenswerth, daß im Nachtrag und zur Vervollständigung des allgemeinen Deutschen Handelsgesetzbuchs baldigst auch ein das gesammte Versicherungswesen umfassendes Gesetz mit Zugrundelegung des in den Art. 327 ff. des Entwurfs eines Handelsgesetzbuchs für die Preußischen Staaten von 1857 befolgten Prinzips zu Stande komme, und

2) die ständige Deputation deshalb beauftragen, die desfalls erforderlichen Schritte bei den Deutschen Regierungen zu thun." III. 1, Vorl. Nr. 8.

In der vereinigten Ersten und Zweiten Abtheilung, nachdem die Antragsteller die Ziff. 2. des Antrages fallen gelassen hatten (III. 2, 278.), ward beschlossen:

„auszusprechen, es liege ein dringendes Bedürfniß vor, daß über das gesammte Versicherungswesen, soweit es noch nicht durch das Handelsgesetzbuch regulirt ist, ein gemeinsames Deutsches Gesetz erlassen werde, dagegen in Einzelnheiten hinsichtlich der Form der Einleitung u. s. w. (wie nach dem Antrage des Advokaten Dr. Auerbach aus Frankfurt auszusprechen, daß die zum Entwurfe eines allgemeinen Deutschen Obligationenrechtes zusammentretende Kommission beauftragt werden sollte, ein solches Gesetz zu entwerfen, III. 2, 284.) nicht einzugehen." III. 2, 286.

Nachricht hievon an die Plenar-Versammlung vom 28. August 1862. III. 2, 71.

d) Antrag des Advokaten und Notars Judeich aus Dresden:

„daß der Erste Deutsche Juristentag den Männern der zu Nürnberg tagenden Deutschen Handelsgesetzgebungs-Kommission ein Votum des Vertrauens, ein Votum des Dankes abgebe für Schaffung des in allen Theilen, auch im Titel „vom Frachtgeschäft" als segensreich aufrecht zu erhaltenden Entwurfes eines Allgemeinen Deutschen Handelsgesetzbuches, und mit kürzlicher Abfassung dieses schriftlichen Votums sein Präsidium beauftrage." I. 130.

in der Zweiten Abtheilung, namentlich im Hinblick auf die bei Gelegenheit des Primker'schen Antrages ausgesprochene Erwartung der baldigen Vollendung des Handelsgesetzbuches (s. oben a.), im Ganzen abgelehnt, dagegen auf Antrag des Advokaten Kuntzsch aus Chemnitz beschlossen, den Wunsch auszusprechen:

„daß die Deutschen Regierungen den Beschwerden des Deutschen

Handelsstandes in Bezug auf die Haftung der Eisenbahnverwaltungen betreffs des Frachtverkehrs thunlichst Rechnung tragen mögen," I. 316 f.

und ebenso in der Plenar-Versammlung vom 30. August 1860. I. 138.

e) Ein Antrag des Gerichts-Assessors Saran aus Potsdam:

„Der Deutsche Juristentag möge die Erwartung aussprechen, daß die von der Nürnberger Kommission gefaßten Beschlüsse, mehrere zur allgemeinen Deutschen Wechselordnung gekommene Fragen betreffend, von den hohen Deutschen Regierungen in ihren Staaten baldigst eingeführt werden," I. 315 f.

wurde von demselben im Laufe der Erörterung in der Zweiten Abtheilung zurückgezogen. I. 317.

f) Antrag des Advokaten Dr. Auerbach aus Frankfurt a/M. u. A., (IV. 2, 211.) in Verbindung mit dem oben unter a. angeführten gestellt:

„Der Juristentag spricht den Wunsch aus, daß diejenigen Deutschen Bundesstaaten, in welchen die Novelle zur Allgemeinen Deutschen Wechselordnung noch nicht publizirt ist, baldigst mit der Publikation vorgehen möchten,"

in der vereinigten Ersten und Zweiten Abtheilung angenommen, IV. 2, 212.

und in der Plenar-Versammlung vom 28. August 1863, welche hiervon nur benachrichtigt werden sollte (IV. 2, 212, 127.), ebenfalls zum Beschluß erhoben. IV. 2, 128.

g) Antrag des Stadtgerichtsraths Borchardt zu Berlin:

„Der Deutsche Juristentag wolle aussprechen, daß ein Bedürfniß zu einer Deklaration der Deutschen Wechselordnung gegenwärtig noch nicht vorhanden, und daß der Erlaß einer Deklaration eher nachtheilig als vortheilhaft wirken werde." II. 1, 277.

Beschluß in der vereinigten Ersten und Zweiten Abtheilung auf Antrag des Geh. Justizraths und Präsidenten Dr. Heimsoeth aus Köln und des Hofraths v. Kerstorf aus Augsburg, II. 2, 203.

und ebenso in der Plenar-Versammlung vom 30. August 1861 II. 2, 708:

Uebergang zur Tagesordnung.

h) Antrag des Notars Dr. Uchatzy aus Reichenberg in Böhmen:

„Der Deutsche Juristentag wolle aussprechen, es sei die baldigste Einführung eines allgemeinen Deutschen Patentgesetzes erwünscht." II. 1, 236.

Beschluß in der vereinigten Ersten und Zweiten Abtheilung, nachdem der Berichterstatter, Advokat Miller aus Dresden, zuerst den Antrag zur Annahme empfohlen hatte, indem er zugleich auf die Nothwendigkeit der Einsetzung einer ständigen Kommission für Patentangelegenheiten hinwies, II. 2, 209.

dann den Antrag stellte, bei der Erwünschtheit einer solchen Gesetzgebung die ständige Deputation zu beauftragen, zu derselben die Hauptgrundsätze vom juristischen Standpunkte zu entwerfen und dem nächsten Juristentage eine Vorlage hierüber zu machen, II. 2, 214.

dem Antrage des Vorsitzenden, Präsidenten Dr. Heimsoeth, welchem sich auch der Antragsteller anschloß, (II. 2, 217.) gemäß:

„Die Versammlung erklärt, den Antrag bis dahin, daß über die hauptsächlichen juristischen Grundsätze einer allgemeinen Deutschen Patentgesetzgebung eine Vorbereitung und nähere Vorschläge vorliegen, zu vertagen," II. 2, 217.

und ebenso in der Plenar-Versammlung vom 30. August 1861, womit sich der von dem Antragsteller hier wieder aufgenommene ursprüngliche Antrag desselben erledigte. II. 2, 707.

D. Strafrecht.

1) Antrag des Appellationsgerichtsraths v. Kräwel aus Naumburg a/S.:

„Der Deutsche Juristentag wolle anerkennen, daß ein allgemeines Deutsches Strafgesetzbuch, welches diejenigen Grundsätze adoptirt, die in den Gesetzbüchern der einzelnen Deutschen Staaten enthalten sind und in der Deutschen Rechtswissenschaft und dem Deutschen Rechtsleben ihre Begründung finden, ein dringendes Bedürfniß ist, sowie in Erwägung ziehen, auf welche Weise jenes Bedürfniß am zweckmäßigsten und schnellsten befriedigt werden könne," I. 58.

zu welchem im Auftrage des Antragstellers Obertribunalsrath Goltdammer aus Berlin in der Dritten Abtheilung einen redigirten Entwurf eines Deutschen Strafgesetzbuches bezüglich der ersten fünf Paragraphen überreichte. I. 319.

Es wurde

a) in dieser Abtheilung, nachdem Ober-Staatsanwalt Frh. v. Groß von Eisenach seinen schon früher als Zusatz zu dem v. Kräwel'schen Antrag schriftlich eingereichten Antrag (I. 59.) dahin gestellt hatte:

„Der Juristentag wolle

A. eine Petition an sämmtliche Deutsche Regierungen richten und in derselben beantragen:

daß die Deutschen Regierungen gemeinschaftlich beschließen möchten, ein allgemeines Deutsches Strafgesetzbuch durch eine von ihnen zu wählende Kommission entwerfen zu lassen und eventuell nach geeigneter Prüfung dasselbe in ihren Staaten einzuführen;

B. mit Ausführung dieses seines Beschlusses seine ständige Deputation, welcher zur Ausarbeitung der Petition der erste Präsident der Plenar-Versammlung beigesellt werde, betrauen und namentlich

C. derselben auftragen, die unter A. bezeichnete Petition nebst einer motivirenden Denkschrift ausarbeiten zu lassen und beide Schriften — unter gleichzeitiger Publikation derselben durch den Druck — im Namen und Auftrag des Juristentages sämmtlichen Deutschen Regierungen zu überreichen;" I. 59, 320.

Rechtsanwalt v. Dazür aus Ostrowo aber beantragt hatte:

„Der Deutsche Juristentag wolle anerkennen, daß ein allgemeines Deutsches Strafgesetzbuch ein dringendes Bedürfniß ist und eine auf Einführung eines solchen gerichtete Petition den Deutschen Regierungen überreichen,"

und Obertribunalsrath Goltdammer vorgeschlagen:

die Worte des v. Kräwel'schen Antrages: „welches" bis „finden," dahin zu fassen:

„welches diejenigen Grundsätze adoptirt, die in den Gesetzbüchern der einzelnen Deutschen Staaten enthalten sind, so weit sie in der Deutschen Rechtswissenschaft und dem Deutschen Rechtsbewußtsein ihre Begründung finden," I. 320.

zunächst beschlossen, beim Plenum den Beschluß zu befürworten:

„Der Deutsche Juristentag erkennt an, daß ein allgemeines Deutsches Strafgesetzbuch ein dringendes Bedürfniß ist;"

dagegen die angedeuteten Zwischenworte des v. Kräwel'schen Antrages und die statt derselben in dem Goltdammerschen gewählten wegzulassen, wonächst noch der zweite Theil des v. Dazür'schen und die Sätze unter B. und C. des v. Groß'schen Antrages zur Annahme gelangten." I. 320 f

b) In der Plenar-Versammlung vom 30. August 1860, nachdem Gerichts-Assessor Sander aus Berlin im Hinblick auf einige aus dem Französischen Rechte namentlich in das Preußische Gesetzbuch aufgenommene Grundsätze die Wiedereinschaltung der gedachten v. Kräwel'schen Zwischenworte in den Ausspruch des Juristentages beantragt hatte (I. 245.), ward beschlossen:

„Die Dringlichkeit und das Bedürfniß einer gemeinsamen

Strafgesetzgebung anzuerkennen, dagegen in Beziehung auf das Preußische Strafgesetzbuch oder überhaupt in der angeregten Richtung nichts Weiteres zu sagen." I. 246.

(Vergl. auch oben unter B 2. u. f.)

2) Antrag desselben Mitgliedes (zugleich mit dem hernach unter Ziff. 4. angeführten hinsichtlich der Strafbemessung eingebracht):

„Wenn auch keine Einigung dahin zu erzielen sein sollte, daß die Todesstrafe in ganz Deutschland abgeschafft wird, so hindert dies doch das Zustandekommen eines für ganz Deutschland geltenden Strafgesetzbuches nicht," III. 1, Vorl. Nr. 11.

in der Dritten Abtheilung, nachdem der Berichterstatter, Prof. Dr. Wahlberg aus Wien beantragt hatte, über den Antrag zur Tagesordnung überzugehen (als noch verfrüht), III. 2, 367.

und die Abtheilung sich dahin erklärt hatte, über einen von dem Obergerichts-Anwalt Götting aus Hildesheim gestellten Antrag (oder Verbesserungsantrag), dahin lautend:

„Die gänzliche Beseitigung der Todesstrafe ist eine der Voraussetzungen für das Zustandekommen eines gemeinsamen Deutschen Strafgesetzbuches," III. 2, 368.

für jetzt nicht abzustimmen; III. 2, 381.

auch Obertribunalsrath v. Seckendorf aus Berlin einen von ihm vorgelegten Antrag auf eine motivirte Tagesordnung zurückgezogen hatte, III. 2, 373 f. 382.

in Gemäßheit eines Antrages des Prof. Dr. v. Holtzendorff aus Berlin (dem sich der Antragsteller angeschlossen hatte, III. 2, 374.)

wie derselbe bezüglich der Formulirung des Verlangens nach Rechtseinheit von dem Kreisgerichts-Direktor v. Kunowsky aus Beuthen im Einverständnisse mit den Antragstellern verbessert worden war, III. 2, 374.

als Beschluß ausgesprochen:

„Die hinsichtlich der Todesstrafe bestehende Verschiedenheit der gegenwärtigen Deutschen Strafgesetze ist kein Hinderniß gegen die unmittelbare Ausführung der vom Juristentage als dringendes Bedürfniß erklärten Deutschen Strafrechtseinheit;" III. 2, 382.

ebenso im Wesentlichen in der Plenar-Versammlung vom 28. August 1862, III. 2, 87.

nachdem Obergerichts-Advokat Eller aus Mannheim beantragt hatte, statt „kein" (Hinderniß), umgekehrt zu sagen, „ein;" III. 2, 80.

Advokat Fries aus Weimar aber, wenigstens den Abtheilungs-Antrag abzulehnen, III. 2, 82.

und Hof- und Gerichts-Advokat Dr. Berger aus Wien, die derzeit bestehende Verschiedenheit hervorzuheben. III. 2, 85.

3) Antrag des Prof. Dr. Wahlberg aus Wien:

„Der Deutsche Juristentag wolle eine Kommission von Juristen verschiedener Deutscher Staaten bilden, welche über „Krug's Ideen zu einer gemeinsamen Deutschen Strafgesetzgebung" bis zum nächsten Juristentag ein umfassendes Gutachten abzugeben hat, und hierfür folgendes Verfahren vorzeichnen:

Jedes Kommissionsmitglied hat während der Jahresfrist vom Standpunkt seiner Landesgesetzgebung den Krug'schen Entwurf zu beurtheilen und dabei den Gesichtspunkt festzuhalten, ob und inwieweit sich eine Vereinbarung seines Landesgesetzbuches mit diesem Entwurfe, und sei es auch nur annäherungsweise, ausführen läßt.

Die ständige Deputation des Juristentages hat sodann auf Grundlage der eingelaufenen Separatgutachten aus der Mitte der Kommission ein Referat hervorgehen zu lassen, und dieses Referat mit den geeigneten Vorschlägen ist dem nächsten Juristentage zur Berathung in pleno vorzulegen;" I. 63.

in der Dritten Abtheilung zugleich mit dem v. Kräwel'schen Antrage (s. oben unter Ziff. 1.) berathen und dem Antrage des Berichterstatters gemäß abgelehnt. I. 319. 321.

4) Weitere (s. oben zu Ziff. 2.) Anträge des Appellationsgerichts-Raths v. Kräwel aus Naumburg a/S.:

a) „Wenn das allgemeine Deutsche Strafgesetzbuch absolute Strafen, wie die Todes- und lebenswierige Zuchthausstrafe androht, so ist dem Richter zugleich die Möglichkeit zu geben, wegen des Hinzutretens von Milderungsgründen auch auf geringere als die absolute Strafe zu erkennen.

b) Ueberhaupt ist das Strafmaß so zu erweitern, daß der Richter bei der Strafabmessung auch auf außergewöhnliche Schärfungs- und Milderungsgründe Rücksicht nehmen kann. Ein geringstes Strafmaß ist nur ausnahmsweise festzusetzen.

c) Verordnet das allgemeine Deutsche Strafgesetzbuch wegen hinzutretender erschwerender Umstände eine Verschärfung der Strafe, so ist in der Regel der Richter zu dieser Strafschärfung wohl zu **ermächtigen**, nicht aber zu zwingen, daß er allemal diese Strafschärfung eintreten lassen muß," III. 1, Vorl. Nr. 11.

welche der Antragsteller in der Dritten Abtheilung (des Dritten Juristentages) in dem Satze unter b. durch die Worte nach „Richter": „sogar beim Schwurgerichtsverfahren" ergänzte. III. 2, 388.

Es wurde nun

a) von dem Dritten Juristentage beschlossen:

aa) in der Dritten Abtheilung:

α) statt des Satzes unter a.,

mit dem sich der Berichterstatter, Prof. Dr. Wahlberg aus Wien, einverstanden erklärt, III. 2, 383.

und in dessen zweiten Theil der Obertribunalsrath v. Seckendorff aus Berlin die Worte „dem Richter" abzustreichen beantragt hatte, III. 2, 386 393.

gemäß dem Antrage des Prof. Dr. v. Holtzendorff aus Berlin, dem sich der Antragsteller angeschlossen; III. 2, 386 402.

zu sagen: absolute Strafandrohungen (Strafbestimmungen) [d. h. nicht Strafen, III. 2, 397 405 77.] sind grundsätzlich zu verwerfen, III. 2, 403.

wodurch auch der v. Seckendorff'sche Verbesserungsantrag (mit dem v. Kräwel'schen Satze a.) sich erledigte; III. 2, 404.

β) die in den Sätzen b. und c. enthaltenen, auf Strafmilderung, Strafabmassung und Strafschärfung bezügliche Anträge aber,

hinsichtlich deren Rechtsanwalt Sabarth aus Ratibor den Wegfall der von dem Antragsteller neuerdings eingefügten Worte: „sogar" u. s. w. beantragt hatte, III. 2, 392.

nach dem Antrage des Prof. Dr. v. Holtzendorff, III. 2, 401.

der ständigen Deputation zur Vorbereitung für den nächsten Juristentag zu überweisen; III. 2, 404.

bb) in der Plenar-Versammlung vom 28. August 1862 desgleichen. III. 2, 87 f.

b) In den über diese Sätze der ständigen Deputation erstatteten Gutachten kam der Obertribunalsrath v. Tippelskirch aus Berlin, indem er den Satz c. unbedenklich fand und sich des Weiteren nur über den Satz b. verbreitete, dahin, daß das Ermessen des Richters, aus besonderen Gründen unter das niedrigste Maß der ordentlichen Strafe herabzugehen, durch Aufstellung bestimmter Milderungsgründe und durch Bezeichnung eines gewissen Maaßes der alsdann eintretenden außerordentlichen Strafe zu beschränken sei; IV. 1, 157—170.

Professor Dr. Wahlberg aus Wien aber gelangte dahin, die Ablehnung des Satzes b. und die Annahme des Satzes c. zu empfehlen. IV. 1, 179—198.

c) Beim Vierten Juristentage stellte

aa) in der Dritten Abtheilung der Berichterstatter, Privatdozent Dr. Merkel aus Gießen, zunächst, indem er seine Ansicht in Betreff des Satzes b. entwickelte, folgende Anträge:

„Der Juristentag möge erklären:

1) Der Juristentag verwirft die Kräwel'schen Anträge Nr. 3 und 4;

2) erklärt, daß die Unterscheidung zwischen Strafausmessungsgründen und Strafänderungsgründen, wie sie gegenwärtig in unseren Gesetzen fixirt ist, als eine prinziplose aufzugeben sei;

3) daß dagegen der ordentliche Strafmaßstab mit seinen Gliederungen, begründet in den konstitutiven Elementen der besonderen Verbrechensthatbestände und der Steigerungen und Verbindungen, deren diese Elemente fähig sind, zu unterscheiden sei von allgemeinen und speziellen Strafänderungsgründen.

4) Allgemeine Milderungsgründe sind solche, die Zurechenbarkeit betreffende Momente, welche in ihrer höchsten Steigerung die Strafbarkeit vollständig ausschließen. Dahin gehören: geminderte Zurechnungsfähigkeit, Jugend, Nothstand, Befehl, Pflichtenkonflikt.

5) Diesen allgemeinen Milderungsgründen gegenüber ist ein Minimalsatz nicht festzuhalten.

6) Spezielle Strafänderungsgründe sind außerhalb des besonderen Thatbestandes liegende Momente, welche die durch jenen begründete Strafpflicht in irgend einem nach den verschiedenen Verbrechensarten verschiedenen Maße mindern oder erhöhen." IV. 2, 220 f.

Der Antragsteller aber formulirte den gedachten Satz b. zur Verdeutlichung in folgender Weise:

„Der Deutsche Juristentag möge als seine Ueberzeugung aussprechen:

Es sei nothwendig, daß das Allgemeine Deutsche Strafgesetzbuch dem Richter die Befugniß einräume, unter das (gewöhnliche oder wie auf den Vorschlag des Advokaten Dr. Schaffrath aus Dresden von dem Antragsteller verbessert wurde) ordentliche Strafmaß herabzugehen, und dann ein noch geringeres, außerordentliches Strafmaß anzuwenden, wenn nach seinem Ermessen selbst die geringste der That angedrohte Strafe mit deren Strafbarkeit nicht in richtigem Verhältniß steht." IV. 2. 221.

Sodann stellte noch Gerichts-Assessor Dr. Rubo aus Berlin den Antrag, zu beschließen:

„Daß der Richter ermächtigt sein solle, für den Fall mildernder Umstände unter das geringste gesetzliche Strafmaß herabzugehen,"

den er auf Vorschlag des Vorsitzenden, General-Staatsanwalt Dr. Schwarze aus Dresden, durch die Worte ergänzte:

„ohne durch eine im Gesetze hierfür festgesetzte Strafgrenze beschränkt zu sein".

Es wurde aber sowohl der Rubo'sche als auch der v. Kräwel'sche Antrag abgelehnt, IV. 2, 228. 230.

worauf der Berichterstatter seine sämmtlichen Anträge, der Antragsteller aber den Satz c. mit Genehmigung der Versammlung zurückzog. IV. 2, 230 f.

5. Antrag des Rechtsanwalts Fries aus Weimar:

„Der Deutsche Juristentag wolle erklären, daß die Todesstrafe, als mit den Grundsätzen einer richtigen Strafgesetzgebung unvereinbar, abzuschaffen sei." III. 1, Vorl. Nr. 22.

In Betreff dieses, als verspätet eingebracht, nicht mehr auf die Tagesordnung des Dritten Juristentages gesetzten und deshalb auch von der Plenar-Versammlung vom 28. August 1862, bei welcher er aus Veranlassung des v. Kräwel'schen Antrages (oben zu Ziff. 2.) zur Sprache kam, nicht in die Hand genommenen Antrages, (III. 2, 368 86.) stellten

a) in der Dritten Abtheilung des Vierten Juristentages der Berichterstatter, Sektionschef Dr. v. Hye-Glunek aus Wien, folgenden Antrag:

„Der Deutsche Juristentag spricht es als seine Ueberzeugung aus:

1) Die allmälige völlige Abschaffung der Todesstrafe ist eine gebieterische Forderung der fortschreitenden Civilisation, und es seien daher die bestehenden Strafensysteme namentlich auch in dieser Zielrichtung entsprechend umzugestalten.

2) Die Todesstrafe sei aber auch jetzt schon, nämlich in dem alsbald zu erlassenden gemeinsamen Deutschen Strafgesetze — außer den Fällen des Kriegs- und Stand- und

bei Meutereien des Seerechts — auf zwei Verbrechen zu beschränken, nämlich:

a) auf den mit überlegtem Vorsatze ausgeführten Mord eines Menschen und

b) auf hochverrätherische Angriffe gegen die körperliche Sicherheit der Person des Staatsoberhauptes.

3) Die Todesstrafe sei selbst in diesen Fällen im Gesetze nicht absolut anzudrohen, sondern dem erkennenden Gerichtshofe sei freizulassen, bei überwiegenden Milderungsumständen statt derselben auf lebenswierige oder selbst zeitliche Freiheitsstrafe zu erkennen." IV. 2, 231.

Advokat Dr. Schaffrath aus Dresden aber denselben Antrag, wie Fries, nur ohne Anführung des Grundes, IV. 2, 232.

und Hof- und Gerichts-Advokat Dr. v. Mühlfeld aus Wien den Antrag:

„Der Juristentag spricht als seine Ueberzeugung aus:
Die Todesstrafe soll in einem allgemeinen Deutschen Strafgesetzbuche, außer den Fällen des Kriegs- und des Seerechts bei Meutereien, keinen Platz finden." IV. 2, 232.

Es ward nun der Fries-Schaffrath'sche Antrag mit schwacher Majorität und der v. Mühlfeld'sche mit 41 gegen 40 Stimmen abgelehnt,

und wurden die drei Theile des v. Hye'schen Antrages, der dritte jedoch nur, dem Antrage von Dr. Schaffrath gemäß, unter Fortlassung der Worte: „bei überwiegenden Milderungs-Gründen," angenommen. IV. 2, 232 f.

b) In der Plenar-Versammlung vom 28. August 1863 wiederholte Advokat v. Mühlfeld seinen in der Abtheilung gestellten Antrag, IV. 2, 102.

und wurde derselbe, in seinen beiden Theilen (Regel — Ausnahme) zur Abstimmung gebracht, mit überwiegender Mehrheit angenommen. IV. 2, 104 f.

6) Antrag des Hofgerichts-Raths v. Stößer zu Bruchsal:

„Der Deutsche Juristentag wolle als seine Rechtsüberzeugung aussprechen, daß entehrende Strafen dem Gerechtigkeits- und Besserungszwecke der Strafe widersprechen und daß solche deshalb bei Bearbeitung eines gemeinsamen Deutschen Strafgesetzbuches keine Aufnahme finden mögen." III. 1, Vorl. Nr. 12.

a) In der Dritten Abtheilung stellte der Berichterstatter, Sektionschef Dr. v. Hye-Gluneck folgende Anträge:

„Der Deutsche Juristentag spricht es als seine Ueberzeugung aus, daß es von der Gerechtigkeit gebieterisch gefordert und gleichmäßig durch den Besserungszweck der Strafe, durch die Humanität, durch die heutigen sozialen Anschauungen, sowie durch den Stand der Kultur des Deutschen Volkes dringend empfohlen sei, in dem künftigen Deutschen gemeinsamen Strafgesetze in Beziehung auf die entehrenden Strafen an folgenden Grundsätzen festzuhalten:

1) Alle schon ihrer Qualifikation nach einen das Ehrgefühl eines jeden Menschen erstickenden oder doch abstumpfenden Charakter einschließenden Strafen oder Verschärfungen derselben, wie z. B. die Ausstellung am Strafpfahle (Pranger, Schandbühne und dergleichen), die Kettenstrafe und insbesondere jede Art von körperlicher Züchtigung (Stockprügel, Ruthenstreiche u. s. w.) haben unbedingt zu entfallen.

2) Die in der Wissenschaft und in den bestehenden Strafgesetzen unter dem Namen entehrender Straffolgen bekannten Verluste a) der Ehren-, b) der sogenannten politischen oder staatsbürgerlichen, c) der Dienst- oder Amts- und d) der gemeinen bürgerlichen Rechte sollen kraft des Gesetzes oder durch besonderes richterliches Straf-Erkenntniß nur mit der Strafe für solche strafbare Handlungen verbunden werden, welche selbst vermöge ihrer inneren Beschaffenheit als entehrend gelten, nämlich auf einer verächtlichen, ehrlosen Gesinnung beruhen.

3) Es hat aber auch bei den strafbaren Handlungen der erwähnten Kategorie in der Regel mit der Erlöschung der Strafe überhaupt auch die Fähigkeit zur Wiedererlangung der verlorenen Ehren-, politischen und Dienst-Rechte und die Berechtigung zur Wiederausübung der entzogenen gemeinen bürgerlichen Rechte ohne Weiteres einzutreten, und nur in solchen Fällen, wo eine strafbare Handlung auf besondere Niederträchtigkeit oder Bosheit des Schuldigen schließen läßt, sowie bei Gewohnheitsverbrechern soll es dem erkennenden Gerichte freistehen, die Fortdauer der Unfähigkeit zur Wiedererwerbung und beziehungsweise Wiederausübung der genannten vier Kategorien von Rechten noch einige Zeit über das Ende der Strafe hinaus, jedoch in einer der verhängten Strafe entsprechenden Dauer oder Zeit-Skala, und höchstens auf 10 Jahre nach Erlöschung der Strafe auszusprechen.

4) Bei allen übrigen strafbaren Handlungen soll während der Dauer der Freiheitsstrafe nur die Ausübung der genannten vier Kategorien von Rechten ruhen, ihre Untersagung daher nach Erlöschung der Strafe von selbst entfallen.

5) Das Begnadigungsrecht der Krone (des Staatsoberhauptes) ist auch in Beziehung auf die gänzliche und theilweise Nachsicht dieser Straffolgen im vollsten Umfange aufrecht zu erhalten.

6) Es seien diese Bestimmungen des künftigen Deutschen Strafgesetzes rückwirkend auch auf alle nach den früheren Gesetzen ausgesprochenen Verurtheilungen in Anwendung zu bringen, in so weit diese Bestimmungen für den Verurtheilten günstiger sind, als die bisherigen Strafgesetze." III. 2, 410 f.

Dieselben wurden angenommen, und zwar der Antrag sub Ziff. 1, nachdem Rechtsanwalt Sabarth aus Ratibor einen von ihm darauf, auch die Brandmarkung unter die Beispiele der Ziff. 1. des Antrages des Berichterstatters aufzunehmen, gestellten Antrag auf die Aeußerung des Letzteren, daß diese Strafart nirgends und gewiß in keinem Deutschen Gesetze mehr vorkomme, wieder zurückgenommen hatte; III. 2, 417 f.

der Antrag sub Ziff. 2., dem Antrage des Advokaten Dr. Schaffrath (dem der Berichterstatter beitrat) gemäß, unter Beifügung der Worte nach „beruhen":

„und deshalb nach der allgemeinen Meinung entehrend sind,"

III. 2, 430, 434, 436.

wodurch sich ein Antrag des Geh. Raths, Prof. Dr. v. Wächter aus Leipzig, dahin lautend:

„An Stelle des Absatzes 2 zu erklären:

daß von dem Gerichte der Eintritt der in dem Strafgesetzbuche bestimmten Schmälerung der politischen und Ehrenrechte nach der Natur des Verbrechens auszusprechen sei, und zwar entweder auf eine bestimmte Zeit oder auf eine unbestimmte; daß aber im letzteren Falle das Gericht die Befugniß habe, nach dem Verhalten des Betreffenden jene Folgen für die Zukunft wieder aufzuheben," III. 2, 432.

erledigte; III. 2, 436.

der Antrag sub Ziff. 3. unter Verwerfung eines Verbesserungs-Vorschlages des Advokatur-Kandidaten Dr. Stern aus Wien, die Fähigkeit zur Wiedererlangung der Dienstrechte auszuschließen; III. 2, 437.

der Antrag sub Ziff. 4. mit dem von Geh. Rath, Prof. Dr v. Wächter beantragten und von dem Berichterstatter gebilligten Zusatze:

„daß dem Richter auch bei Bestimmung der Art der Freiheitsstrafe die Möglichkeit geboten werden müsse, dem Umstande Rechnung zu tragen, daß die Handlung nicht aus unehrenhafter Gesinnung hervorgegangen, und daß zu diesem Zweck besondere Strafarten einzuführen seien," III. 2, 432, 434, 437 f.

die beiden letzten Punkte aber ohne Weiteres; III. 2,438.

dagegen abgelehnt der Antrag des Rechtsanwalts Götting aus Hildesheim:

1) „Der Juristentag spricht als seine Ueberzeugung aus:
daß die Anträge des Herrn Berichterstatters als das Geringste, was die Gerechtigkeit und der Besserungszweck der Strafe fordert, anzunehmen seien."

2) Er beschließt:
daß der Stößer'sche Antrag in seiner weiteren Tendenz an die ständige Deputation zur weiteren Vorbereitung für den nächsten Juristentag zurückverwiesen werde." III. 2, 438 f.

b) In der Plenar-Versammlung vom 28. August 1862 wurden die Anträge der Dritten Abtheilung, und zwar dem Antrage des Hof- und Gerichts-Advokaten v. Mühlfeld gemäß, III. 2, 94 f.

unter Wiederherstellung des (von dem mit der Redaktion der Abtheilungs-Beschlüsse betrauten Ausschuße gestrichenen) Wortes „Kettenstrafe" in Ziff. 1., sämmtlich angenommen. III. 2, 95.

K. Gerichts-Verfassung und gerichtliches Verfahren überhaupt.

1) Ueber die Gerichts-Verfassung stellten (neben auf andere Gegenstände, — s. unten Ziff. 10 und Ziff. 8 a. — sich beziehenden Vorschlägen)

a) Kreisgerichtsrath (jetzt Stadtgerichtsrath) Dr. Eberty aus Wittenberg (jetzt in Berlin) folgende Anträge:

1) „Die erste Aufgabe nationaler Civil-Gesetzgebung ist Einheit in der Gerichts-Organisation.
2) Die Gerichte sind gleichförmig in Deutschland zu organisiren.
3) Die Gerichts-Organisation muß auf
   a) Inamovibilität der Richter,
   b) deren Befreiung von allen Geschäften außer dem Rechtsprechen,
   c) Ausschließlichkeit der richterlichen Befugniß auf dem Gebiete des Rechtsstreits,
   d) Kollegial-Verfassung

   gegründet werden."

b) Staatsanwalt Hauschteck aus Stralsund aber folgende:

„Der Deutsche Juristentag wolle für die Reorganisation der Justiz-Verfassung in Deutschland folgende Grundsätze als maßgebend anerkennen:

1) Die für die erste Instanz zu errichtenden Kollegialgerichte sind von jeder verwaltenden Thätigkeit — auch der Justiz-Verwaltung — zu befreien.

2) Eine Jurisdiktion von Einzeln-Richtern im bürgerlichen und Straf-Prozesse ist für „unwichtigere" Sachen, jedoch nur unter der Voraussetzung zulässig, daß dem Kollegialgerichte das Recht gesichert bleibt, jeden nach den gewöhnlichen Kompetenz-Bestimmungen vor den Einzeln-Richter gehörigen Prozeß vor sein eigenes Forum zu ziehen, sofern dies von einer Partei oder der Staatsbehörde beantragt wird." III. 1, Vorl. Nr. 18.

Es wurde, nachdem diese Anträge auf die Tagesordnung des Dritten Juristentages gesetzt waren, von der Vierten Abtheilung desselben dem Antrage des Staatsanwalts Hauschteck selbst gemäß, III. 2, 447 u. 511 f. 592.

und von der Plenar-Versammlung vom 28. August 1862, III. 2, 125 f. beschlossen,

diese Anträge der ständigen Deputation zu überweisen.

In den der ständigen Deputation als Vorbereitung der Verhandlungen auf dem Vierten Juristentage erstatteten Gutachten erklärte sich

a) Rechtsanwalt Ruhwandl aus München für die Sätze 1. und 2. des Eberty'schen Antrages (IV. 1, 12 f.), nicht aber für die Unabsetzbarkeit aller Richter (Ziff. 3 a. desselben Antrages), IV. 1, 13 f.

hinsichtlich der Ziff. 1 b. desselben und Ziff. 1. des Hauschteck'schen Antrages dafür:

„Es ist dahin zu streben, daß die Gerichte von Geschäften außer dem Rechtsprechen befreit werden, mit Ausnahme der Fälle, in denen ganz entschiedene Zweckmäßigkeitsrücksichten entgegenstehen; (wobei nur in so weit, als nicht in der Inanspruchnahme der Gerichtsvorstände und Parteivertreter passende Mitwirkung zu finden ist, die Staatsanwaltschaft zugezogen werden soll)," IV. 1, 16.

die Ziff. 1. litt. c. beziehungsweise als durch den Beschluß des Juristentages über den Primker'schen Antrag (s. unten zu Ziff. 13.) erledigt und im Sinne einer Anforderung, daß kein zu einem „Rechtsstreit" geeignetes Verhältniß der Beurtheilung der gewöhnlichen Gerichte sollte entzogen und einer anderen Behörde unterstellt werden dürfen, als nicht zur Annahme empfehlenswerth, IV. 1, 17 f.

endlich die Ziff. 2. litt. d. Eberty's und Ziff. 2. Hauschteck's als durch die Berathungen über die Waldeck'schen Anträge erledigt, und gegen die in der letzten Ziff. 2. ausgesprochene Voraussetzung; IV. 1, 17.

b) Staatsanwalt Lienbacher aus Wien

für Einheit und Gleichförmigkeit der Gerichtsverfassung in Deutschland, für Unabsetzbarkeit der Richter, für die Befreiung der (Kollegial-) Gerichte von der verwaltenden Thätigkeit mit der durch die Rücksicht auf die Selbstständigkiet der Rechtspflege gegenüber Verwaltungs-Einflüssen und auf Geschäftsförderung gebotenen Beschränkung, für (Kollegial-) Gerichtshöfe und für Einzelrichter (je nach ihren Zuständigkeiten), dagegen wider die in Ziff. 2. des Hauschteck'schen Antrages enthaltene Voraussetzung. IV. 1, 263—275.

In der Vierten Abtheilung des Vierten Juristentages wurde zunächst auf den Antrag des Berichterstatters, Obertribunalrath Faber aus Stuttgart, unter Ablehnung eines von dem Advokat-Anwalt Lingmann aus Koblenz dahin gestellten Verbesserungs-Antrages:

„Die erste Aufgabe einer nationalen Civilgesetzgebung ist die Herstellung einer den Bedürfnissen der Zeit entsprechenden Prozeßordnung und Gerichtsorganisation,"

nach welchem dann Nr. 3. des Eberty'schen Antrages stehen geblieben, nur am Anfang statt „Gerichtsorganisation" zu sagen gewesen wäre: „Prozeßordnung und Gerichtsverfassung," IV. 2, 332 f.

beschlossen, zu erklären:

I. „Die Vorbedingung einer einheitlichen Deutschen Prozeßgesetzgebung ist Einheit in den Grundzügen der Gerichtsverfassung," IV. 2, 333.

sodann nach dem von dem Berichterstatter beantragten Eingangssatze:

II. „Die Gerichtsverfassung sämmtlicher Deutschen Staaten soll auf folgenden Grundsätzen beruhen," IV. 2, 336 f.

in der Hauptsache dem Antrage des Berichterstatters gemäß:

a) „in allen wichtigeren bürgerlichen und Straffachen entscheiden schon in erster Instanz kollegialisch gebildete Gerichte. Den Einzelrichtern sind nur die leichteren Gesetzesübertretungen, ferner die Streitsachen von geringerem Belange, sowie Sachen von dringlicher Natur zuzuweisen," IV. 2, 336 f.

wobei nur die weiter von demselben (nach „dringlicher") beantragten (aber als nicht besonders wichtig bezeichneten) Worte: „oder sonst eigenthümlicher" (Natur) gestrichen wurden, dagegen ein von dem Advokat-Anwalt Lingmann aus Koblenz gestellter Antrag auf Weglassung der Worte „dringlicher oder sonst" entfiel, IV. 2, 336 f.

ferner:

b) „Die Richter sind inamovibel. — Hierbei sind folgende nähere Bestimmungen maßgebend:

1) Entlassung oder Zurücksetzung kann gegen die Richter nur durch Urtheil des Strafgerichts verfügt werden;
2) unfreiwillige Versetzung auf eine andere Richterstelle von gleichem Rang und Gehalt kann nur im Interesse der Rechtspflege aus dringenden Gründen verfügt werden. Diese Verfügung soll, wofern sie nicht durch Aenderungen in der Organisation der Gerichte oder Gerichtsbezirke veranlaßt ist, oder ein sonstiger im Gesetze bestimmter Ausnahmsfall vorliegt, von der Justizaufsichts-Behörde nur nach vorgängigem Ausspruche des höheren Gerichts, wodurch das Vorhandensein der gesetzlichen Erfordernisse anerkannt wird, getroffen werden;
3) die unfreiwillige Zurruhesetzung eines Richters soll gleichfalls nur nach vorgängigem Ausspruche des höheren Gerichtes, wodurch das Vorhandensein der gesetzlichen Erfordernisse anerkannt wird, erfolgen," IV. 2, 343.

und zwar wiederum in der Hauptsache nach den Vorschlägen des Berichterstatters, mit Ausnahme der von demselben weiter beantragten Worte, — in Ziff 1. (nach „des Straf-") „oder Disziplinar-" (Gerichtes), in Ziff. 2. (nach „höhern Gerichtes") „oder einer Richterkommission," sowie des Satzes (nach „getroffen werden"):

„Die vorübergehende Verwendung eines Richters auf einer anderen Stelle ist bis zu einer gesetzlich bestimmten Dauer ohne Vernehmung des höheren Gerichtes zulässig,"

und in Ziff. 3. der Worte (nach „Richters"): „vor dem Eintritt einer gesetzlich bestimmten Altersgrenze" und (nach „Gerichts-"): „oder einer Richterkommission," IV. 2, 340 f.. 343.

endlich, dem Antrage des Berichterstatters gemäß, IV. 2, 346.

unter Ablehnung eines Verbesserungs-Antrages des Advokaten Dr. Dumont aus Mainz:

„Es soll stets eine Trennung der Rechtsprechung von der Verwaltung, der freiwilligen von der unfreiwilligen Gerichtsbarkeit stattfinden," IV. 2, 346. 348.

als Schlußsatz:

c) „Das Richteramt ist von allen seiner Natur fremden Geschäften namentlich aus dem Gebiete der Verwaltung, rein zu halten, soweit nicht durch dringende Gründe der Zweckmäßigkeit Ausnahmen geboten sind." IV. 2, 346. 348.

(Gesammt-Beschluß siehe IV. 2, 343. Note).

Weiter wurde noch, dem Antrage des Berichterstatters gemäß, zu Ziff. 3 c. der Eberty'schen Anträge beschlossen:

„In Erwäguug, daß der Juristentag bereits früher für den Grundsatz sich erklärt hat, es haben die Gerichte in allen Fällen über ihre Kompetenz selbst und ausschließlich zu entscheiden, in Erwägung sodann, daß die weitere Frage, ob, und bejahenden Falles in welchem Umfange Streitsachen des öffentlichen Rechtes den Civilgerichten zugewiesen werden sollen, keinesfalls für den gegenwärtigen Juristentag vorbereitet ist, über Vorschlag unter Nr. 3. litt. c. zur Tagesordnung überzugehen," IV. 2, 348 f.

und sodann den Hauschteck'schen Antrag (dessen Ziff. 1. sich schon durch die bisher angeführten Beschlüsse erledigt hatte) unter Ziff. 2. abzulehnen. IV. 2, 349.

Diese Abtheilungs-Beschlüsse wurden zur Kenntniß der Plenar-Versammlung vom 28. August 1863 gebracht. IV. 2, 116—123.

2) In Bezug auf die Errichtung eines gemeinsamen Deutschen Gerichtshofes wurde ein in einem Schreiben des Zweiten Präsidenten des Kgl. Obertribunals Dr. Bornemann in Berlin an die Kommission der Juristischen Gesellschaft für Ausschreibung eines Deutschen Juristentages enthaltener Satz:

„Zu einer Einheit in der Rechtsanwendung kann nur ein höchster Gerichtshof führen, dessen Zusammensetzung, dauerndes oder zeitweises Zusammentreten und Wirkungskreis näher zu erwägen sein wird," I. 66.

in der Vierten Abtheilung von dem Vorsitzenden derselben dahin als Antrag formulirt:

„Der Deutsche Juristentag wolle beschließen: Zu einer Einheit in der Rechtsanwendung kann nur Ein höchster Gerichtshof führen,"

mit dem von Obertribunalrath Frh. v. Sternenfels aus Stuttgart und Obergerichtsrath Griesebach aus Hameln a/W. beantragten Zusatze:

„Dessen sofortige Einführung bezüglich des bereits bestehenden gemeinschaftlichen Deutschen Rechts (Wechselordnung), sowie des zu schaffenden (Handelsrechts) wünschenswerth erscheint," I. 279 u. 331.

unter Ablehnung des Antrages:

„Es erscheine wünschenswerth, bis zur Bildung des höchsten Gerichtshofes zur Vermittelung einer Uebereinstimmung in der Rechtsprechung alljährlich kollegialische Konferenzen von Deputirten sämmtlicher Deutschen höchsten Gerichtshöfe zusammentreten zu lassen," I. 330 f.

und ebenso in der Plenar-Versammlung vom 30. August 1860 angenommen. I. 279 f.

3) Der Antrag des Staatsanwalts a. D. Dr. Klauhold aus Hamburg:
„Der Deutsche Juristentag spreche seine Ueberzeugung dahin aus, daß unabhängig von der Frage, ob ein gemeinsames Deutsches Handelsgesetzbuch zu Stande gebracht wird oder nicht, die Errichtung eines obersten Gerichtshofes zur Entscheidung von Handelsrechtsfragen eine nothwendige Voraussetzung zur ferneren gleichmäßigen Ausbildung des Deutschen Handelsrechts ist, und empfehle als einen zur Erreichung dieses Zweckes beachtenswerthen Vorschlag, daß durch Auftrag sämmtlicher Deutschen Staaten das Ober-Appellationsgericht der vier freien Städte, unter Verstärkung dessen Personals auf allgemeine Kosten, als Gerichtshof zur Entscheidung der handelsrechtlichen Fragen in letzter Instanz bestellt werde," I. 131 f.

wurde in der Zweiten Abtheilung im Hinblick insbesondere darauf, daß der Gegenstand in seiner allgemeinen Richtung in der Vierten Abtheilung (bei Gelegenheit der Berathung des soeben unter Ziff. 2. angeführten Satzes des Bornemann'schen Schreibens) zu berathen sein werde, I. 317 u. 233 f.

und in der Plenar-Versammlung vom 30. August 1860 unter Vorbehalt der Berathung über die Berichte der Vierten Abtheilung, bei welcher (eben bei Erörterung jenes Satzes) der Berichterstatter auf den Klauhold-schen Antrag hinwies, I. 278.

durch Uebergang zur Tagesordnung erledigt. I. 234.

4) Der Antrag des Advokaten Dr. Auerbach aus Frankfurt a/M. u. A., (IV. 2, 211.) in Verbindung mit den oben, Abschnitt C. 6. unter litt. a. und f., angeführten Anträgen gestellt:

„Der Juristentag erklärt, daß zur Wahrung der durch Einführung eines Deutschen Handels- und Wechselrechts gewonnenen Rechtseinheit die Errichtung eines gemeinsamen obersten Gerichtshofes für ganz Deutschland dringendes Bedürfniß ist," IV. 2, 211 f.

wurde von der vereinigten Ersten und Zweiten Abtheilung angenommen, IV. 2, 212.

und in der Plenar-Versammlung vom 28. August 1863, welche hiervon nur benachrichtigt werden sollte, IV. 2, 212 u. 127.

ebenfalls zum Beschluß erhoben. IV. 2, 128.

5) Der Antrag des Notar Dr. Uchatzy aus Reichenberg in Böhmen:
„Der Juristentag wolle beschließen:

Es sei das Rechtsinstitut der Friedensgerichte für die Rechtspflege der Deutschen Staaten in staatsbürgerlicher und politischer Beziehung von gemeinsamem Interesse, dessen Einführung auf eine mit den konkreten Rechtsinstitutionen der einzelnen Staaten vereinbare Weise wünschenswerth, demnach ein Gesetzentwurf mit umfassendem Gutachten hierüber zu verfassen und hiebei insbesondere in prinzipieller Richtung der Einfluß der Friedensgerichte im summarischen Prozeßverfahren und im Gebiete der freiwilligen Gerichtsbarkeit, dann ihre thunliche Vereinigung mit dem Notariatsinstitute zur Geltung zu bringen," I. 133.

wurde in der Vierten Abtheilung in Erwägung,

„daß das Institut der Friedensrichter, bei aller Anerkennung der Vorzüge von Friedensgerichten, zu eng mit Partikular-Prozeß-Gesetzgebung und lokalen Bedürfnissen zusammenhängt,"

durch Tagesordnung beseitigt, I. 334.

in der Plenar-Versammlung vom 30. August 1860 aber von dem Antragsteller (wegen dermaliger Inopportunität) zurückgezogen. I. 292.

6) In Betreff der Errichtung und Zusammensetzung von Handelsgerichten stellte Stadtgerichtsrath Borchardt aus Berlin den Antrag:

1) „Die Einführung des Deutschen Handelsgesetzbuches läßt die Errichtung besonderer Gerichte zur Entscheidung der Handelsstreitigkeiten als ein Bedürfniß erscheinen.

2) Was die Organisation solcher Handelsgerichte betrifft, so ist es erforderlich, daß die Zusammensetzung des Richter-Kollegiums in allen Instanzen nach gleichem Grundsatze erfolge und nur Rechtsgelehrte zu Richtern bestellt werden;"

Gerichts-Accessist Dr. Reinach aus Mainz aber folgenden Verbesserungs-Antrag:

1) „Die Einführung des Deutschen Handelsgesetzbuches erfordert die Errichtung besonderer Handelsgerichte.

2) Im Interesse der einheitlichen Fortbildung des Handelsrechts ist eine möglichst gleichmäßige Organisation der Handelsgerichte in allen Deutschen Staaten wünschenswerth.

3) Die Handelsgerichte sollen weder ausschließlich aus rechtsgelehrten Richtern, noch lediglich aus Kaufleuten bestehen, vielmehr empfiehlt sich eine entsprechende Vereinigung des juristischen und des kaufmännischen Elements bei Besetzung der Handelsgerichte.

4) Dieses kaufmännische Element soll auch bei der Zusammensetzung der Gerichte der Appell-Instanzen, insoweit es sich um handelsgerichtliche Rechtsstreite handelt, berücksichtigt werden." V. 2, 134 f.

Die über den Borchardt'schen Antrag der ständigen Deputation erstatteten Gutachten sprechen sich (die Errichtung von Handelsgerichten in Folge der Einführung des Handelsgesetzbuches als ein Bedürfniß voraussetzend) dahin aus und zwar:

a) das des Ober-Justizraths Frh. v. Holzschuher aus Stuttgart:

„Daß die Handelsgericht aus Rechtsgelehrten und aus Kaufleuten, so daß letztere in der Minderzahl sind, und zwar in beiden Instanzen in ähnlicher Weise, zusammengesetzt werden sollen;" V. 1, 37—42.

b) das des Professors Dr. Anschütz aus Halle:

„Daß zu denselben überall nur ausnahmsweise, namentlich nur da, wo der Kaufmannsstand die geeigneten Persönlichkeiten bietet, kaufmännische Mitglieder zugezogen werden;" V. 2, 3—9.

c) das des Handelsgerichts-Präsidenten, Kaufmann Carl Röder aus Mainz:

„Daß, dem Französischen Rechte entsprechend, in erster Instanz Kaufleute, im zweiten Rechtszuge rechtsgelehrte Richter in den Handelsgerichten urtheilen sollen." V. 2, 10—18.

In der Zweiten Abtheilung wurde, gemäß den vom Berichterstatter Senator Dr. Pfeiffer aus Bremen gestellten Anträgen, nachdem durch Abstimmung über die drei Hauptfragen,

nämlich ob die Handelsgerichte zusammenzusetzen seien nur aus rechtsgelehrten Mitgliedern oder nur aus Kaufleuten oder aus Beiden gemischt,

festgestellt war, daß für die Bejahung der beiden ersten Fragen sich nur eine sehr kleine Minderzahl, für die Bejahung der letzten, die gemischten Handelsgerichte, aber die sehr überwiegende Mehrheit entschied, V. 2, 181 f.

somit der Borchardt'sche Antrag und ein zu demselben von dem Rechtsanwalt v. Wilmowski aus Schlawe gestellter Zusatz-Antrag:

„Daß die Entscheidung über thatsächliche und sachverständige Fragen und über Handelsusancen nur von zuzuziehenden Kaufleuten zu treffen ist,"

beseitigt, V. 2, 183.

ein von dem Gerichtsrath Dr. Malß aus Frankfurt a/M. gestellter Antrag:

„Die Handelsgerichte sind besondere ständige Abtheilungen der gewöhnlichen Civilgerichte, welchen Kaufleute mit Stimmrecht beigegeben werden,"

von demselben zurückgezogen, V. 2, 182.

und von der Abtheilung beliebt worden war, auf die Ziff. 3. und 4. der von dem Rechtsanwalt Wilke aus Berlin dahin gestellten Anträge:

1) „In Handelsgerichten sollen prinzipiell ausschließlich Richter des Handelsstandes Sitz und Stimme haben. Sie werden überall, und zwar für alle Streitigkeiten aus Handelsgeschäften, errichtet, wo es die Kaufmannschaft beschließt. Sie bestehen aus fünf von der Kaufmannschaft gewählten Richtern und dem Vorsitzenden des nächsten ordentlichen Gerichtes, welcher nur berathende, nicht entscheidende Stimme hat.

2) Zur Erzielung einer Rechtseinheit im Deutschen Handelsrechte ist ein oberster Gerichtshof für ganz Deutschland eine absolute Nothwendigkeit.

3) Die Urtheile der Handelsgerichte sind sofort in ganz Deutschland exekutorisch.

4) Es findet von ihnen keine Appellation, sondern nur das Rechtsmittel der Kassation statt;" V. 2, 162.

deren erste Ziffer durch den oben erwähnten, für gemischte Handelsgerichte, und deren zweite Ziffer durch den auf dem Vierten Juristentage über den fraglichen Gegenstand (vergl. oben Ziff. 4.) gefaßten Beschluß sich erledigt hatte, nicht einzugehen, V. 2, 182.

beschlossen, auszusprechen:

1) „Die Einführung besonderer, aus rechtsgelehrten und kaufmännischen Richtern gebildeter Handelsgerichte erscheint als ein dringendes Bedürfniß." V. 2, 183.

(ohne die dem Antrage in diesem Punkte zuerst einverleibten Motive, V. 2, 147.)

und sodann zwar, einem im Wesen gleichen Antrag des Senators Dr. Versmann aus Hamburg und des Rechtsanwalts Geck aus Hagen gemäß, V. 2, 167.

eventuell angenommen, daß die Handelsgerichte aus Kaufleuten unter einem rechtsgelehrten Präsidenten bestehen sollen, womit ein entgegenstehender Antrag, den inzwischen Stadtgerichtsrath Borchardt dahin gestellt hatte:

„Dem kaufmännischen Element ist bei der Zusammensetzung der gemischten Handelsgerichte die Majorität einzuräumen," V. 2, 183.

beseitigt war, dagegen zugleich, dem Antrage des Berichterstatters entsprechend, beschlossen, die Frage von dem Mischungsverhältniß beider Bestandtheile der gedachten Gerichte hier nicht förmlich und definitiv zu beantworten, sondern dieselbe der Erörterung in den Einzelstaaten vorzubehalten; V. 2, 184.

und ferner mit großer Majorität beschlossen, auszusprechen:

2) „Die Mitwirkung des kaufmännischen Elementes ist auch in den

Gerichten zweiter Instanz bei der Entscheidung von Handelssachen nicht zu entbehren;

3) die Gerichtsbarkeit in Handelssachen ist nur in solchen Bezirken, in welchen eine größere Zahl von Handelsstreitigkeiten nicht vorkommt oder die Zusammensetzung des Handelsstandes eine Auswahl tüchtiger Handelsrichter nicht bietet, den gewöhnlichen Gerichten zu übertragen und zwar, wo es thunlich ist, besonderen Abtheilungen derselben;

4) die ständige Deputation wird aufgefordert, die Frage:

auf welche Weise dem Bedürfnisse eines gemeinschaftlichen Organs behufs Erhaltung der Einheit des Handelsrechts in Deutschland am zweckmäßigsten zu genügen sei,

auf die Tagesordnung des nächsten Juristentages zu setzen und für eine geeignete Vorbereitung dieser Frage zu sorgen." V. 2, 184.

Hiervon wurde der Plenar-Versammlung vom 29. August 1864 Nachricht gegeben. V. 2, 53—61.

7) Der von dem Bezirksgerichts-Assessor Dr. Hierl aus München gestellte Antrag:

„Der Deutsche Juristentag wolle aussprechen:

es sei wünschenswerth, daß in allen Deutschen Ländern Gerichtsferien eingeführt werden, und daß diese Gerichtsferien möglichst gleichzeitig stattfinden," IV. 2, 78.

gelangte in der Plenar-Versammlung vom 28. August 1863 in seinen beiden Theilen zur Annahme. IV. 2, 80 f.

8) Hinsichtlich der Einrichtung der Staatsanwaltschaften wurden (schon vor dem Dritten Juristentage) folgende hier nur nach ihren allgemeinen Beziehungen (vorbehaltlich des unten bei dem Verfahren in bürgerlichen Rechtsstreitigkeiten, Abschnitt F., und in Strafsachen, Abschnitt G. Anzuführenden) zu erörternde Anträge gestellt:

a) von dem Staatsanwalt Hauschteck in Stralsund (in Verbindung mit den oben unter Ziff. 1. angeführten):

1) „Die Staatsanwaltschaft wird als eine Justizbehörde organisirt, bestimmt, Namens der Staatsregierung dafür zu sorgen, daß die richterliche Gewalt den Gesetzen gemäß frei geübt werden könne.

2) Der Beruf der Staatsanwaltschaft umfaßt die gesammte Leitung aller für die Rechtspflege nothwendigen, nicht-richterlichen Geschäfte neben den Gerichten, insbesondere:

die Leitung der Justiz-Verwaltung, einschließlich der gerichtlichen (Kriminal-) Polizei;

die Anrufung der richterlichen Strafgewalt bei Verletzung

von Strafgesetzen, — soweit nicht durch besondere Gesetze Privatpersonen Rechte gewährt sind, welche die Staatsbehörde ausschließen;

die Vertretung der Interessen der Staatsregierung vor den Gerichten im bürgerlichen Prozesse." III. 1, Vorl. Nr. 18 a.

und b) von dem Rechtsanwalt Sabarth aus Ratibor:

1) „Das Institut der Staatsanwaltschaft, wie sich dasselbe seither in Deutschland ausgebildet hat, ist kein Bedürfniß oder Förderungsmittel einer unparteiischen Rechtspflege.

2) Zum Wesen des Anklageprozesses sind ständige öffentliche Anklagebehörden nicht erforderlich." III. 1, Vorl. Nr. 18 b.

Hinsichtlich derselben ward Folgendes verhandelt:

a) Es wurde zunächst auf dem Dritten Juristentage sowohl in der Vierten Abtheilung, nachdem ein Antrag des Rechtsanwalts Sabarth und des Staatsanwalts Hauschteck, diese die Stellung der Staatsanwaltschaft überhaupt betreffenden Anträge vor der ebenfalls auf die Tagesordnung gesetzten Frage bezüglich ihrer Thätigkeit im Civilprozeß in Angriff zu nehmen, abgelehnt, III. 2, 448, 464 u. 469.

und nur letztere Frage erörtert worden war, nach dem Vorschlage der Antragsteller selbst, III. 1, 511.

als auch in der Plenar-Versammlung vom 28. August 1862, III. 1, 100. beschlossen,

beide Anträge an die ständige Deputation zurückzuweisen;

während in der Dritten Abtheilung, auf deren Tagesordnung der Sabarth'sche Antrag ad 2 als Gegen-Antrag gegen einen von dem Oberlandesgerichtsrath Dr. Keller aus Wien in Betreff der Thätigkeit des Staatsanwalts in der Voruntersuchung (s. unten Abschnitt G., Ziff. 3) gestellten Antrag gesetzt war, über denselben nach einer von dem Vorsitzenden (im Einverständniß mit Rechtsanwalt Sabarth) gemachten Bemerkung nicht verhandelt wurde. III. 2, 292. f.

b) Demnächst sprachen sich in den der Deputation erstatteten Gutachten (s. auch oben unter Ziff. 1.)

aa) Rechtsanwalt Ruhwandl aus München zwar für das Bestehen einer öffentlichen Behörde zur Förderung der Rechtspflege neben den Richtern, einer Staatsanwaltschaft, somit gegen den Sabarth'schen Antrag, aber auch (indem er hinsichtlich der unter Ziff. 2. des oben aufgeführten Hauschteck'schen Antrages auf die bisherigen Verhandlungen des Zweiten und Dritten Juristentages in der Dritten und Vierten Abtheilung [s. unten Abschnitt F. Ziff. 4., Abschnitt G. Ziff. 4.] und die noch zu erwartenden Beschlüsse hinsichtlich der Thätigkeit der Staatsanwaltschaft im bürgerlichen Streitverfahren hinwies), gegen die Ziff. 1. und den ersten Absatz der Ziff. 2. dieses obenstehenden Antrages als zu weitgehend aus, indem er als zweckmäßig erklärte, daß

> der Staatsanwaltschaft eine wohlbemessene Aufsicht über die formelle Ordnung der Justizpflege, den Geschäftsgang, dann über die Organe der freiwilligen Gerichtsbarkeit und das Hülfspersonal übertragen, aber überall auf Beobachtung und Meldung beschränkt werde; IV. 1, 14—16.

bb) Staatsanwalt Lienbacher aus Wien gegen den Sabarth'schen Antrag, dagegen im Wesentlichen für die Hauschteck'schen Anträge, indem er nur den ersten (unter Ziff. 1.) hinsichtlich der dem Staatsanwalt zugewiesenen Sorge für die Freiheit der Ausübung der richterlichen Gewalt, welche hauptsächlich den Gerichten selbst obliege, den letzteren (unter Ziff. 2.), sofern er dem Richteramte alle verwaltende Thätigkeit abnehmen wolle, als zu weitgehend angriff. IV. 1, 268—271.

c) Bei dem Vierten Juristentage wurde

aa) in der Dritten Abtheilung von dem Berichterstatter, Oberlandesgerichtsrath Dr. Keller aus Wien beantragt, über den Sabarth'schen Antrag, über den hier allein verhandelt wurde, zur Tagesordnung überzugehen, IV. 2, 250.

sodann zwar ein von dem Justizrath Volkmar aus Berlin im Hinblick darauf, daß der zuvor aufgestellte Berichterstatter abwesend und der gegenwärtige sich nicht genügend vorbereiten konnte, gestellter Antrag, die Hauschteck-Sabarth'schen Anträge auf die Tagesordnung des nächsten Juristentages zu verweisen (IV. 2, 250.), abgelehnt, IV. 2, 252.

dagegen, nachdem in Folge weiterer Erörterungen der Berichterstatter den Antrag gestellt hatte:

> „Der Vierte Deutsche Juristentag geht über die Anträge des Rechtsanwalts Sabarth zur Tagesordnung über und beauftragt seine ständige Deputation, begründete Gutachten über die entsprechende Reform der Deutschen Staatsanwaltschaft für den nächsten Juristentag zu veranlassen," IV. 2, 258 f.

in Gemäßheit eines zuerst von Advokat Dr. Schaffrath aus Dresden gestellten und vom Kreisgerichtsdirektor v. Kunowsky aus Beuthen erweiterten, IV. 2, 256.

sodann von Letzterem, nachdem Schaffrath denselben zu Gunsten des Antrages des Berichterstatters zurückgezogen hatte, wiederaufgenommenen Vorschlages IV. 2, 260.

beschlossen:

„In Erwägung, daß das Institut der Staatsanwaltschaft im Strafverfahren wohl dringend einer Reform bedürftig ist, nicht aber eine ständige Anklagebehörde entbehrt werden kann, geht der Juristentag zur Tagesordnung über und beauftragt die ständige Deputation, dem nächsten Juristentage Vorschläge über die nöthigen Reformen der Staatsanwaltschaft vorzulegen.“ IV. 2, 260.

bb) In der Vierten Abtheilung wurde, nachdem dieser Beschluß der Dritten Abtheilung (als „auf Uebergang zur Tagesordnung über die Hauschteck-Sabarth'schen Anträge“ lautend) mitgetheilt war, IV. 2, 349 f.

und Sabarth den ersten Theil seines oben angeführten Antrages zurückgezogen hatte, IV. 2, 350.

der von dem Berichterstatter im Hinblick namentlich auf jenen Beschluß der Dritten Abtheilung und diesen Verzicht des Antragstellers Sabarth, sowie das von dem Antragsteller Hauschteck schon früher (wegen Trennung der Berathung des Antrages in zwei verschiedene Abtheilungen, in der Deutschen Gerichtszeitung) ausgesprochene Aufgeben desselben und die hinsichtlich der Thätigkeit der Staatsanwaltschaft im Civilverfahren bereits gefaßten Beschlüsse gestellte Antrag:

> „die Berathung über die auf die Staatsanwaltschaft bezüglichen Anträge des Herrn Hauschteck, soweit dieselben der Vierten Abtheilung zugewiesen sind, bis zum nächsten Juristentage zu vertagen, zugleich aber die Frage von der Bedeutung, dem Wirkungskreise und der Organisation der Staatsanwaltschaft überhaupt der ständigen Deputation des Juristentages zur weiteren Vorbereitung und näheren Entwickelung vom Standpunkte der seither gefaßten Beschlüsse zuzuweisen,“ IV. 2, 351.

unter Wegstreichung der von dem Obergerichts-Anwalt Dr. Eller aus Mannheim beanstandeten Worte: „vom Standpunkt der seither gefaßten Beschlüsse,“ zum Beschluß erhoben. IV. 2, 352.

cc) In der Plenar-Versammlung vom 28. August 1863, welcher beide Abtheilungs-Entschließungen (unter aa. und bb.) zum Behufe der Berathung und Beschlußfassung mitgetheilt waren, wurde, nachdem Rechtsanwalt Sabarth die Weglassung der Worte (unter aa.): „nicht aber eine ständige Anklagebehörde entbehrt werden kann,“ beantragt, und der Berichterstatter der Dritten Abtheilung den von ihm in dieser gestellten Antrag wiederholt, IV. 2, 107 f.

Hof- und Gerichts-Advokat Dr. Berger aus Wien aber beantragt hatte, die Frage zum nächsten Juristentag zu vertagen und der ständigen Deputation den Auftrag zur weiteren reiferen Vorbereitung derselben zu ertheilen, IV. 2, 108.

zwar die Tagesordnung und dieser Auftrag an die Deputation beschlossen, IV. 2, 109.

dagegen, nachdem die Abstimmung über die Frage, ob diesem Beschluß der Erwägungsgrund, daß eine ständige Anklagebehörde in Strafsachen nicht entbehrt werden könne, beizufügen sei, kein bestimmtes Ergebniß geliefert hatte, weiter beschlossen, es einfach, ohne allen Beisatz hinsichtlich eines Motives, bei dem Ueberweisungsbeschluß zu belassen. IV. 2, 110.

d) Ein von dem Ministerialrath v. Freydorf zu Karlsruhe erstattetes Gutachten kam, was die Stellung der Staatsanwaltschaft im Staatsganzen (ihre allgemeineren Befugnisse und ihre Einrichtung) betrifft, unter Verwerfung der (noch übrigen, s. oben sub c. bb.) Ziff. 2. des Sabarth'schen Antrages, Uebergehung des ersten Theils und Verwerfung des zweiten Theils, soweit sich dieser auf die Beaufsichtigung der Gerichte bezieht, der Ziff. 1, sowie der beiden ersten Sätze der Ziff. 2. (insoweit sie die Uebertragung der Leitung aller für die Rechtspflege nöthigen nicht-richterlichen Geschäfte, insbesondere der Justizverwaltung, auf die Staatsanwaltschaft bezwecken), des Hauschteck'schen Antrages, (V. 1, 164.) zu folgenden Vorschlägen:

1) „Die Amtsverrichtungen der Staatsanwaltschaft sind fortan durch ständige, eigens hiezu ernannte Beamte zu versehen.

2) Diese Staatsanwälte sollen nicht unbedingt, und nur unter denselben Voraussetzungen entlaßbar sein, wie die nicht-richterlichen Beamten des Landes.

Die Staatsanwälte bei den Kollegialgerichten sind dem Richterstande zu entnehmen oder mit Richtereigenschaft anzustellen, so zwar, daß sie mit der Entlassung oder dem Rücktritte aus der Staatsanwaltschaft mit denselben Rechten und in demselben Range in den Richterstand eintreten, als hätten sie in der Zwischenzeit diesem Stande angehört.

3) Die Staatsanwälte bleiben den Justizministern dienstlich untergeben.

Sie sind jedoch befugt und verpflichtet, in den gerichtlichen Verhandlungen einer anhängig gemachten Sache ihrer eigenen rechtlichen Ueberzeugung zu folgen.

4) Das Personal der Entdeckungs- und Verfolgungspolizei ist den Staatsanwälten unmittelbar zu untergeben.

5) Es ist kein Bedürfniß vorhanden, der Staatsanwaltschaft die Leitung der bisher von den Gerichten besorgten Justiz-Verwaltungsgeschäfte, insbesondere der mit der Civilrechtspflege verbundenen Nebengeschäfte zu übertragen.

6) Die Staatsanwaltschaft eignet sich nicht zu einem Organe der staatlichen Oberaufsicht über die Gerichte." V. 1, 164 f.

e) Auf dem Fünften Juristentage wurden

aa) in der Vierten Abtheilung, durchaus den Anträgen des Berichterstatters, Obergerichtsraths Planck aus Meppen gemäß, neben den sich auf die Thätigkeit der Staatsanwaltschaft im bürgerlichen Verfahren beziehenden Erklärungen, V. 2, 218 u. 228.

(s. unten Abschnitt F., Ziff. 4.) und indem ihr zugleich das Amt des öffentlichen Anklägers in Strafsachen überwiesen wurde, V. 2, 216 u. 228.

folgende, die Verwerfung des Sabarth'schen Antrages in sich begreifenden Beschlüsse gefaßt:

1) „Die Amtsverrichtungen der Staatsanwaltschaft sind durch ständige, eigens damit betraute Beamte zu versehen.

2) Das Personal der Entdeckungs- und Verfolgungs-Polizei ist der Staatsanwaltschaft unmittelbar zu untergeben.

3) Die Staatsanwaltschaft eignet sich nicht zu einem Organe der staatlichen Oberaufsicht über die Gerichte.

4) Es ist nicht nothwendig, der Staatsanwaltschaft die sämmtlichen Justizverwaltungsgeschäfte zu übertragen. Ob ihr einzelne derselben zu überweisen seien, ist Sache der Landesgesetzgebung.

5) a. Die Staatsanwaltschaften haben die ihnen im Straf- und Civilprozesse zustehenden Funktionen (Nr. 2.) selbstständig auszuüben, und können ihnen dabei Anweisungen von Seiten des Justizministeriums nicht ertheilt werden;

b. als oberste Beschwerde- und Aufsichtsinstanz für alle Staatsanwälte treten an die Stelle des Justizministers — vorbehaltlich natürlich der demselben in Betreff der Staatsanwälte in demselben Umfange wie in Betreff der Gerichte verbleibenden allgemeinen Oberaufsicht — die Anklagesenate der höheren Gerichtshöfe oder eine Abtheilung des höchsten Gerichtshofes.

6) Die Staatsanwälte können nur unter denselben Voraussetzungen, wie Richter, entlassen, versetzt oder pensionirt werden," V. 2, 214, 217—220, 225, 228, 231, 74, 76 f.

bb) In der Plenar-Versammlung vom 29. August 1864 wurde von diesen Beschlüssen Mittheilung gemacht, dagegen, obwohl in der Vierten Abtheilung dem Antrage des Obergerichts-Anwalts Albrecht aus Hannover gemäß beschlossen war, eine Berathung und Beschlußfassung im Plenum herbeizuführen, V. 2, 231.

und obschon Ober-Staatsanwalt Dr. Frh. v. Groß aus Eisenach einen Antrag auf Berathung und Beschlußfassung stellte,

solche nicht beliebt. V. 2, 77 f.

9) Der Antrag des Rechtsanwalts, Kreisjustizrath a. D. Dr. Straß aus Berlin:

„Der Deutsche Juristentag wolle eine Kommission niedersetzen mit dem Auftrage, einen Entwurf zu einer allgemeinen Deutschen Advokaten-Ordnung auszuarbeiten," I. 138.

wurde in der Vierten Abtheilung, besonders weil dieser Gegenstand zu eng mit der Gerichtsverfassung und der Ordnung des Verfahrens in bürgerlichen Streitsachen zusammenhänge, abgelehnt, I. 334.

in der Plenar-Versammlung vom 30. August 1860 aber zurückgezogen. I. 292.

10) Ueber den Antrag des Stadtgerichtsraths Dr. Eberty aus Berlin (den er in Verbindung mit dem oben unter Ziff. 1 a. angeführten einbrachte):

1) „Die Anwaltschaft ist freizugeben.
2) Die Trennung der Advokatur von der Anwaltschaft ist wünschenswerth." II. 1, 6.

wurden, nachdem er auf die Tagesordnung des Dritten Juristentages gesetzt und von diesem an die ständige Deputation zur weiteren Vorbereitung überwiesen worden, III. 2, 592 f. 123 f. mehrere Gutachten eingezogen. Die Ansichten der Erstatter derselben gingen dahin:

a) des Obertribunalraths Faber aus Stuttgart:

„Es empfehle sich im Interesse der Rechtspflege freie Advokatur, aber geschlossene Advokatanwaltschaft, Letztere mit der Einrichtung, daß die freieste Konkurrenz auch unter den Advokatanwälten in Beziehung auf ihre ganze Berufsthätigkeit eröffnet, und daß sowohl die Bestimmung der Zahl der Advokatanwälte, als die Besetzung erledigter Anwaltsstellen in die Hand der höheren Gerichte, sei es der Appellationsgerichte oder des obersten Gerichtshofes, gelegt werde;" IV. 1, 49.

b) des Hof- und Gerichts-Advokaten Dr. Kopp aus Wien auf Annahme des ersten und Ablehnung des zweiten Theils des Antrages; IV. 1, 54 ff. 61 ff.

c) des Obergerichts-Advokaten Vissering aus Aurich auf Freigebung der Advokatur im Sinne nicht einer Aufhebung des Standes, sondern freier Bewegung der gesetzlich geprüften Personen innerhalb des Standes, und daneben für Freimachung desselben von der Ueberwachung des Richterstandes, indem er die Frage von der Trennung der Anwaltschaft von der Advokatur als von der Gerichts-Verfassung und dem Verfahren abhängig bezeichnete, IV. 1, 66—76.

d) des Notars Jos. Euler aus Düsseldorf dahin, daß eine Trennung der Advokatur und Anwaltschaft unzweckmäßig und dem

Rechtsuchenden nachtheilig, und daher die Zahl der Anwälte (in weiterer Bedeutung, eventuell die Zahl der Advokaten und Anwälte in engerer Bedeutung) nach den wahren Bedürfnissen zu beschränken sei. IV. 1, 313—342.

In der Vierten Abtheilung des Vierten Juristentages stellte der Berichterstatter, Obertribunalrath Frh. v. Sternenfels aus Stuttgart nachstehenden Antrag:

„Der Juristentag spricht seine Ueberzeugung dahin aus:

1) Die Ausübung der Advokatur ohne Unterscheidung zwischen den Gerichten und ohne Unterschied der Rechtssachen soll jedem geprüften Rechtsverständigen freigestellt werden.

2) Die Prozeßvertretung (Anwaltschaft) soll von der Rechtsvertheidigung (Advokatur) nicht getrennt werden.

3) Zur Ausübung der Advokatur vor Kollegial-Gerichten sollen nur Diejenigen zugelassen werden, welche binnen einer gesetzlich festzustellenden Frist untadelhaft als Advokat praktizirt haben,"

und für den Fall der Ablehnung des ersten dieser Anträge

4) „Die Ausübung der Anwaltschaft vor den Kollegialgerichten in Civilsachen soll an die Ermächtigung durch die höheren Gerichte geknüpft werden." IV. 2, 295.

Nachdem ein von dem Justizrath Fischer aus Breslau und dem Rechtsanwalt Block aus Magdeburg gestellter Antrag, die Sache bis zum nächsten Juristentage zu vertagen, da die Entscheidung der Frage, ob die Anwaltschaft freizugeben, wesentlich von der Prozeßordnung abhänge, hier aber eine ganz Deutschland umfassende Aenderung zu erwarten sei, IV. 2, 310, 316, 319.

und ein Antrag des Rechtsanwalts Dr. Malß aus Frankfurt a/M.:

„Die Frage der Organisation der Advokatur ist keine Frage des Gewerberechts, sondern der Justiz-Verfassung," IV. 2, 302.

abgelehnt war, IV. 2, 309 f.

wurden zuerst Punkt 2 (beinahe einstimmig), dann Punkt 1. unter Ablehnung eines von dem Advokat-Anwalt Frenkel aus Kaiserslautern beantragten Zusatzes:

„daß die Freigebung unter Voraussetzung einer Allgemeinen Deutschen Gesetzgebung, namentlich einer einheitlichen Gerichtsorganisation erfolgen soll," IV. 2, 314.

nach dem Antrage des Berichterstatters angenommen, dagegen Punkt 3., in welchen von demselben nach einem Antrage des Hofgerichtsraths v. Stößer aus Bruchsal die Worte (nach „untadelhaft") „als Richter oder" aufgenommen waren, VI. 2, 314 u. 319.

abgelehnt, IV. 2, 320.

wonach ein von dem Advokaten Dr. v. Kießling aus Schärding gestellter Antrag, die Advokatur nicht freizugeben, jedoch bei Besetzung offener Anwaltstellen lediglich nach dem Alter der Praxis vorzugehen, entfiel. IV. 2, 320.

Diese Beschlüsse wurden der Plenar-Versammlung vom 28. August 1863 zur Kenntnißnahme mitgetheilt. IV. 2, 114.

11) Ein Antrag des Rechtsanwalts und Notars Krieger aus Goldap:

„Der Deutsche Juristentag wolle

die Frage über die Nothwendigkeit einer allgemeinen Deutschen Notariats-Ordnung

in Berathung nehmen und für den Fall, daß das Bedürfniß anerkannt wird, sich über Vorschläge zur Befriedigung desselben verständigen; es sei zweckmäßig und nothwendig:

1) daß sämmtliche öffentliche Urkunden von dazu bestellten Notaren ausgefertigt würden,
2) daß Notarien-Kammern errichtet,
3) daß das Notariat von der Advokatur getrennt,
4) daß den Gerichten die „freiwillige Gerichtsbarkeit" abgenommen,
5) daß für ganz Deutschland Eine allgemeine Deutsche Notariats-Ordnung erlassen werde," I. 139 f.

ist auf dem Ersten Juristentage gestellt, aber nicht zur Verhandlung gelangt.

12) Ueber den vom Stadtgerichtsrath Dr. Eberty aus Berlin zugleich mit den oben unter Ziff. 10. erörterten Anträgen gestellten weiteren Antrag:

„das Notariat ist von der Anwaltschaft (und nach den Erwägungs-Gründen dieses Antrages, auch von dem Richteramte IV. 1, 343.) zu trennen," II. 2, 6.

sprechen sich mit Ausnahme des Obergerichts-Advokaten Vissering aus Aurich, welcher über diesen Antrag, als einen Gegenstand von zu sehr örtlicher Bestimmtheit betreffend, zur Tagesordnung überzugehen vorschlug, IV. 1, 76.

die sämmtlichen übrigen, oben unter Ziff. 10. genannten Begutachter beifällig aus, IV. 1, 53, 60 u. 350.

und es wurde dann auch in der Vierten Abtheilung, dem Antrage des Berichterstatters gemäß (s. oben Ziff. 10.) beschlossen:

„Das Notariat soll von der Advokatur getrennt werden.

Für diejenigen Orte soll eine Ausnahme hiervon gemacht werden, wo jede dieser Funktionen für sich ein genügendes Auskommen nicht gewährt," IV. 2, 297 u. 320 f.

und hiervon der Plenar-Versammlung vom 28. August 1863 Nachricht gegeben. IV. 2, 115.

13) Der Antrag des Stadtrichters Primker aus Breslau:

„Der Deutsche Juristentag wolle aussprechen, daß die Unabhängigkeit der Rechtspflege nur dann gewahrt sei, wenn der alte Deutschrechtliche Grundsatz, daß die Gerichte in allen Fällen über ihre Kompetenz selbst und ausschließlich zu entscheiden haben, ungeschmälert Geltung hat," II. 1, 229.

den derselbe in der Vierten Abtheilung des Dritten Juristentages durch den auf Beseitigung der sogenannten Kompetenz-Gerichtshöfe und Herbeiführung eines letztinstanzlichen richterlichen Ausspruches ausdrücklicher gerichteten Zusatz: daß Kompetenz-Konflikte durch den höchsten Gerichtshof zu entscheiden seien, noch näher bestimmte, II. 2, 581.

worauf er denn noch, nachdem Geh. Justizrath Sydow aus Berlin den Antrag gestellt hatte:

„Der Deutsche Juristentag wolle aussprechen: Es ist ein für die Sicherung des Rechtsschutzes nothwendiger Grundsatz alten Deutschen Rechtes, daß die Gerichte über ihre Kompetenz selbst und ausschließlich entscheiden, und es ist dieser Grundsatz auch fortan, wo zwischen ihnen und den Verwaltungsbehörden über die Grenzen ihrer Kompetenz Streit entsteht, ungeschmälert dahin zur Anwendung zu bringen, daß über diese Grenzen schließlich ein keiner anderen Autorität als der des Gesetzes unterworfener Gerichtshof in den allgemein geordneten Formen des Verfahrens zu erkennen hat," II. 2, 587.

und Obertribunalrath Frh. v. Sternenfels aus Stuttgart den Unter-Antrag eingebracht:

„Die Mitglieder des Kompetenz-Gerichtshofes müssen ständige und unentlaßbare sein," II. 2, 597.

hervorhob, daß nach seinem Antrage im Gegensatze zu dem auch Verwaltungsbeamte in den Gerichtshof zulassenden Sydow'schen Antrage nur Richter der höchsten Gerichtsstelle zu entscheiden hätten, daß er aber zunächst Annahme seines ursprünglichen Antrages wünsche und erst im Abweisungsfalle seinen (präzisirten) Zusatz-Antrag empfehlen würde, II. 2, 591.

dagegen später letzteren fallen ließ und sich mit dem Sydow'schen Antrage vereinigte, II. 2, 597.

wurde von der gedachten Abtheilung, nachdem Justizrath Volkmar aus Berlin den ursprünglichen Primker'schen Antrag wieder aufgenommen hatte, fast einstimmig zum Beschlusse erhoben, wogegen der Sydow'sche abgelehnt wurde. II. 2, 598.

14) Der Antrag des Stadtrichters Hiersemenzel aus Berlin:

„Der Deutsche Juristentag wolle aussprechen, daß die Würde der Rechtspflege und die Handhabung wirklicher Gerechtigkeit nur da gesichert ist, wo der Richter auch die Frage, ob ein Gesetz verfassungsmäßig zu Stande gekommen, ohne Einschränkung zu prüfen hat," III. 1, Vorl. Nr. 3.

bei der Erörterung in der Plenar-Versammlung vom 25. August 1862 wurde, nachdem der Berichterstatter, Geh. Justizrath Professor Dr. Jhering aus Gießen, den fraglichen Antrag in zwei Fragen, die nach dem richterlichen Prüfungsrechte hinsichtlich der von dem Fürsten in einem Verfassungsstaate erlassenen Verordnungen, und die in Betreff der Untersuchung, ob bei einem (eigentlichen) Gesetze alle Formen, namentlich auch nach der Seite der landständischen Rechte, beobachtet seien, getrennt hatte, III. 2, 11—13.

und sofort nur die erstere von dem Berichterstatter besprochen, von dem Vorsitzenden aber die Verhandlung über den Satz:

„Verordnungen der Staatsregierung, deren Inhalt nur in der Form des Gesetzes mit Zustimmung der Stände hätte festgestellt werden können, haben für den Richter keine verbindliche Kraft,"

eingeleitet worden war, III. 2, 19.

von dem Antragsteller unter Einfügung der Worte (nach „Gesetz"): „oder eine Verordnung" in seinem vollen Umfange ausdrücklich festgehalten. III. 2, 20.

Nachdem nun von dem Vorsitzenden wiederholt die Besprechung auf den angeführten, den Antrag des Berichterstatters enthaltenden Satz beschränkt, bald aber auch diese Einschränkung aufgegeben war, III. 2, 25 f.

und der Antragsteller sich mit dem Berichterstatter dahin vereinigt hatte, daß in den angeführten Antrag des Letzteren die Worte (nach „Verordnungen"): „des Staatsoberhauptes oder" (der Regierung u. s. w.) aufzunehmen, III. 2, 55 f.

wurde zuerst der Antrag des Dr. Frank aus Prag:

„Der Deutsche Juristentag geht in Erwägung, daß der Antrag des Herrn Stadtrichters Hiersemenzel, betreffend die angebliche richterliche Kompetenz, wesentlich staatsrechtlicher Natur ist, und daher über die Aufgabe, die sich der Juristentag gestellt hat, hinausgeht, zur Tagesordnung über," III. 2, 47.

dann der des Advokatur-Kandidaten Dr. Brix aus Wien:

„die Verweisung des ganzen Antrages an die ständige Deputation zur Vorbereitung für den Vierten Juristentag zu beschließen," III. 2, 47.

ersterer mit sehr großer Mehrheit, abgelehnt, III. 2, 58 f.

und dem Antrage des Berichterstatters (beziehungsweise auch des Antragstellers) gemäß beschlossen:

a) den zweiten Theil des Antrages (Prüfungsrecht hinsichtlich eigentlicher Gesetze) als für jetzt noch nicht gehörig vorbereitet, der ständigen Deputation zu überweisen,

b) über den ersten aber sich dahin auszusprechen:

„Verordnungen und Erlasse des Staatsoberhauptes oder der Staatsregierung, deren Inhalt nur in der Form des Gesetzes mit Zustimmung der Stände hätte festgestellt werden können, haben für den Richter keine verbindliche Kraft.“ III. 2, 61.

Von den sodann der ständigen Deputation erstatteten Gutachten sprach sich

a) das des Professors Dr. Stubenrauch aus Wien gegen das richterliche Prüfungsrecht der verfassungsmäßigen Entstehung einer in gehöriger Weise als Ausdruck des gemeinsamen Willens der gesetzgebenden Gewalten verkündeten Rechtsnorm, IV. 1, 201—211.

b) das des Professors Dr. Gneist aus Berlin aber dafür, indem derselbe für Verfassungsstaaten folgende Grundsätze aufstellte:

I. „Die Gerichte haben im Gebiete ihrer Civil- und Strafjustizsachen zu prüfen, ob die nach Einführung der Landesverfassung publizirten „Gesetze“ verfassungsmässig, namentlich mit der erforderlichen Zustimmung der Kammern promulgirt sind; andernfalls solche nicht zur Anwendung zu bringen;“

II. „Die Gerichte haben im Kreise ihrer Kompetenz insbesondere zu ermessen, ob und wie weit die publizirten „Verordnungen“ der Staatsregierung nach der Landesverfassung Gesetzeskraft haben oder nicht.“

III. „Den Deutschen Gerichten steht dagegen keine Prüfung darüber zu, ob die verfassungsmäßigen Organe von ihrer Befugniß, Gesetze zu geben, den rechten Gebrauch gemacht haben,“ IV. 1, 229 f.

c) das des Verwaltungsraths Dr. Jaques aus Wien für das gedachte Prüfungsrecht aus. IV. 1, 239.

In der Plenar-Versammlung vom 25. August 1863 stellte nun zuvörderst der Berichterstatter, Geh. Rath Professor Dr. v. Wächter aus Leipzig folgende einzelne Anträge:

1) „Ueber das Dasein der formellen Erfordernisse der Publikation eines Gesetzes hat der Richter in der Anwendung auf den einzelnen Fall zu erkennen;

2) Der Richter hat ein Gesetz nur insoweit in Anwendung zu bringen, als sein Inhalt die erforderliche Zustimmung der Stände erlangt hat;

3) Dringend ist zu wünschen, daß sofern Zweifel über diese Zustimmung entstehen, endgültig ein unabhängiger Kassationshof auf An-

trag eines bei einem Prozesse Betheiligten oder der Staatsbehörde über die Frage Nr. 2. zu entscheiden habe."

4) „Werden Verfassung oder Wahlgesetz durch einen Akt der Staatsregierung einseitig geändert und auf Grund dieser Aenderungen mit Zustimmung der hiernach zusammengesetzten Stände Gesetze erlassen, so sollte jeder Betheiligte das Recht haben, gegen solche Gesetze ein unabhängiges Reichsgericht anzugehen, welches über die Anwendbarkeit der betreffenden Gesetze zu entscheiden hat," IV. 2, 21 f.

worauf der Antragsteller seinen Antrag dahin faßte:

„Der Deutsche Juristentag wolle aussprechen, daß die Würde der Rechtspflege und die Handhabung wirklicher Gerechtigkeit nur da gesichert sei, wo der Richter auch die Frage, ob ein Gesetz oder eine Verordnung verfassungsmäßig zu Stande gekommen, beziehungsweise gültig sei, ohne Einschränkung zu prüfen hat." IV. 2, 34.

Es kamen nun folgende Anträge ein:

aa) von dem Appellationsgerichts-Präsidenten Dr. Schneider aus Dresden:

„Ueber das verfassungsmäßige Zustandekommen der Gesetze hat nicht der Civil- und Kriminalrichter im einzelnen Falle, sondern nur ein von den Ständen und der Regierung gewählter Staatsgerichtshof zu entscheiden," IV. 2, 44.

bb) von dem Hofgerichts-Prokurator Dr. Braun aus Wiesbaden:

„Der Richter hat im gegebenen Falle über das verfassungsmäßige Zustandekommen der Gesetze und Verordnungen zu befinden," IV. 2, 34 u. 52.

und

cc) von dem Hof- und Gerichts-Advokaten Dr. Berger aus Wien:

„Die Frage, ob ein Gesetz verfassungsmäßig zu Stande gekommen ist, hat ein unabhängiger Staats-Gerichtshof zu entscheiden," IV. 2, 52.

nach welchem ꝛc. Schneider den seinigen zurückzog, IV. 2, 61.

während Ministerialrath v. Freydorf aus Karlsruhe den Sätzen des Berichterstatters einen fünften, etwa dahin:

„Bei provisorischen Gesetzen hat sich das Prüfungsrecht nicht auf die Frage der Dringlichkeit und Nothwendigkeit zu erstrecken,"

beigefügt und über den letzten Theil der Frage, hinsichtlich des Verhaltens der Gerichte gegenüber von Gesetzen, welche von einer nur thatsächlich, aber nicht rechtlich bestehenden Gewalt erlassen sind, zur Tagesordnung übergegangen wissen wollte. IV. 2, 55 f.

Der nach dem Antrage des Oberappellationsgerichts-Raths a. D. Brinkmann aus Kiel zuerst zur Abstimmung gebrachte Braun'sche Antrag, für welchen sich auch der Antragsteller erklärt hatte, IV. 2, 61.

wurde nun per majora angenommen, IV. 2, 65 f.

wodurch sich der Berger'sche und der erste Satz des Antrages des Berichterstatters erledigten. Auf den von Dr. Braun unterstützten Vorschlag des Letzteren brachte der Vorsitzende indessen noch den zweiten Satz mit dem von Obergerichts-Assessor a. D. Planck aus Göttingen beantragten Zusatze (nach „Zustimmung der"): „verfassungsmäßigen" (Stände), sowie die Sätze 3 und 4 des Antrages des Berichterstatters zur Abstimmung, und es wurden dieselben sämmtlich angenommen. IV. 2, 66—68.

15) Der Antrag des Gerichts-Assessors Sutro aus Münster:

„Der Deutsche Juristentag wolle erklären, daß eine in ganz Deutschland geltende allgemeine Eidesnorm mit den Eingangsworten:

„„Ich schwöre bei Gott dem Allmächtigen und Allwissenden ꝛc.""

und mit den Schlußworten:

„„So wahr mir Gott helfe. Amen.""

als wünschenswerth erscheine,"

ward von der Vierten Abtheilung angenommen. I. 333.

Die Plenar-Versammlung vom 30. August 1860, indem gemäß dem Antrage des Hof- und Appellationsgerichts-Prokurators Keller aus Dillenburg, I. 284. über beide Theile des Antrages getrennt abgestimmt wurde, beschloß:

„auszusprechen, daß eine allgemeine Eidesformel wünschenswerth sei, aber eine bestimmte Formel für jetzt nicht festzusetzen." I. 290.

F. Verfahren in bürgerlichen Rechtsstreitigkeiten (und freiwillige Gerichtsbarkeit).

1) Der Antrag des Kreisjustizraths Dr. Straß aus Berlin:

„Der Deutsche Juristentag wolle eine Kommission von 6 bis 8 Mitgliedern erwählen, um den Entwurf zu einem allgemeinen Deutschen Prozeßgesetz, verbunden mit einer Exekutions-Ordnung, auszuarbeiten," I. 138.

ward in der Vierten Abtheilung dahin gestellt:

„Der Deutsche Juristentag wolle die Deutschen Regierungen ersuchen, ein allgemeines Deutsches Civilprozeß-Gesetz zu erlassen;" I. 332.

in dieser Abtheilung dahin angenommen:

„Der Deutsche Juristentag erklärt es für wünschenswerth, daß ein allgemeines Deutsches Civilprozeß-Gesetzbuch erlassen werde," I. 332.

unter Ablehnung des Antrages:

„Die Deutschen Regierungen aufzufordern, zu diesem Zwecke eine Kommission niederzusetzen," I. 332.

sowie unter Aufstellung des Grundsatzes,

daß der Juristentag sich nicht mit Gesuchen an die Regierungen zu wenden habe,

in der Plenar-Versammlung vom 30. August 1860 ebenfalls angenommen und zugleich, dem bei Berathung der Waldeck'schen Anträge (s. unten Ziff. 2 a., bb.) gestellten Antrag des Obergerichts-Anwalts Götting aus Hildesheim gemäß (I. 268 u. 281.), einstimmig ausgesprochen,

daß ein solches als dringendes Bedürfniß erscheinendes Prozeßgesetzbuch auf die Grundsätze der Oeffentlichkeit und Mündlichkeit gebaut sein solle. I. 282.

2) Anträge des Obertribunalsraths Dr. Waldeck aus Berlin über einige Vorfragen, betreffend die einheitliche Civilprozeßgesetzgebung:

„Bei vorausgesetzter Justizorganisation und einer Prozedur, welche auf mündliches Verfahren vor kollegialisch formirten Gerichten gegründet ist, für das ordentliche Prozeßverfahren folgende Grundsätze als die richtigen anzuerkennen:

1) Die Angabe der Beweismittel für die Behauptungen der Parteien erster Instanz in Klage, Klagebeantwortung, Replik 2c. braucht erst nach ergangenem Beweisinterlokute zu geschehen, mit Ausnahme der Urkunden, welche zur Begründung der Behauptungen dienen, und deren Beibringung oder Nachweisung mit den Behauptungen verbunden werden muß;

2) Beweis-Interlokute sind nicht appellabel;

3) Streitführende Parteien müssen sich beim Gerichte durch Rechtsanwälte vertreten lassen;

4) Eine Zurückweisung der Klage per decretum wegen offenbarer Nichtbegründung ist unzulässig;

5) Das Rechtsmittel letzter Instanz bringt nicht die Sache in ihrer Totalität, sondern neben Kompetenzüberschreitungen und gewissen Prozedurfehlern nur die behauptete fehlerhafte Anwendung und Auslegung des Gesetzes mit Ausschluß der thatsächlichen Würdigungen des zweiten Richters zur Entscheidung des für ein größeres Gebiet bestimmten höchsten Gerichtshofes." I. 36.

a) Beim Ersten Juristentage wurde

aa) in der Vierten Abtheilung

Ziff. 1. ohne weitere Erörterung einstimmig angenommen,

" 2. nach Ablehnung zweier anderer Vorschläge:

„Die Beweis-Interlokute sind nicht sofort appellabel,"

und

„die Beweis-Interlokute werden nicht rechtskräftig und sind nicht appellabel,"

mit überwiegender Mehrheit, und ebenso

Ziff. 3., unter Hinweisung auf das Unzeitgemäße einer Beschränkung und die Nothwendigkeit einer freien Advokatur, angenommen,

Ziff. 4. nach Ablehnung eines Antrages auf Tagesordnung,

" 5. nach Verwerfung zweier Präjudizialanträge auf einfache und auf eine motivirte Tagesordnung dahin:

„In Erwägung, daß der Antrag Nr. 5. zu tief in die Organisationsfrage und das übrige Prozeßrecht eingreift, geht die Versammlung zur Tagesordnung über,"

sowie eines Gegenantrages:

„Das Oberappellationsgericht soll ein Gerichtshof im Deutschen Sinne des Wortes sein und bleiben, und demgemäß soll die Revision, beziehungsweise Oberappellation das ordentliche Rechtsmittel höchster Instanz, das der Kassation nachgebildete Rechtsmittel nur ergänzend in den Deutschen Civilprozeß eintreten,"

mit bedeutender Mehrheit unter Ablehnung eines auf Einschaltung der Worte (nach „Prozedurfehlern"): „abgesehen von jenen Fällen, wo in zweiter Instanz auf Grund neuer Instruktion reformirt ist," lautenden Gegenantrages angenommen. I. 328 u. 330.

bb) In der Plenar-Versammlung vom 28. August 1860 auf Antrag des Professors Dr. Gneist aus Berlin ward beschlossen:

„Die Debatte und Beschlußfassung über sämmtliche Punkte des Waldeck'schen Antrages, mit Vorbehalt der Beschlußfassung über die Prinzipien der Oeffentlichkeit und Mündlichkeit (s. oben Ziff. 1.) bis zum nächsten Juristentage zu vertagen." I. 271, 277, 347.

b) Die Anträge wurden demnächst begutachtet

aa) von Obertribunalrath Frh. v. Sternenfels aus Stuttgart, der dem ersten Antrage mit einer Beschränkung in Betreff der Vorlegung von Urkunden, dem zweiten und dritten Antrage beitrat, sich gegen den vierten erklärte und sich ebenfalls für einen nicht über das Thatsächliche des Falles, sondern nur über unrichtige Gesetzes-Anwendung und Auslegung und über Fehler im Verfahren urtheilenden höchsten Gerichtshof aussprach, II. 1, 3—35.

bb) von dem Obergerichts-Anwalt André aus Osnabrück, der, auf den Boden der Hannöverschen Prozeßordnung sich stellend, dem ersten Antrage ebenfalls mit einer ähnlichen Beschränkung (wie ad aa.) beitrat, den zweiten verwarf, den dritten und vierten als sich von selbst verstehend bezeichnete und sofern es sich um einen obersten Gerichtshof für Deutschland handelt, die Auffassungen des Antragstellers theilte, II. 1, 36—65.

und

cc) von dem Professor Dr. Planck aus Kiel, der in der Hauptsache auf die verschiedenen möglichen Grundzüge der Gerichtsverfassung und des Verfahrens hinweisend, vor Allem eine Einigung hinsichtlich dieser als räthlich hervorhob. II. 1, 66—92.

Die ständige Deputation hatte nun aber auch u. A. über die Fragen:

1) „Soll der Schwerpunkt des nach dem Grundsatze der Oeffentlichkeit und Mündlichkeit zu regelnden Verfahrens in bürgerlichen Streitsachen in der mündlichen Verhandlung oder in dem als Grundlage dienenden schriftlichen Verfahren liegen, namentlich was das Verfahren in erster Instanz betrifft?" und

2) „Soll, was den Beweis in bürgerlichen Streitsachen betrifft, das Urtheil nach freier richterlicher Ueberzeugung ohne fest bindende Beweisregeln erfolgen?"

Gutachten von dem Hofgerichtsrath Brauer aus Bruchsal und von dem Kammergerichtsrath Plathner aus Berlin eingezogen.

ad 1. sprach sich Erstererer für ein rein mündliches Verfahren im Sinne des Hannöverschen Gesetzes, II. 1, 102 ff.

Letzterer für eine schriftliche Grundlage der Entscheidung mit nachfolgender mündlicher Verhandlung, II. 1, 116 ff.

ad 2. sprach sich sowohl der Eine als der Andere für das Aufgeben der gesetzlichen Beweisregeln im Ganzen und Festhalten solcher hinsichtlich gewisser Beweismittel (z. B. Urkunden), beziehungsweise die Nothwendigkeit richterlich aufgelegter Eide aus. II. 1, 104—108, 122—125.

c) Beim Zweiten Juristentage wurde

aa) in der Vierten Abtheilung zunächst die dem Antrage des Berichterstatters, Obergerichts-Assessor Planck aus Göttingen gemäß, II. 2, 447.

vor Berathung der Waldeck'schen Anträge auf die Tagesordnung gesetzte, oben unter Ziff. 1. angeführte Frage (mündliches Verfahren), II. 2, 451. nach dem Antrage des Gerichts-Assessors Makower aus Berlin, II. 2, 463.

übrigens unter Hinzufügung der Worte (nach „Streitsachen"): „bei kollegialisch formirten Gerichten," wie Kreisgerichts-Direktor Odebrecht aus Berlin, II. 2, 480.

und mit Fortlassung der Schlußworte: „namentlich was das Verfahren in erster Instanz betrifft," wie Justizrath Volkmar aus Berlin beantragt hatte, II. 2, 477.

bejaht, II. 2, 499 f.

und ein Gegenantrag des Kammergerichtsraths Plathner aus Berlin:

„Nur die durch Schrift erkennbar gemachten Erklärungen der Parteien dürfen die Grundlage der Entscheidung bilden," II. 2, 490.
abgelehnt, II. 2, 500.

worauf noch in Folge eines dem Vorsitzenden übergebenen Antrages von diesem ausdrücklich festgestellt wurde, daß durch diese Beschlüsse das Verfahren vor dem Einzelrichter nicht berührt werde. II. 2, 502.

Demnächst erfolgte

α) die Annahme des ersten Antrages des Dr. Waldeck, II. 2, 509.

β) nachdem derselbe den zweiten Antrag dahin anders gefaßt hatte:
„Die Ausführung eines vom Richter angeordneten Beweises kann durch Rechtsmittel nicht aufgehalten werden," II. 2, 515
und Advokat Dr. Bernays aus Mainz und Justizrath Volkmar aus Berlin ihre auf eine andere Fassung dieses Punktes abzielenden Anträge (II. 2, 518) zurückgezogen hatten, II. 2, 523.

die Annahme dieses zweiten Antrages; II. 2, 524.
worauf beschlossen wurde, den von dem Obertribunalrath Frh. v. Sternenfels aus Stuttgart aufgestellten Satz, daß der Richter an Beweisdekrete nicht gebunden sei, der ständigen Deputation zur weiteren Begutachtung zu überweisen, II. 2, 524 f.

und Gerichts-Assessor Makower seinen im Laufe der Berathung gestellten Antrag:

„Beweis-Interlokute werden nicht rechtskräftig," II. 2, 518.
zurückzog. II. 2, 525.

Nachdem sodann die von dem Vorsitzenden an dieser Stelle in die Tagesordnung eingereihte, oben unter Ziff. 2. angeführte Frage (gesetzliche Beweistheorie), II. 2, 503.

dem Antrage des Justizraths Volkmar gemäß:

„In Erwägung, daß die Frage von der größten praktischen Wichtigkeit und noch nicht genügend vorbereitet ist," II. 2. 546.
zur weiteren Vorbereitung an die ständige Deputation verwiesen war, wurde

γ) hinsichtlich des dritten Waldeck'schen Antrages, nachdem Advokat Dr. Bernays aus Mainz die Vertretung durch Anwälte bei Kollegialgerichten, und Justizrath Volkmar dieselbe bei ordentlichen, kollegialisch besetzten Gerichten als nothwendig zu bezeichnen beantragt hatten, II. 2, 550 u. 557.

zuerst beschlossen, daß die Vertretung durch Anwälte überhaupt obligatorisch sein soll, II. 2, 558.

jedoch mit der von Obertribunalrath Frh. v. Sternenfels aus Stuttgart beantragten Ausnahme bei Bagatellsachen, II. 2, 558.

sodann aber, dem Antrage von ꝛc. Waldeck gemäß:

„daß die Vertretung durch einen Rechtsanwalt in allen bürgerlichen ordentlichen Rechtsstreitigkeiten vor kollegialisch formirten Gerichten obligatorisch sein soll,"

wonach sich die erste Abstimmung (unter Belassung jener Ausnahme) einschränkte. II. 2, 559.

δ) Der vierte Waldeck'sche Antrag wurde sofort, II. 2, 560.

und

ε) der fünfte, nachdem Obergerichts-Assessor Endemann aus Fulda einen Vertagungsantrag zurückgezogen, II. 2, 561.

dahin,

daß das Rechtsmittel letzter Instanz nur als Kassation und, wie Rechtsanwalt Leonhard aus Grüneberg beantragt hatte, II. 2, 570.

unter letzter Instanz die dritte zu verstehen sei,

angenommen. II. 2, 575.

bb) In der Plenar-Versammlung vom 30. August 1861 wurde zunächst, den Anträgen der Vierten Abtheilung gemäß, die oben unter Ziff. 1. aufgeführte Frage hinsichtlich des Schwerpunktes des Verfahrens bejahend erledigt, II. 2, 614.

ebenso hinsichtlich der Punkte 1. und 2. der Waldeck'schen Anträge die Abtheilungs-Vorschläge angenommen, II. 2, 617, 619 f.

desgleichen, nachdem ein Gegenantrag dahin gestellt war:

„Die Gesetzgebung soll dahin streben, daß, was den Beweis in bürgerlichen Streitsachen betrifft, das Urtheil möglichst nach freier richterlicher Ueberzeugung ohne bindende Beweisregeln erfolgen kann," II. 2, 625.

die hinsichtlich der oben unter Ziff. 2 angeführten, die Beweiswürdigung betreffenden Frage von der Abtheilung beschlossene Vertagung, II. 2, 626 f.

in Betreff des dritten Waldeck'schen Antrages aber nur der von der Abtheilung aufgestellte allgemeine Satz, unter Abwerfung sowohl des v. Sternenfels'schen, als eines von dem Kreisrichter Dr. Gad aus Sagan und dem Oberstaatsanwalt Dr. Keller aus Wien in Betreff einer bei rechtsverständigen Personen zu machenden Ausnahme gestellten Antrages, II. 2, 628 ff. 637.

und dann noch die zu Punkt 4. und 5. von der Abtheilung gefaßten Entschließungen. II. 2, 639—641.

d) Die ständige Deputation veranlaßte weitere Gutachten über die beiden vorbehaltenen Fragen (s. unter c. β.) und es sprach sich

aa) hinsichtlich der Frage, ob der Richter an das Beweis-Interlokut bei der Hauptentscheidung gebunden sein soll, der Finanz-Prokurator, Rechtsanwalt Beschorner aus Dresden mit gewissen Beschränkungen und indem er den Nachdruck auf den Zeitpunkt der ersten Entscheidung legte, bejahend, III. 1, 98—112.

der Obertribunalsrath Professor Dr. Heffter aus Berlin, unter Voraussetzung einer entsprechenden Verfahrensart, verneinend aus; III. 1, 113—118.

bb) die Frage, ob in bürgerlichen Streitsachen das Urtheil ohne bindende Beweisregeln erfolgen soll, wurde von den beiden Begutachtern, Gerichts-Assessor Dr. Bornemann aus Berlin und Advokat Dr. Bernays aus Mainz, bejaht. III. 1, 121—131.

e) Beim Dritten Juristentage wurde hinsichtlich der vorbehaltenen zwei Fragen, und zwar

aa) hinsichtlich der Frage unter Ziff. 1. oben (Verbindlichkeit des Beweisdekrets) in der Vierten Abtheilung dem Antrage des Berichterstatters, Justizrath Volkmar aus Berlin, gemäß auszusprechen beschlossen: III. 2, 591.

„Das Gericht hat in einem mit Gründen versehenen Dekrete die Beweislast zu regeln und den Beweis zu verordnen. Das Gericht ist bei der End-Entscheidung an dieses Beweisdekret nicht gebunden," III. 2, 562 f.

unter Abwerfung des von Kreisrichter Zenthöfer aus Rybnick gestellten Antrages:

„auszusprechen, in einem Civilprozesse, in welchem es zur Beweiserhebung kommt, sind zwei verschiedenartige Beweis-Resolute, nämlich ein Beweisaufgabe-Resolut oder Interlokut und ein Beweiszulassungs-Resolut oder Resolut im engeren Sinne anzunehmen. Bei der Hauptentscheidung eines solchen Prozesses ist das Beweis-Interlokut unabänderlich, dagegen das Beweisresolut, insofern es auf Eidesabnahme lautet, ebenfalls unabänderlich, im Uebrigen abänderlich," III. 2, 569.

sowie der beziehungsweise von dem Gerichts-Assessor Makower aus Berlin, dem Rechtsanwalt Gierse aus Münster und dem Obertribunalrath Frh. v. Sternenfels aus Stuttgart gestellten Anträge auf Weglassung der Worte: „mit Gründen," III. 2, 585. und: „die Beweislast zu regeln," III. 2, 591.

und hiervon der Plenar-Versammlung Mittheilung gemacht. III. 2, 124 f.

bb) Hinsichtlich der Frage unter Ziff. 2. oben (gesetzliche Beweistheorie) ging

α) der Beschluß der Vierten Abtheilung, nachdem der Berichterstatter, Obergerichtsanwalt Dr. Pfeiffer aus Bremen, zuvörderst beantragt hatte:

„In Betracht,

daß die Würdigung eines geführten Beweises der Natur der Sache nach vorzugsweise der freien richterlichen Erkenntniß überlassen werden muß,

daß insbesondere durch das mündliche Verfahren ein größerer Einfluß der subjektiven Ueberzeugung des Richters bei Entscheidung der Thatfrage bedingt erscheint,

daß jedoch in bürgerlichen Rechtsstreitigkeiten unter den jetzt vorherrschenden prozessualischen Grundprinzipien gewisse positive Beweisregeln als Schranken der freien richterlichen Beurtheilung nicht ganz entbehrt werden können,

die Grenzlinie aber zwischen der Nothwendigkeit und Verwerflichkeit von Beweisregeln nicht durch einen allgemeinen Ausspruch, sondern nur durch Erörterung der einschlagenden Einzelfragen bezeichnet werden kann:

über die aufgestellte Frage zur Tagesordnung überzugehen," III. 2, 521 f.

dann aber sich dem Antrage des Rechtsanwalts Dr. Horwitz aus Grüneberg:

„Der Juristentag wolle als seine Ueberzeugung aussprechen:

Die Würdigung des geführten Beweises ist auch im Civilprozeß der Natur der Sache nach vorzugsweise der freien richterlichen Erkenntniß zu überlassen; insbesondere wird durch das mündliche Verfahren ein größerer Einfluß der subjektiven Ueberzeugung des Richters bei Entscheidung der Thatsachen bedingt. Die unbedingte Verwerfung aller positiven Beweisregeln als Schranken der freien richterlichen Beurtheilung erscheint jedoch nicht gerechtfertigt;" III. 2, 536.

angeschlossen hatte, III. 2, 552.

und nachdem der Antrag des Advokaten v. Feder aus Offenburg:

„Der Deutsche Juristentag solle seine Ueberzeugung dahin aussprechen, daß, was den Beweis in bürgerlichen Streitsachen betrifft, das Urtheil nach freier richterlicher Ueberzeugung ohne festbindende Beweisregeln erfolgen soll, wobei jedoch die Frage, ob und in wie weit die Einführung des Instituts der Richter der Thatsachen (Geschworenen) zu empfehlen sei, der weiteren Erörterung vorbehalten ist," III. 2, 549.

zurückgezogen, III. 2, 549.

auch die von dem Rechtsanwalt Gierse aus Münster dahin:

„Die Versammlung geht in Erwägung,

1) daß gewisse Beweisregeln nicht entbehrt werden können,
2) daß dieselben jedoch auf das nothwendigste Maß zu beschränken seien, hierbei aber auch
3) die Gerichtsverfassung und die Gerichtsordnung in Betracht komme,

zur Tagesordnung über,"

vorgeschlagene Ablehnung einer Entscheidung in der Sache selbst, III. 2, 535 f.

nicht beliebt worden war, III. 2, 556.

dem Antrage gemäß, welchen Professor Endemann aus Jena gestellt, III. 2, (534) 549.

und im Hinblick auf welchen Rechtsanwalt Leonhard aus Grüneberg einen von ihm gestellten Antrag:

„In bürgerlichen Streitsachen soll das Urtheil nach freiem Ermessen ohne fest bindende Beweisregeln erfolgen, soweit nicht der freie Wille der Parteien und sein Einfluß auf das Verfahren Ausnahmen rechtfertigt,“ III. 2, 536.

zurückgezogen hatte, III. 2, 554.

dahin:

„Der Juristentag spricht sich, ohne damit die Folgen des Grundsatzes im Einzelnen festzustellen, im Ganzen für das Prinzip aus, daß der Richter die Wahrheit der Thatsachen, so weit sie unter den Parteien streitig, nach freier Ueberzeugung zu prüfen habe.“ III. 2, 556.

Nach diesem Beschlusse entfielen die weiteren, in's Einzelne der Beweismittel eingehenden Anträge (III. 2, 556.)

des Kreisrichters Zenthöfer aus Rybnik:

„Es sei auszusprechen, daß die Zeugen-, Gutachten- und Augenscheinbeweise nach freiem Ermessen des Richters zu würdigen, dagegen bei der Würdigung des Urkundenbeweises gesetzliche Regeln anzuwenden seien,“ III. 2. 534.

des Justizraths, Rechtsanwalt Corty aus Lukau:

„Der Deutsche Juristentag wolle als seine Ueberzeugung aussprechen:

in bürgerlichen Streitsachen habe der Richter die Frage, ob ein Beweis durch Zeugen oder Sachverständige geführt sei, nach seiner freien Ueberzeugung, vorbehaltlich der Befugniß der Auferlegung eines nothwendigen Eides, zu beantworten,“ III. 2, 534.

und des Obertribunalraths Frh. v. Sternenfels aus Stuttgart:

„Der Juristentag spricht die Ueberzeugung aus, daß das richterliche Ermessen bei Würdigung des geführten Zeugen- und Urkundenbeweises und bei Auflegung des richterlichen Eides von fest bindenden Beweisregeln entbunden werden möge.“ III. 2, 540.

β) In der Plenar-Versammlung vom 28. August 1862 wurde zunächst ein von zc. Zenthöfer gestellter Antrag auf nochmalige Verweisung der Frage an die ständige Deputation verworfen, III. 2, 106.

dann aber derselbe, nachdem in der Sache selbst Advokatur-Kandidat Dr. Brix aus Wien beantragt hatte:

„Der Juristentag wolle aussprechen: der Civilrichter ist bei Beurtheilung der im Prozesse vorgebrachten Thatsachen an eine positive Beweistheorie nicht zu binden, vorbehaltlich der Bestimmung über die Glaubwürdigkeit von Urkunden und Parteieneiden," III. 2, 113.

und die Abstimmung über den nun noch vom Obergerichts-Anwalt Lauenstein aus Lüneburg gestellten Vorantrag:

„In Erwägung, daß die Frage über die Freiheit der Prüfung der Beweisfrage in der Wissenschaft noch nicht zum Abschlusse gelangt ist, geht der Juristentag zur Tagesordnung über," III. 2, 122.

kein unzweifelhaftes Ergebniß geliefert hatte, III. 2, 123.

dennoch angenommen. III. 2, 124.

f) Von den weiteren, durch die ständige Deputation über die Frage, ob das Urtheil in bürgerlichen Streitsachen nach freier richterlicher Ueberzeugung erfolgen solle, veranlaßten Gutachten sprach sich das des Gerichts-Assessors Makower aus Berlin für die Bejahung dieser Frage, IV. 1, 111 ff.

das des Oberlandesgerichts-Raths Dr. Frh. v. Sacken dahin aus, der Juristentag sollte über diese weder unbedingt zu bejahende, noch unbedingt zu verneinende Frage zur Tagesordnung übergehen. IV. 1, 116—132.

g) In der Vierten Abtheilung des Vierten Juristentages wurde schließlich, dem Antrage des Berichterstatters, Hofgerichtsrath v. Stößer aus Bruchsal entsprechend, IV. 2, 278.

der Beschluß gefaßt:

„Der Juristentag spricht sich — ohne damit bestimmten Vorschriften über die Zulässigkeit einzelner Beweismittel und über die Art ihrer Erhebung vorzugreifen, sowie mit Vorbehalt nöthiger Bestimmungen über den Beweis durch Urkunden und den Eid — für den Grundsatz aus, daß der Richter die Wahrheit der Thatsachen, soweit sie unter den Parteien streitig ist, nach freier Ueberzeugung zu prüfen habe," IV. 2, 284.

und der Antrag des Advokaten Dr. v. Kießling aus Schärding:

die Worte (nach „streitig ist"): „jedoch nur unter der Voraussetzung des öffentlichen und mündlichen Verfahrens" beizufügen, IV. 2, 280 f.

abgelehnt, IV. 2, 284.

wonach dann die anderen materiellen Anträge, namentlich der des Rechts-Anwalts Block aus Magdeburg, die Frage in folgender Fassung:

„Soll in bürgerlichen Streitsachen der Richter die Thatsachen —

soweit die Parteien den Beweis weder durch Urkunden, noch durch einen Eid führen — nach freiem Ermessen feststellen?"

zu stellen und zu bejahen, IV. 2, 279.

und der des Obergerichts-Anwalts Dr. Eller aus Mannheim, auszusprechen:

„In bürgerlichen Rechtsstreitigkeiten erfolgt die Beurtheilung des Beweises durch Zeugen, Sachverständige und Vermuthungen, soweit dieselben zulässig sind, nach freier richterlicher Ueberzeugung," IV. 2, 282.

von selbst wegfielen. IV. 2, 284.

Hiervon wurde der Plenar-Versammlung vom 28. August 1863 Kenntniß gegeben. IV. 2. 114.

3) In Betreff des Zeugenbeweises stellte die ständige Deputation die Gesetzgebungsfrage auf:

„Erscheint es für das Deutsche bürgerliche Verfahren geboten oder auch nur zweckmäßig, daß die Zulässigkeit des Zeugenbeweises auf Rechtsgeschäfte von verhältnißmäßig nur geringem Betrage beschränkt, — und daß derselbe von dem Inhalte einer Urkunde oder zur Ergänzung des Inhalts oder zur Herstellung von Reden, die vor, während oder nach Abfassung einer Urkunde vorgefallen sein sollen, ausgeschlossen werde?"

Ueber dieselbe wurden zunächst

a) drei Gutachten eingezogen:

aa) Oberhofgerichts-Kanzler Haaß aus Mannheim sprach sich dahin aus: „daß zwar die Bestimmungen über Beschränkung des Zeugenbeweises in bürgerlichen Rechtssachen für besondere Fälle nicht zu der Gesetzgebung über das Verfahren gehören, daß aber, wenn auch die Aufnahme solcher Bestimmungen in den Deutschen bürgerlichen Prozeß durch die übrige Einrichtung des letzteren nicht als geboten erscheine, eine solche Aufnahme wenigstens zweckmäßig sei," V. 1, 62—77.

bb) Professor Dr. Hinschius aus Halle aber für die Verneinung der aufgestellten Frage, V. 1, 166—176.

cc) Advokat-Anwalt und Ergänzungsrichter Dr. Creizenach aus Mainz endlich stellte mehrere Sätze auf, nach denen der Zeugenbeweis zuzulassen, übrigens von den Richtern, gleich Civilgeschworenen frei gewürdigt, und ein diesem entsprechendes Verfahren hinsichtlich dieses Beweismittels eingerichtet werden solle. V. 2, 19—31.

b) In der Vierten Abtheilung wurde, nachdem der Berichterstatter, Stadtrichter Hiersemenzel aus Berlin, beantragt hatte, auszusprechen:

1) „Es erscheint weder nothwendig, noch auch nur zweckmäßig, daß,

wenn die civilrechtlichen Folgen einer Handlung Gegenstand eines Prozeßverfahrens sind, die Zulässigkeit des Zeugenbeweises auf Rechtsgeschäfte von verhältnißmäßig nur geringem Betrage beschränkt, und der Zeugenbeweis von dem Inhalte einer Urkunde, sowie zur Ergänzung des Inhalts und zur Herstellung von Reden, welche vor, bei oder nach Abfassung einer Urkunde vorgefallen sein sollen, ausgeschlossen werde;

2) dagegen erscheint es geboten, daß die Zeugenverhöre, soweit es sich um ein streitiges Rechtsgeschäft handelt, im Civilprozeß stets vor dem erkennenden Richter stattfinden," V. 2, 239 f.

und in diesen Antrag auf den Vorschlag des Obergerichts-Assessors Koppen aus Rinteln unter Ziff. 2 das Wort „regelmäßig" eingeschaltet hatte, V. 2, 240.

die Ziff. 1 dieses Antrages mit großer Mehrheit angenommen, der Antrag des Advokaten Lochner aus Wittenberg:

„Die ständige Deputation des Juristentages zu beauftragen, die Frage zu erörtern, wie der Beweis im Civilprozesse im Ganzen und Einzelnen erhoben werden soll," V. 2, 242.

beinahe einstimmig abgelehnt, sodann auch die Ziff. 2 des Antrages unter Einschaltung der von dem Advokaten Ruhwandl aus München beantragten Worte:

„mit Beschränkung der Ausnahmen auf die ganz unvermeidlichen," V. 2, 242.

dagegen unter Verwerfung des von Assessor Koppen beantragten Zusatzes:

„Nur ausnahmsweise kann im Einverständnisse beider Streittheile Vernehmung des Zeugen kommissarisch erfolgen," V. 2, 242.

angenommen, V. 2, 247.

und die von dem Prokurator Dr. Herz aus Höchst gestellten Anträge, die Frage nach der unbeschränkten Zulässigkeit des Zeugenbeweises für eine Frage des Civilprozeßrechts zu erklären und den Wunsch nach einem zweckmäßig eingerichteten Exekutiv-Prozeß auszusprechen (V. 2, 240 f.), abgelehnt. V. 2, 247.

4) Ueber die von der ständigen Deputation aufgestellte Frage:

„Soll die Thätigkeit der Staatsanwaltschaft auch auf bürgerliche Rechtsstreitigkeiten ausgedehnt werden und inwieweit?"

a) zog die Deputation zunächst Gutachten von dem Hofgerichtsrath Brauer aus Bruchsal und dem Kammergerichtsrath Plathner aus Berlin ein. Ersterer sprach sich dahin aus, daß eine Ausdehnung des staatsanwaltschaftlichen Wirkungskreises auf den bürgerlichen Prozeß nicht nothwendig, und wenn sie in bedeutenderem Maß und Umfange geschehe, mehrfach bedenklich, daß aber dieselbe in angemessener Beschränkung, etwa wie in der Hannöverschen und Oldenburgischen Prozeßordnung und auf alle Fälle des öffentlichen Interesses im eigentlichen Sinne, als zweckmäßig zu empfehlen sei; II. 1. 96—99.

Letzterer aber dahin:

„I. Die Staatsanwaltschaft ist nur als Partei zuzulassen.

II. Die Staatsanwaltschaft hat ein Recht zur Klage:

1) auf Nichtigkeitserklärung von Ehen,

2) auf Interdiktion;

sie ist als Mitverklagte zuzuziehen bei Klagen auf Nichtigkeitserklärung oder Scheidung von Ehen.

III. Wieweit sie in anderen Fällen in Vertretung eines öffentlichen Interesses als Partei zuzulassen ist, ist nach den bezüglichen Landesrechten zu beurtheilen.“ II. 1, 109.

b) Auf dem Zweiten Juristentage wurde sowohl in der Vierten Abtheilung, als in der Plenar-Versammlung vom 30. August 1861 beschlossen, diese auf der Tagesordnung gestandene Frage zur weiteren Vorbereitung an die ständige Deputation zu verweisen. II. 2, 599. 656.

c) Es wurden nun weitere Gutachten veranlaßt und dieselben gingen dahin:

aa) das des Obergerichts-Vicedirektors Franke aus Lüneburg:

„Der Staatsanwaltschaft, als einem Organe der Oberaufsicht, wird zweckmäßig auch für die bürgerliche Justizpflege eine überwachende und vermittelnde Thätigkeit — jedoch ohne die Befugniß zum Eingreifen in den einzelnen Prozeßfall — angewiesen. Damit sie die Ueberwachung ausüben kann, ist ihr das Recht zu gewähren,

allen Gerichtssitzungen, auch wenn die Oeffentlichkeit ausgeschlossen ist, jedoch nicht den Berathungen der Richter beizuwohnen, und

jederzeit die Mittheilung der Akten zu verlangen.

Die näheren Bestimmungen aber darüber, in welcher Weise sie als Organ der Oberaufsicht thätig zu werden hat, können nicht allgemein, sondern nur mit Rücksicht auf die Dienstorganisation in den einzelnen Staaten getroffen werden.

Eine Thätigkeit derselben als Organ des Gesetzes ist nicht zuzulassen, sondern nur eine solche in der Eigenschaft als Prozeßpartei, und die Entscheidung über Ertheilung des Armenrechts, nicht aber die Vermittelung der Geschäftsverbindung der Gerichte unter sich oder mit andern Behörden ihr zuzugestehen.“ III. 1, 28—49.

bb) Das des Justizraths, Advokat-Anwalt König aus Cleve dahin:
„Unter der Voraussetzung der Thätigkeit der Staatsanwaltschaft im Strafverfahren und der von dem Juristentage hinsichtlich der Grundlagen des Civilverfahrens gefaßten Beschlüsse sei auch in bürgerlichen Rechtsstreitigkeiten dem Staatsanwalte eine Stelle anzuweisen und das Minimum seiner Thätigkeit müsse darin bestehen:

1) daß in den öffentlichen Sitzungen der kollegialischen Gerichte stets ein Staatsanwalt zugegegen sein und
2) daß es demselben gestattet sei, nach den Vorträgen der Rechtsanwälte und vor dem Urtheile seine Ansicht über die in seiner Gegenwart verhandelte Sache zu äußern.“ III. 1, 50—56.

cc) Das des Staatsanwalts Schloß aus Korneuburg dahin:

1) „Die Staatsanwaltschaft hat bei sonstiger Nichtigkeit, versehen mit allen Parteirechten, sowohl im streitigen als nicht streitigen Verfahren zu interveniren:
   a) bei Verhandlung über Trennung und Ungültigkeitserklärung der Ehe, sowie über Scheidung von Tisch und Bett;
   b) wo es sich um Ehelichkeit der Geburt handelt;
   c) bei Adoptionen und Legitimationen;
   d) bei Todeserklärungen;
   e) bei Verfahren wider Abwesende;
   f) bei Interdiktion wegen Geisteskrankheit oder Verschwendung.
2) Die Staatsanwaltschaft ist berechtigt, allen übrigen Verhandlungen beizuwohnen und hierbei das Wort zu ergreifen.
3) Die Staatsanwaltschaft hat bei wahrgenommener Inkompetenz Anträge zu stellen und ist bei Kompetenz-Konflikten der Gerichte mit anderen Behörden jederzeit zu hören.“ III. 1, 57—70.

d) Beim Dritten Juristentage stellte

aa) der Berichterstatter, Obergerichts-Assessor Planck aus Göttingen, indem er diejenigen Fragen, welche die Stellung der Staatsanwaltschaft im Ganzen der Gerichtsverfassung angehen, und über welche sich Staatsanwalt Schloß in seinem Gutachten ebenfalls ausgesprochen hatte (unter Ziff. 4—7), III. 1, 70. hier bei Seite liegen zu lassen und in Gemeinschaft mit den Hauschteck-Sabarth'schen Anträgen (s. oben Abschnitt E., Ziff. 8 a. und b.) zu verhandeln vorschlug, III. 2, 450 f., 453 460 f.
folgende Anträge:

1) „Es ist nicht zweckmäßig, der Staatsanwaltschaft das Recht oder gar die Pflicht zu geben, in Civilprozessen, sei es in allen oder

einzelnen, oder bei Incidenzverhandlungen, ihre Ansicht über die verhandelte Sache und die abzugebende Entscheidung zu entwickeln.

2) Ebenso ist eine Nichtigkeitsbeschwerde im Interesse des Gesetzes nicht zu empfehlen.

3) Dagegen ist es zweckmäßig, die Staatsanwaltschaft als Prozeßpartei in solchen Fällen zuzulassen, wo es sich um eine im öffentlichen Interesse und auf Grund von Prohibitivgesetzen erfolgende Einwirkung auf privatrechtliche Verhältnisse handelt. Wann diese Voraussetzungen vorliegen, ist nach der Civilgesetzgebung der einzelnen Staaten zu beurtheilen." III. 2, 461.

Nachdem sodann beschlossen war, die Thätigkeit der Staatsanwaltchsfaft im bürgerlichen Streitverfahren vor ihrer Einrichtung im Allgemeinen zu erörtern (s. auch Abschnitt E. unter Ziff. 8 a.), III. 2, 469.

und eine Abstimmung über den allgemeinen Antrag des Staatsanwalts Hauschteck aus Stralsund:

auszusprechen, daß das besondere Interesse dieses Verfahrens an sich eine Zuziehung der Staatsanwaltschaft nicht erfordere, III. 2, 485.

sowie über einen Antrag des Rechtsanwalts Gierse aus Münster:

hinsichtlich dieser Frage noch keine endgültigen Beschlüsse zu fassen, bis über die Gerichtsverfassung selbst beschlossen sei, III. 2, 482 f.

nicht beliebt worden war, III. 2, 490.

wurden die beiden ersten Ziffern des Antrages des Berichterstatters angenommen; III. 2, 490.

dagegen wurde hinsichtlich der dritten Ziffer desselben, nachdem der Berichterstatter den fraglichen Theil seines Antrages zu Gunsten des von Hofrath Dr. v. Weixelbaum aus Wien gestellten:

„Ob und in welchen Fällen die Staatsanwaltschaft als partie principale einschreiten soll, bleibt der Gesetzgebung der einzelnen Staaten festzusetzen vorbehalten," III. 2, 501.

zurückgezogen, (III. 2, 503.) Bezirksgerichts-Accessist Hake aus München aber denselben zu dem seinigen gemacht hatte, III. 2, 504.

und nachdem ein Antrag des Justizraths Volkmar aus Berlin:

„In Erwägung, daß die Frage nach Mitwirkung der Staatsanwaltschaft, insoweit sie die Gerichtsorganisation betrifft, nicht hinreichend zu erörtern ist, bevor nicht die Abtheilung Kenntniß davon hat, was von der Dritten Abtheilung beschlossen worden ist, die gedachte Frage, insoweit sie die Gerichtsorganisation betrifft, nicht weiter zu verhandeln," III. 2, 496.

abgelehnt worden war,

ein sicheres Abstimmungs-Ergebniß über den ersten Satz dieser dritten Ziffer nicht erzielt, dagegen (hinsichtlich des zweiten Satzes derselben) der Weirelbaum-Planck'sche Antrag abgeworfen. III. 2, 507.

bb) In der Plenar-Versammlung vom 28. August 1862 wurde dem Antrage des Hof- u. Gerichts-Advokaten Dr. Berger aus Wien gemäß (III 2, 99.) beschlossen, diese unentschieden gebliebene Frage noch einmal an die ständige Deputation zur weiteren Vorbereitung zurückzuweisen. III. 2, 100.

e) Die weiter eingegangenen Gutachten lauteten dahin:

das des Finanzraths Dr. Fierlinger aus Wien:

„die Staatsanwaltschaft sei als Prinzipalpartei in bürgerlichen Rechtsstreitigkeiten nicht zuzulassen;" IV. 1, 23—33.

das des Obergerichts-Anwalts Bauermeister aus Hannover:

1) „daß die Staatsanwaltschaft nur unter Voraussetzung der Entziehung jedes Oberaufsichtsrechts über die Gerichte als Prozeßpartei zuzulassen und
2) daß die Bestimmung der einzelnen Fälle, in welchen sie als solche zuzulassen, der Civilgesetzgebung vorzubehalten sei;" IV. 1, 34—37.

das des Geh. Oberjustizraths, Senatspräsidenten Dr. Heimsoeth aus Cöln dahin:

„Der Staatsanwaltschaft sei der Beruf zu überweisen:

1) in den Fällen, wo nach dem bisherigen Verfahren ohne Antrag einer Privatpartei von Amtswegen durch ein Civilprozeßverfahren (zur Feststellung, Aenderung oder Aufhebung eines den Gegenstand des Verfahrens bildenden Privat-Rechtsverhältnisses) einzuschreiten ist, als Prinzipalpartei das Verfahren bei den Gerichten anhängig zu machen und unter Beibringung der Thatsachen mit den Prozeßmitteln einer Partei durchzuführen;
2) in den Fällen, in welchen im Civilprozeßverfahren (über die Feststellung, Aenderung oder Aufhebung eines den Gegenstand des Verfahrens bildenden Privat-Rechtsverhältnisses) zwar auf die Anträge einer oder mehrerer Parteien zu entscheiden, dabei jedoch die Thatsachen (welche die Voraussetzung der Entscheidung bilden) nicht lediglich nach Lage der Behauptungen, Beweise und Zugeständnisse der Parteien sich bestimmen, sondern von Amtswegen darauf zu halten ist, daß der wirkliche Thatbestand der Entscheidung zu Grunde gelegt werde, als Prinzipalpartei an dem Verfahren betheiligt zu sein und selbstständig im geeigneten Falle unter Beibringung des That-

bestandes mit den Prozeßmitteln und Rechtsmitteln einer Partei einzuwirken," IV. 1, 279—310.

und diesem letzteren schloß sich auch das des Ministerialraths v. Freydorf aus Karlsruhe an. V. 1, 165.

f) In der Vierten Abtheilung des Fünften Juristentages wurden auf den Antrag des Berichterstatters, Obergerichtsraths Planck aus Meppen, V. 2, 217 f. die angeführten Sätze des Heimsoeth'schen Gutachtens zum Beschluß erhoben; V. 2, 228.

in der Plenar-Versammlung vom 29. August 1864 wurde von diesem Beschlusse Mittheilung gemacht, dagegen, obwohl in der Vierten Abtheilung dem Antrage des Obergerichts-Anwalts Albrecht aus Hannover gemäß beschlossen war, eine Berathung und Beschlußfassung im Plenum herbeizuführen, V. 2, 231.

und obschon Oberstaatsanwalt Dr. Frh. v. Groß aus Eisenach einen Antrag auf Berathung und Beschlußfassung stellte, eine solche nicht beliebt. V. 2, 77 f.

5) Antrag des Kammergerichtsraths Buddee aus Berlin:

„Der Deutsche Juristentag wolle folgende Sätze erwägen und anerkennen:

1) die strenge Anwendung der Eventualmaxime im Civilprozeß bedingt die Vertretung der Parteien durch Rechtsanwälte,

2) die bloße Unterschrift eines Rechtsanwaltes unter Prozeßschriften (Legalisirung) kann die nothwendige Vertretung nicht ersetzen, und

3) bei Verhandlung geringfügiger Sachen vor dem Einzelrichter ist die Anwendung der Eventualmaxime auszuschließen." I. 64.

In der Vierten Abtheilung, nachdem ein Antrag dahin gestellt war:

„Der Juristentag wolle beschließen: die Zwangs-Vertretung durch Rechtsanwälte bedingt die Freigebung der Advokatur an alle nach gesetzlichen Bestimmungen hierzu befähigte Personen;" I. 331 f.

wurde beschlossen:

„In Erwägung, daß durch den Abtheilungs-Beschluß ad Nr. 3 der Waldeck'schen Anträge (s. oben Ziff. 2 a. aa., Ziff. 3) Nr. 1 der Buddee'schen Anträge im Wesentlichen erledigt ist, daß aber Nr. 2 und 3 zu tief mit der Partikular-Gesetzgebung in Verbindung stehen, über diese Anträge zur Tagesordnung überzugehen," I. 332.

und ebenso in der Plenar-Versammlung vom 30. August 1860. I. 280.

6) Der Antrag des Rechtsanwalts Dr. Schaffrath aus Dresden:

„Der Juristentag wolle als seine Rechtsüberzeugung aussprechen: daß der Gebrauch eines gesetzlich zulässigen Rechtsmittels selbst dann, wenn dasselbe für völlig unbegründet befunden wird, nicht noch besonders an der Partei oder deren Vertreter mit einer Geld- oder sonstigen Strafe geahndet werden darf," III. 1, Vorl. Nr. 17.

wurde zurückgezogen. III. 2, 125.

7) Der Antrag des Advokaten Dr. Meyersohn aus Aschaffenburg:

„Auch der Juristentag wolle seine Ueberzeugung aussprechen und zur Kenntniß der sämmtlichen Regierungen der Deutschen Bundesstaaten bringen:

daß ein allgemeines Gesetz über den Vollzug der rechtskräftigen civilrechtlichen Erkenntnisse als ein sehr dringendes Bedürfniß für alle Deutschen Bundesstaaten erkannt werde," I. 141.

ward in der Vierten Abtheilung in folgender, von dem Antragsteller genehmigten Fassung angenommen:

„Der Deutsche Juristentag erklärt, daß der baldige Erlaß eines für alle Deutsche Staaten geltenden Gesetzes über die gegenseitige Vollstreckbarkeit der rechtskräftigen Civil-Erkenntnisse für ein dringendes Bedürfniß zu erachten sei." I. 334.

8) Der Antrag des Kreisgerichtsraths v. Pieper aus Wriezen:

„Der Deutsche Juristentag wolle für zweckmäßig erachten, daß die Entscheidung von Prozessen bis zu 5 Thlr. (einschließlich) den Ortsgerichten mit Vorbehalt des Rekurses an den Richter überwiesen werde," III. 1, Vorl. Nr. 20.

veranlaßte, auf dem Dritten Juristentage (in der Vierten Abtheilung und in der Plenar-Versammlung vom 28. August 1862) an die ständige Deputation zur weiteren Vorbereitung überwiesen, III. 2, 592 und 125 f. die Einziehung von drei Gutachten, von dem Hofrath und Landesgerichts-Vicepräsidenten Ritter v. Weixelbaum zu Wien, welcher sich dafür aussprach, geringfügige Sachen (deren Betrag landesgesetzlich festzustellen wäre) mit gewissen Beschränkungen kollegialisch gebildeten, nur bei Stimmeneinheit zu entscheiden befugten Ortsgerichten zuzuweisen, IV. 1, 147—150.

und von dem Obergerichts-Advokaten Dr. Ladenburg aus Mannheim, sowie von dem Gerichtsrath Wengler aus Dresden, die sich gegen den v. Pieper'schen Antrag erklärten. IV. 1, 151—153, 363—368.

Die Vierte Abtheilung beschloß, den Antrag abzulehnen; IV. 2, 325. wovon der Plenar-Versammlung vom 28. August 1863 Mittheilung gemacht wurde. IV. 2, 116.

9) Der Antrag des Kreisrichters Zenthöfer aus Nicolai,

nach welchem der Juristentag die Einrichtung eines jedem ordentlichen Civil-Prozesse, der nicht schleuniger Natur ist und nicht mit einem unbedingten Mandate anhebt, vorauszuschickenden Mandats- und Sühne-Verfahrens empfehlen sollte, I. 134 ff.

ward in der Vierten Abtheilung, als zum Ausspruche des Juristentages nicht geeignet, ohne Eingehen in die Einzelnheiten des (von dem Antragsteller in 12 Punkten ausgeführten) Entwurfs abgelehnt, I. 333.

und ebenso im Plenum vom 30. August 1860. I. 283.

10) Antrag desselben Mitgliedes:

„Der Juristentag wolle folgenden (auf Abschneidung von Streitigkeiten oder wenigstens des ordentlichen Prozesses abzielenden) Vorschlägen seine Zustimmung ertheilen:

1) die durch eine öffentliche qualifizirte Urkunde beglaubigte privatrechtliche Befugniß, beziehungsweise Obliegenheit ist, im Falle sie nicht von einer sogenannten Suspensiv-Bedingung abhängt, innerhalb einer bestimmten Frist ohne vorherigen Prozeß exekutionsfähig.

2) Der Streit über eine privatrechtliche Befugniß, beziehungsweise Obliegenheit ist versuchsweise ohne ordentlichen Prozeß in der Art beizulegen, daß

a) das Erkenntniß nach dem gesetzlich statthaft erfundenen Antrage des Berechtigten ertheilt und bei unterbliebener Erhebung des dem Verpflichteten dagegen innerhalb einer bestimmten Frist zulässigen Widerspruchs für wirksam erklärt, eventuell

b) auf den Antrag des dergestalt in Anspruch genommenen Verpflichteten zwischen diesem und dem Berechtigten, ebenso wie auf den gemeinschaftlichen Antrag beider Theile ein Vergleich vermittelt wird.

3) Bei einer im Streite über eine privatrechtliche Befugniß, beziehungsweise Obliegenheit unter den Parteien über die Thatfrage stattgehabten Verständigung ist, vorbehaltlich der Nichtigkeitsbeschwerde, über die Rechtsfrage ohne ordentlichen Prozeß zu entscheiden." III. 1, Vorl. Nr. 21.

a) Der Dritte Juristentag (Vierte Abtheilung und Plenar-Versammlung vom 28. August 1862) beschloß die Ueberweisung des Antrages an die ständige Deputation. III, 2, 594, 126.

b) Von den nunmehr zu Gutachten über diesen Autrag veranlaßten, oben unter Ziff. 8 genannten Vereinsmitgliedern erklärten sich die beiden ersten gegen denselben, mit Ausnahme des Satzes unter Ziff. 2 b., welchen rc. Weixelbaum empfehlen zu sollen glaubte, IV. 1, 135—144.

Gerichtsrath Wengler dagegen sprach sich im Allgemeinen zu Gunsten der Zenthöferschen Vorschläge aus. IV. 1, 353—360.

c) Die Vierte Abtheilung des Vierten Juristentages lehnte dem Antrage des Berichterstatters, Rechtsanwalt Kohlschütter aus Dresden, gemäß den Antrag Zenthöfers in allen seinen Theilen nebst einem von dem Rechtsanwalt v. Thielenfeld aus Frankfurt a/O. zu Ziff. 2 b. gestellten Verbesserungs-Antrag:

„es ist wünscheswerth, daß jedes Rechtsverfahren mit einem Termine zur Sühne beginne,"

ab, IV. 2, 326—330.

und machte hiervon der Plenar-Versammlung vom 28. August 1863 Mittheilung. IV. 2, 116.

11) Antrag des Stadtgerichtsraths Dr. Eberty aus Berlin (in Verbindung mit den [oben] Abschnitt E., Ziff. 1, 10 und 12 aufgeführten Anträgen gestellt):

„Der Juristentag wolle als seine Ansicht auszusprechen beschließen;
Der Personal-Arrest wegen Schulden findet
a) in Wechselsachen,
b) wegen verweigerter Offenlegung des Vermögens,
c) sonst nur bei nachgewiesenem Betruge
statt." II. 1, 6.

a) Der Dritte Juristentag (Vierte Abtheilung und Plenar-Versammlung vom 28. August 1862) beschloß die Ueberweisung des Antrages an die ständige Deputation. III. 2, 592 u. 126.

b) Es wurden nun über denselben Gutachten erstattet von dem Rechtsanwalt Calm aus Bernburg, welcher die Ansicht aussprach, daß die Schuldhaft an und für sich, namentlich in den Fällen unter b. und c. zu verwerfen, jedoch vorläufig in Wechselsachen noch beizubehalten sei und im Hinblick auf den innigen Zusammenhang der in Rede stehenden Lehre mit der Ordnung des Verfahrens in Streitsachen überhaupt, eine hierauf Bezug nehmende Tagesordnung vorschlug, IV. 1, 79—95.

von dem Stadtrichter Primker aus Breslau, der, indem er sich grundsätzlich für die Schuldhaft erklärte, übrigens dahin gestellt sein ließ:

„inwieweit diese Materie nur in Verbindung mit der Reform des Konkursrechts und der Gesetzgebung über die Handelsgerichtsbarkeit überhaupt neu geregelt werden könne,"

eine Aenderung in derselben nur dahin befürworten zu sollen glaubte,

„daß in Handelssachen die Personal-Exekution als prinzipales Exekutionsmittel und gleichzeitig mit der Vermögens-Exekution zu gestatten sei." IV. 1, 96—107.

c) In der vereinigten Ersten und Zweiten Abtheilung des Vierten Juristentages stellte der Berichterstatter, Justizrath Dorn aus Berlin, den Antrag:

„Der Juristentag spreche seine Ueberzeugung dahin aus:

Der Personalarrest ist kein zulässiges Zwangsmittel zur Vollstreckung der Judikate," IV. 2, 203.

(zu welchen er namentlich auch wechsel- und handelsgerichtliche Erkenntnisse gerechnet haben wollte. IV. 2, 203—209.)

Dieser Antrag wurde, nachdem Hofgerichts-Prokurator Dr. Braun aus Wiesbaden einen von ihm dahin gestellten Antrag, daß die Personalhaft

I. zu beschränken sei auf

1) Handels- und Wechselsachen,

2) verweigerte Offenlegung des Vermögens und Betrug,

3) auf den Sicherheitsarrest,

II. daß sie zu beschränken sei auf Ein Jahr, IV. 1, 207.

zurückgezogen hatte, IV. 2, 211.

gegen eine kleine Minderheit abgelehnt, IV. 2, 211.

und hiervon der Plenar-Versammlung vom 28. August 1863 Mittheilung gemacht. IV. 1, 126.

12) Antrag des Kreisrichters Lesse aus Thorn:

„Der Deutsche Juristentag wolle sich für folgende Sätze, betreffend das Konkursrecht, aussprechen:

I. Die baldige Herstellung eines gemeinsamen Deutschen kaufmännischen Akkordgesetzes erscheint dringend wünschenswerth und braucht nicht nothwendig vom Zustandekommen einer gemeinsamen Civilprozeß-Ordnung abhängig gemacht zu werden.

II. Ein gemeinsames Akkordgesetz hat sich nicht auf den gerichtlichen Akkord im Konkurse zu beschränken, vielmehr ist auch auf Einführung eines zweckmäßigen gerichtlichen Akkordverfahrens außerhalb des Konkurses Bedacht zu nehmen,"

welchem noch eine in's Einzelne gehende Ausführung der Grundsätze für den Akkord im Gante und außerhalb desselben beigefügt war.

Der Beschluß der Zweiten Abtheilung und der Plenar-Versammlung vom 29. August 1864 lautete:

„den Antrag von der Tagesordnung abzusetzen und die ständige Deputation aufzufordern, über denselben für den nächsten Juristentag schriftlich referiren zu lassen." V. 2, 185, 62.

13) Antrag des Rechtsanwalts und Notar Krieger aus Goldap (als Theil des oben in Abschnitt E. unter Ziff. 11 erwähnten gestellt):

„Es ist zweckmäßig und nothwendig, daß sämmtliche öffentliche Urkunden, sowohl die zur Beglaubigung, als auch die zur Begründung der Rechtgeschäfte dienenden, von dazu bestellten Notaren ausgefertigt werden," I. 139 f.

ist, wie bereits bemerkt, nicht zur Verhandlung gelangt.

6. Strafverfahren und Gefängnißwesen.

1) Der Antrag des Landesadvokaten Dr. Weeber aus Weißkirchen:

„Der Deutsche Juristentag wolle den vom Antragsteller verfaßten Entwurf einer Strafprozeßordnung als geeignete Grundlage zur Anbahnung einer den sämmtlichen Staaten Deutschlands gemeinsamen Prozeß-Ordnung anerkennen und den Regierungen der einzelnen Staaten Deutschlands zur Benutzung empfehlen" II. 1, 277.

ward in der Dritten Abtheilung auf Antrag des Rechtsanwalts Sabarth aus Ratibor:

„In Erwägung, daß für den diesmaligen Juristentag die Zeit wohl offenbar unzureichend ist, um den Entwurf eines ganzen Gesetzbuches erst zu studiren und zu besprechen; in Erwägung, daß andere bereits dringlich gewordene Anträge vorliegen, für deren Erledigung ohnehin wohl schon kaum Raum gelassen ist,"

durch Uebergang zur Tagesordnung beseitigt. II. 2, 288.

2) Antrag des Geh. Raths, Professor Dr. Mittermaier aus Heidelberg:

„Der Juristentag wolle beschließen, daß durch eine von der Versammlung zu wählende Kommission der nächsten Versammlung ein Gesetzentwurf vorgelegt werde über die Regelung des Verhältnisses der Polizeibehörden, des Staatsanwalts und Untersuchungsrichters in Bezug auf den Umfang der jedem dieser Beamten zustehenden Befugnisse in der strafrechtlichen Voruntersuchung." I. 127.

In der Dritten Abtheilung wurde auf Antrag des Berichterstatters, Prof. Dr. v. Holtzendorff aus Berlin, und in der Plenar-Versammlung vom 30. August 1860 beschlossen:

diesen Antrag, soweit er auf Ausarbeitung eines Gesetzentwurfes gerichtet ist, abzulehnen, dagegen die zur Sprache gebrachte Frage gleich dem Lewald'schen Antrage (s. unten Ziff 4) zum Vortrage beim nächsten Juristentage der ständigen Deputation zu überweisen." I. 325, 260.

3) Antrag des Oberlandesgerichts-Raths (damals Ober-Staatsanwalt) Dr. Keller aus Wien:

nach welchem sich der Deutsche Juristentag für die Nothwendigkeit einer gründlichen Verbesserung der Voruntersuchung im Strafprozesse und hierbei für mehrere, von dem Antragsteller in sieben Punkten aufgestellte Grundsätze (Erforschung der Verbrechen, Erhebung des Thatbestandes und aller die Beschuldigung oder die Vertheidigung begründenden Umstände, gewisse Vernehmungen, bei Gefahr im Verzug auch vorläufige kurze Haftanlegung durch den Staatsanwalt, Nothwendigkeit seiner Anträge bei vielen Untersuchungshandlungen u. s. w.) aussprechen sollte. II. 2, 6—8.

a) Bei dem Zweiten Juristentage zunächst ging der Beschluß der Dritten Abtheilung und der Plenar-Versammlung vom 30. August 1861 dahin, den Antrag an die ständige Deputation zur Berathung, zur Begutachtung und zum Vortrage beim nächsten Juristentage zu überweisen. II. 2. 287 und 657.

b) Demnächst wurden von der ständigen Deputation drei Gutachten über diesen Antrag eingezogen.

Alle drei, erstattet von dem Justizrath, Obertribunals-Anwalt Dorn aus Berlin, III. 1, 3—6.

von dem Professor Dr. Geßler aus Tübingen, III. 1, 7—12

und von dem Staatsanwalt Heinze aus Dresden, III. 1, 13—27.

sprachen sich gegen den Antrag aus, welcher von dem Antragsteller in einigen Einzelheiten geändert wurde. III. 1, Vorl. Nr. 9.

c) Bei dem Dritten Juristentage und zwar

in der Dritten Abtheilung desselben wurde dieser Antrag von dem Antragsteller zurückgezogen, III. 2, 302.

jedoch von dem Kreisgerichts-Direktor v. Kunowsky aus Beuthen in gewissem Maße wieder aufgenommen, III. 2, 306, 308, 342.

und nachdem, eines von dem Staatsanwalts-Substituten Bündsdorf aus Wien erhobenen, auf die Verschiedenheiten des abgeänderten und des ursprünglichen Antrages gegründeten Vertagungs-Vorschlages ungeachtet, auf die Berathung des Gegenstandes einzugehen beschlossen war, III, 2, 307 f. 329.

dem Antrage des Berichterstatters, Professor Dr. Glaser aus Wien gemäß (III. 2, 321, 325, 327.) folgende Sätze angenommen:

I. „Die gerichtliche Voruntersuchung muß beibehalten werden, weil nicht dem Staatsanwalte, sondern nur einem unabhängigen richterlichen Beamten die Verfügung über die Person des Angeschuldigten, die Aufnahme jener Beweise, welche in der Hauptverhandlung nicht wieder vorgeführt werden können, endlich die Herbeischaffung des Vertheidigungsmateriales anvertraut werden kann."

(Dieser Satz unter Abweisung eines Verbesserungs-Antrages des Staatsanwalts Lienbacher aus Wien, die Voruntersuchung nur für bestimmte Fälle beizubehalten, III. 2, 342.)

II. „Die gerichtliche Voruntersuchung muß aber beschränkt werden:

1) dadurch, daß der Staatsanwaltschaft die Erhebung der öffentlichen Anklage vorbehalten wird;
2) dadurch, daß die Staatsanwaltschaft angewiesen wird, der Erhebung der öffentlichen Anklage gerichtspolizeiliche Vorerhebungen vorausgehen zu lassen;
3) daß die Voruntersuchung wegfallen kann, wo es sich nicht um Verbrechen schwerster Art handelt und weder der Staatsanwalt noch der Angeschuldigte sie verlangt.

III. Die Voruntersuchung soll verbessert werden:

1) dadurch, daß das Hinarbeiten auf ein Geständniß des Angeschuldigten aufgegeben wird;
2) dadurch, daß sowohl der Staatsanwaltschaft als der Vertheidigung eine fortwährende Einwirkung auf ihren Gang ermöglicht wird;
3) dadurch, daß die Oeffentlichkeit, mindestens die Parteien-Oeffentlichkeit auch für sie als Regel anerkannt wird," III. 2, 350 ff.

wodurch sich der von dem Advokatur-Kandidaten Dr. v. Vilas aus Wien im Anschluß an die Anträge ꝛc. Keller's gestellte Gegenantrag III. 2, 336. erledigte. III. 2, 382.

Von diesen Beschlüssen erfolgte Mittheilung an die Plenar-Versammlung vom 28. August 1862. III. 2, 73.

4) Antrag des Rechtsanwalts Lewald aus Berlin:

„Der Juristentag wolle als seine Rechtsüberzeugung aussprechen:

1) jedem Privatbetheiligten ist die Erhebung der Anklage in solchen Fällen zu gestatten, wo sich die Staatsanwaltschaft dessen weigert;
2) in allen Fällen sind neben der Staatsanwaltschaft den Privatbetheiligten die vollen Rechte einer Partei, welche nicht bloß die Zuerkennung einer Entschädigungssumme, sondern auch die Verurtheilung des Angeklagten erstreben darf, einzuräumen;
3) die Parteistellung des Anklägers bedingt es, daß dem Angeklagten gleiche Parteirechte eingeräumt werden, also namentlich

a) daß er nicht erst nach geschlossener Voruntersuchung, sondern von Anfang an sich eines rechtsverständigen Beistandes als Vertheidiger bedienen darf,

b) daß dem Vertheidiger gleiche Rechte mit dem Ankläger eingeräumt werden." I. 91.

a) Beim Ersten Juristentage wurde

aa) in der Dritten Abtheilung, nachdem Vor-, beziehungsweise Verbesserungs-Anträge gestellt worden waren

von dem Ober-Staatsanwalt v. Tippelskirch aus Stettin dahin:

1) „Daß die Privatanklage neben der öffentlichen Anklage des Staatsanwalts, soweit solches nicht in einzelnen Ländern Deutschlands schon geschehen, zu dem Zwecke zuzulassen, daß Jedem, der von einer strafbaren Handlung betroffen worden, die Möglichkeit gegeben werde, unabhängig vom Staatsanwalt eine gerichtliche Untersuchung zum Zwecke der Bestrafung des Schuldigen herbeizuführen;

2) die Zahl der nur auf Antrag zu verfolgenden strafbaren Handlungen, wo solches noch nicht in ausreichendem Maße geschehen, so weit auszudehnen, als unbeschadet des öffentlichen Interesses statthaft erscheinen möchte;

3) die etwa noch vorhandenen Bevorzugungen der Anklage im Verhältnisse zur Vertheidigung thunlichst auszugleichen und dahin zu wirken, daß namentlich in erheblicheren Sachen der Angeschuldigte schon vor Erhebung der Anklage mit seinen Vertheidigungsgründen so weit gehört werde, als nöthig ist, um über den wahrscheinlichen Erfolg derselben ein einigermaßen sicheres Urtheil zu gestatten;" I. 323.

von dem Staatsanwalt Koch aus Trebnitz dahin:

„Der Juristentag wolle für folgende Grundsätze sich aussprechen:

ad 1. Jedem Privatbetheiligten, welcher die hierfür gesetzlich festzustellenden Bedingungen erfüllt, ist die Erhebung der Anklage in solchen Fällen zu gestatten, wo sich die Staatsanwaltschaft dessen weigert,

dagegen ist der letzteren die Befugniß einzuräumen, die Verfolgung einer Strafsache auch wegen offenbarer Unerheblichkeit für das öffentliche Interesse zu unterlassen.

ad 3. Die Parteistellung des Anklägers bedingt es, daß nach förmlich eröffnetem Strafverfahren dem Angeklagten gleiche Parteirechte eingeräumt werden, also namentlich

a) daß dem Angeklagten der Beistand eines rechtsverständigen Vertheidigers auch vor dem völligen Abschluß der Voruntersuchung nach dem Ermessen des Gerichts bewilligt werden kann,

b) daß dem verhafteten Angeklagten die Zuziehung eines solchen von Anfang an gestattet werden muß;" I. 322.

von dem Professor Dr. v. Holtzendorff aus Berlin dahin:

„Dem Verletzten in denjenigen Fällen der Ehr- und Körperverletzung sowie rechtswidrigen Freiheitsbeschränkung und Gefangenhaltung, in welchen die Staatsanwaltschaft ein Einschreiten verweigert, die Erhebung der Privatanklage zu gestatten;" I. 324.

von dem Professor Dr. Geßler aus Tübingen dahin (als Zusatz zu dem v. Holtzendorff'schen Antrage):

„Sowie in denjenigen Fällen, in welchen die Staatsanwaltschaft in Kollision tritt mit früher durch sie durchgeführten Anklagen;" I. 324.

von dem Obertribunalsrath Dr. Frh. v. Seckendorf aus Berlin dahin:

„Die Dritte Abtheilung möge dem Plenum den Vorschlag unterbreiten: Der Juristentag wolle es als ein dringendes Bedürfniß der Deutschen Strafrechtspflege anerkennen und aussprechen:

daß die Staatsanwaltschaft gleichmäßig organisirt und mit gleichen Befugnissen und Pflichten in Deutschland bekleidet, überall aber von dem Grundsatze ausgegangen werde, daß die Befugniß, die Strafgerichte mit der Einleitung einer Untersuchung zu befassen, nirgends eine ausschließliche der Staatsanwaltschaft sei, sondern einem Jeden zustehe, der durch eine strafbare Handlung in seinen Rechten verletzt ist;" I. 323.

von dem Staatsanwalt Black aus Kreutzburg dahin:

zu Ziff. 1 des Lewald'schen Antrages:

„Hinter die Worte: „jedem Privatbetheiligten ist" folgende Worte: „nach vorgängiger Sicherstellung des Anzuklagenden gegen leichtsinnige und chikaneuse Anklagen" einzuschalten;" I. 323.

von dem Justizrath, Rechtsanwalt Vogler aus Berlin dahin:

„Nur die Beseitigung des Monopols der Staatsanwaltschaft und die gleiche Stellung des Anklägers und Vertheidigers für wünschenswerth zu erklären;" I. 325.

von dem Prof. Dr. v. Holtzendorff weiter dahin:

„Die Frage nach der zweckmäßigen Gestaltung und dem rechtlichen Charakter der Voruntersuchung sowie dem gegenseitigen Verhältniß der dabei mitwirkenden Behörden, beziehungsweise Personen für die Tagesordnung des nächsten Juristentages in Vorschlag zu bringen;" I. 322.

und von dem Obertribunalsrath Dr. Frh. v. Seckendorff aus Berlin, welchem sich der Antragsteller anschloß, dahin:

„Nur über den Antrag zu Nr. 1 zu beschließen und das Uebrige der ständigen Deputation zur Vorbereitung für die nächstjährige Versammlung zu überweisen;" I. 324 f.

dem Antrage des Rechtsanwalts Calm aus Bernburg gemäß beschlossen:

„beim Plenum zu beantragen: der Lewald'sche Antrag und die dazu gestellten übrigen Anträge seien der ständigen Deputation zur Prüfung und zum Vortrage beim nächsten Juristentage zu überweisen;" I. 324 f.

worauf noch Staatsanwalt v. Grävenitz aus Danzig einen dahin lautenden Antrag übergab:

„Der Deutsche Juristentag wolle anerkennen, daß das Recht des durch eine strafbare Handlung verletzten Privaten im Falle verweigerter Verfolgung durch die Staatsanwaltschaft eines ferneren Schutzes durch die gewährte Möglichkeit richterlicher Entscheidung bedürfe." I. 325.

bb) In der Plenar-Versammlung vom 30. August 1860 wurde, nachdem Rechtsanwalt Lewald den oben angeführten, von ihm gebilligten v. Seckendorff'schen, theils sachlichen, theils Vertagungs-Antrag, I. 247 f.

und auch Justizrath Vogler den von ihm in der Abtheilung eingebrachten Antrag (I. 252.) wiederum gestellt hatte, der Abtheilungs-Antrag angenommen. I. 258.

b) Die von der ständigen Deputation über den Lewald'schen Antrag und die zu demselben gestellten Nebenanträge eingezogenen Gutachten gingen dahin, und zwar:

das des Ober-Staatsanwalts Dr. v. Groß aus Eisenach:

„Die Ablehnung des ersten Lewald'schen Antrages und der zu demselben gestellten Nebenanträge (II. 1, 156.) und die Annahme des zweiten Lewald'schen Antrages zu empfehlen, II. 1, 159.

hinsichtlich des dritten Lewald'schen Antrages aber vorzuschlagen:

A. denselben unter a. anzunehmen mit dem Zusatze: jedoch unter näher zu bestimmenden, durch den Zweck der Untersuchungsführung gebotenen Beschränkungen;

B. in Erwägung, daß dem Angeschuldigten und seinem Vertheidiger die freieste Bewegung und alle diejenigen Befugnisse einzuräumen sind, welche dem Zwecke des Strafprozesses dienlich und zugleich dem Interesse der Vertheidigung förderlich erscheinen,

daß aber für die nähere Bestimmung dieser Rechte im Einzelnen der Gesichtspunkt der bloßen Vergleichung mit den Rechten des Staatsanwalts weder ein ausreichender noch ein überall zutreffender ist,

über das alinea 1 und den Satz sub b. des dritten Lewald'schen Antrages, sowie über den Antrag des Justizraths Vogler und des Oberstaatsanwalts von Tippelskirch (s. oben sub litt. a. aa.) unter Ziff. 3 in den Eingangsworten: „die etwa nach — auszugleichen" zur motivirten Tagesordnung überzugehen (woneben die Annahme des übrigen Inhaltes der Ziff. 3 des v. Tippelskirch'schen Antrages unbedenklich erschiene);" II. 1, 174.

das des Obertribunalsraths Dr. v. Seckendorff aus Berlin im Wesentlichen — unter Ausführung einzelner dieser Punkte, sowie unter Beifügung von Vorschlägen hinsichtlich der sonstigen Thätigkeit und der Befugnisse des Staatsanwalts und der Haupt-Untersuchung — dahin:

A. „Anzeigen wegen strafbarer Handlungen und Anträge auf Bestrafung der Schuldigen sind dem zuständigen Staatsanwalte einzureichen.

B. Sieht die Staatsanwaltschaft sich nicht veranlaßt, darauf eine Verfolgung einzuleiten, so hat sie den Angeber oder Antragsteller hiervon zu benachrichtigen.

C. Ist derselbe durch die angezeigte Handlung in seinen eigenen Rechten verletzt und will er als Ankläger gegen eine oder mehrere bestimmte Personen deshalb auftreten, so kann er die Anklage dem zuständigen Untersuchungsrichter und in Sachen von der Zuständigkeit des Einzelrichters der Ortspolizeibehörde zu Protokoll geben oder in einer von einem Rechtsanwalte beglaubigten Schrift dem Untersuchungsrichter, bezüglich dem Einzelrichter, welchem die Ortspolizeibehörde das Protokoll zuzufertigen haben würde, einreichen.

D. Die Untersuchung kann darauf (bei Kollegial-Gerichten) nur durch einen Kollegialbeschluß des Gerichts (Rathskammer) abgelehnt oder eingestellt werden, gegen welchen dem Privatankläger dieselben Rechtsmittel, wie der Staatsanwaltschaft gegen dergleichen Beschlüsse, im Instanzenzuge zustehen.

E. Das Verfahren kann sich auch auf die Entschädigungspflicht des Angeklagten erstrecken; wenn aber die Ermittelung des Entschädigungs-Anspruchs des Privatanklägers ohne erhebliche Verzögerung der Untersuchung nicht erfolgen kann, so ist derselbe mit seiner Forderung überhaupt oder mit der Liquidirung des Betrages vor den Civilrichter zu verweisen.

F. Sämmliche obige Bestimmungen greifen auch bei gemeinen und solchen Dienstvergehen der öffentlichen Beamten Platz, welche in den allgemeinen Strafgesetzen mit Strafe bedroht sind;" II. 1, 210—212.

woneben in diesem Gutachten noch Vorschläge in Betreff der Gleichstellung der Staatsanklage und der Vertheidigung und Bemerkungen über das Verhältniß der Polizeibehörden, des Staatsanwalts und des Untersuchungsrichters in der Voruntersuchung (s. oben Ziff. 2) gemacht werden. II. 1, 214—223.

Die ständige Deputation aber stellte sodann folgende Sätze auf (II. 1, 243—247.), welche

c) bei dem Zweiten Juristentage und zwar zunächst

aa) in der Dritten Abtheilung die Grundlage der Berathung bildeten.

§. 1. „Die Untersuchung einer strafbaren Handlung wird in der Regel durch den Staatsanwalt veranlaßt, indem das Verbrechen als eine Verletzung nicht blos des Individuum, sondern zugleich der Gesammtheit sich darstellt. Bei besonders geringen Verbrechen kann das Gesetz die Erhebung der Anklage ausnahmsweise dem Beschädigten zuweisen und die Mitwirkung der Staatsanwaltschaft ausschließen. Dem Beschädigten sind hierbei insbesondere dieselben Rechtsmittel einzuräumen, welche das Gesetz der Staatsanwaltschaft zugesteht," II. 1, 243, 2, 291.

wurde, nachdem Kreisrichter Zenthöfer aus Rybnik den Verbesserungs-Antrag:

„im ersten Satze dieses Paragraphen statt „zugleich" zu setzen: „vorzugsweise,"

zurückgezogen, II. 2, 305—308.

und Rechtsanwalt Dr. Schaffrath aus Dresden seinen Verbesserungs-Antrag zu dem zweiten Satze dieses Paragraphen:

statt der Worte „bei besonders — zuweisen und" zu sagen: „Ausnahmsweise z. B. bei besonders geringen Verbrechen, oder bei solchen, bei welchen das Interesse des dadurch unmittelbar Verletzten oder der Angehörigen desselben an der Untersuchung und Bestrafung oder an Unterlassung derselben vorwiegend und wichtiger erscheint, als das Interesse der Gesammtheit, z. B. bei Entführung u. s. w. kann das Gesetz die Erhebung der Anklage dem Beschädigten zuweisen, oder auch" („die Mitwirkung" u. s. w.) II. 2, 292 u. 301 f.

ebenfalls zurückgezogen hatte, II. 2, 307.

unter Verwerfung des Antrags, den Rechtsanwalt Haak aus Glogau gestellt:

den §. 1 so zu fassen: „Die Untersuchung wird in der Regel durch den Staatsanwalt veranlaßt," II. 2, 307 f.

und des von Ober-Staatsanwalt Dr. Keller gestellten:

im zweiten Satze statt „Verbrechen" zu sagen: „strafbare Handlungen," II. 2, 293, 309.

dagegen dem Antrage des Dr. Schaffrath gemäß, II. 2, 292.

unter Einfügung der Worte (nach „sind hierbei"): „in der Regel dieselben Rechte und" („insbesondere" u. s. w.) II. 2, 310.

angenommen, II. 2, 308—310.

(wodurch sich die beziehungsweise auf einen Beisatz und auf Streichung einzelner Worte gehenden Anträge des Geh. Justizrath Dr. Krug aus Dresden (II. 2, 300.) und des Rechtsanwalts Sabarth aus Ratibor (II. 2, 306.) erledigten).

§. 2. „Die Staatsanwaltschaft kann die strafgerichtliche Verfolgung ablehnen, weil entweder die Handlung nicht unter das Strafgesetz zu stellen, oder die Anzeige nicht mit genügenden Beweisen unterstützt wird," II. 1, 243, II. 2, 311.

wurde angenommen, II. 2, 331.

wodurch sich der auf Streichung dieses Paragraphen gerichtete Antrag des Ober-Staatsanwalts v. Tippelskirch, nach welchem dann weiter §. 3. mit den Worten zu beginnen gehabt hätte:

„Wenn der Staatsanwalt die Verfolgung einer strafbaren Handlung ablehnt, so kann der durch dieselbe Beschädigte" („die Anzeige" u. s. w.), II. 2, 311.

zu dessen Gunsten Staatsanwalt Koch aus Trebnitz auf seinen Antrag,

dem §. 2. noch die Worte anzufügen: „oder weil die Verfolgung für das öffentliche Interesse offenbar unerheblich erscheint," II. 2, 311 f.

verzichtet hatte, II. 2, 328.

erledigte. II. 2, 331.

§. 3. „Der durch die strafbare Handlung Beschädigte kann im Falle solcher Ablehnung die Anzeige an das Gericht bringen und dessen Entscheidung veranlassen, ob der Fall zur strafgerichtlichen Verfolgung sich eigne oder nicht. Das Gericht kann zur Vorbereitung seiner Entscheidung auf Antrag wie von Amtswegen vorläufige Erörterungen veranstalten," II. 1, 244 u. II. 2, 318.

ward angenommen mit der v. Schaffrath (mit dem sich Staatsanwalt Leske aus Schneidemühl, Ober-Staatsanwalt Dr. Keller und Justizrath Corty aus Luckau, welche ähnliche Anträge gestellt hatten, vereinigten) beantragten Aenderung des Wortes „der" in „jeder," II. 2, 325, 331.

woneben dann noch auf den von dem Rechtsanwalte Heydenreich in Dresden gestellten Antrag, beizufügen:

„das in §. 3 dem Beschädigten eingeräumte Recht ist nicht an den Nachweis einer Beschädigung gebunden, sondern auch in dessen Ermangelung zur Geltung zu bringen, so oft ein in das Gebiet des Strafrechts gehörendes Verbrechen in Frage," II. 2, 373 f.

nach dem Antrage des Rechtsanwalts Sabarth aus Ratibor beschlossen wurde:

„in Erwägung, daß der für §. 3. beschlossene Ausdruck „Beschädigte" nicht blos im Sinne eines Geldinteresses zu verstehen, über jenen Antrag zur Tagesordnung überzugehen." II. 2, 382.

§. 4. „Fällt die Entscheidung zu Gunsten des Antragstellers aus, so konstituirt sich — nach der Meinung eines Theils der Deputation — derselbe als Privatankläger und betreibt die Anklage bei den Gerichten ohne Mitwirkung der Staatsanwaltschaft, vorbehaltlich des Rechts derselben, im Laufe der Verhandlung sich der Sache wieder anzunehmen und sie weiter zu betreiben, wenn die Ergebnisse der Verhandlung oder etwaige Zwischenvorfälle eine solche Wiederanziehung der Sache durch die Staatsbehörde rechtfertigen. Dagegen soll — nach der Meinung des andern Theils der Deputation — bei einer gerichtlichen Entscheidung der obigen Art die weitere Betreibung durch die Staatsanwaltschaft selbst erfolgen," II. 1, 244, II. 2, 335.

ward unter Abwerfung des Schlußsatzes, II. 2, 366.

und damit eines von dem Hofgerichts-Prokurator Keller aus Dillenburg gestellten Antrags:

„(unter Weglassung des §. 7) zu sagen: §. 4. Fällt die Entscheidung zu Gunsten des Antragstellers aus, so soll die weitere Betreibung der Sache durch die Staatsanwaltschaft selbst erfolgen," II. 2, 336 u. 366.

nach der ersten von der Deputation aufgestellten Richtung, jedoch dem Antrage des Justizraths Fischer aus Breslau gemäß, II. 2, 336.

mit der Abänderung der Worte: „ohne Mitwirkung — rechtfertigen," in die Worte: „der Staatsanwalt ist in diesem Falle zur Mitwirkung berechtigt, aber nicht verpflichtet," II. 2, 367.

wodurch sich ein von dem Justizrath v. Beyer aus Frankfurt a/O. gestellter Antrag:

nach den Worten: „Fällt die Entscheidung zu Gunsten des Antragstellers aus," fortzufahren: „so hat derselbe die Wahl, ob er die Anklage ohne Mitwirkung der Staatsanwaltschaft selbst bei den Gerichten weiter betreiben oder dies der Staatsanwaltschaft überlassen will," II. 2, 336.

erledigte, II. 2, 368.

und mit dem von Ober-Staatsanwalt v. Tippelskirch beantragten Zusatze:

„Wird der Angeklagte freigesprochen, so können dem Privatankläger die Kosten des Verfahrens und wenn die Anklage durch Beschluß zurückgewiesen wird, die Kosten der vorläufigen Ermittelung zur Last gelegt, auch kann ihm zur Sicherstellung dieser Kosten vorweg eine Kaution abgefordert werden," II. 2, 335.

angenommen. II. 2, 366—368.

§. 5. „Dem Beschädigten ist der Anschluß an das Strafverfahren zur Geltendmachung seiner Schädenansprüche zu gestatten. Der Strafrichter kann die Verurtheilung auf den geforderten Schadenersatz miterstrecken oder den Beschädigten auf den civilgerichtlichen Weg verweisen, nicht aber den Angeklagten von der Forderung selbst losssprechen. Das Erkenntniß des Strafrichters ist, gleichviel ob der Beschädigte adhärirt hatte oder nicht, insoweit für den Civilrichter bei der Entscheidung über den Schädenanspruch bindend, als in dem strafgerichtlichen Erkenntniß ausgesprochen ist, daß die That begangen worden und daß der Angeschuldigte sie begangen habe. Es wird hierbei allenthalben vorausgesetzt, daß der erkennende Richter auch im Civilprozesse an gesetzliche Beweisregeln nicht gebunden ist," II. 1, 244 u. 2, 382 f.

ward unter Einschaltung des von dem Staatsanwalt v. Lauhn aus Naumburg a/S. beantragten Satzes:

„Die Verweisung zum Civilprozesse erfolgt durch ein Dekret, gegen welches ein Rechtsmittel nicht zulässig ist," II. 2, 384.

nach dem zweiten Punkte, II. 2, 406.

sowie unter Ablehnung insbesondere der Anträge des Advokaten Gotthelf aus München:

„Das Erkenntniß des Strafrichters ist, gleichviel ob der Beschädigte adhärirt hatte oder nicht, insoweit für die Entscheidung des Civilrichters bindend, als durch dasselbe eine Thatsache zum Vortheile oder Nachtheile des Beschädigten in bestimmter Weise festgestellt ist," II. 2, 384 u. 407.

und des Justizraths Corty aus Luckau:

nur folgenden Grundsatz anzunehmen: „Das Erkenntniß des Strafrichters ist für den Civilrichter bei der Entscheidung über den Schädenanspruch insoweit bindend, als in dem strafgerichtlichen Erkenntniß ausgesprochen ist, daß der Angeschuldigte die That begangen habe," alle übrigen in §§. 5, 6 und 7 enthaltenen Vorschläge aber abzulehnen, II. 2, 384 u. 407.

angenommen. II. 405—408.

§. 6. „Dem Beschädigten ist zu jenem Behufe — nach der Ansicht eines Theils der Deputation — eine selbstständige Mitwirkung bei der Beweisaufnahme durch Anträge auf Zeugenvorladungen und andere Beweishandlungen zu gestatten, während — nach der Ansicht des andern Theils der Deputation — eine solche Mitwirkung ausgeschlossen bleibt und überhaupt die Verurtheilung in Schadensersatz nur dann gefordert werden kann, wenn aus den zum Zwecke der Untersuchung nöthig gewordenen Erörterungen die Verbindlichkeit zum Ersatze und der Umfang desselben mit ausreichender Bestimmtheit sich ergiebt," II. 1, 245. 2, 411.

wurde im Sinne der ersten der beiden aufgestellten Ansichten und unter Ablehnung eines Zusatzantrages des Ober-Staatsanwalts v. Tippelskirch:

„Kosten, welche durch Erlangung seiner Anträge oder durch die von ihm angewendeten Rechtsmittel entstanden sind, können ihm, wenn der Angeklagte freigesprochen wird, zur Last gelegt werden," II. 2, 413.

angenommen.

§. 7. „Dem Beschädigten sind bei der Strafverfolgung durch die Staatsanwaltschaft die besonderen Rechte einer Partei zur Anstrebung der Verurtheilung in der Strafsache nicht einzuräumen, wogegen ihm die Unterstützung der Staatsanwaltschaft durch Mittheilung von Beweismitteln und Beweisthatsachen an dieselbe nachgelassen bleibt. Ein Theil der Deputation will jedoch, daß dem Beschädigten die Befugniß eingeräumt werde, einen Antrag auf Verurtheilung, insbesondere gegenüber dem Antrage des Staatsanwalts auf Freisprechung, vor dem erkennenden Gerichte zu stellen und zu begründen," II. 1, 245.

ward, nachdem der erste Satz desselben sich durch die zu §. 4 gefaßten Beschlüsse erledigt hatte, in seinem zweiten Satze angenommen. II. 2, 366.

§. 8. „Der Staatsanwalt nimmt in keinem Stadium der Untersuchung die Stelle einer Partei ein. Er soll nicht nur von jeder Parteilichkeit, sondern auch von jeder Parteieinseitigkeit sich frei halten und nur die Erforschung der materiellen Wahrheit, als den Zweck des strafgerichtlichen Verfahrens, anstreben, gleichviel ob diese zu Gunsten oder zu Ungunsten des Angeklagten gereicht. Insbesondere soll er ihm bekannt werdende, dem Angeklagten günstige Thatsachen nicht verschweigen und die Verurtheilung desselben nicht da anstreben, wo er von der Unzulänglichkeit des Belastungsbeweises überzeugt ist.

Die Vertheidigung ist dagegen nicht verpflichtet, ihr bekannt gewordene, dem Angeklagten ungünstige Thatsachen oder Beweismittel zur Kenntniß des Gerichtes zu bringen.

Die Befugnisse der Staatsanwaltschaft und der Vertheidigung während der Untersuchung können daher nicht durchgängig dieselben sein, und das Verlangen nach einer Gleichstellung der Befugnisse der Vertheidigung mit denen der Staatsanwaltschaft ist unzulässig," II. 1, 245 f. 2, 413 f.

ward unter Verwerfung des Antrages des Ober-Staatsanwalts v. Tippelskirch:

diesen §. 8. zu streichen und statt seiner zu sagen: „der Staatsanwalt hat im Verfahren das öffentliche Interesse wahrzunehmen. Er hat in jedem Stadium desselben die Gründe, welche für oder gegen den Beschuldigten sprechen, gleichmäßig zu berücksichtigen," II. 2, 414.

womit auch ein von dem Landes-Advokaten Dr. Weeber aus Weißkirchen zu diesem Antrag vorgeschlagener Zusatz entfiel:

„die Rechte der Vertheidigung sind mit jenen Rechten des Staatsanwalts gleichzustellen, welche diesem in seiner Stellung als Ankläger zustehen," II. 2, 414.

unter Ablehnung ferner des von dem Kreisgerichts-Assessor Dr. Vollert aus Arnstadt gestellten Antrages:

statt des obigen §. 8. zu sagen: „in der Voruntersuchung, nämlich bis zur Anklageerhebung resp. bis zum Anklagebeschluß des Gerichts stehen sich der Staatsanwalt und der Angeschuldigte nicht als Parteien gegenüber; es ist daher jedem ein besonderes Maß von Rechten einzuräumen. Mit der Erhebung der Anklage resp. mit dem Anklagebeschluß des Gerichts treten sich der Staatsanwalt und der Angeklagte als prozeßualische Parteien gegenüber und müssen daher von diesem Stadium an beide Theile als Parteien mit gleichem prozessualischen Rechte behandelt werden;" II. 2, 414.

und des von dem Dr. Schaffrath gestellten, also lautend:

1) im ersten Satze des §. 8. nach dem Worte: „Staatsanwalt" einzuschalten: „wie der Vertheidiger";

2) im zweiten Satze

a) statt des Wortes: „Er" zu setzen: Jener wie dieser" und

b) statt des Wortes „und" („nur die Erforschung") zu setzen: „der Staatsanwalt soll";

3) dem vierten Satze nach den Worten: „zur Kenntniß des Gerichts zu bringen" noch folgende Bestimmung hinzuzufügen: „Auch der Vertheidiger soll jedoch die Erforschung der materiellen Wahrheit, gleichviel ob diese zu Gunsten oder Ungunsten des Angeklagten gereicht, nicht hindern und die Freisprechung des Angeklagten nicht da anstreben, wo auch er von der Zulänglichkeit des Belastungsbeweises überzeugt ist";

4) im fünften Satze oder dritten und letzten Absatze

a) statt des Wortes „nicht" vielmehr folgende zu setzen: „wenn und insoweit nicht die Verschiedenheit der Verpflichtungen der Staatsanwaltschaft und der Vertheidigung oder die Stellung des Staatsanwalts als öffentliche Behörde entgegensteht;"

b) statt des letzten Wortes „unzulässig" zu sagen: „— mit jenen beiden alleinigen Ausnahmen — zulässig;" II. 2, 414 f.

endlich eines von dem Rechtsanwalte Sabarth aus Ratibor vorgeschlagenen Zusatzes des Inhalts:

„daß dem Angeklagten resp. der Vertheidigung gegen einen Verweisungsbeschluß dieselben Rechtsmittel zu gestatten sind, welche dem Ankläger gegen die Zurückweisung der Anklage zustehen," II. 2,318, 415.

mit Ausnahme des abgelehnten Schlußsatzes angenommen. II. 2, 416 ff.

§. 9. „Dagegen soll bei der Feststellung der Befugnisse der Vertheidigung maßgebend sein, daß auch durch sie und ihre Thätigkeit ein Postulat der Gerechtigkeit erfüllt wird. Es ist ihr daher jede Befugniß einzuräumen, durch welche sie ohne Gefährdung des Zweckes der Untersuchung auf den Gang derselben und insbesondere die Vollständigkeit der Beweisaufnahme zu Gunsten des Angeklagten einwirken kann. Insbesondere wird jede Beschränkung zu vermeiden sein, durch welche das Vertrauen des Angeklagten auf eine unparteiische und unbefangene Untersuchung und Aburtheilung mit Recht erschüttert wird.

Dem Angeschuldigten wird daher bereits während der Voruntersuchung der verlangte Beirath eines rechtsverständigen Vertheidigers und diesem die Akteneinsicht nicht unbedingt und ausnahmslos zu versagen sein, vielmehr kann beides nach dem pflichtmäßigen Ermessen des Gerichts in jedem einzelnen Falle und unter Aufsicht des Gerichts, sowie unter sonstigen Maßregeln gegen etwaigen Mißbrauch gestattet werden. Ebenso ist dem Vertheidiger die Gegenwart bei Obduktionen zu gestatten.

Dem Vertheidiger ist wie dem Staatsanwalt das direkte Fragerecht einzuräumen. Der Vorsitzende schreitet bei Mißbrauch desselben zum Schutze des Befragten, wie zur Sicherung des Zweckes der Untersuchung ein.

Dem Staatsanwalt ist eine besondere Entwickelung der Anklage nach deren Vorlesung bei Eröffnung der Verhandlung nicht zu gestatten.

Die von dem Angeschuldigten vorgeschlagenen Zeugen sind, wenn ihre Vorladung auf Staatskosten bedenklich fällt, zuzulassen, wenn die Gestellung auf Kosten des Angeschuldigten erfolgen kann und weder die Gestellung zu bedenklicher Verzögerung der Hauptverhandlung führt, noch die Abhörung selbst materiellen Bedenken begegnet," II. 1, 246 f., 2, 418 f.

ward unter Einfügung der Worte im Eingange des zweiten Absatzes (nach „Angeschuldigten"):

„auch wenn er verhaftet ist"

nach dem Antrage des Rechtsanwaltes Lewald, II. 2, 421.

und unter Abänderung der Worte im zweiten Absatze:

„nicht unbedingt — Falle und" in die Worte: „in der Regel nicht zu versagen sein, vielmehr soll beides"

nach dem Antrag des Dr. Schaffrath, II. 2, 419.

unter Streichung der Worte des zweiten Absatzes: „sowie unter sonstigen Maßregeln gegen etwaigen Mißbrauch"

nach dem Antrage des Rechtsanwalts Lewald, II. 2, 421.

sowie unter Annahme des weiteren Antrages von Schaffrath:

den letzten Satz des zweiten Absatzes durch die Bestimmung zu ersetzen:

„Ebenso ist dem Vertheidiger die Gegenwart bei Obduktionen, sowie bei allen den gerichtlichen Untersuchungshandlungen, Verhandlungen, Sitzungen oder Terminen, bei denen der Staatsanwalt zugezogen wird, zu gestatten," II. 2, 425.

dagegen unter Ablehnung eines Antrages des Advokaten Heydenreich aus Dresden,

im zweiten Absatze zu sagen: „die Akteneinsicht in der Regel nicht zu versagen, vielmehr unter Aufsicht des Gerichts und unter geeigneten Maßregeln gegen etwaigen Mißbrauch zu gestatten. Ebenso ist als Regel nicht blos die Anwesenheit des Vertheidigers bei Obduktionen und, namentlich im Haftfalle, bei sonstigen Lokalexpeditionen zu betrachten, sondern auch die freie Besprechung des Vertheidigers mit dem Angeklagten. — Diese Berechtigungen der Vertheidigung gehen nur individuell durch Mißbrauch verloren, daher dem Vertheidiger gegen deren ausnahmsweise Versagung die Berufung an die vorgesetzte Behörde freisteht," II. 2, 420.

und eines Antrags des Gerichtsassessors Dr. Fischel aus Berlin,

statt dieses Absatzes zu setzen: „Dem Angeschuldigten wird daher bereits während der Voruntersuchung der verlangte Beirath eines rechtsverständigen Vertheidigers und diesem Beiwohnung aller Verhandlungen, in welchen der Angeschuldigte sowie die Zeugen verhört werden, zu gestatten sein. Dem Vertheidiger ist das Recht einzuräumen, auch während der Voruntersuchung Fragen an die Zeugen zu richten," II. 420, 423.

endlich gemäß einem weiteren, theilweise angenommenen Antrage des Advokaten Heydenreich, unter Abänderung des Schlußsatzes in die beiden Sätze:

„Die Vertheidigung hat bezüglich der Benennung von Zeugen gleiche Rechte mit der Anklage. Die von ihr benannten Zeugen sind zuzulassen, wenn nicht Gefährde offen liegt," II. 2, 420 f.

angenommen II. 2, 423—427.

(S. auch Zusammenstellung der Beschlüsse II. 2, 427—430 und hinsichtlich der Fassung des §. 9. II. 2, 674.)

bb) In der Plenar-Versammlung vom 30. August 1861 wurden sämmtliche in der Abtheilung beschlossene Vorlagen an erstere mit der einzigen von dem Hof- und Gerichts-Advokaten Dr. Berger aus Wien beantragten, und von dem Berichterstatter für die Abtheilung, General-Staatsanwalt Dr. Schwarze aufgenommenen Aenderung des Wortes:

„Benennung" (von Zeugen) im letzten Satze des §. 9 in „Vorladung" (von Zeugen) II. 2, 675 ff.

unter Abwerfung namentlich eines von dem Advokaten Lauenstein aus Lüneburg auf Streichung des Schlußsatzes des §. 8 „Es wird u. s. w". gerichteten Gegenantrages, II. 2, 670 ff.

eines Antrages des Ob.-Staatsanwaltsgehülfen Dr. Mittelstädt aus Posen:

auf einen Zusatz zu §. 8 des Inhalts: „Die Befugnisse der Staatsanwaltschaft und der Vertheidigung im Strafverfahren können daher nicht dieselben sein, und das Verlangen nach einer Gleichstellung der Befugnisse der Vertheidigung mit denen der Staatsanwaltschaft ist unberechtigt," II. 2, 672 f.

und eines von dem Dr. Hilse aus Berlin zu dem zweiten Absatze des §. 9 gestellten Abänderungs-Antrags:

daselbst zu sagen: „Dem Angeschuldigten wird ein rechtsverständiger Vertheidiger von Amtswegen beigeordnet", statt „der verlangte Beirath — gestattet", II. 2, 675.

angenommen, II. 674—681.

wobei nur nicht mit Sicherheit zu bestimmen war, ob die Mehrheit für die Worte des zweiten Absatzes des §. 9:

„in der Regel" (deren Abstrich von mehreren Mitgliedern beantragt war, II. 2, 675, 678.)

sich entschied. II. 2, 678 f.

5) Antrag des Rechtsanwalts Lewald zu Berlin:

„Der Deutsche Juristentag wolle seine Rechtsüberzeugung dahin aussprechen,

a) daß politische und Preßverbrechen sowie politische und Preßvergehen in sachlicher Beziehung sich vorzugsweise zur Aburtelung durch Geschworene eignen,

b) daß sie sachgemäßer durch Geschworene als durch Richterkollegien entschieden werden," II. 1, 236.

und Antrag des Rechtsanwalts Dr. Schaffrath in Dresden:

„Der Deutsche Juristentag möge zum diesjährigen Lewald'schen Antrage (betreffend die Aburtelung der politischen und Preßvergehen durch Geschwornengerichte) folgenden Zusatz oder vielmehr Vordersatz beschließen:

Der Deutsche Juristentag erklärt es für ein Bedürfniß Deutscher Strafrechtspflege, daß Schwurgerichte auch in denjenigen Deutschen Staaten, in welchen dies noch nicht geschehen, jedenfalls für schwere Straffachen, eingeführt werden." II. 1, 276.

In der Dritten Abtheilung wurde zunächst letzterer Antrag, nachdem

a) der Rechtsanwalt Calm aus Bernburg einen zu demselben gestellten Verbesserungs-Antrag auf den Zusatz:

„vorausgesetzt, daß dies nach der Größe des einzelnen Staates möglich ist,"

zurückgezogen hatte,

mit großer Mehrheit angenommen, II. 2, 432.

und sodann hinsichtlich des Lewald'schen Antrages,

b) nachdem der Berichterstatter Staatsanwalt Stegemann aus Halberstadt beantragt hatte, auszusprechen:

„Der Deutsche Juristentag erklärt aus Rechtsgründen für seine Ueberzeugung, daß Strafsachen, welche nach der bestehenden Gerichtsverfassung an sich der Aburtheilung durch Geschworene unterliegen, von der Kompetenz der Schwurgerichte deshalb nicht auszuschließen sind, weil die Strafthat politischer Natur ist oder durch das Mittel der Presse verübt wurde," II. 2, 634.

beschlossen, diesen Antrag, jedoch mit Hinweglassung der Worte:

„aus Rechtsgründen"

anzunehmen, II. 2, 434 f. und weiter zu erklären:

„Bei Vergehen, welche politischer Natur sind oder durch die Presse begangen worden, ist wegen dieser Natur, beziehungsweise wegen des gewählten Mittels, die Entscheidung der Thatfrage durch Geschworene mehr geeignet, als eine Aburtheilung durch Richterkollegien." II. 2, 435, 692.

In der Plenar-Versammlung vom 30. August 1861 aber wurden, nachdem der Antrag des Geh. Justizraths Krug aus Dresden:

„Der Juristentag wolle erklären, daß die von der Dritten Abtheilung zu Nr. 3 des Programms [die vorliegenden] beschlossenen Anträge mit §. 1 der Statuten nicht im Einklang stehen, und er daher auf dieselben nicht eingehen könne," II. 2, 683.

und des Kreisrichters Wettke aus Mohrungen:

„in Erwägung, daß die angeregte Frage überwiegend politischer Natur ist, deshalb außerhalb der statutenmäßigen Zwecke des Juristentages liegt, über den Antrag Nr. III. [den vorliegenden] zur Tagesordnung zu gehen," II. 2, 683.

sowie ein auf Uebergang zur Tagesordnung aus anderen Gründen und Ueberweisung des Gegenstandes an die ständige Deputation zur weiteren Begutachtung gestellter Antrag (II. 2, 684.) verworfen, II. 2, 687 f.

über einen weiteren Antrag von Wettke aber:

„in Erwägung, daß der vorliegende Antrag der Abtheilung ein Mißtrauensvotum gegen die Deutschen Richterkollegien enthält, welchem Ausdruck zu geben für den Juristentag keine Veranlassung geboten ist, die Tagesordnung anzunehmen," II. 2, 683.

nicht abgestimmt worden war, II. 2, 684.

der Antrag der Abtheilung ad a, II. 2, 688.

und sodann ad b. der dort zuerst angeführte angenommen, II. 2, 691.

der zweite dort erwähnte Antrag aber, nachdem zuvörderst ein dritter Antrag Wettke's:

„zu erklären, daß bei Vergehen, welche politischer Natur sind oder durch die Presse begangen worden, die Entscheidung der Schuldfrage durch Geschworene nicht minder geeignet ist, als eine Aburtheilung durch Richterkollegien," II. 2, 684.

abgelehnt war, II. 2, 693.

ebenfalls verworfen. II. 2, 694.

6) Der Antrag des Kreisrichters Zenthöfer aus Rybnik:

„Der Deutsche Juristentag wolle die Unterscheidung der im Strafprozesse zu beantwortenden Fragen in Thät- und in Rechts-Fragen als eine innerlich berechtigte anerkennen," II. 2, 285.

ist unerledigt geblieben.

7) Ueber die von der ständigen Deputation aufgestellte Frage:

„In welchem Umfange sind Maßregeln zur Erzwingung eines Zeugnisses in Strafsachen (Voruntersuchung, Hauptverfahren) zuläßig?"

hatte dieselbe zwei Gutachten eingezogen.

Professor Dr. Geyer aus Insbruck sprach sich in dem von ihm erstatteten Gutachten dahin aus:

Das Gesetz soll den Richter ermächtigen, gegen Zeugen, welche das Zeugniß in Strafsachen oder die Ablegung des Zeugeneides verweigern (ohne daß ihnen gesetzliche Befreiungsgründe zu Statten kommen), Zwangsmaßregeln in einer von dem Begutachter näher ausgeführten Weise zu ergreifen, wenn das Zeugniß in dem betreffenden Falle unentbehrlich erscheint, ohne daß der Richter jedoch das Verfahren gegen den Angeschuldigten zu dessen Ungunsten verzögern darf, um den Erfolg einer gegen einen Zeugen ergriffenen Zwangsmaßregel abzuwarten. V. 1, 54—61.

Obertribunalsrath v. Tippelskirch zu Berlin kam ebenfalls zu einem dem Zeugnißzwange, zu dessen Verwirklichung der Richter mit Geld- und Gefängnißstrafen und mit Haft bis zu einer zum Voraus bestimmten Dauer vorzugehen habe, vorausgesetzt, daß der Zeuge nicht blos wegen eigener Verschuldung sich des Zeugnisses weigere, günstigen Ergebnisse. V. 1, 78—101.

Hiezu war ferner von dem Rechtsanwalt Calm aus Bernburg der Antrag gestellt:

„Niemand kann gezwungen werden, in einer Untersuchungssache zeugeneidlich Auskunft zu geben, so lange die Untersuchung nicht gegen eine bestimmte Person eröffnet ist." V. 2, 186.

In der Dritten Abtheilung wurde, nachdem der Berichterstatter Professor Dr. John aus Königsberg, beantragt hatte:

„Der Deutsche Juristentag wolle als seine Rechtsüberzeugung aussprechen:

1) die Zwangsmittel, welche zur Erlangnng eines Zeugnisses anzuwenden sind, müssen begrenzt sein;

2) es ist nicht erforderlich, über das in Deutschen Strafprozeß-Ordnungen anerkannte Maß des Zwanges hinauszugehen;

3) Niemand darf gezwungen werden, ein Zeugniß abzugeben, bevor die gerichtliche Voruntersuchung eröffnet ist; V. 2, 194, 204.

und Professor Dr. Meyer aus Halle statt der zweiten Ziffer dieses Antrags zu setzen vorgeschlagen hatte (womit sich auch der Berichterstatter einverstanden erklärte):

„der Umfang der in jedem einzelnen Falle überhaupt zulässigen Maßregeln darf eine mäßige Geldbuße oder Freiheits-Entziehung nicht übersteigen," V. 2, 205, 209.

beziehungsweise nach dem ersten (ad 1 u. 3) und dem zweiten (für Ziff. 2 gestellten) Antrage sich auszusprechen beschlossen, V. 2, 209.

wodurch sich ein von dem Gerichts-Assessor Dr. Rubo aus Berlin gestellter Gegenantrag (welchem eventuell Calm beitrat, V. 2, 201.):

den Antrag des Letzteren dahin anzunehmen:

„Niemand ist verpflichtet, über eine strafbare Handlung sich als Zeuge vernehmen zu lassen, so lange nicht die Untersuchung gegen einen bestimmten persönlichen Thäter dieser Handlung gerichtet ist," V. 2, 200.

erledigte. V. 2, 209.

In der Plenar-Versammlung vom 29. August 1864 wurden die zwei ersten Ziffern des Abtheilungs-Vorschlags einstimmig, V. 2, 66—70.

statt der dritten Ziffer aber wurde in Gemäßheit eines von dem Staatsanwalt, Frh. v. Elmendorff aus Heiligenstadt gestellten (V. 2, 67.), von dem Antragsteller wieder aufgegebenen, dagegen nunmehr vom Kammergerichtsrath Jakobi aus Berlin zu dem seinigen gemachten Antrages, V. 2, 69.

nachdem beziehungsweise der Vorsitzende und der Berichterstatter Professor Dr. John die Erläuterung gegeben hatten, daß mit den Worten „gerichtliche Voruntersuchung" in Ziff. 3 nicht der engere Sinn einer schon gegen eine bestimmte Person gerichteten Untersuchung habe verbunden, sondern nur ausgedrückt werden wollen, daß der Staatsanwalt oder eine andere nichtrichterliche Behörde über die Anwendung von Zwangsmitteln zur Herbeiführung eines Zeugnisses nicht solle befinden dürfen, V. 2. 66—68.

zu setzen beschlossen (in dem von dem Vorsitzenden dargelegten Sinne):

„Niemand darf gezwungen werden, ein Zeugniß abzugeben, außer von dem mit der Untersuchung befaßten Richter." V. 2, 70.

8) Antrag des Advokaten Dr. Bardasch aus Stanislau (Galizien):

„Der Deutsche Juristentag wolle als seine Rechtsüberzeugung aussprechen:

I. daß im Strafprozesse die Beeidigung der Zeugen in der Regel nicht schon in der Voruntersuchung, sondern erst bei der Schluß- oder Hauptverhandlung nach erfolgter Abhörung aller Belastungs- und Entlastungszeugen und nach den hierüber vorangegangenen Anträgen der Anklage und Vertheidigung über Beschluß des Spruchgerichts stattfinden darf;

II. daß ausnahmsweise bei jenen Zeugen, welche voraussichtlich nicht bei der Hauptverhandlung erscheinen werden, die Beeidigung derselben zwar auch in der Voruntersuchung nach deren Abhörung zulässig, daß jedoch eine Beeidigung der Zeugen in der Voruntersuchung der Beeidigung der übrigen in der Hauptverhandlung abzuhörenden Zeugen nicht hinderlich sei." IV. 2, 110 f.

a) Bei dem Vierten Juristentag ward in der Dritten Abtheilung und in der Plenar-Versammlung vom 28. August 1863 beschlossen: diesen Antrag bei seiner Wichtigkeit und der späten Bekanntmachung desselben der ständigen Deputation zur Veranlassung einer Begutachtung und Vorlage für den nächsten Juristentag zu überweisen. IV. 2, 276, 112.

b) Die von der ständigen Deputation über denselben eingezogenen Gutachten gehen dahin, und zwar das des Staatsanwalts Gareis in Pirna bezüglich des ersten Theiles des Antrags:

„es wolle der Deutsche Juristentag als seine Rechtsüberzeugung aussprechen,

daß die Beeidigung der Zeugen in der Regel nicht schon in der Voruntersuchung, sondern erst in der Hauptverhandlung, nach erfolgter Abhörung, zu dem Zeitpunkte zu erfolgen habe, welchen hierzu, nach Gehör des Staatsanwalts und Vertheidigers, der Vorsitzende für geeignet hält;

dagegen den Antrag, daß die Vereidung der Zeugen den Schlußvorträgen nachzufolgen habe, ablehnen.

Bezüglich des zweiten Theils aber denselben in folgender Fassung anzunehmen:

daß ausnahmsweise die Vereidung jener Zeugen, welche voraussichtlich bei der Hauptverhandlung nicht erscheinen werden, auch in der Voruntersuchung, nach deren Abhörung, zulässig und der Beeidigung der übrigen, in der Hauptverhandlung abzuhörenden Zeugen nur insoweit hinderlich sein dürfe, als Jener Aussage und Vereidung, wäre sie in der Hauptverhandlung erfolgt, solche Wirkung gehabt haben würde." V. 1, 29—36.

Das von dem Landesgerichtsrath Dr. Liszt zu Wien erstattete Gutachten aber dahin, den Antrag nur in folgender umgeänderter Fassung anzunehmen:

I. „daß im Strafprozesse die Beeidigung der Zeugen in der Regel nicht schon in der Voruntersuchung, sondern erst bei der Schluß- oder Hauptverhandlung und zwar vor ihrer Vernehmung statt zu finden habe;

II. daß aber ausnahmsweise bei jenen Zeugen, welche voraussichtlich bei der Hauptverhandlung nicht erscheinen können, ihre Beeidigung auch in der Voruntersuchung nach der Abhörung zulässig sei." V. 1, 118.

c) Von der Dritten Abtheilung des Fünften Juristentages, auf deren Tagesordnung dieser Antrag stand, ward derselbe vertagt. V. 2, 209.

9) Antrag des Advokaten Dr. Schaffrath aus Dresden:

„Der Deutsche Juristentag wolle aussprechen, daß im Strafprozesse nur eine Art der Freisprechung — eine vollständige oder unbeschränkte —, nicht aber außer ihr auch noch eine andere, beschränkte „„aus Mangel an vollständigem Beweise"", stattfinden darf." III. 1, Vorl. Nr. 10.

In der Dritten Abtheilung ward derselbe unter Ablehnung eines von Dr. Alfred Stern aus Wien vorgeschlagenen Zusatzes:

„Es bleibt jedoch den Parteien unbenommen, durch den Ausspruch des Gerichts und, falls das Geschwornengericht fungirte, durch ein Verdikt der Geschwornen feststellen zu lassen, daß die Schuldlosigkeit des Angeklagten durch Behebung sämmtlicher wider ihn vorgekommener Verdachtsumstände oder durch Herstellung eines Gegenbeweises nachgewiesen wurde, worüber dem Angeschuldigten ein Amts-Zeugniß auszufertigen ist," III. 2, 362.

gegen Eine Stimme, III. 2, 363.

in der Plenar-Versammlung vom 28. August 1862 einstimmig, ja ohne weitere Berathung angenommen. III. 2, 74.

10) Antrag des Professors Dr. v. Holtzendorff zu Berlin:

„Der Juristentag wolle die Deutschen Regierungen ersuchen:

in Verbindung oder im Zusammenhange mit den strafstatistischen Tabellen in regelmäßig wiederkehrenden Zeitfristen Berichte über den Zustand der Gefängnisse und die Resultate der Strafvollstreckung durch den Druck bekannt zu machen."

In der Dritten Abtheilung wurde derselbe so wie er lautet (I. 326.) und in der Plenar-Versammlung vom 30. August 1860 mit der zu anderen Beschlüssen stimmenden Abänderung,

daß der dringende Wunsch ausgesprochen werde, ꝛc. I. 262.

angenommen.

III.

Alphabetisches Verzeichniß der in den Verhandlungen der ersten fünf Deutschen Juristentage erörterten und erwähnten wichtigeren Gegenstände.

A.

B.

C.

D.

E.

F.

H.

J.

K.

L.

M.

N.

O.

P.

R.

T.

U.

V.

W.

Z.

IV.

Verzeichniß derjenigen Mitglieder des Deutschen Juristentages, welche als Beamte oder Vertrauensmänner des Vereins, als Gutachten- oder Bericht-Erstatter, als Redner oder Antragsteller thätig gewesen sind.

I. Vorsitzende.

A. In der Plenar-Versammlung.

v. Wächter, Geheimer Rath, Professor Dr. aus Leipzig I. 180—187, 191, 195—197, 200—227, 229—234, 236, 238, 243—246, 252, 255—260, 262, 271 f., 277—283, 287—291, 294—302; III. 2, 3—7, 9, 19 ff., 21—24, 46 ff., 56—64, 69, 71, 73 ff., 78, 86 ff., 93 ff., 98 ff., 106 ff., 111, 113, 119—126, 128—140; IV. 2, 4—7, 9 f., 69—77, 70 f., 83—87, 101—104, 107—110, 112—116, 124—129, 131, 146—149; V. 2, 36 f., 45—50, 53, 61 f., 65—70, 77 f., 80—83.

Bluntschli, Geheimer Rath, Professor Dr. (aus München, jetzt) in Heidelberg II. 2, 81—89, 91—99, 133—136, 138 f., 607—613, 617, 619 f., 623, 625—628, 630, 632, 635—638, 641, 647—649, 653—657, 660, 666, 668 ff., 672—694 ff., 701—712.

Ehren-Vorsitzender:

v. Campe, Staats-Minister in Braunschweig V. 2, 37—47.

B. In den Abtheilungen.

Berger, Hof- und Gerichts-Advokat Dr. aus Wien, in der Vierten Abtheiluug I. 327 ff.; II. 2, 445 f., 450—453, 463—466, 476 f., 480, 482 f., 489 f., 497—503, 508 f., 518 f., 523—528, 544—548, 550, 553, 556—560, 572, 575 ff., 582, 596—601; III. 2, 445 ff., 461 f., 466—469, 476, 480, 483 ff., 487—491, 501

II. Stellvertreter der Vorsitzenden.

A. In der Plenar-Versammlung.

Wartensleben, Graf v., Stadtger.-Rath Dr. aus Berlin I. 182, III. 2, 5, IV. 2, 5.
Zenker, Advokat Dr. aus Dresden II. 2, 82.

B. In den Abtheilungen.

Abegg, Geh. Justizrath, Professor Dr. aus Breslau, in der Ersten Abtheilung IV. 2, 203, 262 f., V. 2, 186.

Bernays, Advokat Dr. aus Mainz, in der vereinigten Ersten und Zweiten Abtheilung IV. 2, 151, 178.

Fischer, Justizrath, Rechtsanwalt aus Berlin, in der Dritten Abtheilung I. 318.

v. Freydorf, (Ministerialrath, jetzt) Präsident des Ministeriums der auswärtigen Angelegenheiten aus Karlsruhe, in der vereinigten Ersten und Zweiten Abtheilung II. 2, 142.

Heydemann, Geh. Justizrath, Prof. Dr. aus Berlin, in der Ersten Abtheilung I. 308.

Knittel, Obergerichts-Vicepräsident aus Wolfenbüttel, in der Ersten Abtheilung V. 2, 84, 99 f.

v. Kronmüller, Obertribunalsrath aus Stuttgart, in der Dritten Abtheilung II. 2, 281, 290, 292, 299 f., 302, 307—311, 317 f., 325, 328—331 f.

v. Molitor, Oberappellationsgerichts-Direktor aus München, in der vereinigten Ersten und Zweiten Abtheilung III. 2, 141, 231—238.

Planck, Obergerichts- (Assessor, jetzt Rath) aus (Göttingen, jetzt) Meppen, in der Vierten Abtheilung II. 2, 445.

Riesell, Kreisgerichts-Direktor aus Braunschweig, in der Zweiten Abtheilung V. 2, 134.

v. Seckendorff, Frh., Obertribunalsrath aus Berlin, in der Dritten Abtheilung III. 2, 290.

v. Sternenfels, Frhr., (Obertribunalsrath, jetzt) Ober-Handelsgerichts-Direktor aus Stuttgart, in der Vierten Abtheilung III. 2, 445 f., IV. 2, 277, V. 2, 210.

Unger, Professor Dr. aus Wien, in der Ersten Abtheilung I. 308.

III. Schriftführer.

Bähr, Obergerichtsrath Dr. aus Kassel, in der Plenar-Versammlung II. 2, 82.

Berchtold, Dr. jur. aus München, in der vereinigten Ersten und Zweiten Abtheilung III. 2, 142.

Börckel, Advokatanwalt Dr. aus Mainz, in der Dritten Abtheilung IV. 2, 213.

Calm, Rechtsanwalt aus Bernburg, in der Dritten Abtheilung II. 2, 281, III. 2, 290.

Drechsler, (Bürgermeister Dr. aus Parchim, jetzt) Ober-Appellationsrath in Lübeck, in der Ersten und Zweiten Abtheilung IV. 2, 213.

v. Feder, Advokat aus Offenbach, in der Plenar-Versammlung III. 2, 6.

Friedberg, (Privatdozent Dr. aus Berlin, jetzt) außerordentl. Professor in Halle, in der Vierten Abtheilung V. 2, 210.

Gareis, Staatsanwalt aus Pirna, in der Dritten Abtheilung II. 2, 281.

Gotthard, Obergerichtsanwalt aus Braunschweig, in der Ersten Abtheilung I. 308.

Hölder, Rechtskonsulent aus Stuttgart, in der Plenar-Versammlung I. 182.

Hoffer, Hof- und Gerichtsadvokat aus Wien, in der Vierten Abtheilung IV. 2, 277.

Horst, Obergerichtsadvokat aus Braunschweig, in der Plenar-Versammlung V 2, 37.

Horwitz, Rechtsanwalt Dr. (aus Liebenwerda, jetzt) in Grünberg, in der Plenar-Versammlung I. 182, 300.

v. Huze, Hof- und Gerichtsadvokat Dr. aus Wien, in der Zweiten Abtheilung I. 314.

Jakoby, Kammergerichtsrath aus Berlin, in der Dritten Abtheilung I. 318.

Jaques, Verwaltungsrath Dr. aus Wien, in der Plenar-Versammlung II. 2, 82.

Judeich, Advokat und Notar aus Dresden, in der Vierten Abtheilung II. 2, 447, III. 2, 446, IV. 2, 277.

v. Kißling, Ritter, (Advokat aus Schärding, jetzt) Hof- und Gerichtsadvokat in Linz, in der Plenar-Versammlung IV. 2, 5.

Klotz, Kreisgerichtsrath aus Berlin, in der Vierten Abtheilung I. 327.

Koch, Kreisrichter aus Braunschweig, in der Zweiten Abtheilung V. 2, 134; in der Plenar-Versamlung V. 2, 37.

Kolbe, Advokatur-Koncipient Dr. aus Wien, in der vereinigten Ersten und Zweiten Abtheilung III. 2, 142.

v. Kunowsky, Kreisgerichts-Direktor aus Beuthen, in der Dritten Abtheilung I. 318; in der Plenar-Versammlung II. 2, 82, III. 2, 5, IV. 2, 5, V. 2, 37.

Makower, (Gerichts-Assessor, jetzt) Rechtsanwalt aus Berlin, in der Vierten Abtheilung II. 2, 447, III. 2, 446.

Mansfeld, Assessor aus Wolfenbüttel, in der Ersten Abtheilung V. 2, 84.

Matty, Gerichts-Accessist Dr. aus Mainz, in der Plenar-Versammlung IV. 2, 5,

Mayersohn, Advokat Dr. aus Aschaffenburg, in der Vierten Abtheilung V. 2, 210.

Meyen, (Staatsanwalt, jetzt) Justizrath aus Berlin, in der Plenar-Versammlung I. 182.

Möller, Bürgermeister aus Schwerin, in der Ersten Abtheilung V. 2, 84.

Neidhardt, Bezirksgerichts-Direktor aus Zwickau, in der Plenar-Versammlung II. 2, 82.

Probst, Oberjustiz-Assessor aus (Tübingen, jetzt) Stuttgart, in der Plenar-Versammlung III. 2, 19.

Probst, Rechtskonsulent aus Stuttgart, in der Vierten Abtheilung I. 327.

Reinach, Gerichts-Accessist Dr. jur. aus Mainz, in der Ersten und Zweiten Abtheilung IV. 2, 151.

Reyner v. Bleileben, Professor aus Brünn, in der Zweiten Abtheilung I. 314.

Schenk, (Advokatur-Kandidat, jetzt) Hof- und Gerichtsadvokat Dr aus Wien, in der vereinigten Ersten und Zweiten Abtheilung IV. 2, 151; in der Plenar-Versammlung V. 2, 37.

Teichs, Amtsrichter aus Harzburg, in der Dritten Abtheilung V. 2, 186.

Unger, Professor Dr. aus Wien, in der Plenar-Versammlung I. 182.

v. Vilas, (Advokatur-Kandidat, jetzt) Hof- und Gerichtsadvokat Dr. aus Wien, in der Dritten Abtheilung III. 2, 290.

Zirkler, Oberamtsrichter aus Künzelsau, in der Ersten und Zweiten Abtheilung II. 2, 142, 258.

IV. Mitglieder der ständigen Deputation.

Berger, Hof- und Gerichtsadvokat Dr. aus Wien II. 2, 709, III. 2, 136, V. 2, 81.

Bernays, Advokat Dr. aus Mainz IV. 2, 131.

Bluntschli, Geh. Rath, Professor Dr. (aus München, jetzt) in Heidelberg I. 220, 299, III. 2, 136.

Bornemann, Wirkl. Geh. Rath, Zweiter Präsident des Obertribunals Dr. aus Berlin (gestorben 1864) I. 220, 299, II. 2, 709.

Caspary, Oberbürgermeister aus Braunschweig V. 2, 81.
Dorn, Justizrath, Obertribunals-Anwalt aus Berlin I. 220, 299.
Drechsler, (Bürgermeister Dr. aus Parchim, jetzt) Ober-Appellationsrath in Lübeck III. 2, 136.
Du Mont, Advokat-Anwalt Dr. jur. aus Mainz IV. 2, 131.
Faber, (Obertribunalsrath, jetzt) Staatsrath aus Stuttgart I. 220, 299, II. 2, 709, III. 2, 136.
Friedberg, Geh. Oberjustizrath Dr. aus Berlin I. 220, 299.
Glaser, Professor Dr. aus Wien II. 2, 709, III. 2, 136, IV. 2, 131.
Gneist, Professor Dr. aus Berlin IV. 2, 131, V. 2, 81.
Gotthard, Obergerichts-Advokat aus Braunschweig V. 2, 81.
Heydemann, Geh. Justizrath, Professor Dr. aus Berlin I. 220, 299.
Hiersemenzel, Stadtrichter aus Berlin I. 220, 299, II. 2, 709, III. 2, 136, IV. 2, 131, V. 2, 81.
Ihering, Geh. Justizrath, Professor Dr. aus Gießen I. 220, 299, II. 2, 709, IV. 2, 131, V. 2, 81.
Kalb, (Oberappellationsgerichtsrath, jetzt) Justizministerialrath Dr. aus München V. 2, 81.
Keller, (Ober-Staatsanwalt, jetzt) Oberlandesgerichtsrath Dr. aus Wien I. 220, 299, II. 2, 709, III. 2, 136, IV. 2, 131.
Knyn, Obergerichts-Präsident Dr. aus Mainz IV. 2, 131.
König, Justizrath, Advokat-Anwalt aus Cleve V. 2, 81.
Kohlschütter, Rechtsanwalt aus Dresden II. 2, 709.
Niemand, Kirchspielvogt aus Büsum V. 2. 81.
Pfeiffer, (Obergerichts-Anwalt, jetzt) Senator Dr. aus Bremen II. 2, 709, III. 2, 136, IV. 2, 131, V. 2, 81.
Planck, Obergerichtsrath aus Meppen II. 2, 709, III. 2, 136, IV. 2, 131, V. 2, 81,
Rizy, Sektionschef Dr. aus Wien III. 2, 136, IV. 2, 131, V. 2, 81.
Ruhwandl, Advokat aus München III. 2, 136, IV. 2, 131.
v. Schab, (Oberstaatsanwalt, jetzt) Appellationsgerichts-Direktor aus München V. 2, 81.
Schaffrath, Rechtsanwalt Dr. aus Dresden III. 2, 136, IV. 2, 131.
v. Scharschmid, Ritter, Handelsgerichts-Präsident aus Wien III. 2, 136.
Schneider, (Appellationsgerichts-Präsident, jetzt) Justizminister Dr. aus Dresden II. 2, 709.
Schwarze, General-Staatsanwalt Dr. aus Dresden I. 220, 299, II. 2, 709, 2, 136, IV. 2, 131, V. 2, 81.
v. Sternenfels, Frhr., (Obertribunalsrath, jetzt) Ober-Handelsgerichts-Direktor aus Stuttgart IV. 2, 131, V. 2, 81.
v. Stößer, (Hofgerichtsrath aus Bruchsal, jetzt) Kreisgerichtsdirektor in Lörrach I. 220, 299, II. 2, 709, IV. 2, 131, V. 2, 81.
Trieps, Obergerichts-Präsident aus Wolfenbüttel V. 2, 81.
Volkmar, Justizrath, Obertribunals-Anwalt aus Berlin (gestorben 1864) I. 220, 299, II. 2, 709, III. 2, 136, IV. 2, 131.
v. Wächter, Geh. Rath, Professor Dr. aus Leipzig II. 2, 709.
Waldeck, Obertribunalsrath Dr. aus Berlin II. 2, 709, III. 2, 136.
v. Wartensleben, Graf, Stadtgerichtsrath Dr. aus Berlin I. 220, 299, II. 2, 710, III. 2, 136, IV. 2, 131, V. 2, 81.
Wilke, Geh. Justizrath aus Dresden II. 2, 710.

V. Vertrauensmänner,

zur Feststellung der Liste der dem Plenum zu Mitgliedern der ständigen Deputation Vorzuschlagenden gewählt.

Abegg, Geh. Justizrath, Professor Dr. aus Breslau III. 2, 353, IV. 2, 235, V. 2, 188.
Albrecht, Obergerichts-Anwalt aus Hildesheim V. 2, 232.
André, Obergerichts-Anwalt aus Osnabrück II. 2, 547.
Bähr, Obergerichtsrath aus Kassel II. 2, 547, IV. 2, 330.
Becker, Oberappellationsrath aus Oldenburg V. 2, 133.
Berger, Hof- und Gerichtsadvokat Dr. aus Wien II. 2, 547, III. 2, 522, IV. 2, 330.
Bernays, Advokat Dr. aus Mainz IV. 2, 197, V. 2, 133.
v. Binder, Obertribunalsrath und General-Staatsanwalt aus Stuttgart II. 2, 372.
v. Bock, Oberappellationsrath aus Hannover V. 2, 188.
Bode, Kreisrichter aus Braunschweig V. 2, 182.
Böckel, Advokatanwalt aus Mainz IV. 2, 235.
Borchardt, Stadtgerichtsrath aus Berlin IV. 2, 197, V. 2, 182.
Brauer (Hofgerichtsrath aus Bruchsal, jetzt) Oberhofgerichtsrath in Mannheim II. 2, 372, III. 2, 353.
Braun, Hofgerichts-Prokurator aus Wiesbaden IV. 2, 197.
Brinkmann, Oberappellationsrath a. D. Dr. aus Kiel V. 2, 232.
Calm, Advokat aus Bernburg IV. 2, 235, V. 2, 188.
Dockhorn, Rechtsanwalt aus Posen V. 2, 181.
Dorn, Justizrath, Obertribunals-Anwalt aus Berlin II. 2, 235, III. 2, 522.
Drechsler, (Bürgermeister Dr. aus Parchim, jetzt) Oberappellationsrath in Lübeck II. 2, 235, III. 2, 226, IV. 2, 197.
Du Mont, Advokatanwalt Dr. aus Mainz IV. 2, 330.
v. Eck, Obergerichts-Prokurator aus Wiesbaden IV. 2, 330.
Eller, Anwalt Dr. aus Mannheim IV. 2, 330.
Euler, Notar aus Düsseldorf III. 2, 226, V. 2, 133.
Falkmann, Archivrath aus Detmold V. 2, 188.
v. Freydorff, (Ministerialrath, jetzt) Präsident des Ministeriums der auswärt. Angelegenheiten aus Karlsruhe II. 2, 235.
Friedberg, Geh. Oberjustizrath Dr. aus Berlin V. 2, 232.
Geßler, Professor Dr. aus Tübingen III. 2, 353.
Getz, Advokat Dr. aus Frankfurt a. M. IV. 2, 235.
Glaser, Professor Dr. aus Wien III. 2, 353.
Gneist, Professor Dr. aus Berlin IV. 2, 197, V. 2, 133.
Goltdammer, Obertribunalsrath Dr. aus Berlin II. 2, 372.
v. Groß, Frhr., Ober-Staatsanwalt Dr. aus Eisenach V. 2, 188.
Henle, Advokat Dr. aus München IV. 2, 330.
Herbig, Bezirksgerichts-Direktor aus Annaberg III. 2, 354.
Heydemann, Geh. Justizrath, Professor Dr. aus Berlin II. 2, 235.
Holthoff, Rechtsanwalt aus Berlin V. 2, 232.
v. Holtzendorff, Professor Dr. aus Berlin III. 2, 354.
v. Hye-Glunek, Wirkl. Geh. Rath, Sektionschef Dr. aus Wien III. 2, 354, IV. 2, 235.
Ihering, Geh. Justizrath, Professor Dr. aus Gießen II. 2, 235, IV. 2, 197.

Judeich, Advokat aus Dresden II. 2, 547, IV. 2, 330.
Kalb, (Ober-Appellationsgerichtsrath, jetzt) Ministerialrath Dr. aus München V. 2, 232.
Keller, (Oberstaatsanwalt, jetzt) Oberlandesgerichtsrath Dr. aus Wien II. 2, 372, IV. 2, 235.
v. Kerstorf, Hofrath, Advokat aus Augsburg II. 2, 235, III. 2, 354.
Knittel, Obergerichts-Vicepräsident aus Wolfenbüttel V. 2, 133.
Koch, Kreisrichter aus Braunschweig V. 2, 182.
König, Justizrath aus Cleve II. 2, 235.
Köppen, Professor Dr. aus Marburg III. 2, 227.
v. Kräwel, Appellationsgerichtsrath aus Naumburg a. S. IV. 2, 236.
Kraut, Hofrath, Professor aus Göttingen III. 2, 226.
Krug, Geh. Justizrath Dr. aus Dresden II. 2, 372.
v. Kunowsky, Kreisgerichts-Direktor aus Beuthen IV. 2, 236, V. 2, 188.
Kuntze, Professor Dr. aus Leipzig II. 2, 235, III. 2, 226.
Lauenstein, Obergerichts-Anwalt aus Lüneburg III. 2, 522, IV. 2, 330, V. 2, 182.
Lauhn, Staatsanwalt aus Naumburg a. S. V. 2, 188.
Lesse, Kreisrichter aus Thorn IV. 2, 330, V. 2, 182.
Malß, Advokat Dr. aus Frankfurt a. M. V. 2, II. 133, 182.
Mayer, Advokat Dr. aus Frankfurt a. M. V. 2, 188.
Mayersohn, Advokat Dr. aus Aschaffenburg II. 2, 547, V. 2, 232.
Meyer, (Gerichts-Assessor, jetzt) Rechtsanwalt aus Berlin III. 2, 226.
v. Mühlfeld, Hof- und Gerichtsadvokat Dr. aus Wien III. 2, 354, V. 2, 232.
Pfeiffer, (Obergerichts-Anwalt, jetzt) Senator Dr. aus Bremen III. 2, 522.
Planck, Obergerichts-(Assessor, jetzt) Rath aus Meppen II. 2, 547.
Rée, Anwalt (aus Bruchsal, jetzt) in Freiburg III. 2, 522.
Reuter, Handelsrichter aus Braunschweig V. 2, 182.
Rizy, Sektionschef Dr. aus Wien II. 2, 547.
Römcke, Obergerichts-Advokat aus Blankenburg V. 2, 188.
Ruhwandl, Advokat aus München V. 2, 133, 232.
Sabarth, Rechtsanwalt aus Ratibor III. 2, 354.
Schaffrath, Advokat Dr. aus Dresden II. 2, 332, III. 2, 522, IV. 2, 236, V. 2, 188.
Schenk, Hof- und Gerichtsadvokat Dr. aus Wien V. 2, 133, 232.
Schmidt, Obergerichtsrath aus Celle V. 2, 133.
Schmidt, Obergerichts-Advokat aus Altona V. 2, 182.
v. Sternenfels, Frhr., (Obertribunalsrath, jetzt) Ober-Handelsgerichts-Direktor aus Stuttgart II. 2, 547, III. 2, 522, IV. 2, 330, V. 2, 232.
Stöger, Advokatur-Kandidat Dr. aus Wien III. 2, 226.
Streit, Bürgermeister aus Zwickau V. 2, 232.
Stubenrauch, Professor Dr. aus Wien III. 2, 227.
v. Täuffenbach, Ritter, (Bezirksgerichts-Direktor aus München, jetzt) Appellationsgerichtsrath in Eichstädt III. 2, 226.
Unger, Professor Dr. aus Wien II. 2, 235, IV. 2, 197.
Versmann, Senator Dr. aus Hamburg II. 2, 547, V. 2, 182.
Volkmar, Justizrath aus Berlin IV. 2, 197.
Vollert, Kreisgerichtsrath Dr. aus Arnstadt III. 2, 522.
Waldeck, Obertribunalsrath Dr. aus Berlin II. 2, 547.
v. Wartensleben, Graf, Stadtgerichtsrath Dr. aus Berlin II. 2, 235.
Weigel, Advokat Dr. aus Kassel IV. 2, 197.

v. Weixelbaum, Hofrath aus Wien III. 2, 522.
v. Witzleben, Regierungsrath aus Dresden IV. 2, 197.
Zenker, Finanzprokurator aus Dresden V. 2, 133.

VI. Vereins-Mitglieder, welche schriftliche Voranträge gestellt haben.

Aegidi, Professor Dr. aus Hamburg — in Betreff der Erhaltung des Archivs in Wetzlar I. 146.

Bähr, Obergerichtsrath Dr. aus Kassel — in Betreff der vorläufigen Ordnung für den Juristentag I. 7 f.

Bardasch, Advokat Dr. aus Stanislau (Galizien) — in Betreff der Zeugenbeeidigung im Strafverfahren V. 1, 111.

Bernau, Gerichts-Assessor aus Magdeburg — in Betreff des Versicherungswesens III. 1, Vorlage Nr. 8.

Bernays, Advokat Dr. aus Mainz — in Betreff des Vormundschaftswesens V. 1, 15.

Borchardt, Stadtgerichtsrath aus Berlin — in Betreff der Deklaration der Wechsel-Ordnung II. 1, 277, in Betreff der Handelsgerichte V. 2, 134 f.

Bornemann, Wirkl. Geh. Rath, Zweiter Präsident des Obertribunals aus Berlin — in Betreff des Hypothekenwesens II. 1, 229.

Brauer, (Hofgerichtsrath aus Bruchsal, jetzt) Oberhofgerichtsrath in Mannheim — in Betreff des Ortes des Juristentages II. 1, 228.

Buddee, Geh. Justiz- und Kammergerichtsrath aus Berlin — in Betreff der Anwälte und Einzelnrichter I. 64 f.

Costa, Advokatur-Kandidat aus Laibach — in Betreff der Errichtung von Lehrkanzeln für vergleichende Rechtsgeschichte, Gesetzgebungs-Wissenschaft und Politik, ferner in Betreff eines Handbuchs der Justiz-Politik und der Veröffentlichung der Gesetzes-Entwürfe I. 144 f.

Dulheuer, Assessor aus Duisburg — in Betreff der Einrichtung des Juristentages I. 121 ff., II. 1, 228 f.

Eberty, Stadtgerichtsrath aus Berlin — in Betreff der Gerichtsverfassung und des Personalarrestes II. 2, 5 f.

Förster, Advokat aus Pirna — in Betreff der Deutschen Rechtseinheit II. 1, 137.

Fries, Advokat aus Weimar — in Betreff der Abschaffung der Todesstrafe III. 1, Vorlage Nr. 22.

Geck, (Kreisrichter, jetzt) Kreisgerichtsrath aus Werden a. R. — in Betreff des Hypothekenwesens II. 1, 277, in Betreff des ehelichen Güterrechts III. 1, Vorl. Nr. 6.

Glaser, Professor Dr. aus Wien — in Betreff der Strafverjährung II. 1, 236 f., in Betreff der Dritten Abtheilung des Juristentages II. 1, 277.

v. Groß, Ober-Staatsanwalt Dr. aus Eisenach — Zusatzantrag in Betreff eines allgemeinen Deutschen Strafgesetzbuchs I. 59.

Hauschteck, Staatsanwalt aus Stralsund — in Betreff der Gerichtsverfassung III. 1, Vorl. Nr. 18a.

Heller, Professor Dr. aus Wien — in Betreff des Vormundschaftswesens V. 1, 14.

Heydemann, Geheimer Justizrath, Professor Dr. aus Berlin — in Betreff eines Nachdrucksgesetzes II. 1, 236.

aus Stuttgart — in Betreff der Deutschen Gerichtszeitung und des Statuts I. 124, II. 1, 276.

v. Stößer, (Hofgerichtsrath aus Bruchsal, jetzt) Kreisgerichts-Direktor in Lörrach — in Betreff entehrender Strafen III. 1, Vorl. Nr. 12.

Straß, Rechtsanwalt, Kreisjustizrath a. D. Dr. aus Berlin — in Betreff eines allgemeinen Deutschen Prozeßgesetzes u. s. w. I. 138.

Sutro, (Gerichts-Assessor aus Münster, jetzt) Rechtsanwalt in Meschede — in Betreff einer allgemein giltigen Eidesformel I. 143.

Uchatzy, Notar aus Reichenberg (in Böhmen) — in Betreff des Statuts und der Geschäftsordnung I. 111 ff., in Betreff der Friedensgerichte I. 133, in Betreff eines allgemeinen Patent-Gesetzes II. 1, 236.

Unger, Professor Dr. aus Wien — in Betreff eines allgemeinen Gesetzes über Obligationenrecht I, 128, in Betreff der Klage auf Anerkennung der unehelichen Vaterschaft III. 1, Vorl. Nr. 7.

Volkmar, Justizrath, Obertribunals-Anwalt aus Berlin — in Betreff des Rechtsstudiums u. s. w. IV. 2, 151.

Vorwerk, Obergerichtsrath aus Wolfenbüttel — in Betreff der Deutschen Rechtseinheit II. 1, 237.

Wahlberg, Professor Dr. aus Wien — in Betreff des Buches: „Krug, Ideen zu einer allg. Deutschen Strafgesetzgebung" I. 63.

Waldeck, Obertribunalsrath Dr. aus Berlin — in Betreff des Verfahrens in bürgerlichen Streitsachen I. 9—36.

Weeber, Landesadvokat Dr. aus Weißkirchen — in Betreff seines Entwurfs einer Strafprozeß-Ordnung II. 1, 277.

Zenthöfer, (Kreisrichter aus Rybnick, jetzt) Rechtsanwalt in Myslowitz — in Betreff des Mandats- und Sühne-Verfahrens I. 134 ff., III. 1, Vorl. Nr. 21, in Betreff der That- und Rechtsfrage im Strafverfahren II. 1, 236, III. 1, Vorlage Nr. 13.

VII. Erstatter von Gutachten.

André, Obergerichts-Anwalt Dr. aus Osnabrück — in Betreff der Waldeck'schen Anträge II. 1, 36.

Anschütz, Professor Dr. aus Halle — in Betreff der Handelsgerichte V. 2, 3.

Aull, Gerichtsrath Dr. aus Mainz — in Betreff des Vormundschaftswesens V. 1, 14.

Bauermeister, Obergerichts-Anwalt in Hannover — in Betreff der Staatsanwaltschaft im bürgerlichen Verfahren III. 1, 34.

Becker, Ober-Appellationsrath aus Oldenburg — in Betreff des Gewohnheitsrechts V. 1, 3.

Bernays, Advokat Dr. aus Mainz — in Betreff der Beweiswürdigung im bürgerlichen Streitverfahren III. 1, 128.

Beschorner, Rechtsanwalt aus Dresden — in Betreff des Beweis-Interlokuts III. 1, 98.

Beseler, Geh. Justizrath, Professor Dr. aus Berlin — in Betreff des Gewohnheitsrechts V. 1, 102.

Bornemann, (Gerichts-Assessor, jetzt) Stadtrichter aus Berlin — in Betreff der Beweiswürdigung im bürgerlichen Streitverfahren III. 1, 121.

Brauer, (Hofgerichtsrath aus Bruchsal, jetzt) Oberhofgerichtsrath in Mannheim — in Betreff mehrerer, das bürgerliche Streitverfahren betreffender Fragen II. 1, 95.

Lienbacher, (Staatsanwalt, jetzt) Oberlandesgerichtsrath aus Wien — in Betreff der Gerichtsverfassung IV. 1, 263.

Liszt, Landesgerichtsrath aus Wien — in Betreff der Zeugenvereidigung im Strafverfahren V. 1, 111.

Lührsen, Dr. aus Hamburg — in Betreff des Hypothekenwesens III. 1, 85.

Makower, (Gerichts-Assessor, jetzt) Rechtsanwalt aus Berlin — über Beweiswürdigung im Civilprozeß IV. 1, 111.

Planck, Professor Dr. aus Kiel — in Betreff der Waldeck'schen Anträge II. 1, 66.

Plathner, Kammergerichtsrath aus Berlin — in Betreff mehrerer, das bürgerliche Streitverfahren betreffender Fragen II. 1, 109.

Primker, (Stadtrichter aus Breslau, jetzt) Justizrath und Rechtsanwalt in Berlin — in Betreff des Personalarrestes III. 1, 96.

Röder, Handelsgerichts-Präsident, Kaufmann aus Mainz — in Betreff der Handelsgerichte V. 2, 10.

Ruhwandl, Advokat Dr. aus München — in Betreff der Gerichtsverfassung III. 1, 9.

v. Sacken, Frhr., Oberlandesgerichtsrath Dr. aus Wien — in Betreff der Beweiswürdigung im bürgerlichen Streitverfahren IV. 1, 116.

Schloß, (Staatsanwalt aus Korneuburg, jetzt) Landesgerichtsrath in Wien — in Betreff der Staatsanwaltschaft im bürgerlichen Streitverfahren III. 1, 57.

Schwarze, General-Staatsanwalt Dr. aus Dresden (als Mitglied der ständigen Deputation) — in Betreff der Voruntersuchung II. 1, 241.

v. Seckendorff, Frhr., Obertribunalsrath Dr. aus Berlin — desgl. II. 1, 175.

v. Sternenfels, Frhr., (Obertribunalsrath, jetzt) Ober-Handelsgerichts-Direktor aus Stuttgart — in Betreff der Waldeck'schen Anträge II. 1, 3.

Stubenrauch, Professor Dr. aus Wien — in Betreff des richterlichen Prüfungsrechts der Verfassungsmäßigkeit der Gesetze IV. 1, 201.

Tippelskirch, Ober-Tribunalsrath aus Berlin — in Betreff der Strafbemessung IV. 1, 157, in Betreff des Zeugnißzwanges in Strafsachen V. 1, 78.

Unger, Professor Dr. aus Wien — in Betreff der Großjährigkeit u. s. w. II. 1, 126.

Vissering, Obergerichts-Anwalt aus Aurich — in Betreff der Anwaltschaft und des Notariats IV. 1, 66.

Wahlberg, Professor Dr. aus Wien — in Betreff der Strafbemessung IV. 1, 179.

v. Weixelbaum, Ritter, Hofrath und Landesgerichts-Vicepräsident aus Wien — in Betreff einiger Fragen des bürgerlichen Verfahrens IV. 1, 135, in Betreff der Verweisung geringfügiger Streitsachen an Ortsgerichte IV. 1, 147.

Wengler, Gerichtsrath aus Dresden — in Betreff einiger Fragen des Verfahrens in bürgerlichen Streitsachen IV. 1, 353, in Betreff der Verweisung geringfügiger Streitsachen an Ortsgerichte IV. 1, 363.

VIII. Berichterstatter in den Versammlungen und Sitzungen.

Abeken, (Gerichtsrath, jetzt) Appellationsrath aus Dresden, in der vereinigten Ersten und Zweiten Abtheilung und in der Plenar-Versammlung für dieselbe Abtheilung II. 2, 142, 279, 699—702.

Abegg, Geh. Justizrath, Professor Dr. aus Breslau, in der Dritten Abtheilung und für dieselbe in der Plenar-Versammlung II. 2, 285, 436—442.

André, Obergerichts-Anwalt aus Osnabrück, in der Plenar-Versammlung für die Vierte Abtheilung II. 2, 502, 608—614.

IX. Vereinsmitglieder, welche (abgesehen von einer Thätigkeit als Berichterstatter) in den Versammlungen und Sitzungen gesprochen oder Anträge gestellt haben.

Anhang.

Verzeichniß
des Inhalts des 1. Bandes der Verhandlungen des VI. Juristentages.

Verhandlungen

des

Sechsten Deutschen Juristentages.

Herausgegeben

von

dem Schriftführer-Amt der ständigen Deputation.

Dritter Band.

Berlin, 1868.
Commissions-Verlag von J. Guttentag.

Inhaltsverzeichniß.

Seite.

Statut des Deutschen Juristentages.

Nach den Beschlüssen vom 25. August 1863 redigirt

von dem Schriftführer-Amt der ständigen Deputation.

§. 1.

Der Zweck des Deutschen Juristentages ist: eine Vereinigung für den lebendigen Meinungsaustausch und den persönlichen Verkehr unter den Deutschen Juristen zu bilden, auf den Gebieten des Privatrechts, des Processes und des Strafrechts den Forderungen nach einheitlicher Entwickelung immer größere Anerkennung zu verschaffen, die Hindernisse, welche dieser Entwickelung entgegenstehen, zu bezeichnen und sich über Vorschläge zu verständigen, welche geeignet sind, die Rechtseinheit zu fördern.

§. 2.

Der Deutsche Juristentag tritt alljährlich zusammen.

§. 3.

Zur Mitgliedschaft berechtigt sind die Deutschen Richter, Staatsanwälte, Advokaten und Notare, die Aspiranten des Richteramtes, der Anwaltschaft und des Notariats, sowie Jeder, der nach seinen Landesgesetzen zum Richteramte, zur Anwaltschaft oder zur Ausübung des Notariats für befähigt erkannt ist, ferner die Lehrer an den Deutschen Hochschulen, die Mitglieder der gelehrten Akademien, die Doktoren der Rechte und die rechtsgelehrten Mitglieder der Verwaltungs-Behörden.

§. 4.

Die Mitgliedschaft beginnt mit dem Empfange der Mitgliedskarte. Sie berechtigt zur Theilnahme an den Verhandlungen und an der Abstimmung.

§. 5.

Der Beitrag der Gesellschaftsmitglieder beträgt zwei Thaler jährlich und ist innerhalb vier Wochen nach Beginn jedes neuen Jahres zu entrichten, widrigenfalls derselbe durch Postvorschuß eingezogen wird. Nimmt ein Mitglied den mit Postvorschuß beschwerten Brief nicht an, so wird dies einer ausdrücklichen Austrittserklärung gleich geachtet. — Für die am Orte des Juristentages selbst zu lösende Anmeldungskarte ist Ein Thaler zu entrichten.

§. 6.

Den Plenarverhandlungen des Deutschen Juristentages gehen der Regel nach Abtheilungs-Berathungen voraus. Zu diesem Zwecke werden durch freiwillige Einzeichnung der Mitglieder folgende vier Abtheilungen gebildet:

1) Abtheilung für Privatrecht, insbesondere Obligationen- und Pfandrecht, juristisches Studium und praktische Ausbildung.*)
2) Abtheilung für Handels-, Wechsel-, See- und internationales Recht.**)
3) Abtheilung für Strafrecht, Strafproceß und Gefängnißwesen.
4) Abtheilung für Gerichtsverfassung und Civilproceß.

Die Abtheilungen wählen ihre Vorsitzenden, Schriftführer, Berichterstatter und benachrichtigen den Vorsitzenden der Plenar-Versammlung (§. 7), sobald ihre Berathungen über einzelne Gegenstände geschlossen sind; ihre Anträge sind schriftlich zu fassen. In jeder Abtheilung stimmen nur Diejenigen mit, welche sich in die betreffende Abtheilung bereits eingezeichnet haben.

Sämmtliche Beschlüsse der Abtheilungen werden in der Plenar-Versammlung mitgetheilt. Es findet jedoch eine Erörterung und Entscheidung im Plenum nur dann statt, wenn dieselbe von der betreffenden Abtheilung vorgeschlagen, oder wenn sie von mindestens zehn Mitgliedern beantragt und von der Plenar-Versammlung beschlossen wird.

---

*) Die gesperrt gedruckten Worte sind eine Aenderung des bisherigen Statuts, welche von dem Vierten Deutschen Juristentage beschlossen worden.

**) Die vom Vierten Deutschen Juristentage beschlossene Vereinigung der ersten und zweiten Abtheilung geschah ausdrücklich nur für die Dauer des Vierten Juristentages.

Ueber die Vorfrage, ob dem von mindestens zehn Mitgliedern gestellten Antrage auf Plenar-Entscheidung stattzugeben, wird nur einem der Antragsteller und dem Berichterstatter das Wort ertheilt.

§. 7.

Die Verhandlungen der Plenar-Versammlung leitet ein Vorsitzender, welcher für die Dauer eines jeden Juristentages in der ersten Plenar-Versammlung durch Stimmzettel oder Akklamation gewählt wird. Derselbe ernennt zwei bis vier Stellvertreter und vier Schriftführer. Er bestimmt die Tagesordnung und kann einzelne Gegenstände, ohne Vorberathung in den Abtheilungen (§. 6), unmittelbar zur Plenar-Berathung stellen. Auch ist er befugt, Nichtmitglieder als Zuhörer zuzulassen.

§. 8.

Bei allen Beschlüssen der Plenar-Versammlung und der Abtheilungen entscheidet einfache Stimmenmehrheit der anwesenden Mitglieder, bei allen Wahlen relative Majorität und im Falle der Stimmengleichheit das Loos.

§. 9.

Wird Schluß der Debatte beantragt, so wird über diesen Antrag sofort abgestimmt. In der Plenar-Versammlung sind alle Anträge mit Ausnahme des Antrages auf Schluß der Debatte schriftlich zu stellen.

§. 10.

Vor dem Schlusse eines jeden Juristentages wird von der Plenar-Versammlung durch Akklamation oder in einem einzigen Skrutinium durch Stimmzettel eine aus achtzehn Mitgliedern und dem Präsidenten des letzten Juristentages als Ehren-Präsidenten bestehende ständige Deputation gewählt. Von jenen achtzehn Mitgliedern müssen mindestens drei am Orte des letzten Juristentages und jedenfalls zwölf auswärts wohnen. Die Liste der zur Akklamation vorzuschlagenden Personen wird durch den Präsidenten der Plenar-Versammlung, seine Stellvertreter und je zehn von jeder Abtheilung gewählte Vertrauensmänner gemeinschaftlich festgestellt.

Die ständige Deputation hat folgende Befugnisse und Obliegenheiten:

1) sie sorgt für die Ausführung der von dem Juristentage gefaßten Beschlüsse, veranlaßt nach eignem Ermessen den Druck

der Protokolle und Vorlagen, bewirkt die Vertheilung der Drucksachen an die Mitglieder und verwahrt alle Akten und Schriftstücke des Juristentages;

2) sie bestimmt Zeit und Ort des nächsten Juristentages, trifft die für denselben nöthigen Vorbereitungen, erläßt die Einladungen, stellt die vorläufige Tagesordnung auf, wobei sie in der Regel nur die bis zum 31. Mai des laufenden Jahres eingegangenen Vorlagen zu berücksichtigen hat, und bereitet Abänderungs-Vorschläge in Betreff der Geschäftsordnung für die Plenar-Versammlung vor;

3) sie nimmt die Beitrittserklärungen neuer Mitglieder entgegen, fertigt die Mitgliedskarten aus, empfängt die Beiträge, bestreitet die Ausgaben und legt der folgenden Deputation Rechnung;

4) sie ergänzt sich selbst, falls eins oder mehrere ihrer Mitglieder während des Geschäftsjahres ausscheiden.

Die Deputation wählt aus ihrer Mitte einen Vorsitzenden und einen Schriftführer, welcher Letztere ein von der Deputation festzusetzendes Pauschquantum für baare Auslagen erhält. Der Sitz der Deputation ist der Ort des letzten Juristentages. Zur Giltigkeit ihrer Beschlüsse ist die Einladung sämmtlicher Mitglieder sowie die Mitwirkung von wenigstens fünf Mitgliedern erforderlich.

§. 11.

Abänderungen dieses Statuts können zwar von der Plenar-Versammlung durch einfache Stimmenmehrheit, jedoch nur auf schriftlichen Antrag, der vier Wochen vor dem Zusammentritt des Juristentages der ständigen Deputation (§. 10) überreicht worden, beschlossen werden.

Gutachten.

I.

Gutachten, betreffend das Verfahren im Schädenprozesse, von Advokat Dr. Gustav Lehmann zu Dresden.

Von der ständigen Deputation des Deutschen Juristentages bin ich aufgefordert worden, ein Gutachten abzugeben über folgenden Antrag des Regierungsassessor Linke in Glauchau:

„Der Deutsche Juristentag wolle aussprechen:

I. Das Verfahren im Schädenprozesse, wie es in den meisten Theilen Deutschlands besteht, bedarf einer gründlichen Umgestaltung.

II. Insbesondere gilt dies nach folgenden Richtungen:

a. Sowohl bei Ermittelung der Existenz des Schadens, als bei Bestimmung der Höhe des Schadenersatzes hat der erkennende Richter bei Prüfung der von den Parteien gegebenen Unterlagen in der Hauptsache und an erster Stelle seinem freien Ermessen zu folgen;

b. Sachverständige sind nur als Gehilfen des Richters, nicht als Beweismittel in der Hand der Parteien herbeizuziehen;

c. der Würderungs-Eid hat nur eine subsidiäre Geltung — er ist nicht aufzulegen, nur nachzulassen;

d. das Verfahren soll ein von dem strengen Beweis-Zwange befreites, summarisches sein;

e. gegen die Entscheidung des ersten Richters ist nur einmalige Einwendung eines Rechtsmittels zulässig."

Zu I.

Das Verfahren im Schädenprozeß, wie es in den meisten Theilen Deutschlands besteht, bedarf einer gründlichen Umgestaltung.

Mit diesem ersten Satze kann man sich wohl vollständig einverstanden erklären. Es dürfte kaum ein Land in Deutschland geben, wo sich ein Schädenanspruch leicht realisiren ließe. Und selbst in den Theilen Deutschlands, deren Rechtswesen auf dem code de procédure ruht, ist die Frische, mit der die Französischen Gerichte gerade im Schädenprozesse das Recht üben, unter dem Einfluß der Deutschen Jurisprudenz nie zu rechtem Leben gekommen. Man kann daher wohl sagen, nicht blos in den meisten Theilen Deutschlands, sondern überall in Deutschland bedarf das Verfahren im Schädenprozeß einer gründlichen Umgestaltung.

Ich habe mich hierüber schon in einer Schrift*) ausgesprochen, auf die ich mir hier zu verweisen gestatte, da ich im Nachstehenden nur andeuten kann, was dort ausführlicher dargelegt ist. — Das Hauptgebrechen liegt bei uns in Deutschland darin, daß Anforderungen an den Erweis des Schadens gestellt werden, denen nimmer genügt werden kann. Man verlangt eben, daß ein Schaden gerade so wie jede andere im Prozeß zu beweisende Thatsache erwiesen werde. Man läßt hier keine Ausnahme von den gewöhnlichen Beweisregeln zu. Nur eine Erleichterung gestattet man, indem man dem Beschädigten unter Umständen erlaubt, die Höhe seines Schadens durch das iuramentum in litem zu konstatiren. Damit ist aber nicht viel geholfen, zumal dem Beschädigten dieser Eid in der Regel nur in den Fällen nachgelassen wird, wenn der Beschädiger dolos handelte, oder sich einer groben Fahrlässigkeit schuldig machte. Ueberdem verlangen die Gerichte neben diesem Eid meist noch die Bescheinigung des Schadens, und an diese Bescheinigung machen sie häufig nicht geringe Anforderungen. Es soll ihnen der Beschädigte zunächst den Schaden soweit beweisen, daß sie dessen Umfang mit ziemlicher Gewißheit übersehen können. Erst wenn dies der Beschädigte gethan, geben sie ihm das iuramentum in litem. Vermag der Beschädigte dem nicht nachzukommen, so tragen sie auch meist Bedenken, das iuramentum in litem nachzulassen, da es ihnen dann, wie sie so zu sagen pflegen, an genügenden Anhaltepunkten fehle, um das ihnen zustehende

---

*) „Der Nothstand des Schädenprozesses und der Entwurf der kgl. Sächs. Civilprozeßordnung" von Dr. Gustav Lehmann, Advokat zu Dresden. Leipzig, Carl Julius Günther. 1865.

Moderationsrecht, d. h. das Recht, zu bestimmen, bis zu welcher Höhe der Beschädigte den Schaden sich selbst zuschwören kann, ausüben zu können.

Nun liegt es aber auf der Hand, daß bei Befolgung solcher Grundsätze der Anspruch auf Schadenersatz aus der Reihe der realisirbaren Ansprüche in der Regel völlig ausgestrichen wird. Es wird schon in vielen Fällen, wenn man von solchen Grundsätzen sich leiten läßt, große Schwierigkeit haben, das damnum emergens festzustellen. Man denke an eine mit allem Hausrath niedergebrannte Wohnung. Aber absolut wird es in der Regel unmöglich sein, einen Anspruch auf das lucrum cessans zu realisiren.

Es däucht uns, es läßt sich vom Standpunkte des Rechts und der Billigkeit aus gar nicht rechtfertigen, daß man solche Anforderungen an den Beweis des Schadens stellt. Es leidet unter solcher Praxis nur der Beschädigte, dem doch vor Allem das Recht beispringen sollte. Unsere Rechtspraxis, wie sie dermalen ist, stellt sich auf die Seite des Unrechts. Sie deckt, indem sie unerreichbare Forderungen an den Beweis des Schadens stellt, gleichsam die schützende Hand über den Beschädiger. Und unternimmt der Beschädigte, an seine faktische Rechtslosigkeit nicht glaubend, den Prozeß, so hat gewöhnlich der Beschädiger die Freude, schließlich am Ende des Prozesses die Lacher auf seiner Seite zu haben. Es herrscht hier eine falsche und unsittliche Logik in dem Rechte. Der Beschädiger zieht in demselben Akte, durch den er das Unrecht begeht, dem Beschädigten in den meisten Fällen die Beweismittel, die erforderlich sind, um das Unrecht durch den Ersatz des Schadens wieder auszugleichen, gleichsam unter den Füßen weg. Und nun folgern wir so: da der Beweis des Schadens durch die Schuld des Beschädigers unmöglich geworden ist, so kann der Beschädigte keinen Ersatz beanspruchen, er hat die Schuld des Beschädigers zu büßen. Unser Recht ist hier in der That auf Abwege gerathen; es entbehrt des moralischen Principes, das immer und überall sein Fundament sein und bleiben soll.

Die Deutschen Richter sind ungemein gewissenhaft; sie wollen Niemandem einen Groschen mehr oder weniger zusprechen, als er auch wirklich zu fordern hat. Daher beanspruchen sie auch bei dem Schädenprozeß, daß Alles bis zum Groschen erwiesen, daß überall dargethan werde, daß der Schaden auch wirklich auf so und so hoch sich belaufe. Dieses Streben, im eminenten Sinne des Wortes gerecht zu sein, schlägt hier in sein Gegentheil um. Die Extreme berühren sich. Weil der Beschädigte nicht einen Groschen mehr erhalten soll, als ihm gebührt, werden Anforderungen an den Beweis der Schäden gemacht, die mindestens in den meisten Fällen ganz gleichbedeutend sind mit der absoluten Versagung jedes Schädenforderungsrechtes. Das Recht im einzelnen konkreten Falle fällt daher allemal der abstrakten Gerechtigkeitsidee zum Opfer. Das summum ius schlägt um in sein Gegentheil, in die summa iniuria.*)

Wir verlangen vom Rechte nicht zu viel, wenn wir von ihm beanspruchen, daß es sich auch im Schädenprozeß realisire. Das Recht ist nicht ein so steifer und ungelenker Organismus, daß es nach dieser Seite hin nicht eine dem Verlangen des Lebens und der Gerechtigkeit entsprechende Ausdehnung erfahren könnte. Allerdings hat das Recht gewisse innere Grenzen, über die hinaus es nicht ausgedehnt werden kann. Es kann nicht allem Verlangen der Menschen dienen; es hat seine eigenen Prinzipien, von denen es getragen wird. Aber gerade nach der Seite des Schädenrechtes zu ist es wohl einer Ausweitung fähig, ohne sich untreu zu werden. Uns däucht, das Recht fordert um seiner selbst willen nicht, daß die Gerechtigkeit im Schädenprozeß ihren Dienst versage.

Man wird von uns nicht verlangen, für das Gesagte den theoretischen Beweis zu führen. Bekanntlich läßt sich Alles in der Welt beweisen, und so würde sich auch wohl darlegen lassen, daß es, so wie es ist, ganz in der Ordnung sei, und daß es gegen die ethische Idee des Rechts verstoßen würde, wenn das Recht es unternähme, auch im Schädenprozeß die Gerechtigkeit verwirklichen zu wollen. Wir fußen bei unsern Sätzen einfach auf der Erfahrung, indem wir auf den Französischen Schädenprozeß verweisen. In Frankreich stockt das Recht auch im Schädenprozesse nicht; im Gegentheil geht dort die Rechtsmaschine auch nach dieser Richtung hin ihren flotten Gang. Die Französischen Gerichte helfen dem Beschädigten zu seinem Rechte; sie thun dies, indem sie den Muth haben, die Schädensumme nach ihrem billigen Ermessen in freiem approximativen Anschlage auszuwerfen. Das ist ihr ganzes Geheimniß.

Das Verfahren im Französischen Schädenprozesse ist nicht die Willkür, wie man häufig in Deutschland vermeint. Etwas Willkür liegt allerdings schließlich in jeder Rechtsschöpfung und vor Allem in jeder Beurtheilung der Frage, ob etwas bewiesen, bez. ob es voll oder halbvoll bewiesen sei, ob man den Reinigungs-Eid nachzulassen oder den Erfüllungs-Eid aufzuerlegen

*) Ein Beschädigter klagte in Sachsen die Schäden ein, die ihm dadurch entstanden, daß er durch die Schuld eines Anderen einige Zeit auf das Krankenbett kam. Er verlangte unter Anderem auch die Erstattung von circa 11 Neugroschen Aufwand für Nachtlicht. Die erste Instanz erkannte ihm diese Post zu. Der Gegner appellirte unter Anderem auch gegen diesen Punkt. Die höhere Instanz trat auf die Seite des Appellanten und wies den Anspruch auf Erstattung der 11 Neugroschen für Nachtlicht in dem angebrachten Maße ab, da die Behauptung zu allgemein sei, und nicht genügend aus den Akten hervorgehe, daß dieser Aufwand an Nachtlicht auch in der That erforderlich und durch die Kur nothwendig bedingt gewesen sei.

habe. Bei der Frage über die Höhe der Alimente, die einem außerehelichen oder ehelichen Kinde zu gewähren sind, bei der Frage über die Höhe der Dotation, der Mitgift, die der Vater der Tochter zu geben hat, uud in hundert ähnlichen Fällen, wo unsere Richter sich gleichsam als Sachverständige geriren, stehen auch sie auf dem Boden der sogenannten „Willkür". Sie haben da unter Würdigung aller einschlagenden Verhältnisse nach freiem billigem Ermessen die Summe zu greifen.

In gleicher Weise verfährt der Französische Richter bei der Bestimmung der Schädensumme. Er übt hier nicht mehr und nicht weniger Willkür, als von unserem Richter in obigen Fällen geübt wird. Dabei ist es nicht ausgeschlossen, daß vielleicht der Französische Richter, indem er nach seinem Ermessen die Schädensumme auswirft, in dem einen Falle etwas zu hoch, in dem anderen Falle etwas zu niedrig greift. Wir in Deutschland würden hieraus dem Französischen Richter aber nur dann einen Vorwurf machen können, wenn wir im Schädenprozesse mehr Gerechtigkeit realisirten, als er. Wenn wir aber vor lauter Trachten nach absoluter Gerechtigkeit den Beschädigten, der Ersatz der Schäden beansprucht, in endlosen Prozessen mit unsäglichen Kosten und Mühen belasten, um ihm am Ende des Prozesses zu erklären, daß er doch nichts bewiesen habe, so sind wir wenigstens nicht in der Lage, dem Französischen Richter, der mit seiner s. g. „Willkür" doch immer noch eine dem gehabten Schaden mehr oder weniger nahe kommende Summe greift, einen Vorwurf zu machen.

Es ist ein Unrecht, wenn man dem Beschädigten auferlegt, den wahren Schaden nachzuweisen. Dieser wahre Schaden wird sich nur in den seltensten Fällen nachweisen lassen. In der übergroßen Mehrzahl von Fällen ist ein solcher Nachweis gar nicht zu erbringen. Will der Richter im Schädenprozesse die Gerechtigkeit nicht versagen, so wird er sich dessen bescheiden müssen. Er wird zu der Ueberzeugung zu gelangen haben, daß es in den meisten Fällen genügen muß, statt des wahren Schadens nur eine Art Substrat, nur eine Art Nothäquivalent des nicht zu ermittelnden, des nimmer zur Ziffer zu bringenden Schadens zu ermitteln.

Es ist übrigens gar nicht so gleichgiltig, ob man im Rechte ein Organ seinen Dienst versagen läßt oder nicht. Ein guter Schädenprozeß wird immer eine gute Polizei im Civilrechte üben. Und weil wir in Deutschland eines solchen Schädenprozesses entbehren, haben einigermaßen anarchische Zustände in unseren civilrechtlichen Verhältnissen Platz gegriffen. Man schreckt bei uns sehr wenig davor zurück, dem Anderen innerhalb oder außerhalb von Verträgen einen Schaden zuzufügen; man ist doch sicher, daß der Beschädigte in den meisten Fällen gar nicht den Muth haben wird, den dornenreichen Schädenprozeß anzustrengen, und daß, wenn doch die Klage erhoben wird, das klägerische Verlangen in der Regel an der Impotenz unseres Schädenrechtes scheitert. Die Römer wußten recht wohl, daß auch im Gebiete des Civilrechtes eine gewisse Zuchtordnung herrschen müsse; daher die Infamie, die bei ihnen eine Klasse der Aktionen zur Folge hatte, — daher das duplum, triplum u. s. w., das in einer Menge von Fällen gleichsam als eine ein für alle Mal im Voraus festgestellte Entschädigungssumme ohne Weiteres zu gewähren war. Hier sollten wir von den Römern etwas lernen.

Zu II a.

Sowohl zur Ermittelung der Existenz des Schadens, als bei Bestimmung der Höhe des Schadenersatzes hat der erkennende Richter bei Prüfung der von den Parteien gegebenen Unterlagen in der Hauptsache und an erster Stelle seinem freien Ermessen zu folgen.

Gegen diesen Satz wird sich im Allgemeinen eben so wenig etwas einwenden lassen, wie gegen obigen Satz sub I.

Es kann dahin gestellt bleiben, ob es geboten ist, die Fragen über Existenz des Schadens und über Bestimmung seiner Höhe getrennt zu halten, da beide Fragen mindestens in der Regel in eine zusammenfallen werden. Doch kommt es hierauf weiter nicht an, zumal sich doch auch Fälle denken lassen, wo beide Fragen einigermaßen auseinandergehen. Dagegen dürfte der Richter bei Uebung seines freien Ermessens nicht allein, wie der Antragsteller will, auf die „von den Parteien gegebenen Unterlagen" zu beschränken sein. Der Richter soll im Schädenprozesse auch das berücksichtigen, was er nicht gerade von den Parteien weiß — er soll hier auch seine eigene Wissenschaft von den Dingen mit verwerthen. Gerade hierin liegt mit der entscheidende Punkt. Es ist nicht möglich, zu einem besseren Schädenrechte zu gelangen, wenn man nicht mindestens in diesem Gebiete des Prozesses sich von dem alten Satze: „quod non in actis est, non est in mundo" lossagt. Stellt man überhaupt etwas in das freie Ermessen des Richters, so schenkt man damit dem Richter ein sehr großes Vertrauen, und es ist nicht abzusehen, warum man dann nicht zur Vereinfachung der Sache, zur Erzielung eines schnelleren und billigeren Prozesses, noch einen Schritt weiter gehen und dem Richter gestatten will, daß er bei Uebung dieses Ermessens auch das mit berücksichtige, was er aus eigener Wissenschaft weiß, oder auf diesem oder jenem Wege ihm bekannt geworden ist.

Nächstdem muß es dem Richter erlaubt sein, auch seinerseits noch ex officio Erhebungen anzustellen, um das, was ihm etwa noch fehlt, auf kürzestem Wege zu erlangen, wie denn ja analog bei dem Würderungseid es schon bisher Sache des Richters war, da nöthig, noch amtswegen Erörterungen anzustellen, um das limitum, über das hinaus nicht geschworen werden darf, zu bestimmen. Es dürfte daher die Thesis IIa. etwas zu eng gefaßt sein. Auch liegt es wohl nicht in der Absicht des Antragstellers, dem Richter aufzugeben, nur bei der „Prüfung" der Parteiunterlagen seinem Ermessen zu folgen.*)

Zu II b.

Sachverständige sind nur als Gehilfen des Richters, nicht als Beweismittel in der Hand der Parteien herbeizuziehen.

Dieser Thesis ist in alle Wege beizutreten. Sie bildet den Kernpunkt der ganzen Frage. Wer im Schädenprozeß reformiren will, muß die Sache bei diesem Punkt fassen. Hier liegt das Herz der Frage. Wollte man da-

*) v. Zink, jetzt Präsident des Oberappellationsgerichts zu München, sagt in seinem berühmten Werke über die Ermittelung des Sachverhalts im Französischen Civilprozesse, München 1860, Bl. 569 und fgd.: Die Französische Rechtspflege hält fest daran: wie der Schaden zu ermitteln, das sei ihre eigene Sache, und erhebt deshalb ihren Blick frei über die Summe und die Hauptquellen der ihr noch offenstehenden Erkenntnißgründe; treten hier die regelmäßigen und sicheren ohnmächtig zurück, so müssen neue, der Sache zunächst kommende, als Aushilfe geschaffen und kräftig benützt werden. Die Frage tritt alsdann unter jene mächtige Herrschaft der Umstände, welche das ganze Rechtsgebiet mit ihrer lichtvollen und schnellen Einwirkung überzieht. Ist der gewisse Schaden, den Jemand durch die Schuld seines Nachbarn erlitten, und den dieser zu vergüten nach allen Rechten, wie nach der Billigkeit verbunden ist, zufällig unbekannt, ist er auch unerforschlich, weil die Natur uns die Erkenntniß des Verschwundenen, den Blick in die Wechselfälle einer geheimnißvollen und in ihren Grundlagen verrückten Zukunft, die Sehergabe für die Verkettung der Ursachen und Folgen versagt hat, so darf deshalb das Unrecht noch keinen Triumph feiern, die Gerechtigkeit noch nicht ihren Dienst verweigern; der annehmbare Schaden, der beiläufig und am wahrscheinlichsten erlittene, das grundhaltig wahrnehmbare Interesse, soweit es muthmaßlich gequetscht wurde, muß an die Stelle der wahren Größe treten, und dem richterlichen Ausspruche zu einer zwar minder verlässigen, aber immer noch gerechten und rechtsförderlichen Unterlage dienen. Wer dem Andern Schaden jener ungewissen Art zufügt, sei es aus fahrlässigem oder vorsätzlichem Verschulden, der begeht ein zweifaches Unrecht an ihm, einmal durch die Schmälerung seines Vermögens schon an sich, und überdies noch dadurch, daß er ihn um die Mittel bringt, mit denen er die Größe seines Schadens hätte beweisen und klar vor Augen legen können. Für beide Fälle muß er ihm gerecht werden; wie ist aber solches in dem zweiten Punkte

ran festhalten, daß überall da, wo Fachkenntniß einschlägt, das Sachverständigen-Verfahren einzuleiten sei, so wäre ein besserer, ein nur halbwegs zur Rechtsgenugthuung führender Schädenprozeß a priori unmöglich. Es wird übrigens die obligatorische Konkurrenz von Sachverständigen schon ganz

---

möglich? Die Antwort ist leicht und schon auf dem Vordergrunde zu finden. An die Stelle der unmöglich gemachten Erhebung und Berechnung des Schadens tritt das richterliche Ermessen; als Rechtsgeschworene haben die Richter den Anschlag des Schadens, der sich nicht mehr festhalten läßt, dessen Maß dahin geschwunden ist, aus ihrem Gewissen, aus ihrer durch die zugänglichen Umstände des Falles pflichtmäßig und fest begründeten Ueberzeugung zu schöpfen, gerade ebenso, wie die Geschworenen der Thatfrage in unseren Strafgerichten den Anschlag des entwendeten oder durch Erpressung oder Betrug herausgelockten Gutes, so oft der Grad des Verbrechens von dem Betrage abhängt, auf die ihnen gemachten Angaben und Vorlagen in eine feste Summe bringen, und dabei die Begränzung des Ungewissen durch den Maßstab bekannt gegebener Umstände im Wege der Schlußfolgerung vermitteln. Der gelehrte Richter des Rechts wird hier zum freien Richter über die Thatsachen, nach der bekannten Regel: Quatenus cuius intersit, in facto, non in iure consistit. fr. 25 de R. J. Bl. 593. Der Schadenersatz ist im Französischen Rechtssysteme vor Allem ein wirksames Repressivmittel, eine Art Privatbuße für Arglist und bösen Glauben, für unlautere Absichten und ersonnene Ausflüchte, für die launige Wetterwendigkeit eines Schuldners und den späteren Wankelmuth nach gegebenem Worte, für den Bruch der Verträge und heiligsten Verpflichtungen des geschäftlichen Verkehrs. Die Deutsche Rechtspflege steht hier weit zurück, sowohl in dem Eifer des Bestrebens, wie in dem Ausfalle seiner Früchte, dem guten Glauben und der ehrenhaften Treue in der Erfüllung genommener Abreden und eingegangener Verbindlichkeiten durch eine kräftige Einwirkung jenen Antrieb zu verleihen, auf welchen der redliche Verkehr einen so gerechten Anspruch machen kann. Was ist auch der leichtfertige und unbekümmerte Vertragsbruch Anderes, als ein unverantwortliches Vergehen wider Treue und Glauben im Privatrechte? Was ist der hinterlistige und schlau verkleidete Eingriff in eine fremde Gewerbsbefugniß, die täuschende Nachahmung von Fabrikzeichen, der an der ganzen Klasse der Abnehmer dadurch gespielte Betrug, der verringerte Absatz des redlichen Gewerbsmannes, der Nachdruck und andere Schmälerungen des literarischen, künstlerischen oder industriellen Eigenthumes, was sind sie Anderes, als Vergehen an dem Wahrheitsfrieden der Ehrlichkeit, an der gewiß legitimen Weltherrschaft des guten Glaubens? Wenn die Strafgewalt aus guten Gründen nicht nöthig findet, ihren Arm bis dahin auszustrecken, soll darum die Civilrechtspflege auch müßig bleiben, den Störungen und Angriffen, den Streifzügen der Eigenmacht und Willkühr ruhig und ungerührt von dem bitteren Gefühle des Verlustes, von dem Aergernisse, das das siegreiche Unrecht giebt, mit übereinander geschlagenen Armen zusehen? Die Forderung der Gerechtigkeit ist gewiß eine höhere, eine überschwengliche, sie kann sich in der Ehre und dem Gewissen der Richter durch die ärmlichen Bedenklichkeiten über formelle Mängel über eine Unsicherheit des Anschlages, den flüchtigen Bestand eines Verlustes, über das Unerfaßliche der Größe des Schadens, das Ungewisse der vereitelten Hoffnungen nicht zurückhalten, nicht zur Unthätigkeit verleiten, zur Verweigerung ihres Amtes verurtheilen lassen.

von selbst durch die hier vertretenen Prinzipien ausgeschlossen. Zunächst soll der Richter im Schädenprozeß sein freies Ermessen walten lassen. Man muß ihm daher konsequenter Weise die Berechtigung zugestehen, sich zur Bildung dieses Ermessens auch bei Sachverständigen Raths zu erholen. Andererseits ruht ja das jetzige, auch im Schädenprozesse geltende, den Richter an das vorgängige Gehör der Sachverständigen obligatorisch verweisende Prozeßverfahren auf dem unhaltbaren Satze, daß auch im Schädenprozesse alles bewiesen, daß auch hier alles auf den Thaler und Groschen auspunktirt werden müsse, ehe der Richter zu einem Erkenntnisse gelangen könne. Es basirt ja dieses Verfahren auf der falschen Annahme, daß der wahre Schaden überhaupt gefunden werden könne, was doch nur in ganz seltenen Fällen möglich sein wird. In der überwiegenden Mehrzahl der Fälle kann es sich, wie schon bemerkt, nur darum handeln, eine Art Substrat für den unfindbaren Schaden zu erlangen. Und dieses Nothsubstrat wird der Richter häufig, auch ohne sich auf das Urtheil Sachverständiger zu basiren, finden können. Mindestens wird es ihm zu überlassen sein, inwieweit er die Zuratheziehung von Sachverständigen für nöthig erachtet oder der Meinung ist, davon absehen zu können. Ueberdies ist es ja gerade im Schädenprozesse mit aller sogenannten Sachverständigenweisheit — auf die, beiläufig bemerkt, der praktische Richter, der sich selbst etwas im Leben umgesehen und seine Erfahrungen gemacht hat, im Ganzen wenig giebt — meistens am Ende, weil es sich hier ja meistentheils um Dinge handelt, die (lucrum cessans) entweder noch gar nicht zur Existenz gekommen sind, oder (damnum emergens) ganz aufgehört bez. ihren früheren Zustand verändert haben. Wir wollen übrigens nicht abredig sein, daß es nicht allein in der Macht der Gesetzgebung liegt, hier nach dieser Seite hin zu reformiren. Es werden vor Allem unsere Richter danach zu trachten haben, sich selbst mehr als Sachverständige zu fühlen. Sie werden sich den Muth angewöhnen müssen, sich auch in ihrer Richterstellung mehr als Männer von Welt und Erfahrung zu geriren, die sich selbst ein Urtheil zutrauen. Sind sie hierzu nicht zu vermögen, können sie sich nicht zu dieser höheren und freieren Auffassung ihres Berufes erheben, so werden wir trotz aller Reformen der Gesetze schwerlich aus dem offenbaren Nothstande des Deutschen Schädenprozesses herauskommen. Die Gesetzgebung allein kann es nicht ermachen.*)

---

*) Wir können uns nicht versagen, hier wieder Einiges aus v. Zink's angeführtem Werke zu geben. Es heißt daselbst Bd. I. S. 577 flgd.: Dieses Urtheil der Französischen Gerichte auf Schadenersatz, auf so einfachen Grundlagen und mit so geringer Mühe gefunden, die Freiheiten, womit der Schaden angeschlagen und vertheilt, das Interesse fixirt, der Ersatz zugesprochen wird, der kurze Aufwand an Gründen neben

Zu II c.

Der Wurderungseid hat nur eine subsidiäre Geltung. Er ist nicht aufzulegen, nur nachzulassen.

Diese Thesis dürfte zu kurz gefaßt sein, um die eigentliche Intention des Herrn Antragstellers, die er bei Aufstellung dieses Satzes gehabt, klar

---

der klaren Einsicht in den Gang der Ideen, Alles, was wir in jenen Urtheilen lesen und dabei von selbst errathen, gegenübergestellt unseren heimathlichen Zuständen, sind gewiß so überraschende und kaum geahnte Erscheinungen, daß sie den Deutschen Richter auf den ersten Anblick mit einem geheimen Schauer erfüllen müssen, der sich zuweilen mit einer Anspielung auf Türkische Justiz Luft macht. Denn die Unkenntniß ist nur zu geneigt, Alles Türkisch zu heißen, was über ihren engen Gesichtskreis hinausreicht. Man gefällt sich in der Lage juristischer Troglodyten, die aus ihrer Höhle nur selten hervorkommen, einen Blick auf dasjenige zu werfen, was in anderen Ländern vorgeht. Und dennoch sind es wahre Richtersprüche, die durch ihre Gerechtigkeit das noch nie bezweifelte Vertrauen eines großen Volkes besitzen und auch verdienen. Die Französischen Richter gebaren sich nicht blos mit großer Zuversicht als geschworene Schätzer, als eingeweihte Sachverständige auf dem großen und offenstehenden Gebiete der gemeinen Erfahrung, sie glauben auch zu kennen, sie errathen und offenbaren aus ihrer nie versiegenden Weltanschauung die geheimsten Dinge, in die sich nur eine übermüthige Einbildungskraft versteigen zu können scheint. Die Französischen Richter schätzen den Inhalt eines Reisekoffers oder Nachtsackes mit seinem wandelbaren Werthe nach Beschaffenheit der Person, die ihn mit sich führte oder aufgegeben hat, als hätten sie ihn kurz vorher durchgemustert, und denken nicht daran, von dem Bestohlenen erst noch einen Eid zu verlangen, völlig überzeugt, wie man es auch sein muß, daß dasjenige, was derselbe beschworen hätte, um nichts mehr Glauben verdiente, als was er oder sein Anwalt in dem Prozesse glaubwürdig behauptet haben. Sie scheinen in den sybillinischen Büchern zu lesen, wie viel an der Kasse eines Theaters eingegangen wäre, wenn die vereitelte Vorstellung stattgefunden, wie viel die Direktion durch den überschrittenen Urlaub eines Sängers oder die treulose Flucht einer Sängerin Einbuße erlitten, wie viel ein Kaufmann an seinem Gute gewonnen hätte, wenn dasselbe zur rechten Zeit auf dem Markte eingetroffen. Sie stellen mit großer Zuversicht, und nicht ohne Schein geheimer Inspirationen die Summe fest, um welche eine unredliche und hinter dem Rücken einherschleichende Gewerbskonkurrenz den offenen und ehrlichen Betrieb eines Geschäftes in Schaden brachte. Sie wagen sich frisch daran, die Hauseinrichtung eines Gasthofes, den verschwundenen Hausrath, den eine Frau in die Ehe gebracht, die verbrannten Waaren einer Kaufhalle in einem Geldanschlage aufzustellen, als hätte ein unsichtbarer Berggeist davon im Stillen ein Verzeichniß genommen und in ihre Hände gespielt. Man könnte sich leicht versucht fühlen, die Mitglieder eines Französischen Gerichtshofes zu fragen, wer ihnen denn sagt, daß der Schaden sich gerade so hoch beläuft, als sie ihn anschlagen, und wo sie jene geheimen Anhaltspunkte hernehmen, auf die sie sich mit so vieler Zuversicht berufen? Die Antwort würde gewiß nicht lange auf sich warten lassen. Aus dem ganzen Schatze unserer Welt-, Lebens- und Erfahrungsweisheit, würden sie sagen, die wir mit zur Sitzung bringen, und nicht an der Schwelle des Gerichtes zurücklassen, die wir in daraus entnehmen zu können. Jedenfalls hat er damit sagen wollen, daß nur im Nothfalle, wenn es an anderen ausreichenden Anhaltepunkten für den Richter fehlt, dem Beschädigten ein Würderungseid zur Bestimmung der Höhe des Schadens nachzulassen sei, und hierin ist ihm wohl auch in alle Wege beizutreten. Eine Nothwendigkeit zur Aufstellung dieser Thesis dürfte aber nicht vorliegen, zumal es wohl wünschenswerth ist, daß wir uns in unserem Prozeßverfahren von dem iuramentum in litem immer mehr und mehr emanzipiren. Müssen wir Bedenken tragen, dem Beschädigten zu gestatten, — wozu er im älteren Römischen Rechte vor Ausbildung der bonae fidei iudicia wohl berechtigt war — sich den Schaden in infinitum selbst zuzuschwören, wird vielmehr, wo es zum Würderungseid kommt, immer bei uns der Richter einigen Anhalt haben müssen, um seine richterliche taxatio auszuüben, bez. die zu beschwörende Höhe des Schadens zu bestimmen, so kann man billig fragen, was dann dieser Eid heutzutage überhaupt noch soll? Hat der Richter Anhalt genug, um sein Moderationsrecht auszuüben,

---

die große Masse erleuchteter Intelligenz, aus der unser Urtheil auftaucht, mit einzuwerfen durch unseren Eid uns für verpflichtet halten, aus jener Gerichts-, Welt- und Offenkundigkeit, welche als ein freier Lichtkreis der praktischen Erkenntniß unsere Augen von selbst umgiebt. Niemand kann sich darüber täuschen, und Niemand verleugnen wollen, daß ein solcher Ausspruch, wie wir dergleichen in so zahlreichen Fällen vor unseren Augen aufgerollt finden, ein Urtheil in Bausch und Bogen ist; allein was liegt am Ende daran, wenn das kunstgerechte Urtheil der Deutschen Praxis sich nicht um ein Haar an innerer Glaubwürdigkeit als besser und treffender bewährt? Sah man nicht in unseren Tagen lange Gesetze und selbst Reichs-Verfassungen in Bausch und Bogen annehmen, oder wenigstens hierzu empfehlen, warum sollte ein Gleiches nicht von einem verschwundenen Reisekoffer oder der leer gebliebenen Kasse eines Schauspielhauses angehen, wenn uns Niemand in der Welt einen besseren Aufschluß zu geben vermag? Ein solches Urtheil ist freilich in vielen Fällen ein arbiträres, allein es ist darum bei weitem noch kein willkürliches. Es taucht nur aus jenem arbitrium boni viri auf, worauf das Römische Recht die Richter an unzähligen Stellen hinverwiesen hat, und bei dem Mangel eines besseren Auskunftsmittels hinverweisen mußte. Das Wort arbitrium ist für den Deutschen Sprachgebrauch beinahe doppelsinnig; ganz unrecht würde es in dem hier gemeinten Bezuge mit „Willkür" übersetzt; das treffende Wort ist nur: „nach ungebundenem Recht- und Gutbefinden." In diesem Sinne ist wohl das Französische Urtheil mit seinem summarischen Anschlage des gestifteten Schadens ein arbiträres, allein es kann auch nicht leicht ein anderes sein. Verlassen uns alle festen Kennzeichen über die Größe einer gebührenden Entschädigung, so müssen die lockeren und entfernter liegenden für einen beiläufigen, der Wahrheit zunächst tretenden Anschlag in die Linie der Berücksichtigung einrücken. Ein hierauf gebautes, ein beiläufiges Urtheil ist immer noch ein unparteiischer und Vertrauen erweckender Richterspruch, und jedenfalls noch besser, als gar keines, oder, was beinahe dasselbe ist, als ein solches, welches das Recht selbst der Meinung doppelzüngiger Schätzmänner und unglaubwürdiger Eidschwüre preisgiebt.

so kann er doch gleich auch ohne Würderungseid den Beschädiger zur Zahlung der Summe verurtheilen, auf die sich nach seinem Ermessen der Schaden beläuft.

Von dieser Ansicht ist man auch neuerdings im Königreich Sachsen ausgegangen. Während der Sächsische Prozeßentwurf von 1864 §. 485 in theilweis wörtlichem Anschluß an die bezüglichen Bestimmungen der anderen neuen Prozeßordnungen noch folgende Vorschrift enthielt:

„Wenn eine Partei verpflichtet war, eine Sache heraus- oder zurückzugeben, oder eine Leistung zu bewirken, und die Erfüllung der Verbindlichkeit durch ihre auf Absicht oder grober Fahrlässigkeit beruhende Verschuldung unmöglich geworden ist, oder wenn die Verpflichtung einer Partei zum Ersatze eines durch unerlaubte Handlungen verursachten Schadens gewiß ist und der Fall nicht zu denen gehört, wo der Betrag des Schadenersatzes nach gesetzlichen Vorschriften durch richterliches Ermessen zu bestimmen ist, kann sich die Gegenpartei zum Würderungseid erbieten,"

hat man sich neuerdings von dieser Auffassung wieder losgesagt und in einer unterm 13. März 1867 speziell für den Schädenprozeß erlassenen Novelle unter Anderem folgende Vorschrift gegeben:

„Ist der Beschädigte zum Würderungseide berechtigt, so darf das Gericht den Betrag der Ersatzleistungen festsetzen, wenn auf den Würderungseid verzichtet wird."

Da nun wohl in der Mehrzahl der Fälle der Beschädigte auf Ableistung des Würderungseides verzichten wird — zumal ihm durch diese Eidesleistung ein Vortheil nicht erwächst — so dürfte durch diese neueste Schädenprozeßnovelle dieser Eid aus dem Prozesse in Sachsen faktisch so gut wie ganz entfernt sein. Der Eid, namentlich der Schätzungs- und Legaleid ist im Prozeß gar nicht so unentbehrlich, als man in Deutschland gemeinhin anzunehmen pflegt. Arbeitet doch der Züricher Prozeß schon seit dem 16. Jahrhunderte ziemlich ganz ohne den Eid. Selbst der zugeschobene Parteieneid wird dort nur in Klagen, wo es sich um Konstatirung des Beischlafes handelt, zugelassen. v. Zink in seinem angeführten Werke sagt Bd. I. S. 577: In Frankreich bleibe der Eid, dieses gebrechliche und täuschende, ja man könne wohl sagen, dieses leichtfertigste von allen Beweismitteln, in allen Fragen des Schädenprozesses in die ewigen Nebel seiner wohlverdienten Unmacht verwiesen.

Zu II d.

Das Verfahren soll ein von dem strengen Beweiszwange befreites, summarisches sein.

Dieser Thesis ist vollständig beizustimmen. Sie hängt mit Thesis II a. u. b. zusammen. Dennn wenn einmal die Frage über Existenz und Höhe von Schaden in das freie richterliche Ermessen gestellt ist, und andererseits die Sachverständigen nur als richterliche Gehilfen anzusehen sind, deren Zuziehung der Richter ganz nach seinem Gefallen bewirken oder unterlassen kann, so ist folgerecht prozessualisch ein mehr summarisches Verfahren ganz von selbst geboten. Mindestens würde es keinen rechten Sinn mehr haben, wenn man dann noch die Entscheidung über die Höhe der Schäden in den Gang des gewöhnlichen Prozeßverfahrens mit seinen mehr schwerfälligen Formen verweisen wollte.

Zu II e.

Gegen die Entscheidung des ersten Richters ist nur einmalige Einwendung eines Rechtsmittels zulässig.

Gegen diese Thesis dürfte sich auszusprechen sein. Es ist nicht abzusehen, warum, wenn irgendwo drei Instanzen für die Beweisfrage zugelassen sind, im Schädenprozesse, soweit es die Frage über Höhe der Schäden angeht, die dritte Instanz versagt sein soll. Doch möchte es kaum praktisch sein, diese Frage hier weiter zu diskutiren, da, mindestens so viel mir bekannt, alle neueren, auf das Prinzip der Mündlichkeit und freien Beweisprüfung gegründeten Prozeßordnungen im Anschluß an den code de procédure nur ein einmaliges Rechtsmittel über die That- bez. Beweisfrage zulassen. Auch wo dermalen nur blos Entwürfe neuer Prozeßordnungen vorliegen, ist man überall von denselben Prinzipien ausgegangen.

Im Allgemeinen erlaube ich mir noch Folgendes in Kürze zu bemerken.

Es ist an den neuen Prozeßordnungen und Entwürfen wohl durchgehends auszusetzen, daß sie sich des Schädenprozesses zu wenig angenommen haben. Es ist nicht in einem solchem Prozeßgesetze nach dieser Richtung hin eine wesentlich freiere Anschauung zu finden. Sie klammern sich fast alle bei der Frage über Höhe der Schäden an das veraltete iuramentum in litem an und lassen auch dieses wieder nur unter ganz bestimmten Voraussetzungen zu. Wenn dasselbe bei den Römern, wo es ein pönales Rechtsmittel war, in den Fällen des dolus, der culpa lata und der contumacia nur bei einer gewissen Gattung von Klagen und bei diesen nur dann Platz griff, wenn es sich darum handelte, etwas zu exhibiren oder zu restituiren, so mochte das in dem Römischen Prozeßrechte seinen guten Grund haben. Wenn aber noch heutzutage die meisten neueren Prozeß-Gesetze das iuramentum in litem vor Allem auch mit auf die Fälle beschränken, wo es sich um Klagen auf ein restituere oder exhibere handelt, so läßt sich das in keiner Weise rechtfertigen. Völlig unverständlich aber ist es, wie es der Entwurf einer allgemeinen Deutschen Civilprozeßordnung hat unternehmen können, auch noch das in der Praxis schon ganz veraltete iuramentum Zenonianum — diese ganz singuläre Zweigbildung des iuramentum in litem, die nur ihr Verständniß in dem Römischen Aktionenrecht finden kann — wieder zu rezipiren. Der Entwurf würde sicher nur gewonnen haben, wenn man von Aufnahme dieser überdem noch sehr kontroversen Antiquität abgesehen hätte.

In Sachsen hat man sich neuerdings zu anderen Principien bekannt und, wie bereits bemerkt, eine besondere Novelle für den Schädenprozeß erlassen. Ihr Wortlaut ist folgender:

„Ist in einem Falle, in welchem die Verpflichtung zum Schadenersatze in rechtlicher Gewißheit beruht, der Betrag des Schadens voraussichtlich nicht oder nur mit unverhältnißmäßigen Kosten und unverhältnißmäßigen Schwierigkeiten zu beweisen, so hat das Gericht diesen Betrag, nach Befinden unter Zuratheziehung von Sachverständigen, mit Würdigung aller Umstände der Billigkeit gemäß festzusetzen, sowohl auf einseitigen Antrag, als auch Amtswegen, selbst dann, wenn über die Höhe des Schadens eine ganz oder theilweise ohne Erfolg gebliebene Beweisaufnahme stattgefunden hat. Ist der Beschädigte zum Schätzungseide berechtigt, so darf das Gericht den Betrag der Ersatzleistung festsetzen, wenn auf den Schätzungseid verzichtet wird."

Als in der letzten Sächsischen Ständeversammlung die Frage zur Diskussion kam, sprachen sich beide Kammern einstimmig für den Erlaß dieser Novelle aus. Der Bericht der betreffenden Vorberathungs-Deputation der zweiten Kammer (Referent: Stadtrath, Advokat Sachse zu Freiberg) lautete unter Anderem dahin:

„Das Unerquickliche und Unfruchtbare eines Schäden-Prozesses war in der juristischen Welt zum Sprüchwort geworden; in den wenigsten Fällen wagte der Beschädigte zur Erholung eines Schadens den Rechtsweg zu betreten und gab lieber aus Furcht vor der Aussichtslosigkeit des Unternehmens und der Kostspieligkeit sein gutes Recht auf. Diesem offenbaren Uebelstande soll nun durch Emanation der Novelle Abhilfe geschehen, und die unterzeichnete Deputation ist der Ansicht, daß, dafern nur unser Richterstand sich bestrebt, in freiester Auffassung der Bestimmungen dieser Novelle den Druck der zeitherigen Formfesseln alsbald und vollständig abzustreifen, damit allerdings schon ein bedeutender Fortschritt auf diesem Felde unserer Rechtspflege gethan wird, und daß dadurch schon eine Annäherung zu den befriedigenden Rechtszuständen des Französischen und Belgischen Schädenprozesses geschehen ist, die dort den Richter ermächtigen, an Stelle einer schwierigen oder unmöglichen Erhebung des Schadens aus seiner durch die zugänglichen Umstände des Falles pflichtmäßig und fest begründeten Ueberzeugung zu schöpfen und den wahrscheinlich erlittenen Schaden, dafern nur die Verletzung eines Interesses wahrnehmbar ist, an die Stelle der wahren Größe zu setzen.

Möglicherweise wird späterer Gesetzgebung noch die Aufgabe zurückbleiben, durch weitere positive Bestimmungen nachzuhelfen, falls sich unsere Rechtssprüche im Schädenprozesse von den starren Formen der zeitherigen Beweistheorie nicht bald und gründlich genug trennen sollten; für jetzt wird schon mit Aufnahme dieser Bestimmung in die Prozeßnovelle viel gewonnen sein."

Dieser frische Zug der Gesetzgebung ist von den Sächsischen Richtern überall mit Freuden begrüßt worden; sie sind auch Alle sichtlich bestrebt, die Novelle im Geiste des Gesetzgebers zu handhaben. Es wird daher in Sachsen der Beschädigte in Zukunft voraussichtlich zur Rechtsgenugthuung gelangen.

In meiner bereits oben gedachten Schrift über den Nothstand des Sächsischen Schädenprozesses hatte ich folgende Prozeßbestimmung in Vorschlag gebracht:

„Die Frage über Vorhandensein und Höhe von Schäden kann in richterliches Ermessen gestellt werden. Das Gericht darf sich diesem Ermessen nicht entziehen; es hat bei Uebung desselben vor Allem zum Maßstab zu nehmen, was einfache Vermuthungen und die gemeine Erfahrung des Lebens an die Hand geben, überhaupt in völlig ungebundener Würdigung aller einschlagenden Umstände die Entscheidung zu treffen. Die Schädensumme ist in der Regel im freien Aversional-Anschlage (d. h. in einem Pauschquantum) auszuwerfen. Dem Gerichte steht es frei, wenn nöthig, zu besserer Instruirung auch Amtswegen Erörterungen anzustellen. Desgleichen ist es seinem Ermessen überlassen, inwieweit es da, wo Fachkenntnisse in Frage kommen, für erforderlich erachtet, Sachverständige als richterliche Gehülfen zuzuziehen oder von deren Zuziehung abzusehen. Nur in dem Falle, wenn es an jedem anderen Anhalte gebricht, kann es zur Bekräftigung thatsächlicher Behauptungen einen Eid auferlegen."

Sie unterscheidet sich im Wesen dadurch von der nungedachten Sächsischen Novelle, daß letztere nur dann den Schaden in das freie Ermessen des Richters stellt, wenn der Beweis des Schadens im gewöhnlichen Prozeßwege voraussichtlich nicht oder nur mit unverhältnißmäßiger Schwierigkeit oder unverhältnißmäßigen Kosten zu erbringen ist, während nach der von mir vorgeschlagenen Prozeßbestimmung der Beschädigte, wenn er nicht vorzieht, den Beweis des Schadens — was ihm ja freisteht — im gewöhnlichen Prozeßwege zu führen, in jedem Falle die geforderte Schädensumme in das freie Ermessen des Richters stellen kann. Es wäre jedenfalls rationeller gewesen, wenn die Novelle noch einen Schritt weiter gegangen wäre und bestimmt hätte, daß nicht blos subsidiär, sondern überall in dem Schädenprozesse der Beschädigte die Berechtigung habe, was die Höhe des Schadens angeht, auf das freie richterliche Ermessen zu provoziren. Schenkt man dem Richter das Vertrauen in Fällen, wo er keinen festen Boden hat, wo Alles unter den Füßen wankt, wo es ihm an allen bestimmten Anhaltepunkten fehlt, den Schaden in freiem Ermessen auszuwerfen, so dürfte es wohl unbedenklich sein, diesem freien Ermessen auch da vertrauungsvoll die Bestimmung der Schädenhöhe zu überlassen, wo die vorhandenen thatsächlichen Momente sein Urtheil in mehr sicherer Weise fundiren können; ganz zu geschweigen, daß die Frage, ob im einzelnen Falle der Beweis der Schäden nicht, oder nur mit unverhältnißmäßiger Schwierigkeit oder unverhältnißmäßigen Kosten zu erbringen sei, oft zu vielen unfruchtbaren Streitigkeiten Anlaß geben kann. Wir können daher nur von Herzen wünschen, daß der Deutsche Juristentag es ausspreche:

> „Die Frage über Existenz und Höhe von Schäden kann in freies richterliches Ermessen gestellt werden und darf sich der Richter dem nicht entziehen."

Es ließe sich noch ungemein viel in der Sache sagen. Doch wir wollen das Gutachten nicht unnöthig ausdehnen. Nur das Eine sei noch in Kürze bemerkt: Unsere ganzen neueren Prozeßordnungen mit ihrer Mündlichkeit und freien Beweisprüfung haben die Tendenz, die Prinzipien des Französischen Prozeßverfahrens auf Deutschen Boden zu übertragen. Da ist man nun in Deutschland — unsere Literatur ist Zeuge dafür — der festen Zuversicht, man brauche nur die Französische Prozeßordnung mutatis mutandis bei uns einzuführen, und damit sei Alles gethan. Und da man bei genauerer Prüfung des code de procédure entdeckt hat, daß diese Prozeß-Ordnung sehr mangelhaft ist, so sucht man alle diese Mängel in unseren neuen Prozeßordnungen zu meiden, und ist nun der sicheren Hoffnung, unsere Rechtsmaschine müsse folgerecht noch besser und flotter gehen und zu größerer Rechtsgenugthuung führen, wie die Französische. Von dieser Anschauung getragen, sagt Leonhardt in seiner bekannten Schrift über die Reform des Civilprozesses in Deutschland: „der Deutsche Prozeßentwurf sei bemüht gewesen, das ganz im Rohen liegende System der Prozedurform des code de procédure zu entwickeln und durchzubilden und unklare und laxe Bestimmungen durch klare und bestimmte Vorschriften zu ersetzen" u. s. w.

Wir geben gern zu, daß der code de procédure keine Musterarbeit ist; er ist seiner Zeit schnell und systemlos zusammengeworfen worden, während die neueren Deutschen Prozeßordnungen exakt und systematischer und wissenschaftlich gearbeitet sind. Aber wir glauben nicht, daß auf diese Aeußerlichkeiten allzuviel ankommt. Die Französischen Gerichte selbst sehen den code de procédure, wie v. Zink richtig sagt, nur als eine großartige Novelle an, die das ganze Gebiet des gerichtlichen Verfahrens durchstreife, zahlreiche Mittel der Erledigung, mächtige Ausflüsse und Verzweigungen der richterlichen Amtsgewalt, die im unbezweifelten Ansehen und täglicher Uebung standen, weder berührt, noch ihnen einen Ausdruck verliehen, und das auch nicht zu thun gebraucht habe, weil diese Ausflüsse und Verzweigungen der richterlichen Gewalt in dem Geiste der ganzen Rechtsprechung, in den Ueberlieferungen der Richter und den Gewohnheiten der Anwälte tiefe Wurzel geschlagen, so daß ihre Verwendung auf kommende Geschlechter gesichert gewesen sei. Es schließt dann v. Zink mit den Worten: „Nichts ist aber schwieriger, als diesen unsichtbaren und nur in der gleichförmigen Handhabung fortlebenden Theil eines Rechtssystemes auf ein neues Gebiet zu verpflanzen."

Der Schwerpunkt liegt in Frankreich, nach unserem Dafürhalten, nicht in dem code de procédure; dieser ist blos das äußerliche ziemlich mangelhafte Gerüste; er liegt vor Allem in dem Französischen Richter und den von ihm getragenen Traditionen der Französischen Gerichtshöfe.

Zu der Leichtigkeit, Frische und Fruchtbarkeit der Französischen Rechtsprechung werden wir trotz unserer exakt und wissenschaftlich gearbeiteten neueren Prozeßordnungen nicht eher gelangen, als bis auch dieser unsichtbare Theil des code de procédure auf Deutschen Boden mit übertragen worden ist. Es kann sich das selbstverständlich nur allmälig machen. Gerade im Französischen Schädenprozeß liegt ein großes Stück dieses unsichtbaren Theiles des code de procédure. Gelingt es, den Französischen Schädenprozeß allmälig bei unseren Gerichtshöfen einzubürgern, so ist damit schon ein bedeutender Schritt gethan. Das Uebrige wird vermöge der Logik, die in den Dingen selbst liegt, nach und nach dann ganz allein schon kommen.

Wir haben noch einige Französische Schädenprozeß-Urtheile angefügt.

1.

Unterbliebener Transport von vierzig Ochsen, welche hierdurch vom Viehmarkte zurückgehalten wurden. 2000 Fr. Schadenersatz.
(G. Tr. 24. Nov. 53.)

Vierzig Ochsen sollten auf den Viehmarkt in Sceaux bei Paris gebracht werden; dieselben wurden deshalb auch am frühesten Morgen jenes Tages in den Bahnhof zu N. getrieben; allein von weiter rückwärts kamen mit jedem Zuge so viele Ochsen daher, daß nur 2 von jenen 40 geladen werden konnten und die übrigen 38 also zurückblieben. Die Bahnverwaltung entschuldigte sich damit, am nämlichen Morgen habe sie 63 Viehwagen voll Mastochsen weiter befördert; ein so großer Andrang, wie er noch nie gewesen, habe nicht vorher gesehen werden können. Auf die Klage der hierdurch benachtheiligten Viehhändler entband das Handelsgericht die Eisenbahngesellschaft wegen eines eingetretenen unabwendbaren Zufalles von der erhobenen Klage.

Auf ergriffene Berufung verurtheilte dagegen das Appellationsgericht in Paris die Aktiengesellschaft zu 2000 Fr. Schadenersatz.

Gründe. . . . Erw., daß sich aus diesen Thatumständen ergiebt, ohne daß man nöthig hätte, erst den Beweis zu erheben, zu dem der Kläger zugelassen zu werden verlangt, daß die Gesellschaft demselben einen Nachtheil zufügte, wofür sie ihm die Schadloshaltung schuldig ist; daß der Gerichtshof übrigens die nöthigen Elemente besitzt, um den Belauf des Schadens in Anschlag zu bringen; — Aus d. Gr. ändert derselbe ab und verurtheilt die Eisenbahngesellschaft, dem Kläger 2000 Fr. an Schäden und Interessen zu bezahlen.

2.

Ein verspäteter Transport Schweine, die erst nach beendigtem Markte ankommen. 800 Fr. Schadenersatz. (G. Tr. 29. Sept. 53.)

Das Urtheil lautete folgendermaßen:

In der Erw., daß hergestellt ist, daß B. am verflossenen 10. August zu St. Quentin 65 Schweine auf die Viehwagen der nördlichen Eisenbahn mit der Bestimmung nach Paris zur Versendung aufladen ließ; — daß der Abgang des Wagenzuges ordnungsmäßig um 8 Uhr Abends stattfand, daß sie demzufolge nach dem bekannt gemachten Laufe der Züge am andern Morgen um 7 Uhr 5 Min. in Paris hätten ankommen sollen, statt dessen aber erst um 11 Uhr 45 Min. eintrafen; — Erw., daß die Bahnverwaltung keinen Fall eines unabwendbaren Hindernisses (cas de force majeur) darzulegen vermag, um diese Verspätung um $4^1/_2$ St. aufzuklären; — daß diese Schweine für den Markt von la Chapelle St. Denis (ein Dorf bei Paris) bestimmt waren, woselbst dem zum Verkauf bestimmten Viehe nach 10 Uhr der Eingang versagt ist, daß sie also hier nicht mehr verkauft werden konnten und hierdurch dem Kläger ein Schaden zuging, den ihm die Bahnverwaltung zu ersetzen verbunden ist; — Erw., daß das Gericht die nöthigen Anhaltspunkte zur Hand hat, um den erlittenen Schaden zu schätzen, und es denselben auf 800 Fr. veranschlagt; — Aus d. Gr. sei die Nordbahn schuldig, dem B. 800 Fr. für Schäden und Interessen zu bezahlen, desgleichen die Kosten zu tragen.

3.

Verfehlter Weg eines Schiffes. Landung in Norwegen statt in Marseille. 1000 Fr. Schadenersatz. (G. Tr. 25. April und 28. Juni 51.)

Der Schiffskapitain R. verließ mit seinem Schiffe „Ceres" den 26 Febr. 1849 den Hafen von Bahia in Brasilien mit der Bestimmung, nach Marseille zu segeln; statt dessen lief er jedoch den 27. April im Hafen von Drontheim in Norwegen ein. Hier ließ derselbe durch einen Augenschein konstatiren, daß seine nautischen Instrumente verdorben waren, worauf er wieder auslief und erst den 12 Juni Marseille, den Ort seiner Bestimmung, erreichte. Der Marineminister ließ nun auf die Beschwerde des Eigenthümers des Schiffes eine Untersuchung anstellen, welche ziemlich entlastend für den Kapitain auslief; der Eigenthümer verlangte aber gleichwohl 7000 Fr. Schadenersatz von demselben. Das Handelsgericht in Paris verurtheilte ihn indessen nur in 1000 Fr.

Gründe. Erw. . . daß, wenn das Zeugen- und Gegenzeugenverhör, welches das Marineministerium pflegen ließ, herausstellt, daß die dem Kapitain R. zum Vorwurfe gemachte Abweichung von seinem Wege zunächst durch ein Zusammentreffen unabwendbarer Umstände herbeigeführt wurde, wie namentlich durch das Zerbrechen seiner Instrumente, Gegenwinde und Strömungen, welche sein Schiff nach Norwegen trieben, man auf der anderen Seite dennoch auch nicht zu verkennen vermag, daß von seiner Seite bei dem ersten Eintreten dieser Umstände ein großer Leichtsinn mit unterlaufen sein müsse; — daß man nicht annehmen kann, daß alle Instrumente zugleich zerbrachen, und daß er eine so beträchtliche Abweichung von seinem rechten Wege, wie Norwegen und die Provence ist, nicht gleich hätte wahrnehmen müssen; — daß vielmehr sein Irrthum zum großen Theile von einer unrichtigen Führung des Schiffsbuches herrührte; — daß ihm übrigens in keiner Beziehung ein vorsätzliches Verschulden zur Last fällt; — daß in jedem Falle der Schaden nicht die angegebene Höhe erreichen kann, weil der Preis der geladenen Waaren während der Verspätung nur in die Höhe ging; — In der ferneren Erw., daß aus allem Vorstehenden sich ergiebt, daß der wirkliche Schaden, der dem Kläger durch die Nachlässigkeit des R. zuging, billig auf 1000 Fr. angeschlagen werden kann; — Aus d. Gr. . . u. s. w.

Dieses Urtheil wurde auf die Berufungen beider Theile auch in II. Instanz aus denselben Gründen bestätigt.

4.

Verspäteter Waarentransport. Pariser Frühlingsmoden im Hochsommer in Buchareſt angekommen. 3000 Fr. Schadenersatz.
(G. Tr. 7. Sept. 53.)

Das Handelsgericht in Paris erließ folgendes Urtheil:

So viel nunmehr die Hauptsache betrifft, Erw. daß aus den Verhandlungen und Urkunden dieser Streitsache hervorgeht, daß Fräulein Guiot, Modehändlerin in Bucharest, am 17. Febr. 1852 durch ihren Pariser Korrespondenten drei Kolli mit Waaren, zu 8735 Fr. im Werthe berechnet, der Eisenbahn nach Brüssel aufgeben ließ, adressirt an das Haus G. in Wien, welches sie weiter nach Bucharest zu versenden beauftragt war; — daß diese Kolli spätestens bis 28. Febr. bei G. in Wien hatten eintreffen sollen, daß sie ihm aber erst am 19. Juni zukamen in Folge eines Beschlages, den die Oesterreichische Zollverwaltung darüber verhängt hatte; — daß es nunmehr bekannt ist, daß dieser Beschlag veranlaßt wurde durch einen unterwegs bei Uebersendung der Waarendeklaration begangenen Irrthum; — Erw. daß dieser Irrthum das Werk eines Beamten der Eisenbahnverwaltung war, welche den Transport zu bewerkstelligen übernommen hatte, und daß sowohl der Wiener Adressat, als die weiteren Spediteure ihm völlig fremd geblieben sind; — daß folglich die beklagte Bahnverwaltung für die Verspätung jener Sendung und deren Folgen zu haften hat; — Erw. daß aus den vorgelegten Papieren ersichtlich ist, daß die in Frage stehende Sendung zum größten Theile aus Modewaaren und neu aufgekauften Putzartikeln (nouveautés) bestand, wie namentlich künstlichen Blumen, Bändern und Seidenzeugen, Spitzen, selbst Bonbons und eingemachten Früchten, deren Werth durch die verspätete Ankunft nach dem Ablaufe der Zeit, wo sie gangbar und lebhaft begehrt waren, eine bedeutende Verringerung erleiden mußte; — daß überdies die Klägerin eines Theiles des ihr unentbehrlichen Verlages beraubt war und sich denselben mit großen Kosten anderwärts her verschaffen mußte; — daß für dieselbe hieraus ein bedeutender Schaden erwuchs, dessen Ersatz ihr gebührt und den das Gericht nach den ihm vor Augen liegenden

Behelfen auf 2000 Fr. anschlägt; — Aus d. Gr. sei die beklagte Verwaltung der Nordbahn in 2000 Fr. Schäden und Interessen, mit Zinsen und Kosten zu verurtheilen.

Auf ergriffene Berufung wurde dieses Erkenntniß auch von dem Appell.-Gerichte in Paris bestätigt, nur mit Erhöhung der Entschädigungssumme auf 3000 Fr.

5.

Hinterlistige Gewerbskonkurrenz. 10,000 Fr. Schadenersatz. (G. Tr. 18. Okt. 44.)

Zwei Ladendiener des berühmten und mit zahlreichen Kunden versehenen Schuhmachers Regnaut in Paris verließen ihre Kondition und gründeten ein konkurrirendes Gewerbsetablissement in demselben Artikel. Auf ihrem Aushängeschild, auf ihren Etiquetten und Empfehlungskarten waren sie unrichtig als „Zöglinge von Regnaut" bezeichnet, und zwar so, daß ihr Name und der Zusatz „Zöglinge" ganz klein, das Wort R e g n a u t dagegen so hervorspringend mit großen Buchstaben geschrieben stand, daß es beinahe allein in die Augen fiel und leicht zu bezielten Verwechselungen Anlaß geben mußte, welche durch deren Persönlichkeit als bekannte Ladendiener v. R. noch begünstigt wurden. Im Uebrigen waren die Fabrikzeichen des R. genau nachgeahmt. Der Letztere forderte deshalb beim Handelsgerichte 20,000 Fr. Schadenersatz wegen täuschender Kunstgriffe einer unredlichen Gewerbskonkurrenz, und erhielt auch wirklich die Hälfte hiervon mit 10,000 Fr. zugesprochen.

6.

Versteckte Gewerbskonkurrenz. Nachgeahmte Etiquetten auf Champagnerflaschen. (G. Tr. 7. April 54.)

Der Weinhändler Leblanc in Rheims ahmte auf seinen Champagner-Flaschen die Etiquette des berühmten Hauses H. am nämlichen Orte genau nach; er setzte aber darauf nicht des Letzteren Namen, sondern den des Hauses Dumont in Brüssel, durch dessen Vermittelung H. seine Weine viele Jahre über in Belgien und Holland abgesetzt hatte, so daß die Täuschung, dieser Wein komme aus dem Hause H. in Rheims, noch weit leichter wurde. Auf die Klage des H. verurtheilte die I. Instanz den Leblanc nur, sich dieses Mißbrauches zu enthalten; zugleich erkannte sie dabei auf Wegnahme und Vernichtung jener betrüglichen Etiquetten. Das Appell.-Gericht fügte aber auf ergriffene Berufung dieser Verurtheilung noch 1500 Fr. Schaden-Ersatz hinzu.

Gründe. . . . Erw. daß diese Nachahmung offenbar zum Zweck hatte, eine Verwechselung der beiden Häuser zu veranlassen und eine unredliche Konkurrenz zum Nachtheile des H. zu bewirken; — daß diese schon an sich so einleuchtende Absicht noch mehr daraus hervorgeht, daß L. an die Stelle von H.'s Namen ein Haus setzte, durch welches dieser gewöhnlich seine Weine nach Belgien und Holland in den Handel bringt; — daß L., selbst in Rheims wohnend, wohl wissen mußte, daß Dumont keine Niederlage daselbst errichtet hatte; — Erw. daß der dem Hause H. zugefügte Schaden besteht a) in dem materiellen Verluste, den dasselbe durch die wirklich unter seiner Etiquette stattgehabten Verkäufe erlitten hat, b) in der Abwendigmachung eines Theiles seiner Kundschaften; . . . Aus d. Gr. u. s. w.

7.

Arglistige Aneignung fremder Kundschaften zum Nachtheile eines Gewerbsgenossen. 2000 Fr. Schadenersatz. (G. Tr. 23. Okt. 58.)

Der Bäcker G. in Paris hatte einem seiner benachbarten Gewerbs-Genossen eine Brodausträgerin, welche bei diesem 22 Jahre lang gestanden war, abspenstig gemacht, selbst in Dienst genommen und hierdurch bewirkt, daß dieselbe von nun an des Letzteren zahlreiche und ausgebreitete Kundschaften, welche der Frau als einer guten Lieferantin treu anhingen, mit seinem Brode versah. Nachdem dieses über ein Jahr gedauert hatte, klagte der andere Bäcker wegen unredlicher Gewerbskonkurrenz, und erlangte ein Urtheil der I. Instanz, worin dem Ersten untersagt wurde, sich jener Frau zu seinem Brodverschleiße zu bedienen, auch er selbst verurtheilt wurde, für den bisher gestifteten Schaden 1000 Fr. Ersatz zu leisten, und zwar in der Erw., daß . . . G., indem er so handelte, offenbar im Schilde führte, sich eine ausgebreitete Masse von Kundschaften anzueignen, von denen er wußte, daß sie nicht die seinigen waren; — daß derselbe auch nicht mit Grund behaupten dürfe, diese Kundschaften hätten der Frau Pallu gehört, daß er vielmehr alle Gebräuche des Bäckerhandwerkes überschritt, indem er das Geheimniß der Kundschaften jener Frau mißbrauchte, welche eine vieljährige Brodausträgerin des Klägers war; . . . daß er dem Letzteren auf solche Weise einen rechtswidrigen Schaden zufügte, dessen Belauf billig auf 1000 Fr. angeschlagen werden könne.

Der Beklagte appellirte zwar gegen diesen Ausspruch, das Appellations-Gericht aber bestätigte denselben nicht nur, sondern erhöhte auf die Adhäsion des Klägers die Entschädigungssumme sogar auf 2000 Fr.

8.

Verunglückte Gasbeleuchtung bei der ersten Aufführung eines Lustspieles. 400 Fr. Schadenersatz. (G. Tr. 17. Nov. 55.)

Auf die Klage des Theaterdirektors von Versailles gegen den Unternehmer der dortigen Gasbeleuchtung erließ das Bezirksgericht daselbst folgendes Urtheil:

In der Erwägung, daß Vachot durch seine Klage von Marcou die Summe von 2000 Fr. als Schadenersatz für den Entgang vergütet verlangt, den er am 29. April l. J. durch das Ausbleiben der nöthigen Quantität, und selbst durch das allmälige Verlöschen des Gases erlitten haben will, welches zur Beleuchtung seines Theaters bei der ersten Aufführung des Lustspiels „le Demi-monde“ erforderlich war, ein Fehler der zugesicherten Beleuchtung, der die Unterbrechung des Stückes herbeigeführt und das Heimgehen einer großen Anzahl von Zuschauern zur Folge gehabt, auch insbesondere für den Erfolg der Wiederholungen an den zwei folgenden Abenden und der Einnahme, worauf Vachot rechnen konnte, großen Eintrag gethan haben soll; — Erw. daß sowohl aus den Verhandlungen als den im Prozesse vorgelegten Urkunden hervorgeht, daß Sonntag den 29. April während der ganzen Dauer der Theatervorstellung das verwendete Gas sehr schlecht brannte; daß der vordere Lichtstreifen vor dem Orchester und die auf der Bühne angebrachten Schnäbel häufig auslöschten; daß, nachdem sich dieses Verschwinden des Lichtes im Laufe des Stückes zum öfteren wiederholte, die ganze Vorstellung offenbar nicht mit dem Glanze aufgeführt werden konnte, den der Direktor sich vorgenommen hatte, ihr zu geben; — Erw. daß es gewiß ist, daß die beiden nächstfolgenden Vorstellungen noch von der Unzufriedenheit des Publikums mit der vom Sonntage berührt wurden, daß unerachtet Vachot eine sorgfältige Auswahl beliebter Stücke getroffen, die Einnahme doch bei weitem nicht in dem Grade in die Höhe stieg, wie derselbe das Recht hatte zu erwarten, besonders am Montage; — daß Marcou vergebens hiergegen einwendet, die fragliche Unterbrechung des Lichtes sei ein von seinem Willen ganz unabhängiges Ereigniß gewesen, was er nicht einmal aufklären könne, dasselbe stehe daher einem unabwendbaren Zufalle gleich; — daß vielmehr nichts dieser Anführung zu Hilfe kommt; — daß in der That der Zufall sich die folgenden Tage nicht erneuerte, weil die nöthige Sorgfalt aufgeboten war, seine Wiederkehr zu verhindern; — Erw. daß sowohl dem Rechte als der Billigkeit gemäß derjenige, der einem Anderen einen Schaden verursacht, ihm auch zum Ersatze verpflichtet ist; daß V. offenbar eine empfindliche Einbuße erlitten, welche in Anschlag zu bringen, das Gericht die nöthigen Anhaltspunkte vor Augen hat; — Aus

d. Gr. sei die dem V. gebührende Genugthuung auf 400 Fr. anzuschlagen, M. daher schuldig . . . u. s. w.

Das Appell.-Gericht in Paris bestätigte dieses Urtheil aus denselben Gründen und in dem weiteren Anbetrachte, daß der Beklagte M. auf keinerlei Weise den Fall einer vis major, welcher die fragliche Verlöschung des Gases damals herbeigeführt hätte, darzuthun vermochte.

9.

Verweigertes Spiel einer Sängerin der italienischen Oper in Paris. 10,000 Fr. Schadenersatz für eine vereitelte Vorstellung. (G. Tr. 10. u. 24. April 45.)

Man muß wissen, daß in Frankreich alle Anstände zwischen Theaterdirektionen und Schauspielern oder Sängern zu der Kompetenz der Handelsgerichte gehören; jene Anstalten werden als merkantilische Unternehmungen, und die von ihnen angestellten Künstler gewissermaßen als Lieferanten ihrer Kunstleistungen, um solche auf den Markt zu bringen, betrachtet. Ein weiterer Grund mag vielleicht auch darin bestehen, um beide Theile der hier vor Allem nöthigen Beschleunigung in Handelssachen theilhaftig zu machen.

Die berühmte Sängerin Madame Grisi weigerte sich nun eines Tages in Paris, eine ihr zugetheilte Rolle, die wirklich nach ihrem Engagementsvertrage in ihr Fach einschlug, am Abend zu spielen und zu singen. Dieselbe wurde deshalb vom Handelsgerichte auf der Stelle in 10,000 Fr. Schadenersatz verurtheilt.

10.

Theater-Engagement. Ueberschrittener Urlaub einer Tänzerin. 10,000 Fr. Schadenersatz. (G. Tr. 23. Jan. 48.)

Carlotta Grisi, erste Tänzerin der Franz. Oper in Paris, hatte auf den Monat Januar 1846 Urlaub erhalten, kam aber, statt am 31. Januar, erst den 25. Febr. von Rom zurück, wo sie Gastrollen mit großem Beifalle gegeben hatte. Wegen dieser Verspätung um 25 Tage wurde dieselbe in zwei Instanzen übereinstimmend auf Klagen der Direktion in 10,000 Fr. Schaden- und Interessen-Ersatz verurtheilt, in der II. Instanz sogar bei Vermeidung des Personalarrestes im Nichtbezahlungsfalle. Aus den Verhandlungen ging bei dieser Gelegenheit hervor, daß Fanny Elsler aus einem ähnlichen Grunde schon zu 60,000 F. war verurtheilt worden, und sie auch bezahlt hatte.

11.

Diebstahl und Haftung der Verkehrsanstalten für das Gepäck der Reisenden. Ein im Wartezimmer vergessener Nachtsack. 3000 Fr. Schadenersatz. (G. Tr. 27. Nov. 51.)

L. reiste im J. 1848 auf der Eisenbahn von Bourges nach Paris ab und hatte einen Nachtsack bei sich, in welchem sich außer seinem Reisegepäcke auch 470 Fr. baar Geld und überdies eine noch größere Summe in Wechseln befand. Er legte denselben im Expeditionszimmer nieder, wo zwei Packergehilfen zugegen waren, um einige Anstände an der Kasse in Ordnung zu bringen; als L. aber das Zeichen zur Abfahrt geben hörte, stieg er schnell in den Wagen und vergaß, den Sack vorher zu sich zu nehmen. Auf der nächsten Station, wo er es bemerkte, wollte derselbe sogleich umkehren, wurde aber von vielen Reisenden mit der Bemerkung beruhiget und davon abgehalten, es könne nichts verloren sein, ein Packer habe einen Augenblick vor der Abfahrt den Sack in allen Wartesälen mit dem Ausrufe umher getragen: „Wem gehört dieser Nachtsack?" Der letztere müsse sich daher in gutem Gewahrsam befinden. In Paris angekommen, erfuhr L. jedoch noch am nämlichen Abende, daß bei der Expedition in Bourges Niemand von dem Nachtsacke etwas wissen wolle. Er kehrte augenblicklich dahin zurück, die beiden Packergehilfen läugneten aber jede Betheiligung. Einer derselben wurde zwar deshalb vor den Schwurgerichtshof gestellt, aber hier freigesprochen, weil man unsicher blieb, ob der Angeklagte oder der Andere es war, der den Nachtsack vorgezeigt hatte. Einige Zeit darauf wurde der letztere mit zerbrochenem Schlosse und ausgeleert in der Nähe der Stadt in einer Wasserpfütze aufgefunden.

L. klagte nun gegen die Bahnverwaltung auf den Ersatz des Inhaltes seines Nachtsackes und 3000 Fr. Schadenersatz für Reisen, Auslagen und Versäumniß, die er aus Anlaß jenes Diebstahls gehabt, sowie eventuell auf Haftung für den Werth des Wechsels, wenn dieser etwa wegen Verschwindens der Papiere für ihn verloren sein sollte. Hierüber erfolgte folgendes Urtheil des Bezirksgerichtes in Paris:

In der Erw ...., daß man, um zur Feststellung des zu ersetzenden Schadens zu gelangen, zwischen den einzelnen Posten der Klage unterscheiden muß; daß guter Grund vorhanden ist, um die vier ersten Posten, nämlich 470 Fr. baar Geld und 945 Fr. in Anweisungen an drei Schuldner als richtig zuzulassen; daß die Summe von 100 Fr. für verschiedene im Sacke befindliche Wäsche gleichfalls zugelassen werden muß, wogegen sich der Preis des Nachtsackes selbst billig auf 20 Fr. herabsetzen läßt; — daß der siebente bis neunte Posten für Reisekosten und Zeitversäumniß aus Anlaß jener Beschädigung auf 3000 Fr. angeschlagen übertrieben erscheint, und vielmehr für alles dieses ein Ersatz von 1000 Fr. vollkommen ausreicht; — Aus d. Gr. wird die Bahnverwaltung in 1065 Fr. Wiederersatz und 1000 Fr. Schäden und Interessen verurtheilt, auch auf drei Jahre lang für zwei verlorene Schuldurkunden haftbar erklärt, nebstdem in die Kosten verurtheilt.

Das App.-Gericht in Paris bestätigte auch dieses Urtheil auf die Berufung beider Theile, nur wurde der zugesprochene Ersatz von Schäden und Interessen von 1000 Fr. auf 2000 Fr. erhöht.

12.

Diebstahl auf der Eisenbahn. 10,000 Fr. für einen verlorenen Nachtsack. (G. Tr. 12. Jan. 52.)

Frau Loyd, eine reiche Engländerin, bestieg in Boulogne den Wagenzug, um nach Paris zu fahren. Sie hatte bereits 28 Stück Gepäck in der Expedition aufgegeben, wollte aber ihren 12 Pfund wiegenden Nachtsack mit sich in den Wagen nehmen; der Kondukteur duldete aber solches nicht, derselbe mußte vielmehr noch im letzten Augenblicke auch noch aufgegeben werden. In Paris war der Nachtsack verschwunden, kam aber nach 24 Stunden wieder zum Vorschein, wog aber nur noch 8 Pfund. Frau L. öffnete denselben und vermißte sogleich ein Schmuckkästchen mit Edelsteinen im Werthe zu 10—12,000 Fr. Sie klagte sofort gegen die Bahnverwaltung 12,000 Fr. Schadenersatz ein, und erhielt auch 10,000 Fr. ohne allen Beweis zuerkannt.

Gründe: Erw. daß die Vorsicht, welche Frau L. gebrauchte, ihren Nachtsack mit sich in den Wagen nehmen zu wollen, schon die Probe liefert, daß derselbe sehr werthvolle Gegenstände enthielt; — daß der Unterschied des Gewichtes zur Zeit der Aufgabe und der Ablieferung das Verschwinden von Gegenständen bekundet, welche nach Form und Gewicht mit dem Schmuckkästchen der Frau L. genau übereinstimmen; — Erw. daß sich für das Gericht die Gewißheit festgestellt findet, im Hinblicke auf obige Umstände und die Stellung der Klägerin in der Gesellschaft, daß die noch in Boulogne in ihrem Besitze befindlichen, später aber entfremdeten Gegenstände einen Werth von 10,000 Fr. hatten; — Aus d. Gr. u. s. w.

13.

Ein wüthend gewordener Ochse. 3300 Fr. Schadenersatz und 300 Fr. Leibrente. (G. Tr. 25. März 59.)

Als den 19. Juli 1858 der Ochsentreiber F. Vilette eine Heerde Ochsen von dem Viehmarkte zu Sceaux in das Schlachthaus nach Paris trieb, verfiel einer derselben plötzlich in einen Zustand von Wildheit und Wuth, in Folge dessen er von der übrigen Heerde ausriß, in die Straßen von Paris stürzte und hier mehrere der erschrockenen Vorübergehenden zu Boden rannte. Der junge Alirol wurde auf solche Weise angefallen und schwer verwundet, so daß man ihn in eine benachbarte Apotheke unterbringen mußte. Der Ochse setzte inzwischen seinen wüthenden Lauf fort, gelangte auf den Pont-neuf, wo er noch einen jungen Menschen, den minderjährigen Lebel, sowie einen alten Mann, dessen Großvater, Peter Lebel, verwundete; erst auf der anderen Seite der Seine konnte man das Thier in einem Hofe, wohin es sich verrannt hatte, ergreifen und auf der Stelle niederschlagen. Die Folgen dieses Unfalles waren sehr beklagenswerth; nach siebenmonatlichen Leiden unterlag der junge Alirol seinen Wunden; der junge Lebel hatte in der Hüfte und am Schenkel Stöße mit den Hörnern erhalten, welche ihn nöthigten, lange Zeit das Bett zu hüten; sein Großvater wurde noch schwerer mitgenommen, und vielleicht waren dessen Leiden unheilbar. Von drei Seiten her wurde daher eine Entschädigungsklage gegen den Ochsentreiber Villette und den Metzger Cochonnot erhoben, welcher den Ochsen auf dem Markte zu Sceaux gekauft hatte, als bürgerlich haftbar.

Das Bezirksgericht zu Paris gab folgendes Urtheil:

Soviel die Hauptklage gegen Villette betrifft, in der Erw., daß schon dermalen feststeht, daß V. in seiner Eigenschaft als Ochsentreiber von Profession mit der Ueberlieferung des Ochsen nach Paris beauftragt war, welcher am 19. Juli seiner Ueberwachung entkam und, indem er sich in den Straßen von Paris wild umhertrieb, mehrere Unfälle verursachte, deren Folgen das Gericht zu würdigen berufen ist; daß er insbesondere den jungen Alirol, den minderjährigen Lebel und dessen Großvater P. Fr. L. mehr oder minder schwer verwundete; daß dieser Thatumstand nur dem Mangel an Wachsamkeit und Vorsicht von Seite des Villette zugeschrieben werden kann, und daß daher ganz der Fall gegeben ist, ihm jene Haftbarkeit aufzubürden, welche der Art. 1385 C. N. vorgesehen hat; ... Was nunmehr den vom Vater Alirol für seinen Sohn geforderten Schadenersatz betrifft, erw., daß dessen Sohn zur Zeit des Unfalles 14 Jahre alt und Lehrling bei einem Pastetenbäcker war, dem er alle Ursache gab, mit ihm vollkommen zufrieden zu sein, und daß man daher billig annehmen darf, er würde eines Tages in den Stand gekommen sein, seine Eltern zu unterstützen; daß die Krankheit, als deren Opfer er gefallen ist und welche das Ergebniß der damals erlittenen Verwundung war, 5 Monate dauerte; daß sie Auslagen von jeder Art und Beschaffenheit nöthig machte, wozu man noch die Leichenkosten hinzurechnen muß; daß daher das Gericht die nöthigen Anhaltspunkte vor Augen hat, um die Totalsumme dieser verschiedenen Schädenposten in einen festen Anschlag zu bringen, und es gerecht erscheint, dieselbe auf 2000 Fr. festzusetzen; Im Belange des Schadenersatzes, welcher dem jungen Lebel gebührt, erw. daß, wenn die von ihm erlittene Verwundung eine gewisse ärztliche Behandlung erforderte, es dennoch gewiß ist, daß sie wenig bedeutend war und keine mißlichen Folgen zurückließ; daß es daher zureichend erscheint, ihm unter dem Titel der Entschädigung eine Summe von 300 Fr. zuzusprechen; — Soviel endlich seinen Großvater Peter Franz Lebel betrifft, erw., daß aus den vorgelegten Urkunden hervorgeht, daß dieser schwer verletzt wurde und sich in Folge hiervon noch fortwährend in einem Zustande schmerzlicher Hinfälligkeit befindet, der ihm nicht erlaubt, irgend eine Arbeit zu verrichten; welcher Zustand überdies von der Beschaffenheit ist, lange, vielleicht sein ganzes Leben hindurch dauern zu können, und daß er daher einer sehr kostspieligen Kur bedarf, worin selbst der Gebrauch eines Mineralbades eine Stelle einnimmt; daß es unter solchen Umständen angemessen ist, dem genannten Lebel eine Summe von 1000 Fr. auf der Stelle und überdies eine jährliche Rente von 300 Fr. zuzuweisen, welche später im Falle einer beträchtlichen Besserung wieder vermindert werden oder selbst aufhören kann, wenn er ganz wieder hergestellt werden sollte; — Aus d. Gr. sei F. Villette allein für den Unfall am 19. Juli 1858 mit dem wüthenden Ochsen für verantwortlich zu erklären, und daher zu verurtheilen, dem Vater Alirol für den Tod seines Sohnes 2000 Fr., dem jungen Lebel 300 Fr., seinem Großvater Peter Franz Lebel eine Summe von 1000 Fr. und bis auf Weiteres eine jährliche Unterstützung von 300 Fr. zu bezahlen, was Alles mittels Personalarrestes bis auf die Dauer von 2 Jahren beigetrieben werden kann.

14.

Ungerechtfertigter Arrestschlag. 5000 Fr. Schadenersatz.
(G. Tr. 9. Febr. 53.)

M., ein persönlicher Gläubiger des X., eines Geranten der See-Versicherungsgesellschaft zu Nantes, ließ zur Deckung seiner Forderung die Effekten und Werthsummen der Gesellschaft für den Belauf des Antheiles, der seinem Schuldner X. hieran zustand, sowie für die 3000 Fr. Honorar, welche der Letztere als Geschäftsführer jährlich zu beziehen hatte, mit Beschlag belegen. Der Arrest wurde indessen auf Klage der Gesellschaft wieder aufgehoben und M. in 5000 Fr. Schäden und Interessen verurtheilt.

Gründe. . . . Erw., daß die See-Versicherungsgesellschaft nicht blos den Schaden zu dulden hatte, der aus der Entbehrung der mit Arrest belegten Gelder hervorging, daß es vielmehr augenscheinlich ist, daß M., indem er die verfallenen und anfällig werdenden Versicherungsprämien, sowie die der Gesellschaft gebührenden Wiedererſatzsummen für Rettung bei 42 Handelshäusern, den ersten des Handelsplatzes N., mit Beschlag belegen ließ, dem Kredit der Gesellschaft den empfindlichsten Schlag versetzte, der sie nur je treffen konnte; Erw. . . . daß der vielleicht tödtliche Streich, welcher der Gesellschaft durch jenen Beschlag versetzt wurde, nur dem Versehen und der Unbesonnenheit des M. zuzuschreiben ist, welcher nach Art. 1382 u. 1384 C. civ. dafür Ersatz leisten muß; daß den Gerichten auch zusteht, die Größe dieses Ersatzes nach billigem Ermessen anzuschlagen; — Aus d. Gr. sei M. in 5000 Fr. Schäden und Interessen gegen die Gesellschaft, sowie in die Kosten zu verurtheilen, auch der angelegte Beschlag wieder aufzuheben.

II.

Promemoria,*) betreffend die Verwendung der Stenographie im gerichtlichen Dienste.

Der Gabelsberger Stenographen-Centralverein, beseelt von dem Wunsche, durch die Verbreitung der Gabelsberger'schen Stenographie und ihre Einführung in das praktische Leben dem Vaterlande einen nützlichen Dienst zu erweisen, glaubt den Anlaß, der durch die Abhaltung des deutschen Juristentages in München geboten ist, nicht vorüber gehen lassen zu dürfen, ohne die Aufmerksamkeit der dahier sich versammelnden Juristen auf die Stenographie zu lenken und zu einer allgemeineren Würdigung und zu möglichster Verwerthung der Vortheile anzuregen, welche diese nützliche Kunst bei richtiger Verwendung für die Zwecke der Rechtspflege zu bieten vermag.

Wir sind bei diesem Schritte von der Ueberzeugung geleitet, daß eine genaue Prüfung und ein sorgfältiges Abwägen der gebotenen Vortheile nothwendig dazu führen wird, die Stenographie für den Dienst der Rechtspflege in ergiebigem Maße nutzbar zu machen.

Es scheint nicht veranlaßt, hier im Allgemeinen die Vorzüge, welche der Stenographie im Vergleiche zu der Currentschrift innewohnen, in ausführlicher Darlegung zu schildern. Es kann unbedenklich angenommen werden, daß in den Kreisen, an welche diese Zeilen sich richten, der Werth eines Schriftsystems, zu dessen Zwecken hauptsächlich auch der gehört, das mechanische Schreibgeschäft wesentlich abzukürzen und zu erleichtern, nicht verkannt

*) Dieses Promemoria ist dem VI. Deutschen Juristentage von dem Gabelsberger Stenographen-Centralverein zu München überreicht worden.

werden wird. Die Thatsache, daß die mit der Gabelsberger'schen Stenographie Vertrauten in Deutschland bereits nach Tausenden zählen und daß dieselben den verschiedensten Berufsarten angehören, ist geeignet, den Beleg dafür zu liefern, daß bereits in weiteren Kreisen die Bedeutung, welche die Stenographie für das praktische Leben hat, erkannt und gewürdigt worden ist, und die weitere Thatsache, daß die Zahl derjenigen, welche sich die Kenntniß der Stenographie aneignen, eine von Jahr zu Jahr stetig zunehmende ist, bürgt dafür, daß die Einsicht in ihre praktische Verwendbarkeit allenthalben durchgedrungen ist und daß die Vorurtheile, welche man ihr entgegengestellt hat, mehr und mehr im Verschwinden begriffen sind.

Auch im Rechtsleben ist die Stenographie bisher nicht völlig unbeachtet geblieben. Vielfach wird in den Kanzleien der Notare und Advokaten von ihr Gebrauch gemacht, und hie und da bedient man sich ihrer zur Herstellung der Protokolle über schwierige und weitläufige Verhandlungen der Kriminalgerichte. Allein der Versuch, die Stenographie in allgemeinster Weise für justizielle Zwecke fruchtbar zu machen, sie in den Organismus des gerichtlichen Dienstes als ein nutzbringendes Glied einzufügen, ist noch nicht gemacht worden, obschon derselbe sicherlich von den heilsamsten Folgen begleitet sein würde.

Immerhin dürfte es aber gerade jetzt an der Zeit sein, diesen Versuch zu machen. Einerseits nämlich mahnt die steigende Geschäftslast auf ein nachhaltiges und durchgreifendes Mittel zu denken, um sie den Anforderungen des Verkehrs entsprechend und ohne allzugroße Steigerung des erforderlichen Kostenaufwandes zu bewältigen. Andrerseits erinnert die Einführung der neuen auf Oeffentlichkeit und Mündlichkeit des Verfahrens gebauten Civil-Prozeßordnung, welche in nächster Zukunft in Aussicht steht, dringend daran, den Bedürfnissen dieses neuen Verfahrens durch geeignete, sachdienliche Einrichtungen vom Beginn seiner Wirksamkeit an thunlichst gerecht zu werden.

Es erscheint nicht angezeigt, über die Art und Weise, wie dieser Versuch in's Werk gesetzt werden soll, hier detailirte Vorschläge zu machen. Solche spezielle Vorschläge können nur auf die Anschauung eines gegebenen Zustandes gegründet sein, der nicht überall der nämliche ist. Verschiedenheit der gesetzlichen Bestimmungen, Verschiedenartigkeit des Geschäftsganges, Größe und Beschaffenheit der vorhandenen Mittel begründen ebensoviele Modifikationen der Durchführung. Ueberall aber wird, deß sind wir überzeugt, der Versuch gemacht werden können, und eben deshalb ist es gerechtfertigt, einige maßgebende Gesichtspunkte besonders in's Auge zu fassen und zu erörtern.

Es ist eine der schwierigsten Aufgaben der Prozeßgesetzgebung, in einem Verfahren, welches auf dem Grundsatze der Mündlichkeit und der unmittelbaren Verhandlung vor dem erkennenden Gerichte ruht, mit den Konsequenzen dieses Grundsatzes die Anforderungen zu vereinigen, welche hinsichtlich einer erschöpfenden und richtigen Fixirung der Verhandlung gestellt werden müssen. Besonders tritt dies hinsichtlich der Konstatirung der Zeugenaussagen hervor. Wenn mit Recht gefordert wird, daß regelmäßig die Vernehmung der Zeugen vor dem erkennenden Gerichte zu erfolgen habe und daß die Uebertragung dieser Handlung an einen Kommissär nur in besonderen Fällen erfolgen solle, so ist es auch Pflicht, eine Einrichtung zu treffen, welche die richtige und vollständige Fixirung der von den Zeugen abgegebenen Depositionen in der Gerichtssitzung ermöglicht, ohne den Grundsatz der Mündlichkeit zu schädigen. In der Verwendung von Gerichtsschreibern, welche der Stenographie kundig sind, ist nun aber das Mittel gegeben, welches geeignet ist, dem Bedürfniß zu genügen. Daß dem so sei, hat die Erfahrung in jenen allerdings verhältnißmäßig noch nicht zahlreichen kriminalgerichtlichen Fällen erwiesen, in welchen man sich mit Rücksicht auf die Größe und Bedeutung des Falles und insbesondere im Hinblick auf die Wichtigkeit der Aussagen neu vorgeschlagener Zeugen veranlaßt sah, die Protokollführung einem jener rechtskundigen Hilfsarbeiter zu übertragen, welche zugleich der Stenographie kundig sind. In allen diesen Fällen war man Seitens des Gerichts hinsichtlich der Vollständigkeit und Sicherheit der gemachten Aufzeichnungen völlig befriedigt und es verdient der Umstand besonders angemerkt zu werden, daß es in Fällen, wo Differenzen über den Inhalt einer abgegebenen Zeugenaussage entstanden sind, bei Verwendung der Stenographie ohne alle Schwierigkeit möglich war, sofort anzugeben, wie die streitigen Worte des Zeugen gelautet hatten. Die Gesetzgebung eines Landes hat auch bereits Rücksicht auf diese Verwendung der Stenographie genommen. Es besagt nämlich §. 257 der für den Umfang des österreichischen Kaiserthums am 29. Juli 1853 erlassenen allgemeinen Straf-Prozeßordnung:

„Ueber jede mündliche Schlußverhandlung ist ein Protokoll aufzunehmen, dasselbe muß die Namen der anwesenden Mitglieder des Gerichtshofes, des Staatsanwalts, des Privatklägers, des Angeklagten und seines Vertheidigers und des erschienenen Beschädigten enthalten. In demselben sind alle bei der Verhandlung vorgekommenen erheblichen Vorfälle zu beurkunden. Insbesondere ist darin anzuführen, welche Zeugen und Sachverständige vernommen und welche Aktenstücke vorgelesen wurden, ferner ob die Zeugen und Sachverständigen beeidigt wurden oder aus welchem Grunde ihre Beeidigung unterlassen wurde. Auch sind alle Anträge der Parteien und die vom Vorsitzenden oder dem Gerichte darüber ergangenen Entscheidungen, endlich die Aussagen des

Angeklagten und der Zeugen und Sachverständigen anzumerken, insoweit sie von den Angaben im Untersuchungsverfahren abweichen oder Zusätze zu demselben enthalten. Wenn es möglich ist, soll die erste Aufzeichnung vom Protokollführer **stenographisch** geschehen."

Daß die Bedeutung der Stenographie für die Rechtspflege sich unendlich steigern wird, wenn die von allen Seiten angestrebte und in Angriff genommene Civilprozeßreform ins Leben tritt, liegt klar zu Tage. Es sei hier nur daran erinnert, einerseits wie wichtig es für die Interessen der Parteien, namentlich auch in Hinblick auf eine etwaige weitere Verhandlung der Sache in der Berufungsinstanz ist, daß eine sichere, erschöpfende Aufzeichnung der Zeugenaussagen stattfindet, andrerseits wie förderlich es für den Gang der Verhandlung und die Stellung des Gerichtshofes ist, wenn zur Konstatirung der Depositionen der Zeugen nicht das ermüdende zeitraubende Diktiren nothwendig wird, sondern wenn deren Aufnahme durch den stenographirenden Gerichtsschreiber unmittelbar vom Munde des Zeugen hinweg mit unbedingter Verlässigkeit erfolgt.

Wollte man etwa ein Bedenken dahin formuliren, daß nicht genug Stenographen vorhanden seien, um den Bedarf sämmtlicher Gerichte zu decken, so ist hiegegen zu erinnern: Bei der großen Verbreitung, welche die Stenographie bereits gefunden hat, ist es schon jetzt möglich, an den Gerichten der größeren Städte, wo das Bedürfniß nach stenographischen Aufzeichnungen zumeist in den Vordergrund tritt, unter den rechtskundigen Hilfsarbeitern die nöthige Anzahl mit der Stenographie Vertrauter zu finden oder eine sonstige geeignete Aushilfe zu treffen. Bei der Ausdehnung, welche das stenographische Unterrichtswesen in einzelnen Staaten bereits gefunden, ist mit Sicherheit darauf zu rechnen, daß die studirende Jugend in immer größerer Zahl mit der Stenographie bekannt werde. Gewiß aber kann, wenn man einmal den Gedanken prinzipieller Verwerthung der Stenographie im Gerichtswesen erfaßt hat, kein ernstliches Hinderniß bestehen, von denjenigen, welche sich dem Staatsdienste widmen, insbesondere aber von jenen, welche sich dem Sekretariats- oder Aktuariatsdienste bestimmen, die Erwerbung der Kenntniß der Stenographie zu verlangen.

Aber auch abgesehen von der Durchführung der Civilprozeßreform sollte die Verwendung der Stenographie im gerichtlichen Dienst schon dermalen ein besonderes Augenmerk für die leitenden Stellen bilden. Es ist eine allgemeine Wahrnehmung, daß im Anschlusse an die Steigerung des Verkehrs auch die Geschäftslast der Gerichte eine stetige Mehrung erfährt, während zugleich auch die Ansprüche an die Raschheit der Erledigungen wachsen. Von dem Mittel, den sich steigernden Anforderungen durch eine Vermehrung der

Zahl der Beamten zu genügen, wird aus nahe liegenden Gründen nur ungern und zögernd Gebrauch gemacht. Man hat daher zu andern mechanischen Hilfsmitteln, zur Einführung von Formularen ꝛc. gegriffen, um dem dringendsten Bedürfnisse abzuhelfen. Gehe man nun einen Schritt weiter, bringe man systematisch, soweit nur immer thunlich, die Stenographie zur Verwendung und man wird damit ein neues und, wie wir mit Sicherheit annehmen zu können glauben, höchst wirksames Mittel zur Erleichterung und Beschleunigung des gerichtlichen Dienstes gewonnen haben. Der Vorschlag mag auf den ersten Anblick etwas befremdend erscheinen; wir zweifeln aber nicht, daß eine genauere Prüfung, eine Prüfung, die als Richtpunkt die Erleichterung und Beschleunigung des inneren gerichtlichen Dienstes festhält, den in ihm liegenden praktischen Kern erfassen und zur Geltung bringen wird. Es ist nicht unsere Absicht — und wir bemerken dies nur, um jeglichem Mißverständnisse von vorneherein vorzubeugen, — die Forderung aufzustellen, es solle künftighin der gerichtliche Verkehr überhaupt nur durch die stenographische Schrift vermittelt werden. Eine solche Forderung würde der Möglichkeit der Durchführung ermangeln. Was wir in Erwägung gezogen und zur Ausführung gebracht sehen wollen, ist, daß man die Stenographie zum Zwecke der Erleichterung und Beschleunigung der gerichtlichen Geschäftsthätigkeit in angemessener Weise nutzbar mache. Bei Allem, was zur Vorbereitung der von den Gerichten emanirenden Aktenstücke erforderlich ist, läßt sich die Stenographie mit Nutzen, weil mit Gewinn an Arbeitszeit und Arbeitskraft, verwerthen. Wir erinnern beispielsweise an vielbeschäftigte Einzelnrichter. Sind ihnen der Stenographie kundige Aktuare zur Verfügung gestellt, so wird es ihnen leicht, eine größere Reihe von Verhandlungen an einem Gerichtstage zu erledigen. Der Einzelnrichter diktirt einem solchen Aktuar das Resultat einer soeben gepflogenen Verhandlung in wenigen Minuten, und während dieser sodann das Protokoll überträgt, ist der Richter in keiner Weise behindert, eine weitere Verhandlung vorzunehmen und sie in gleicher Weise in kürzester Zeit zu beendigen. Das Gleiche gilt für die Anfertigung von Konzepten, sei es, daß der Richter sie durch Diktiren an einen Stenographen herstellen will oder daß er, wenn er selbst mit der Stenographie vertraut ist, sie einem der Stenographie kundigen Mundisten zum Abschreiben gibt. Wir behaupten nicht zu viel, daß ein mit der Stenographie vertrauter Richter, welchem ein stenographirender Kopist zur Verfügung gestellt ist, mit leichter Mühe und in kürzerer Zeit mindestens das Doppelte dessen zu leisten im Stande ist, was er gegenwärtig bei Verwendung der Kurrentschrift in der gegebenen Arbeitszeit zu bewältigen vermag. Man wende nicht ein, daß durch die Nothwendigkeit der Uebertragung in Kurrentschrift an Zeit wieder verloren gehe, was auf der andern Seite gewonnen worden. Bei der Schnelligkeit, mit welcher stenographische Diktate und Konzepte hergestellt werden können, wird der hierauf zu verwendende Zeitraum ohnehin nur wenig in Betracht kommen. Dann aber bedenke man doch, daß sich diese Arbeit, welche sich übrigens je nach den Umständen durch Anwendung der Autographie wesentlich abkürzen läßt, lediglich für den Kopisten verlängert, während dem Richter Muße verbleibt, die er zu größeren Arbeiten, sowie zu gründlicher Fortbildung in wissenschaftlicher Beziehung verwenden kann. Die geistige Thätigkeit muß nothwendig an Kraft und Ausdehnung gewinnen, wenn die ihr zu Seite gehende mechanische verringert wird. Wie in den Kanzleien vielbeschäftigter Advokaten und Notare schon längst mit gutem Erfolge von der Stenographie zur Bewältigung des Geschäftsstoffes ausgiebiger Gebrauch gemacht wird, so könnte auch an den Gerichten aus ihrer Verwendung der Nutzen gezogen werden, der aus der Erleichterung der Geschäftslast für die Gerichte selbst und aus der Beschleunigung ihrer Entschließungen und Entscheidungen für das rechtsuchende Publikum erwachsen muß.

Wir glauben im Vorstehenden die Richtpunkte, nach welchen eine Verwendung der Stenographie im Gerichtswesen mit Aussicht auf Erfolg versucht und durchgeführt werden könnte, zur Genüge angedeutet zu haben. Wir wiederholen,

„Sicherung rascher, vollständiger und zuverlässiger Aufnahme der öffentlichen gerichtlichen Verhandlungen“

und

„Erleichterung und Beschleunigung des gerichtlichen Dienstes“

sind es, welche durch eine geeignete Verwendung der Stenographie erreicht werden sollen und können.

Wir würden uns freuen, wenn diese anspruchslose Darlegung die Aufmerksamkeit der Juristen, welche sich aus allen Gauen des deutschen Vaterlandes zur Berathung wichtiger, das gemeinsame Rechtsleben tief berührender Fragen dahier versammeln, für die ausgedehnte Nutzbarmachung einer vaterländischen Erfindung zu gewinnen vermöchte, welche sich den großen, das Leben der Neuzeit bestimmenden Erfindungen würdig an die Seite zu stellen vermag. Wir glauben aber einer wohlwollenden Aufnahme dieser Zeilen in den betheiligten Kreisen uns um so mehr versichert halten zu dürfen, als unserer gemeinnützigen Absicht der Umstand unterstützend zur Seite tritt, daß in juristischen Kreisen der Werth einer Kunst nicht verkannt werden kann, deren ausgedehnte Verwendung im Dienste der Landtage allein es möglich macht, einen genauen Einblick in die Entstehungsgeschichte der Gesetze und ein ausgiebiges Interpretationsmaterial zu gewinnen.

Möge den hier gegebenen Anregungen im Interesse der vaterländischen Rechtspflege eine freundliche Berücksichtigung zu Theil werden!

München, im August 1867.

Der Gabelsberger Stenographen-Centralverein.

Stenographische Berichte.

Erste Plenarversammlung
des Sechsten Deutschen Juristentages
zu München am 27. August 1867
im großen Saale des Odeons.

Die Sitzung wird durch den Vorsitzenden der ständigen Deputation, Herrn Justiz-ministerial-Rath Dr. Kalb aus München eröffnet.

Justiz-Ministerial-Rath Dr. **Kalb**: Meine hochgeehrten Herren! Den ersten Gegenstand unserer heutigen Tagesordnung bildet die Wahl des Vorsitzenden. Die ständige Deputation des Deutschen Juristentages erlaubt sich zu diesem Zwecke Ihnen vorzuschlagen, unser hochgeehrtes Mitglied, Herrn Geh. Rath Dr. v. Wächter aus Leipzig als längst erprobten Hort und wahren Wächter des Deutschen Juristentages durch Akklamation zum Präsidenten des VI. Deutschen Juristentages zu wählen.

(Allgemeines Bravo. Alles erhebt sich.)

Nach dieser einhelligen Zustimmung bitte ich unseren hochverehrten Präsidenten, den ihm gebührenden Sitz einzunehmen.

(Herr Geheimrath v. Wächter nimmt unter allgemeinem Beifall den Präsidentensitz ein.)

Präsident, Geheimrath Dr. von **Wächter**: Meine geehrten Herren! Ich danke Ihnen aufs Herzlichste für das große Vertrauen, das Sie mir durch Ihre Akklamation bethätigt haben und für die hohe Ehre, der Sie mich durch Ihr Urtheil und durch die Berufung auf diesen Sitz gewürdigt haben.

Ich hätte allerdings — ich darf es an diesem Orte wohl aussprechen — gewünscht, daß das Präsidium einer jüngeren Kraft in die Hände gegeben worden wäre. Es sind sehr dringende persönliche, es sind auch sachliche Gründe, die mich zu diesem Wunsche bestimmt haben. Ich habe diese Gründe aufs Angelegentlichste der ständigen Deputation, die den Vorschlag für das Präsidium zu machen hat, vorgelegt und sie ersucht, eine andere Wahl zu treffen. Es gelang mir aber nicht, die Deputation von der Richtigkeit meiner Gründe zu überzeugen, und Sie, meine Herren, haben eben in einer solchen Weise unserer Deputation zugestimmt, daß ich Ihrem Willen, meine Herren, mich zu fügen, für Pflicht halte. (Lebhaftes Bravo.)

Es ist eine ziemliche Pause, welche die ständige Deputation in Beziehung auf die Einberufung des Juristentages eintreten zu lassen, sich genöthigt gesehen hat. Es wird, meine Herren, nicht nöthig sein, die Deputation in dieser Hinsicht noch besonders zu rechtfertigen.

Es sind Ereignisse eingetreten in der verhältnißmäßig kleinen Spanne Zeit zwischen dem letzten Zusammentritt des Juristentages und dem heutigen, die in unserem Deutschland die gewaltigsten Aenderungen hervorgerufen haben, Aenderungen von den weitgreifendsten Folgen für alle unsere Verhältnisse. Hier ist jedoch nicht der Ort, näher auf diesen Punkt einzugehen. Aber darauf darf ich, M. H., wie sehr auch die Ansichten über die Bedeutung jener Ereignisse und ihrer Folgen auseinandergehen mögen, darauf, M. H., darf ich wohl fest bauen, daß uns in diesen Saal die Gesinnung der Treue gegen unser Deutsches Gesammtvaterland zusammengeführt hat, (Bravo!) daß in diesem Saale nur eine Stimme darüber herrschen wird, daß wir an dem Gemeinsamen und Einigendem, was unser Deutschland sich noch erhalten hat, festhalten, dasselbe weiter zu bilden und möglichst zu befestigen suchen sollen. Zu diesem Gemeinsamen und Einigendem rechne ich auch die große Verbindung, die man durch „Deutschen Juristentag“ zu bezeichnen pflegt. Diese Verbindung soll alle Stämme Deutschlands umschließen in dem Zusammenwirken ihrer Juristen, in der persönlichen, so eminent wichtigen Wechselwirkung bei jährlichem Zusammentreten, und in dem auf Erzielung nationaler Rechtseinheit und auf Förderung des gesammten Deutschen Vaterlandes gerichteten Sinne. In diesem Sinne, M. H., lassen Sie uns an unsere Arbeit gehen! (Bravo!) Das Statut giebt dem Präsidenten das Recht und legt ihm die Pflicht auf, für Ernennung des Bureaus des Juristentages Sorge zu tragen. Es sollen vier Vize-Präsidenten zur Unterstützung des Präsidenten ernannt werden und vier Schriftführer. Ich erlaube mir im Einverständnisse mit der ständigen Deputation folgende Herren als Vize-Präsidenten für den Fall, daß sie die

Berufung anzunehmen geneigt sind, woran ich nicht wohl zweifeln darf, zu proponiren:

1. Herrn Oberappellationsgerichts-Direktor, Geh. Rath von Molitor aus München,
2. Herrn Ministerialrath Dr. Kalb aus München,
3. Herrn Oberlandesgerichtsrath Dr. Keller aus Wien, und
4. Herrn Geheimen Rath, Professor Dr. Abegg aus Breslau.

Ich ersuche die geehrten Herren, hier diese Sitze einnehmen zu wollen.

(Die Herren nehmen ihre Plätze ein.)

Ich nehme an, daß die Herren durch die Einnahme dieser Sitze auch ihre Geneigtheit, das Amt zu übernehmen, aussprechen.

Sodann erlaube ich mir, folgende Herren zu ersuchen, das Schriftführeramt übernehmen zu wollen: Herrn Bezirksgerichts-Accesisten Kremer aus München, Herrn Privatdozenten Dr. Berchtold aus München, Herrn Kreisgerichts-Direktor Kunowski aus Beuthen — ich muß fragen, ob derselbe hier ist, da ich nicht erfahren konnte, ob er hier angekommen ist; er scheint nicht hier zu sein; ich lade daher statt seiner Herrn Rechtsanwalt Dr. Mayersohn aus Aschaffenburg ein, eine Sekretärstelle zu übernehmen, ferner Herrn Dr. Kratky aus Wien — da aber derselbe auch nicht hier zu sein scheint, so lade ich Herrn Dr. v. Kißling aus Linz ein, eine Sekretairstelle übernehmen zu wollen. Ich ersuche die Herren, ihre Plätze einzunehmen, oder zu erklären, daß sie die Stelle anzunehmen nicht geneigt sind.

(Die Herren nehmen ihre Plätze ein.)

Wir gehen nun, m. H., zur Tagesordnung über; sie ist verzeichnet S. 16 ff. der Festschrift, welche das Münchener Komité zu veranlassen und zu vertheilen die Güte hatte. Die erste Nummer derselben (Wahl des Präsidenten 2c.) ist erledigt. Was die zweite Nummer, die Vertheilung der Berathungsgegenstände an die einzelnen Abtheilungen betrifft, so behalte ich mir vor, davon am Schlusse zu sprechen. Was den dritten Gegenstand betrifft, so ist es auf den letzten vier Juristentagen gewöhnlich gewesen, daß ein allgemeiner Bericht erstattet wurde von Seite der ständigen Deputation oder eines Mitgliedes derselben über Alles, was in der Zeit seit dem letzten Juristentage in der deutschen Gesetzgebung geschehen ist. Es wird auch heute dieser Bericht der geehrten Versammlung vorzulegen sein. Die Berichterstattung hat der bisherige Schriftführer der ständigen Deputation, Herr Stadtrichter Hiersemenzel aus Berlin, übernommen; er ist aber leider durch Krankheit verhindert, der Versammlung beizuwohnen; er hat jedoch einen ausführlichen schriftlichen Bericht über diesen Punkt eingesendet. Es wird wohl im Sinne der geehrten Versammlung sein, wenn ich einen der Herren Sekretäre ersuche, diesen Bericht oder wenigstens den allgemeinen

Theil desselben vorzulesen. Was der Herr Sekretär vortragen wird, ist, wie überhaupt der ganze Bericht, die Arbeit des Herrn Hiersemenzel; die Deputation hatte nicht mehr Zeit, sie zu berathen, da der Bericht erst gestern Abend an sie gelangte.

(Sekretär Dr. Berchtold verliest die Einleitung des Berichts.)

M. H.! Der Bericht geht nun auf das Spezielle über. Er stellt in interessanter Weise zusammen, was in den einzelnen deutschen Staaten in den letzten zwei oder drei Jahren in Beziehung auf Civil-, Kriminal- und Prozeßgesetzgebung geschehen ist. Ich erlaube mir, die geehrte Versammlung zu fragen, ob dieselbe wünscht, daß auch der spezielle Theil des Berichts vollständig hier verlesen werde, oder ob sie mir den Auftrag geben will, daß ich den Bericht in kürzester Zeit drucken und in die Hände der geehrten Mitglieder gelangen lassen soll.

(Die Versammlung erklärt sich für das Letztere.)

Es scheint das Letztere die Ansicht der geehrten Versammlung zu sein, ich darf es daher als beschlossen annehmen.

Wir kommen nun auf den vierten und fünften Punkt, die auf die Tagesordnung gestellt sind. Sie betreffen zwei sehr umfassende Anträge von Mitgliedern des Juristentages in Beziehung auf Berufung im Strafverfahren. Die Deputation war aber in ihrer gestrigen Sitzung der Ansicht, daß diese Anträge, welche zum Theile sehr in Spezialitäten eingehen, für eine Berathung im Plenum noch nicht gehörig vorbereitet seien und es daher geeigneter sein werde, diese beiden Punkte IV. und V. vorerst der 3. Abtheilung zur weiteren Berathung und Erledigung von ihrer Seite zu übergeben, und sie dann erst übermorgen, wenn die Zeit reicht, in das Plenum zu bringen.

Ich erlaube mir zu fragen, ob dies keinen Anstand findet.

(Die Versammlung erklärt sich damit einverstanden).

Das waren die einzigen materiellen Gegenstände, welche die Deputation auf die Tagesordnung der heutigen Sitzung stellen zu können glaubte. Da nun aber beide Gegenstände ausfallen, so glaubte die Deputation, daß es wohl angemessen sein würde, eine Frage, die nach dem ursprünglichen Vorschlage vorerst an die Abtheilungen zu verweisen sein würde, herauszunehmen und heute schon im Plenum zu berathen und Beschluß darüber zu fassen, da dieselbe eine solche ist, über welche sich auszusprechen und ein Urtheil festzustellen Jeder gefaßt sein wird. Es ist dies die Frage über die Wuchergesetze, ob Zinsen zu nehmen unbeschränkt gestattet werden soll, ob eine Beschränkung und welche eintreten soll, eine Frage, welche in der neueren Zeit sehr viel verhandelt worden ist. Aber um diese Frage gleich im Plenum berathen zu können, ist es nöthig, daß die Versammlung durch einen Referenten über die vorhandenen und bereits durch den Druck publizirten Gutachten orientirt wird. Dieser Referent kam aber erst heute früh von Wien hier an und es war ihm unmöglich, in der ersten Stunde seiner Ankunft sich zum Referat vorzubereiten, da, wiewohl er in der Sache versatissimus ist und auch über diese Fragen geschrieben hat, er erst die vorhandenen Gutachten gelesen und geprüft haben muß. So blieb nichts übrig, als auch diese Frage vorerst auszusetzen, und wir haben daher nicht weiter einen materiellen Gegenstand für unsere Tagesordnung.

Ich halte dieses auch nicht für ungeeignet, damit unsere Abtheilungen schon diesen Vormittag zu längeren Sitzungen Zeit gewinnen und sie gerade, wie ich vorher zu bemerken mir erlaubte, das Hauptmaterial für unsere Berathungen zu schaffen haben.

So gehe ich nun über auf die Vertheilung der bei uns eingekommenen Anträge an die Abtheilungen. Bekanntlich hat die ständige Deputation des Juristentages die Anträge, welche nach Beendigung eines Juristentages für den künftigen Juristentag gestellt werden, zur Berathung für denselben vorzubereiten. Es müssen aber diese Anträge schon vor Ende des Mai eingereicht worden sein, indem die Deputation, deren Mitglieder in ganz Deutschland in den verschiedensten Gegenden zerstreut sind, im Junius zusammentritt und dann alle diese Anträge vor sich haben muß, um für die Begutachtung derselben sorgen und ihre Berathung vorbereiten zu können.

Aus diesem Grunde müssen Anträge, welche berücksichtigt werden sollen, noch vor Ende Mai eingereicht sein. Zwar hat man wohl in einzelnen dringenden Fällen eine Ausnahme hiervon gemacht; aber es muß die im Statut ausgesprochene Regel, wenn nicht ganz dringende Gründe zu einer Ausnahme vorliegen, eingehalten werden. Es sind nun ein paar Anträge eingekommen, die nicht vorbereitet werden konnten; von diesen will ich zuletzt sprechen; dahin gehört namentlich der vierte Antrag (Seite 19 der Festschrift).

Indem ich nun auf die einzelnen Gegenstände, welche gehörig vorbereitet sind, übergehe, werde ich bei jedem der Versammlung die Frage vorlegen, ob der betreffende Gegenstand überhaupt an eine Abtheilung verwiesen werden soll und an welche.

Nr. 2 (Seite 19 der Festschr.) betrifft die Haftpflicht des Staats oder der Gemeinde für dienstwidrige Handlungen ihrer Beamten. — Die Deputation beschloß, diese wichtige Frage der ersten Abtheilung zu überweisen. Wenn kein Widerspruch erfolgt, so nehme ich an, daß Sie einverstanden sind.

Nr. 3 ist die Frage über die Wuchergesetze, von welcher vorhin die Rede war. Es könnte ein Zweifel entstehen, an welche Abtheilung diese Frage zu verweisen sei, da sie den Kriminalisten ebenso interessirt, wie den Civilisten. Man könnte glauben, sie sei an die dritte Abtheilung (für Criminalrecht) zu verweisen. Allein das Civilrecht hat hier die Prämissen festzustellen und das Kriminalrecht nur die Konsequenzen aus denselben zu ziehen. Daher glaube ich die Frage an die erste und zweite kombinirte Abtheilung (für Civil- und Handelsrecht) verweisen zu sollen.

(Wird von der Versammlung angenommen.)

Nr. 5 betrifft umfassende Anträge über Konkurs-Recht und wird ebenfalls an die erste und zweite Abtheilung zu verweisen sein.

Rechtsanwalt **Makower** aus Berlin: Ich beantrage die Verweisung an die vierte Abtheilung. Der Konkurs ist ein Prozeß, soweit er das Verfahren betrifft; nur soweit er Vorrechte betrifft, gehört er ins materielle Civilrecht. Daher glaube ich, daß die Sache an die vierte Abtheilung, welche den Prozeß bearbeitet, abgegeben werden kann.

Präsident: Es ist dies eine alte Kontroverse, wer über Konkursrecht zu schreiben oder zu lesen hat, der Civilist oder der Prozessualist.

Rechtsanwalt Dr. **Mayersohn** aus Aschaffenburg: Die vierte Abtheilung hat so wichtige Fragen zu erörtern, welche namentlich gegenwärtig sowohl in der Wissenschaft, als in der Praxis Gegenstand der Bearbeitung sind, daß ich glaube, daß die vierte Abtheilung mit ihren Prozeßfragen vollauf beschäftigt sein wird.

Dagegen ist die Frage, welche eben angeregt wurde, über das Konkursverfahren so einschlagend in das Handelsrecht, daß ich glaube, es ist im Interesse der Wissenschaft, sowohl, als der Gründlichkeit bei der Erörterung selbst gelegen, wenn wir dieselbe der zweiten Abtheilung für das Handelsrecht zuweisen und dahin stelle ich meinen Antrag.

Hofrath Dr. **Kersdorff** aus Augsburg: Ich glaube, daß es bei dem Herrn Präsidenten stünde, es möglich zu machen, daß diese Frage, welche in die zweite und vierte Abtheilung gehört, auch zwei Abtheilungen zugewiesen werde.

Das ist offenbar mit der Frage über den kaufmännischen Akkord der Fall; mit dem einen Fuße steht er im Handelsrecht und nimmt aus diesem Regel und Entscheidung, mit dem andern Fuße steht er als Theil im Konkursverfahren; ohne Regel über den Konkurs, ohne gemeinsames Konkursverfahren, ohne Einheit darin würde auch keine Einheit in die kaufmännischen Akkorde kommen, weil die Grundlagen der Anträge verschieden sind.

Das taugt also durchaus nicht nach meiner Ansicht, wenn blos die Abtheilung für das Handelsrecht darüber beräth, es müssen die Abtheilungen, wohin die Frage einschlägt, sich verständigen und sich in Verbindung mit einander setzen, damit nicht ein einseitiges Urtheil gefällt wird.

Oberlandesgerichtsrath Dr. **Keller** aus Wien: Ich erlaube mir, gegen den Antrag die Erfahrung geltend zu machen, die man an andern Juristentagen gemacht hat.

Es ist dieser Vorgang ein nicht ungewöhnlicher, daß dieselbe Frage, welche verschiedenen Abtheilungen angehört, auch verschiedenen Abtheilungen zugewiesen wurde. Dieser Vorgang hat sich aber nicht als praktisch erwiesen, denn die eine Abtheilung kommt früher zu Ende als die andere. Die eine Abtheilung glaubt in ihrer Berathung beschränkt zu sein, weil das, was sie noch zur Vollständigkeit dieser Frage berathen will, in eine andere Abtheilung gehört. Es ist ein Hin- und Herschieben zwischen den verschiedenen Abtheilungen, und das Resultat ist, daß keine Abtheilung den Gegenstand vollständig behandelt.

Dieses ist meine Ansicht gegenüber dem Antrag des Herrn v. Kersdorff, begründet durch die Erfahrungen, welche bei den bisherigen Juristentagen gemacht wurden.

Es ist richtig, was Herr Makower aus Berlin erwähnt, daß die Frage über den Konkurs eine vorzugsweise prozessuale ist; die wichtigste Frage ist jedoch die, wann soll das Konkursverfahren eingeleitet werden, welcher Unterschied soll bezüglich der Gläubiger im kaufmännischen Verkehr und nichtkaufmännischen Verkehr stattfinden? Das sind Prinzipienfragen, die zunächst das materielle Recht interessiren. In dieser Richtung würde es sich empfehlen, diese Frage der kombinirten ersten und zweiten Abtheilung zuzuweisen. Dazu kommt noch eine Opportunitätsfrage, daß die vierte Abtheilung so vielfach mit anderen Gegenständen beschäftigt ist, daß die Vertheilung des Materials es wünschenswerth macht, daß diese Frage in die erste und zweite Abtheilung gewiesen werde. Ich erlaube mir, den Antrag des Herrn Präsidenten, welcher der Antrag der Deputation ist, zu unterstützen.

Prof. Dr. **Gneist** aus Berlin: Herr Keller hat im Wesentlichen, was ich äußern wollte, gesagt. Die erste und zweite Abtheilung würde eine sehr dürftige Tagesordnung erhalten, während die vierte einen reichlichen Stoff hat. Die Kombination in zwei Abtheilungen hat bisher immer den Erfolg gehabt, daß der Geschäftsgang in beiden Abtheilungen in Unordnung gekommen ist; wer sich aus der vierten Abtheilung für die angeregte Frage interessirt, kann jeden Augenblick herübertreten. Die Abtheilungen sind sehr nahe beisammen und es kann, wenn die Berathung des Gegenstandes beginnt, Nachricht an die vierte Abtheilung gegeben werden.

(Ruf nach Schluß.)

Rechtsanwalt **Makower**: Mit Rücksicht auf die angeführten Zweckmäßigkeits-Gründe ziehe ich meinen Antrag zurück.

Präsident: Ich nehme nun an, daß die Versammlung mit der Verweisung an die erste und zweite Abtheilung einverstanden ist.

Nr. 6 betrifft eine umfassende Gesetzgebungsfrage über Preßvergehen. Dieselbe gehört unzweifelhaft zur dritten Abtheilung.

Nr. 7 betrifft die Vollstreckung von Freiheitsstrafen und gehört ebenfalls zur dritten Abtheilung.

Nr. 8: Antrag über Beeidigung von Zeugen im Kriminalprozeß, gehört zur dritten Abtheilung.

Nr. 9: Frage über die Gerichtsbarkeit für Studirende gehört vor die vierte Abtheilung.

Nr. 10 und 11 über den Beweis im Civilprozeß, vor die vierte Abtheilung.

Nr. 12: Ebenfalls eine reine civilprozessualische Frage, gehört auch zur vierten Abtheilung.

Ueber Nr. 13 — legislative Behandlung der Gerichtsstände der Fremden im Civilprozeß — ist kein besonderes Gutachten verfaßt worden. Die ständige Deputation hat aber doch einen Referenten darüber bestellt. Allein dieser Referent ist nicht eingetroffen; wir werden daher diesen Antrag für diesen Juristentag, da er unvorbereitet ist, auf sich beruhen lassen müssen.

Nr. 14 betrifft die wichtige Frage über den Beweis bei Schadenersatz-Prozessen; sie gehört in die vierte Abtheilung. Es handelt sich bei dem Antrage nicht um die materielle Frage, in welchen Fällen Schadensersatz verlangt werden kann, diese würde vor die erste Abtheilung gehören, sondern darum, wie der Schaden zu beweisen sei.

Es ist — ich glaube gestern erst — ein Gutachten über das Verfahren in Schädenprozessen von Herrn Advokat Lehmann in Dresden gedruckt übergeben worden. Es werden wohl Exemplare vorhanden sein zur Vertheilung an die Mitglieder.

Justizministerialrath Dr. **Kalb**: Es liegen mehrere Hundert Exemplare vor, und die Mitglieder können solche in der Kanzlei der Deputation abholen.

Präsident: Ich darf wohl den Dank der Versammlung für das Gutachten hier aussprechen, der durch unser Protokoll constatirt wird. Ich komme nun zurück auf Nr. 4, die Frage über ein gemeinschaftliches Organ behufs der Erhaltung der Einheit des Handelsrechts in Deutschland. Diese Frage konnten wir nicht vorbereiten. Wir haben zwar nach Begutachtern für dieselbe gesucht, aber keine gefunden, und da kein Gutachten vorliegt, konnte auch kein Referent bestellt werden. Es ist dies überhaupt eine Frage, die schon auf früheren Juristentagen von dem einen auf den anderen verschoben wurde. Ich erlaube mir vorzuschlagen, daß wir es diesesmal nothgedrungen auch so machen und die Frage auf den nächsten Juristentag verweisen.

(Wird angenommen.)

Dann kam noch ein Antrag ein vom Herrn Justizrath von Wilmowsky zur Erzielung einer gemeinsamen Gesetzgebung für den Norddeutschen Bund und die Süddeutschen Staaten. Wir konnten aber diesen Antrag schon deshalb nicht berücksichtigen, weil er uns erst am Ende des Julius zuging, und so werden wir auch über diesen Antrag zur Tagesordnung übergehen müssen.

Ich komme zum Schluß der heutigen Sitzung, um den Abtheilungen Zeit für ihre Arbeiten zu verschaffen.

Ich erlaube mir vorzubehalten, in der nächsten Sitzung über einige eingegangene Druckschriften zu berichten, da ich nicht Gelegenheit hatte, den Einlauf einzusehen; ferner erlaube ich mir, die Versammlung zu erinnern, daß morgen in jeder Abtheilung 10 Vertrauensmänner auf den Vorschlag ihres Vorsitzenden zu wählen sind, welche morgen Abend zusammenzutreten haben, um die Vorschläge der 18 Mitglieder der künftigen ständigen Deputation durch den Präsidenten übermorgen an das Plenum bringen zu können. Die Vorstände der Abtheilungen werden die Gefälligkeit haben, mir vor der nächsten Plenarsitzung das Resultat der Beschlüsse mitzutheilen.

Obergerichts-Anwalt Dr. **Kistemaker** aus Meppen: Da nunmehr die Vertheilung der Anträge an die einzelnen Abtheilungen vollendet ist, so stelle ich an das Präsidium das Ersuchen, daß den Mitgliedern Gelegenheit gegeben werde, die Einschreibung zu ändern.

Präsident: Das steht jedem Einzelnen frei. In dieser Hinsicht ist zu bemerken, daß wir in München eine vortreffliche Einrichtung gefunden haben, welche bis jetzt noch kein Juristentag hatte, denn es sind in demselben Hause sämmtliche Lokale für unsere Berathungen, also auch die Lokale für die Sitzungen aller Abtheilungen vereinigt. Es ist dadurch den Mitgliedern sehr erleichtert, den Berathungen einzelner Fragen in anderen Abtheilungen, welche sie besonders interessiren, anzuwohnen.

Die Tagesordnung für die nächste Sitzung kann ich noch nicht feststellen, da sie zum Theile von den Arbeiten der Abtheilungen abhängt.

Ich behalte mir vor, noch vor der nächsten Sitzung die Tagesordnung bekannt zu geben und schließe hiermit die heutige Sitzung.

Erste Sitzung der ersten und zweiten Abtheilung am 27. August 1867.

Kreisgerichts-Direktor v. **Stößer** aus Lörrach: Meine Herren! Im Auftrage der ständigen Deputation habe ich die Ehre, die Sitzung der ersten und zweiten vereinigten Abtheilung zu eröffnen und erlaube mir, Ihnen den Vorschlag zu machen, die Leitung der Verhandlung in die bewährte Hand des Herrn Professor Dr. Gneist aus Berlin zu legen.

(Allgemeine Zustimmung.)

I. Präsident Dr. **Gneist**: M. H.! Wenn Sie mir den ehrenvollen Auftrag ertheilen wollen, so nehme ich denselben mit Dank an. Ich darf hoffen, die Zustimmung der geehrten Versammlung zu finden, wenn ich Ihnen als II. Präsidenten den Herrn Oberappellations-Direktor v. Metz vorschlage.

(Allgemeine Zustimmung.)

Darf ich vorschlagen als ersten Schriftführer Herrn Reichsarchiv-Assessor Dr. Rockinger aus München?

(Allgemeine Zustimmung.)

Dürfte ich um die Genehmigung bitten, daß als zweiter Schriftführer Herr Privatdozent Dr. Exner aus Wien aufgestellt werde?

(Allgemeine Zustimmung.)

Wir dürften nun nach Constituirung des Bureaus übergehen zu unsern Geschäften. Die Reihe der Gegenstände, welche der kombinirten ersten und zweiten Abtheilung überwiesen sind, ist in dem gedruckten Berichte Seite 19 bis 23 angegeben. Es fällt nur Frage 4 aus. Wir werden veranlaßt sein,

m. H., die Reihenfolge einzuhalten, um so mehr, als für die zunächst vorliegende Gesetzgebungsfrage der Herr Referent bereit ist, sofort Bericht zu erstatten. Es ist die Gesetzgebungsfrage: „Soll der Staat, beziehungsweise die Gemeinde, für Schäden und Nachtheile, welche die von ihnen angestellten Beamten durch vorsätzliche oder kulpose Verletzung ihrer Dienstpflichten einem Dritten zufügen, überhaupt haften, und bejahenden Falls in erster Reihe unbedingt oder nur subsidiär?"

Den Bericht hat übernommen Herr Kreisgerichts-Direktor v. Stößer in Lörrach.

Direktor **v. Stößer**, Referent: Hochgeehrte Herren! Auf meinen Vorschlag hat Ihre ständige Deputation Ihnen die eben verlesene Frage vorgelegt. Es wurden darüber von zwei hervorragenden Mitgliedern unsers Vereins Gutachten erbeten, von den Herren Professoren Dr. Zachariae in Göttingen und Dr. Bluntschli in Heidelberg. — Während das Letztere Ihnen, meine Herren, vorliegt, hat jener auf seine erst kurz zuvor in der Tübinger Zeitschrift 1863 erschienene Abhandlung verwiesen, worin er die Haftungsverbindlichkeit des Staates aus rechtswidrigen Handlungen und Unterlassungen seiner Beamten ausführlich erörtert. Aus Auftrag Ihrer Deputation habe ich nun die Ehre, Ihnen Vortrag über den Inhalt dieser Gutachten zu erstatten und einige allgemeine Sätze Ihrer Zustimmung zu unterbreiten.

Da das Gutachten des Herrn Dr. Zachariae Ihnen nicht vorliegt, und das ausführlichere ist, erlaube ich mir, Ihnen zunächst dessen Inhalt mitzutheilen.

Nach seiner Ansicht ist die Frage eine rein staatsrechtliche, da ihre Lösung aus der Natur des staatlichen Verhältnisses selbst, aus dem Wesen des Staates als eines lebendigen Organismus entnommen werden muß, nach welchem sich das Verhältniß des Gliedes zum Ganzen bestimmt; sie höre auch deßhalb nicht auf, eine staatsrechtliche zu sein, weil es sich auf der einen Seite um einen vermögensrechtlichen Anspruch handle, also um einen in der Regel auf dem Gebiete des Privatrechts sich bewegenden Gegenstand.

Bei Darstellung der historischen Entwicklung der hier maßgebenden Grundsätze kömmt Z. zu dem Ergebnisse, daß in den Quellen des gemeinen Rechts — insbesondere des römischen Rechts —, wo freilich der Beamte selbst für pflichtwidriges Handeln oder Unterlassen auch dem einzelnen Beschädigten gegenüber haftbar war, dieser aber, abgesehen von einzelnen Behelfen, von dem allgewaltigen Staate hierwegen einen Schutz finden konnte, weder für noch gegen die Haftverbindlichkeit des Staates eine direkte Entscheidung zu finden sei.

Dagegen gebe die gemeinrechtliche Theorie und Praxis das

Zeugniß, daß man schon früh und allgemein das Bedürfniß fühlte, eine Haftungspflicht des Staates oder Inhabers der öffentlichen Gewalt für Schadenszufügung seiner Diener oder Beamten zu statuiren. In der Art, solche rechtlich zu begründen, lassen sich, abgesehen von denjenigen Schriftstellern, welche unsere Frage verneinen, im Großen und Ganzen 3 Perioden unterscheiden:

A. Die der ältesten Doktrin, welche sich nur auf einzelne Stellen des positiven Rechts stützt, ohne ein Rechtsprinzip oder die Analogie eines anderen positiv rechtlich normirten Rechtsverhältnisses zur Basis zu nehmen.

B. Die Periode, in welcher die Beurtheilung der Frage nach rein privatrechtlichen Analogien, insbesondere des Mandatsverhältnisses die herrschende war.

C. Die Periode, in welcher man die Nothwendigkeit der staatsrechtlichen Begründung zu erkennen anfing, weil man die Unzulänglichkeit und Unhaltbarkeit der privatrechtlichen Analogien eingesehen hatte.

Zu A. Aus der 1. Periode, welche mit der Glosse, also Anfang des 12. Jahrhunderts, beginnt und bis ins 17. und 18. Jahrhundert reicht, erlaube ich mir nur 2 Schriftsteller hervorzuheben:

M. ab Ehrenbach (1678), welcher den princeps territorii, wie den Zollpächter oder den Wirth, kraft persönlicher Verschuldung für Versehen oder Nachlässigkeiten seiner Diener haften läßt, sowie

Sam. Stryk (1682), welcher mit Vermengung völkerrechtlicher und privatrechtlicher Fragen, sowie unter Beziehung auf Grundsätze des Mandats, insbesondere auch der actio institoria und exercitoria, die Haftpflicht des princeps anerkennt bei erlaubten Geschäften seines Beamten, bei unerlaubten aber nur dann, wenn solche auf Befehl des princeps oder ohne solchen in officio vollzogen wurden, weil es hier an der rechten Auswahl gefehlt habe.

Wohl mit Recht bezeichnet Z. diese schon längst aufgehobene Methode als eine unrichtige, weil es an der Hauptbedingung der Gesetzesanalogie, der paritas rationis, offenbar fehlt, und sich auch kaum die Aehnlichkeit unseres Falles mit den gesetzlich entschiedenen behaupten läßt.

Zu B. Seit der zweiten Hälfte des 18. Jahrhunderts verschaffte sich die Ansicht eine herrschende Geltung, daß, wie das Verhältniß zwischen dem Landesherrn und seinen Dienern, beziehungsweise zwischen dem Staate und dem Beamten, auf einem Vertrage, insbesondere Mandat beruhe, so auch das Verhältniß des Staates zum Dritten, namentlich dessen Entschädigungspflicht, nach Grundsätzen von der Haftpflicht des mandans zu beurtheilen sei, letztere also bei unerlaubten Handlungen ohne speciellen privatrechtlichen Verpflichtungsgrund oder unleugbare Verschuldung bei Anstellung oder Beaufsichtigung des öffentlichen Dieners wegfalle. Im Vergleiche zu den früheren Ansichten liegt hierin offenbar eine Beschränkung der Haftpflicht des Staates vor. Bei der Unzulänglichkeit dieser Theorie anerkannte man die Entschädigungsverbindlichkeit in der Folge auch da, wenn der Staat eine allgemeine oder spezielle Garantie oder Bürgschaft für die Handlungen der Beamten übernommen habe, oder wenn und soweit eine versio in rem eingetreten sei. Insoferne hiernach vorzugsweise die Grundsätze des Mandats zur Anwendung gebracht werden sollen, ist es einleuchtend, daß nur selten und unzureichend eine Entschädigungs-Klage gegen den Staat thatsächlich begründet werden könnte. — Ueberdies beruht diese Theorie auf 2 unrichtigen Voraussetzungen:

a) auf der, als ob die rechtliche Grundlage des Verhältnisses zwischen dem Staat und seinen Beamten der Mandatsvertrag sei; dies ist heutzutage ein überwundener Standpunkt, vielmehr wird in jenem Verhältnisse nun allgemein ein besonderer öffentlich-rechtlicher Dienstvertrag, allerdings auch mit einer privatrechtlichen Seite, anerkannt. Folgeweise kann auch von einem Rechtsverhältnisse des Dritten (eines Staatsbürgers oder eines Fremden) zu einem Mandatar oder dominus negotii nicht die Rede sein, um so weniger dann, wenn der Dritte und der Staat, beziehungsweise dessen Repräsentant, welcher die Rechte und Pflichten der Staatsgewalt auszuüben hat, nicht kraft freier Willkür, sondern nach der Natur des Staatsverhältnisses in eine Beziehung gebracht werden, welche eine Haftverbindlichkeit des Staates herbeizuführen geeignet ist.

b) auf der weiteren Voraussetzung, daß der Staat da, wo der Beamte durch rechtswidrige Handlungen oder Unterlassungen ohne Auftrag oder Befehl Schaden stifte, vermöge seiner eigenen culpa zum Ersatz verpflichtet sei — denn vom staatsrechtlichen Standpunkte aus kann der moderne Staat — im Gegensatze der ehemaligen, einer höheren Justizgewalt untergeordneten, Landesherren — niemals in dolo oder culpa versiren. Dies ist stets nur bei den vom Staatsoberhaupte unmittelbar oder mittelbar als öffentliche Beamte bestellten physischen Personen möglich. Bei der Unverantwortlichkeit des Souverains, welchen in letzter Reihe doch die Schuld in der Auswahl oder Aufsicht seiner Diener treffen müßte, könnten nur dessen verantwortliche Minister, niemals der Staat, beziehungsweise die Staatskasse für haftbar erklärt werden.

Ausreichenderen Schutz des Beschädigten gewährt allerdings die weiter vielfach versuchte analoge Beziehung der Bestimmungen des gemeinen Rechts über die im Interesse des Publikums größere Haftungspflicht der Schiffsrheder und Kaufleute für die Handlungen der von ihnen bestellten Schiffsführer und Kommis in dem öffentlichen und geschäftsmäßigen Betriebe.

Hiernach würde sich ergeben:

1) der Staat haftet nur für diejenigen Handlungen und Unterlassungen seiner Beamten, welche an sich zum Geschäftskreise dieser Beamten gehören und nicht durch öffentlich verkündigte Einschränkung davon ausgenommen waren;
2) die Nothwendigkeit der Anerkennung dieser Haftpflicht beruht auf einer Förderung des allgemeinen Interesses derjenigen, welche mit den Beauftragten des Staates in Verkehr treten, beziehungsweise treten müssen;
3) die Verbindlichkeit entspringt unmittelbar aus dem Akte der öffentlichen Anstellung; deshalb kömmt es
4) auf eine Verschuldung des Staates in concreto, eine culpa in eligendo, gar nicht an. Der Staat hat es sich selbst zuzuschreiben, daß er diesen Beamten anstellte; nur ihm als praeponens, nicht dem unschuldigen Dritten, darf das Vergehen schaden;
5) für blos casuellen Schaden haftet der Staat nicht, wenn die Beschädigung in der eigenen culpa des Dritten ihren Grund hat, oder dieser selbst in dolo war.

Z. erklärt auch mit dieser Ausdehnung eine Analogie für unzureichend, weil hier stets ein freies, privatrechtliches Kontraktsverhältniß, welches der Beamte als Repräsentant des Staates mit Dritten einging, vorausgesetzt wird, während die Fälle ausgeschlossen sind, da der Beamte, als Träger der obrigkeitlichen Machtbefugnisse, dem seinem Zwange unterworfenen Dritten Schaden zufügte.

Zu C. Die Erkenntniß von der Unzulässigkeit und Unzulänglichkeit dieser privatrechtlichen Analogien führte Sundheim (1827) und nach ihm Pfeiffer (1828) zur Darstellung der staatsrechtlichen Lösung unserer Frage.

Es wird geltend gemacht, daß einem jeden Staatsbürger auch gegen solche Verletzungen seines Privatrechtszustandes, welche aus Handlungen der Staatsgewalt selbst für ihn entstehen, volle Schadloshaltung gebühre; es ergebe sich dies unmittelbar aus dem Staatszwecke (Gewährleistung eines vollkommen gesicherten Rechtszustandes), vorausgesetzt jedoch:

daß die unerlaubten Handlungen nur von eigentlichen, höheren oder niederen Organen des Staats, nicht auch von solchen Personen verübt worden, welche nur unter staatlicher Autorisation handeln, z. B. Anwälte, Notare, Aerzte, es müßte denn eine culpa in eligendo vorliegen;

daß die Schadenszufügung nicht durch Richter erfolgt sei, soweit diese sich auf Entscheidung über streitiges Recht beschränken (vermöge der Grundsätze der Unabhängigkeit und Selbstständigkeit des Richters und im Hinblicke auf die für Abwendung des Unrechts bestehenden Rechtsmittel).

Bei Verwaltungsbeamten müsse aber unterschieden werden, ob ein freies Vertragsverhältniß zwischen ihnen und dem Dritten vorliege, — in welchem Falle dieser die Ermächtigung und Zuständigkeit im Allgemeinen oder insbesondere prüfen soll, — oder ob die zugefügte Rechtsverletzung durch Anwendung des obrigkeitlichen Zwanges bewirkt worden; letzternfalls wird eine dem Subjektionsverhältniß des Beschädigten entsprechende unbedingte Verantwortlichkeit des Staates angenommen.

In diesem Sinne sprechen sich eine Reihe hervorragender Staatsrechtslehrer aus und wurde auch erkannt von verschiedenen höchsten Gerichten in Deutschland.

Allerdings werde dieser Theorie der Vorwurf gemacht, daß damit die Haftpflicht des Staates eine maßlose Ausdehnung erfahre, und daß sie zu unbestimmt sei, namentlich das Gebiet des erzwingbaren Rechts überschreite; indeß erschienen diese Einwendungen unbegründet.

Nachdem Z. die Quellen, sowie die Theorie und Praxis des gemeinen Rechts dargestellt und geprüft hat, giebt er seine dogmatische Entwickelung.

Es werden zunächst drei allgemeine Vordersätze als unbestreitbar aufgestellt und daraus nachstehende Folgerungen gezogen:

1) der Staat wird — abgesehen von einer nützlichen Geschäftsführung für ihn — durch Handlungen von Privatpersonen nicht verpflichtet; folgeweise auch nicht durch diejenigen, welche mit angemaßtem amtlichen Charakter oder unter der betrügerischen Vorspiegelung, als komme ihnen ein solcher zu, zu handeln vorgeben.

2) der Staat kann nur für diejenigen Handlungen, beziehungsweise Unterlassungen seiner Beamten haften, welche innerhalb der ihnen überwiesenen amtlichen Sphäre (NB. unterschiedlich von Zuständigkeit) aufgetreten sind.

Wichtig ist hiebei die Unterscheidung, ob der Beamte sich eine ihm gar nicht zustehende Amtsgewalt angemaßt oder solche mißbraucht hat,

ob ihm das Amt nur Gelegenheit oder Veranlassung zu der widerrechtlichen Handlung gegeben hat, welche gar nicht zu seinen amtlichen Pflichten gehört oder ihm gar verboten ist, oder nicht.

3) Nur solche Handlungen sind geeignet, die staatliche Haftpflicht zu begründen, welche zu dem Zwecke, eine dem Staate obliegende Pflicht zu erfüllen oder eine amtliche Befugniß auszuüben, erfolgten, ohne Rücksicht, welcher Art jene sind, oder welche Mittel angewendet worden.

4) Der Staat kann sich durch Pflichtwidrigkeiten seiner Beamten, ins-

besondere durch Nichterfüllung der ihnen zukommenden Amtshandlungen, soweit solche nicht wegen Zufalls oder höherer Gewalt unterbleiben, nicht von der ihm obliegenden Obligatio befreien.

5) Der Staat, als moralische Person, kann zwar nicht in culpa sein; da es sich bei ihm aber nicht um willkürliche Vertretung, sondern um nothwendige Repräsentation durch die Träger der öffentlichen Gewalt handelt, ohne welche Repräsentation ein lebendiger Organismus nicht bestehen könnte, so muß er auch durch Amtshandlungen beziehungsweise Unterlassungen seiner Organe berechtigt und verpflichtet werden; er muß die Garantie für ihr Verhalten in ihrer amtlichen Sphäre übernehmen. — Bei Geltendmachung einer rechtswidrigen Schadenszufügung — im Gegensatz zur pflichtmäßigen Schadloshaltung bei Ausübung des jus eminens der Staatsgewalt — verursacht durch oder für den Staat, wird aber immerhin vorausgesetzt eine objektive Rechtswidrigkeit und eine subjektive Verschuldung des Beamten.

Im Einzelnen unterscheidet Z. — mit andern Staatsrechtslehrern — zwei Klassen der Haftungspflicht des Staats:

I. Diejenigen Fälle, worin es sich um ihrer Natur nach privatrechtliche Geschäfte handelt, welche für den Staat von den dazu bevollmächtigten Beamten mit andern Personen (Staatsbürgern oder Fremden) eingegangen wurden;

II. diejenigen, wo es sich um Geltendmachung öffentlicher Machtbefugnisse gegen die der Amtsgewalt Unterworfenen handelt, und rechnet zu letzteren auch

III. diejenigen Fälle, welche unter den Gesichtspunkt einer Konkurrenz der Obrigkeit zur Legalisirung privatrechtlicher Geschäfte, Confirmation oder Beurkundung von Rechtsakten mit der dazu erforderlichen publica fides fallen.

Zu I. Hier sind lediglich die Grundsätze des bürgerlichen Rechts maßgebend, und besteht also die Haftpflicht des Staates:

1) wenn der Beamte zum Abschluß von Geschäften dieser Art im Allgemeinen oder besonders Vollmacht hat und die Grenzen der letztern nicht überschreitet;

2) wenn die für den Abschluß des Geschäfts bestehenden gesetzlichen Formen beobachtet und die rechtlichen Voraussetzungen dafür erfüllt worden sind.

Dazu gehören insbesondere auch die Staatsanleihen, wobei jedoch durch die gesetzgebende Gewalt oder durch das staatliche jus eminens in das Recht der Staatsgläubiger eingegriffen werden kann und eine Beschränkung der Verbindlichkeiten des Staates nicht ausgeschlossen ist.

Weiter — soweit es sich insbesondere um die Ueberschreitung der Grenzen der Vollmacht handelt (I, 1), geht die Haftpflicht des Staates da, wo die öffentliche Betreibung eines Geschäftes durch dazu bestellte Geschäftsführer (institores) in Frage steht, — zumal wo der Staat solches ausschließlich oder gar kraft eines Monopols betreibt, z. B. Salz-Tabaksregie, Posten, Eisenbahnen, Telegraphen, vergl. H.-G.-B. Art. 41 ff., Handlungsbevollmächtigte, 395 ff., Frachtgeschäft, 423 ff., Eisenbahnenhaft, 452 ff.

Hier wird für die Haftpflicht des Staates insbesondere nicht culpa in Auswahl oder Aufsicht erfordert, noch jene ausgeschlossen durch rechtswidrige Thätigkeiten oder pflichtwidrige Unterlassungen der Diener; es liegt kein Grund vor, hier für den Staat vortheilhaftere Grundsätze aufzustellen, als für das gleiche oder gleichartige Geschäfte betreibende Privatpersonen, obwohl manche Gesetzgebungen hierüber abweichende Bestimmungen enthalten, z. B. das preußische Landrecht und der deutsch-österreichische Telegraphen-Vereinsvertrag von 1857.

Bei gerichtlichen Hinterlegungen hält Z. es für zweifelhaft, ob hier die Haftpflicht des Staates lediglich nach privatrechtlichen Grundsätzen zu beurtheilen sei oder auch nach staatsrechtlichen. Nehme man die ersteren zu Hilfe, so könnte sicher nicht die Analogie des Mandats zur Anwendung kommen, sondern eher die des Institoren-Verhältnisses oder des receptum der Schiffer und Gastwirthe, und übernehme der Staat die Gewährung einer Garantie vermöge der ihm obliegenden Schutzpflicht jedenfalls da, wo eine gesetzliche Verpflichtung zur Hinterlegung bestehe. Indeß erklärt sich Z. auch hier für die staatsrechtliche Begründung der Haftpflicht des Staates, welche eine unbedingte und primäre sei, sobald er in gesetzlicher Form und Weise in jenes bestimmte Rechtsverhältniß durch den betreffenden Staatsbeamten dem Einzelnen gegenüber eingetreten sei. Nur reiner Zufall oder höhere Gewalt könne ihn von der obligatorischen Verpflichtung befreien und werde dabei insbesondere vorausgesetzt, daß

a) die Hinterlegung gesetzlich nothwendig oder erlaubt war,

b) daß der amtliche Dispositionsakt vollzogen sei.

Selbstverständlich höre sie aber wieder auf im Augenblicke der amtlichen Rückgabe der Sache; längeres Liegenlassen der Sache beim betreffenden Beamten binde den Staat nicht.

Zu II. können privatrechtliche Gesichtspunkte nicht, vielmehr nur öffentlich rechtliche entscheidend sein, da die Amtsgewalt — sowohl im Verhältniß zwischen dem Staat und seinen Beamten, als in demjenigen zwischen dem Staat und dem Dritten durch Vermittelung der Beamten — nicht auf dem Mandats- — oder einem ähnlichen privatrechtlichen Vertrage beruhe, sondern Ausfluß der höchsten Gewalt im Staate, und die Subjektion des Staatsbürgers eine nothwendige Folge der staatlichen Ordnung sei. Dieser beuge sich nicht blos freiwillig oder aus Zweckmäßigkeitsgründen, sondern in Folge der allgemeinen Rechtsordnung den Verfügungen und Befehlen der Staatsbehörden, und wenn auch der bürgerliche Gehorsam seine rechtlichen Grenzen habe, so daß der gewaltsame Widerstand gegen die zwangsweise Ausführung offenbar rechtswidriger Befehle straflos erscheine, so könne der Staat aus der Unterlassung solchen Widerstandes doch keinen Grund ableiten, seine Haftpflicht für den aus den unrechten Handlungen seiner Beamten etwa entstandenen Schaden abzulehnen.

Die nothwendigsten Staatsanstalten würden sonst, wie Dahlmann richtig bemerke, nur in einen Zuwachs von Lasten sich verwandeln. — Wo die Beamten als Organe des Staates handeln und von der ihnen übertragenen Amtsgewalt für staatliche Zwecke Gebrauch machen, müssen ihre Handlungen rechtlich als Handlungen des Staates betrachtet werden; so sei die Haftpflicht des Staates für Schadenszufügung seiner Beamten eine streng rechtliche, nicht blos moralische, und werde durch Anerkennung dieser Pflicht kein Unrecht gegen die Steuerpflichtigen begangen.

Die Grenzen seien bestimmt und in den allgemeinen Voraussetzungen gegeben. Während Z. nun bei der ersterwähnten Klasse — wenn es sich nämlich um ihrer Natur nach privatrechtliche Geschäfte handelt — eine primäre Haftpflicht des Staates annimmt, hält er dagegen hier dieselbe blos für eine subsidiäre, da diese Verpflichtung nur die Natur einer Bürgschaft, Garantieleistung oder Gewähr dafür habe, daß der Staatsbürger nicht durch das Prinzip der Staatsordnung selbst benachtheiligt werde, und da die Verpflichtung des Staates erst durch Mißbrauch der obrigkeitlichen Zwangsgewalt, beziehungsweise pflichtwidrige Nichtausübung des Amtes begründet werde. Von sich aus habe der Staat durch Bestellung der erforderlichen Beamten mit Ausrüstung der geeigneten Machtmittel seine nächste Obliegenheit erfüllt.

Demgemäß könne der Staat erst dann, wenn der Verletzte von dem Beamten, durch welchen der Schaden herbeigeführt worden, nichts erhalte, in Anspruch genommen werden; es müßte denn sein, daß gegen den Staat eine Klage auf Herausgabe des id, quod ad eum pervenit, oder eine condictio indebiti begründet wäre.

Zu III. zählt Z. alle Fälle, wo bei Ausübung der s. g. jurisdictio voluntaria der Einzelne durch Versehen oder rechtswidrige Handlungen des betr. Beamten in Schaden gekommen ist, und läßt den Staat, wie zu II. subsidiär dafür haften, da der Staatsbürger als solcher, nicht als freiwilliger Paciscent der Obrigkeit gegenüber trete und ebenso berechtigt als verpflichtet sei, der von Staatswegen dem Beamten beigelegten publica fides zu vertrauen.

Als besondere Beispiele werden erwähnt: die Versehen der Obervormundschaft, der Hypothekenbewahrer und der öffentlichen Beurkundungsbeamten (— wohin die Notare in dieser Beziehung nicht gerechnet werden —), sofern es sich um eine formell mangelhafte (nicht auch innerlich fehlerhafte) Beurkundung handle.

Nach dieser Entwickelung der allgemeinen Grundsätze und nach Behandlung der verschiedenen Fälle erörtert Z. noch 3 einzelne Fragen, nämlich:

A. ob die Haftpflicht des Staats sich auf alle öffentlichen Funktionäre beziehe?

B. ob und inwiefern ein Unterschied zwischen richterlichen und Verwaltungsbeamten zu machen sei?

C. ob die Haftpflicht des Staats auf den durch positive Handlungen der Beamten verursachten Schaden zu beschränken sei, oder auch bei pflichtwidrigen Unterlassungen eintrete?

Zu A. geht das Gutachten dahin, daß nur wirkliche Staatsdiener — ohne Unterschied jedoch, ob dieselben unmittelbar vom Staatsoberhaupt oder etwa von dem betr. Ministerium angestellt worden, — den Staat verpflichten, nicht auch diejenigen Personen, auf deren Funktionen der Begriff des Staatsdienstes keine Anwendung finde, mögen sie auch zur Ausübung ihrer Thätigkeit einer öffentlichen Autorisation bedürfen. Diese s. g. Diener des Publikums, wozu insbesondere Anwälte, Aerzte und namentlich auch die Notare (nach der historischen Entwickelung dieses Instituts und da dieselben nicht als eigentliche Organe des Staats betrachtet werden können) gehören, handeln nicht für den Staat, — weshalb dieser auch nicht Subjekt einer obligatio werde und eine Garantie für die Leistung jener Diener nicht übernehme, und stehe es dem Einzelnen frei, sich nach Auswahl und seinem besondern, freien Vertrauen dieser öffentlichen Funktionäre für seine Privatzwecke zu bedienen. Endlich sei auch hier die Theorie einer culpa in Auswahl und Aufsicht von Seite des Staats unzuläſſig.

Zu B. — erst wichtig seit Trennung der Justiz von der Verwaltung — wird zunächst daran erinnert, daß noch Pfeiffer u. A. den völligen Ausschluß der Haftpflicht des Staates für Akte der rein richterlichen Gewalt — wozu also Akte der dem Richter übertragenen Administration, der civilrichterlichen Exekutionsgewalt, sowie des richterlichen Hilfspersonals nicht gehören — vermöge der Selbstständigkeit und Unabhängigkeit des Richteramts zu den nothwendigen Einschränkungen der Haftpflicht des Staates rechnen, dagegen aber geltend gemacht, daß auch hier solche nicht ausgeschlossen sei. Auch die Gerichte seien Organe der Staatsgewalt in ihrer Sphäre; das Richteramt sei, wie jeder andere Staatsdienst, ein übertragener Bestandtheil der einheitlichen und untheilbaren Staatsgewalt auf die dazu berufenen Subjekte; die gewährte Selbstständigkeit und Unabhängigkeit der Richter schließe nur jeglichen persönlichen Einfluß des Regenten und aller Regierungsorgane auf die Rechtspflege in formeller und materieller Hinsicht aus. Nicht etwa wegen culpa in Auswahl und Aufsicht, sondern vermöge der nothwendigen Garantie des Staats für die Akte seiner mit öffentlicher Gewalt betrauten Organe trete in Folge eines ob- und subjektiven damnum injuria datum dieser Organe die Haftpflicht des Staates — jedoch nur subsidiär — ein. Selbstverständlich sei aber diese Haftpflicht ausgeschlossen, wenn eine blos unrichtige, sei es auch vom Oberrichter als sententia iniqua aufgehobene Beurtheilung einer Rechtssache an sich vorliege, oder wenn der durch eine widerrechtliche Verletzung der Richterpflicht unwiederbringlich Beschädigte durch Gebrauch der gesetzlichen Rechtsmittel den ihm drohenden Nachtheil hätte abwenden können. Unter dieser Voraussetzung sei schon die, auch in den Reichsgesetzen anerkannte, Syndikatsklage statthaft. — Als einzelne Beispiele werden erwähnt, wenn ein Richter trotz eingelegter Rechtsmittel mit der offenbarsten Widerrechtlichkeit seine exekutorische Zwangsgewalt anwendet, wenn er ungerechtfertigten Verhaft oder Beschlag erkennt, Geständnisse erpreßt und dgl.. und wird endlich darauf hingewiesen, daß es sicher sonderbar wäre, bei Handlungen, die ohnedem mehr dem freien Ermessen des Richters anheimgegeben seien, die aus dem Prinzip der Garantieleistung des Staates abgeleitete Haftpflicht gerade da nicht anzunehmen, oder beim Mißbrauch derjenigen Amtsgewalt auszuschließen, welche mit den stärksten und am tiefsten in die Freiheit oder in die individuelle Rechtssphäre der Staatsbürger eingreifenden Zwangsmitteln ausgerüstet sei.

Zu C. wird in dem Gutachten ausgeführt, daß ein Grund zur Unterscheidung von Handlungen und Unterlassungen nicht vorliege, da in allen Fällen, wo die Unterlassung selbst eine rechtswidrige sei, sie der positiven Handlung ganz gleichstehe, sofern der Beschädigte dem Beamten gegenüber in einem konkreten Rechtsverhältniß stehe und befugt sei, eine nach Gegenstand, Art und Maß begrenzte, unbedingte, positive Thätigkeit von ihm als sein Recht zu fordern; die pflichtwidrige Unterlassung stelle sich dann als selbst fortwirkende Ursache des eingetretenen Schadens dar, z. B. bei widerrechtlicher Unterlassung einer Arrestanlage, des Verhörs eines Gefangenen, bei sorgloser Aufbewahrung eines Depositums, wegen Vernachlässigung öffentlicher Brücken u. s. w.

Sei freilich der Schaden durch positive Handlungen dritter Personen, die selbst ex suo delicto haften, verursacht, und fehle es an jenen bestimmten Merkmalen der zu entwickelnden Thätigkeit, so liegen auch die nothwendigen Voraussetzungen zu einer Justizsache nicht vor, da in solchen Fällen das Ermessen der Obrigkeit darüber zu entscheiden habe, ob die Anwendung der öffentlichen Machtmittel in concreto möglich, zweckmäßig oder geboten und ausreichend war, und der Richter nach Rechtsgründen über derartige Punkte nicht urtheilen könne. So wenig in solchen Fällen, z. B. bei Beschädigungen durch Tumulte gegen den etwa säumigen Beamten selbst eine Schadensklage begründet erscheine, so könne auch eine subsidiäre Haftpflicht des Staats nicht angenommen werden.

Meine hochgeehrten Herren! Bevor ich auf das zweite Gutachten des Herrn Professor Dr. Bluntschli übergehe, gestatten Sie mir, Ihnen über die

neueren gesetzlichen Bestimmungen

einen kurzen Ueberblick zu geben:

Soweit bekannt, beziehen sich dieselben meist nur auf einzelne Fälle; mit Z. wird aber angenommen werden dürfen, daß, insoferne daraus die Anerkennung eines allgemeinen Prinzips hervorgeht, die Analogie auch für andere unbestimmte Fälle zu ziehen ist.

In Oesterreich anerkennt ein Patent vom 1. September 1781 den Anspruch der Unterthanen auf Entschädigung wegen der ihnen von den Beamten zugefügten Rechtsverletzungen aus staatsrechtlichen Gründen und erklärt eine V.-O. von 1859 den Staatsschatz für unmittelbar haftbar für den aus Vernachlässigung der den betr. Gerichtsbehörden übergebenen Vermögenschaften entstehenden Schaden.

In Preußen, wo das Landrecht nur die Haftpflicht der untergeordneten Gerichtsherrschaften zu regeln sucht, in Hannover und Würtemberg finden sich keine besonderen Bestimmungen vor; dagegen bezeichnet in Baden das Gesetz vom 3. August 1837 über die öffentlichen Hinterlegungen den Staat für unbedingt und primär haftbar für die bei ihm vorschriftsgemäß hinterlegten Gelder, (vergleiche insbesondere §. 17) — die St.-P.-O. vom 1864 §. 184 — das E.-G. zum St.-G.-B. 1851 §. 26 wiederholend, — die Staatskasse als subsidiär haftbar für den Schaden, welcher durch aus Vorsatz oder grober Verschuldung widerrechtlich verfügte oder verlängerte Gefangenschaft verursacht worden; zur primären Geltendmachung des Schadens gegen den schuldigen Beamten bedarf es, wie überhaupt so auch hier nicht mehr der 1851 noch vorbehaltenen Genehmigung der Dienstbehörde, und kann der Kläger, welcher die Staatskasse rechtzeitig zum Streite beiladen ließ, von derselben auf Vorlage des rechtskräftigen Urtheils und eines Zeugnisses über die Unbeibringlichkeit der Forderung Zahlung verlangen. Nach dem Entwurf eines Preßgesetzes von 1866 §. 26 endlich gebührt dem durch Beschlag einer Druckschrift Beschädigten Ersatz des Schadens aus der Staatskasse, wenn der Staatsanwalt oder die Polizeibehörde vorsätzlich oder aus grober Fahrlässigkeit den Beschlag ohne genügenden Grund verfügt hat. — In Kurhessen ist nach V.-O. vom 11. Okt. 1776 eine subsidiäre Verpflichtung sowohl der Gerichts- als der Landesherrschaft anerkannt, insbesondere bezüglich der Depositen wieder neuerlich nach V.-O. vom 29. Sept. 1823; ähnlich anderwärts, z. B. in Altenburg nach V.-O. v. 18. Dezbr. 1840. — Eine verfassungsmäßige Haftpflicht des Staats für die Schäden, welche einem Staatsangehörigen durch Arglist oder grobe Verschuldung der Staatsbeamten als solcher verursacht worden, bestimmen die Gesetze für Koburg-Gotha von 1852, wie schon früher für Schwarzburg-Sondershausen von 1844, welch' letzteres jedoch durch spätere Anordnungen wieder beseitigt worden ist.

Soweit die deutschen Grundrechte v. 27. Dezbr. 1848 in §. 8. bestimmten: im Falle einer widerrechtlich verfügten oder verlängerten Gefangenschaft sei der Schuldige und nöthigenfalls der Staat dem Verletzten zur Genugthuung und Entschädigung verpflichtet, gilt dieser Grundsatz, außer in Baden, auch noch in Braunschweig, Oldenburg und Anhalt-Bernburg, und haftet endlich in Hamburg der Staat nach einem Gesetze vom 11. Aug. 1859 für die gegen Verwaltungsbehörden wegen deren nichtrichterlichen Verfügungen einem Verletzten zuerkannten Entschädigungen.

Wenden wir uns nun zum zweiten Gutachten, das von Herrn Dr. Bluntschli erstattet ist, so können Sie aus demselben entnehmen, daß hierin, wenigstens theilweise, von anderen Gesichtspunkten ausgegangen wird. Zunächst wird an die civilrechtlichen Voraussetzungen einer aus einem Verschulden entspringenden Entschädigungspflicht erinnert und hieraus gefolgert, daß, da in unserer Frage eine Verschuldung der Staatsgewalt selbst nicht unterstellt werde, der Staat und seine Beamte aber zwei verschiedene Personen seien, weil ferner durchschlagende Rechts- oder Billigkeitsgründe für eine Haftpflicht des Staates nicht vorliegen, diese im Allgemeinen nicht anerkannt und nur eine beschränkte unter bestimmten Voraussetzungen eingeräumt werden könne. Wegen der weiteren Ausführung verweise ich auf das in den Verhandlungen des Juristentages abgedruckte Gutachten des Herrn Prof. Bluntschli.

Es wird in demselben anerkannt, daß der Rechtsschutz, welcher einem beschädigten Privaten gegen den Beamten gewährt werde, durch dessen Pflichtverletzung er Schaden erlitten habe, gegenwärtig noch ziemlich mangelhaft bestellt und vielfach noch dadurch erschwert, beziehungsweise vorenthalten sei, daß im Interesse der öffentlichen Diener diese vor der gerichtlichen Verfolgung jener Ansprüche gegen sie sicher gestellt seien. Schließlich geht die Ansicht des Herrn Dr. Bluntschli dahin:

„Der Deutsche Juristentag solle sich, wenn er überhaupt in dieser „schwierigen Frage einen Ausspruch wagen will, gegen eine allgemeine Ersatzpflicht des Staates, beziehungsweise der Gemeinde, aussprechen für Schaden, der durch vorsätzliche oder kulpose Verletzung der „Dienstpflicht von Seiten seiner Beamten einem Dritten zugefügt wurde, „und nur ausnahmsweise aus besonderen Gründen eine derartige Ersatzpflicht anerkennen, wobei es dann von der Art des besonderen Rechtsgrundes — z. B. geschäftsmäßige Uebernahme der Verantwortlichkeit im „Gegensatz zur Delictschuld — abhängt, ob dieselbe in erster Reihe „oder nur subsidiär eintritt."

In der Sache selbst werde ich — um Ihrer Diskussion nicht vorzugreifen und um dieser nur eine Grundlage zu weisen — ganz kurz sein. Ich erkläre mich im Allgemeinen für die im ersten Gutachten von Herrn Professor Zachariae niedergelegte Ansicht und schließe mich im Wesentlichen auch seinen Gründen an. Nur bei zwei Punkten werde ich zu einer andern Begründung, beziehungsweise zu einem andern Ergebnisse kommen.

Dagegen scheint mir der Standpunkt, wie er im zweiten Gutachten festgehalten wird, wohl der möglichsten Schonung der Staatskasse, beziehungsweise der Gesammtheit der Staatsbürger zu entsprechen, keineswegs aber geeignet, den noch mangelhaft bestellten Rechtsschutz der Staatsbürger gegen die von den Beamten selbst widerrechtlich ausgegangenen Schäden zu bessern. Daß ein solcher Rechtsschutz gewährt werden müsse, ist darin selbst anerkannt; daß derselbe nur ein ausreichender und sicherer sein könne, wird aus Rechts-, nicht blos aus Billigkeitsgründen nicht minder einzuräumen sein. — Glücklicherweise tritt übrigens die Erfüllung dieser Pflicht erfahrungsgemäß so selten an den Staat heran, daß damit eine Gefahr für die Staatswirthschaft nicht verbunden sein kann, und sollten ja seine vorgesehenen Mittel dazu nicht ausreichen, so wird es sich auch aus dem Gesichtspunkte der Gesammtbürgschaft der Staatsbürger für derartige Schäden wohl rechtfertigen lassen, zu jenem Zwecke in geeigneter Weise auf Beschaffung außerordentlicher Mittel bedacht zu sein. Die sonst von Bluntschli erwähnten Befürchtungen werden in der That nicht zutreffen, weil mit Annahme der nothwendigen Voraussetzungen und Beschränkungen der staatlichen Haftpflicht, diese bei den unterstellten Fällen, sei es wegen Mitverschuldung des Beschädigten oder wegen höherer Gewalt u. dgl. nicht eintreten wird. Insbesondere darf aber meines Erachtens die Befürchtung sich nicht Eingang verschaffen, als ob durch Annahme der staatlichen Haftpflicht eine fleißige und kräftige Thätigkeit des Beamten gefährdet würde; denn auf der einen Seite werden ohnedem Entschädigungsklagen nicht leichthin von den Gerichten angenommen werden, auf der andern Seite aber werden tüchtige und charakterfeste Beamte — deren möglichst freie Selbstthätigkeit mit voller Verantwortlichkeit allgemein erstrebt werden muß — sich durch etwa in Aussicht stehende Haftpflicht gegenüber dem Beschädigten, beziehungsweise Regreßpflicht gegenüber dem Staate keineswegs abhalten lassen, ihre Schuldigkeit zu thun.

Ohne in weitere Ausführungen einzugehen, erlaube ich mir nur, Ihre Aufmerksamkeit noch auf zwei Punkte zu richten:

Der eine betrift das Depositum, worüber im ersten Gutachten bemerkt ist, daß dieses nicht blos nach privatrechtlichen Grundsätzen zu beurtheilen sei, sondern daß dabei auch staatsrechtliche Gesichtspunkte mit einschlagen. Insoferne daraus im Einzelnen andere Pflichten des Depositars, als diejenigen einer civilrechtlich verpflichteten Privatperson abgeleitet werden wollten, scheint mir kein genügender Grund hiezu vorzuliegen, vielmehr müssen die Pflichten ganz gleich sein, da, wie im zweiten Gutachten ganz richtig erklärt ist, die Deponirung nicht an die Person des Beamten, vielmehr lediglich an die Behörde erfolgte. Die Hinterlegung bleibt ein rein privatrechtlicher Akt, sie mag eine freiwillige oder eine gesetzliche sein; dort bietet der Staat eine Gelegenheit zur Hinterlegung dar, hier legt er den Staatsbürgern eine Verpflichtung auf, und besteht somit der Unterschied nur darin, aus welchen Beweggründen oder aus welchem Anlaß der Akt geschah; am Wesen oder an den hieraus entspringenden Verbindlichkeiten kann aber die Freiwilligkeit oder Verpflichtung des Hinterlegers keinerlei Eintrag thun. Sodann gelange ich bei der erwähnten II. und III. Klasse der Haftpflicht des Staats — in den Fällen nämlich, wo es sich um Geltendmachung der öffentlichen Machtbefugnisse gegen die der Amtsgewalt Unterworfenen und um die Wirkung der publica fides handelt — zu dem Ergebniß, daß auch hier der Staat nicht blos subsidiär, sondern gleichfalls primär zu haften hat. Die Gründe hierfür liegen mir gerade in den allgemeinen Grundsätzen, wie sie im ersten Gutachten niedergelegt sind, insbesondere in der Erwägung, daß die Beamten in der ihnen zugewiesenen Thätigkeit die Repräsentanten des Staates sind, diesen bei den bezeichneten Voraussetzungen sowohl berechtigen als verpflichten, und daß der Staat einen sichern Rechtsschutz zu gewähren hat. Schon K. Salomo Zachariae hat in seinen 40 Büchern vom Staate in dieser Beziehung sich dahin ausgesprochen:

„Die Entschädigungspflicht des Staatsherrschers erstreckt sich insbesondere auch auf den Fall, da ein Beamter als solcher, d. i. durch einen Mißbrauch seiner Amtsgewalt einzelnen Unterthanen einen Schaden zugefügt, z. B. eine Verhaftung widerrechtlich vorgenommen oder Privateigenthum, das er als Beamter in seinem Gewahrsam hatte, in seinem Nutzen verwendet hat Und zwar hat der Staatsherrscher seine Beamten in Fällen dieser Art nicht blos als Bürge, sondern schlechthin zu vertreten, wenn schon mit dem Vorbehalt, daß er seinen Rückgriff gegen den Beamten nehmen kann. Man wende nicht ein, daß ein Beamter, da er als Bevollmächtigter des Staatsherrschers zu betrachten sei, nicht durch eine widerrechtliche Handlung seinen Machtgeber verpflichten könne. Ein Beamter ist mehr als ein bloßer Bevollmächtigter; er ist in Beziehung auf sein Amt schlechthin als eine und dieselbe Person mit dem Staatsherrscher oder als dessen Vertreter zu betrachten. Denn ihm ist insoferne derselbe Gehorsam, wie dem Staatsherrscher zu leisten. Und was bliebe von der Verbindlichkeit des Staatsherrschers, seine Beamten zu vertreten übrig, wenn man ihr die Verantwortlichkeit der Beamten entgegenhalten könnte?"

Wird einmal der Rechtsschutz und folgeweise die Haftpflicht des Staats auch gegen unerlaubte Handlungen seiner Beamten anerkannt, so muß der Beschädigte zugleich in die Lage versetzt werden, sich den Rechtsschutz auf die sicherste und einfachste Weise zu verschaffen. Es wäre weder mit jener staatsrechtlichen Begründung über das Verhältniß zwischen Staat und seinen Beamten noch mit der Billigkeit vereinbar, den Beschädigten vorerst auf die Rechtsverfolgung gegen Personen zu verweisen, von welchen es immerhin ungewiß ist, ob von ihnen nach langwierigem Rechtsstreite und endlich erwirktem Urtheile auch die zuerkannte Strafe zu erlangen ist, und käme man andernfalls zu dem Schlusse, daß der Beschädigte, nachdem er den Vertreter des Staats zwar siegreich, aber erfolglos, ausgeklagt, unter Umständen gegen den ihm gegenüber wahrhaft Schuldigen den schwierigen Rechtsweg nochmals betreten müßte. Diese, auch im Interesse des staatlichen Kredits, wie des auf einen vollen Rechtsschutz berechtigten Beschädigten beruhende primäre Haftpflicht des Staats enthält zudem nicht eine größere Belastung für ihn, da ihm jedenfalls der Rückgriff auf den ihm verantwortlichen Beamten zusteht, und er somit nicht in die Lage kömmt, mehr zahlen zu müssen, als bei einer nur subsidiären Haftpflicht. Ueberdies wird es ihm in vielen Fällen ein Leichteres sein, von dem Beamten den Schadensbetrag sich zu verschaffen, (Abzug von Besoldung, Kaution &c.), als dies dem beschädigten Staatsbürger möglich ist, und kömmt endlich in Betracht, daß der ganze Unterschied zwischen primärer und subsidiärer Haftpflicht eigentlich kein sachlicher, sondern mehr nur ein prozessualischer ist.

Was endlich die Haftpflicht der Gemeinden für ihre Beamten betrifft, so werden ähnliche Grundsätze maßgebend sein, sofern die Wahl und Bestellung der Gemeindebeamten von jenen selbstständig — wenn auch mit geeigneter staatlicher Aufsicht und Bestätigung — ausgeht; andernfalls müßte die Haftpflicht demjenigen zufallen, welchem die Besetzung des Amtes gesetzlich zusteht.

Hienach erlaube ich mir, meine Herren, folgende allgemeine Sätze Ihrer Prüfung und etwaigen Zustimmung zu unterbreiten:

1) Der Staat haftet für Schäden und Nachtheile, welche seine Beamten einem Dritten durch widerrechtliche Handlungen zugefügt haben.

2) Die Haftpflicht tritt nur ein, wenn und soweit der Beamte selbst nach Grundsätzen des bürgerlichen Rechts mit einer Entschädigungsklage belangt werden kann.

3) Der Schaden muß die unmittelbare und unvermeidliche Folge der Handlungsweise des Beamten sein, darf also

4) insbesondere ,weder durch positive Handlungen Dritter, ohne mitwirkendes Verschulden des Beamten, noch durch hinzutretende Schuld des Beschädigten verursacht worden sein.

5) Nur wirkliche Beamte des Staats, sie mögen übrigens höhere oder niedere Organe des Staates sein, verpflichten denselben, nicht auch andere öffentliche Funktionäre.

6) Insbesondere haftet der Staat auch für die widerrechtliche Pflichtverletzung der Richter, sofern es sich hier nicht blos um unrichtige Gesetzesanwendung bei Urtheilsfällung handelt.

7) Der Beamte muß innerhalb der ihm gesetzlich zugewiesenen Sphäre und zum Zwecke, eine dem Staate obliegende Pflicht zu erfüllen, oder eine amtliche Befugniß auszuüben, gehandelt haben.

8) Die Widerrechtlichkeit muß in Vorsatz oder grober Fahrlässigkeit bestehen.

9) Es ist gleichgiltig, ob die Pflichtverletzung in einer positiven Handlung oder in einer Unterlassung lag, sofern letztern Falls der Beschädigte dem Beamten gegenüber in einem konkreten Rechtsverhältnisse stand und hiernach befugt war, eine nach Gegenstand, Art und Maß bestimmte Thätigkeit von dem Beamten zu fordern.

10) Die Haftpflicht des Staats ist eine primäre:

   a) sowohl in den Fällen, worin es sich um ihrer Natur nach privatrechtliche Geschäfte handelt, welche für den Staat von dem dazu bevollmächtigten Beamten mit andern Personen eingegangen wurden, als

   b) in den Fällen, wo es sich um die Geltendmachung öffentlicher Machtbefugnisse handelt, zu welchen letztern

   c) auch diejenigen zu rechnen sind, wo Bestätigungen, Beurkundungen u. dgl. von Rechtsakten mit der dazu erforderlichen publica fides erfolgen.

11) Die Haftpflicht des Staats ist namentlich in den zu 10 a. bezeichneten Fällen die gleiche bürgerlich rechtliche, wie die einer Privatperson, wenn diese das fragliche Geschäft abgeschlossen hätte.

12) Aehnliche Grundsätze treten bei der Haftpflicht der Gemeinden ein, so fern diese ihre Beamten selbstständig bestellen.

Präsident Dr. **Gneist**: Ehe wir in die Debatte eintreten, erlaube ich mir einige Vorbemerkungen über den Gang derselben. Der Herr Referent stellt 12 Thesen auf, die gewisse Schwierigkeiten für die Debatte und die Fragestellung darbieten werden. Diese Schwierigkeiten liegen zunächst in der Sache selbst und ich glaube, wir sind dem Herrn Referenten zu Dank verpflichtet, daß er diese Frage sich nicht leicht gemacht hat, sondern auf der Grundlage der sachverständigen Gutachten in einer Weise eingestiegen ist, welche Fleisch und Blut hat für die Gesetzgebung und Rechtsprechung. Die Schwierigkeiten sind zum Theil aber auch formelle. Das werthvolle Gutachten des Herrn Professor Zachariä durch Abdruck den Mitgliedern mitzutheilen, war nicht möglich und nach unsern Grundsätzen nicht üblich, und ebensowenig war es ausführbar, die Anträge des Herrn Referenten durch Druck zu vertheilen, um die 12 Thesen vor Augen zu führen. Ich erlaube mir daher folgenden Vorschlag. Wir beschränken uns für jetzt auf die erste These, welche lautet: „Der Staat haftet für Schäden und Nachtheile, welche seine Beamten einem Dritten durch widerrechtliche Handlungen zugefügt haben." Mit dieser ersten Thesis verbinden wir die General-Debatte. Der Gang der General-Debatte wird dann ergeben, welche Thesen eine Abkürzung oder vielleicht engere Gruppirung für die Debatte erfahren sollen. Wenn kein Widerspruch erfolgt, so beschränken wir uns auf die Thesis I.

Da kein Widerspruch erfolgt, so bitte ich die Herren sich zum Worte zu melden.

Professor Dr. **Brinz** aus Tübingen: Der Satz, welcher das Thema der General-Debatte bilden soll, ist auf der einen Seite von ungeheurer Weite, ein Umstand, der gerade dadurch bedenklich wird, daß ihm auf der andern Seite eine unzählbare Menge der konkretesten und zugleich verschiedensten Fälle gegenübersteht. Wenn ich recht sehe, so liegt hier eine von den Fragen vor, bei denen es sich mehr darum handelt, das ganze reiche Feld der Casuistik, der faktischen Casuistik, klar und scharf abzugrenzen, als gleich von vornherein nach den Regeln zu fragen, welche für diese Fälle gelten sollen. Ich wenigstens für meinen Theil muß erklären, daß ich augenblicklich nicht in der Lage bin, jenes ganze reichhaltige Feld von Fällen zu übersehen, und für welche Fälle wir eine Regel feststellen sollen, überdieß eine gleichartige, generelle, gleichlautende Regel. Denken Sie an einen von den Fällen, welche Hofrath Bluntschli niedergelegt hat, z. B. an die Depositenfrage, an die Frage nach der Haftung des Staats wegen Uebernahme von Frachten u. dergl., so sind diese civilistisch betrachtet so verschieden, und nach dem bestehenden Recht so verschieden zu beurtheilen, daß ich mir nicht getrauen würde, in diesem Augenblicke den Satz auszusprechen, der wie er lautet, geltendes Recht ausgesprochen haben will. Dieser Satz lautet: „Der Staat haftet." Es ist nach dieser Fassung anzunehmen, daß nicht de lege ferenda gesprochen werden soll, sondern daß ausgesprochen werden will, was bei uns Rechtens sei; aber auch für den Fall, daß de lege ferenda gesprochen werden soll, hätte ich nicht die Courage, den generellen Satz hinzustellen, wie er lautet. Es scheint mir das Gutachten von Professor Bluntschli, welches das einzige ist, das wir vor uns liegen hatten, von der Art zu sein, daß wir uns, so kurz gefaßt es auch ist, im ganzen Großen demselben anschließen könnten, vor allem wegen der Unbestimmtheit im Schlußantrag; zugleich aber schlägt dieses Gutachten den Weg ein, von dem ich glaube, daß er gegangen werden muß, wenn die Frage fruchtbringend gelöst werden soll. Es muß vor allem die Menge der so sehr verschiedenen Fälle auseinander gehalten werden.

Es ist mir in der übrigens sehr dankenswerthen Berichterstattung des Herrn Referenten der Unterschied aufgefallen, welcher zwischen staatsrechtlicher und privatrechtlicher Haftung gemacht wird; wenn ein Unterschied besteht, so muß er seine Konsequenzen haben, welche leicht in ein anderes Resultat auslaufen können, als welches in dem vorgeschlagenen Satz enthalten ist; aber die Frage selbst, ob wir gegenüber der Haftungsfrage unterscheiden können, zwischen privatrechtlicher und staatsrechtlicher Haftung, ist eine Frage, über die ich längeres Besinnen mir vorbehalten müßte. Aber entschuldigen Sie, m. H., daß ich gleich mit dem Hauptbedenken hervorgetreten bin, daß es noch an dem Abschlusse der Darstellung der Fälle mangelt, für welche die Regel gelten soll und daß daher zur Zeit die Regel noch nicht aufgestellt werden kann.

Präsident: Dürfte ich fragen, ob der Herr Redner den Antrag vom Hofrath Bluntschli wieder aufnehmen will gegen den Antrag des Herrn Referenten?

Dr. **Brinz:** Ich bin bereit, den Antrag vom Hofrath Bluntschli aufzunehmen.

Hof- und Gerichtsadvokat Dr. **von Kißling** aus Linz: M. H.! Ich habe das größte Interesse daran, daß der Juristentag heute über diese Frage schlüssig wird. Ich bin nicht der Meinung, daß die Frage schnell und unvorbereitet gekommen ist, und daß es nothwendig ist, dieselbe auf mehrere Jahre zu vertagen. Abgesehen davon, daß die Frage in der Wissenschaft oft diskutirt worden ist, ist das Gutachten von Hofrath Bluntschli vor zwei Jahren abgedruckt in unsere Hände gelangt. Ich habe als Oesterreicher ein besonderes Interesse deshalb daran, weil — und in diesem Punkte muß ich den Herrn Berichterstatter berichtigen — bei uns keineswegs der Grundsatz der Haftung des Staats für Beschädigungen durch die öffentlichen Organe besteht, sondern weil gerade das Gesetz von 1858 nur eine Ausnahme begründet, und deshalb nach dem bekannten Satze a contrario die Regel, daß der Staat nicht haftet, in der Praxis angenommen wird. Das Gesetz von 1789 bezieht sich meines Wissens bloß auf die Haftung der Patrimonial-Gerichte gegenüber ihren Unterthanen, nicht auf die Haftung des Staats. Ich habe in der Praxis die bittere Erfahrung gemacht, daß wir in diesem Punkte, wenn ein Beamter Jemanden beschädigt, beinahe gänzlich recht- und schutzlos sind. Wir haben nur in dem Falle, wo durch Veruntreuung von Depositen eine Beschädigung eintritt, ein positives Gesetz, und können nur hier hoffen, daß wir Ersatz bekommen. Ich kann Sie damit nicht behelligen, Ihnen mehrere Fälle vorzuführen. Meine Kollegen aus Oesterreich, welche die Zeitschrift für die Advokatur gelesen haben, dürften hierin einen schreienden Fall gefunden haben, welcher dringend nach Abhilfe ruft. Ich habe noch ein anderes Interesse, zu bitten, sich jetzt schlüssig zu machen, weil nämlich die Frage jetzt bald im Reichsrathe zur Erörterung kommen wird. Ich habe kurz vor meinem Abgehen mit dem Reichsraths-Abgeordneten Dr. Kremer gesprochen, welcher damit betraut ist, die Frage über den Staatsgerichtshof zu bearbeiten, und der in diese Frage auch die Frage über die Haftbarkeit der Beamten hineinziehen will. Sie wissen, m. H., der deutsche Juristentag hat in Oesterreich das größte Ansehen, und ein Votum desselben in dieser Frage würde gewiß auf den Reichsrath einen bestimmenden Einfluß äußern. Ich glaube aber eben bei dem großen Gewicht, welches der deutsche Juristentag hat, sollten wir uns darauf beschränken nicht in eine Casuistik einzugehen, sondern nur den ersten Satz in anderer Modifikation auszusprechen. Der Herr Berichterstatter war so freundlich, vor Eröffnung der Sitzung, seine 12 Thesen mir zu zeigen, und ich muß sagen, daß ich gegen manche derselben ein Bedenken habe, und ich bin überzeugt, daß auch die andern Herrn mit manchem Satz nicht übereinstimmen werden. Es ist darum wichtig, daß wir einen Satz aufstellen, über den wir Alle übereinstimmen; denn es ist von größerer Bedeutung, wenn der Juristentag in einer solchen Frage einen prinzipiellen Ausspruch thut, als wenn er sich in Details einläßt. Ich will Sie nicht ermüden, in die einzelnen Sätze einzugehen und Zweifel hierüber anzuregen, und ich möchte Ihnen nur vorschlagen, daß der erste Satz des Herrn Berichterstatters, dem ich nur meinen Dank aussprechen kann, daß er sich so viel Mühe gegeben und seinen Bericht in so geistreicher

Weise begründet hat, daß wir diesen Satz über die Haftung des Staats dahin aussprechen, „daß der Staat, beziehungsweise die Gemeinde, für Schäden und Nachtheile, welche die von ihnen aufgestellten Beamten durch vorsätzliche oder kulpose Verletzung ihrer Dienstpflichten einem Dritten zufügen, zu haften hat." Ich glaube diesem Satze könnte Jeder beistimmen. Dieser Satz kann sofort zur Diskussion und Abstimmung kommen. Mein Antrag lautet daher: „Es wolle auf die von dem Herrn Referenten aufgestellten 12 Sätze nicht eingegangen werden, sondern der deutsche Juristentag wolle als Rechtsüberzeugung aussprechen: Der Staat, beziehungsweise die Gemeinde, haftet primär für Schäden und Nachtheile, welche die von ihnen aufgestellten Beamten durch vorsätzliche oder kulpose Verletzung ihrer Dienstpflichten einem Dritten zufügen, ohne daß dieser dagegen durch Beobachtung der gesetzlichen Vorschriften sich hätte schützen können."

Professor Dr. **Götz** aus Leipzig: Ich erkenne vollkommen mit meinem Herrn Kollegen Brinz an die ungeheuere Tragweite des Prinzips, welches in der vorliegenden Frage ausgesprochen ist. Ich stimme damit überein, daß, welches Prinzip auch immer aufgestellt werden möge, eine reiche Kasuistik erst darüber hingehen wird, es zu schleifen — es im Detail gehörig auszuarbeiten. Aber wenn es sich heute darum handelt, für welches Prinzip man sich aussprechen soll, ob für Verneinung der zuerst gestellten Frage oder deren Bejahung, und wenn der genannte Herr Vorredner sich dahin neigt, sich für die Verneinung auszusprechen, so möchte ich den Muth haben, mich für die Bejahung auszusprechen. Dazu führt mich folgende kurze Betrachtung. Der Staat regiert nicht und soll nicht regieren aus Lust, sondern aus Noth, wo das Bedürfniß ihn braucht. Was der Staat thut, ist daher nicht bloß sein Recht, sondern zugleich seine Pflicht. Man erwartet ihn auf seinem Posten, und indem das verkehrende Publikum berechtigt ist, die Befriedigung seines Bedürfnisses kraft der Existenz des Staates vom Staate zu fordern, so ergibt sichs meines Erachtens daraus auch unmittelbar, daß, wenn der Staat in seinen Organen nicht auf seinem Posten gewesen ist, unmittelbar der Staat haftet. Eine weit andere Frage, m. H., scheint mir dagegen die Frage, in wiefern auch in einem solchen Falle zugleich der Staatsbeamte haftbar sein soll. Auf diese Frage hier näher einzugehen, verbietet mir die wohlthätige Anordnung, welche der Herr Präsident rücksichtlich der Debatte getroffen hat. Ich will nur andeuten, die zweite Frage scheint mir von einem andern Gesichtspunkte beherrscht zu werden, nämlich von dem der Verhältnißmäßigkeit oder Unverhältnißmäßigkeit der Organe und Mittel, deren der Staat gegenüber dem vorhandenen Bedürfnisse sich bedient hat. Ich kann es mir als recht möglich denken, daß ein Beamter seine Verpflichtung auf das Peinlichste erfüllt hat, bis zur eigenen Aufopferung erfüllt hat, und daß man doch sagen kann, der Staat war nicht auf seinem Posten, er hat nicht die nöthige Zahl der Beamten aufgestellt gegenüber der in von ihm selbst provocirtem Maaße bei ihm gesuchten Befriedigung des Bedürfnisses. Ich möchte mich entscheiden für Bejahung der unter 1. aufgestellten Frage.

Professor Dr. **Mandry**: Ich möchte für die Ansicht, welche mein Herr Kollege Brinz ausgesprochen hat, nur einen Gesichtspunkt weiter geltend machen, daß allerdings ein Eingehen auf die verschiedenen einzelnen Fälle, in denen von einer Haftung des Staats die Rede sein kann, nöthig ist, wenn es sich um eine gesetzliche Regulirung handelt. Wie die allgemeine These gefaßt ist, die in erster Linie vorgeschlagen ist, so wird hier zweifellos von der civilrechtlichen Haftung die Rede sein; es wird gemeint sein, daß der Staat vor den Civilgerichten belangt werden kann, sobald er durch Verschuldung der Staatsdiener seine Untergebenen in Schaden gebracht hat. Nehmen Sie diesen Satz in seiner Allgemeinheit an, so wird, wie ich glaube, die Folge die sein, daß Jeder, der durch die Entscheidung einer Behörde benachtheiligt zu sein glaubt, das Civilgericht angeht und zur Cognition über Handlungen der andern Staatsbehörden veranlaßt, durch die er in Nachtheil gesetzt zu sein glaubt. Die Folge wird die sein, daß der Organismus der Aemter, daß die Theilung derselben, daß die Aufgabe des Staats, wie sie in seinem Organismus vor sich geht, theilweise umgeworfen wird. Dieser Gesichtspunkt wird, wie ich glaube, nöthigen, eine Reihe von Fällen, in denen durch das pflichtwidrige Benehmen von Staatsbediensteten ein Einzelner beschädigt werden kann, auszunehmen von der civilrechtlichen Haftung des Staats, damit die Gerichte nicht genöthigt sind, über die Akte anderer Staatsbehörden zu entscheiden, und das glaube ich, möchte auch ein Grund zu der Annahme sein, daß wir nicht ohne weiteres den allgemeinen Satz aussprechen dürfen, die Haftung aus der Niederlegung von Depositen beim Staate ganz gleich zu stellen mit der Haftung aus den Verwaltungsakten des Staates. Ich unterstütze also den Antrag meines Herrn Kollegen Brinz.

Dr. **Voigt** aus Weimar: Ich möchte mit einigen Worten den Antrag, den der geehrte Herr Vorredner aus Oesterreich gestellt hat, unterstützen, daß nämlich über die allgemeine Frage der Haftpflicht des Staates beziehungsweise der Gemeinde für ihre Beamten abgestimmt werde. Es handelt sich jetzt nicht darum, ein Gesetz zu entwerfen, in welchem alle die verschiedenen Voraussetzungen der Haftpflicht erörtert werden; es ist deshalb nicht nöthig, in eine Kasuistik einzugehen, aus welcher erst wiederum die allgemeinen Voraussetzungen und Bedingungen zu abstrahiren sein würden. Es handelt sich vielmehr nur darum, die rechtliche Ueberzeugung des Juristentages über die allgemeine Frage auszusprechen, um für die Faktoren der Gesetzgebung in den einzelnen Staaten in dieser Beziehung gewissermaßen als Leitstern zu dienen; ich glaube, daß wir gerade dadurch der Aufgabe des Juristentages entsprechen, wenn wir uns mit solchen allgemeinen Fragen beschäftigen.

Die Legislation soll dasjenige als Recht zur Geltung bringen, was im Volke als Rechtsüberzeugung lebt, das Recht lebt im Volke und soll zum Ausdrucke und zur Geltung gebracht werden zunächst jedenfalls durch diejenigen, in deren Beruf es liegt, diese Rechtsüberzeugung zu erkennen und auszusprechen. Also wir dürfen uns deshalb dieses Ausspruchs nicht enthalten, weil wir meinen, daß wir der vollen Aufgabe nicht gewachsen seien; ich glaube, es ist lediglich Aufgabe der Gesetzgebung, im Einzelnen die Voraussetzungen und Bedingungen aufzustellen, unter denen die Haftpflicht des Staats und der Gemeinden in Anspruch genommen werden könne. Es wäre wohl wünschenswerth, wenn sich der Juristentag auch über diese Einzelheiten aussprechen würde, allein für diese Aufgabe würde die Zeit nicht genügen.

Ich beschränke mich deshalb, den Antrag zu unterstützen, es wolle über die allgemeine Frage quaestio an abgestimmt werden.

Bezirksgerichts-Assessor Dr. **Sölte** aus München: Entschuldigen Sie, meine Herren, einen jungen Praktiker, der in den letzten Jahren seiner etwas vielbeschäftigten Praxis nicht die Zeit hatte, sich theoretisch mit dieser Frage zu beschäftigen, wenn ich nur auf Grund des Eindrucks des Referates des Herrn Direktor Stößer Ihnen einen Vorschlag mache. Wenn ich den ersten Satz des Herrn Referenten recht verstehe, so beruht er auf dem Gedanken der Identificirung des Staates mit seinen Organen, und ich halte diesen Gedanken als vollkommen vereinbar mit der modernen Staatsidee. Verfolgen wir diesen Satz, so ergiebt sich meines Erachtens zweierlei: es ergiebt sich die Folge, daß der mit seinen Organen identische Staat in jedem Falle, in welchem es sich um die Folgen einer Handlung eines seiner Organe handelt, für diese Folgen haftet. Es ergiebt sich aber daraus die weitere Folge, daß alle privatrechtlichen Analogien, welche auf dem Dazwischentreten einer dritten Person beruhen, welche auf einem Stellvertretungs-Verhältnisse beruhen, von selbst hinwegfallen, da diese Identität eben nur zwei Personen voraussetzt, um welche es sich handelt, nämlich um die Person des Staates und um die des Beschädigten. Es fällt also jede Analogie auf Grund der actio institoria und der actio receptoria hinweg, weil es sich bei diesen Aktionen um das Dazwischentreten einer dritten Person, um eine Stellvertretung, handelt, was dort nicht der Fall ist. Ich würde darum, und weil eben dadurch meines Erachtens die weiteren Sätze wieder als gegenstandslos hinwegfallen würden (nämlich die Sätze, daß es sich um Schadloshaltung nur in dem Falle handeln könne, wenn die Schuld keiner dritten Person dazwischentritt, oder der Schaden in Folge einer schadhaften Unterlassung des Beschädigten eingetreten ist), für die absolute Hinstellung des Satzes, wie ihn der Herr Referent aufgestellt hat, stimmen und die übrigen Sätze als unnöthig hinwegfallend erachten.

Professor Dr. **Brunner** aus Lemberg: Ich habe aus der vorliegenden Debatte die Ueberzeugung gewonnen, daß an eine erschöpfende Beantwortung der vorliegenden Frage durch den Juristentag hier nicht gedacht werden könne. Es bleibt also nur möglich, in prinzipieller Weise die Gesichtspunkte anzugeben, durch welche wir uns bei der Lösung der Frage würden leiten lassen, wenn wir ins Detail eingehen wollten. Ich stimme prinzipiell für den Antrag, den mein Landsmann, der Herr Doktor Kißling, eingebracht hat, nur glaube ich, daß dieser Antrag etwas gar zu absolut dasteht. Wir können nicht ohne Weiteres sagen: Der Staat haftet für die Schäden, welche durch widerrechtliche Handlungen seiner Beamten verursacht worden sind. Ich möchte daher lieber vorziehen, dem Antrage eine so vorsichtige Fassung zu geben, wie sie Professor Bluntschli seinem Antrage gegeben hat. Professor Bluntschli stellt als Regel auf, daß der Staat nicht haftet und fügt dann im Allgemeinen hinzu, daß Ausnahmen von dieser Regel anzuerkennen seien; ich glaube, wir drehen die Bluntschli'sche Fassung um und sagen: „Der Deutsche Juristentag spricht sich für die allgemeine Ersatzpflicht des Staates aus und wird nur ausnahmsweise aus besonderen Gründen eine derartige Ersatzpflicht verneinen.“ Thun wir das, so brauchen wir auch nicht einzugehen in alle die einzelnen Punkte, welche der Herr Referent angegeben hat; wir befriedigen unser juristisches Gewissen dadurch, daß wir die Ersatzpflicht des Staates im Allgemeinen zugeben, ohne uns auf nähere Details und eine Kasuistik einzulassen.

Präsident Professor **Gneist**: Da sich gerade Niemand zum Worte meldet, so erlaube ich mir, mit einigen Worten meinen Standpunkt auszusprechen.

Die These I., wie sie der Herr Referent aufgestellt hat und wie sie in einigen Parallel-Anträgen vorliegt, sieht auf den ersten Blick sehr abstrakt aus. Ich muß indessen behaupten, daß sie doch einen viel positiveren Inhalt hat, als es auf den ersten Blick scheint. Ich finde in jenem Rechtssatz einen nationalen Zug. Die Grundauffassung dieser Frage ist in Deutschland eine andere, wie in Frankreich und England. Sie werden finden, daß bei unseren westlichen Nachbarn das Staatsinteresse außerordentlich hoch gestellt wird, daß man dort geneigt ist, die Rücksicht auf die Individuen dem Staate unterzuordnen und vom Standpunkte des bonum publicum die Ersatzpflicht der Beamten außerordentlich leicht anzunehmen. In England wird ein Unterschied gemacht. Die Civilersatzpflicht des Beamten wird nur angenommen, sowie derselbe formell seine Kompetenz überschritten hat: dann haftet er aber als privatus und es ist gegen ihn eine Civilklage gegeben; sein Verfahren wird als: coram non judice bezeichnet. Hat aber der Beamte innerhalb seiner formellen Kompetenz gehandelt und dolo vel culpa hiebei Jemand rechtswidrig beschädigt, so findet nur ein kriminalrechtliches Vorgehen gegen ihn statt. Es ergiebt sich diese Abgrenzung aus der historischen Rechtsentwickelung in England. Unsere Deutsche Gesetzgebung ist in dieser Frage so weit gereift, daß man jetzt die Frage nicht mehr nach den Grundsätzen des Privatrechts, sondern nach denen des Staatsrechts zu behandeln hat. Aber, meine Herren, die Auffassung der Frage als staatsrechtliche schließt eine starke Berücksichtigung des Individuums nicht aus. Es ist allgemeine Rechtsanschauung in unserem Volk, daß der Staat für die Handlungen seiner Beamten verantwortlich sei, — allerdings mit Vorbehalten und Unterscheidungen, — aber der Grundton ist immer der, daß der Staat haften müsse, sobald ein böser Vorsatz oder Versehen des Beamten vorliegt. Durch die Anerkennung der staatsrechtlichen Seite und auf der andern Seite durch das Wesen der Schadens-Forderung, welche einen privatrechtlichen Inhalt hat und privatrechtlich geltend gemacht werden muß, entsteht eine künstliche Abgrenzung des Gebietes; auch der eben gehörte Vortrag des Herrn Referenten hat dies gezeigt. Es ist darum nicht genügend, einen Satz so ganz allgemein hinzustellen; aber es ist eben so schwer, das Wenn und Aber beizufügen, ohne anzudeuten, was damit gemeint sei. Ich möchte, um dem eben angedeuteten Bedenken Rechnung zu tragen, mir einen dilatorischen Antrag erlauben. Ich glaube, bei unserer Deutschen Gründlichkeit, die uns sehr zur Ehre gereicht, wird sich keine erste und zweite kombinirte Abtheilung des Juristentages jemals entschließen können, so spezielle Thesen, wie sie Herr Direktor Stößer giebt, anzunehmen, ehe sie das Zachariä'sche Gutachten und den Stößer'schen Bericht nochmals Schwarz auf Weiß vor sich gehabt und studirt haben würde. Ich glaube, meine Herren, wenn wir auch die morgende Sitzung dazu verwenden würden, so kämen wir nicht dahin, die Thesen I. bis XII. mit Unterabtheilungen a. b. c., sei es bejahend, sei es verneinend, zu beantworten, sondern wir müßten uns die Sache nochmals überlegen. Es dürfte sich daher hier empfehlen, das Detail bis zum nächsten Juristentag zu verschieben, und sich jetzt mit Aufstellung des Prinzips zu begnügen. Ein Einsteigen in die Vorbedingungen der Haftung des Staats in den einzelnen Fällen ist nicht wohl durchzuführen; wir haben zu wenig Material, um uns schlüssig zu machen in einer größeren Versammlung. Ich würde darum vorschlagen, der Juristentag möge als seine Ueberzeugung aussprechen,

„daß der Staat, beziehungsweise die Gemeinde, für Schäden und Nachtheile „haften, welche die von ihnen angestellten Beamten durch vorsätzliche oder „kulpose Verletzung ihrer Dienstpflicht einem Dritten zufügen. Die Vor-

„bedingungen dieser Verhaftung nach Maaßgabe des erstatteten Gutachtens „bedürfen jedoch einer nochmaligen Erörterung im Einzelnen, welche dem „nächsten Juristentage vorbehalten wird.“

Dr. **Brunner** aus Lemberg: Ich ziehe meinen Antrag in Folge des eben eingebrachten Antrages des Herrn Präsidenten zurück.

Dr. v. **Kißling**: Nachdem derselbe Zweck, den ich erzielen wollte, durch den Antrag des Herrn Vorsitzenden erreicht wird, so ziehe ich meinen Antrag zurück.

Präsident Dr. **Gneist**: Ich schließe die Debatte und gebe das Wort dem Herrn Referenten.

Referent Dr. v. **Stößer**: Es wurden gegen die Sätze, welche ich Ihnen vorgeschlagen habe, zwei Bedenken erhoben. Das eine geht dahin, daß man überhaupt auf diese Frage nicht leicht eingehen sollte, da dieselbe zur Zeit noch nicht so gereift ist, um sie entschieden zu bejahen oder zu verneinen; auf der andern Seite ist das Bedenken geltend gemacht worden, man solle sich nicht in Einzelheiten einlassen, sondern sich auf einen Ausspruch über den allgemeinen Satz beschränken. Was das erste Bedenken betrifft, so ist von verschiedenen Seiten beleuchtet worden, daß im Allgemeinen sich noch keine communis opinio gebildet habe, ob die vorliegende Frage zu bejahen oder zu verneinen sei. Ich glaube aber, es liegt kein Grund vor, diese allgemeine Frage als noch nicht reif zu bezeichnen. Was nun dagegen das andere Bedenken betrifft, so habe ich zum Voraus selbst gefühlt, daß es außerordentlich schwer für eine Versammlung wie die gegenwärtige ist, nicht blos einen einzelnen prinzipiellen Satz aufzustellen, sondern auch im Einzelnen die leitenden Bestimmungen, die sich aus diesem Prinzipe ergeben und die Anwendbarkeit desselben im Einzelnen bedingen, zu bezeichnen; ich habe mir aber gleichwohl erlaubt, solche weitere Sätze Ihnen vorzuschlagen, aber weniger zu Ihrer Zustimmung als zu dem Zwecke, daß die Berathung einen bestimmten Gang nehme und daß die Gründe für und wider, insbesondere die Frage, ob und welche Beschränkungen anzunehmen seien, auch ihre Würdigung finde.

Gleichwohl nehme ich keinen Anstand, mich mit dem Vorschlage des Herrn Präsidenten einverstanden zu erklären. Es ist damit selbst anerkannt, daß da noch gar viele Gesichtspunkte in Betracht kommen, welche eben von dem gegenwärtigen Juristentage nicht näher besprochen werden wollen oder können. Die Absicht, welche ich bei der Aufstellung dieser letzten Sätze erreichen wollte, ist damit selbst schon erreicht, nämlich, daß in Anregung gebracht werde, unter welchen Voraussetzungen und Bedingungen im Einzelnen die Haftpflicht des Staates, beziehungsweise der Gemeinde, anerkannt werden solle oder nicht.

Die Fassung kann um so allgemeiner sein, weil ja durch den Nachsatz anerkannt wird, daß gewisse Beschränkungen, gewisse Unterscheidungen zu treffen sind, daß also z. B. unterstellt werde, daß der Schaden unvermeidlich sein müsse, daß keine Rechtsmittel versäumt worden sein dürfen, daß der Schaden ein kulposer oder doloser sein müsse u. s. w. Alle diese Punkte habe ich in meinem ersten Satze nicht berührt aus dem Grunde, weil ich jedes Wort dieses Satzes durch die nachfolgenden andern Sätze näher erläutert habe.

Präsident Dr. **Gneist**: Es liegen drei Anträge vor. Der eine ist der dilatorische, der ein Ganzes bildet und der zwar das Prinzip ausspricht, aber den Vorbehalt von Beschränkungen desselben dem nächsten Juristentag überweist. Wenn dieser Antrag angenommen wird, dann ist meines Erachtens der Gegenstand von der Tagesordnung entfernt. Wird der Antrag nicht beliebt, so kommt der Bluntschli'sche Antrag mit negativer Tendenz zur Abstimmung. Er lautet:

„Der Deutsche Juristentag solle sich, wenn er überhaupt in dieser schwierigen Frage einen Ausspruch wagen will, gegen eine allgemeine Ersatzpflicht des Staates, beziehungsweise der Gemeinde, aussprechen für Schaden, der durch vorsätzliche oder kulpose Verletzung der Dienstpflicht von Seiten seiner Beamten einem Dritten zugefügt wurde, und nur ausnahmsweise aus besonderen Gründen eine derartige Ersatzpflicht anerkennen, wobei es dann von der Art des besonderen Rechtsgrundes — z. B. geschäftsmäßige Uebernahme der Verantwortlichkeit im Gegensatz zur Deliktschuld — abhängt, ob dieselbe in erster Reihe oder nur subsidiär eintritt."

Wird dieser negative Antrag beliebt, so ist wiederum die ganze Sache erledigt. Werden diese beiden Anträge abgelehnt, dann würde ich vorschlagen, über die Theses des Herrn Referenten abzustimmen.

Wenn kein Widerspruch entsteht, so werde ich zuerst über den dilatorischen Antrag abstimmen lassen. Ich bitte diejenigen Herren, welche diesen Antrag annehmen wollen, die Hand zu erheben.

(Eine bedeutende Anzahl der Anwesenden erhebt die Hände.)

Die Abstimmung ist nicht unzweifelhaft, ich bitte daher um die Gegenprobe.

(Eine geringe Minderheit erhebt die Hände.)

Der Antrag ist unzweifelhaft angenommen. Damit ist der erste Gegenstand unserer Tagesordnung erledigt.

Wir haben in der Regel die Abtheilungsbeschlüsse dem Plenum zur Kenntniß vorgelegt und nur ausnahmsweise zur Zustimmung — ein dilatorischer Antrag aber eignet sich gewiß zur bloßen Kenntnißnahme. Ich nehme an, wenn nichts erinnert wird, daß die Herren damit einverstanden sind, daß der Beschluß dem Plenum nur zur Kenntnißnahme mitgetheilt wird.

Ich ersuche den Herrn Referenten Direktor v. Stößer auch das Referat im Plenum zu übernehmen.

(Schluß der Sitzung gegen 1 Uhr.)

Zweite Sitzung der ersten und zweiten Abtheilung am 28. August 1867.

Präsident Prof. Dr. **Gneist**: Nach der Reihenfolge unserer Tagesordnung haben wir die Gesetzgebungsfrage zu erörtern:

Sind die Wuchergesetze aufzuheben und ist die Feststellung des Zinsußes lediglich der Vereinbarung der Paciszenten zu überlassen?

Ich ersuche den Herrn Referenten Dr. Jacques als Berichterstatter seinen Platz einnehmen zu wollen.

Dr. **Jacques** aus Wien, als Berichterstatter: Meine hochgeehrten Herren! Es wird den meisten von Ihnen bekannt sein, daß im J. 1864 Seitens des französischen Staatsraths über Auftrag der kaiserlichen Regierung eine Enquête bezüglich der Wuchergesetze vorgenommen worden ist.

Zu dieser Enquête wurden Experten eingeladen, und unter diesen Experten befand sich auch der Ihnen gewiß wohlbekannte Nationalökonom Macleod. Als dieser nun befragt ward, was man wohl in England über die Einführung von Zinsbeschränkungen denken würde, da antwortete er: „In England die Wuchergesetze diskutiren wollen, das würde ebensoviel heißen, als einen todten Löwen erschlagen, (to slay a dead lion), dort Wucherbeschränkungen wieder einführen, würde ebensoviel heißen, als die Heptarchie wieder einführen wollen," oder „den Flüssen befehlen, zu ihren Quellen zurückzufließen."

Als mir von Seite der geehrten ständigen Deputation am letzten Sonntag Abends in Wien die Mittheilung wurde, daß ich die Ehre haben solle, am Juristentage in dieser Frage zu referiren, war ich schwankend, ob mir hiemit nicht etwa gar die Aufgabe zu Theil werde, einen todten Löwen vor Ihnen zu erschlagen. Als ich nun aber weiter gedachte, in wie mannigfacher Weise die deutschen Gesetzgebungen die Frage der Wuchergesetze gelöst haben, als ich des Umstandes gedachte, daß selbst dort, wo das Prinzip der Zinsfreiheit im Allgemeinen ausgesprochen worden ist, eine ganze lange Reihe von einzelnen Beschränkungen noch aufrecht erhalten worden ist, ja, daß kaum in irgend einem deutschen Staate das Prinzip der Zinsfreiheit consequent durchgeführt ist, da glaubte ich zu der Ueberzeugung gelangen zu müssen, daß in Deutschland dieser Löwe noch einigermaßen lebendig sei, und daß es der vollen Anstrengung, nicht blos des gegenwärtigen, sondern auch noch kommender Juristentage bedürfen werde, um ihn vollständig zum Falle zu bringen.

Zwei Fragen sind es, welche von der ständigen Deputation in Bezug auf die Wuchergesetzgebung aufgestellt worden sind:

Die erste Frage lautet: Sind die Wuchergesetze aufzuheben?

Die zweite: Ist die Feststellung des Zinsfußes lediglich der Vereinbarung der Paciszenten zu überlassen?

Zwei Gutachten sind über diese Fragen eingelaufen, das eine von unserm hochgeehrten Mitgliede, Herrn Professor Dr. Goldschmidt aus Heidelberg, das andere von dem Herrn Advokaten Dr. Schaffrath aus Dresden, und ich werde daher zuerst meiner Pflicht als Referent zu genügen suchen und Ihnen den Hauptinhalt dieser beiden Gutachten in einer möglichst kurzen Skizze vorlegen.

Das Gutachten des Herrn Dr. Goldschmidt beantwortet die erste Frage mit einer einzigen Einschränkung bejahend, und die zweite Frage unbedingt bejahend.

Das zweite Gutachten, das des Herrn Dr. Schaffrath, beantwortet beide Fragen im bejahenden Sinne.

Der Gang, den das Referat des Herrn Dr. Goldschmidt nimmt, ist folgender:

Er wirft zunächst einen kurzen Rückblick auf die römische Zinsgesetzgebung, auf welchem Gebiete ich aber nicht beabsichtige, ihm weit zu folgen.

Es ist uns Allen wohl bekannt, welche außerordentliche Bedeutung die Zinsgesetzgebung in der Entwickelung des römischen Rechts und Staates eingenommen hat.

Herr Dr. Goldschmidt hebt insbesondere den Umstand hervor, daß in der eigentlich klassischen Zeit der römischen Gesetzgebung eine thatsächlich fast ungehemmte Zinsfreiheit in dem Umfange bestand, daß bis zu 12 % der Zinsfuß völlig freigegeben war; er hebt weiter hervor, daß schon seit dem letzten Jahrhundert der Republik für Kreditgeschäfte, an welche sich die Gefahr des Kapitalverlustes knüpfte, foenus nauticum und quasi nauticum, die s. g. attische Zinsfreiheit, d. i. also vollständige Zinsfreiheit gestattet wurde.

Herr Dr. Goldschmidt hebt ferner hervor, welche Bedeutung die kanonische Lehre für die Wuchergesetzgebung gehabt hat.

Vor einem Collegium von Juristen sprechend, werde ich mich auch in diese Frage nicht weiter einlassen. Es ist uns Allen bekannt, daß das kanonische Recht den Grundsatz aufgestellt hatte: „mutuum date, nihil inde sperantes."

Es ist uns weiter klar, und die Untersuchungen, insbesondere von Neumann und Endemann, haben sich hierüber in sehr verdienstlicher Weise verbreitet, daß die kanonische Gesetzgebung angestrebt hat, das ganze Verkehrsleben durch Tax- und Preisbestimmungen zu beherrschen, aus religiöser Ueberzeugung einerseits und aus der Unklarheit der wirthschaftlichen Anschauungen auf der andern Seite, daß mit einem Worte, — und ich will noch einmal erwähnen, daß eine erst kürzlich erschienene Darstellung von Endemann dies zur Evidenz dargethan hat, — die gesammten Geschäftsformen des Obligationenrechts im kanonischen Rechte unter dem Einflusse der Anschauung standen, es seien alle Preise obrigkeitlich zu fixiren und dadurch das ganze Verkehrsleben zu beherrschen, und es sei endlich ein Entgelt für nichts Anderes zuzugestehen, als für Arbeit und Industrie. Es ist uns auch weiter bekannt, daß das kanonische Recht nicht im Stande war, diese seine Grundsätze durchzuführen; es ist uns bekannt, daß zahllose Ausnahmsbestimmungen sich nach und nach eingeschlichen haben und in der Folge von der Kirche theils anerkannt wurden, theils trotz der Nichtanerkennung sich Geltung verschafften; dahin gehören die selbst von der Kirche privilegirten Leihhäuser, montes pietatis; dahin der sich mehr und mehr verbreitende Rentenkauf, dahin gehören endlich eine Reihe von Gesellschaftsformen, bei welchen das Prinzip der Dividende, welches ebenfalls von Seite der kanonischen Gesetzgebung nicht anerkannt wurde, dennoch zur Geltung gelangte. Mit einem Worte, die kanonische Rechtsanschauung konnte im Leben nicht durchgeführt werden, und nach und nach ging die wirthschaftliche Entwickelung weiter vorwärts; freilich aber wurde es erst im 17. Jahrhundert zum erstenmale ausgesprochen, daß wirkliche Darlehen gerechtfertigt und zuläßig seien. Und da hebt denn nun Herr Dr. Goldschmidt noch ferner hervor, daß man nach einem tausendjährigen Umwege im Wesentlichen zu denjenigen Grundsätzen zurückgekehrt sei, welche das römische Recht in der nachklassischen Zeit aufgestellt hat.

Aber auch die Anerkennung eines zinsbaren Darlehens allein konnte der Entwicklung der Wissenschaft und der Gestaltung des praktischen Lebens nicht genügen. Seit $1^1/_2$ Jahrhunderten hat sich in der Wissenschaft und im Leben eine starke Agitation gegen Alles, was mit der Wuchergesetzgebung und der Zinsbeschränkung zusammenhängt, geltend gemacht; Koryphäen der Nationalökonomie und Gesetzgebungskunst — ich nenne nur Turgot und Bentham — haben mit nachdrücklichster Energie alle Wucherbeschränkungen bekämpft und, wie ich glaube, auch siegreich bekämpft; die Wissenschaft interpretirt ja nur den Gang, den das Bedürfniß des praktischen Lebens zu gehen gebietet.

Vor Allem begann man den Kaufleuten gegenüber und bei Handelsgeschäften überhaupt größere Freiheit bezüglich des Zinsfußes einzuräumen. Sie wissen, meine Herren! wie sich die Gesetzgebung in dieser Beziehung entwickelt hat, Sie wissen, daß die neueste deutsche Kodifikation des Handelsrechts in dieser Richtung zur vollkommenen Freiheit geführt hat. Die finanzielle Geschichte der Staaten in Verbindung mit der Entwickelung der national-ökonomischen Wissenschaft führte zu der Einsicht, daß es auf die Dauer nicht mehr möglich sei, Zinsbeschränkungen aufrecht zu erhalten. Die zahllosen Associationen, welche die neueste Zeit begründet hat, beruhten auf der Zinsfreiheit, indem sie hinsichtlich der Höhe der Dividende völlig unbeschränkt waren. Ebenso mußten die Staaten, welche genöthigt waren, Anleihen zu machen, sich von der Zinstaxe entbinden, weil es für sie sonst unmöglich gewesen wäre, die benöthigten Summen auf dem Geldmarkte aufzubringen.

Herr Dr. Goldschmidt macht ferner geltend, daß, wenn man unbefangen die thatsächlichen Zustände hätte auf sich einwirken lassen, und wenn man nicht an altüberkommenen Vorurtheilen festgehalten hätte, ja, wenn nicht diese Vorurtheile so fest gewurzelt hätten, daß selbst die Macht der Verhältnisse nur mit Mühe dieselben zu zerstören vermochte, man längst schon in allen Staaten Europas jede gesetzliche Zinstaxe aufgehoben haben würde.

Er zeigt ferner, wie übrigens nunmehr in Deutschland, nachdem das allgemeine deutsche Handelsgesetzbuch bei Darlehen von Kaufleuten vollständige Zinsfreiheit zugestanden, und nachdem es bekanntlich den Begriff eines Kaufmannes sehr weit ausgedehnt hat, — ich erinnere an die Artikel 4 und 271 u. ff. — nunmehr ein sehr kleiner Theil von Leuten vorhanden ist, auf den die Wuchergesetze Anwendung finden.

Soweit die geschichtliche Entwickelung der Wuchergesetze nach Goldschmidt, und er geht nun über zur Darstellung der Lehre von der Zinsfreiheit und zur prinzipiellen Beleuchtung der Wuchergesetze. Er erörtert hiebei zunächst, daß sich in jedem verzinslichen Darlehen verschiedene Elemente finden. Erstens die Entlohnung für die Mühewaltung des Gläubigers und auf der andern Seite ein Preis für die Benutzung des Kapitals; von der Assekuranzprämie wird dabei vorerst abgesehen. Dr. Goldschmidt ist nun der Ansicht, daß jedes von diesen Momenten so wechselnd ist, so von den individuellen Verhältnissen des einzelnen Falles abhängt, daß in dieser Richtung eine Feststellung unmöglich sei.

Die Entlohnung für die Benützung des Kapitals bestimmt sich nach Angebot und Nachfrage, die Assekuranzprämie nach der größern oder geringern Wahrscheinlichkeit der Zurückzahlung des Darlehens; das sind wechselnde Größen, denen gegenüber die Gesetzgebung nicht im Stande ist, obrigkeitliche Taxbestimmungen aufzustellen.

Dr. Goldschmidt macht weiter geltend, daß die Gegner der Aufhebung der Wuchergesetze sich auch auf die Moral stützen, indem sie sagen, es sei unsittlich, Bestimmungen eintreten zu lassen, welche nach Umständen zum größten Nachtheile und zum Ruine des Schuldners führen könnten; er weist zur Widerlegung dieses Einwurfs auf eine Aeußerung Savigny's hin, nach welcher vom Standpunkte der Moral aus im Allgemeinem weder in einem hohen Zinsfuße ein unsittliches, noch in einem niedern ein sittliches Prinzip gefunden werden könne; es möge vielleicht unbillig, ja hart sein, im einzelnen Falle hohe Zinsen zu nehmen, aber es könne nicht immer unsittlich genannt werden. Es ist das auch ganz klar. Denn es kann z. B. Jemand, der einen Anderen durch ein zu hohen Zinsen gegebenes Darlehen aus der Noth gerettet hat, gleichzeitig Gelegenheit gehabt haben, das Darlehen zu einem noch viel höheren Zinse einem Andern zu geben; er hat aber diese Gelegenheit nicht benutzt, um vielmehr dem Ersteren aus der Noth zu helfen. Hier muß nun offenbar die Handlungsweise des Gläubigers, obwohl er zu hohen Zinsen das Geld gegeben hat, eine sittliche, keine unsittliche genannt werden. Man sieht also daraus, daß der Begriff der Sittlichkeit hier nicht maßgebend sein kann.

Unser Gutachten erörtert weiter, daß die Gegner der Zinsfreiheit sich auch auf die Wirthschaftspolizei berufen haben, indem sie sagen, daß mit Beseitigung der Zinstaxe der Zinsfuß nothwendig steigen müsse. Goldschmidt hält diese Ansicht für unrichtig und sagt, daß in Wesenheit die Wuchergesetze nicht auf die Höhe des jeweiligen Zinsfußes einwirken, sondern daß sich dieser nach den wirthschaftlichen Verhältnissen des Augenblicks, nach der größern oder geringern Menge des bereiten Kapitals und nach der größern oder geringern Nachfrage bestimme.

Das dürften die hauptsächlichsten innern Momente sein, auf welche Dr. Goldschmidt seine Ansicht stützt, und er geht nun zu den Ergebnissen der bei dem Bestande und nach der Aufhebung der Wuchergesetze gemachten Erfahrungen über. Hier tritt er nun Denjenigen entgegen, welche sich auf gewisse Erfahrungen berufen, die man in den Ländern gemacht haben will, wo die Wuchergesetze aufgehoben worden seien.

Man hat sich z. B. im J. 1842 in Norwegen zur Zinsfreiheit entschlossen und hat im J. 1851 das bezügliche Gesetz wieder aufgehoben. Dieses Argument der Erfahrung wird aber einfach schon dadurch wirkungslos, daß im J. 1857 und zwar in größerem Umfange als früher die Zinsfußbeschränkungen in Norwegen wieder aufgehoben wurden.

Ein weiteres Argument der Erfahrung soll sich aus der Geschichte Frankreichs ergeben, wo, während nach dem code civil die Zinsfreiheit eingeführt worden sei, später im J. 1807 wieder Zinsbeschränkungen und die Feststellung einer Zinstaxe ins Leben traten. Es ist in Bezug auf diese Erfahrungen in Frankreich, — und ich erwähne zugleich hier die weiteren, die man in Oesterreich gemacht haben will, als im J. 1787 unter Kaiser Joseph II. die Wuchergesetze aufgehoben wurden, — der Umstand von entscheidender Bedeutung, daß in Frankreich sowohl, als in Oesterreich höhere, als gesetzliche Zinsen auch während der Aufhebung der Wuchergesetze civilrechtlich nicht für klagbar erachtet wurden, daß also von einer wirklichen Durchführung der Zinsfreiheit nicht die Rede war; waren die höheren Zinsen nicht klagbar, so kam das in Wesenheit auf die Aufrechthaltung der Zinsbeschränkungen hinaus, und es scheint evident, daß alle diejenigen Konsequenzen, welche man aus dieser angeblichen Aufhebung der Wuchergesetzgebung ziehen will, daß nämlich in Folge dessen der Zinsfuß sich gesteigert hätte, des reellen Bodens entbehren.

Dem gegenüber stellt unser Gutachten diejenigen Erfahrungen zusammen, welche in der neuern Zeit in einer Reihe von Staaten rücksichtlich der Aufhebung der Wuchergesetze gemacht wurden.

Hier hat nun Dr. Goldschmidt ein höchst schätzbares Material dadurch zu sammeln vermocht, daß ihm die Berichte zur Verfügung gestellt worden sind, welche von nahezu allen deutschen Ministerien aus Anlaß des Umstandes erflossen sind, daß man in der Schweiz sich mit Aufhebung der Zinsbeschränkungen beschäftigt hat, und deßhalb Informationen darüber einholte, ob und welche Gefahren etwa mit der Aufhebung der Wuchergesetze verbunden sein möchten.

Ich will aus diesem reichen und hochwichtigen Material nur das Eine hervorheben, daß von allen deutschen Staaten, in welchen man seit längerer oder kürzerer Zeit zur Aufhebung der Wuchergesetze geschritten ist, von Württemberg, vom Königreich Sachsen, von Koburg, von Frankfurt, Lübeck und Bremen, sowie von Sachsen-Weimar, außerhalb Deutschlands von Belgien, daß, sage ich, von allen diesen Seiten berichtet worden ist, es habe sich nirgends eine nachtheilige Wirkung der Aufhebung der Zinsbeschränkungen, insbesondere nirgends eine erhebliche Steigerung, ja vielmehr gar keine Steigerung des Zinsfußes ergeben.

Es wird in diesen Berichten hervorgehoben, daß z. B. in Württemberg nach Einführung der Zinsfreiheit der Zinsfuß für Darlehen, für welche Hypothek bestellt ist, sich im Maximum auf 4—4½ % gestellt hat. Durch diese Erfahrung, wie sie in Württemberg und anderwärts gemacht wurde, wird ein Hauptargument der Gegner der Zinsfreiheit zerstört, das Argument nämlich, daß durch die Einführung der Zinsfreiheit gerade für den Grundbesitz die größte Gefahr entstände.

Ich glaube damit so ziemlich angegeben zu haben, von welchen Grundsätzen unser erster Begutachter ausgegangen ist, und habe Ihnen nur noch kurz vorzuführen, worin jene eine Beschränkung besteht, von der ich im Eingange meiner Berichterstattung Ihnen mitzutheilen die Ehre hatte. Es ist Ihnen bekannt, daß auch in denjenigen Staaten, in welchen man sich zur Aufhebung der Wuchergesetze entschlossen hat, gewöhnlich eine Reihe von Bestimmungen festgestellt wurde, die man theils als Uebergangsbestimmungen, theils auch als nothwendige Kautelen glaubte einführen zu müssen, damit die Aufhebung der Zinstaxen nicht zu gefährlich werde.

Goldschmidt erklärt sich gegen derartige Bestimmungen und insbesondere gegen diejenige, daß, wenn bei einem Darlehen ein höherer, als der gesetzliche Zinsfuß — ich kann hiebei als bekannt voraussetzen, daß selbst bei voller Zinsfreiheit immer ein gesetzliches Zinsmaß für Verzugszinsen und in dem Falle auch für vertragsmäßige Zinsen bestehen muß, wenn die Parteien deren Höhe nicht fixirt haben, — verabredet werden wolle, diese Abrede schriftlich stattfinden müsse; er hält es mit Rücksicht auf die Grundprinzipien des ältesten deutschen Rechtes über formale und formlose Verträge für selbstverständlich, daß hier kein Moment vorliege, welches das Verlangen schriftlicher Zinsverträge zu rechtfertigen vermöchte.

Dr. Goldschmidt hält es ferner für ungerechtfertigt und unzweckmäßig, im Konkurse den das gesetzliche Maß nicht übersteigenden Zinsen vor dem darüber hinausgehenden Zinsenbetrage ein Vorzugsrecht einzuräumen in der Weise, daß die ersteren in der Rangklasse mit dem Kapitale, die letzteren in einer späteren Rangklasse zu stehen kämen.

Dr. Goldschmidt geht von der Ansicht aus, daß dies eine unbillige Bestimmung wäre, weil es ja dem Schuldner frei stehe, in den Geschäften, die er ja doch ohne Rücksicht auf den Umstand, daß er nachher in den Konkurs gerathen könnte, abschließt, zu verfügen, wie er wolle, und aus dem weiteren Grunde, der mehr ein Opportunitätsgrund ist, daß man, wenn man den höheren, als gesetzlichen Zinsen eine niedrigere Rangklasse einräumt, damit nur eines jener Momente schafft, welche, ohne daß man es will, zu einer Vertheuerung der Kapitalien führen.

Es wird noch ferner hervorgehoben, daß auch die Bestimmung, welche sich in einzelnen Gesetzgebungen findet, daß nämlich dort, wo höhere, als gesetzliche Zinsen verabredet worden, dem Schuldner das Recht zusteht, — es ist meines Wissens nur ein einziger Staat, wo es auch dem Gläubiger zusteht — jeder Zeit oder nach einer kurzen Zeit, gewöhnlich nach einem halben Jahre, das Kapital zu kündigen, daß auch eine solche Bestimmung sich nicht rechtfertigen lasse, indem auch sie nur zur Vertheuerung des Kapitals führe, man also dadurch nur Demjenigen schaden würde, dem man helfen wolle. Herr Dr. Goldschmidt weist hiebei darauf hin, daß bei der Verhandlung über die Aufhebung der Wucherbeschränkungen in Belgien das Abgeordnetenhaus sich mit überwiegender Majorität gegen die Zulässigkeit einer solchen Beschränkung ausgesprochen hat. Ein einziger Punkt ist es nun aber, in welchem, wie ich schon früher die Ehre hatte, zu bemerken, Goldschmidt eine Beschränkung zulassen will. Es ist dies das Verbot des Anatocismus. Dr. Goldschmidt meint, es sei bedenklich, auch in diesem Punkte die Freiheit unbedingt walten zu lassen, weil hier der eine Theil, der Schuldner nämlich, zur Zeit der Eingehung des Darlehensvertrages in der Regel sich nicht ganz klar bewußt sein werde, welche ungeheure Last er sich für den Fall, daß er die Zinsen zu bezahlen nicht im Stande sei, aufbürde, und so kommt unser Begutachter, indem er hiebei auch an die alten Bestimmungen des römischen Rechts anknüpft, dazu, eine Verzinsung von verfallenen Zinsen nur dann zuläßig zu finden, wenn sie eingeklagt sind, oder aus laufender Rechnung dem Schuldner über einen mindestens einjährigen Zinsrückstand ein ordnungsmäßiger Rechnungsauszug mit Saldo zugestellt, oder über die Verzinsung des verfallenen Zinsbetrages nach Verfall ein neuer Vertrag abgeschlossen wird.

Die Bestimmung, die er hier vorschlägt, hängt im gewissen Sinne zusammen mit dem Art. 291 des Handelsgesetzbuchs, wonach die Verzinslichkeit des Kontokorrent-Saldos zwischen Kaufleuten als zuläßig anerkannt ist.

Das ist in Kürze der Inhalt des Gutachtens, welches Herr Dr. Goldschmidt auf Einladung der ständigen Deputation abgegeben hat.

Ich gelange nun dazu, mich kurz über das Gutachten des Herrn Dr. Schaffrath auszusprechen.

Herr Dr. Schaffrath geht wesentlich von der Ansicht aus, daß eigentlich erst von Seite der Gegner der Zinsfreiheit zu beweisen wäre, womit sich denn wohl die Zinsbeschränkungen rechtfertigen ließen. Er meint, man habe gewöhnlich diesen Beweis in der Weise zu führen versucht, daß man den Satz, auf welchen die Anhänger der Zinsfreiheit ihre Lehre gestützt hätten, den Satz: „Geld ist Waare“ angefochten habe, und wenn man nun nachgewiesen hätte, Geld sei eigentlich keine Waare, und es verliere, wenn auch über dasselbe in ähnlicher Weise, wie über Waaren Verträge abgeschlossen werden können, dennoch nie seinen Charakter als Tauschmittel, dann, glaube man, sei dadurch auch der Beweis geliefert, daß die Schlüsse, welche die Anhänger der Zinsfreiheit eben aus diesem als nichtig erwiesenen Satze gezogen hätten, daß nämlich das Geld denselben Grundsätzen über Preisbestimmung unterliege, wie die Waaren, zusammenfallen müßten.

Dr. Schaffrath hebt hervor, daß die Argumentation, wenn sie sich auf den Satz stütze, Geld sei Waare, allerdings nicht genügen könne, und daß es in der That unrichtig sei, wenn man sich zur Begründung der Zinsfreiheit auf diesen Satz berufen wolle. Es handelt sich nämlich bei der Frage von der Zinsenlehre nicht um Geld, sondern in Wesenheit um Kapital, d. h. um angesammelte Vorräthe zum Zwecke der Produktion. Die Tauschmittel-Eigenschaft des Geldes, welche gerade im Gegensatz zu der Lehre steht, daß Geld Waare sei, komme bei Darlehen gar nicht in Frage; denn hier drehe es sich nur darum, daß Kapital, d. h. angesammelte Vorräthe zur Produktion, welche im Besitze des Einen sind, zur Verfügung gestellt werden für die Benutzung durch einen Andern. Der Satz: „Geld ist Waare“, sei also allerdings unrichtig oder wenigstens schief gestellt, der Satz aber: „Kapital ist Waare“, sei richtig und auf diesem Gebiete sei dann weiter zu bauen.

Ich werde mich nicht darauf einlassen, in diese mehr volkswirthschaftliche Deduktion tiefer einzudringen, um so mehr, da ich noch den Wunsch hege, auf die prinzipielle Begründung der ganzen Lehre des Näheren einzugehen.

Dr. Schaffrath kommt nun zu der weitern Folgerung, daß man eben so gut, wie man für das Kapital ein bestimmtes Preismaximum aufstelle, wenn die Gegner ihren Satz konsequent durchführen wollen, auch von einem Waaren-Preismaximum, von einem Lohnmaximum und dergl. reden müsse, d. h. mit einem Worte, daß man zu dem Grundsatze der obrigkeitlichen Preisbestimmung für jede Art von Rechtsgeschäften gelangen müsse. Dr. Schaffrath weist darauf hin, zu welchen mannigfachen Inkonvenienzen eine solche konsequente Durchführung des Grundsatzes führen müßte, ja daß eigentlich die vollständige Durchführung desselben unmöglich sei. Er weist darauf hin, wie der Staat sich bei seinen eigenen Anlehen sehr bald genöthigt gesehen hat, sich selbst von diesen Zinstaxen zu dispensiren, wenn er überhaupt finanziell existiren wollte, wie er sich dann ferner genöthigt gesehen hat, zahlreichen Assoziationen dieselbe Befreiung zu gewähren, so daß man sehr bald hätte einsehen können, daß das Prinzip eben doch nicht durchführbar sei. Dr. Schaffrath zeigt ferner, daß aber auch da, wo keine gesetzliche Befreiung von der Zinsbeschränkung vorliege, das Prinzip praktisch nicht durchführbar sei, indem bekanntlich das Wucherverbot in der Praxis nur zu zahllosen Scheingeschäften führe, welche nie zur Kognition des Richters gelangen.

So kommt denn Schaffrath nach und nach in ähnlicher Weise wie Goldschmidt dahin, es für das allein Richtige zu halten, beide ihm von der ständigen Deputation vorgelegten Fragen zu bejahen.

Was die Uebergangsbestimmungen anlangt, so gelangt nun aber Schaffrath zu einem andern Resultate, als Dr. Goldschmidt und er hebt hervor, — obgleich er nicht gerade besonderen Werth auf solche Bestimmungen zu legen scheint — daß es doch nicht unzweckmäßig erscheine, eine Reihe von Uebergangsbestimmungen eintreten zu lassen. Dahin gehört: schriftliche Abfassung der Zinsverträge, soweit sie höhere, als die gesetzlichen Zinsen zum Gegenstande haben, das Verbot, die verschiedenen Bestandtheile des Zinses, als Geschäfts-Provision, Assekuranz-Prämie und eigentlichen Zins für die Kapitalbenutzung getrennt zu stipuliren, ferner die Feststellung einer kurzen Verjährungszeit für Zinsen und Zinseszinsen, dann weiter die Beschränkung des Vorzugsrechts für Zinsen privilegirter Forderungen im Konkurse auf möglichst kurze Zeit, am zweckmäßigsten auf ein Jahr, und dagegen Befriedigung der länger als den erwähnten Zeitraum hindurch rückständigen Zinsen erst in einer späteren Rangklasse, ferner die Fixirung eines Minimaltermins für Berechnung von Zinseszinsen.

Auch dawider hat Dr. Schaffrath nichts einzuwenden, daß die Bestimmung platzgreife, welche das Königl. Sächsische Gesetz über Aufhebung der Zinsbeschränkungen vom Jahre 1864 enthält, und welche auch in Italien in Geltung ist, daß nämlich bei Darlehen mit einem höheren, als dem gesetzlichen Zinsfuß es den Parteien ex lege freistehe, in einer gewissen Frist das Kapital zu künden. Dagegen erklärt derselbe jede Fixirung des vertragsmäßigen Zinsfusses nach der Höhe des Betrags oder nach Beschaffenheit der Sicherheit des Hauptstammes und ferner das Verbot von Zinseszinsen oder von Zinsen über das alterum tantum für unzuläßig. Das sind also die gesammten Resultate, zu welchen das Gutachten des Herrn Dr. Schaffrath, wie ich eben zu zeigen die Ehre hatte, gelangt ist.

Ich möchte mir nun noch erlauben, etwas tiefer auf die innere Begründung der ganzen Lehre einzugehen und die Gesichtspunkte aufzustellen, von denen man sich meiner Ansicht nach bei der Beurtheilung der vorliegenden Frage leiten lassen müsse.

Wenn wir das wirthschaftliche Leben mit unbefangenem Blicke betrachten, so sehen wir, daß es drei Hauptfaktoren sind, welche dasselbe beherrschen. Sie sind: Grund und Boden, Arbeit und Kapital. Es ist eine feststehende und nirgends bestrittene Thatsache, daß der Grund und Boden und die Arbeit in der Bestimmung ihres Preises inneren in der Natur der Dinge selbst liegenden Gesetzen folgen und daß der Staatsverwaltung kein Mittel zu Gebote steht, den Preis des Bodens und der Arbeit zu fixiren. Allerdings muß ich bemerken, daß man wohl hie und da den Versuch gemacht hat, die Arbeitslöhne von Staatswegen zu fixiren, man ist aber bekanntlich gar bald durch sehr gewichtige Thatsachen zu der Ueberzeugung gelangt, daß eine solche Preisbestimmung undurchführbar, daß sie unmöglich sei. Bei dem dritten der angeführten Faktoren des wirthschaftlichen Lebens steht dagegen diese Ueberzeugung nicht so fest, nämlich beim Kapital; hier hat man immer geglaubt, ein bestimmtes Preismaximum aufstellen zu können und zu müssen.

Wenn wir uns nun fragen, was denn die inneren Bedingungen sind, nach denen sich der Preis von Boden, Arbeit und Kapital bildet, so sehen wir um uns ganz gewaltige, unausgesetzt in Bewegung befindliche Strömungen im wirthschaftlichen Leben, wodurch immer auf's Neue produzirt und konsumirt wird, wodurch immer auf's Neue Nachfrage und Angebot entsteht, und wir sehen, daß durch diese Strömungen im wirthschaftlichen Leben, durch dieses immer neue Auftauchen von Bedürfnissen und dieses immer neue Erzeugen von Befriedigungsmitteln der Bedürfnisse sich die Preise reguliren. Ich müßte von der Abnahme und Zunahme der Bevölkerung, ich müßte von dem ewigen Wechsel der Bedürfnisse, von denen die einen verschwinden, andere wieder neu auftauchen, ich müßte von der Industrie der niedrigsten Stufe bis zur Industrie des höchsten Grades, wie man wirthschaftlich ausgedrückt die Kunst nennen muß, sprechen, wenn ich Ihnen die Faktoren klar vor Augen legen wollte, welche auf die Gestaltung der Preise Einfluß haben. Das, was vorhanden ist, Boden, Arbeit und Kapital, d. i. angesammelte Vorräthe, das wird unausgesetzt dem Bedürfnisse zur Verfügung gestellt und zur Befriedigung des Bedürfnisses begehrt, und je nachdem all das in größerer oder geringerer Masse auf dem Markte ist, und je nachdem die Nachfrage geringer oder größer ist, desto geringer oder größer wird sich auch der Preis stellen. Dieser Satz gilt aber gleichmäßig von allen drei Elementen des wirthschaftlichen Lebens, von Boden, Arbeit und Kapital. Ein weiterer Grundsatz, den wir als Juristen unbedenklich anerkennen werden, ist der, daß es lediglich den Parteien unter sich zustehe, sich die Gesetze für die von ihnen abzuschließenden Rechtsgeschäfte selbst zu geben, und daß nur, wo das Gesammtinteresse es dringend erheischt, diese

Freiheit des Parteienwillens beschränkt werden könne. Wenn also der Staat rücksichtlich des Kapitals, rücksichtlich der Kapitalsbenutzung den freien Willen der Parteien beschränken will, so müssen ganz überwiegende Rücksichten für das Gesammtwohl nachgewiesen werden, um diesen Eingriff in ein Fundamentalprinzip des Privatrechts zu rechtfertigen.

Was sind nun die Argumente, welche von Seite der Gegner zur Rechtfertigung dieses Eingriffs geltend gemacht werden? Das Hauptargument, von dem immer die Rede ist, ist eigentlich das, daß es sehr wünschenswerth ist in Bezug auf die wirthschaftliche Entwicklung des Staates, daß der Zinsfuß ein möglichst niedriger sei, und nun soll die Nothwendigkeit oder das Wünschenswerthe eines niedrigen Zinsfußes es rechtfertigen, daß der Staat erkläre, rücksichtlich der Kapitalsbenutzung habe jener Fundamentalsatz keine Geltung.

Also Herstellung eines niedrigen Zinsfußes ist der Grund und Zweck der gesetzlichen Zinsschranken!

Die erste Frage ist demnach die: Kann der Staat durch Feststellung von Zinstaxen einen niederen Zinsfuß herstellen? Ich glaube auf dem Boden, auf dem wir heute stehen, mit größter Bestimmtheit sagen zu können, daß jeder solcher Versuch absolut resultatlos sein müsse. Es besteht eine Solidarität auf dem gesammten Kapitalsmarkte der Welt, — und das ist nicht etwa eine Phrase, sondern ist eine offenbare eklatante Thatsache — das Kapital sucht sich denjenigen Markt aus, und muß sich naturgemäß denjenigen Markt aussuchen, auf welchem es die höchste Entlohnung finden kann; wenn also die Obrigkeit in einzelnen Staaten einen Zinsfuß fixirt, so wird diese Fixirung, wenn sie überhaupt eine Wirkung hat, nur die haben, daß diejenigen Kapitalien, welche sich sonst der einheimischen Produktion und Industrie zu Gebote stellen würden, sich demjenigen Staate zuwenden werden, wo ein höherer Zinsfuß besteht und bestehen kann, weil dort keine Zinsbeschränkungen in Geltung sind. Man kann also die Ueberzeugung aussprechen, daß das Streben des Staats, durch Aufstellen einer Zinstaxe zu einem niederen Zinsfusse zu gelangen, illusorisch ist und nie erreicht werden könne. Das ist das eine Hauptargument, dessen sich die Gegner bedienen, um die Aufstellung einer Zinstaxe zu rechtfertigen. Ein weiteres Argument ist das, daß die Freigebung des Zinsfußes eine große Gefahr in sich trage, und es sind namentlich zwei höchst ehrenwerthe Schriftsteller, Reichensperger in Preußen und mein hochverehrter Landsmann, Herr Präsident Rizy in Wien, welch letzteren ich heute mir gegenüber zu sehen die Ehre habe, welche auf dieses Moment einen großen Nachdruck legen. Sie machen geltend, es würden, wenn der Staat sich entschlösse, den Zinsfuß freizugeben, die unsoliden Kapitalssucher, die unsoliden Unternehmer, die —

ich knüpfe an einen Ausdruck Adam Smith's an — Projektenmacher zuerst Kapital finden, weil gerade sie sehr leicht bereit sein werden, einen höheren Zins zu versprechen; in Folge dessen würden also diejenigen, welche nur für solide Unternehmungen Kapitalien suchen, also auch nicht, weil ihnen ja kein großer Gewinn in Aussicht stehe, einen höhern Zins zu geben im Stande sind, kein Kapital mehr bekommen. Ich glaube nun behaupten zu können, daß gegen diese Befürchtungen sehr erhebliche Gründe bestehen. Sehen wir uns den Kapitalsmarkt an, d. h. den Ort, wo die Leute hingehen, um Kapitalien zu suchen. Da kommen zuerst diejenigen, welche im Stande sind, vollkommene Sicherheit für das Kapital zu bieten, das sie in Anspruch nehmen. Bei diesen wird man mir zugeben, daß die Sachlage durch Zinsbeschränkung oder Zinsfreiheit nicht wesentlich verändert wird; denn dort, wo dem Kapitalisten wirklich vollkommene Sicherheit geboten ist, wird er gewiß am ehesten geneigt sein, Kapital hinzugeben und zwar zu relativ niedrigem Zins. Und man wird a priori zugeben, daß der solide Kapitalist nicht nach einer Kapitalsanlage bei solchen Unternehmungen geizt, welche ihm vielleicht einen höheren Zins, auf der andern Seite aber die Chance bieten, sein Kapital zu verlieren.

Die Zweiten, welche auf den Markt kommen, sind diejenigen, welche nicht vollständige Sicherheit durch Hypotheken oder Pfänder, aber doch eine gewisse Sicherheit durch ihren persönlichen Kredit und durch die reelle solide Natur ihrer Unternehmungen zu bieten vermögen. Ich glaube nun, daß ein einigermaßen solider Kapitalist, wenn er sich nicht ausschließend den ersteren Kapitalssuchern zuwendet, sich den Zweiten nähern wird; er verzichtet hierbei auf den Realkredit und begnügt sich mit dem Personalkredit, hat dagegen die Aussicht auf einen höheren Zins. Also auch diese Kapitalisten werden sich nicht den Schwindlern zuwenden, sondern denjenigen, welche ihnen wenigstens persönlichen Kredit zu bieten vermögen, und sie werden dies um so weniger thun, als ja fast in allen europäischen Staaten Staatsanleihen bestehen, welche höhere Zinsen bieten, und wobei die Rückzahlung denn doch immer einigermaßen in sicherer Aussicht steht.

Es scheint mir also, daß die beiden ersten Klassen von Kapitalssuchern, diejenigen, welche Faustpfänder und Hypotheken oder andere reale Sicherheit und diejenigen, welche Personalkredit bieten, nach wie vor auch bei der Aufhebung der Zinsbeschränkung ihr Kapital bekommen werden. Es erübrigen also nur noch die unsoliden Leute, die Projektenmacher und diejenigen, welche Kapital aufnehmen, entweder um es in leichtsinniger Weise zu verschwenden oder um solche Unternehmungen zu machen, die sehr geringe Chancen des Erfolges haben. Ich glaube nun, daß diejenigen, welche solchen Leuten Kapital zur Verfügung stellen, wahrlich nicht verdienen, einen besondern Schutz zu genießen, es wird aber auch die Zinsbeschränkung auf solche Geschäfte keinerlei Einfluß haben; diese Geschäfte werden trotz der Beschränkung ebenso gemacht, indem man das Gesetz umgeht oder einfach übertritt, und dies hat nur zur Folge, daß wegen der Gefahr, entdeckt oder bestraft zu werden, eine noch größere Assekuranzprämie, also ein noch theurer Zins verlangt wird.

Es scheint mir also auch das zweite Hauptargument, welches die Gegner der Zinsfreiheit in's Feld führen, unstichhaltig zu sein.

Ich komme zu dem dritten, und wie mir scheint, letzten Hauptargument der Gegner der Zinsfreiheit. Sie sagen, die Kapitalisten haben bei der Zinsfreiheit ein Monopol; es sei überhaupt immer nur eine verhältnißmäßig geringe Anzahl von Personen vorhanden, welche Kapital haben und im Stande sind, dasselbe der Produktion zur Verfügung zu stellen; folglich besäßen die Kapitalisten ein Monopol, und da es feststehender Grundsatz der Staatswirthschaft sei, die Monopole zu beschränken, so ergebe sich daraus die Konsequenz, daß der Staat das Monopol der Kapitalisten beschränken müsse. Ich glaube nun auch hier sagen zu können, daß dieser Satz heutzutage nicht mehr richtig ist; allerdings zu Zeiten, wo das Kapital nur in sehr wenigen Händen war, und wo zwischen den einzelnen Staaten eine derartige Abgrenzung bestand, daß es nicht denkbar war, daß Kapitalien von einem Staat in den andern strömten, da konnte man vielleicht mit Fug und Recht von einem Monopol der Kapitalisten sprechen, und wenn ich an die geschichtliche Entwicklung der Zinsgesetzgebung zurückdenke, so möchte ich wohl glauben, daß in diesem Zustand zu der Zeit, da er wirklich bestand, der Hauptgrund gefunden werden muß, warum damals, d. h. hauptsächlich im römischen und kanonischen Rechte, jene Zinsbeschränkungen eingeführt wurden. Aber heutzutage kann von einem solchen Monopol der Kapitalisten nicht mehr die Rede sein. Ich habe bereits erwähnt, es besteht eine Solidarität des gesammten Kapitalmarktes der Welt; es strömt auf diesem Kapitalsmarkte der ganze jeweilige Kapitalsvorrath zusammen, und es findet sich in der That Alles, was überhaupt der Produktion zur Verfügung gestellt werden kann, dort wirklich vor. Es sind also wieder dieselben Grundsätze maßgebend, die ich schon vorhin zu erörtern die Ehre hatte. Es erscheinen wieder die drei Klassen von Kapitalssuchern. Es kommt zuerst derjenige, welcher durch Hypothekenbürgschaft oder Faustpfand alle Sicherheit zu bieten vermag, und er wird sein Verlangen nicht an einem Orte stellen, sondern an den verschiedensten Orten, nach Umständen selbst in verschiedenen Ländern, damit das Angebot ihm gegenüber ein möglichst großes sei und möglichst viele Kapitalien konkurriren können, und so erhält er dann dasjenige Kapital, welches er braucht, zu dem nach Maßgabe des gesammten vorhandenen Kapitals sich fixirenden Zinsfuß.

Es besteht aber auch dieselbe Solidarität des Kapitals und das unbedingteste Zurverfügungstellen des ganzen vorhandenen Kapitals in Bezug auf Diejenigen, welche nur Personalkredit zu bieten im Stande sind; auch sie werden überall bekannt machen, daß sie Kapital bedürfen; sie haben ja keine Ursache, dieses Bedürfniß zu bemänteln — und sie werden auch dorthin gehen, wo sie die billigsten Kapitalien zu erhalten hoffen, und werden ihre Kapitalien auch zu demjenigen Preise erhalten, wie er sich durch die schon mehrmals erwähnten Faktoren bestimmt.

Es bleibt die letzte Klasse, die unsoliden Leute, die Projektenmacher. In Bezug auf diese besteht allerdings ein Monopol, aber nicht, wenn Zinsfreiheit, wohl aber, wenn Zinsbeschränkungen gelten, aus dem einfachen Grunde, weil, so lange die Wuchergesetze bestehen, Niemand, der die Gesetze des Staates respektiren will, ihnen ein Darlehen zur Verfügung stellen wird, sie also genöthigt sind, sich ausschließlich an diejenigen Personen zu wenden, welche geneigt sind, trotz des Vorhandenseins von Wuchergesetzen ihnen Kapital zu dem naturgemäß höhern, als dem gesetzlichen Zinsfuß zur Verfügung zu stellen.

Wenn der Staat die Zinsbeschränkung aufhebt, so schafft er hier also kein Monopol, sondern er zerstört eines. Ich will aber noch einige Augenblicke bei dieser Klasse der unsoliden Unternehmer, der Projektenmacher, verweilen und insbesondere jener Leute erwähnen, denen man nur zu einem exorbitanten Zinsfuß Kapital zur Verfügung stellt. Man sagt, mit der Freigebung des Zinsfußes werde der Zinsfuß hier nur noch größer. Angenommen, dem wäre so: was ist dabei für eine Gefahr? Die Begünstigung solcher unsoliden Leute und Schwindler ist gewiß nicht die Aufgabe des Staates, es kann dem Staate ziemlich gleichgiltig sein, ob die Kapitalsucher dieser Klasse das Kapital zu höheren oder niederen Preisen bekommen, ja, ich gehe noch weiter, und habe dabei die Autorität der hauptsächlichsten national-ökonomischen Schriftsteller zur Seite, es kann dem Staate ziemlich gleichgiltig sein, wenn auch die Kapitalisten dieser Kategorien zu Grunde gehen, denn diese ganze Klasse ist für den Staat von keinem Werth, und nur Derjenige, welcher sein Kapital in rationeller Weise verwendet, welcher es derjenigen Produktion zur Verfügung stellt, die mit daran arbeitet, das Nationalkapital um einen gewissen aliquoten Theil zu vermehren, nur der ist für den Staat und dessen wirthschaftliches Gedeihen werthvoll.

Das sind denn nun, wie mir scheint, die hauptsächlichsten Argumente der Gegner der Zinsfreiheit. Und nun möchte ich noch auf eine meines Erachtens untergeordnetere Einwendung erwidern, welche der schon erwähnte Schriftsteller und preuß. Abgeordnete Reichensperger gemacht hat. Dieser sagt: „Wenn man die Zinsbeschränkungen aufhebe, so mache man das Darlehen zu einem aleatorischen Vertrag und nehme ihm seine eigentliche Natur." Ich muß nun offen gestehen, daß ich der Ueberzeugung bin, das, was man in diesem Sinne unter einem aleatorischen Vertrage versteht, sei mit jedem Darlehen, wenn es nicht vollkommen mit einem Faustpfand oder einer Hypothek gedeckt ist, verbunden; denn die unbedingte Garantie der Zurückzahlung hat man nur in letzterem Falle und selbst vielleicht da nicht in jedem Falle. Es ist ein längst anerkannter Satz der National-Oekonomie, daß bei jedem Darlehnsvertrag ein Element die Assekuranz-Prämie sei; sie ist wechselnd, und ihre Größe bestimmt sich durch die größere oder geringere Wahrscheinlichkeit der Zurückzahlung des Darlehens. Auf dieses Element scheint mir Herr Reichensperger gar keine Rücksicht genommen zu haben, dies scheint mir aber das Wichtigste zu sein, und es ist in der Natur der Sache gelegen, daß diese Prämie größer oder geringer ist, je nach der Sicherheit, die geboten wird. Es scheint mir aber, daß in dieser Richtung ein zinsbeschränkendes Gesetz nichts ändern könne, denn der Kapitalist wird immer dann größere Zinsen verlangen, wenn die Zurückzahlung des hingegebenen Kapitals nicht vollständig gesichert ist.

Zum Schlusse erlauben Sie mir noch auf ein Wort des Grafen Cavour hinzuweisen. Graf Cavour, wie bekannt, ein ebenso scharfsinniger National-Oekonom, als trefflicher Politiker, war es, der, als in der italienischen Kammer die Aufhebung der Wuchergesetze berathen wurde, die Ansicht aussprach: Diejenigen, welche für die Zinsbeschränkungen sind, meinen, sie hätten mit der Feststellung gewisser Zinstaxen einen Maximal-Zinssatz für das Kapital festgestellt; sie befänden sich aber dabei in einem großen Irrthum. Die Sache sei vielmehr umgekehrt. Durch die Feststellung gewisser Zinstaxen werde nicht ein Maximal-Zinsfuß, sondern ein Minimal-Zinsfuß geschaffen und zwar deshalb, weil von dem Augenblicke an, da eine bestimmte Zinstaxe bestehe, man nie mehr unter diese Taxe heruntergehe, wenn auch die wirthschaftlichen Bedingungen solche seien, daß man unter dieselbe heruntergehen könne.

Das sind die juristischen und national-ökonomischen Gründe, welche die Freigebung des Zinsfußes als das allein gerechtfertigte Prinzip erscheinen lassen.

Es scheint mir nun aber auch noch nothwendig, speziell auf die Frage von den Wucherstrafgesetzen und auf die Frage von denjenigen Konsequenzen, die in civilrechtlicher Hinsicht aus der Freigebung des Zinsfußes erfolgen sollen, so kurz als möglich einzugehen.

Es ist ein Satz der Moral, der den Staat gewöhnlich veranlaßt hat, Wuchergesetze zu geben; man hat geglaubt, wenn man den Wucher freigibt, so werde die Noth mißbraucht, so werde der Leichtsinn und die Verstandesschwäche mißbraucht, es sei also sittliche Nothwendigkeit, daß man durch Strafgesetze dagegen einschreite. Ich glaube, auch in dieser Richtung sei es nicht gerade sehr schwer, nachzuweisen, auf welcher Seite denn da das wahrhaft Moralische und auf welcher Seite das Unmoralische liege. Ich behaupte und stelle mich dabei an die Seite höchst respektabler Schriftsteller, daß es nicht blos in hohem Grade inkonsequent, sondern auch in hohem Grade unsittlich ist, wenn der Staat auf der einen Seite etwas als unmoralisch und strafbar verdammt, wovon er sich selbst bei seiner Finanzgebahrung zu entbinden genöthigt sieht, und nicht blos dies, wobei er sogar denjenigen, welche ihm zu höheren, als den gesetzlichen Zinsen, die benöthigten Darlehen verschafft haben, große Ehren erweist und ihnen ein Verdienst daraus macht. Das ist unmoralisch, das ist unsittlich. Also mit diesem einzigen Umstande, daß der Staat sich unausgesetzt genöthigt sieht, sich selbst von den Wuchergesetzen zu dispensiren, ist meines Erachtens schon evident erwiesen, daß es nicht sittlich ist, die Wuchergesetze aufrecht zu erhalten.

Es ist aber auch ein anderer Grund, warum nicht die Aufhebung, sondern die Beibehaltung der Wuchergesetze unsittlich genannt werden muß. Es kann wohl Nichts geben, was mehr zu rabulistischen Verklausulirungen, zu unmoralischen Scheinverträgen führt, als gerade die Wuchergesetze. Das Kapital sucht ja naturgemäß, und muß naturgemäß nur das Placement suchen, wo ihm die höchsten Zinsen geboten werden; man wird also immer und immer die Wuchergesetze durch unmoralische Verklausulirungen — Schein-Käufe und -Verkäufe, Scheincessionen, Scheinassignationen — zu umgehen suchen. Ein weiterer Umstand ist der: Wenn Jemand Kapital sucht und nicht vollständige reale Sicherheit zu bieten vermag, so wird er naturgemäß sich zu einem höheren Zinsfuß entschließen müssen, als wenn er dies könnte, weil ja in Folge dessen die Assekuranzprämie, die, wie ich schon anzudeuten die Ehre hatte, mit ein Element jedes Darlehnsvertrages bildet, größer wird. Nehmen Sie nun an, die beiden Personen, der Kapitalssucher und der Kapitalsbieter, seien nach ihrem vollen freien, von keiner Seite beeinflußten Willen über einen höhern Zinsfuß übereingekommen. Wenn nun der Schuldner das Kapital auf diese Weise bekommen hat, und es wird ihm seiner Zeit unbequem, die nach seinem freien Willen bedungenen höheren Zinsen zu bezahlen, dann beruft er sich auf die Wuchergesetze, und denunzirt den Kapitalisten, so daß dieser nicht nur seine Zinsen nicht bekommt, sondern auch noch gestraft wird. Das scheint mir nun aber das Unsittliche und Unmoralische zu sein, und scheint den Kapitalisten in der ungerechtfertigsten Weise zum Spielball der Abneigung des Schuldners gegen Erfüllung seiner Verpflichtungen zu machen. Ich erlaube mir hier eine Aeußerung des berühmten Engländers Bentham anzuführen, welcher sagt: „Dieser Haß des

Schuldners gegen den Kapitalisten komme ihm vor, wie die Wuth, welche ein Kind, das sein Stück Kuchen bereits gegessen hat, gegen das andere empfindet, das seinen Kuchen noch in der Hand hält."

Ich kann nun im Augenblicke, so sehr ich es auch wünschte, nicht wagen, noch weiter auf die mannigfachen einzelnen Momente in Bezug auf die Frage der Wucherstrafgesetze einzugehen und den Nachweis zu liefern, der eigentlich in die III. Abtheilung gehören würde, daß der Staat, indem er zu Gunsten der im Nothstand Befindlichen, der Leichtsinnigen und Verstandesschwachen Wucherstrafgesetze aufstellt, sich auf das Gebiet der Willkür begibt, indem es dabei lediglich in dem Arbitrium der Richter liegt, zu erkennen, ob im gegebenen Falle ein strafbarer Wucher vorliege oder nicht. Ein solcher Schutz der genannten Personen ist aber auch in keiner Weise nothwendig und gerechtfertigt. Die Minderjährigen werden durch das Civilrecht genügend geschützt, die Geistesschwachen, wenn sie in der That geistesschwach sind, werden unter Kuratel gestellt, von diesen also kann nicht die Rede sein; es bleiben also nur Diejenigen übrig, welche nicht minderjährig und auch nicht geistesschwach im juristischen Sinne sind, die sich also auf der schmalen Grenze befinden, bezüglich deren das Gesetz sagt, daß diese Personen wohl im Stande sind, mit freiem Entschluß Verträge zu schließen, daß sie aber doch gegen Uebervortheilung durch Strafgesetze zu schützen seien. Ich erwähne weiter, wie da von einer strafbaren Handlung die Rede sein könne, wo die Grenze zwischen Erlaubtem und Unerlaubtem nur durch eine Ziffer ausgedrückt ist. Wenn man sagt, ein bestimmter Zinsfuß, z. B. 5 % sei zulässig und sittlich, falls man aber um 1 % mehr nimmt, so sei das unsittlich und strafbar, so wird der Uebergang vom juristisch Zulässigen zum juristisch Unzulässigen, vom Moralischen zum Unmoralischen durch nichts Anderes gemacht, als durch die mechanische Steigerung der Ziffer. Ich erlaube mir aber auch auf die Thatsache hinzuweisen, daß die verschiedenen Strafgesetzgebungen die verschiedensten Bestimmungen über die Strafbarkeit des Wuchers enthalten, ein Beweis, daß die Gesetzgebung selbst keine Gewißheit darüber habe, wann der Wucher strafbar sei und wann nicht. So straft eine Reihe von Gesetzen den gewöhnlichen Wucher, eine andere Reihe nur den verschleierten Wucher, wieder eine andere nur den gewerbsmäßigen Wucher. Man sagt in den letzteren Staaten, der einmalige Wucher ist nicht strafbar, einmal ist keinmal, aber zweimal ist einmal, und dann ist der Wucher strafbar. Ich glaube, meine Herren! das zeigt deutlich, daß die Wucherstrafgesetze jeder Begründung entbehren. Ich wäre stark in Versuchung, als Oesterreicher darauf hinzuweisen, daß wir im J. 1866 mit einem Wuchergesetze beglückt wurden, welches unter der Firma der Freigebung der Zinstaxe uns mit Wucherstrafgesetzen überfluthet hat, und welches, ich muß mir den Ausdruck erlauben, in legislativer Hinsicht geradezu eine Monstrosität ist. Aber ich will der Versuchung widerstehen, um Sie mit dieser Frage, die eigentlich nicht in unsere Abtheilung gehört, nicht weiter zu behelligen.

Mir scheint es nun aber gewiß zu sein, und unser Begutachter, Herr Dr. Goldschmidt, hat dieselbe Ansicht, und sie wird getheilt von den bedeutendsten juristischen und national-ökonomischen Schriftstellern, und sie ist zur Wahrheit geworden in jüngster Zeit in Belgien und in dem Lande, in dem wir tagen, hier in Bayern, mir scheint gewiß zu sein, daß spezielle Wucherstrafgesetze keinerlei Berechtigung haben, und daß bezüglich des Wuchers eine Strafbarkeit nur dann eintritt, wenn auf betrügerische Weise mit dem Kapitalsucher umgegangen wurde, wenn er durch Verschleierung des wahren Zinsfußes in die Unmöglichkeit versetzt wurde, das ihm auferlegte Zinsmaß zu erkennen, also dann, wenn ein strafbarer Betrug vorliegt. Dann genügen aber die allgemeinen Normen über den Betrug in den Strafgesetzbüchern um diese strafbare Handlung zu subsumiren.

Meine Herren! Ich komme nun noch zu dem einen, dem letzten Punkt, den ich nicht ganz übergehen kann, weil er zu sehr mit dem innersten Kerne des Gegenstandes, mit dem wir jetzt zu thun haben, zusammenhängt.

Als ich das Referat übernahm, war ich im Schwanken darüber, ob ich es unternehmen solle, Ihnen den Antrag auch dahin zu stellen, daß eine Reihe von civilrechtlichen Bestimmungen, welche nach meiner innersten Ueberzeugung nur mit dem Wucherprinzip im Zusammenhange denkbar sind, also mit Beseitigung dieses Prinzips gleichfalls fallen müssen, vom Juristentage als aufzuhebende zu bezeichnen seien.

Ich bin jedoch bei eingehender Erwägung zu dem Resultate gelangt, daß es bei der kurzen Zeit, die uns hier gegeben ist, sehr schwierig ist, Sie dazu zu veranlassen, weil es hierzu nöthig sein würde, in alle einzelnen Fragen einzugehen, und sich bei jeder einzelnen schlüssig zu machen, ob der betreffende Rechtssatz wirklich nur eine Konsequenz des Wucherprinzips sei. Ich bin also in Folge dessen zu der Ueberzeugung gekommen, daß es zweckmäßiger sei, daß es dem Wesen des Juristentags und der Art seiner Thätigkeit am besten entspreche, wenn ich Ihnen nur den Antrag stelle, ein allgemeines Prinzip auszusprechen und zu sagen, daß mit Aufhebung der Wuchergesetze auch alle diejenigen civilrechtlichen Bestimmungen, welche mit dem Wucherprinzip im Zusammenhange stehen, aufzuheben seien. Weil es mir jedoch zur erschöpfenden Erledigung der Sache nöthig scheint, und dann, um mich dagegen zu verwahren, daß nicht von anderer Seite etwa einzelne Bestimmungen herausgegriffen und zum Gegenstande besonderer Anträge gemacht würden, erbitte ich mir noch für einige Augenblicke Ihre Aufmerksamkeit, um Ihnen klar zu machen, von welchem Gesichtspunkte ich dabei ausgehe. Ich muß zu dem Zwecke wenigstens einzelne jener Bestimmungen besonders berühren, um auf das ganze Prinzip einige Schlaglichter zu werfen. Ich erwähne das Verbot des Vorabzuges der Zinsen über einen bestimmten Zeitraum, gewöhnlich ein halb Jahr hinaus, — weiter das Verbot der usurae ultra alterum tantum, d. h. das Verbot, weitere Zinsen zu erheben, wenn einmal die rückständigen Zinsen die Höhe des Kapitals erreicht haben, sofern nicht eine Novation eingetreten ist, — ferner das Verbot des pactum antichreticum, wobei die Frage zu beantworten ist, inwieweit es zulässig sei, daß dem Darlehensgeber die Pfandbenützung, ein usus fructus am Pfand, eingeräumt werde; — ferner das Verbot des pactum commissorium, d. h. des Vertrages, nach welchem, wenn zur Zeit der Schuld dieselbe nicht bezahlt wird, das Pfand verfallen soll, wobei ich daran erinnere, daß dieses pactum im römischen Rechte zur klassischen Zeit gestattet war, und daß es selbst zu der Zeit, da es verboten wurde, unter zwei bestimmten Voraussetzungen zulässig geblieben ist.

Alles dies und noch mehrere dergleichen Bestimmungen scheinen mir lediglich Konsequenzen der Wuchergesetzgebung zu sein. Aber da uns die Zeit gebricht, auf alle diese Punkte des Näheren einzugehen, so können wir auch nicht einzelne dieser Bestimmungen herausgreifen.

Aus demselben Grunde können wir auch nicht auf die Uebergangsbestimmungen eingehen, wie sie Herr Dr. Schaffrath, und in einem Punkte auch Herr Dr. Goldschmidt vorgeschlagen hat, nämlich auf die Frage von dem Vorzugsrechte der Zinsen im Konkurse, soweit sie den gesetzlichen Zinsfuß nicht überschreiten, ferner auf die Frage, ob für höhere als gesetzliche Zinsen schriftliche Abrede getroffen werden müsse, — auf die Frage von dem Kündigungsrecht bei höheren, als den gesetzlichen Zinsen, auf welches man z. B. in Sachsen ziemlichen Werth legt, während man es in Belgien aufgehoben hat; endlich ebenso auch nicht auf die Frage vom Anatocismus. Alle diese Fragen können wir hier nicht im Einzelnen erörtern, es erübrigt also Nichts, als daß wir die einzelnen Bestimmungen fallen lassen und ein Grundprinzip aussprechen, aber ein solches, welches wenigstens klar macht, daß wir von der Ueberzeugung geleitet sind, daß alle jene Bestimmungen fallen sollen, welche sich als Konsequenzen des Grundsatzes der Zinsbeschränkung ergeben; wir wollen sie nicht einzeln nennen, aber unsern Satz so formuliren, daß Niemand darüber zweifelhaft sein könne, was wir meinen.

Ich erlaube mir, Ihnen nun also im Ganzen folgende Anträge zu stellen:

1) Die Wucherstrafgesetze und diejenigen Bestimmungen der Civilgesetzgebungen, welche aus dem bisher in Geltung gestandenen Grundsatze der Beschränkung der Zinsfreiheit erfließen, sind aufzuheben.

2) Die Feststellung des Zinsfußes ist der Vereinbarung der Paciszenten zu überlassen.

Der erste Satz, den ich hier vorschlage, ist in Wesenheit die Bejahung der hier vorgelegten Frage, ob die Wuchergesetze aufzuheben seien, er detaillirt aber nur noch in der Weise, daß er nicht im Allgemeinen sagt, „die Wuchergesetze sind aufzuheben", sondern daß er auch diejenigen Bestimmungen, welche sich in der heutigen Civilgesetzgebung als Ausfluß des Wucherprinzips darstellen, als aufzuhebende bezeichnet.

Der zweite Satz ist die einfache Bejahung der zweiten uns von der ständigen Deputation vorgelegten Frage.

Meine Herren! Das sind Prinzipien, das sind allgemeine Sätze, welche auszusprechen der Würde und der Bedeutung des Juristentages entspricht, und die ich Ihnen hiermit zur Annahme auf das Wärmste empfehle.

Präsident: Ich glaube im Sinne der geehrten Versammlung zu handeln, wenn ich dem Herrn Referenten den Dank der Versammlung für seine eingehende und lichtvolle Berichterstattung ausspreche. Wir wollen nunmehr in die Debatte eintreten.

O.-L.-Ger.-Präsid. Frhr. **v. Kizy** aus Wien: M. H.! Ich bin sowohl in den beiden Gutachten, welche über die der Debatte unterliegende Frage geliefert wurden, als insbesondere auch von Seite des Herrn Berichterstatters als ein Vertheidiger der Zinsbeschränkungen bezeichnet worden. Diejenigen von den geehrten Herren, welchen jene vor Jahren geschriebenen Aufsätze, die mir zu dieser Ehre verholfen haben, bekannt geworden sind, werden sich erinnern, daß diese Bezeichnung nur in einem sehr beschränkten Maße auf mich Anwendung finden kann; aber auch diejenigen unter Ihnen, welche hievon keine Kenntniß genommen haben, werden von mir nicht voraussetzen, daß ich in dieser Versammlung den thörichten Versuch machen wollte, Sie zum Abfall von jenen großen Grundsätzen der Nationalökonomie zu verleiten, welche längst ein Gemeingut der gebildeten Welt geworden sind und sowohl in den gedachten Gutachten, als in dem Vortrage Ihres Herrn Referenten einen so glänzenden Ausdruck gefunden haben. Ich bin zwar, wie die meisten Juristen, nur Dilettant auf dem Gebiete der Nationalökonomie, aber von der Wucherfrage und den damit zusammenhängenden Materien habe ich mir genaue Kenntniß zu verschaffen gewußt, und ich darf mir das Zeugniß geben, daß meine diesfälligen Ueberzeugungen nicht etwa nur auf allgemeinen Erinnerungen von der Schulbank her, sondern auf ernsten und eingehenden Studien beruhen.

Aus selbsterworbener und klarer Einsicht also bin ich mit den die Zinstaxen betreffenden Hauptsätzen der Wissenschaft, wie sie Ihnen heute vorgetragen worden sind, vollkommen einverstanden.

Auch ich bin überzeugt, daß die höchste Blüthe des materiellen Wohlstandes nur mit der Freigebung des Kapitals bestehen könne; auch ich bin überzeugt, daß bei fortgeschrittener Kultur alle jene Gesetze, welche — sei es auf dem Wege des Civil- oder Strafrechtes — eine gewaltsame Beschränkung des Kapitalsmarktes herbeiführen wollen, von Uebel sind; daß die Beseitigung derselben alles Ernstes anzustreben sei; ja daß sie unter günstigen ökonomischen Verhältnissen ohne Bedenken beseitigt werden können und sollen.

Dessenungeachtet kann ich mich andererseits auch der Ueberzeugung nicht entziehen, daß ein gegebenes Land, dessen wirthschaftliche Zustände sich unter dem Drucke von beengenden Zinsgesetzen entwickelt haben, in einer Lage sein kann, bei welcher die Beseitigung der dem Kapitalsverkehr von altersher gesetzten Schranken als mit den ernstlichsten Gefahren für das Wohl der Staatsbürger verbunden gedacht werden muß; und diese Ueberzeugung, welche ich vor 10 Jahren durch das praktische Bedürfniß meines eigenen Landes zu vertreten veranlaßt war, lebt mit derselben Kraft noch heute in mir, wo sie nur mehr eine sozusagen theoretische Bedeutung für mich hat, nachdem die Kaiserliche Regierung, wie Sie eben gehört haben, mit der Aufhebung der Zinsbeschränkungen in dem westlichen Theile des Reiches bereits vorgegangen ist.

Meine Herren! Es ist Ihnen nun über die Freigebung des Zinsfußes ein Satz zur Annahme empfohlen worden, dessen prinzipielle Richtigkeit zwar gar keinem Zweifel unterliegt, und den auch ich als einen reinen Satz der Wissenschaft sehr gerne anerkenne, bei dessen Anwendung aber die Gesetzgebung auf die konkreten Verhältnisse, denen sie gegenüber steht, sorgfältige Rücksicht zu nehmen hat, und welcher aufhört, eine Wahrheit zu sein, wenn man es damit so weit treibt, seine Anwendbarkeit unbedingt und ohne alle Rücksicht auf die gegebenen Zustände einzelner Länder behaupten zu wollen, wie dies hie und da mit einer Impetuosität geschieht, welche ganz darauf berechnet ist, die öffentliche Meinung irre zu führen und auf die Faktoren der Gesetzgebung einen nach Umständen höchst bedenklichen Druck auszuüben.

Ich möchte mich, meine Herren, zur Begründung meiner Auffassung in Einzelheiten nicht einlassen, sondern beschränke mich darauf, Ihnen diejenigen Verhältnisse darzulegen, durch welche die Kaiserliche Regierung, welche gegenwärtig, wie bereits erwähnt, für die westliche Hälfte des Reiches mit Aufhebung der Zinstaxen unbedenklich vorangegangen ist, vor zehn Jahren bestimmt wurde, dieselbe Maßregel für das ganze Reich als eine Verderben drohende zurückzuweisen.

Meine Herren! Zu jener Zeit waren die Königreiche und Länder des Oesterreichischen Kaiserstaates bekanntlich bestimmt, durch das starke Band einer einheitlichen Gesetzgebung verbunden zu werden. Es bestand damals in ganz Oesterreich die durch das allgemeine bürgerliche Gesetzbuch bestimmte Zinstaxe von 5, beziehungsweise 6 pCt. Neben dieser aber waren verschiedene Wucherstrafgesetze in Geltung, unter denen sich das in weiten Kreisen bekannte Wucherpatent von 1803 durch die Konsequenz auszeichnete, mit der es jede auch noch so geringfügige Ueberschreitung der gesetzlichen Zinstaxe als strafbares Vergehen verfolgt wissen wollte. Die Frage über die Aufhebung der Wuchergesetze, über deren Ermäßigung, ja selbst über deren Verschärfung war in Oesterreich, sowie überall, zu verschiedenen Zeiten auf die Tagesordnung gesetzt worden, ohne deshalb ihre Erledigung zu finden.

Vom Jahre 1855 an kam sie durch allerlei Anträge, welche von maßgebenden Seiten in dem verschiedensten Sinne gestellt worden waren, abermals in Fluß, und erhielt diesmal nach vielfältigen eifrig betriebenen enquêten und Vorberathungen auch wirklich eine wenigstens vorläufige Erledigung. Im Rathe der Krone nämlich war nur die allerdings gewichtige Stimme des damaligen Finanzministers geneigt, für die Freigebung des Kapitals einzustehen, die übrigen Stimmen glaubten weder auf die Aufhebung der Wuchergesetze, noch selbst auf eine Ermäßigung derselben einrathen zu können.

Man unterließ bei dieser Gelegenheit nicht, sich auf den Umstand zu berufen, daß in den Grenzen des Kaiserreichs nicht weniger als 1½ Milliarden nach dem gesetzlichen Zinsfuß zu Gunsten des Grundbesitzes angelegt seien; es wurde auf die primitiven Zustände einzelner Provinzen in der östlichen Hälfte des Kaiserreichs hingewiesen, und die Ueberzeugung ausgesprochen, daß eine plötzliche Veränderung der Zinsgesetze in diesen in der Kultur und wirthschaftlichen Entwicklung zurückgebliebenen Ländern einen gänzlichen Ruin der Grundbesitzer herbeiführen würde.

Meine Herren! Man kann über diese Auffassung verschiedener Ansicht sein, allein so viel glaube ich unbedenklich behaupten zu dürfen, daß dieselben erleuchteten und freisinnigen Staatsmänner, welche sich in den Königreichen Sachsen und Belgien mit großer Zuversicht für die Aufhebung der Zinstaxe aussprachen, sehr ernstliche Bedenken gehabt haben würden, denselben Ausspruch solchen Ländern gegenüber zu thun, wie es die übrigens gesegneten Königreiche Kroatien und Slavonien sind. Daß man in Oesterreich zur Zeit, von der ich rede, in der Aengstlichkeit zu weit gegangen sei, gebe ich gerne zu. Denn man beschloß nun nicht nur, die bestehende Zinstaxe ungeändert bestehen zu lassen, sondern auch das veraltete und durch die öffentliche Stimme verworfene Wucherstrafgesetz vom Jahre 1803, welches jede auch noch so unbedeutende Ueberschreitung des Zinsfußes als strafbar erklärt, im ganzen Reiche einzuführen.

Diese Beschlüsse waren begreiflicher Weise wenig geeignet, den Erwartungen, welche an die voraufgegangenen Verhandlungen geknüpft worden waren, zu entsprechen, und sie fanden in den Kreisen, welche sich für die Sache interessirten, eine sehr üble Aufnahme; diejenigen aber, welche für die Anbahnung freierer Zustände waren, konnten unter den gegebenen Umständen nichts Anderes thun, als vermittelnde Vorschläge machen. Diese gingen dahin: den gesetzlichen Zinsfuß, welcher schon längst keine Wahrheit mehr war, den veränderten Verhältnissen des Geldmarktes gemäß zu erhöhen, die bestehenden Wucherstrafen aber dahin zu ermäßigen, daß fortan nur solche Ueberschreitungen der Zinstaxe mit Strafe belegt werden sollten, welche in den damals neuesten Gesetzgebungsarbeiten Deutschlands als qualifizirter Wucher bezeichnet und als strafbar erklärt erscheinen.

In diesem Sinne hat sich der gegenwärtige Justizminister Oesterreichs (damals als Referent) mit großer Energie und anerkennenswerthem Freimuthe ausgesprochen; in diesem Sinne sind auch von mir jene Aufsätze geschrieben worden, deren die vorliegenden Gutachten erwähnen.

Hieraus, meine Herren, werden Sie entnehmen, daß ich kein enragirter Vertheidiger der Zinstaxe und Wuchergesetze bin, sondern daß es mir einzig darum zu thun war und ist, auf die Beschränkungen aufmerksam zu machen, welche der Ihnen zur Annahme empfohlene theoretische Satz in seiner Anwendung auf die konkreten Verhältnisse des Lebens zu erleiden hat.

Was den Beisatz anbelangt, der nach der Ansicht des Herrn Berichterstatters über die Abänderung derjenigen civilrechtlichen Bestimmungen, welche mit dem Bestande der Zinstaxe in näherem oder entfernterem Zusammenhange stehen, in die Beantwortung unserer Frage aufgenommen werden soll, so ist schon von dem Herrn Antragsteller selbst ganz richtig bemerkt worden, daß die Entscheidung darüber, was für Bestimmungen als hierher gehörig aus den verschiedenen Civilgesetzen Deutschlands auszuscheiden wären, sehr ernsten und weitführenden Erwägungen unterliege. Und da auf diese hier nicht eingegangen werden soll noch kann, so muß ich dafür halten, daß jener in seiner Allgemeinheit ohnehin selbstverständliche Beisatz leicht entbehrt werden könne und als ein superfluum wegzubleiben hätte.

Meine Herren! Ich habe es für meine Schuldigkeit gehalten, der Auffassung Ausdruck zu geben, als deren Vertreter mich die Ihnen erstatteten Gutachten in etwas auffälliger Weise bezeichnen. — Ich begnüge mich jedoch damit, hier auf die Beschränkungen hingedeutet zu haben, welche der Ihnen zur Annahme empfohlene Satz in der Anwendung auf das wirkliche Leben zu erleiden hat, und stelle keinen Antrag darauf, daß dieser Satz durch einen meiner Auffassung entsprechenden Beisatz abgeschwächt werde. Ich erkenne denselben als einen Satz der Wissenschaft unbedenklich an und lebe der Ueberzeugung, daß gegen den Mißbrauch, der von demselben durch rücksichtslose Anwendung gemacht werden kann, in der Macht der Thatsachen ein ausreichendes Korrektiv werde gefunden werden.

Rechtsanwalt **Block** aus Magdeburg: Ich schicke voraus, daß ich der Kürze der Zeit und der Erwägung, daß ich zu Zunftgenossen spreche, in meinen Bemerkungen Rechnung tragen und demnach mich ganz kurz fassen werde. Herr Referent hat zunächst einen Antrag dahin gestellt, daß auch die Wucherstrafgesetze in die Beantwortung der gestellten Frage mit aufgenommen werden sollen. Formell gehören dieselben nicht in unsere Abtheilung, sie sind vielmehr Gegenstand der dritten Abtheilung, und da wir nicht wissen können, was dort beschlossen wird, so könnten wir leicht durch unsern Beschluß mit dem jener Abtheilung in Widerspruch kommen. Ich glaube, daß hier nur die Rede sein kann, ob die im Civilrechte bestehenden Einschränkungen der Zinsstipulationen aufzuheben sind.

Was die Sache selbst betrifft, so hat der Herr Referent der augenblicklichen Gesetzgebungslage Preußens gar nicht Erwähnung gethan.

Bei uns sind die Wuchergesetze, mit gewissen Ausnahmen, längst oder wenigstens über Jahr und Tag aufgehoben. Wir haben nur zwei Einschränkungen, die eine ist die, daß es nicht zulässig ist, bei Hypothekkapitalien höhere Zinsen zu nehmen, und daß dem Gläubiger bei höheren Zinsen ein 6monatliches Kündigungsrecht zusteht. Wenn hier beschlossen wird, die Höhe des Zinsfußes lediglich der Willkür der Kontrahenten zu überlassen, so möchte ich ein Amendement dahin stellen, daß Stipulationen bezüglich des Kündigungsrechts der Paciszenten auf eine einjährige Dauer eingeschränkt werden, so daß sie über diese einjährige Dauer hinaus für die Parteien nicht bindend sind. Ich meine dies deshalb, weil ich die Zinsbeschränkungen aufgehoben haben will auch für die Hypotheken; weil aber eine Stipulation, wodurch unter Verpfändung von Grundstücken auf die Dauer von 100 Jahren und darüber ein abnorm hoher Zinsfuß stipulirt wird, den Verkehr für den Verkauf, die Dismembration der Grundstücke hemmen kann.

Man hat überall bei den Grundstücken Einschränkungen getroffen; wir haben bei uns die Erbzinsgüter aufgehoben, weil wir gesagt haben, dieselben beruhen auf einem unzuläßigen Vertrage und gelten nur 30 Jahre; auch das eiserne Kapital ist kündbar in 30 Jahren.

Um dem Grundsatze, daß das Kapital Waare ist, die man nicht einschränken muß, überall Rechnung zu tragen, werden wir die Kündigungsfrist einschränken auf ein Maximum. Ich habe den Antrag dahin formulirt:

„bei Darlehen ist die Stipulation längerer als einjähriger Kündigungsfristen für die Kontrahenten nicht bindend" — ich sage nicht, „gesetzlich verboten", so daß eine Stipulation einer längeren Kündigungsfrist keine strafrechtlichen Folgen nach sich zieht, sondern eben lediglich nicht bindend ist.

Dr. **Knepler** aus Wien: Die Akten sind geschlossen und es ist dem, was von Seite des Herrn Referenten auseinandergesetzt wurde, fast Nichts beizufügen. Der größte Triumph, den die Ansicht des Herrn Referenten erfahren hat, ist der, daß Herr Präsident Freiherr v. Rizy sich selbst veranlaßt sah, seine frühere Haltung zu limitiren und im großen Ganzen sich für das Prinzip auszusprechen. Aber gerade eine Aeußerung des Herrn Präsidenten v. Rizy, als eines einflußreichen Beirathes der Oesterreichischen Regierung in Gesetzgebungssachen, veranlaßt mich, das Wort zu ergreifen, nämlich der Umstand, daß er Sie bat, ja keine Pression zu üben und auf Länder von niederer Kulturstufe Bedacht zu nehmen.

Meine Herren! Wir Deutsch-Oesterreicher sind zahlreich und mit warmen Herzen hierher gekommen, und ich bitte Sie, die Ueberzeugung zu haben, daß wir nicht gekommen sind, um uns gleichsam als Bleigewicht an die fortschrittliche Entwickelung des übrigen Deutschlands zu hängen, sondern um uns von Ihnen in Ihrem Fortschritte mitreißen zu lassen (lebhaftes Bravo) und wir bitten Sie, gerade jene Pression zu üben, um uns fortzutreiben und fortzureißen in der allgemeinen Bewegung. Die Gründe der traurigen Lage in Oesterreich sind die, daß man, wie der geehrte Herr Vorredner hervorgehoben hat, nicht zu den richtigen Mitteln gegriffen hat, um sie zu beseitigen, sondern daß man in einer verkehrten Weise vorgegangen ist. Ich will nur auf ein einziges Beispiel mich beschränken:

Wir genossen nach der 48er Strömung in Oesterreich diesseits der Leitha in Folge eines kaiserlichen Patentes die Befreiung von dem Strafelemente der körperlichen Züchtigung. Als man später in Oesterreich centralisiren wollte und Ungarn hereinzog in den Kreis der allgemeinen Gesetzgebung, ging man so weit, daß man sagte, man müsse der Einheit zu Liebe auch in jenen Ländern, für welche bisher diese Strafe der körperlichen Züchtigung aufgehoben war, dieselbe wieder einführen. So soll gegenwärtig mit Rücksicht darauf, daß das eine oder andere Kronland noch in der Kultur zurücksteht, auch das Deutsche Element in Oesterreich auf unabsehbare Zeiten im Banne der Wuchergesetze gehalten werden! Wir hätten es sonach als ein wahres Glück anzusehen, daß der Dualismus in Oesterreich eingetreten ist, weil das Banat voraussichtlich noch längere Zeit brauchen wird, bis es mit den Deutschen Provinzen auf gleicher Kulturstufe stehen wird, wie Galizien, und wir müßten beinahe wünschen, daß in Oesterreich diesseits der Leitha verschiedene Gesetzgebungsgruppen gebildet werden, damit die Deutschen nicht unter dem Kulturmangel slavischer Stämme zu leiden haben! Für Oesterreich scheint es mir das einzige Rettungsmittel zu sein, daß man dem Fortschritte huldigt, daß man die Volksschule hebt und die der Volksbildung entgegenstehenden Hindernisse beseitigt, nicht aber darin, daß man an veralteten Gesetzen festhält. Wenn der Herr Präsident v. Rizy die Reservation gemacht hat, daß, wenn in der Wucherfrage ein allgemeines Prinzip ausgesprochen wird, dasselbe nicht maßgebend sei in allen einzelnen Fällen, so ist dieser sein Vorbehalt ein subjektiver. Ich glaube im Sinne der meisten anwesenden Oesterreicher zu sprechen, wenn ich sage, wir bitten den Juristentag ohne Reservation seine Ueberzeugung in dieser Frage durch Annahme des Antrages auszusprechen, wie ihn der Herr Referent formulirt hat.

(Allgemeiner Beifall.)

Hofrath Dr. v. **Kerstorff** aus Augsburg: Meine Herren! Was die Frage betrifft über die Zinsen an sich, so ist es eine einfache Frage über den Werth der Dinge. Die Beantwortung der speziellen Frage, ob nämlich der Zinsfuß beschränkt werden soll oder nicht, können wir von nirgend hernehmen, als aus dem Verkehr; lediglich das ist die Grundlage, auf der wir zu erkennen haben, ob die Justiz Ursache habe oder nicht, Vorsorge zu treffen, sei es eine einschreitende, vermittelnde oder fördernde. Beides ist zu Tage gekommen. Auf der einen bejahenden Seite steht der Staat. Es ist nun weiter gar nichts, als ein unnützes Bemühen des Staates, Leuten, die im gewöhnlichen Verkehr keinen Kredit finden, durch bestimmte Anstalten welchen zu verschaffen, sei es, daß die Finanzen in Unordnung sind, daß man mit diesen Mitteln eine Pression übt und wohlfeiles Geld schafft, oder vielmehr zu schaffen meint — man vertheuert es aber immer —, das ist der Zustand der Kreditlosigkeit. Die Folge ist: wenn man in Unordnung gekommen ist, fürchtet man natürlich die Freiheit des zurückkehrenden Kapitals, man fürchtet, daß es mit seiner eigenen Gewalt hereintritt und die Unordnung stört, um die nöthige Ordnung zu machen.

Das ist ein Zustand, den wir angetroffen haben in allen Kreisen, überall da, wo eine unnöthige Beschränkung an der Hand einer unnützen, positiven Civillegislation versucht worden ist.

Ich bin unbedingt dagegen, nach einer fast 40jährigen Erfahrung im großen Verkehr und in der Justiz, daß man irgend welche Schranken, Modifikationen bestimme, irgend eine Influenz üben solle. Wo ich noch irgend in einer Krisis den Markt angetroffen habe in Verzweiflung, war es hauptsächlich die Hemmung aller Abhilfe, welche ich als Folge der Wucher- oder Zinstaxgesetze gefunden habe. Der Ausweg war immer der Gesetzesbruch; man hat sich nie anders helfen können.

In den letzten 10 Jahren allein haben wir genügend gesehen, wie die größten Krisen über uns gekommen sind, und man sich nicht anders helfen konnte, als daß man durch die allererste Noth gegangen ist, um hinterher zu sagen: das ist abgeschmackt, und man hat dann die Gesetze umgangen.

Glücklicherweise ist der Verkehr in unserer Zeit ein kosmopolitischer geworden und hat die Macht und die Kraft, daß das Kapital seinen Weg freiwillig wählt und dahin geht, wo ein Bedürfniß ist, ohne daß man sich dem entgegenzusetzen vermöchte. Ebenso abgeschmackt in thesi ist, abgesehen von dem gesetzlichen Tauschmittel, die Intention, den Preis des Kapitals da und dort, in dieser oder jener Form, sei es im Zins für die Belohnung, sei es im Kapital selbst, bestimmen zu wollen, es ist ganz undenkbar. Was ist das anders, als daß man sagen will, hier bei uns gilt das Kapital als Tauschmittel, im Weltverkehr nicht mehr als so viel. Das ist von vornherein unwahr, unsinnig, unhaltbar. Haben denn diese Gesetze gegenwärtig Bestand in der Handelswelt? Nein!

Sieht man sich um in dem großen Industrie-Verkehr, so findet man z. B. im Orient das sog. delcredere zu 9, 10, 15 %. Der Kommissionär gibt dagegen auf seine Gefahr Kredit und garantirt für den richtigen Eingang Seitens des Abnehmers; daneben bekommt er noch seine Provision außer dem Aufwand an Spesen. Wer kann sagen: Bei uns ist das Geld an eine andere Zinsbedingniß gebunden wie dort, wenn der ganze große Verkehr über England nach China geht mit Geld hin und her. Ich führe Sie in die jüngste Krisis zurück, in die nordamerikanische Baumwollkrisis. Hier wurden enorme Verdienste realisirt von Seite der großen Fabrikanten, nicht weil sie besser spekulirt haben, billiger eingekauft haben, — wer schlecht spekulirt, geht in guten und schlechten Zeiten zu Grunde, — sondern deswegen, weil der ganze Absatz von England nach China gegangen ist. Diese Bewegung hat es verursacht, daß die englischen Preise so hoch waren, daß man auf dem Kontinent, wenn man einkaufte, englische Preise anlegen mußte.

Wenn man so enorme Preise zahlt, so wird das Geld theuer, wer spekuliren will, muß einen hohen Zins zahlen. In einem solchen Moment sagen zu wollen, du darfst das Kapital mit 10 % nicht nehmen und geben; du wirst dafür bestraft, dafür findet gewiß am allerwenigsten der Jurist einen Grund, und ich habe nur gefunden, daß die Leute sich daran nicht gekehrt haben, und habe das bedauert. Wenn man Gesetze gibt, muß man sie halten können, sie müssen nützlich sein in dem kritischen Moment, wo die Uebertretung derselben nahe liegt, und sind sie das nicht, so taugen sie nichts, und darum bin ich unbedingt dafür, daß wir sagen, wir als Juristen haben keinen Grund in unserer Zeit, wo alle beengenden Verhältnisse im Verkehr weggefallen sind, aus Utilitäts-Rücksichten, unsere Grundsätze über das Obligationenrecht, über den freien Willen der Parteien preiszugeben und pro bono publico etwas erfinden zu wollen, was, wie Ulpian sagt, nicht ad severitatem weiter geführt werden soll. Wir Juristen haben keinen Grund, besondere politische Maßregeln zu ergreifen, wir stellen die Frage einfach auf das Obligationenrecht, auf den Willen der Parteien zurück, und finden keinen Grund aus einer staatsmännischen Rücksicht, die uns auch nichts angeht — und von der ich mir noch zu bemerken erlaube, daß ich sie für verkehrt halte, und daß dieselbe nur den Mangel eines großen Entschlusses, in anderer Weise zu wirken und Uebel zu heben, verdecken soll — von den Grundsätzen unseres Civilrechts abzugehen. Das wollen wir auch nicht und trotz unserer warmen Herzen für alle und jede deutsche Regierung, für jeden Volksstamm, für jedes einzelne Land oder Ländchen, glaube ich, von unserm großen Bruderlande Oesterreich den Vorwurf nicht wegheben zu können, daß man dort nach den richtigen Mitteln, nach Möglichkeit den freien Verkehr nützlich zu machen, nicht gegriffen und bis heute in kleinen Dingen mehr als in großen Rettung gesucht hat. Für mich ist das kein Grund, diese Rücksicht mir anzueignen, sondern ich glaube im Gegentheil an dem Grundprinzip der Freiheit festhalten zu müssen, und ein erleuchteter Justiz- und Volksmann, Herr v. Rizy, hat selbst zugegeben, daß er diesen Grundsatz als leitend anerkenne. Was ein Staat politisch zu thun hat, um etwa über seine Verlegenheit hinauszukommen, weil er vielleicht zu dem Größeren sich heute nicht entschließen kann, das ist eine Frage, die durch unsern Ausspruch nicht gestört und alterirt wird. Wir sprechen als Juristen, und vom wissenschaftlichen und allgemeinen Standpunkte aus: der Jurist hat keinen Grund, mit störender Hand in die Freiheit einzugreifen.

Justizrath **Dürre** aus Magdeburg: Ich will meinem Kollegen und Freund aus Preußen entgegen treten, und will hieran anknüpfend einen allgemeinen Grundsatz auszusprechen. Ich nehme an, daß die Meinung des Juristentags für das große deutsche Vaterland eine gewisse Berechtigung hat. Ich bin der Meinung, daß der allgemeine Grundsatz, wie er vom Herrn Referenten vorgetragen worden ist, in seinem ganzen Umfange von dem Juristentag ausgesprochen werde. Ich frage nicht nach der Kompetenz, sondern ich bin der Meinung: es ist eine Konsequenz, daß auch die Wucherstrafbestimmungen aufgehoben werden müssen, weil sonst keine wahre Freiheit der Zinsverabredungen statuirt wird. Es ist wohl selbstverständlich, daß es nicht als strafbar erscheinen kann, wenn höhere Zinsen, die durch das Civilrecht als zulässig erklärt worden, genommen worden sind. Ich glaube daher, daß der Antrag des Herrn Referenten in seinem vollem Umfange aufrecht zu erhalten ist.

Privatdozent Dr. **Exner** aus Wien: Ich erlaube mir unmittelbar gegen den letzten Herrn Vorredner ein paar Worte zu sagen. Wenn der große Löwe, von dem der Herr Referent gesprochen hat, ganz todt ist, so scheint es mir keinem Zweifel zu unterliegen, daß unter dem Löwen ein Gespenst verstanden wird, welches die kanonische Theorie erzeugt und großgezogen hat. Daß in dem Nehmen eines gewissen Preises für das Kapital wirklich unter Umständen eine verbrecherische unmoralische Handlung liege, das glaubt heut zu Tage Niemand mehr. Daß aber damit überhaupt alle Zinstaxen von selbst gefallen sind, scheint mir wieder auch nicht behauptet werden zu können; nämlich die Frage, ob in bestimmten Fällen überhaupt Taxen anzuwenden sind oder nicht, ist eine Frage, die gar nicht allgemein von juristischem Interesse ist.

Taxen sind Dinge der Opportunität, und wir Alle sind gewiß der Meinung und Ueberzeugung, daß der Wille der Parteien es ist, der im gesammten Obligationen-Recht Gesetz sein soll.

Taxen haben wir z. B. in München für die Droschkenkutscher und werden sie überall haben, wo diese Dinge gehörig geregelt sind; es müssen Momente nicht juristischer Natur, polizeilicher Art eingreifen, um Taxen zu rechtfertigen. Das könnte z. B. auch bezüglich der Wuchergesetze der Fall sein unter bestimmten Verhältnissen. Ob das in bestimmten Fällen in einem Lande, wie z. B. in Oesterreich der Fall ist oder nicht, scheint mir nicht Gegenstand der Diskussion, nicht Gegenstand einer von rein juristischen Prinzipien ausgehenden Diskussion sein zu können.

Sache des Juristentages kann es nur sein, das allgemeine Prinzip festzustellen und über das Prinzip, glaube ich, sind wir alle einig. Es liegt in der bejahenden Beantwortung der auf der Tagesordnung stehenden Frage, und ich zweifle gar nicht, daß diese Frage wird bejaht werden, und erlaube mir nur den Antrag, die Frage schlechtweg zu bejahen, wie sie auf der Tagesordnung steht, mit Hinweglassung des Zusatzes des Herrn Block, welcher mir zu sehr ins Detail einzugehen scheint, ebenso mit Hinweglassung der Zusätze des Herrn Referenten Dr. Jacques, da dieselben Corollarien enthalten, die sich von selbst ergeben und in der Legislation durchgeführt werden müssen. Daß die Strafgesetze wegfallen müssen, versteht sich von selbst, und daß gewisse Theile des Civilrechts modifizirt werden müssen, sobald das Prinzip durchgeführt ist, das ist eine Frage, die nach den einzelnen Gesetzgebungen zu entscheiden sein wird.

(Rufe nach Schluß.)

Zweiter **Präsident**: Es will die Versammlung den Schluß. Ich bitte diejenigen Herren, welche den Schluß wünschen, die Hände zu erheben.

(Die Mehrheit erhebt die Hände.)

Dr. **Jacques** aus Wien: Meine Herren! Ich werde mich so kurz als möglich zu fassen suchen, werde alle allgemeinen Erörterungen vermeiden, und nur denjenigen Rednern antworten, welche speziell von den Anträgen, die ich zu stellen mir erlaubt habe, gesprochen haben. Unter diesen ist der erste: Herr Präsident Rizy aus Wien. Derselbe hat keinen bestimmten Antrag gestellt, aber er hat sich doch einigermaßen in allgemeinen Ausdrücken gegen die Formulirung ausgesprochen, welche ich proponirt habe, und zwar war sein Hauptargument das, daß man denn doch Rücksicht darauf nehmen möchte, daß möglicher Weise in einzelnen Ländern besondere Eigenthümlichkeiten des Geldmarktes bestehen, welche verschiedenartige Bestimmungen erheischen können. Ich erlaube mir hiegegen nur das Eine zu erwidern, daß solche Bestimmungen positiv zu treffen, Einschränkungen auszusprechen, laut welchen gesagt wird, man lasse es zu, daß, wo besondere Eigenthümlichkeiten des Geldmarktes bestehen, Restriktionen in Bezug auf die Ausführung des Prinzips stattzufinden haben, daß dies höchst gefährlich wäre, daß dies ebensoviel hieße, als die Hand dazu bieten, den Grundsatz, den wir in thesi aufstellen wollen, in praxi geradezu zu ruiniren. Durch die Hinterthüre der besonderen Eigenthümlichkeiten des Geldmarktes könnten alle nur möglichen Restriktionen wieder hereinschlüpfen, und wir hätten Etwas ausgesprochen, was in praxi zu keiner Wirksamkeit und zu keinem Resultate führt. Das ist der Grund, warum ich mich gegen die Ansichten des Herrn Präsidenten v. Rizy aussprechen muß.

Oberlandesgerichts-Präsident Frhr. **v. Rizy** aus Wien: Ich muß mir das Wort zu einer faktischen Berichtigung erbitten. Ich habe gesagt, daß ich keinen Antrag stelle, sondern daß ich es für selbstverständlich halte, aus politischen besondern Gründen es den Verwaltungsbehörden zu überlassen, diejenigen Restriktionen zu machen, welche sie für nöthig finden, und daß ich es für eine unstatthafte Abschwächung des Prinzips halte, wenn hier in dem allgemeinen Satz eine Beschränkung beigefügt würde.

Dr. **Jacques** aus Wien: Es war mir völlig klar, daß der hochgeehrte Präsident v. Rizy keinen förmlichen Antrag gestellt hatte und ich habe auch meine Argumentation nicht gegen einen bestimmten Antrag gerichtet, ich lege aber den Ueberzeugungen des Herrn Präsidenten v. Rizy, auch wenn dieselben sich nicht zu einem bestimmten Antrage zuspitzen, ein solches Gewicht bei, daß ich es für nöthig halte, die Widerlegung dieser Ueberzeugungen als solcher selbst dann zu versuchen, wenn sie auch nicht in die bestimmte Form eines Antrages eingekleidet erscheinen. Ich erwähne noch eine weitere Bemerkung des Herrn v. Rizy, die dahin geht, daß die einzelnen Punkte eine besondere Erwägung erheischen, und daß es in Folge dessen nicht zweckmäßig sei, die Grundsätze in der von mir angestrebten Allgemeinheit auszusprechen. Ich erlaube mir zu bemerken, daß, wie ich den Antrag gestellt habe, diese eingehende Erwägung nicht ausgeschlossen, sondern indirekt gefordert wird. Denn wenn ich sage, die Bestimmungen seien zu beseitigen, welche aus dem Grundsatze der Zinsbeschränkung erfließen, ohne daß ich die einzelnen Grundsätze formulire, so ist hiedurch selbst darauf hingewiesen, daß es Sache der Deutschen Gesetzgebungen sein wird, eingehendere Erwägungen anzustellen, als deren Resultat sich ergeben muß, welche einzelnen Bestimmungen in der That Korollarien des Grundsatzes der Zinsbeschränkung sind, welche Bestimmungen also auch im Civilgesetzbuche zu beseitigen sind. Es scheint mir demnach, daß diese Bemerkung des Herrn v. Rizy behoben wird durch die Formulirung, die ich meinem Antrage gegeben habe.

Der zweite Redner, in Bezug auf den ich Einiges zu bemerken habe, ist der Herr Rechtsanwalt Block aus Magdeburg. Derselbe hat gemeint, daß wir keine Bestimmungen über die Wucherstrafgesetze treffen dürfen, weil wir hiedurch mit der dritten Abtheilung in Widerspruch gerathen könnten, und weil solche Bestimmungen nicht in unser Ressort gehören. Ich kann diese Ansicht aus einem zweifachen Grunde nicht gelten lassen. Erstens ist uns ja kundgegeben worden, daß die Frage über die Wuchergesetzgebung der ersten und zweiten Abtheilung zugetheilt werde. Ich hätte es nun allerdings lebhaft gewünscht, daß die beiden Abtheilungen mit der dritten vereinigt worden wären ad hoc. Dies war nun leider, wie Sie gehört haben, nicht möglich, aber ich meine: indem das Plenum der Versammlung die Frage über die Wuchergesetzgebung ausschließlich der ersten und zweiten Abtheilung zugewiesen hat, hat dasselbe diese Frage offenbar nicht in ihrem einen Theile vollständig der Berathung des Juristentages entziehen wollen, nämlich bezüglich der Wucherstrafbestimmungen, sondern die Plenarversammlung ist zweifellos davon ausgegangen, daß die erste und zweite Abtheilung auch für die Wucherstrafgesetze kompetent sei und daß die Frage in toto sowohl civilistisch, als kriminalistisch von Seite der ersten und zweiten Abtheilung behandelt werden solle. Das dürfte genügen, um die diesfällige Bemerkung des Herrn Redners zu widerlegen. Es ist aber noch ein weiterer Umstand der, daß wir ja keinen definitiven Beschluß formuliren, sondern einen Antrag. Ich würde es nun begreiflich finden, wenn der Herr Redner erklärt hätte, es solle nicht, wie dies allerdings in der Autonomie der Abtheilungen läge, unsererseits ein Beschluß gefaßt werden, der nur dem Plenum zur Kenntnißnahme hinübergegeben wird, sondern vielmehr nur ein Antrag, über den das Plenum erst zu beschließen hat. Diese Meinung würde ich gerechtfertigt finden, und ich theile sie, daß wir also nicht blos unsern Beschluß dem Plenum notifiziren, sondern einen Antrag stellen, damit auch noch die Anschauungen der kriminalistischen Fachmänner der dritten Abtheilung gehört werden können, aber mit der Meinung, daß wir in Folge dessen die Frage zerstückeln sollen, könnte ich mich niemals einverstanden erklären. Herr Rechtsanwalt Block hat ferner erwähnt, daß von Seiten des Referenten auf die preußische Gesetzgebung nicht Rücksicht genommen sei, obwohl die Wuchergesetze dort abgeschafft seien. Ich erlaube mir zu bemerken, daß ich bei der Unmöglichkeit, die ganze Gesetzgebung der Deutschen Staaten zu berühren, nur diejenigen Staaten erwähnt habe, in welchen die Aufhebung der Zinsbeschränkungen in unbedingter Weise stattgefunden hat, und daß ich mich nicht veranlaßt finden konnte, solche Staaten zu erwähnen, wo dies nicht der Fall ist, wo z. B. die Zinsbeschränkungen in Bezug auf die Hypothekardarlehen noch fortbestehen. Zu diesen letzteren gehört nun aber Preußen, und wenn ich die Fortschritte Preußens auch in der Richtung der Wuchergesetzgebung mit aufrichtigem Herzen anerkenne, so muß ich doch sagen, daß Preußen im gegenwärtigen Augenblicke noch nicht zu den Staaten gerechnet werden kann, welche das Prinzip der Zinsfreiheit unbedingt acceptirt haben. Ich erwähne, daß die Verordnung, mit welcher das Prinzip der Zinsfreiheit eingeführt zu werden begann, von 1866 datirt, daß sie die größten Schwierigkeiten gefunden hat, von Seite des Herrenhauses sanktionirt zu werden, so daß es erst in diesem Jahre gelungen ist, dies zu bewirken, mit der Modifikation jedoch, daß die Hypothekardarlehen hievon ausgenommen sind; ich erwähne ferner, daß in Folge eines Antrags des Abgeordneten Lasker die Frage über Freigebung auch der Hypothekardarlehen erst demnächst im Abgeordnetenhause zur Diskussion gelangen wird. Das war der Grund, warum ich von Preußen nicht sprach. Ich lebe aber der Hoffnung, daß das Prinzip unbeschränkter Zinsfreiheit in ganz Deutschland zur Durchführung kommen wird. Ich habe noch eine letzte Bemerkung zu machen, die nämlich, ob auf das kurzzeitige Kündigungsrecht bei solchen Darlehen, bei denen ein höherer Zinsfuß gilt, noch eingegangen werden soll. Der Herr Redner hat ein Amendement eingebracht, wonach bei solchen Darlehen eine einjährige Kündigungsfrist stipulirt werden solle.

Meine Herren! Ich habe die allgemeinen Gründe, warum ich überhaupt gegen die Aufnahme von Detailbestimmungen bin, in meinem Referate darzulegen mir erlaubt, ich halte jede Einzelbestimmung für inkorrekt, weil sie eine Halbheit bleibt, so lange die andern Einzelbestimmungen nicht auch gegeben werden, und weil wir nicht in der Lage sind, die ganze Lehre durchzusprechen. Ich bin daher prinzipiell gegen die Einzelbestimmungen, und glaube, daß wir unsere Aufgabe gelöst haben, wenn wir das Grundprinzip aussprechen, es den Einzelgesetzgebungen überlassend, die Detaildurchführung vorzunehmen. Schlägt man jenen Weg ein, den der Herr Antragsteller beliebt, so kommt man zu dem des Juristentags nicht würdigen Resultate, daß man Eine Einzelbestimmung trifft, wo eine ganze Reihe von solchen, wenn auch nur negativ durch Aufhebung früher bestandener Normen, zu treffen wäre, also zu einer Halbheit, welche der Aufgabe des Juristentages in keiner Weise entspricht. Dies ist der allgemeine Grundsatz, von dem ich ausgehe. Speziell halte ich nun aber die Bestimmung eines Kündigungsrechtes nicht für zweckmäßig und praktisch, und ich berufe mich dabei nicht einmal auf Belgien, wo eine solche Bestimmung abgelehnt wurde, sondern auf die Grundsätze, welche in Preußen selbst ausgesprochen wurden, und zwar von sehr gewichtigen Personen, weil dieselben den großen Grundbesitz repräsentiren.

Es wird denjenigen Herren, welche den politischen Verhandlungen genau gefolgt sind, erinnerlich sein, wie der Referent im Preußischen Abgeordnetenhause, Graf Renard, über das kurzzeitige Kündigungsrecht sich ausgesprochen hat; der Bericht findet sich auch in der Vierteljahreszeitschrift von Faucher und Michaelis abgedruckt. In diesem Votum wird gegen das kurzzeitige Kündigungsrecht folgendermaßen argumentirt: Wenn ein Grundbesitzer ein Darlehen braucht, und es ihm zu höheren Zinsbedingungen zugestanden wird auf kürzere Zeit, so schließt er keinen Vertrag ab auf lange Zeit. Liegt dies aber in seinem Interesse, so erweist ihm die Gesetzgebung, welche ihn daran hindert, indem sie das Kündigungsrecht kurzzeitig normirt, einen sehr schlechten Dienst; er erhält dann das Darlehen wegen der Nothwendigkeit eines unbestimmten Termins, wegen der Thatsache, daß die Kündigung in kurzer Zeit möglich sei, zu höheren Zinsen, als wenn die Gesetzgebung diese Bestimmung nicht getroffen hätte. Die Gesetzgebung erweist sich daher als dem Grundbesitze nachtheilig, sie vertheuert die Darlehen, welche er braucht. Dieselben Ansichten sind in Preußen ausgesprochen worden vom Rechtsanwalt Lewald und in Bayern von Dr. Ruhwandl im Gegensatz zu den Anschauungen des Herrn Kammergerichtsraths Plathner in der Zeitschrift des Deutschen Juristentages. Dr. Plathner hat gemeint, ein kurzzeitiges Kündigungsrecht solle Platz greifen, wenn ein Nothstand eintrete; es sei nämlich gefährlich, wenn die Darlehen, welche zu hohen Zinsbedingungen kontrahirt wurden, nicht kündbar sind. Es sei wünschenswerth, daß sie gekündigt werden können, und er hat gemeint, für den Fall, als der Zinsfuß 10 pCt. beträgt, sei ein einjähriges Kündigungsrecht festzustellen.

Meine Herren! Ich erlaube mir, Sie darauf aufmerksam zu machen, wenn wir einen Zinssatz von 10 pCt. für Feststellung des Kündigungsrechtes als maßgebend ansehen, so treffen wir eine Bestimmung, die geradezu unpraktisch ist. Es kommt nicht vor und ist nicht vorgekommen, daß man Hypothekardarlehen zu 10 pCt. kontrahirt hat. Wäre das geschehen, so liegt es im Interesse des Darlehensgebers und Nehmers, das Darlehen selbst auf kurze Zeit zu schließen. Räumen wir das kurzzeitige Kündigungsrecht dem Schuldner allein ein, so liegt hierin eine nicht zu rechtfertigende Ungerechtigkeit gegen den Gläubiger, da man dem Einen ein Recht gewährt, das man dem Andern entzieht. Geben Sie es Beiden, so werden Sie Beiden einen schlechten Dienst leisten, den schlechtesten aber dem, der es kontrahirt, denn er kömmt in die Lage gewärtigen zu müssen, daß das Darlehen gekündigt wird, und er in schwierigeren Zeiten ein neues Darlehen zu einem höheren Zinsfuß aufnehmen muß. Ich muß mich daher von meinem Standpunkte auf's Entschiedenste gegen das Amendement erklären, und erlaube mir, Sie zu bitten, daß Sie den Antrag in der Form, wie ich ihn formulirt habe, annehmen.

Zweiter **Präsident**: Ich gestatte mir bezüglich der Abstimmung Folgendes zu bemerken. Ich sehe im Augenblick ab von dem Amendement, welches Herr Dr. Block gestellt hat. Im Uebrigen wäre ich der Ansicht, daß vorerst zur Abstimmung zu kommen hat der Antrag des Herrn Referenten, weil er weiter gehender und umfassender ist, indem er die Aufhebung der strafgesetzlichen Bestimmungen hereinzieht, welche in Verbindung stehen mit dem bisherigen Verbot. Wird dieser Antrag verneint, dann würde der zur Abstimmung kommen, welcher Ihnen gedruckt auf Seite 19 vorliegt, wo die Frage gestellt ist. Weiter gehender ist der Antrag des Herrn Referenten nur im ersten Theil in Beziehung auf den Vorbehalt der Aufhebung der mit dem bisherigen Prinzip in Verbindung stehenden gesetzlichen Bestimmungen; der zweite Theil über die Freigebung des Zinsfußes ist identisch mit der Bejahung der gestellten Frage. Vorbehalten bleibt bei dieser Art der Fragestellung der Antrag wegen der Kündigungsfrist, welcher zuletzt zur Abstimmung zu kommen hätte.

Dr. **Jacques** aus Wien: Ich glaube, wenn wir den Gang im Auge halten, wie er bisher auf allen Juristentagen eingehalten worden ist, so ist der Antrag des Referenten der, welcher zur Abstimmung vorliegt, und die Fragen, welche von Seite der Deputation gestellt worden sind, haben nicht die Eigenschaft von Anträgen, sie sind vielmehr nur das Substrat der Verhandlung. Der Antrag des Referenten steht auf der Tagesordnung, und so lange die Fragen nicht den Charakter von Anträgen bekommen, sind sie nicht solche, sondern sie sind absorbirt durch die Anträge des Referenten.

Zweiter **Präsident**: Weil ich den Antrag des Herrn Referenten für weiter gehend halte, als die gestellten Fragen, sodann auch aus dem vom Herrn Referenten bemerkten Standpunkte die Anträge, welche in der Abtheilung gestellt sind, als auf der Tagesordnung stehend zu betrachten sind, so werde ich den Antrag des Herrn Referenten zuerst zur Abstimmung bringen. Was den Präjudizial=Antrag des Herrn Dr. Block, ob die Abtheilung sich für kompetent erachte, auch die strafrechtlichen Bestimmungen über den Wucher in den Bereich ihrer Kognition zu ziehen, betrifft, so muß ich vor Allem die Unterstützungsfrage stellen. Ich ersuche diejenigen Herren, welche den Antrag unterstützen wollen, die Hände zu erheben.

(Wenige erheben die Hände.)

Der Antrag ist nicht unterstützt und ich schreite zur Abstimmung über den Antrag des Herrn Referenten, indem ich beide Sätze zusammennehme.

Ich ersuche diejenigen Herren, welche diesem Antrag beistimmen wollen, die Hände zu erheben.

(Alle erheben die Hände.)

Der Antrag ist also einstimmig angenommen. Herr Dr. Block hat sein Amendement zurückgezogen. Der Beschluß der Abtheilung wird dem Plenum als Antrag vorgelegt werden. Ich stelle die Frage, wer die Berichterstattung im Plenum übernehmen soll. Herr Dr. Jacques?

(Allgemeine Zustimmung.)

Erster Präsident Prof. **Gneist**: Der dritte Gegenstand der Tagesordnung betrifft den Antrag wegen eines Akkordgesetzes. Ich ersuche den Herrn Referenten Rechtsanwalt Makower, der Abtheilung Bericht zu erstatten.

Rechtsanwalt **Makower** aus Berlin: Meine Herren! Herr Lesse hat hinsichtlich des Konkurs- und Akkordverfahrens die Anträge gestellt, welche Sie S. 20 u. 21 unseres kleinen Buches finden. Nachdem hierauf die Gutachten der Herren Stubenrauch, Lupp und Kompe eingegangen sind, hat Herr Lesse seine Anträge modifizirt; sie lauten nunmehr, wie folgt:

„Der Deutsche Juristentag wolle sich für folgende Sätze, betreffend das Konkursrecht, aussprechen:

I. Es erscheint wünschenswerth, daß eine künftige gemeinsame Konkursordnung neben dem gerichtlichen Akkorde im Konkurse ein zweckmäßiges Verfahren zur Abwendung des Konkurses — Stundungs- und Akkordverfahren — einführt.

II. Für das letzte Verfahren sind vorzugsweise folgende Grundsätze durchzuführen:

1. Der von der Mehrheit beschlossene Nachlaßvertrag verpflichtet nur diejenigen Gläubiger, welche dazu eingewilligt haben, nicht aber die Minderheit, welche die Zustimmung verweigerte. Er wirkt also nicht als Zwangsvergleich. Dagegen ist die Minderheit Kraft des Gesetzes verbunden, für ihre ganzen auf-

recht bleibenden Forderungen gewisse Stundungen dem Gemeinschuldner zu gewähren, deren Zeitdauer das Gesetz nach Abstufungen bestimmt.

2. Der Zweck der Bestätigung des Akkordes ist nur die Sicherheit seiner Vollstreckbarkeit. Die Bestätigung ist nicht abhängig zu machen von einer Prüfung der Würdigkeit des Gemeinschuldners oder eines öffentlichen Interesses oder des Interesses der Gläubigerschaft.

3. Das Vermögen des Gemeinschuldners wird während des Verfahrens durch einen Gläubiger-Ausschuß möglichst selbstständig verwaltet.

4. Die Einleitung des Verfahrens hat in ähnlicher Weise, wie die förmliche Konkurseröffnung, eine Beschränkung der bürgerlichen Ehrenrechte des Gemeinschuldners zur Folge.

III. Für den Akkord **im** Konkurse sind vorzugsweise folgende Grundsätze durchzuführen:

1. Der Zeitpunkt für die Akkordschließung ist so festzustellen, daß den Gläubigern die Theilnahme daran möglichst erleichtert wird;

2. der abgeschlossene Akkord bedarf zu seiner Wirksamkeit der Bestätigung durch das Gericht, welches sich dabei auch in eine Prüfung des Verhaltens des Gemeinschuldners einzulassen hat;

3. der rechtskräftig bestätigte Akkord gilt als Vergleich zwischen dem Gemeinschuldner und sämmtlichen Konkursgläubigern, dieselben mögen ihre Forderungen angemeldet haben oder nicht, an der Beschlußfassung Theil genommen haben oder nicht.

IV. Die Bearbeitung der kaufmännischen Konkurse, wie das Verfahren **ad I.** ist der Zuständigkeit der Handelsgerichte zu überweisen."

Die erforderten Gutachten passen natürlich nicht ganz zu diesen modifizirten Anträgen, doch läßt sich die Meinung der Herren Gutachter über die Kardinalfragen erkennen.

Diese Fragen sind — wie mir scheint — folgende:

I. Soll ein gerichtliches Akkordverfahren im Konkurse und ein solches außerhalb desselben geschaffen werden?

II. Soll für das eine oder das andere Akkordverfahren der Grundsatz gelten, daß der rechtskräftig bestätigte Akkord als Zwangsvergleich für alle Konkursgläubiger wirkt?

Die Herren Stubenrauch und Lupp halten ein gerichtliches Akkordverfahren außerhalb des Konkurses nicht für erforderlich, und wollen den gerichtlich bestätigten Akkord im Konkurse als Zwangsvergleich wirken lassen. Mit anderen Worten: sie billigen die Prinzipien, auf welchen in der hier fraglichen Beziehung die Preußische Konkursordnung vom 8. Mai 1856 beruht.

Herr Kompe wünscht dagegen zunächst durch den Handelstag die Frage beantwortet zu sehen, ob ein gerichtliches Akkordverfahren außerhalb des Konkurses wünschenswerth sei, und will auch für den Akkord im Konkurse im Anschluß an die Bremenser Debitsordnung vom 1. Juli 1843 den Grundsatz durchgeführt sehen, daß der Akkord nur ein Vertrag unter den ihm beitretenden Gläubigern sei, daß er die anderen Gläubiger nicht zu einem theilweisen Erlasse, sondern nur zu einer Stundung ihrer Forderungen verpflichte, und daß er zwar der Bestätigung durch das Gericht bedürfe, dasselbe aber nur die Formalien zu prüfen habe.

Die Gutachten sind Ihnen vollständig zugegangen; ich brauche daher die Motive nicht zu rekapituliren. Erlauben Sie mir, meine eigene Ansicht auszusprechen, welche im Wesentlichen mit der des Herrn Stubenrauch übereinstimmt.

Ein gemeinsames Akkordgesetz ohne gemeinsame Konkursordnung scheint mir unmöglich zu sein, weil beide innerlich zusammenhängen. Die Ungleichheit des Civilprozesses überhaupt ist kein Hinderungsgrund für eine gemeinsame Konkursordnung, weil man durch Ausscheidung aller Spezialprozesse immer noch eine ziemlich gleichmäßig wirkende Konkursordnung schaffen kann.

Die Schwierigkeit liegt in der Ordnung der Vorrechte, aber daß auch diese sich überwinden läßt, beweist die Preußische Konkursordnung, welche in Provinzen mit verschiedenem materiellen Rechte eingeführt ist. Diese Konkursordnung, vor etwa 12 Jahren eingeführt, hat sich praktisch bewährt, namentlich auch während der großen Handelskrisis.

Das Akkordverfahren beruht auf dem Gedanken des Zwangsvergleichs; der Schutz der Minorität liegt in dem Erfordernisse der Bestätigung des Akkordes durch das Gericht, welches nicht nur die Formalien prüft, sondern auch im Interesse der öffentlichen Ordnung einem von den erforderlichen Majoritäten angenommenen Akkorde die Bestätigung versagen kann. Hiezu rechnet die Praxis unter Anderem den Fall, wenn der Gemeinschuldner vor dem Konkurse betrügerisch, verschwenderisch oder allzu leichtsinnig verfahren ist.

Hinsichtlich der Spezialitäten des preußischen Akkordverfahrens sind seitens der Juristen und der Kaufleute eine Reihe von Abänderungen gewünscht worden, die Aufhebung des Prinzips des Zwangsvergleiches ist aber, soviel ich weiß, in Preußen noch nicht beantragt worden. Erst das Gutachten des Herrn Kompe und der Antrag, welchen der Ausschuß des Handelstages für den nächsten Handelstag vorbereitet hat, sind hierauf gerichtet, und wollen dem Zwange zum theilweisen Erlasse der Forderung den Zwang zur Stundung substituiren.

Ich glaube nicht, daß diese Anträge Aussicht auf Erfolg haben. Ein großer Staat, der erst vor zwölf Jahren unter der wirksamsten Theilnahme der Kammern eine neue Konkursordnung gegegeben hat, die — im Großen und Ganzen genommen und auf den Erfolg gesehen — von keiner andern übertroffen wird und durchschnittlich zu einer Abwickelung der Konkurse in Jahresfrist führt, kann nicht von Neuem es mit anderen Prinzipien versuchen, welche bisher nur in kleineren Ländchen bestanden, und sich dort bewährt haben mögen.

Theoretisch ist der Zwang zur Stundung einer Forderung auf 10, 5, 3 Jahre von dem Zwange zu einem theilweisen Erlasse nicht verschieden.

Praktisch ist es namentlich bei regem Handelsverkehr und verwickelteren Verhältnissen gewiß nicht empfehlenswerth, die gänzliche Erledigung einer Sache, bei welcher viele Personen konkurriren, auf mehrere Jahre hinauszuschieben. Dem stehen die Rücksichten, auf welchen das Institut der Verjährung beruht, wie mir scheint, durchaus entgegen.

Mit dem Antragsteller bin ich daher der Meinung, daß die Beibehaltung des Prinzips vom Zwangsvergleiche sich empfiehlt; seine speziellen Wünsche möchte ich als zu detaillirt und der Fassung der Preußischen Konkursordnung angepaßt, nicht für eine Beschlußfassung des Juristentages empfehlen.

Auch damit, daß die kaufmännischen Konkurse durch die Handelsgerichte bearbeitet werden und die Akkorde ihrer Bestätigung unterliegen sollen, bin ich einverstanden.

Den Anträgen ad I. und II. hingegen kann ich nicht beipflichten. Entweder Jemand gleicht sich mit seinen Gläubigern in Güte aus, oder es tritt Konkurs ein. Ein gerichtliches Ausgleichungsverfahren außerhalb des Konkurses ist ein Nothbehelf, zu welchem die Gesetzgebung nur dann ihre Zuflucht genommen hat, wenn das Konkurs-Verfahren selbst unübersehbar oder so kostspielig war, daß man mit demselben nicht auskommen konnte.

Ist aber ein schnelles und billiges Konkursverfahren vorhanden, so ist kein Raum für jenes gerichtliche Vorverfahren vorhanden.

Die Fälle, in denen durch bloßes außergerichtliches Arrangement Konkurse abgewendet, oder bereits schwebende Konkurse aufgehoben werden, sind bei uns nicht selten.

Im außergerichtlichen Vergleiche findet sich der Schuldner mit jedem seiner Gläubiger je nach den konkreten Umständen ab; der eine Gläubiger erläßt, der Andere stundet, der dritte unterstützt ihn sogar, um ihn zu halten. Im gerichtlichen Verfahren dagegen muß mit gleichem Maaße gemessen werden.

Die Grundgedanken, von welchen ich wesentlich in Uebereinstimmung mit den Herren Stubenrauch und Lupp ausgehe, habe ich mir erlaubt in folgenden Antrag zu kleiden:

„Der Juristentag

erklärt den Erlaß einer gemeinsamen Konkursordnung für wünschenswerth,

empfiehlt für dieselbe die Aufnahme von Bestimmungen über den Akkord, wonach dieser als Zwangsvergleich für die Konkursgläubiger wirkt und der Bestätigung durch das Gericht bedarf,

hält die Ueberweisung der kaufmännischen Konkurse an die Handelsgerichte für zweckmäßig, und

erachtet Vorschriften über ein gerichtliches Akkordverfahren außerhalb des Konkurses nicht für erforderlich."

Ich erlaube mir zum Schluß die Bemerkung, daß wir in Preußen unter dem technischen Ausdruck „Konkursgläubiger" die gleichberechtigten Gläubiger, also alle diejenigen verstehen, welchen das Gesetz ein Absonderungsrecht, ein Vindikations- oder Vorzugsrecht nicht gegeben hat. Wenn Sie den Antrag annehmen, so würde es den Prioritätsordnungen der einzelnen Länder überlassen bleiben, die Frage nach den Vorzugsrechten zu reguliren.

Erster **Präsident**: Ich glaube es wird sich empfehlen, die Frage in der Gestalt einer Generaldebatte zu erörtern; ob eine Spezialdebatte nothwendig wird, können wir im Augenblicke nicht wissen.

Hofrath Dr. v. **Kerstorff** aus Augsburg: Meine Herren! Die Frage über den Konkurs schwebt, soweit sie den Juristentag betrifft, schon seit dem I. Juristentag. Anlaß gab der Entwurf einer Konkurs-Ordnung im Handelsgesetzbuche von meinem leider zu früh verstorbenen Freunde in der Wissenschaft Bischoff mit seinen im J. 1857 dazu gegebenen Motiven. Die weitere Entwicklung der Sache hat gezeigt, daß die Abneigung gegen ein gemeinsames Konkursgesetz, welches auch ein Akkordgesetz enthalten hätte, das zu weit ging und die Ideen der preußischen Konkursordnung zu Grunde legen wollte, daß diese Abneigung im übrigen Deutschland zu groß war, um diese Bestimmungen über eine Konkursordnung in das Handelsgesetzbuch aufnehmen zu können. Man hat im J. 1860 einen neuen Versuch gemacht, der meines unmaßgeblichen Erachtens hinter dem ursprünglichen zurückgeblieben ist, wenn auch die gute Absicht desselben, die Gegensätze zu vermitteln, nicht zu verkennen war. Ich habe mir damals erlaubt, bei der

Konferenz in Nürnberg eine Denkschrift dagegen einzureichen und auf die großen Verschiedenheiten hinzuweisen, die in den Grundsätzen bestehen, weshalb es nicht möglich sei, ohne weitern Fortschritt in der Gesetzgebung, insbesondere in Bezug auf das Pfandrecht und Obligationenrecht darauf einzugehen. Diese Bedenken sind nun meines Erachtens nicht vorhanden, wenn wir uns restringiren in dieser Sache und uns lediglich auf den Antrag des Herrn Referenten stellen, welcher eine so gute vermittelnde Fassung getroffen hat, daß das Ausgleichungsverfahren, wo es nicht weggeräumt werden kann, fortbestehen mag und unter der Schablone des bezüglichen Konkurs- und Akkordgesetzes hereingezogen werden kann. Ich stoße mich nicht an dem Ausdrucke „Konkursgläubiger“ in preußisch-technischem Sinne; derselbe ist auch gerechtfertigt, weil er, wenn er nicht absichtlich mißverstanden wird, für uns durchaus nicht die Zumuthung enthält, daß wir uns denselben gerade in jenem Sinne aneignen müssen. Die Ungleichheit liegt in den Vorrechten, die man nicht wegräumen kann, und welche Schwierigkeiten in der Ausführung machen, die aber ausgeglichen werden können. Es ist nicht wie damals ein gleiches Konkursverfahren vorgeschlagen, es ist nicht wie damals die Kompensation und Retention blos den Bevorzugten und von der Gemeingläubigerschaft Ausgeschlossenen eingeräumt, es ist nicht wie damals in dem Antrage, wie er jetzt steht, die Zumuthung gemacht, daß man, ich möchte sagen, sein ganzes übriges Recht, — wie das Frauenrecht — aufgebe, um nur dieses gemeinsamen preuß. Konkursgesetzes theilhaftig werden zu können. Da das nicht in dem Antrage liegt, da darüber mit klarer Resignation weggegangen worden ist, so müssen wir, wenn wir vorwärts gehen wollen, auch den Gegensatz ins Auge fassen. Es ist nicht denkbar, daß ein Land wie Preußen, welches sich bei seinem Konkursgesetz wohl befindet, das es vor 10 Jahren mit Ach und Krach, möchte ich sagen, zu Stande gebracht hat, daß Preußen sein Konkursgesetz total umwandelt und eine so ungeheure Aenderung blos wegen eines allgemeinen Akkordgesetzes macht. Wenn aber von einer so kompetenten Seite, wie der des Herrn Referenten, welcher sich schon in der Gesetzgebung bewährt hat, uns loyal und glaubwürdig versichert wird, man denke gar nicht daran, auch das gesammte materielle Recht zu ändern, und er vermeide jede Fassung, die zu einem solchen Verdachte Anlaß geben könnte, so stimme ich mit ihm überein; meine Bedenken sind beseitigt. Was die Sache selbst betrifft, so sind die Grundsätze solche, wie sie in den meisten Ländern bestehen; in Bayern z. B. haben wir den Zwangsvergleich, nur sind die Modalitäten, unter denen er stattfindet, verschiedene. Was die Modalitäten betrifft, so würde ich dagegen stimmen, wenn man sagen würde, alles soll angenommen werden, was in der preuß. Konkursordnung steht. Das ist uns aber nicht zugemuthet. Greifen wir also zu, greifen wir, wie bei allen großen Grundsätzen zu Dem, was greifbar ist, ohne daß man uns zumuthet, in Bestimmungen der Kodifikation einzutreten, welche uns unerfüllbar sind. Ich stimme für den Antrag, wie er vom Herrn Referenten gestellt worden ist.

Hofadvokat Dr. **Voigt** aus Weimar: In Betreff der Terminologie in dem vorliegenden Antrage möchte ich es doch für zweckmäßig halten, wenn statt des Ausdruckes „Konkursgläubiger" der Ausdruck „Nichtprivilegirte Konkursgläubiger" gewählt würde, weil der Ausdruck Konkursgläubiger im Sinne der preuß. Gesetzgebung wohl nicht allgemein im gleichen Sinne gebraucht wird; man würde den Ausdruck mißverstehen, man würde darunter sämmtliche Konkursgläubiger verstehen und ich beantrage daher hiefür den präziseren Ausdruck „Nichtprivilegirte Konkursgläubiger" zu wählen.

Referent **Makower**: Erlauben Sie mir einen Vorschlag.

Unsere Akkorde werden in der Regel so formulirt, ganz nach einer Schablone:

„Der und der verpflichtet sich, allen nicht mit Pfand- oder Vorzugsrecht versehenen Gläubigern die und die Summe zu zahlen 2c."

Wenn Sie es vorziehen, diesen Ausdruck statt Konkursgläubiger zu gebrauchen, so bin ich bereit, diesen zu substituiren.

(Zurufe „Ja".)

Advokat **Gurzenhäuser** aus Fürth: Aus einem zweifachen Grunde bin ich gegen den Zwangsvergleich, aus einem moralischen und aus einem prozessualen.

Der erste besteht darin, daß ich es mit der Idee des Rechts nicht vereinbar finden kann, einen Gläubiger mit Rücksicht auf andere Gläubiger, die einen Nachlaß gewähren wollen, zu zwingen, gleichfalls einen Nachlaß zu gewähren. Es scheint mir, daß, wenn auch der eine oder andere Gläubiger Gründe haben mag, dem Schuldner einen Nachlaß zu gewähren, oder wenn auch am Ende Gründe der Gesetzgebungs-Politik, um einem Schuldner aufzuhelfen, für einen solchen Zwangsvergleich sprechen, es doch nicht im Sinne des Rechts liegt, daß ein Gläubiger, welcher eine begründete Forderung hat, gezwungen werde, von dieser Etwas nachzulassen.

Was aber den prozessualen Grund anbelangt, so scheint mir eben eine Mehrheit der Gläubiger sich nicht bilden zu können, ohne daß durch richterlichen Bescheid festgestellt sei, wer denn Gläubiger sei und mit welchen Beträgen. Eine solche Feststellung kann aber erst erfolgen nach Durchführung des ganzen Konkurses, also zu einer Zeit, wo es für den Schuldner keinen Werth mehr hat, ob ein Vergleich zu Stande kommt.

Ich bin aus diesen zwei Gründen der Ansicht, daß dem uns vorgelegten Antrage nicht beizupflichten sei.

Dr. **Knepler** aus Wien: Ich erlaube mir nur in Kürze anzudeuten, daß ich auch gegen das Prinzip des Zwangausgleiches bin, und zwar mit Rücksicht auf die zahlreichen traurigen Erfahrungen, welche wir in Oesterreich mit diesem Gesetze seit 1859 gemacht haben, — nämlich, daß beinahe jedesmal unter den Gläubigern eine tiefe Entrüstung besteht über die mehr oder minder nachweisbare Thatsache, daß die Minorität eigentlich durch einen Scheinausgleich gezwungen worden ist, eine Quote anzunehmen, welche in Wahrheit nicht demjenigen entspricht, was der Majorität, oder wenigstens einem erheblichen Theile der Majorität, welche den Ausschlag geben soll, zugedacht ist. Man hat in dieser Richtung versucht, durch alle möglichen Kombinationen, dadurch, daß die heimlichen Konzessionen für ungültig erklärt wurden, durch die Androhung eines Strafverfahrens, dem Unfuge solcher Scheinausgleiche hinter dem Rücken des Gerichts ein Ende zu machen. Dies ist nicht gelungen und es ist überhaupt sehr schwer, in dieser Richtung zu wirken. Es ist bekannt, daß man durch die Begebung von Wechseln sehr leicht jeder Einwendung vorbeugen kann. Was die Strafuntersuchung betrifft, so widerstreitet es schon dem natürlichen Rechtsgefühle, daß derjenige Kaufmann, welcher durch seinen Schuldner zu Schaden kommt, und sich, ohne daß die Masse Schaden erleidet, eine besondere höhere Aufzahlung leisten läßt, dem Strafgesetze verfalle. Ja, es läßt sich sogar behaupten, ein solcher Ausgleich sei unter gegebenen Verhältnissen zum Nutzen der Gläubiger, und derjenige, welcher demselben beitritt, habe dadurch, daß er sich lieber heimlich eine größere Quote zusichern läßt, als den Ausgleich zu stören, den andern Gläubigern eher genützt, als geschadet. So viel mir bekannt, ist auch aus Anlaß eines solchen Scheinausgleiches in Wien, wo solche Ausgleiche sehr häufig vorkommen, niemals eine strafrechtliche Untersuchung durchgeführt worden. Es giebt also kein Mittel, solchen Scheinausgleichen entgegenzuwirken. Die weitere Folge ist die, daß der kaufmännische Stand, und zwar der reellste Theil desselben, die großen Fabrikanten, daß gerade dieser Theil genöthigt wird, mit hinter der Decke zu spielen und in einen solchen Scheinausgleich sich einzulassen. Es wird da dem demoralisirenden Wesen der Scheinverkäufe Vorschub geleistet, welche auf den Zwang gegen die Minorität abgesehen sind. Die Konsequenz ist die, daß die Demoralisation immer weiter greift, und ich glaube, daß eine solche Institution, welche prinzipiell den Keim der Demoralisation in sich trägt, nicht zu einer Rechtsinstitution erhoben werden soll. Es ist bereits berührt worden, daß solche Ausgleichsgesetze nur einen Nothbehelf für Staaten bilden, die schlechte Konkursordnungen haben. Dem stimme ich vollkommen bei. Es ist möglich, daß hiedurch das Konkursverfahren gekürzt wird; es giebt aber auch andere Mittel, um dieses zu erreichen. Ich glaube, daß der Deutsche Juristentag seine Rechtsüberzeugung dahin aussprechen soll, daß eine solche demoralisirende Institution nicht zu einer Rechtsinstitution gestempelt, sondern daß sie nur als ein vorübergehender Nothbehelf anerkannt werde, der über kurz oder lang durch Verbesserung der Konkursordnung überall werde entbehrlich gemacht werden.

Advokat Dr. **Kaudnitz** aus Prag: Ich muß meinem Herrn Vorredner Knepler ganz entschieden entgegentreten.

Es mag sein, daß ein schlechtes Gesetz, welches noch dazu schlecht gehandhabt wird, in seinen Folgen gewissermaßen das gute Prinzip kompromittirt, das ihm zu Grunde liegt, und das ist, meine Herren, mit unserem Akkordgesetze in Oesterreich der Fall. Daß sich aber dieses Gesetz in Oesterreich schlecht bewährt hat, spricht keineswegs gegen das Prinzip selbst, welches der Herr Berichterstatter aufgestellt hat und dessen Vertheidigung ich selbstverständlich gegenüber den von anderer Seite widerfahrenen Angriffen dem Herrn Referenten überlassen muß. Was aber von der demoralisirenden Wirkung des Akkordverfahrens gesagt wurde, scheint mir nicht richtig zu sein; denn so weit meine Erfahrungen reichen, sieht trotz der vielen Scheinausgleiche, trotz der vielen Mißbräuche, die damit getrieben worden sind, doch die Geschäftswelt in Oesterreich in dem Akkordgesetze einen großen Vortheil, weil sie die praktische Erfahrung gemacht hat, daß die Gläubiger in allen den Fällen, in denen ein Akkord zu Stande gekommen ist, besser davon gekommen sind, als sie bei Durchführung des Konkurses hätten davon kommen können. Der praktische Nutzen ist also auf Seite des Akkordgesetzes, Sache der Gesetzgebung ist es aber, die Kautelen zu schaffen, welche den Mißbräuchen, die mit dem Gesetze getrieben werden könnten, zu steuern im Stande sind.

Wenn hervorgehoben worden ist, daß die großen Kaufleute und Fabrikanten, wenn sie im Gläubigerausschusse sitzen und über große Summen zu verfügen haben, im Stande seien, die ganze Masse für sich auszubeuten, so glaube ich umgekehrt, daß, da das Akkordverfahren allein aus dem Bedürfniß der Geschäftswelt entstanden ist, die ganze kaufmännische Welt endlich zur Ueberzeugung kommen muß, daß die Durchführung eines solchen demoralisirenden Benehmens jedem Einzelnen füglich allein schädlich wird, und daß auch hier nur der Satz gilt, heute mir, morgen dir. Jeder Einzelne wird zu der Ueberzeugung gelangen müssen, daß, so wie er heute durch Mißbrauch seiner Gewalt die Anderen zum Ausgleiche gezwungen hat, dasselbe morgen ihm von anderer Seite aus passiren kann. Es könnte sich auch noch fragen, ob das strafrechtliche Verfahren erst eingeleitet werden soll, wenn ein Betrug vorliegt oder auch schon gegen jedes Benehmen der Konkursgläubiger, welche durch scheinbare Annahme der Proposition die Majorität zur Annahme des Ausgleichs zwingen.

Ich glaube, die Preußische Gesetzgebung hat hier das Richtige getroffen, indem sie schon dieses Benehmen der Gläubiger an sich für strafbar erklärt und mit Arrest von sechs Monaten, wie ich glaube, bedroht. Mir scheint, darin liegt eine sichere Kautel gegen jeden Mißbrauch, der mit dem Gesetze getrieben werden kann.

Ich kann daher nur den Antrag des Herrn Referenten zur Annahme empfehlen.

Dr. **Wehli** aus Wien: Ich muß mir erlauben, da sich der Eine meiner Landsleute für und der Andere gegen das Ausgleichgesetz ausgesprochen hat, auch meine Meinung auszusprechen und zwar stimme ich für das Gesetz. Die Bedenken, die von Einem meiner Landsleute gegen den Akkord geltend gemacht worden sind, beziehen sich größtentheils auf die Ausführung, wie sie das dem Akkordverfahren zu Grunde liegende Prinzip in Oesterreich gefunden hat. Die Oesterreichische Regierung hat sich das Preußische Gesetz zum Muster genommen, leider ist es aber davon zu sehr abgewichen. Hätte die Oesterreichische Regierung die Prinzipien der Preußischen Gesetzgebung ganz genommen, so wären die Nachtheile nicht eingetreten, die in der That eingetreten sind.

Man ist in Oesterreich von der Preußischen Gesetzgebung darin abgewichen, daß man erstens schon zwei Drittheile der Stimmen als genügend ansah, um die Uebrigen zum Beitritt zu zwingen; dadurch ist es natürlich leicht möglich gewesen, sich eine Majorität zu erkaufen; unsere Gesetzgebung hat diesen Mißgriff selbst sehr bald erkannt, und es wurde bestimmt, daß drei Viertheile der Forderungsbeträge erforderlich seien, um den Zwangsbeitritt zum Vergleiche zu begründen. Nach Eintritt dieser Modifikation hat sich sofort herausgestellt, daß es nicht mehr so leicht möglich ist, durch Scheinerklärungen und Unterschriften einen Vergleich zu erzielen; es ist eben nicht mehr lohnend, eine so große Majorität zu erkaufen, und es reicht in vielen Fällen das, was man hingeben muß, sich eine solche Scheinmajorität zu erkaufen, hin, um sämmtlichen Gläubigern so viel zu geben, daß sie dem Vergleich stattgeben. Das ist der eine Nachtheil, der durch die Abweichung von der Preußischen Gesetzgebung in Oesterreich entstanden, aber auf diese Weise beseitigt worden ist.

Der zweite Fehler ist der, daß das Oesterreichische Gesetz nicht ausgesprochen hat, daß, wenn erwiesen ist, daß der Vergleich dadurch zu Stande kam, daß ein Gläubiger nur zum Scheine beigetreten ist, der ganze Vergleich ungültig sei. Das Oesterreichische Gesetz spricht nur aus, daß die

Verabredung, welche der Schuldner mit den einzelnen Gläubigeru trifft, wirkungslos sei. Das unterstützt nun aber gerade die Unredlichkeit des Schuldners. Der Schuldner erklärt dann einfach, sein Wort nicht halten zu können, und das Gesetz giebt ihm einen Freibrief zu dieser Unredlichkeit. Hätte aber das Gesetz ausgesprochen, daß in diesem Falle der ganze Vergleich ungiltig sei, so könnte das nicht eintreten und der Gläubiger, der überstimmt worden, hätte immer das Rechtsmittel zu seiner Verfügung, zu behaupten, die einzelne Stimme sei erkauft, in Wirklichkeit sei keine Stimmenmehrheit vorhanden.

Der dritte Uebelstand im Oesterreichischen Gesetze ist der, daß diejenigen Gläubiger, welche sich nicht gemeldet haben, von der Masse ganz ausgeschlossen sind, während das Preußische Gesetz ganz anständig und der Gerechtigkeit gemäß ausspricht, daß auch ein Gläubiger, der nicht seine Forderung angemeldet hat, doch diejenige Quote erhält, die ihm verhältnißmäßig gebührt, nur natürlich vorausgesetzt, daß seine Forderung als richtig anerkannt worden ist. Nach dem Oesterreichischen Gesetze wird aber, wie erwähnt, dieser Gläubiger von der Masse ausgeschlossen, es ist ihm aber seine Forderung speziell gegen den Schuldner vorbehalten. In Folge dessen sind große Schwierigkeiten entstanden, der Schuldner muß, um den Verfolgungen derjenigen, welche ihre Forderungen nicht angemeldet haben, zu entgehen, zu Scheinakten greifen, in der Weise, daß er einen Dritten vorstellt, der durch Vergleich sein Vermögen übernimmt, so daß die Gläubiger dasselbe nicht angreifen können.

Das sind die Gründe, warum in Oesterreich das Akkordgesetz nicht so günstig gewirkt hat, als anderswo; die Schuld daran trägt also nur die Oesterreichische Gesetzgebung. Das Akkordverfahren selbst aber, wenn es richtig durchgeführt wird, ist nicht allein für den Schuldner, sondern auch für die Gläubiger, d. h. für die Gesammtheit der Gläubiger von großem Vortheil und es ist ganz gerechtfertigt, wenn man ein Mittel aufstellt, um den einzelnen Gläubiger, der nur sein Interesse zum Schaden der übrigen Gläubiger verfolgen will, hieran hindern zu können. Ich stimme daher für das Akkordgesetz.

Justizrath **Dürre** aus Magdeburg: Ich wollte nur in Uebereinstimmung mit dem Herrn Referenten ein Zeugniß ablegen, in welcher Weise die Preußische Konkursordnung, namentlich in Bezug auf den Zwangsbeitritt der Gläubiger, entstanden ist.

Als im Jahre 1854 der Entwurf von dem heute schon erwähnten Bischoff ausgearbeitet wurde, war die nächste Sorge der Preußischen Regierung die, sachverständige Kaufleute und Juristen nach Berlin zu berufen, um diesen Entwurf zu berathen. Es ist mir damals vergönnt gewesen, an diesen Sitzungen Theil zu nehmen und ich kann Ihnen sagen, daß dieser Entwurf von den Kaufleuten insbesondere gründlich erörtert worden ist, daß sich aber nicht eine einzige Stimme gegen das Prinzip im Allgemeinen erhoben hat, daß man vielmehr allgemein der Ueberzeugung war, daß, wenn es auch allerdings richtig sei, daß hiedurch in die Rechte Einzelner eingegriffen würde, doch so viele Nützlichkeitsgründe vorhanden seien, daß die Einführung des Zwangsvergleichs nur wünschenswerth sei, und daß es besser sei, lieber etwas an seiner Forderung zu verlieren, als vielleicht 15 Jahre auf die Beendigung des Konkurses zu warten und sich dann doch sagen zu müssen, es war nutzlos.

Ich kann nicht widersprechen, daß, wie Herr Gurzenhäuser aus Fürth gesagt hat, es dem Rechte widerspreche, daß Jemand, der eine Forderung hat, gezwungen werde, dieselbe aufzugeben, aber wenn wie hier höhere Interessen vorwaltend sind, so müssen auch diese in Berücksichtigung kommen und die Interessen des Einzelnen weichen.

Man hat uns ferner gesagt, daß die Akkordgesetze dazu benutzt werden können und z. B. in Oesterreich sehr häufig dazu benutzt werden, Scheinverträge einzugehen.

Meine Herren, man hat dies auch bei Einführung des Gesetzes in Preußen versucht, aber ich kann das Zeugniß geben, daß die Preußische Justiz solchen Leuten so auf die Finger geklopft hat, daß heut zu Tage nicht mehr wohl von solchen Scheinverträgen in Preußen die Rede sein kann.

Meine Herren! Die Akkorde, die man unter gewissen Umständen auch in Preußen auf diese Weise zu Stande gebracht hat, sind nicht mehr möglich; denn das Richterkollegium sagt eben in einem solchen Falle, hier wird das öffentliche Interesse gefährdet, darum bestätigen wir den Akkord nicht.

Aber wenn solche Scheinverträge nicht vorliegen, und wenn z. B. von 20 Gläubigern $^7/_8$ mit dem Vergleiche einverstanden sind und man hat die Ueberzeugung, daß das Aktiv-Vermögen so weit ausreicht, um den Akkord zu decken, es sind aber 2 — 3 Gläubiger da, welche diesen Vergleich nicht annehmen wollen, soll man da diese $^7/_8$ warten lassen, bis das ganze Konkursverfahren durchgemacht ist, oder ist es nicht vielmehr gerechtfertigt, zu dem Einzelnen zu sagen, ihr müßt euch fügen?

Ich bitte daher, die Anträge des Herrn Referenten, wie sie gestellt sind, anzunehmen; ein solcher Beschluß wird jedenfalls einen sehr guten Eindruck in der Kaufmannswelt machen.

Präsident **Gneist**: Meine Herren! Die Generaldebatte ist geschlossen, auch der Herr Referent verzichtet auf das Schlußwort, und es wird sich nur fragen, ob wir noch auf eine spezielle Diskussion eingehen wollen. Ich möchte dem Willen der Versammlung nicht vorgreifen, ich würde es aber ausreichend finden, über die einzelnen Sätze gesondert abzustimmen. Ich frage die Versammlung, ob sie auf eine Spezialdebatte eingehen will? Es beantragt dies Niemand, ich lasse daher über die Anträge des Herrn Referenten gesondert abstimmen.

Der erste Satz lautet: „Der Juristentag erklärt den Erlaß einer gemeinsamen Konkursordnung für wünschenswerth."

(Abstimmung.)

Dieser Satz ist einstimmig angenommen.

Der zweite Satz lautet: „Der Juristentag empfiehlt für dieselbe die Aufnahme von Bestimmungen über den Akkord, wonach dieser als Zwangsvergleich für die mit einem Pfand- oder Vorzugsrecht nicht versehenen Gläubiger wirkt und der Bestätigung bedarf."

(Abstimmung.)

Ist mit großer Majorität angenommen.

Der dritte Satz lautet: „Der Juristentag hält die Ueberweisung der kaufmännischen Konkurse an die Handelsgerichte für zweckmäßig."

(Abstimmung.)

Ebenfalls mit großer Majorität angenommen.

Der letzte Satz lautet: „Der Juristentag erachtet Vorschriften über ein gerichtliches Akkordverfahren außerhalb des Konkurses nicht für erforderlich."

(Abstimmung.)

Ebenfalls mit großer Majorität angenommen.

Meine Herren! Ich schlage Ihnen vor, den Herrn Makower zu beauftragen, den Vortrag im Plenum zu übernehmen, und den Beschluß nur zur Kenntnißnahme hinüber zu geben.

(Zeichen der Zustimmung.)

Die Versammlung ist damit einverstanden.

Damit sind die Geschäfte der kombinirten ersten und zweiten Abtheilung erledigt.

Erste Sitzung der dritten Abtheilung am 27. August 1867.

(Beginn der Sitzuug um 11 Uhr 45 Min.)

Als Präsident der Abtheilung wurde der General-Staatsanwalt Herr Dr. Schwarze aus Dresden vorgeschlagen und einstimmig gewählt.

Hierauf schlug Herr Dr. Schwarze als zweiten Präsidenten den Herrn Oberappellations-Rath Dr. von Groß aus Jena vor, welcher jedoch zu dieser Zeit noch nicht anwesend war. Demnächst wurden als Schriftführer erwählt die Herren: Assessor Dr. Rubo aus Berlin und Dr. Oskar Stickel aus Jena, welche die Wahl annahmen.

Der erste Herr Vorsitzende bezeichnete kurz die beiden Gegenstände der Tagesordnung, von denen der erste die Art der Strafvollstreckung gegen die zu Freiheitsstrafen Verurtheilten, der andere die Beeidigung der Zeugen im Strafprozesse betraf, und begann hierauf, nachdem er in Abwesenheit des Herrn v. Groß den Herrn Obertribunalsrath Dr. Goltdammer aus Berlin um seine interimistische Stellvertretung ersucht und dieser den Vorsitz übernommen hatte, als Referent den Vortrag über den ersten Gegenstand der Tagesordnung, wie folgt:

Dr. **Schwarze**: Es ist die Frage aufgestellt worden, ob es der Gerechtigkeit entspreche, daß die Strafvollstreckung gegen alle zu Freiheitsstrafen Verurtheilte in völlig gleicher Weise ohne Berücksichtigung der Individualität, insbesondere der Bildung der Verurtheilten erfolgt, und wenn eine solche gleichmäßige Strafvollstreckung der Gerechtigkeit nicht entspricht, wie ist alsdann der letzteren Rechnung zu tragen, ohne auf der einen Seite das Prinzip der Gleichheit vor dem Gesetze in Wahrheit zu verletzen und auf der anderen Seite der bloßen Willkür bei der Strafvollstreckung weiten Spielraum zu gewähren?

Die ständige Deputation hat über diese Frage drei Gutachten sich erbeten.

Das eine ist erstattet worden von Herrn Prof. Dr. v. Holtzendorff in Berlin, das andere von Herrn Strafanstalts-Direktor Schück in Breslau und das dritte von Herrn Zellengefängniß-Direktor Eckert in Bruchsal. Sämmtliche drei Gutachten stimmen darin überein, die erste Frage zu verneinen, also dahin sich auszusprechen, daß es nicht mit der Gerechtigkeit übereinstimme, daß die Strafvollstreckung gegen alle zu derselben Art von Freiheitsstrafe Verurtheilte in völlig gleicher Weise, also ohne jede Berücksichtigung der Individualität, insbesondere der Bildung der Verurtheilten erfolgt. In Bezug auf den zweiten Theil der Frage sind nur vom Zellengefängniß-Direktor Eckert in Bruchsal bestimmte Anträge formulirt worden, während Dr. v. Holtzendorff und Schück sich darauf beschränken, im Allgemeinen Grundsätze aufzustellen, welche bei einer künftigen Gesetzgebung bezüglich dieser Frage maßgebend sein könnten.

Ich würde mit Zustimmung des sehr geehrten Herrn Vorsitzenden mir den Vorschlag erlauben, daß, weil die Vorschläge des Herrn Strafanstalts-Direktor Eckert bestimmt präzisirt sind, diese vielleicht als Unterlage meines Vortrages sowohl, als Ihrer Berathung und Beschlußfassung angesehen würden.

Das Resumé nämlich, welches Herr Direktor Eckert auf Seite 208 des I. Bandes der Verhandlungen des VI. Deutschen Juristentages gegeben hat, schließt mit folgenden Vorschlägen:

„1) es entspricht der Gerechtigkeit nicht, daß die Strafvollstreckung gegen alle zu derselben Art von Freiheitsstrafe Verurtheilte in völlig gleicher Weise, also ohne Berücksichtigung der Individualität erfolgt;

2) die Arten der Freiheitsstrafen sind mit genauer Bezeichnung des Strafsystems und der Quantität der Beschränkung der Freiheit vorerst gesetzlich festzustellen, in dem Gesetze aber auch

3) die thunlichste Individualisirung bei der Behandlung aller Gefangenen vorzusehen.“

Wenn es also dem Herrn Vorsitzenden der Versammlung genehm wäre, würde ich mir zuerst über die Präjudizialfrage erlauben, Vortrag zu erstatten, also über das Gutachten des Herrn Direktor Eckert, soweit es übereinstimmend mit den beiden andern Gutachten dahin geht, es entspräche der Gerechtigkeit nicht, daß Freiheitsstrafen gegen Alle in völlig gleicher Weise, ohne Berücksichtigung der Individualität erfolgt.

Vize-Präsident **Goltdammer**: Die Hauptfrage ist durch die Fassung der Anträge in drei Theile getheilt, und zwar bildet der erste von diesen den präjudiziellen Theil, die beiden anderen sind Unterabtheilungen.

Ich bitte nun die Anträge, nachdem die Hauptfrage getheilt ist, in das Protokoll aufzunehmen, wenn von keiner Seite ein Einwand dagegen erhoben wird.

Referent Dr. **Schwarze**: Wenn ich fortfahren darf, so werde ich mich nunmehr mit dem ersten Antrage des Herrn Direktor Eckert beschäftigen. Dieser hat in einem sehr eingehenden und ausführlichen Gutachten die Motive entwickelt, welche ihn zu dem Ausspruche bestimmt haben, daß es nothwendig, daß es ein Gebot der Gerechtigkeit sei, daß bei der Strafvollstreckung nicht gegen alle zu derselben Art von Freiheitsstrafe Verurtheilte in völlig gleicher Weise, also ohne jede Berücksichtigung der Individualität verfahren wird, daß vielmehr bei der Strafvollstreckung die Individualität des Gefangenen vorzugsweise maßgebend sei. Ich erlaube mir hier darauf aufmerksam zu machen, daß Herr Direktor Eckert ebensowohl, wie die beiden andern Herren Votanten, vorzugsweise gegen den Einwand sich verwahrt haben, als ob sie mit Aufstellung dieses Satzes irgendwie eine Begünstigung besonderer Stände beabsichtigt hätten, daß also mit dem Erfordernisse der Berücksichtigung der Individualität man nicht beabsichtigt habe, Leute höherer Stände in den Strafanstalten anders zu behandeln, als Leute niederer Stände, daß vielmehr, wenn sowohl in der gestellten Frage, als auch in den einzelnen Gutachten, davon die Rede ist, daß Leute, die höheren Ständen angehören, in den Strafanstalten anders behandelt werden sollen, als Leute niederer Stände, dabei vorausgesetzt wird, daß man hier Leute von höherer Bildung im Auge gehabt habe; es müsse gleich sein, ist der Votanten Ansicht, ob Jemand eine höhere Bildung sich angeeignet hat, der in einer niederen Schichte des Volkes lebt, oder einer höheren privilegirten Schichte der bürgerlichen Gesellschaft angehört. Sie verwahren sich mit Entschiedenheit dagegen, daß Frei-Privilegien der höheren bürgerlichen Gesellschaft hiemit etablirt werden sollen. Sie setzen es lediglich auf die Individualität der einzelnen Personen, gleichviel welcher Klasse der bürgerlichen Gesellschaft immerhin sie angehören.

Es hat mit dieser Bemerkung der Begutachter auch insbesondere dem Einwande zu begegnen gesucht werden sollen, daß man hier die Gleichheit vor dem Gesetze verletze; im Gegentheile sind alle drei Votanten der Ansicht, daß die Gleichheit vor dem Gesetze in der wahren Bedeutung verletzt werde, wenn man jeden Sträfling ohne Unterschied seiner Bildung und seiner ganzen Individualität gleichmäßig behandeln wollte. Sie sagen: Wie schon der Richter bei der Abmessung der Strafe innerhalb der gesetzlichen Strafgrenzen auf die Individualität des Verbrechers, auf die einzelnen Thatumstände des Verbrechens, in welcher niederen oder höheren sittlichen Schuld das Verbrechen sich ausdrückt, Rücksicht nehmen muß, da gerade zur gerechten Abwägung der Individualität des Verbrechers die Strafgrenzen gezogen sind, — so muß auch auf der andern Seite bei der Strafvollstreckung, dem eigentlichen Kerne der ganzen Strafjustiz, ebenfalls gebührende Rücksicht auf die Individualität der einzelnen Sträflinge genommen werden.

Es wird dabei ausgeführt, daß man nicht sagen könne, es sei wohl gerade darin, daß Jemand von höherer Bildung gegen das Strafgesetz fehle, ein Grund zur Schärfung der Strafe vorhanden oder aber wenigstens, daß man nicht sagen dürfe, derjenige, der eine höhere Bildung sich angeeignet hat, gewissermaßen aber mit ihr durch die Verübung des Verbrechens in Widerspruch tritt, der erlange dadurch noch ein Recht, auch in der Strafanstalt ein Privilegium für diese höhere Bildung in Bezug auf die Behandlung in der Strafanstalt zu beanspruchen. Es wird dabei namentlich von Herrn Direktor Eckert geltend gemacht, daß dieser Einwand sich dadurch erledige, daß gar nicht behauptet werden könne, daß alle Verbrechen von unbedingt niederer Gesinnung zeugten, daß man nicht sagen könne, daß immer in dem Verbrechen der Thäter die ihm irgend innewohnende höhere Bildung negirt habe, daß er gleichsam sich des Rechtes, das ihm die höhere Bildung verleiht, verlustig gemacht, und im Gegentheil einen niedrigen Grad sittlicher Bildung dokumentirt hat, dadurch, daß er eben höhere Bildung besitzt, desohngeachtet aber gegen das Strafgesetz gefehlt hat. Es wird ferner darauf aufmerksam gemacht, daß in den Strafanstalten ja selbst gegenwärtig auf die körperliche Individualität, auf die technische Befähigung des Sträflings zur Vollziehung seiner Arbeit außerordentlich Rücksicht genommen werde, daß man demjenigen, der körperlich schwach oder zur betreffenden Arbeit weniger geschickt sei, gewiß in Bezug auf Qualität und Quantität seines Arbeitspensums milder behandelt, als den, der mehr und besseres zu leisten im Stande sei; so müsse man auch in geistiger Beziehung die Individualität des Sträflings in Ansatz bringen. Man erklärte es geradezu als eine Verletzung der Gleichheit vor dem Gesetze, daß der, welcher höhere Bildung erlangt hat, in der Strafanstalt so behandelt werden soll, wie derjenige, der sie nicht hat, daß also derjenige, der die Strafe in ihrer Totalität viel tiefer und empfindlicher fühlt, ebenso behandelt werden soll, wie der andere. Man bezieht sich dabei auf einzelne Einrichtungen in den Strafanstalten und sagt z. B., daß, was für Menschen niederen Standes und niederer Bildung keine außerordentliche Zumuthung und möglicherweise eine Nothwendigkeit für die Anstalt selbst ist, z. B. die Reinigung derselben, daß dieses für den Mann höherer Bildung natürlicherweise eine ungeheuer schmerzliche Erschwerung der Strafe selbst sein wird, daß sich dies aber auch übertragen läßt auf andere Elemente in der Strafanstalt, wie z. B. auf den Schulunterricht, daß man denjenigen, der die nöthige Bildung bereits hat, doch in der That nicht nöthigen könne, gleich andern Sträflingen, den Unterricht in der Strafanstalt zu besuchen und dadurch gleichsam von Hause aus in seiner Bildung niedriger gestellt zu werden, als er sie wahrhaft besitzt.

Es sind diese Gutachten von Eckert und Schück nicht nur mit außerordentlicher Sachkenntniß, sondern auch mit großem Reichthume von Erfahrung geschrieben worden, während auf der andern Seite im Gutachten des Prof. v. Holtzendorff, der vorzugsweise gewiß in der Reform der Strafanstalten sich ein außerordentliches Verdienst erworben hat, die Frage prinzipiell aufgefaßt wird, und namentlich die Behauptung geäußert wird, daß die Individualität bei der Strafvollstreckung berücksichtigt werden und man diese in Uebereinstimmung bringen müsse mit den allgemeinen Grundsätzen des Strafrechts; namentlich nimmt er Rücksicht auf die relative Strafandrohung und findet nur eine Konsequenz darin, wenn er den Satz aufstellt, „es sei nothwendig, daß auch bei der Strafvollstreckung eine Individualisirung stattfinden müsse."

Wenn Sie mir nun gestatten, daß ich bei dem ersten Satze stehen bleibe, so erlaube ich mir namentlich, im Anschlusse an das Gutachten zu referiren, daß ich allerdings in einzelnen unserer Strafgesetzbücher bereits die Idee, wie sie von den Votanten verfochten wird, ziemlich entschieden ausgedrückt gefunden habe.

Es ist den Herren ja bekannt, daß in mehreren Gesetzbüchern, vorzugsweise so viel ich mich im Augenblick erinnere, in dem Würtemberger St.-G.-B. dem Richter das Recht eingeräumt worden ist, mit Rücksicht darauf, ob in dem Verbrechen selbst sich eine gemeine, niederträchtige Gesinnung offenbart oder nicht und in Berücksichtigung der gesammten Individualität des Thäters, statt der an sich bewirkten entehrenden Bestrafung auf eine mildere Strafart zu erkennen.

Eine ähnliche Bestimmung findet sich in den Bayerschen, Hannöverschen und Badischen Gesetzbüchern; ich glaube damit sind die einschläglichen Gesetzbücher erschöpft.

Diese strafgesetzlichen Bestimmungen unterscheiden sich von einander dadurch, daß man theils blos Rücksicht nimmt auf die Individualität des Verbrechers im Allgemeinen, sowie auf dessen Persönlichkeit und Bildung, theils aber auch Rücksicht nimmt und beziehentlich mit als Bedingung aufstellt, daß aus dem Verbrechen selbst nicht eine schimpfliche Gesinnung hervorgehe. Es würde nach Maßgabe der letztgedachten Voraussetzung z. B. unzuläſſig sein, einen Mann höherer Bildung, der gestohlen oder betrogen hätte, so zu behandeln, wie Denjenigen, der vielleicht irgend ein Verbrechen in der Uebereilung begangen. Ich glaube, daß eine Ausnahme allerdings dann eintreten würde, wenn die Motive des Verbrechens, die Thatumstände, die demselben vorausgegangen sind und die es begleiten, von der Art sind, daß man zwar sagen kann, die That ist mit dem Gesetze im vollsten Widerspruch, aber der Mensch selber ist in einem Verhältniß gewesen, das vielleicht auch einen starken rechtlichen Willen zu beugen und zu brechen vermochte.

Gestatten Sie mir nun, da ich die Ehre habe, über die Sache zu referiren, meine Ansicht kurz zu motiviren.

Ich stimme mit den drei Votanten in Bezug auf den ersten Punkt vollkommen überein. Da ich dabei auf meine eigene Erfahrung Rücksicht nehme, so erlaube ich mir Ihnen mitzutheilen, daß ich selbst in meinem engeren Vaterlande beauftragt bin mit der Revision der gesammten Strafanstalten des Landes und mit der speziellen Kontrolle des Gefängnißwesens, und seit der Zeit, wo ich diese Mission übertragen erhalten habe, kann ich nicht anders versichern, als daß ich in dem Systeme unserer Strafen und Strafarten, wie es nicht blos in dem Sächsischen, sondern in den meisten Gesetzbüchern Deutschlands und andere Länder etablirt ist, eine ungeheure Erschwerung einer gesunden und erfolgreichen Strafvollstreckung sehe.

Ich glaube allerdings nicht, daß man den Besserungszweck an die Spitze unserer Strafsysteme stellen darf. Zunächst ist wohl die Strafe ein Uebel für den Verbrecher und sie soll ein recht empfindliches Uebel sein. Aber der Nebenzweck, die Besserung, kann mit der Sühnung des Verbrechens Hand in Hand gehen. Dürfen wir zwar auch nicht sagen, der Besserungszweck sei der eigentliche Zweck der Strafe, so müssen wir doch auf der andern Seite die Strafe in der Weise einrichten, daß sie die Besserung unterstützt. Dieses ist wohl zuzugeben. Indessen sind mir sehr prägnante Fälle vorgekommen, wo von einer Besserung des Verbrechers gar nicht gesprochen werden konnte, entweder, weil keine Hoffnung dazu vorhanden war, oder aber weil die Anmuthung an den Sträfling, daß er in die Strafanstalt geschickt sei, um sich zu bessern, eine eigene Zumuthung für den Mann war, da er in dem Bewußtsein, daß er das und das begangen habe, an und für sich eine sehr empfindliche Mahnung zur Besserung fand.

Ich trete der Ansicht der Votanten völlig bei, daß es eine dringende Anforderung in unserer Gesetzgebung ist, das Strafsystem zu ändern, daß namentlich die Vielgestaltigkeit der Freiheitsstrafen entschieden verworfen werden muß.

Es wird ausreichen, wenn wir eine schwere und eine gelinde Strafe in das Strafgesetzbuch aufnehmen, daß wir aber dann eben bei der Vollstreckung der Strafe auf Alles Rücksicht nehmen, was von Seite der Votanten hier geltend gemacht worden ist. Ich bin überzeugt, daß unsere gegenwärtigen Strafanstalten in der Verfassung, in der sie zumeist sind, eben immerhin nicht dem Zwecke entsprechen, für welchen sie bestimmt sind, und daß auch unsere Richter und Staatsanwälte bei der Beantragung der Strafe und der Erkenntnißfällung zumeist vollkommen im Zweifel sind, was sie eigentlich erkennen sollen. Ich nehme mich selbst davon nicht aus. Ich bin lange Zeit Mitglied des obersten Gerichtshofs gewesen und habe nicht eigentlich gewußt, worin der Unterschied zwischen Zuchthaus und Arbeitshaus besteht, deßungeachtet habe ich debattirt, ob Zucht- oder Arbeitshaus, blos auf Grund der Annahme, daß Zuchthaus schwerer sei, als Arbeitshaus — und schließlich, wenn man sich in den Strafanstalten eingehend erkundigte, so findet man, daß kein Unterschied stattfindet. Man kann da, wo schwerer gearbeitet werden soll, doch nicht bis zur Erschöpfung arbeiten lassen, da, wo strengere Behandlung stattfinden soll, doch nicht auf Kosten der Gesundheit hungern und dursten lassen. Im Allgemeinen aber, glaube ich, ist es doch nothwendig, daß in den Strafanstalten selbst nach der Individualität des Verbrechers ein wesentlicher Unterschied gemacht werden soll. Erlauben Sie, daß ich hiefür eine Thatsache anführe, die ich in meiner Amtsstellung erkannt habe.

In Anstalten, wo gemeinsame Strafhaft ist, habe ich wiederholt gefunden, daß gerade derjenige, der eine Besserungsregung in sich spürt, sich dadurch gedrückt fühlt, daß er mit Menschen zusammenkommt, die viel schlechter waren, als er selbst, und es wird die Regung zum Bösen wesentlich dadurch unterstützt. Nehmen Sie an, daß ein Beamter oder ein Advokat eine Unterschlagung begangen, und zwar in dringender Noth begangen habe; das Gesetz muß gesühnt werden. Das ist gewiß. Jeder wird aber sagen, der Mann ist allerdings gefallen und muß bestraft werden. Die Strafe muß aber nur eine solche sein, durch welche das Gesetz gesühnt wird, nicht aber eine solche, die die Individualität desselben unterdrückt. Es würde sonst in der Strafe mehr liegen, als das Gesetz verlangt. Ich möchte daher glauben, daß allerdings die Frage in der Allgemeinheit, ob es der Gerechtigkeit entspreche, daß die Strafvollstreckung gegen Alle zu Freiheitsstrafen Verurtheilte in derselben Weise erfolgt, verneint werden muß. Ich bekenne jedoch, daß die Feststellung der Art und Weise, wie diesem Grundsatze praktische Geltung verschafft werden, wie er ins Leben übergeführt werden solle, eine schwere Aufgabe ist.

Wie gegenwärtig die Gegenstände der Berathung festgestellt worden sind, so glaube ich, wird es ausreichend sein,. wenn zunächst der Satz selbst festgestellt ist; ich würde mir dann später erlauben, auf die einzelnen Punkte überzugehen und bitte nun, daß der Herr Präsident, wenn es ihm gefällig wäre, über diesen Gegenstand die Berathung eröffne.

Vize-Präsident **Goltdammer**: Nach dem Vorschlage des Herrn Referenten würde die Hauptfrage für unsere Berathung der erste Satz des den Beschluß des Eckert'schen Gutachtens bildenden Resumés sein, welches lautet:

„1) Es entspricht der Gerechtigkeit nicht, daß die Strafvollstreckung gegen alle zu derselben Art von Freiheitsstrafe Verurtheilte in völlig gleicher Weise, also ohne Berücksichtigung der Individualität erfolgt.

2) Die Arten der Freiheitsstrafen sind mit genauer Bezeichnung des Strafsystems und der Quantität der Beschränkung der Freiheit vorerst gesetzlich festzustellen, in dem Gesetze aber auch

3) die thunlichste Individualisirung bei der Behandlung aller Gefangenen vorzusehen."

Der Schwerpunkt der ganzen Frage liegt also in dem ersten Satze. Je nachdem er angenommen wird oder nicht, erledigen sich die beiden anderen, oder würden im anderen Falle der Debatte unterstellt.

Indem ich nun die Diskussion über den ersten Theil der Propositionen eröffne, bitte ich die Herren, welche sprechen wollen, zum Worte sich zu melden.

Staatsanwalt **v. Stenglein** aus München: Ich bitte, sämmtliche Sätze gleichzeitig zur Diskussion zu stellen. Ich glaube, daß das Prinzip, welches im ersten Satze ausgesprochen ist, seine wesentliche Bedeutung in den aus demselben abgeleiteten Folgerungen hat, insbesondere in der Art und Weise, wie es in der Praxis zur Anwendung kommt. Wird dies in der Diskussion nicht berücksichtigt, so würde man dahin kommen, im ersten Satze ein ledigliches Prinzip anzuerkennen, ohne die Restriktion, die man ihm in der Praxis geben muß, zu würdigen. Damit diesem aber genügt werde, muß die Diskussion sich zugleich auf den zweiten und dritten Satz erstrecken. Ich halte es daher für praktischer, wenn das ganze Resumé des Eckert'schen Gutachtens gleichzeitig zur Diskussion kommt.

Vize-Präsident **Goltdammer**: Sind die Herren mit dem Antrage des Herrn v. Stenglein einverstanden oder bleibt es bei dem, was ich vorher sagte? Ich bitte diejenigen, die dem Antrage des Herrn Referenten beistimmen, also daß zuerst über die erste Proposition diskutirt wird, die Hand zu erheben.

(Die Minorität stimmt bei.)

Der Antrag des Herrn Referenten ist abgelehnt, sohin bitte ich denselben, mit der Erörterung der übrigen Theile fortzufahren.

Referent Dr. **Schwarze**: Die beiden weiteren Propositionen des Herrn Direktor Eckert lauten folgendermaßen:

„Die Arten der Freiheitsstrafen sind mit genauer Bezeichnung des Strafsystems und der Quantität der Beschränkung der Freiheit vorerst gesetzlich festzustellen, in dem Gesetze aber auch

„die thunlichste Individualisirung bei der Behandlung aller Gefangenen vorzusehen."

Wie ich bereits bemerkt, und was auch von Herrn Kollegen v. Stenglein angedeutet zu sein scheint, liegt allerdings der Prüfstein des zweiten und dritten Satzes im ersten Satze. Ich habe mir bereits erlaubt, einleitungsweise zu bemerken, daß eben der zweite und dritte Satz wohl mit zu großer Allgemeinheit aufgestellt ist, so daß ein spezielles Eingehen hierauf in der That zu weit führen muß. Ich erlaube mir, den Satz zu repetiren:

„Die Arten der Freiheitsstrafen sind mit genauer Bezeichnung des Strafsystems und der Quantität der Beschränkung der Freiheit vorerst gesetzlich festzustellen."

Sie wissen, meine Herren, daß namentlich im Königreiche Preußen darüber ein großer Streit geherrscht hat, ob es zuläßig sei, im Wege der Verwaltung zu bestimmen, ob eine Strafe in gemeinschaftlicher Haft oder in Isolirhaft verbüßt werden könne. Es sind hierüber die verschiedensten Ansichten aufgestellt worden, namentlich ist es auch hier H. v. Holtzendorff gewesen, von welchem in einer bekannten Schrift die Ansicht vertheidigt worden ist, daß die Vollstreckung der Strafe in gemeinsamer oder Einzelhaft nicht Sache der Verwaltung, sondern der Gesetzgebung sein muß. Ich trete dieser Ansicht vollkommen bei, denn es ist kein Zweifel, daß es ein ganz wesentlicher, qualitativer Unterschied ist, ob Jemand 4 Jahre Einzelhaft oder gemeinschaftliche Haft büßen muß. Dieser Unterschied macht sich sowohl bei Leuten niederer Bildung, wie bei Leuten höherer Bildung geltend. Es ist bekannt, daß im allgemeinen Durchschnitte die Leute niederer Bildung öfters die Isolirung als Erschwerung, die Leute höherer Bildung öfters als Erleichterung der Strafe betrachten.

Ich würde nun glauben, daß es in der Konsequenz des von Eckert und seinen Freunden aufgestellten Grundsatzes liegt, daß die Isolirhaft im Allgemeinen als diejenige Strafhaft bezeichnet wird, welche geeignet ist, dem Rechte der Individualisirung zu genügen, daß es dagegen bei der gemeinschaftlichen Haft bei aller Sorgfalt, die Seitens der Direktion und sonst auf die Sträflinge verwendet wird, bei aller derjenigen Sorgfalt, welche es sich namentlich zur Aufgabe stellt, in dem einzelnen Sträfling den Punkt zu finden, wo er zu fassen und zur Umkehr in sich selbst gebracht werden kann, unmöglich ist, eine vollkommene Individualisirung eintreten zu lassen und daß daher, wenn man den ersten Satz zugiebt, daß es nothwendig ist, die Individualität des Sträflings bei der Strafvollstreckung zu berücksichtigen, es auch nothwendige Konsequenz ist, die Isolirhaft einzuführen.

Aus diesem Satze folgt zwar andererseits noch nicht, daß die Isolirhaft mit jener Strenge durchgeführt werde, wie früher verlangt worden ist. Es würde aber gerade hier der Antrag wieder zur Geltung kommen, von dem ich vorher zu sprechen mir erlaubte. Es heißt nämlich, daß in dem Gesetze die entschiedene Ermächtigung ertheilt würde, in den Fällen, wo aus dem Verbrechen selbst, und aus den Motiven zu dem Verbrechen eine niedrige schimpfliche Gesinnung des Thäters nicht hervorgeht, auf eine geringere, gelindere Freiheitsstrafe zu erkennen, als der Thäter nach dem strengen Buchstaben des Gesetzes verwirkt haben würde, daß mithin in diesem Falle bereits jener Grundsatz der Individualisirung in soweit zur Geltung kommt, als der Richter schon durch das Erkenntniß darauf hinweist, daß dieser Verbrecher nicht wie die große Masse der Verbrecher behandelt werden dürfe.

Es ist weiter in dem Antrage des Herrn Direktor Eckert gesagt worden, daß die Quantität der Beschränkung der Freiheit vorerst im Gesetze festgestellt werden soll. Meine Herren, das ist allerdings ein ziemlich allgemeiner Satz und ich glaube auch, daß er spezieller gegenwärtig gefaßt werden kann, obgleich man sich Verschiedenes darunter denken kann. Allein so viel scheint mir auf der einen Seite richtig, der Direktor einer Strafanstalt muß mit einer ziemlich ausgedehnten Gewalt ausgerüstet sein. Das Amt eines Strafanstalts-Direktors ist ein volles Vertrauensamt, und derjenige, welchem die Regierung ein solches Vertrauensamt überträgt, muß auch bei derselben das Vertrauen besitzen, daß er dieses Amt in einer würdigen und zweckentsprechenden Weise ausführt. Ich meine namentlich und verwerfe hier insbesondere die ungeheuren Detailvorschriften, mit welchen man Seitens mancher Regierung glaubt, die Direktoren der Strafanstalten gängeln und ihre Amtirung kontroliren zu können. Ich bin stets der Ansicht gewesen und habe diese immer fest gehalten, daß vor Allem der Direktor wissen muß, er habe das Vertrauen der Oberbehörde für sich, daß selbst in Fällen, wo die Oberbehörde anderer Meinung ist, wie er, lieber die Oberbehörde der Erfahrung des Direktors ihre Meinung unterordnet, als daß sie vielleicht in ganz wohlgemeinter Absicht, aber doch mit einer Idee, die mehr im Berathungszimmer, als in der Strafanstalt gezeitigt und gereift ist, den Direktor unnützer Weise beschränkt.

Auf der anderen Seite ist aber ebenso gewiß, daß der Direktor der Strafanstalt mit einer Machtvollkommenheit bekleidet ist, die wirklich fast entsetzlich genannt werden könnte. Es kann ein Gefangener, nehmen Sie an, ein Mann höherer Bildung, durch die Disciplinarmaßregeln eines Strafanstalts-Direktors so aufs Aeußerste getrieben werden, daß die Widersetzlichkeit des Sträflings gegen die Hausordnung, ich möchte fast sagen, zu einer Nothwendigkeit wird, weil dieser Mensch nur noch gewissermaßen zu leben hat zwischen moralischer und physischer Vernichtung oder der Widersetzlichkeit gegen die fortdauernden Quälereien, welchen er vielleicht durch die Hausverwaltung ausgesetzt ist.

Es ist namentlich auch ein sehr wichtiger Punkt, daß wir endlich darauf denken, unsere Strafanstaltsbeamten niederer Klasse für ihren schweren Beruf vorzubilden, weil namentlich bei größeren Strafanstalten die ganze Disziplin in den Händen der Aufseher liegt, und daß wir in jeder Beziehung die Aufseher höher stellen müssen, als bisher zu geschehen pflegt. Ich würde daher glauben, daß die Quantität der Beschränkung der Freiheit gesetzlich in so weit regulirt werde, daß ein Kollegium in der Strafanstalt niedergesetzt werde, welchem die Befugniß ertheilt ist, in Fällen, die sich nach den obersten Grundsätzen dazu eignen, eine Ausnahme von der gewöhnlichen Regel eintreten zu lassen, anderseits höhere Disziplinarstrafen zu bestimmen und überhaupt die Quantität der Beschränkung der Freiheit abzumessen, nach Würdigung des Verhaltens der Sträflinge in der Strafanstalt und wenn Sie wollen, mit Rücksicht auf die etwaige Besserung derselben. Ich glaube daher, daß die Worte: „Die Quantität der Beschränkung der Freiheit vorerst gesetzlich festzustellen", darauf hinauskommen, daß auf der einen Seite die Machtvollkommenheit des Direktors möglichst gewahrt, aber auch die Sträflinge gegen Willkürlichkeiten, Reizbarkeit und Voreingenommenheit des Direktors sicher gestellt werden, und dabei bei der Beschränkung der Quantität der Freiheit auf den Bildungsgrad der Sträflinge möglichst Rücksicht genommen werde.

Was den dritten Absatz anlangt, der lautet:

„In dem Gesetze aber auch die thunlichste Individualisirung bei der Behandlung aller Gefangener vorzusehen"

so wird dieser Antrag vorzugsweise wohl zunächst auf die räumliche Einrichtung des Gefängnisses sich beziehen. Es wird nothwendig sein, daß durch die Verwaltung dafür Sorge getragen wird, daß die Strafanstalten nicht überfüllt werden, es wird Sorge getragen werden müssen, wie erwähnt, daß bei der Anstellung der niederen Strafanstalts-Beamten höhere Ansprüche gemacht werden als seither, es wird nothwendig sein, daß Strafanstalten errichtet werden, bei welchen bereits durch Ansicht des Volkes festgestellt ist, daß derjenige, der sich darin befindet, nicht durch die Strafe entehrt wird, wenn auch das Verbrechen selbst ein schweres genannt werden kann.

Darf ich mir eine Bemerkung noch anzuschließen erlauben, so geht diese dahin, ich möchte hier, wo ich die Ehre habe, vor so vielen sachverständigen

Kollegen zu sprechen, mir die dringende Bitte erlauben, daß eben bei unseren Bestrebungen für die Reformen der Strafanstalten, die nicht nur eine Forderung der Humanität sind, wie man sie wegwerfend bezeichnet hat, sondern auch eine Forderung der Gerechtigkeit, unsere Sorgfalt nicht nur auf die Reform dieser Strafanstalten, sondern namentlich auch auf die Reform unseres Gerichtsgefängnißwesens gerichtet sei.

Nach den Erfahrungen, die ich in amtlicher Beziehung zu machen Gelegenheit gehabt habe, habe ich mich wie Sie überzeugt, daß der Krebsschaden unserer ganzen Strafanstaltseinrichtung weniger in den Strafanstalten zu suchen ist, als in den Gerichtsgefängnissen, und daß es schließlich nothwendig sein wird, in diesen eine andere Ordnung herzustellen, als in der Regel der Fall ist. Die Gerichtsgefängnisse sind theils die Vorschule für Verbrecher, theils droht in denselben mancher gute Keim, der gepflegt, auch gebildet werden könnte, unterzugehen.

Ich muß sagen, daß allerdings die Sätze, die aufgestellt wurden, sehr weit sind. Es haben zwar die Herren Votanten auf einzelne Spezialien insoweit Rücksicht genommen, als sie das in Betracht gezogen haben, was die Kleidung, die Ernährung, den Schulunterricht, die Art der Beschäftigung 2c. betrifft; ich glaube aber, daß alle solche Spezialien nicht durch ein Gesetz, sondern durch den Verwaltungsrath der Strafanstalt festzusetzen sein würden.

Vize-Präsident Dr. **Goltdammer**: Ich eröffne nun die Diskussion über den ganzen Antrag, wie er vorher vorgelesen worden ist.

Staatsanwalt v. **Stenglein** aus München: Meine Herren! Ich kann den Ausführungen, welche der Herr Referent uns gegeben hat, ich möchte fast sagen in allen Sätzen vollständig beistimmen. Wenn man aber die Konsequenzen davon zieht, so scheint mir eben, daß sich dadurch die ganze Diskussion desjenigen, was wir zunächst zu verhandeln haben, dem Rechte mehr und mehr entzieht. Es scheint mir nichts übrig zu bleiben, was sich in der Verkörperung des Rechtes, im Gesetze, irgend wie greifen läßt. Wenn wir uns alle diese Sätze, welche wir gehört haben, und denen ich gewiß aus vollem Herzen beistimme, denken, wie sie in Gesetzesartikel einzukleiden sind, so kommen wir, glaube ich, zu dem Resultate, sie lassen sich nicht in Gesetzesartikel einkleiden, einmal, weil wir es mit der Individualität der Strafgefangenen zu thun haben, dann, weil wir es mit der Individualität der Vorsteher der Strafanstalten zu thun haben, und diese Individualität läßt sich eben einfach durch Gesetzesartikel gar nicht bestimmen.

Jeder einzelne Strafgefangene ist ein anderes Objekt und jeder Strafanstaltsvorsteher ist ein anderes Subjekt, der dieselbe gesetzliche Vorschrift, die im Allgemeinen gegeben ist, in anderer Weise auffaßt und anwendet, und wir kommen schließlich zu dem Resultate, daß, wenn wir in dem Gesetze spezialisiren und in dem Gesetze individualisiren, so viel wir wollen, wir doch zur einheitlichen Gesetzesanwendung nicht kommen und insbesondere nicht zu der Anwendung kommen, die allein eine Besserung, eine gleichheitliche Strafanwendung auf die Gefangenen sichern kann. Dem können wir, glaube ich, zustimmen; allein in den Anträgen, die wir gehört haben, ist gerade dieses nicht ausgesprochen. Die Einzelhaft ist das einzige Mittel, welches gestattet, individualisirend auf die Gefangenen einzuwirken. Sowie die gesammte Masse der Strafgefangenen zusammengefaßt wird, hört das Individualisiren mehr oder weniger auf, wir haben keine einzelne Anwendung der gesetzlichen Bestimmung, in der man auf einzelne wirken kann, man kann die Masse nur als Masse behandeln.

Die Individualisirung ist nur möglich bei der Einzelhaft; wenn wir also berufen sind, uns für die Einzelhaft auszusprechen, ohne auf das weite Gebiet der Diskussion einzugehen, welche sich eröffnet, wenn wir im Allgemeinen über die Einzelhaft diskutiren wollten, dann glaube ich, muß der Juristentag aus vollem Herzen und einstimmig sich dahin erklären, daß eine gedeihlichere Reform unseres Strafvollzugswesens nur möglich ist, wenn wir zur Einzelhaft übergehen. Wenn wir aber die weiteren Hauptsätze ins Auge fassen, wie daß eine geringere Freiheitsstrafe zu erkennen sei, wenn sich aus dem Verschulden des Individuums erkennen läßt, daß es nicht von schimpflichen niedrigen Beweggründen geleitet war bei der That, so kommen wir, glaube ich, schon auf ein Gebiet, welches sich nicht in ein Gesetz fassen läßt, welches sich fast schon für den einzelnen Fall schwer fassen läßt. Welcher Richter ist im Stande, die Motive, welche einen Verbrecher bei der That geleitet haben, so genau zu kennen, daß damit wirklich etwas Wesentliches gewonnen wäre. Wenn wir vollends hören, und ich stimme dem, wie ich gesagt habe, vollständig bei, daß den Direktoren der Strafanstalten eine Freiheit gewährt und eingeräumt werden müsse, die Verbrecher, die ihrer Obhut überlassen sind, nach ihrer Individualität zu behandeln, daß aber auf der anderen Seite Vorkehrungsmaßregeln gegen die Willkür geschaffen werden müssen, etwa durch einen Verwaltungsrath, der die Disziplinarstrafen zu erkennen habe, oder durch eine Rekursinstanz, so kommen wir vollends auf Verwaltungsmaßregeln, welche ganz gewiß nicht in Gesetzen fußen können, sondern nach verschiedenen Umständen gefaßt werden müssen.

Meines Dafürhaltens liegt der Schwerpunkt darin, daß wir bis jetzt in ganz Deutschland eine genügende Vorbildung der Strafhaus-Direktoren vermissen. Es ist nirgends ein Institut geschaffen, das Garantie gibt dafür, daß man den an die Spitze der Strafanstalten zu stellenden Personen volles Vertrauen schenken kann, daß sie nach der Individualität der Verbrecher verfahren. Ich bin weit entfernt, den Vorständen der Strafanstalten einen Vorwurf machen zu wollen, ich berücksichtige gegenwärtig nur die Art und Weise, wie die Strafanstalts-Direktoren ausgewählt und wie sie vorgebildet werden. Der Regierung steht in allen diesen Fällen fast nur ein glücklicher Griff zu, macht sie ihn, so werden wir schöne Resultate an den Strafanstalten sehen; man wird vielleicht soweit gehen und sagen, das System dieses Strafanstalt-Direktors ist ein gutes; allein, meine Herren, es ist kein System, es ist die Individualität des Strafanstalt-Direktors, der geistig einwirkt, und, wenn man z. B. ein anderes Individunm zu ihm in die Lehre schickt, welches die Begabung nicht hat, so vortheilhaft auf die Strafgefangenen einzuwirken, wie der gerühmte', so werden wir bei dem Schüler ganz andere Resultate sehen als bei dem Lehrer.

Mir scheint die Quintessenz der ganzen Diskussion die zu sein: Die Einwirkung auf die Gefangenen ist individuell und die Empfänglichkeit der Gefangenen für diese Einwirkung ist wieder individuell und deßhalb ist es nicht möglich, auf dem Wege der Gesetzgebung irgend etwas Praktisches zu schaffen. Es ist nur möglich, eine Anstalt zu gründen, welche eine Auswahl für die Strafhaus-Direktoren giebt, und dann von der Regierung zu fordern, daß diese Auswahl auch eine sorgsame ist. Das Alles sind Verwaltungsmaßregeln, und ich glaube, sobald wir uns in die Lage versetzt denken, diese Sätze in Gesetzartikel verkörpern zu sollen, so müssen wir uns für banquerott erklären, und darum kann ich für keinen dieser Anträge stimmen.

Assessor a. D. **Ulrichs** aus Burgsdorff bei Hannover: Meine Herren! Die vorliegenden Anträge und das Referat, welches Sie gehört haben, veranlassen mich, drei Punkte kurz zu erörtern, zuerst das Prinzip im Allgemeinen, sodann zwei Nebenpunkte.

Ich glaube die Bemerkungen, welche ich vorzutragen wünschte, aus einer kürzlich an mir selbst gemachten Erfahrung geschöpft zu haben.

Ich selbst bin einer von denjenigen Hannoveranern, welche wegen ihrer politischen Gesinnung und der zu freien Aeußerung derselben von der jetzt in Hannover herrschenden preußischen Regierung ohne Urtheil und Recht nach der Festung Minden abgeführt worden sind.

Ich bin sogar zweimal dorthin geführt worden ohne Urtheil und Recht, und das Einemal 2 Monate und das Anderemal über 2 Monate dort im Militairarresthaus eingesperrt gehalten worden.

Ich habe in diesem verhältnißmäßig langen Zeitraum verschiedene Erfahrungen gesammelt, an mir und den mitgefangenen Hannoveranern und den dort gefangen gehaltenen preußischen Soldaten.

Es waren Leute von verschiedenem Bildungsgrad dort vereinigt, und eben daraus hat sich mir Gelegenheit geboten, reiche Erfahrungen zu schöpfen, welche gerade zu dem vorliegenden Gegenstande gehören.

Zunächst glaube ich, daß, das Prinzip betreffend, welches die vorliegende Frage enthält, es doch bedenklich ist, nach der s. g. verschiedengradigen Bildungsstufe einen Unterschied zu statuiren und zu rechtfertigen in der Art und Weise der Vollstreckung der Freiheitsstrafe.

An und für sich ist es eben der strengen Richtschnur des Gesetzes und der Gerechtigkeit entsprechend, daß die einzelnen Freiheitsstrafen in völlig gleicher Weise vom Gesetze ausgesprochen werden; die Ausnahmen davon, welche in den verschiedenen Bildungsstufen angeblich begründet sein sollen, verlangen eine besondere Rechtfertigung durch Gründe, und eben diese scheint mir sehr gefährlich zu sein.

Ich glaube, dieses berühren zu müssen, weil dieser Punkt bisher noch nicht berührt worden ist.

Gestatten Sie mir, die Erfahrungen, welche ich in Minden gemacht habe, darzulegen.

Ich wurde im Offiziersarrestzimmer detinirt, theilweise dort allein, theilweise mit verschiedenen anderen Hannoveranern. Der Eine war Mitglied der Hannoverschen Ritterschaft, ein vormaliger Premierlieutenant, ein Adeliger, ein Mann von feiner Bildung, ein Anderer war Kaufmann, von, wie mir scheint, ebenfalls hervorragender Bildung, ein Dritter war Kaufmann von einem etwas niederem Bildungsgrade, ein Vierter war ebenfalls Kaufmann, welcher aber offenbar nur eine Scheinbildung hatte, in Wahrheit aber roh und ungebildet zu sein schien, ein Anderer war Forsteleve, ein Mann von feiner Bildung. Dieser Letztere wurde plötzlich disziplinarisch bestraft wegen angeblicher Widerspenstigkeit gegen den wachthabenden Offizier.

Er war, wie er behauptete, gereizt worden und hatte sich selbst rechtfertigen wollen. Er wurde, ohne weiter verhört zu werden, sofort auf die einfache Anzeige des Offiziers hin von der Festungs-Kommandantur disziplinarisch bestraft mit 7 Tagen Einsperrung bei Wasser und Brod im Dunkelarrest. Ich habe selbst den Dunkelarrest in Augenschein genommen, und man kann sich kaum denken, wie arg derselbe ist, man muß ohne Unterlage auf dem nackten kahlen Bretterfußboden, ohne Strohsack oder Decke, die Nacht zubringen.

Der Forsteleve kam mit zerschlagenen Gliedern in das Offizierszimmer zurück und äußerte sich sehr erboßt über die ihm widerfahrene Maßregel. Er glaubte, daß dieselbe ihn härter gedrückt habe, als einen gemeinen Soldaten, gegen welche ebenfalls eingetretenen Falles dieselbe Maßregel des Dunkelarrestes vollstreckt wurde. Er meinte, daß er, da er doch einem höheren Stande angehöre, diese Maßregel härter empfinde, als die gemeinen Soldaten.

Ich war zweifelhafter Ansicht, und wagte nicht die Frage zu entscheiden.

Später, als der Forsteleve entlassen worden, wurde eine Anzahl Hannöverscher Soldaten und Unteroffiziere an der Hannöverschen Grenze aufgegriffen, im Begriff, sie zu überschreiten, und wurde ebenfalls nach Minden in dasselbe Gebäude, wie wir gebracht.

Ein Unteroffizier, ein Mann gewöhnlichen Standes, eines Landmannes Sohn, der kaum hochdeutsch sprechen konnte, war eines Tages vor dem Auditor verhört wegen angeblicher Widerspenstigkeit, da er sich weigerte, anzuerkennen, noch als Militärperson betrachtet werden zu müssen, und sich weigerte, die militärischen Honneurs zu machen, wie es der Auditor verlangt hatte.

Wegen dieser Widerspenstigkeit traf ihn auf einfache Anzeige des Auditors von Seiten der Festungs-Kommandantur dieselbe Maßregel.

Auch er wurde 7 Tage in den Dunkelarrest eingesperrt, bei Wasser und Brod.

Diesen Mann hatte ich nachher Gelegenheit zu sprechen, und aus seinem Munde hörte ich allerdings nicht diese lauten Aeußerungen des Unmuths, wie von dem Forsteleven, aber wie ich glaube, hatte diese Maßregel auf ihn denselben niederschlagenden Eindruck gemacht, wie auf den andern.

Ich konnte mich demnach durchaus nicht der Ansicht hingeben, daß diese scharfe Maßregel im Allgemeinen oder in speziellen Fällen für die Leute niederen Standes eine leichter zu erstehende Strafe sei, sondern ich glaube, daß diese harte Maßregel von den Leuten geringeren Standes eben so schwer gefühlt wird, wie von Leuten höherer Bildung.

Ich fand darin Zustimmung von Seiten des erwähnten Offiziers und des einen Kaufmannes, während der andere Kaufmann, welcher weniger Bildung besaß, einen Standesunterschied statuiren wollte; er selbst wollte den höheren Ständen angehören und einen solchen Unterschied machen.

Ich glaube nicht, daß ein solcher Unterschied gerechtfertigt werden kann, und habe wenigstens große Bedenken gegen Anerkennung dieser Ausnahmen, die man auf Grund der Individualität und Bildung des Verurtheilten machen will. Das wollte ich in Bezug auf das Prinzip des Antrages mittheilen.

Ein zweiter Punkt ist, worin ich dem Herrn Referenten vollkommen beistimme, daß es nämlich dringend nothwendig ist, daß auch der Ausbildung der Unterbeamten in den Gefängnissen eine größere und sorgfältigere Rücksicht zugewendet werde, als dies bisher überall zu geschehen scheint. Ich habe nämlich in Minden hierüber Erfahrungen gemacht.

Während der Dauer meiner Haft wechselte 2 oder 3 mal die Person des uns speziell vorgesetzten Arrestaufsehers, und mit dem Eintritt des Personenwechsels ist auch ein förmlicher Systemwechsel eingetreten in der Art und Weise, wie wir behandelt wurden. Bei dem einen wurden wir streng behandelt und fortwährend gequält, bei dem anderen äußerst mild und gütig; der eine soll so weit gegangen sein in der Milde, daß er einzelnen Militärsträflingen gestattet haben soll, Nachmittags von ihm beurlaubt — und in seinen Garten geschickt zu werden, woselbst sie ihm die Kartoffeln ausholten.

(Rufe nach Schluß.)

Vize-Präsident Dr. **Goltdammer**: Ich frage den Herrn Redner, ob er mit seinen Erörterungen bald zu Ende sein wird.

Assessor a. D. **Ulrichs**: Ich bin bald zu Ende.

Ich wollte nur bemerken, daß auf die Persönlichkeit des Arrestaufsehers und der Unterbeamten sehr viel ankommt, da diese eine ungeheure Macht in Händen haben in der Art und Weise der Behandlung, weshalb auf ihre Persönlichkeit selbst Rücksicht genommen werden muß. Was den dritten Punkt betrifft, so bin ich der Ansicht, daß eine Trennung derjenigen Sträflinge, welchen ein entehrendes Verbrechen zur Last liegt, von den übrigen stattfinden muß, denn es bildet für die übrigen eine Beschimpfung, wenn sie in unmittelbarer Nähe von Personen verbleiben müssen, welche z. B. wegen Diebstahls und dergleichen entehrender Verbrechen gefangen gehalten werden.

Schließlich möchte ich nur noch bemerken, daß ich entgegen der Ansicht des letzten Herrn Redners der Meinung bin, daß es dem Richter möglich sei, die Motive der That in allen einzelnen Fällen wenigstens so weit zu ergründen, um beurtheilen zu können, ob die That aus entehrenden Motiven begangen worden ist oder nicht.

Zellengefängniß-Direktor **Eckert** aus Bruchsal: Ich erlaube mir nur einiges zur Begründung des Resumés, welches ich in meinem Gutachten gegeben habe, anzuführen.

Es wäre, wie ich mich überzeugt habe, hier eine Menge von Dingen zu erörtern, die ganz in das Gebiet der Verwaltung, nicht der Gesetzgebung fallen, und hier unmöglich debattirt werden können, so daß ich nichts dagegen einzuwenden habe, wenn desfalls ein Beschluß vom Juristentag nicht gefaßt wird.

Es ist meine Ueberzeugung, welche im ersten Satze ausgedrückt ist, daß es der Gerechtigkeit nicht entspricht, die Strafvollstreckung ohne Berücksichtigung der Individualität eintreten zu lassen.

Das ist der Hauptsatz, allein wenn er ohne die folgenden angenommen würde, so wäre damit nichts gewonnen.

Es wäre nöthig, auch das Andere, was daraus folgt, zur Diskussion und Beschlußfassung zu bringen, und das ist es, was ganz besonders geeignet wäre, alle diese Nebensachen, die Individualität der Direktoren, die Details des Strafvollzugs und andere Dinge hineinzuziehen, die anerkanntermaaßen nicht hieher gehören.

Ich glaube, daß der erste Satz nur durchgeführt werden kann, wenn man das System der Einzelhaft adoptirt. Ob dieses System oder das andere anzunehmen sei, ist selbst unter allen denjenigen, die viel mit dem Gefängnißwesen beschäftigt sind, Strafanstaltsbeamten wie Juristen, durchaus noch nicht zur Abklärung gekommen, es ist das eine Frage, die nicht so schnell zur Entscheidung gelangen wird, und aus diesem Grunde würde es auch wohl dem Juristentag schwer werden, sich desfalls genau zu informiren, um in diesem Betreff einen Beschluß zu fassen.

Was die Sätze 2 und 3 betrifft, so habe ich die deutschen Strafgesetze im Gutachten zusammengestellt, und gerade darauf aufmerksam gemacht, daß viele Strafgesetze nicht bestimmen, was eigentlich Zuchthaus oder Arbeitshaus oder andere Strafen sein sollen: denn wenn man nur sagt, der Zuchthausgefangene wird im Zuchthaus gehalten und behandelt, wie es das Reglement vorschreibt, so hat man nichts gesagt, vielmehr der Verwaltungs-Behörde überlassen, zu bestimmen, welches Maaß von Strafübeln der Gefangene erdulden muß.

Es ist nicht unmöglich, dies näher zu bestimmen; einzelne Gesetze geben den Beweis und enthalten wesentliche Grundzüge über den Strafvollzug.

Es ist in meinem Gutachten z. B. Baden angeführt.

Es wird dort ein System vorausgesetzt, sodann werden Bestimmungen gegeben, wie es mit dem Unterricht in Gewerben und in der Schule gehalten werden soll, es wird gesagt, wie die Gefangenen zu behandeln seien, daß sie sich eine halbe Stunde im Freien bewegen müssen, es wird auch gesagt daß für die Sicherheit der Sträflinge zu sorgen sei.

Das sind Dinge der Erfahrung, die auch in Bayern geschehen und in den anderen Staaten, welche die Einzelhaft nicht angenommen haben, und das Beispiel zeigt, daß sie in das Gesetz gestellt werden können.

Man muß sich hüten, im Strafgesetze zu viel zu sagen, aber wenn man im Gesetze die Strafart feststellt, so kann man in allgemeinen Grundzügen sagen, das und das gehört zur Zuchthausstrafe, jenes zu einer anderen Strafe.

Es geschieht das in Baden und Bayern durch besondere, nicht im

Strafgesetzbuch aufgenommene Bestimmungen, welche genau angeben, wie die Strafe im Einzelnen zu vollziehen sei.

Ich halte das zur Sicherheit gegen Willkürlichkeiten für nöthig, und ich glaube, daß man die Befugniß der Strafanstalts-Direktoren nicht allzuweit ausdehnen dürfe, gerade bezüglich der einzelnen Freiheiten, welche den Gefangenen zu bewilligen sind.

Sie müssen aber, wenn Sie die Frage richtig auffassen wollen, wesentlich unterscheiden zwischen zweierlei Dingen: erstens zwischen der äußeren Haltung des Gefangenen und zweitens, zwischen demjenigen, was durch die Strafe erreicht werden soll.

Ich habe meine Ueberzeugung ausgesprochen, daß man nur im Wege der Einzelhaft individualisiren kann und muß meine Ueberzeugung beibehalten, wenigstens vorerst, bis ich eines Besseren belehrt bin, wenn auch anderwärts behauptet wird, daß Individualisirung möglich sei bei gemeinschaftlichen Strafanstalten, und zwar nicht allein bei kleineren, sondern auch bei größeren.

Was speziell in Sachsen geleistet wurde, in Zwickau, ist denjenigen Herren bekannt, welche die Schrift des dortigen Vorstandes gelesen haben. Es bezieht sich übrigens vorzugsweise die Individualisirung in Zwickau, wenn ich mich recht erinnere, besonders auf Erreichung desjenigen, was durch die Strafe bezweckt werden soll, während eine Individualisirung, wie ich sie im Auge habe, vorerst dahin hinausgeht, dem Gefangenen in seiner äußeren Haltung alles dasjenige zu gewähren, was er anzusprechen hat. Das sind Dinge, die nicht hieher gehören, Lagerung, Kleidung, alle diese Dinge, welche dem Gefangenen unendlich wichtig sind, würden zur Aufnahme in ein Strafgesetz nicht passen.

Ich bin einverstanden, daß man auch die gerichtlichen Gefängnisse, nicht allein die Strafgefängnisse reformirt.

Was aber diesen Punkt anlangt, so ist sicher, daß nicht allein ein großer Unterschied in den deutschen Strafgesetzbüchern existirt, sondern ein noch viel tiefer gehender Unterschied sich bei den betreffenden Ausübungen in allen Strafgefängnissen zeigt.

Ich habe Aufsätze gelesen von Strafanstaltsbeamten und anderen Beamten, die berufen sind, das Strafanstaltswesen zu untersuchen, die es auch verstehen, und die berufen sind, mitzuwirken zur Verbesserung der Gesetze, und ich muß sagen, alles was dort gesagt ist, was in solchen Aufsätzen verlangt wird, was als Möglichkeit, als Wunsch hingestellt wird, können Sie in Bruchsal größtentheils finden in der Isolirung, in der äußeren Haltung des Gefangenen, theils im Wege des Systems, theils vermöge der Ausdehnung der Hausordnung.

Es würde zu weit führen, auf das Einzelne einzugehen, ich will nur noch eines berühren, nämlich die Machtvollkommenheit der Direktoren. Ich glaube, daß man sie nicht zu sehr ausdehnen dürfe, ich halte das, was von Holtzendorff in seinem Gutachten, bezüglich des Aufsichtsrathes, vorgeschlagen hat, für gut.

Was die Uebung in Bruchsal anlangt, so ist sie der Art, daß in der Regel durch ein Kollegium der sämmtlichen Beamten über die Behandlung der Gefangenen diskutirt wird.

Ich selbst pflege mit der größten Mühe und einer gewissen Beruhigung und Befriedigung über alle wesentlichen Maßregeln die sämmtlichen Beamten, welche sich tagtäglich versammeln, zu hören.

Bei einer Anzahl von einigen Hunderten Gefangenen ist es für eine Person nicht möglich, alles genau zu kennen, während dies bei den einzelnen Beamten, von denen jeder eine kleine Anzahl Gefangener hat, wohl möglich ist.

Auf diese Weise werde ich von den Zuständen und Eigenschaften der Gefangenen so weit unterrichtet, daß ich nicht leicht fehl greife, wenn ich eine Maßregel unterlasse.

Was die Disziplinarstrafen anbelangt, welche erwähnt worden sind, so bitte ich Sie zu bedenken, welchen Effekt die einzelne Strafe hat.

Die Art und Weise der Erkennung hängt sehr viel ab von der Eigenschaft des Inspektors und der Vorbildung des Direktors. Das hängt zusammen mit der allgemeinen Frage über den Zustand der Strafgefängnisse, sie sind nicht allein verschieden, sie sind, wie vom Herrn Referenten bemerkt worden, noch lange nicht in dem Zustande, in welchem sie sein sollten.

Ich will nicht als Cicero pro domo auftreten und sagen, in Bruchsal sei alles gut; ich bin überzeugt, daß auch diese Anstalt Fehler hat. So viel ist sicher, es sind viele Strafanstalten Deutschlands einer gründlichen Reform bedürftig, die ohne Rücksicht auf das System, ohne Rücksicht darauf, was für Lokalitäten ihnen zu Gebote stehen, lediglich durch die Beschaffung des nöthigen Apparats und Personals auf einen Stand gebracht werden können, daß sie Besseres und so viel leisten, daß diese Klagen, die besonders durch die Einsperrung der politischen Gefangenen entstanden, künftig nicht mehr vorkommen.

Ich bin einverstanden, wenn der Beschluß des Juristentages ausfällt und über das gestellte Resumé ein Beschluß nicht gefaßt wird.

Das Einzige will ich noch bemerken, meine Begutachtung geht vorzüglich darauf hinaus, daß die gesetzlichen Bestimmungen bei der Feststellung der Freiheitsstrafen viel weiter gehen können, als dies thatsächlich in den meisten Deutschen Strafgesetzbüchern der Fall ist, daß die Strafarten genau bestimmt und in einzelnen Gesetzen der Strafvollzug näher regulirt werden kann.

Oberappellations-Gerichtsrath Freiherr Dr. v. **Groß** aus Jena: Meine Herren! Das Wort „Individualisirung" ist ein Modewort in der Gefängnißliteratur, aber es ist ein sehr vieldeutiges Wort. Ich habe eine Reihe von Deutschen und Pariser Strafanstalten und hauptsächlich Englische und Irländische Strafanstalten bereist und überall hat man gesagt, wir individualisiren, und überall war es ein Lieblingswort und wenn ich schließlich fragte, worin das Individualisiren besteht, so hat man überall etwas anderes darunter verstanden.

Es ist ein gefährliches Wort, man muß es vermeiden.

Die Individualisirung wird von den Anhängern der verschiedenen Systeme in von einander ganz verschiedenen Dingen gesucht.

Gehen Sie zunächst in die Isoliranstalt in Bruchsal, da werden Sie vorzugsweise hören, wir sind die Einzigen, die individualisiren können, wir glauben gewissermaßen das Monopol oder die einzige Möglichkeit zu haben, ordentlich zu individualisiren. Gehen Sie an eine gemeinschaftliche Anstalt, da wird Ihnen der Direktor sagen, wir individualisiren auch. Was endlich das Irländische System anlangt, zu welchem ich mich bekennen muß, so hört man von den Herrn Irländern mit besonderer Vorliebe, daß gerade dieses nach Stufe und gradatim fortschreitende System derselben der jeweiligen Stufe der Besserungsbedürftigkeit sich anschließt und die Individualität zur Geltung bringt. Soviel steht fest, für jedes System bedeutet das Wort etwas anderes. Wir müßten darum uns über ein System entscheiden, und nachher suchen und beurtheilen, worin das Individualisiren liegt. Darin stimme ich mit dem Herrn Vorredner überein, daß wir uns auf dem Juristentag nicht für das eine oder das andere System entscheiden können, es führt uns das in Spezialitäten, die theilweise unserem Fache fremd sind, jedenfalls wäre das eine so weit aussehende Sache, daß der Juristentag zu einer solchen Beschlußfassung nicht vorbereitet sein würde; also schon das wäre ein Grund, wegen dessen wir über den angeführten Gegenstand keinen Beschluß fassen können. Es kann sich blos handeln um die Individualisirung innerhalb der Strafanstalten, und wenn angeregt worden, daß die Individualisirung bei solchen Strafarten durch das Gesetz zu bewirken sei, so geht das vollends über den Antrag hinaus, und ich muß wiederholt darauf aufmerksam machen, daß man die Individualisirung nur in Spezialitäten würdigen kann. Man muß ganz in das Einzelne eingehen, man muß bei jeder Spezialität untersuchen, ob es hier möglich sei, eine Verschiedenheit eintreten zu lassen, wie man den allgemeinen Gesichtspunkt der Gerechtigkeit in Einklang bringen kann mit billiger Rücksicht, die einzelnen Ausnahmen und Abweichungen geschenkt werden kann. Da nun dieser Gegenstand nur speziell behandelt werden kann, und da wir uns in Spezialitäten nicht vertiefen können, so schließe ich mich dem, was Herr v. Stenglein sagte, vollkommen an, formulire aber einen Antrag dahin: „daß über alle über diesen Gegenstand gestellten Anträge zur Tagesordnung überzugehen sei."

Referent Dr. **Schwarze**: Ich finde es schwierig, gegen alle Herren aufzutreten, welche gegen meine Ansicht gesprochen haben; die Kürze der Zeit würde es nicht gestatten, ich finde aber in allem dem, was die Herren gesprochen haben, keine Widerlegung gegen das, was ich mir vorzutragen erlaubt habe, und zwar um deswillen, weil es sich nicht darum handelt, bei dem Juristentag Gesetze zu machen oder ausführliche Verordnungen zu schaffen, sondern weil man allemal nur große Grundsätze im Prinzip ausgesprochen hat. Ob und in wie weit diese Grundsätze durchführbar sind im Wege der Gesetze oder der Verwaltung, in wie weit in letzterer Beziehung bestimmte Grenzen zu ziehen sind, können wir hier nicht behandeln. Ich finde in demjenigen, was die geehrten Vorredner bemerkt haben, keinen Grund, warum man den ersten Satz nicht annehmen sollte. Die Ausführung dieses Satzes haben wir hier nur so weit ins Auge zu fassen, daß wir uns fragen müssen: ist es überhaupt möglich, daß ein solcher Satz, wie er aufgestellt ist, ausgeführt wird, und diese Möglichkeit ist von keinem der Herren bestritten worden. Ich gebe zu, daß Vorstudien, Erfahrungen, ein großes Detail nöthig ist. Darum halte ich auch die Sätze zu 2 und 3, die aufgestellt sind, nicht für wesentlich, und habe gemeint, man solle den Beschluß auf den ersten Satz beschränken. Daß es aber in der Beziehung möglich sein wird, bestimmte Grundsätze aufzustellen, das scheint auch andererseits nicht ausgeschlossen zu werden, wie ein Herr Vorredner bemerkt hat. Denn um nur auf Eines aufmerksam zu machen, was Herr Stenglein sagte, wir haben bereits solche strafgesetzliche Bestimmungen, sie sind vorhanden; ob sie ausreichend sind, will ich nicht untersuchen, aber die Möglichkeit auf dem Wege des Gesetzes die Sache durchzuführen ist thatsächlich gewiß.

Ich bin in einer üblen Lage, da Herr Eckert sein Kind so weit verläugnet, daß er es nicht von uns getauft haben will, allein ich möchte die Adoptiv-Vaterschaft übernehmen und mir erlauben den Antrag I aufrecht zu erhalten, daß im Allgemeinen der Juristentag die Ueberzeuguug ausspricht, „es entspricht der Gerechtigkeit nicht, daß die Strafvollstreckung gegen Alle zu gleicher Art von Freiheitsstrafe Verurtheilte in völlig gleicher Weise ohne Rücksicht auf die Individualität erfolgt —" und ich sollte glauben, daß Herr v. Groß und Herr v. Stenglein diesem Satze ihre Zustimmung geben könnten, wenn er in dieser Allgemeinheit ausgesprochen wird.

Vice-Präsident **Goltdammer**: Ich wollte bemerken, daß, wie ich die Rede des Herrn Eckert aufgefaßt habe, derselbe seinen Antrag nicht hat fallen lassen.

Direktor **Eckert**: Ich habe nur gesagt, daß ich nichts dagegen einzuwenden hätte, wenn die ganze Frage der Diskussion des Juristentages entzogen würde, da sie auf so viele andere Gebiete hinüberschlägt.

Vice-Präsident **Goltdammer**: Ich glaube, daß der Juristentag, wie Herr Schwarze bemerkt, und in vielen anderen Fällen geschehen ist, nur einen Grundsatz ausspricht, möge man ihm Folge geben oder nicht; es ist das gewissermaßen ein Wunsch, den eine erleuchtete Versammlung öffentlich ausspricht.

Wir kommen zur Abstimmung, und zwar über den ersten Satz, wie er im Resumé des Herrn Eckert steht:

„Es entspricht der Gerechtigkeit nicht, daß die Strafvollstreckung gegen Alle zu derselben Art von Freiheitsstrafe Verurtheilte in völlig gleicher Weise ohne Berücksichtigung der Individualität erfolgt."

Ich bitte diejenigen Herren, welche den Satz annehmen, die Hand zu erheben.

(Wird ziemlich einstimmig angenommen.)

Referent Dr. **Schwarze**: Ich verzichte auf die Erörterung der beiden folgenden Sätze, die nur eine Konsequenz des ersten sind, sie werden jedoch, da sie Eigenthum des Juristentages geworden sind, formell unmaßgeblichst dadurch erledigt werden müssen, daß über diese Anträge zur Tagesordnung übergegangen wird.

Vice-Präsident **Goltdammer**: Da Herr Schwarze die Anträge des Herrn Eckert aufgenommen hat, so kann er sie auch fallen lassen, ich habe seine letzte Bemerkung als Fallenlassen aufgefaßt.

Referent Dr. **Schwarze**: Ich bin nicht Antragsteller und kann die Anträge nicht fallen lassen, ich habe nur beantragt, über diese Anträge zur Tagesordnung überzugehen.

Vice-Präsident **Goltdammer**: Der Antrag des Herrn Schwarze lautete anders, er ist darauf begutachtet worden von Herrn Eckert; nur dieser hat seinen Antrag und Resumé in 3 Sätzen niedergelegt, welche Herr Schwarze als seine Willensmeinung präziser ausdrückend angenommen, und über welche er abzustimmen gebeten hat. Nachdem der erste Satz angenommen ist, würde es der Konsequenz wegen erforderlich sein, Satz 2 und 3 zur Abstimmung zu bringen.

Staatsanwalt **v. Stenglein**: Ich wollte bemerken, daß ein präjudizieller Antrag des Herrn v. Groß vorliegt, daß zur Tagesordnung übergegangen werde; dieser wird vor Allem zur Abstimmung kommen müssen.

Vice-Präsident **Goltdammer**: Ich bitte diejenigen Herren, welche dem Antrage auf Uebergang zur Tagesordnung zustimmen, die Hand zu erheben.

(Wird angenommen.)

Die Majorität entscheidet sich demnach für Annahme des Satzes 1, dagegen für Uebergang zur Tagesordnung über Satz 2 und 3. Hiermit ist diese Angelegenheit erledigt.

(General-Staatsanwalt Schwarze übernimmt jetzt das Präsidium.)

Präsident **Schwarze**: Ich erlaube mir zu diesem Beschlusse eine Frage bezüglich der geschäftlichen Behandlung des Beschlusses im Plenum an Sie zu richten. Statutarisch ist bestimmt, daß jeder Beschluß einer Abtheilung dem Plenum entweder nur einfach notifizirt wird mit den Motiven, wie sie sich aus der Verhandlung ergeben haben, oder aber die Abtheilung beschließt, es solle das Konklusum der Abtheilung selbst zur Berathung und Beschlußfassung ins Plenum gebracht werden. Es frägt sich, welchen Modus Sie wünschen.

(Es wird für die einfache Mittheilung entschieden.)

Im Plenum sind die Abtheilungen aufgefordert worden, 10 Vertrauensmänner in jeder Abtheilung zu wählen, welche die Wahl zur ständigen Deputation für das nächste Jahr vorzunehmen haben. Die Wahl der 10 Vertrauensmänner wird vorzunehmen sein, ich überlasse der Versammlung die Antragstellung.

Ober-Landesgerichtsrath Dr. **Keller** aus Wien: Ich erlaube mir, zur Abkürzung der Zeit auf den bisherigen Vorgang in Bezug auf diesen Gegenstand hinzuweisen. Wir haben bei anderen Juristentagen die Abfassung der Liste der 10 Vertrauensmänner dem Vorsitzenden überlassen. Dabei bleibt es jedem Mitgliede der Abtheilung unbenommen, selbst seine Wünsche dem Vorsitzenden mitzutheilen, und ihn auf solche Vertrauensmänner hinzuweisen. Ich beantrage, daß die Abfassung der Liste der 10 Vertrauensmänner dem Vorsitzenden überlassen werde.

(Die Versammlung erklärt sich hiermit einverstanden.)

Präsident **Schwarze**: Wenn Sie mir den Auftrag ertheilen, so werde ich mit den Herren des Bureau's versuchen, Ihnen morgen die Liste vorzulegen.

Indem wir nun zu einem anderen Gegenstand der Tagesordnung übergehen, ersuche ich Herrn Abegg über den Antrag des Herrn Dr. Barbasch Vortrag zu erstatten.

Geheimer Justizrath Prof. Dr. **Abegg** aus Breslau: Meine Herren! Ich muß gestehen, daß ich nicht so vorbereitet bin, wie ich pflichtgemäß gewesen wäre, wenn ich erwartet hätte, daß der Gegenstand heute schon zur

Besprechung käme, und ich muß deshalb Ihre Nachsicht in Anspruch nehmen. Ich muß mir zuvörderst die Frage erlauben, ob der Herr Antragsteller anwesend ist.

(Wird verneint.)

Es setzt mich das in Verlegenheit, und ich wollte, er wäre hier, weil ich gegen die Form seines Antrags von vorn herein etwas zu erinnern habe. Er spricht unter Nr. 1 aus, der deutsche Juristentag möge die Ueberzeugung aussprechen, „daß im Strafprosse die Beeidigung der Zeugen in der Regel nicht schon in der Voruntersuchung, sondern erst bei der Schluß- oder Hauptverhandlung nach erfolgter Abhörung aller Belastungs- und Entlastungszeugen und nach den hierüber vorangegangenen Anträgen der Anklage und Vertheidigung über Beschluß des Spruchgerichtes stattfinden darf."

Wenn ich den ersten Satz mit der Strenge, mit welcher ich es gewohnt bin, lese, so finde ich folgende Ausdrücke: die Zeugen, die Belastungs- und die Entlastungszeugen. Der Gedankengang ist jedenfalls dieser: die Zeugen zerfallen in Belastungs- und Entlastungszeugen, und es wäre einfacher gewesen, zu sagen: daß alle Zeugenbeeidigung ohne Unterschied des Inhaltes der Aussage in der Hauptverhandlung und nicht in der Voruntersuchung stattfinde. Ich glaube, wenn der Herr Antragsteller zugegen wäre, würde er gegen die Abänderung, welche ich beantrage, nichts einzuwenden haben.

Was die Frage selbst betrifft, so zerfällt sie, abgesehen von der unter Ziff. 2 statuirten Ausnahme, in mehrere Unterabtheilungen, wenn sie auch nicht überall angegeben sind.

Die eine Frage ist, in welche Periode des Verfahrens soll die Beeidigung kommen, soll sie in die Voruntersuchung, oder in die Hauptverhandlung fallen, und die andere Frage ist, soll die Vereidigung überhaupt vorausgehen der Aussage, wie das gemeinrechtlich und in vielen deutschen Ländern der Fall ist, so daß der Zeuge einen promissorischen Eid schwört, die Wahrheit sagen zu wollen über Alles, was er gefragt wird, oder soll der Eid der Aussage nachfolgen, so daß durch den Eid erklärt wird, daß Zeuge die Wahrheit gesprochen hat. Die Frage ist, was ist zweckmäßiger. Ich bitte, diese beiden Punkte trennen und mit wenigen Worten erörtern zu dürfen.

Es sind zwei Gutachten eingegangen, beide werthvolle Beiträge zu der Frage, welche in einigen wichtigen Punkten übereinstimmen, in einigen andern abweichen. Der praktische Standpunkt der Sache scheint der zu sein: es ist, ich möchte sagen, die Symmetrie, die organische Gestaltung, welche dem Verfahren beigelegt wird, welches bei der Frage vorzugsweise in Betracht kommt, ob man die Voruntersuchung oder Hauptverhandlung zu jener

Periode rechnet, wo die Vereidigung erfolgen soll. Es ist zweitens eine andere hochwichtige Frage, welche Art der Einrichtung und Behandlung am besten gegen möglichen Mißbrauch des Eides sichert. Es hängt das zusammen mit der andern Frage, ob die Vereidigung vor oder nachfolgend stattfinde in demselben Termine, möge es die Voruntersuchung oder Hauptverhandlung sein.

Was den ersten Punkt betrifft, so glaube ich, daß kaum eine Verschiedenheit der Meinungen obwalten wird, wenn man das Hauptgewicht des ganzen Verfahrens auf die Oeffentlichkeit und Mündlichkeit der Verhandlung legen will. Man muß dann als Regel aufstellen, daß in der Hauptverhandlung die Beeidigung erfolgen soll, wenn die Verhandlung, die vor der Oeffentlichkeit stattfindet, eine Grundlage darbieten soll für die Richter und die Geschwornen, und soweit man davon sprechen kann, eine Controlle von Seiten des Publikums. Es wäre indessen traurig, wenn der Richter nur aus Furcht vor Controlle seine Pflicht thäte. Es ist der Ernst, die Würde der Sache, die Theilnahme Aller und die überzeugende Beruhigung, daß das Urtheil auf Grund von Thatsachen erfolgt, die durch den Eid erhärtet sind, daß man die Voraussetzung hegen darf, daß alles dasjenige erwogen ist, was dafür spricht, Beeidigung eintreten zu lassen, und daß nichts unberücksichtigt geblieben, was man hätte in Berathung ziehen müssen für die Frage, ob die Eidesabnahme bedenklich sei, — was vorerst ins Auge zu fassen ist.

Stellen wir dieses als Satz auf, so wird als Ausnahme nicht in Abrede gestellt werden können, daß es Fälle geben wird, wo es nöthig ist, die Zeugen in der Voruntersuchung zu vereidigen. Ich wage nicht, zu weit einzugehen in die Motive, welche für und wider angegeben worden sind. Einige wollen insbesondere der Vereidigung in der Voruntersuchung deßhalb ein größeres Gewicht beilegen, weil sie sagen, es sei das Ganze frisch in der Erinnerung, was späterhin fehlt, und dann der Zeuge aus Furcht in Verwicklung mit sich selbst geräth; sie berufen sich dabei auf das geschwächte Gedächtniß, auf das Entschwinden der Zeit, und darauf, daß es nöthig sei, gleich im Augenblick, im ersten Stadium die Sache möglichst auf einen sichern Grund zu führen. Das werde ich nicht in Abrede stellen, ich möchte aber daraus nicht die Regel ziehen, wie das in einigen Gesetzgebungen der Fall ist, die Vereidigung in der Voruntersuchung vorzunehmen, und ich glaube mich auch nicht dafür aussprechen zu sollen, daß eine zweimalige Vereidigung in der Voruntersuchung und in der Hauptverhandlung eintrete.

Bleiben wir bei dem Satze stehen, daß in der Hauptverhandlung zwar der Regel nach, nicht aber ausnahmslos die Vereidigung erfolgen soll. Die Ausnahmen zu bestimmen, muß dem Ermessen eines gewissenhaften und einsichtsvollen Richters gestattet werden. Wenn ein Zeuge im Begriffe ist, auszuwandern, oder bei Personen wegen hohen Alters oder sonstiger Umstände zu besorgen ist, daß sie später nicht in der Lage sein werden, ihre Aussagen zu machen, so wird die erwähnte Ausnahme eintreten können. Ich beziehe mich auf die Frage, welche zu Streit Anlaß gegeben hat, inwieferne auf die Aussagen, die schriftlich fixirt worden sind, durch Vorlesung des Protokolls wieder Bezug genommen werden darf. Verschieden von dem dargelegten Standpunkte ist der der Gesetzgebungspolitik sowohl bezüglich der ersten Frage, als auch für die zweite, ob vor oder nach der Vernehmung beeidigt werden soll. Die Gesetzgebungspolitik berücksichtigt bei Lösung der Frage noch besonders, welcher Modus die größere Sicherheit vor der Gefahr des Meineides gewähre. Ich muß meine Ansicht dahin aussprechen, ich lege auf diese Rücksicht keinen Werth, wenigstens nicht den Werth, welchen die Criminalisten darauf legen. Der Schuft, der sich vorgenommen hat, einen Meineid zn schwören, wird falsch schwören, ob er vor der Vernehmung oder nachher, in der Hauptverhandlung oder in der Voruntersuchung schwöre, und der Redliche wird die Wahrheit sagen, ob er zuerst vereidigt wird, oder nachher. Es ist die gewöhnliche Auffassung, der Eid verbürgt die Wahrheit dessen, was gesagt ist; praktisch steht die Sache umgekehrt, der Mann bürgt für den Eid.

Es wird dem Richter anheimgestellt werden können, ob er von einer sonst zuläßigen Vereidigung Abstand nehmen will, weil er befürchtet, es möchte im vorliegenden Fall ein Interesse des Zeugen oder sonst Gründe vorliegen, welche es räthlich erscheinen lassen, von der Beeidigung abzustehen. Man nimmt Rücksicht darauf, ob ein Mensch von der Art ist, daß er die Wahrheit ausgesagt hat, oder die Wahrheit aussagen werde.

Wenn ich also kurz meine Ansicht als Referent angebe, so würde ich bei der ersten Frage vorbehaltlich einer besseren Fassung mich dafür erklären, daß die Beeidigung der Zeugen in der öffentlichen Hauptverhandlung erfolgen soll vorbehaltlich der Ausnahmen. Dagegen bin ich nicht der Meinung zu sagen, nach erfolgter Abhörung aller Belastungs- und Entlastungszeugen rc., es soll heißen, nach Abhörung aller Zeugen.

Das ist ein gefährlicher Punkt. Wird es freigestellt, gegen Zeugen eine Mißtrauenserklärung zu geben, so wird dadurch auch dem Urtheil der Geschwornen auf starke Weise, ich will nicht sagen vorgegriffen, aber etwas untergelegt. Die Erklärung des Richters, diese Person vereidige ich nicht, weil ich Bedenken habe, wird zu gleicher Zeit ihre Wirkung nicht verfehlen.

Daraus, daß die Zeugen in der Hauptverhandlung vereidigt werden, folgt nicht die Bejahung der andern Frage, daß sie am Schluß der ganzen Verhandlung vereidigt werden sollen. Der Herr Antragsteller scheint sich die Sache so zu denken: die Verhandlung geht zu Ende, die Zeugen sind verhört, die Anträge sind gehört worden, und demnächst erst kommt der Beschluß: die Zeugen A, B, C. D werden vereidigt, die Zeugen E, F, G bleiben unvereidigt u. s. w. Dafür würde ich mich nicht erklären, sondern ich glaube, daß die Zeugen vor der Vernehmung vereidigt werden sollen in demselben Termin, mag es der erste oder der zweite sein. Im ersten Termin hat die Frage kein so großes Interesse, weil die Zeugen nicht zugleich vorgeladen sind, und der Aussagende in Abwesenheit der Andern vernommen wird.

Es wird angeführt, die Vereidigung der Zeugen als eine nachfolgende gewährt den Vortheil, daß der Zeuge ohne Besorgniß, eines falschen Eides angeklagt zu werden, in der Lage sei, seine Angabe zu rectificiren, er würde leichter, wenn er geschworen hätte, bei derselben stehen bleiben. Ich finde keine Gefahr darin, wenn der Zeuge dieß offen erklärt, und ich glaube nicht, daß Jemand auf sein Gewissen einen falschen Eid nehmen wird, weil er denkt, ich habe geschworen und bleibe dabei.

Es wird bemerkt, die nachfolgende Vereidigung habe den Vortheil, aus dem Inhalte der Aussagen zu entnehmen, ob sie überhaupt von Wichtigkeit ist, denn es ist möglich, daß sie wenig, oder nichts zur Sache beigetragen hat, und man aus diesem Grunde von dem Zeugniß Abstand nehmen würde. Doch ist auf diese Gründe kein großes Gewicht zu legen, denn selbst die Aussage der Zeugen, daß er nichts sagen könne, erfolgt auf den Eid hin, und es wäre möglich, daß er etwas verschwiege.

Ich komme auf einen andern Punkt: wenn Einer, wie es bisher in Preußen der Fall ist, den Eid am Schlusse der Verhandlung schwört, er habe die Wahrheit gesagt, so kann ich es durchaus nicht, weder mit der logischen Konsequenz noch mit der juristischen, vereinigen, daß auf einmal der promissorische Eid in einen assertorischen verwandelt wird, und daß der Eid, in welchem der Zeuge am ersten dieses Monats erklärt hat, er habe die Wahrheit über Alles gesagt, worüber er gefragt worden, in den andern verwandelt werde, in dem man sagt, du wirst auf den geleisteten Eid verwiesen, wenn er am 27. wieder vernommen wird. Wenn den Geschwornen die Frage vorgelegt wird: hat der Titius, indem er am ersten August den Eid geschworen, über Alles, was er ausgesagt, die Wahrheit gesagt zu haben, sich dadurch eines falschen Eides schuldig gemacht, wenn er am 27. August seine Aussage ändert? so wird ein gewissenhafter Geschworner sagen, Nein.

Die vorausgehende Vereidigung scheint mir, nachdem zunächst die Generalfragen festgestellt sind, konsequenter und sicherer. Auffallend scheint mir, daß die Preußische Gesetzgebungskommission in dem neuen Civilprozeß-Gesetz eine entgegengesetzte Auffassung aufgestellt hat, von der im Kriminalprozeß enthaltenen, wo die nachfolgende Vereidigung beibehalten ist.

Die Frage, ob die eine oder die andere Art mehr geeignet ist, falsche Eide zu vermeiden, ist auch in der vorigen Versammlung schon berührt worden und das Resultat war, daß sich die Ansichten gegen einander aussprachen.

Ich habe mir Mühe gegeben um sorgfältig die statistischen Nachrichten, die ich von den Justiz-Ministerien in Wien, München, Stuttgart, Karlsruhe, Darmstadt zc. erhalten habe, zu vergleichen und bei Untersuchung der Verurtheilungen wegen Verletzung der Eidespflicht mich darüber zu belehren, ob die Klage begründet sei, daß die Untersuchungen wegen Meineid zunehmen. Ich habe vergebens gesucht, aus diesen mit großer Sorgfalt ausgearbeiteten statistischen Berichten eine Belehrung darüber zu entnehmen, um welche Art der Eidesverletzung es sich handelt, ob um die Verletzung von Seiten der Parteien im Civilprozeß oder der Zeugen daselbst, ob um den Zeugen-Eid in der Voruntersuchung oder Hauptverhandlung, und da mir diese Basis fehlte, konnte ich auch die Vergleichung nach den Gesetzgebungen der Länder nicht vornehmen. Man darf nicht zu große Folgerungen aus diesen statistischen Notizen ziehen, und die Erfahrungen, die ich in der Praxis gemacht habe, stehen zu wenig fest, als daß ich auf dieselben meinen Vorschlag gründen könnte.

Es kommt beim Eide vor Allem auf die religiöse Gesinnung des Schwörenden und den Ernst der Sache an. Zu dem Eide nimmt man die Zuflucht, um der subjektiven Versicherung eine objektive Grundlage zu leihen. Man kann daher sagen, das Suchen nach einer objektiven Grundlage ist selbst wieder subjektiv und beruht in der Religiösität.

Ich hätte bezüglich der Voruntersuchung noch manches auf dem Herzen, allein ich will Ihre Geduld nicht ermüden und mir nur eine Bemerkung erlauben: Man stellt jetzt die Forderung im Kriminalverfahren, daß sich dieses seines feierlichen Ernstes entkleide. Dahin gehört, daß man verlangt, die Voruntersuchung solle weiter nichts liefern, als höchstens soviel, um mit genauer Noth zu ersehen, daß die Sache zur Hauptverhandlung geeignet ist.

Man hat geglaubt, wenn die Voruntersuchung zu Ende geführt ist, so enthalte die Hauptverhandlung eine Wiederholung; das ist nicht der Fall. Ich habe meine abweichende Ansicht bereits anderswo kundgegeben. Es ist schon darum nicht der Fall, weil die Voruntersuchung die fragmentarische Zertheilung einer größeren Menge von Untersuchungshandlungen, wie Zeugenvernehmung, Thatbestandserhebung, Augenschein u. s. w. enthält, die Hauptverhandlung aber konzentrirt ist in allen Dingen, weil sie vor sich geht vor anderen Personen, vor dem Richterkollegium, den Geschwornen, dem Publikum. Es kann also von einer Wiederholung gar nicht die Rede sein.

Ich will nicht so weit gehen, und ausgedehnten Voruntersuchungen das Wort reden; aber das muß ich sagen, wenn man es mit der Voruntersuchung leichtsinnig nimmt, so wird die Folge nothwendig sein, daß Freisprechungen erfolgen, die ungerechtfertigt sind, oder was noch schlimmer wäre, daß Verurtheilungen erfolgen, die auch nicht gerechtfertigt sind, oder was der gewöhnliche Weg sein wird, daß wegen neu sich ergebender Umstände das Bedürfniß einer nochmaligen Aufnahme der Sache ausgesprochen wird, womit nicht nur Nichts gewonnen, sondern vielmehr das herbeigeführt wird, was wir bei der Beeidigungsfrage im Auge gehabt haben, daß die Erinnerung entschwindet und die Zeugenaussagen erschwert werden.

Ich wollte also die Frage der Voruntersuchung nur kurz berühren und bemerken, daß allerdings das Bedürfniß eintreten kann, auch in der Voruntersuchung und zwar gerade in den wichtigsten Fällen, wo jeder weitere Schritt und jede weitere Verhandlung von dem größten und folgenreichsten Einfluß auf das Schicksal des Angeklagten ist, unter Umständen eine Vereidigung eintreten zu lassen.

Mein Resultat ist: Handelt es sich um die Periode des Verfahrens, so vertheidige ich als Referent den Antrag, in der Hauptverhandlung als Regel die Beeidigung der Zeugen vornehmen zu lassen. Die Ausnahmen habe ich schon besprochen. Was die Vereidigung selbst betrifft, so bin ich der Meinung, daß jeder Zeuge bei seiner Vernehmung ohne Rücksicht auf die anderen, und zwar v o r seiner Vernehmung beeidigt werden soll. Es gewährt dies den Vortheil, daß der Zeuge später nochmal in derselben Verhandlung vernommen werden kann, ohne daß der Widerspruch eintritt, welcher zuvor erörtert worden ist.

Ich bitte um Entschuldigung, wenn ich frei sprechend den einen oder andern Punkt übergangen habe, aber ich wollte auch nicht zu lange Ihre Geduld in Anspruch nehmen.

Präsident Dr. **Schwarze**: Unser Herr Referent hat, so viel ich zuletzt verstanden habe, nicht den Antrag des Herrn B a r d a s ch zu dem Seinigen gemacht. Sein Antrag weicht vielmehr in wichtiger Beziehung von dem des Herrn B a r d a s ch ab. Aber eben deshalb bitte ich den Herrn Referenten seine Anträge schriftlich formulirt zu übergeben, damit ich ihn bei der folgenden Diskussion zur Grundlage hätte; denn ich bin anderenfalls nicht in der Lage, die Diskussion so zu überwachen, wie es nothwendig sein würde, um später eine Abstimmung herbeizuführen, wie es im Sinne des Antrages des Herrn Referenten liegen muß, und um alsdann auch den B a r d a s ch'schen Antrag zur Erledigung zu bringen.

Referent Dr. **Abegg**: Dann würde ich um Erlaubniß bitten, die Anträge bis morgen einzureichen.

Präsident Dr. **Schwarze**: Daran knüpft sich eine weitere Bitte; bis jetzt haben sich zum Worte gemeldet die Herren Lauhn, Goltdammer, Schaffrath und Keller. Schon die Zahl und Bedeutung dieser Herren wird es rechtfertigen, wenn ich mir den Vorschlag erlaube, die Diskussion über diese Anträge bis morgen vertagen zu wollen.

(Die Versammlung ist hiemit einverstanden.)

Dann bitte ich, daß sich die geehrten Herren morgen früh 8 Uhr wieder versammeln, und schließe die heutige Sitzung.

(Schluß 2 Uhr.)

Zweite Sitzung der dritten Abtheilung am 28. August 1867.

(Anfang Morgens 8 Uhr.)

Der Vorsitzende eröffnet die Sitzung und gibt, nachdem vom Herrn Schriftführer Rubo das Protokoll der letzten Kommissions-Sitzung verlesen und durch die Versammlung genehmigt worden war, eine Reihe von Einladungsschreiben bekannt, und theilt sodann mit, daß Herr Strafanstalts-Direktor Eckert aus Bruchsal ein Programm zur Vertheilung übergeben habe, welches zugleich die Einladung zu der am 3.—5. September zu Dresden stattfindenden Versammlung von Strafanstaltsbeamten enthalte. Endlich macht derselbe die 10 gewählten Vertrauensmänner bekannt, nämlich die Herren:

Schab, Appell.-Gerichts-Präs. in Lemberg,
Wolf, Ober-Staats-Anwalt in München,
Walther, Prof. in München,
Keller, Oberlandesgerichts-Rath in Wien,
Rechbauer, Advokat in Gratz,
Goltdammer, Obertribunals-Rath in Berlin,
v. Lauhn, Staats-Anwalt in Naumburg,
Brauer, Oberhofgerichts-Rath in Mannheim,
v. Groß, Oberapp.-Ger.-Rath in Jena und
Schad, Oberjustiz-Rath in Ulm.

Diese Liste der Vertrauensmänner wird genehmigt.

Präsident **Schwarze**: Wir gehen nunmehr zur Tagesordnung über. Herr Abegg hat die bereits angekündigten Anträge in Bezug auf die vorliegende Motion zu den Barbasch'schen Anträgen formulirt, und sie lauten dahin:

„1) der Juristentag spricht seine Ueberzeugung dahin aus, daß das Wesen und der Charakter des mündlichen Verfahrens es erfordere, die Vereidigung der Zeugen ohne Unterschied von Be- und Entlastungszeugen in der Hauptverhandlung vorzunehmen;

2) daß von diesem als Regel geltenden Grundsatze nothwendige Ausnahmen anzuerkennen seien, denen gemäß die Vereidigung nach richterlichem Ermessen auch schon in der Voruntersuchung erfolgen kann;

3) daß ferner die Vereidigung, in welcher Periode des Verfahrens sie auch stattfinde, mit dem Vernehmungsakte der Zeugen verbunden werde, in der Regel vorausgehend demselben;

4) die Bemerkung zu 2., am Ende der gedruckten Anträge ist selbstverständlich und kann nicht Gegenstand der Beschlußfassung sein."

Der letzte Satz ist kein bestimmter Antrag, sondern bezieht sich blos auf die Fassung des Barbasch'schen Antrages, und dient zur formellen Erledigung. Ich gebe es der Bestimmung der Versammlung anheim, ob es zweckmäßig ist, die 3 Anträge sofort durch Berathung und Abstimmung zu erledigen, oder ob es nicht zweckmäßig ist, zunächst die Frage vorzunehmen, welche im ersten Satze ausgesprochen ist, „daß die Vereidigung der Zeugen in der Hauptverhandlung als Regel vorgenommen werden soll."

Referent Dr. **Abegg**: Ich muß nochmals mein Bedauern aussprechen, daß es mir nicht gelungen ist, mich mit Herrn Barbasch zu verständigen. Den prinzipiellen Antrag, welchen ich stellen wollte, habe ich unterlassen; er ging dahin, die ganze Sache der Tagesordnung zu übergeben. Da der Herr Antragsteller nicht da ist, so scheint allerdings nichts Anderes übrig zu bleiben, als dem Antrage des Herrn Vorsitzenden Folge zu leisten, und ich wollte das vorausschicken, daß ich nur eventuell diese Vorschläge gemacht habe.

In allen neueren Strafgesetzbüchern, in dem Badischen, Würtembergischen, fällt die Vereidigung in der Regel in die Hauptverhandlung, und nur ausnahmsweise in die Voruntersuchung, regelmäßig geht sie der Vernehmung voraus. Die Sache scheint also in der Gesetzgebung erledigt, und man würde sich nur noch auf einige untergeordnete Fragen zu beschränken haben.

Ich habe nichts dagegen, wenn alle 3 Anträge miteinander zur Diskussion kommen.

Was meine Bemerkung unter Nr. 4 betrifft, so glaube ich, daß wir, wenn Sie damit einverstanden sind, Zeit ersparen.

Dann habe ich mir erlaubt, an die Stelle der Worte: „die voraussichtlich nicht erscheinen werden in der Hauptverhandlung“ zu setzen: „ausgenommen nach richterlichem Ermessen“. Die Nothwendigkeit der Vereidigung der Zeugen kann nicht darin allein beruhen, daß sie vielleicht nicht erscheinen werden, sondern auch in der hohen Wichtigkeit.

Was aber den letzten Satz betrifft, so möchte ich ihn beinahe mit einer quaestio Domitiana vergleichen. Welche Gesetzgebung wird sagen, „weil ein oder zwei Zeugen ausnahmsweise in der Voruntersuchung vereidigt worden, darf kein Anderer in der Hauptverhandlung vereidigt werden?“ Das hätte keinen rechten Sinn, ich muß deshalb annehmen, daß ich den Herrn Antragsteller mißverstanden habe. Ich habe daher in Bezug auf diesen Punkt nicht selbst einen Antrag gestellt, sondern blos bemerkt, es könnte die Thatsache, daß ausnahmsweise die Vereidigung von Zeugen in der Voruntersuchung stattgefunden hat, kein Hinderniß sein, das Uebrige, was gesetzlich vorgeschrieben ist, vorzunehmen, und es kann diese Frage nicht Gegenstand einer neuen Beschlußfassung sein.

Präsident Dr. **Schwarze**: Es wird kein Bedenken obwalten, nach dem Antrage des Herrn Referenten die Diskussion über die 3 Anträge zu vereinigen, und ich erlaube mir den Inhalt kurz dahin zu fixiren:

„Der erste Antrag des Herrn Abegg hat hauptsächlich den Satz zu Grunde gelegt, daß die Vereidigung der Zeugen in der Hauptverhandlung vorgenommen werden soll. Der zweite Satz enthält eine Ausnahme von diesem Grundsatze, der Richter soll in gewissen, näher zu präzisirenden Fällen die Vereidigung in der Voruntersuchung vornehmen dürfen. Der nächste Satz bestimmt, daß, wenn eine solche Vereidigung stattfindet, sie mit dem Vernehmungsakte verbunden werden soll; in der Regel soll die Vereidigung vorausgehen.“

Ich gebe Herrn Staats-Anwalt v. Lauhn das Wort, welcher bereits gestern eingezeichnet war.

Staats-Anwalt **v. Lauhn** aus Naumburg: Wir haben über die Barbasch'schen Anträge zwei Gutachten; dieselben sind in der Festschrift bezeichnet, und an diese Gutachten schließt sich eine besondere Schrift des Herrn Referenten Abegg an. Alle diese erklären sich im Ganzen und Großen mit dem Bardasch'schen Antrage einverstanden, sie verlangen, daß die Vereidigung der Zeugen in der Voruntersuchung nicht erfolgen soll. Wenn ich Ihnen nun sage, meine Herren! ich will das Gegentheil ausführen und versuchen, Ihnen meine Gründe vorzuführen, dann werden Sie es mir nicht verdenken, daß ich mich diesen Gutachten gegenüber, auch verlassen von meinem Landsmann Dr. Abegg, etwas isolirt fühle und Ihnen gestehe, daß dieses Alleinsein mich bei meinem Vortrage etwas bange macht.

Wenn wir von dem Worte „Voruntersuchung" ausgehen, so mache ich darauf aufmerksam, was über die Voruntersuchung beim Juristentag verhandelt und beschlossen wurde, und ich mache Sie namentlich darauf aufmerksam, daß der Satz angenommen wurde, „die gerichtliche Voruntersuchung muß beschränkt werden dadurch, daß die Staatsanwaltschaft angewiesen wird, der Erhebung der öffentlichen Anklage eine polizeiliche Voruntersuchung vorausgehen zu lassen, und dadurch, daß die Voruntersuchung wegfallen kann, wo es sich nicht um Verbrechen der schwersten Art handelt, und sie weder der Staatsanwalt, noch der Angeschuldigte verlangt." Der Juristentag hat also früher angenommen, daß von Führung einer Voruntersuchung nur dann die Rede sein soll, wenn es sich um Verbrechen der schwersten Art handelt, und daß nur ausnahmsweise bei Vergehen die Voruntersuchung stattfinden soll.

Ich halte diesen Standpunkt fest und habe hauptsächlich im Auge die Voruntersuchung wegen der schwersten Verbrechen, welche den Zweck hat, eine Anklage vorzubereiten, welche in den meisten deutschen Ländern vor die Schwurgerichte gehört.

Dieses vorausgeschickt, muß ich Ihnen in Kürze die Gründe mittheilen, welche für den Satz angeführt werden, daß die Vereidigung der Zeugen in der Voruntersuchung nicht erfolgen soll.

Der erste Grund besteht darin, daß der Untersuchungsrichter stets eingenommen sei gegen den Angeschuldigten, daß er nicht mit der gehörigen Parteilosigkeit verfahren werde, und daß es deshalb bedenklich sei, ihm die Vereidigung in der Voruntersuchung zu überlassen.

Meine Herren! wenn ich diesen Grund nicht schwarz auf weiß gelesen hätte, so würde ich nicht glauben, daß Juristen mit dieser Behauptung auftreten könnten. Ich nehme an, daß jeder deutsche Richter unparteiisch ist, daß auch der Untersuchungsrichter unparteiisch ist, und daß er ebenso die Rechte des Angeschuldigten wahrnimmt, wie die Rechte der Anklage. Den Grund also, meine Herren! wollen wir gleich fallen lassen, ich würde ihn nicht ausgesprochen haben, ich würde gefürchtet haben, daß ich mich einer Beleidigung der deutschen Richter schuldig mache.

Der zweite Grund besteht darin, daß ein vereidigter Zeuge in der Hauptverhandlung seine Aussage schwerlich abändern wird, wenn er sie auch gerne ändern möchte.

Da wollen wir doch auf die Praxis gehen. Kommt es so unendlich oft vor, daß ein Zeuge, der in der Voruntersuchung vernommen worden ist, gerade das Gegentheil von dem aussagt, oder das abändert in der Hauptverhandlung, was er in der Voruntersuchung ausgesagt hat? Ich glaube darüber auch ein Urtheil abgeben zu können.

Ich bin seit 18 Jahren Staatsanwalt in Preußen, habe also wohl auch Gelegenheit gehabt, diese und jene Erfahrung zu machen, und ich kann Sie versichern, daß es doch nur ausnahmsweise der Fall ist; in der Regel bleiben die Zeugen bei dem stehen, was sie früher gesagt haben, und es ist nach meinem Dafürhalten nicht gerechtfertigt, wenn man den Ausnahmsfall, daß ein Zeuge seine Aussage in der Hauptverhandlung abändern wird, als Grund anführt, daß die Zeugen nicht vereidigt werden sollen.

Ich komme auf den dritten Grund, welcher dahin geht, daß, wenn eine Abänderung erfolgt, keine gebührende Rücksicht genommen wird auf das, was abgeändert worden ist, man nehme nur eigentlich auf das Rücksicht, was früher ausgesagt worden ist. Ob man Unrecht thut, wenn man eine frühere Aussage berücksichtigt, eine Aussage, die nach dem Vorfall abgegeben wird, oder ob man auf spätere Aussagen Rücksicht nimmt, die nach einiger Zeit abgegeben werden, das lasse ich dahingestellt sein. Ich glaube, etwas Bestimmtes läßt sich dafür gar nicht anführen, daß in derartigen Fällen etwas zu Berücksichtigendes nicht berücksichtigt werde. Glauben Sie doch nur, meine Herren! auf die Vereidigung an sich wird gar nicht so viel Gewicht gelegt bei den Geschworenen. Die Geschworenen glauben dem Einen, wenn er auch geschworen hat, nicht, während sie einem Andern glauben, er mag geschworen haben oder nicht.

Der vierte Grund der Vertheidiger der Bardasch'schen Anträge ist, daß die Differenzen zwischen Entlastungs- und Belastungszeugen, wenn die Vereidigung vorher erfolgt ist, schwer zu heben sind. Ich glaube, die Fälle, daß die Differenzen gar nicht zu heben sind, haben wir nicht sehr häufig. Ich will Sie nur daran erinnern, wie häufig es vorkommt, daß Beweis über das alibi geführt wird. Wir haben da Zeugen, welche sagen, zu der und der Minute habe ich den Angeschuldigten da gesehen, andere Zeugen sagen zu Gunsten des Angeschuldigten: „Nein, er kann nicht zu der Zeit an dem Orte gewesen sein, denn wir haben ihn an einem anderen gesehen." Das sind Differenzen, und worin liegen dieselben? In der Verschiedenheit der Uhr. Dergleichen Differenzen sind leicht zu heben, und es ist gleichgültig, ob die Vereidigung vorher erfolgt oder nicht; sind aber die Differenzen nicht zu halten, so können Sie doch den einen oder anderen Zeugen nicht unvereidigt lassen, weil die Differenzen zwischen den Zeugen bestehen.

Ich glaube also, auch dieser Grund ist nicht der Art, daß man sagen kann: „die Vereidigung in der Voruntersuchung muß unterbleiben."

Ich komme zum fünften Grund, das ist eigentlich der Hauptgrund, ich will ihn jetzt nur erwähnen, weil ich nachher wieder bei Darlegung meiner Ansicht darauf zurückkommen werde. Der Grund besteht darin, daß man sagt, der Schwerpunkt liegt in der Hauptverhandlung, und deßhalb müssen da die Zeugen vereidigt werden. Das gebe ich zu. Liegt aber der Schwerpunkt in der Vereidigung, liegt er nicht vielmehr darin, daß die Zeugen gegenüber dem Angeklagten stehen, daß sie gegenüber dem Richter stehen, daß man sieht, wie die Zeugen sich benehmen, wie sie mehr oder weniger sicher in ihren Aussagen sind? Das ist der Schwerpunkt. Deshalb ist es wünschenswerth, daß die Zeugen erscheinen, aber keineswegs liegt der Schwerpunkt darin, daß der Zeuge gerade da vereidigt wird.

Man sagt ferner, die Vereidigung sei im Audienztermin feierlicher. Meine Herren! das könnte nach meinem Dafürhalten kein Grund sein, die Vereidigung in der Voruntersuchung auszuschließen. Ich bestreite aber auch diesen Satz. Nehmen Sie einmal an, daß so eine Reihe von Zeugen dasteht, welche zusammen schwören, welche Noth hat man bei den einzelnen Zeugen, daß jeder richtig nachspreche, was ihm vorgesagt worden ist. Ich halte daher die Vereidigung vor dem Kruzifix allein für viel feierlicher, als die Vereidigung in der Menge.

Aber auch der Vertheidiger der Bardasch'schen Ansicht, Lißt, sagt in seinem Gutachten, das müßte Alles mit Maß beurtheilt werden, es könnte der Fall vorkommen, daß einmal eine Verhandlung 8 Tage dauert, da könne man nicht verlangen, daß die Zeugen alle dableiben, um zuletzt vereidigt zu werden, da müßte man sie schon zu verschiedenen Zeiten vereidigen. Er giebt zu, daß dieser feierliche Akt nicht immer in der Weise stattfindet, wie er stattfinden soll nach der Ansicht der Vertheidiger der Bardasch'schen Anträge.

Der letzte Punkt ist der, daß von Einzelnen gesagt wird: „es hat wenig ausgemacht, daß die Zeugen in der Voruntersuchung nicht vereidigt sind, dafür spricht die Erfahrung." Ich habe schon die Ehre gehabt, zu sagen, daß ich auch auf einige Erfahrung Anspruch machen kann in Folge der längeren Funktion in meiner Stellung, und weil wir in Preußen das Verfahren haben, daß in der Voruntersuchung in der Regel jeder Zeuge vereidigt werden soll. Ich kann sagen, daß, soweit meine Erfahrung reicht, eine Abänderung unseres Verfahrens sich nicht nöthig gezeigt hat. Es ist mir spashafter Weise in diesen Tagen gesagt worden, „als Staatsanwalt könnte ich keine Erfahrung machen, das könnten nur andere Leute als Staatsanwälte." Ich erwähne das nur beiläufig, ich will auf meine Erfahrungen kein zu großes Gewicht legen.

Jetzt komme ich zu dem Satze, „in der Voruntersuchung soll die Vereidigung der Zeugen in der Regel stattfinden." Wir finden in dem Bardasch'schen Antrage den Satz, daß im Strafprozesse die Beeidigung der Zeugen in der Regel nicht schon in der Voruntersuchung, sondern erst bei der Schlußverhandlung oder Hauptverhandlung nach erfolgter Abhörung aller Belastungs- und Entlastungszeugen stattfinden soll.

Ich sage zunächst, meine Herren! der erste Grund für meine Ansicht ist der, es ist im Interesse des Angeklagten, daß in der Voruntersuchung die Vereidigung der Zeugen erfolge. Meine Gegner sagen, weil die Voruntersuchung ein präparatorisches Verfahren ist, darf die Vereidigung nicht erfolgen. Meine Herren! ich nenne sie auch ein präparatorisches Verfahren, aber welches von der höchsten Wichtigkeit ist. Denken Sie, es werden Zeugen vernommen, die auf die bedeutendste Weise den Angeschuldigten graviren, es handelt sich um die Frage der Verhaftung des Angeschuldigten. Meine Herren! da hört das Präparatorische auf für den Angeschuldigten, wenn er inhaftirt werden soll. Diese Frage ist für den Staatsanwalt oft nicht ohne Schwierigkeiten zu beantworten, und Sie wollen, daß auf Grund unbeeidigter Aussagen ein so wichtiger Beschluß gefaßt werden soll. Sie wollen, daß das Gericht über die Verhaftung beschließt, obwohl kein einziger Zeuge in der Voruntersuchung vereidigt worden ist. Nun denken Sie den Fall, daß nach einigen Monaten die Hauptverhandlung herankommt. Da nehmen die Hauptbelastungszeugen ihre Aussage zurück und sagen, „ich kann das nicht beschwören", denken Sie den Fall, wo es sich um Rekognoszirung von Personen handelt, wo es sich um Rekognoszirung von Sachen handelt, ist es dabei erfahrungsgemäß nicht vorgekommen, daß, sobald es zum Eide kommt, der Zeuge sagt, „ja beschwören kann ich das nicht", obgleich er vorher das mit der größten Bestimmtheit ausgesprochen hat? Was hat der Angeschuldigte für eine Genugthuung, wenn er auf Grund unbeeidigter Aussagen so und so lange gesessen hat, und der Staatsanwalt nachher selbst sagt, „ja, wenn ich davon eine Ahnung gehabt hätte, daß der Zeuge die Sache nicht beschwören könne, so würde ich die Anklage gar nicht erhoben haben." Das ist der erste Grund.

Ein zweiter Grund liegt in der Beantwortung folgender Frage: Führt jede Voruntersuchung zur Anklage, ist der Zweck einer Voruntersuchung eine Anklage, oder was ist der Zweck einer Voruntersuchung? Ich denke, der Zweck einer Voruntersuchung ist, das Verbrechen festzustellen und den Thäter zu ermitteln. Sehr häufig kommt es aber vor, daß von einer Anklage am Schlusse der Voruntersuchung gar nicht die Rede sein kann. Sprechen Sie doch mit meinen Kollegen, fragen Sie, wieviel Voruntersuchungen reponirt werden, weil sich die Sache so herausgestellt hat, daß keine Anklage erhoben werden kann. Werden Sie alsdann dennoch bis zur Hauptverhandlung die Vereidigung der Zeugen verschieben wollen? Wenn die Zeugen nicht vereidigt werden, dann werden Sie eine Unterlage haben, auf die im Ganzen und Großen nicht viel zu geben ist. Sie werden mir zwar sagen, der Zeuge beschwört, daß er die Wahrheit ausgesagt hat, und es kommt nicht darauf an, ob die Zeugen schon sogleich vereidigt sind. In der Beziehung muß ich Sie an die polizeilichen Verhandlungen erinnern. Wie oft machen wir die Erfahrung, daß die polizeilichen Verhandlungen ganz anders lauten, als die Aussagen von Zeugen, wenn sie nachher bei Gericht vernommen werden. Worin liegt der Grund? Liegt er etwa darin, daß die polizeilichen Beamten falsche Protokolle machen? Nein, nach meiner Ansicht liegt der Grund einfach darin, daß die Zeugen sich nicht so zusammennehmen, und daß sie denken, „hier schwörst du nicht, du gibst deine Aussage ab, und wenn du schwören mußt, hast du immer noch Zeit, deine Aussage abzuändern.“

Dasselbe, meine Herren! würde mit den gerichtlichen Aussagen der Fall sein, wenn die Zeugen wüßten, „du brauchst nicht zu schwören in der Voruntersuchung“; sie würden bei der Vernehmung weniger gewissenhaft sein, und würden keineswegs so aussagen, als wenn sie wüßten, daß eine Vereidigung erfolgt und erfolgen muß.

Meine Herren! In der Beziehung habe ich die Freude, eine Ansicht des Juristentages selbst für mich zu haben. Sie erinnern sich, daß beim letzten Juristentag in Braunschweig über die Frage des Zeugenzwangs verhandelt wurde. Hier wurde der Beschluß gefaßt, ein Zeuge solle in der Voruntersuchung, wo nicht einmal Voruntersuchung stattfinde, sondern wo vorgerichtliche Verhandlungen nur stattfinden, gezwungen sein, seine Aussage zu beeidigen. Nun, meine Herren! wie würde sich dieses Votum des Juristentages vereinigen mit der Ansicht, daß der Zeuge in der Voruntersuchung nicht vereidigt werden soll?

Ich komme zu einem andern Punkt.

Ich will Rücksicht nehmen auf zwei Partikulargesetzgebungen, deren Bestimmungen mich in der Ansicht bestätigen, daß die Vereidigung der Zeugen in der Voruntersuchung erfolgen muß. Diese Gesetzgebungen sind die Thüringische und die Sächsische. Dieselben kennen im Allgemeinen nicht den Satz, daß die Zeugen vereidigt werden sollen in der Voruntersuchung, lassen aber Ausnahmen zu, und gerade diese Ausnahmsfälle bestätigen mich in der Meinung, daß die Zeugen in der Voruntersuchung vereidigt werde müssen. Sie sagen nämlich, es ist zuläßig, daß der Zeuge vereidigt werde in der Voruntersuchung, wenn es sich voraussehen läßt, daß er durch Krankheit oder andere Umstände verhindert sein wird, in der Hauptverhandlung zu erscheinen.

Meine Herren! ich möchte das Geheimniß wissen, wie man 4 oder 6 Wochen vorher bestimmen kann, ob der Zeuge verhindert sein wird, in der Hauptverhandlung zu erscheinen. Ich habe hinter dieses Geheimniß nicht kommen können und würde dankbar sein, wenn ich in dieser Beziehung belehrt würde. Daß man nun gegenüber diesen Ausnahmsfällen dem Untersuchungsrichter ganz allein erlaubt und anheimstellt, darüber zu beschließen, ob ausnahmsweise ein Zeuge vereidigt werden soll, das, meine Herren! ist nicht in Einklang zu bringen mit der Ansicht, daß man den Untersuchungsrichter nicht einmal die Regel exekutiren lasse. Man läßt ihn in der Voruntersuchung die Zeugen nicht vereidigen, und hier will man ihm das Recht geben, in Ausnahmsfällen zu bestimmen, ob Zeugen vereidigt werden sollen.

Ein zweiter Ausnahmsfall ist der: Es heißt ungefähr wörtlich im Sächsischen Gesetz: „Wenn Gründe angegeben werden vom Staatsanwalte oder Angeklagten, daß ohne Vereidigung zu befürchten ist, der Zeuge werde die Wahrheit nicht sagen;" im Thüringschen Gesetze heißt es: „Die Vereidigung kann erfolgen, wenn der Staatsanwalt oder der Angeklagte besonders darauf anträgt." In der letztern Gesetzgebung ist keine nähere Bestimmung gegeben, in welchen Fällen der Staatsanwalt oder Angeklagte darauf antragen kann, daß der Zeuge vereidigt wird. Es bleibt jederzeit dem Staatsanwalte überlassen, die Vereidigung zu beantragen, und da hätten wir eine Aushilfe getroffen und die Vereidigung in der Voruntersuchung zur Regel erhoben. Das ist ähnlich, wie gesagt, im Sächsischen Gesetz, wo nur der Unterschied obwaltet, daß besondere Gründe angegeben werden müssen, aus welchen zu befürchten ist, daß der Zeuge die Wahrheit nicht sagen werde. Diese verschiedenartigen Ausnahmsfälle beweisen, welche Macht man dem Untersuchungsrichter einräumt, dem man, wie ich schon oben angedeutet habe, mißtraut, weil er nicht unparteiisch handeln könne gegen den Angeschuldigten.

Und nun endlich, meine Herren, kommt der letzte Punkt. Ich erachte eine Vereidigung überhaupt nicht für so präjudizirlich. Ob der Zeuge vereidigt ist, oder nicht, das allein kann den Richter und Geschwornen nicht bestimmen, dem Zeugen unbedingten Glauben zu schenken, sondern sein Erscheinen, sein ganzes Auftreten, seine ganze Aussage, das Verhältniß, in welchem er zum Angeklagten steht, alle diese Umstände müssen dabei berücksichtigt werden, und wie oft ist nicht der Fall vorgekommen, daß Zeugen geschworen hatten, und die Geschworenen, nachdem sie ihren Spruch auf Nichtschuldig abgegeben hatten, erklärten, „der Zeuge konnte 10 mal schwören, dem konnten wir nicht glauben." Das ist mehr als einmal vorgekommen, daraus geht hervor, daß die Folge der Vereidigung keineswegs die ist, daß ein solches Gewicht auf die Aussage gelegt wird, daß ein Nachtheil für den Angeschuldigten zu erwarten ist.

Demnach wäre ich mit der Frage fertig, ob in der Voruntersuchung die Vereidigung erfolgen soll, oder nicht. Daran knüpft sich eine zweite Frage, die nämlich, ob die Vereidigung vor oder nach der Vernehmung erfolgen soll. Wir haben von dem Herrn Referenten gehört, daß er beantragt, die Vereidigung solle vor der Vernehmung erfolgen.

Meine Herren! Ich bin entgegengesetzter Ansicht, ich würde die Vernehmung vorausgehen, und die Vereidigung nachfolgen lassen. Die Vertheidiger der andern Ansicht haben das auch selbst gefühlt, sie sagen, „wir müssen zugeben, daß es etwas bedenklich ist, Jemand gleich von vorneherein zu vereidigen, ehe man die näheren Umstände weiß, seine persönlichen Verhältnisse kennt; es müssen daher die persönlichen Verhältnisse wenigstens vorher angegeben werden, ehe man zu der Vereidigung schreiten kann. Herr Abegg, der diese Ansicht vertheidigt, sagt in seiner Schrift selbst, daß es blos eine halbe Maßregel sei; er muß das zugeben, und ich schließe mich dem an. Ich bin der Ansicht, daß man erst dann über die Verhältnisse eines Zeugen urtheilen kann, wenn man die Aussage zur Sache auch gehört hat; man weiß sonst nicht, in welchem Zusammenhange, in welchen Verhältnissen der Zeuge zur Untersuchung steht, man kann also leicht in die Lage kommen, einen anscheinend unschuldigen Menschen zu vereidigen, und nachher findet man, daß er sich offenbar dieses oder jenes Vergehens, der Hehlerei rc. schuldig gemacht hat.

Aus diesem Grunde würde ich dafür sein, daß die Vereidigung nach der Vernehmung erfolge.

Der dritte Punkt ist der, ob man wohl mit der einmaligen Vereidigung zufrieden sein kann, oder wie man es machen muß, wenn eine mehrmalige Vernehmung eines Zeugen in der Untersuchung sich als nothwendig herausstellt? Ich würde mich dahin aussprechen, daß Eide zu vermeiden sind, und als Regel aufstellen, daß eine einmalige Vereidigung erfolgen soll, und daß dann der Zeuge, wenn er wiederum vernommen wird, auf seinen Eid versichern kann, daß er die Wahrheit gesagt habe.

Ich weiß, meine Herren, diese Ansicht hat viele Anfechtungen erlitten, man hat gesagt, das Nehmen auf den Eid hat immer etwas Bedenkliches. Ich lasse mich dadurch nicht abschrecken, bei meiner Ansicht stehen zu bleiben. Ich erinnere Sie daran, daß in den Gesetzgebungen, nach welchen der Zeuge in der Voruntersuchung regelmäßig nicht vereidigt wird, es als zulässig erachtet wird, daß Beamte, die ein für allemal vereidigt sind, auf ihren Amtseid die Richtigkeit ihrer Aussage versichern können. Dasselbe findet statt bei den Sachverständigen. Wenn sie das bei Beamten und Sachverständigen zulassen, so sehe ich nicht ein, warum man Bedenken haben soll, einen Zeugen die Richtigkeit seiner Aussage auf einen früher geleisteten Eid versichern zu lassen.

Herr Dr. Abegg hat in seiner Schrift gesagt, „das hätte etwas höchst Bedenkliches, denn man würde dann nicht den Thatbestand eines Meineids herausfinden können, wenn der Zeuge eine falsche Aussage auf seinen Eid genommen hätte.“ Ich denke, das ist eine cura posterior. Wenn die Bestimmung getroffen wird, daß der Zeuge seine Aussage auf seinen Eid nehmen kann, so wird der Gesetzgeber auch dafür besorgt sein, zu bestimmen, daß Jemand, der eine falsche Angabe auf einen früher geleisteten Eid nimmt, sich strafbar macht. In Preußen besteht eine solche Bestimmung, und es ist ganz unzweifelhaft, daß die Strafe des Meineids eintritt. In der früheren Preußischen Criminal-Ordnung, die zum Theil durch das neue Verfahren aufgehoben ist, haben wir eine Bestimmung, die dahin lautet: daß ein Zeuge in einer Untersuchung zum zweiten Male vereidigt werden kann, wenn er besonders abweicht von seiner früheren Aussage, oder aber ganz neue Thatumstände vorbringt, die er bei seiner früheren Vernehmung nicht vorgebracht hat. Diese Bestimmung ist zwar gegenwärtig aufgehoben durch die Verordnung, allein sie scheint mir als eine Ausnahme empfehlungswerth zu sein. Es gibt Fälle, wo ein Zeuge vernommen und vereidigt sein kann, er wird wiederum vernommen nach einiger Zeit, und hat inzwischen ganz andere Thatsachen erfahren, die er vorher nicht wissen konnte. Da kann man es dem Richterkollegium, nach meinem Dafürhalten, sehr wohl überlassen, zu ermessen, ob es hier nicht angemessen wäre, statt die Versicherung auf den geleisteten Eid zuzulassen, die neue Vereidigung vorzunehmen. Mein Antrag würde dahin gehen:

1) „Als Regel ist aufzustellen die Vereidigung der Zeugen in der Voruntersuchung;
2) diese Vereidigung muß erfolgen nach der Vernehmung der Zeugen;
3) ein Zeuge, der in der Voruntersuchung bereits eidlich vernommen ist, kann seine Aussage auf den bereits geleisteten Eid nehmen; ausnahmsweise kann das Richterkollegium beschließen, daß unter besondern Umständen eine zweite Vereidigung des schon vereidigten Zeugen erfolgen soll.“

Rechtsanwalt Dr. **Schaffrath** aus Dresden: Meine Herren! Ich habe zwar gestern, weil ich in der 4. Abtheilung beschäftigt war, dem Vortrage unseres geehrten Herrn Referenten nicht beiwohnen können, allein so sehr ich dieß bedauere, so kann ich mich doch deßhalb einigermaßen darüber trösten, weil ich rücksichtlich eines Punktes in der Hauptsache mit ihm einverstanden bin, weil ich ebenfalls dafür bin, daß die Zeugen nicht in der Voruntersuchung, sondern erst in der Haupt- oder Schlußverhandlung vereidigt werden. Ich bin aber nicht damit einverstanden, in Bezug auf den dritten Punkt der Anträge, daß die Zeugen schon vor ihrer Vernehmung vereidigt werden sollen, nicht erst nach ihrer Vernehmung; ich bin aber auch mit dem geehrten Redner vor mir, dem Herrn Staatsanwalt Lauhn, wie Sie daraus ersehen, nicht einverstanden, in Bezug auf den ersten Punkt, den Hauptpunkt; ich trete ihm aber wieder bei in Bezug auf den letzten Punkt, wo er sich gegen den Herrn Referenten Abegg erklärt hat. Ich glaube nun, voranschicken zu dürfen, daß beide Herren nicht ganz konsequent sind; ich glaube, wer dafür ist, daß die Vereidigung der Zeugen erst in der Hauptverhandlung erfolge, muß fast aus denselben Gründen auch dafür sein, daß die Vereidigung der Zeugen erst nach ihrer Abhörung stattfinde. Und ich bin ferner wieder überzeugt, daß diejenigen, welche für die Vereidigung der Zeugen schon in der Voruntersuchung sind, allerdings mit dem Herrn Referenten Abegg dafür sein müssen, daß die Vereidigung der Zeugen schon am Anfange der Vernehmung stattfinden müsse.

Ich will zuvörderst versuchen, einige der Gründe, welche Herr Staatsanwalt Lauhn für seine Meinung, daß die Zeugen schon in der Voruntersuchung vereidigt werden müssen, vorgeführt hat, zu widerlegen. Ich adoptire zuvörderst nicht alle Gründe, welche er denjenigen in den Mund legt, welche für meine Meinung sind. Ich mache dafür, daß die Zeugen nicht schon in der Voruntersuchung vereidigt werden sollen, sondern erst in der Schluß- und Hauptverhandlung, lediglich den von Herrn Professor Abegg aufgestellten Hauptgrund geltend, daß die Vereidigung in der Voruntersuchung dem Prinzip der Mündlichkeit und Oeffentlichkeit widerspricht, und dann allerdings die praktische Erfahrung, die auch ich gemacht habe. Ich sage nicht, der Untersuchungsrichter ist eingenommen gegen die Angeklagten, und deßhalb darf die Vereidigung nicht in der Voruntersuchung geschehen, ich sage aber, daß der einzelne Untersuchungsrichter wirklich viel eher einer falschen Auffassung über die Zeugen sich aussetzt, als das Richterkollegium und die Geschworenen in der Hauptverhandlung. Ich sage allerdings, daß 12 Geschworene und 5 rechtsgelehrte Richter besser sehen und hören, als ein oder beziehendlich, wo die Voruntersuchung von 2 Richtern geführt wird, zwei Untersuchungsrichter. Diesen Grund, daß zwölf und mehr jedenfalls mehr und besser auffassen, als einer, den, glaube ich, kann man nicht widerlegen.

Das ist aber das Prinzip der Unmittelbarkeit; wenn das nicht wahr wäre, so würden wir überhaupt gar keinen Grund gehabt haben, das Prinzip des geheimen schriftlichen Inquisitions-Prozesses zu verlassen und den auf Mündlichkeit und Unmittelbarkeit gestützten Prozeß einzuführen. Ich sage ferner nicht, daß auf die abgeänderte Aussage in der Hauptverhandlung keine Rücksicht genommen werde. Ich sage aber, es sei eine vereidete Zeugenaussage schwerer zurückzunehmen, zu ergänzen und zu erläutern, als eine nicht beeidete; es gehöre viel mehr Muth und Selbstverläugnung dazu, eine bereits in der Voruntersuchung eidlich bestärkte Aussage als eine uneidliche Aussage in der Hauptverhandlung zu berichtigen, selbst wenn der Zeuge in der Hauptverhandlung einsieht, daß die Aussage in der Voruntersuchung eine entweder ganz oder theilweise irrthümliche war.

Was nun den aus den Erfahrungen des Staatsanwalts Lauhn hergenommenen Grund betrifft, so sage ich zwar nicht, daß er als Staatsanwalt nicht eben so gut wie jeder Andere Erfahrungen machen könne, wenn auch allerdings Jemand in dieser Sache ausgesprochen hat, die Staatsanwälte könnten gar keine Erfahrungen machen; aber ich sage, er kann darüber, welche Vortheile die Vereidigung der Zeugen in der Hauptverhandlung hat, keine Erfahrungen machen, weil in Preußen die Zeugen in der Voruntersuchung vereidigt werden. Die Erfahrungen derer, in deren Ländern und nach deren Gesetzgebungen die Zeugen nur oder wenigstens in der Regel in der Hauptverhandlung und nur ausnahmsweise in der Voruntersuchung beeidigt werden, sind ganz andere; die auf Grund dieser verschiedenartigen Gesetzgebungen gewonnenen Erfahrungen widerlegen sich nicht, sondern beide Erfahrungen können nebeneinander bestehen. Wir in Sachsen z. B. haben nun die Erfahrung gemacht, daß es dem Zeugen außerordentlich leicht wird, wirkliche Irrthümer, die er bei der Voruntersuchung bei seinen Aussagen sich hat zu Schulden kommen lassen, in der Hauptverhandlung zurückzunehmen, zu ergänzen und zu erläutern, wenn er in der Voruntersuchung nicht beeidigt wurde, weil es ein viel leichterer Vorwurf ist, eine unbeschworene Aussage irrthümlicher Weise abgegeben zu haben, als eine eidlich bestärkte. Ich möchte noch weiter gehen, als Herr Referent Abegg, ich möchte sagen, auch in der Hauptverhandlung soll die Vereidigung, wie Herr Bardasch will, nicht unmittelbar nach der Vernehmung des betreffenden Zeugen stattfinden, sondern erst nach Abhörung aller Belastungs- und Entlastungszeugen, ja sogar noch einen Schritt weiter, die Vereidigung der Zeugen solle erst unmittelbar vor Schluß der Beweisaufnahme erfolgen. Es ist dies deßhalb von Vortheil, weil alle Beweise und Erkenntnißquellen immer wieder Einfluß haben, namentlich auf die Aussagen der Zeugen.

Ich habe in Sachsen oft die Erfahrung gemacht, daß bei Verlesung des Besichtigungsprotokolls auf einmal ein Zeuge von selbst auftritt, der nicht vereidigt ist, und sagt: Das ist recht, die Lokalität ist so, und nicht so, wie ich vorher angegeben habe; und dadurch fällt Alles, was ich vorher gesagt habe. Wenn der Zeuge schon geschworen hat, so wird es schwer werden; er wird nicht leicht den Muth und die Selbstverläugung finden, hervorzutreten und zu sagen, ich habe etwas falsch beschworen und ich nehme nun meine Aussage zurück. — Von all den positiven Gründen, welche der Herr Staatsanwalt Lauhn für seine Meinung angeführt hat, daß die Beeidigung der Zeugen in der Voruntersuchung erfolgen müsse, kann ich nur Einem einen Werth beilegen, das ist der, daß es nicht gehen kann und bedenklich ist, auf eine unvereidete Zeugenaussage hin, eine so ungeheuer schwere Maßregel zu verhängen, wie, nach den bestehenden Gesetzen, in der Voruntersuchung schon der Richter bisweilen thun darf und muß, nämlich die Verhaftung des Angeklagten.

Allein diesem Uebelstande kann auf der andern Seite selbst dann begegnet werden, wenn die Zeugen erst in der Hauptverhandlung ihre Aussagen beschwören. Herr Staatsanwalt Lauhn hat übrigens im zweiten Theile seines Vortrages eigentlich selbst gesagt, daß eine nicht bereits eidlich bestärkte Aussage leichter berichtigt und zurückgenommen werden könne, als eine bereits eidlich bestärkte. Er sagt nämlich, er habe in Preußen die Erfahrung gemacht, daß die vor Polizeibehörden erstatteten Aussagen allerdings außerordentlich oft zurückgenommen werden, und sagt, das käme daher, weil sie noch nicht eidlich bestärkt sind. Sehr richtig, weil sie noch nicht eidlich bestärkt sind, deßhalb berichtigt der Zeuge seine vor der Polizeibehörde gemachte Aussage vor Gericht um so leichter. Nun sagt er aber, ja, wenn in der Voruntersuchung die Zeugen nicht beeidigt werden, um so leichtsinniger werden sie dann ihre Aussagen in derselben erstatten.

Etwas anders liegt der Fall denn doch, denn die Zeugen wissen, daß sie in der Hauptverhandlung in der Regel ihre Aussage aus der Voruntersuchung eidlich bestärken müssen; sie wissen also, daß es zu einer eidlichen Bestärkung ihrer Aussage kommt. Wenn sie aber bei der Polizeibehörde ihre Aussage erstatten, so sind sie sich dessen nicht bewußt, daß sie dieselben noch vor Gericht bestärken müssen. Sobald aber allgemein feststeht, und das will Herr Dr. Abegg, daß alle Zeugen beeidet werden, daß auch Differenzen kein Grund sind, die Zeugen nicht zu beeiden, wenn die Zeugen sich dessen bewußt sind, so werden sie eben deßhalb in der Voruntersuchung nicht leichtsinnige Aussagen erstatten, weil sie wissen, daß sie vereidigt werden. Wenn sie in der Voruntersuchung möglichst gewissenhaft aussagen, so werden sie doch nicht gehindert sein, namentlich gewissenhafte Zeugen, welche wir vorzugsweise im Auge haben müssen, ihre etwaige irrthümliche Aussage zurückzunehmen, zu berichtigen und zu ergänzen.

Ich sage, wir müssen hauptsächlich gewissenhafte Zeugen vor Augen haben, denn die nicht gewissenhaften, werden in der Voruntersuchung sowohl, als in der Hauptverhandlung, hier wie dort falsch schwören und aussagen; aber es giebt gewissenhafte Zeugen, die trotz ihrer Gewissenhaftigkeit dennoch, wenn sie schon in der Voruntersuchung vereidigt sind, sich scheuen, in der Hauptverhandlung ihre Aussagen zu berichtigen, die sie mit bestem Wissen gemacht haben, von denen sie aber hinterher doch durch andere Zeugen, durch Aussagen des Angeklagten, durch Vorhalte, Briefe, Urkunden, die vorgelesen werden, überzeugt werden, daß sie falsch sind. Diesen gewissenhaften Zeugen nun wird es, ohne daß sie der Vorwurf des falschen Eides treffen kann, erleichtert, solche irrthümliche Aussagen zurückzunehmen, zu berichtigen und zu ergänzen.

Wenn der Herr Staatsanwalt Lauhn noch auf einen früheren Beschluß des Juristentags Rücksicht genommen hat, so gebe ich zu, daß es bedauerlich wäre, wenn wir jetzt andere Konsequenzen ziehen und beschließen müßten als vorher. Allein ein durchschlagender Grund ist das nicht, er kann nebenher gehen. Man wird nicht leicht dem Juristentage zumuthen, etwas anderes zu beschließen, als vorher; ich kann aber nicht zugeben, daß überhaupt aus dem, was Herr Lauhn gesagt hat, folge, daß wenn der Antrag des Herrn Dr. Abegg beschlossen würde, wir in Widerspruch mit uns gerathen. Ich muß nämlich Herrn Lauhn bitten, daß er die über diesen Gegenstand bei dem vorigen Juristentage gefaßten Beschlüsse uns mittheile, wenn er sie vielleicht bei sich haben sollte.

Sollten wir wirklich das vorige Mal beschlossen haben, daß die Zeugen im Wege des Zwangs schon in der Voruntersuchung beeidigt werden sollen, dann wird er Recht haben. Soviel ich aber weiß, haben wir nur den Beschluß gefaßt, daß sie in der Voruntersuchung abgehört, vernommen werden sollten, wir haben aber, soviel ich weiß, nicht beschlossen, daß der Zeuge in der Voruntersuchung gezwungen werden soll, seine Aussage zu beeiden.

Und wenn Herr Staatsanwalt Lauhn Recht haben sollte, so würde ich bedauern, daß wir das vorige Mal dieses beschlossen haben. Ich meiner Seits habe nicht gewollt, daß beschlossen werde, die Zeugen seien in der Voruntersuchung zum Eide zu zwingen.

Dies sind in der Hauptsache die Gründe, aus denen ich dem ersten Theile des Antrages des Herrn Abegg beistimme, in Bezug auf den 3ten Antrag desselben aber der Ansicht des Herrn Lauhn beitrete, daß auch in der Hauptverhandlung die Vereidigung der Zeugen erst nach der Vernehmung derselben, ja wo möglich am Schlusse der ganzen Beweisaufnahme stattfinde, damit, so lange wie nur möglich, den Zeugen Zeit gelassen sei, ihre Aussagen zu berichtigen und zu ergänzen und den wohlthätigen Einwirkungen aller anderen Erkenntnißquellen, welche sie in der Hauptverhandlung hören, bei denen sie gegenwärtig sind, der nöthige Einfluß gestattet werde auf die Berichtigung und Ergänzung ihrer Aussagen.

Wenn die sächsische Prozeßordnung Ausnahmen zuläßt von der Regel, daß in der Voruntersuchung die Zeugen beeidigt werden sollen, und wenn daraus Herr Dr. Lauhn Gründe gegen die Richtigkeit der Regel nimmt, so beweist dieser Grund offenbar zu viel; denn wir haben so und so viel Gesetze, die als Regel etwas aufstellen, dennoch aber Ausnahmen zulassen; dann müßte Herr Lauhn gegen alle solche Regeln sein, mit Ausnahme solcher Bestimmungen, die konsequent und ausnahmslos etwas als Regel feststellen; das wird aber Herr Lauhn selbst nicht wollen. Er wird einsehen, daß von so und so viel Regeln doch Ausnahmen stattfinden müssen. Ich finde mich zwar nicht bewogen, diese Ausnahmen vollständig zu rechtfertigen, ich glaube allerdings, daß die eine oder die andere wegfallen könne. Wenn aber Herr Lauhn gerade gegen die erste Ausnahme, daß, wenn man voraussehe, daß der Zeuge nicht werde erscheinen können in der Hauptverhandlung, die Vereidigung in der Voruntersuchung für zulässig erklärt wird, sich ausgesprochen hat, so möge er sich beruhigen, da das allerdings vorkommt und manchmal mit Gewißheit vorauszusehen ist, ein Zeuge werde nicht in der Hauptverhandlung erscheinen. Es liegt sehr nahe, und ist mir selbst vor einigen Wochen erst vorgekommen, daß ein Zeuge krank wird und der Arzt seinen baldigen Tod voraussagt.

Der Arzt sagt z. B. der Zeuge hat die Auszehrung, den müssen Sie bald abhören, seine Tage sind gezählt, in längstens 8 Tagen lebt er nicht mehr. Meine Herren! Das ist kein großes Geheimniß, und man wird es in Naumburg so gut verstehen wie bei uns in Sachsen. Es giebt noch viele andere Gründe; es will Jemand auswandern, er hat schon seinen Paß in der Tasche. Er kann ganz unmöglich zurückgehalten werden lediglich deshalb, damit er in drei oder vier Wochen in der Hauptverhandlung seine Aussage abgebe. In solchen Fällen sieht man voraus, der Zeuge werde bei der Hauptverhandlung nicht mehr da sein. Dann wird er auch vereidigt. Kurz, Ausnahmen lassen sich recht gut rechtfertigen, doch will ich nicht geradezu sie für nothwendig halten. — Ich bitte Sie dringend, dem Prinzipe der Mündlichkeit und Unmittelbarkeit gemäß sich dafür auszusprechen, wie Herr Professor Dr. Abegg es beantragt hat, daß die Beeidigung erst in der Hauptverhandlung erfolge, aus Gründen der Erforschung materieller Wahrheit aber, daß den Zeugen so lange als möglich Zeit gelassen werde, die Wahrheit zu erforschen und sie nicht schon im Anfange der Vernehmung zu beeidigen, sondern erst so spät wie möglich in der Hauptverhandlung.

Abgesehen von den Bedenken, die der prommissorische Eid überhaupt hat, und davon, daß assertorische Eide weniger bedenklich sind, spricht namentlich der Zweck der Erforschung der materiellen Wahrheit dafür, daß den gewissenhaften Zeugen so lange wie möglich Zeit gelassen werde, ihre Aussagen zu berichtigen.

Oberlandesgerichtsrath Dr. **Keller** aus Wien: Meine Herren! An dem Grundsatze möchte ich festhalten, daß es nicht unsere Aufgabe ist, lange und gelehrte Abhandlungen über Gegenstände unserer Berathung zu halten, denn über Alles, von dem wir sprechen, ist bereits sehr viel geschrieben und gesprochen worden, sondern daß der Hauptzweck unserer Besprechungen, wie ich glaube, darin besteht, daß wir uns unsere Erfahrungen mittheilen und somit das Wort zur Geltung bringen: die Erfahrung ist der Prüfstein aller Jurisprudenz. In dieser Beziehung erlaube ich mir aus meiner 28jährigen

Erfahrung, die ich theils als Untersuchungsrichter, theils als Erkenntnißrichter I. und II. Instanz über diese Frage gemacht habe, Ihnen Einiges mitzutheilen und Ihnen hierauf die für meine Ansicht sprechenden Gründe zu übergeben, welche theils gestern in dem ausgezeichneten Vortrage des Herrn Referenten, theils auch von dem Herrn Vorredner vorgetragen worden sind.

Mir kommt vor, daß die ganze Frage in der Frage gipfelt: ist denn der Eid wirklich so wichtig oder nicht?

Mir kommt vor, daß in dieser Richtung ein mir nicht lösbarer Widerspruch in den Behauptungen und in den Begründungen des Herrn Lauhn liege, indem er uns wiederholt gesagt hat, es ist gar nicht so wichtig, ob eine Aussage beeidigt wird, oder nicht, die ganze Richtung des Mannes, seine Ausdrucksweise, seine Stellung, die Prüfung in dem, wenn auch nicht von ihm erwähnten, aber doch gemeinten Kreuzverhöre, werden dem Richter die Ueberzeugung seiner Wahrhaftigkeit geben oder nicht; Etwas, was gestern auch schon der Herr Referent in dem Satze formulirt hat, nicht der Eid bürgt für den Mann, sondern der Mann bürgt für den Eid. Dafür wird gewöhnlich auch angebracht, der Gewissenhafte sage unter allen Umständen die Wahrheit, ob er sie beschwören müsse oder nicht, das wäre Nebensache, der Nichtgewissenhafte werde aber auch eine nicht strenge Wahrheit, ja sogar auch die Unwahrheit beschwören.

Nun, meine Herren, diese Sätze gebe ich alle als richtig zu und doch bin ich nach meiner Erfahrung in die große Bedeutung des Eides eingedrungen, denn ich habe als Untersuchungsrichter sehr oft die Erfahrung gemacht, und zwar nicht blos bei Leuten der niederen Stände, bei Ungebildeten, sondern auch bei wissenschaftlich Gebildeten, daß sie bei ihrer Vernehmung einen Unterschied gemacht haben, je nachdem sie ihre Aussage zu beschwören hatten oder nicht. Es ist mir die Frage von den Zeugen vorgelegt worden: „Muß ich es auch beschwören?" und auf die Antwort: „Ja, es wird darauf ankommen", sprach sich eine ganz eigene Befangenheit, ich möchte sagen Feierlichkeit, in ihrem ganzen Wesen aus, eine größere Ueberlegung, mit einem Worte, die Garantie für die Glaubwürdigkeit erhöhte sich.

Meine Herren, es wird Ihnen in Ihrem Leben vielleicht auch wiederholt, namentlich bei Leuten des mosaischen Glaubensbekenntnisses vorgekommen sein, daß Viele großes Bedenken tragen, ob es sich mit ihren religiösen Grundsätzen vereinige, vor einem weltlichen Manne einen Eid abzulegen oder nicht. In Oesterreich hatten wir öfter den Fall. Ich hatte einen ähnlichen erst vor vierzehn Tagen, wo ein Rabbiner als Zeuge vernommen werden mußte. Auf wiederholte Vorstellungen ist es nicht gelungen, den Mann, der feierlich versichert hatte, er habe die Wahrheit gesagt, zu bewegen, einen Eid abzulegen; das schien ihm zu wichtig, ich möchte sagen ein

Uebergriff in ein höheres Gebiet, in ein anderes Leben zu sein. Das kommt bei minder gebildeten Menschen gar sehr häufig vor. Ich habe bei Verhandlungen in Geldsachen sehr häufig gehört, wegen solcher Lappalien werde ich doch keinen Eid ablegen müssen, oder der Angeklagte sagte: Sagen kann der Zeuge das wohl, aber beschwören kann er das nicht. Noch möchte ich eines zu bemerken mir erlauben.

Wir haben in Oesterreich sogar ein Gesetz, daß eine Sekte, die Mennoniten, von dem Eide entbunden sind, weil es nach ihren Grundsätzen nicht zuläßig ist, einen Eid zu schwören, und wir haben die gesetzliche Bestimmung, daß ihre feierliche Bestätigung die Kraft des Eides hat.

Nun, meine Herren! Wenn das richtig ist, daß es im Bewußtsein der Menschen wurzle, der Eid sei ein höchst wichtiger Akt, er enthalte eine kräftige Verpflichtung zur Angabe der Wahrheit, so glaube ich, muß der Gesetzgeber an dieser Ansicht festhalten, wo es sich um die Garantie der Wahrhaftigkeit handelt, und um diese handelt es sich vor den Richtern. Handelt es sich aber vor dem Richter um diese Garantie, so entsteht die weitere Frage: ist es wichtig, daß diese Garantie gegeben werde in der Voruntersuchung oder in der Hauptverhandlung?

Nun das ist, glaube ich, die Cardinalfrage oder wenigstens die Cardinalseite unserer Frage. Ich möchte aber darüber hinaus gehen, denn die Herren Vorredner haben bereits diese Frage berührt und sie ist Gegenstand einer weitgehenden Berathung auf dem zweiten Juristentage gewesen. Ich glaube sie ist unzertrennlich von der Ansicht, ob der Schwerpunkt der Criminal-Untersuchung in der Hauptverhandlung oder in der Voruntersuchung liege. Eines nur möchte ich mir zu bemerken erlauben in dieser Richtung auf die Bemerkung des Herrn Staatsanwalts Lauhn, daß nämlich seine Gründe für die Beeidigung der Zeugen nach der Vernehmung am meisten für die Ansicht sprechen, daß die Beeidigung erst in der Hauptverhandlung vorzunehmen sei, denn er stützt sich in dieser Beziehung vorzüglich darauf, daß bevor der Zeuge nicht vernommen sei, der Richter nicht die Beruhigung habe, ob er einen so wichtigen Akt, wie der Eid bei dem Zeugen ist, zulassen dürfe, er ihn also erst nach der Vernehmung beeidigen müsse.

Vorzüglich kommt es darauf an, daß der Eid nicht als ein lediglicher Akt der Förmlichkeit würdelos vorgenommen werde. In dieser Richtung habe ich Erfahrungen nicht blos in meinem Vaterlande in Deutschland, in Belgien, in Frankreich, sondern auch in England gemacht. In England, dem gepriesenen Lande der Freiheit, in welchem es jedoch nach meinen Anschauungen um die Rechtspflege herzlich schlecht steht, wird diese Form in einer den Gewissenhaften wahrhaft verletzenden Weise vorgenommen, und doch halten die Engländer unendlich viel darauf. Der Zeuge tritt vor, der

Huissier tritt ihm entgegen mit einem abgenützten, schmutzigen Buche und wirft es ihm, ich möchte sagen, ins Gesicht und spricht dabei eine Formel, die Niemand versteht; das ist der Akt der Beeidigung. Daß bei uns die Beeidigung auch nicht immer in der der Wichtigkeit derselben entsprechenden Form vorgenommen wird, ist allgemein anerkannt; daß aber diese Form am ehesten in der öffentlichen Verhandlung gewahrt werden könne, ist auch eine ausgemachte Sache.

Ich glaube, wenn es richtig ist, was meinen Ansichten und Erfahrungen entspricht, daß dem Eide eine große und im Bewußtsein des Volkes liegende Garantie der Glaubwürdigkeit eigen ist, so ist es nothwendig, daß diese Garantie gewahrt wird dadurch, daß von dem Vorsitzenden in der Hauptverhandlung vor der öffentlichen Versammlung in Gegenwart des Angeklagten, um dessen Schicksal es sich handelt, in Gegenwart anderer Zeugen die vielleicht schon vernommen worden sind, dieser Akt der Beeidigung vorgenommen werde, und zwar komme ich jetzt zu demjenigen und einzigen Punkte, in welchem ich von dem Herrn Referenten abweiche: „ausnahmslos," sage ich, „vor seiner Vernehmung;" denn mir kommt vor, daß es sich nicht blos darum handelt, daß der Zeuge das, was er sagt, auch beschwören könne, und daß ich daraus den Schluß ziehe, daß was er sagt, wahr sei, — da ja dieser Schluß nicht allein mir in Bezug auf die Glaubwürdigkeit der Zeugen zu Gebote steht, denn der Staatsanwalt, der Vertheidiger oder der Angeklagte selbst wird die Glaubwürdigkeit auch auf andere Weise prüfen. Des Vorsitzenden vorzüglichste Aufgabe ist es ja, durch die verschiedensten Fragen über die Glaubwürdigkeit sich Gewißheit zu verschaffen. Er hat das Recht und die Verpflichtung, unter dem Eindruck des abgelegten Eides, der feierlichen Hinweisung, möchte ich sagen, auf einen höheren Richter den Zeugen darauf hinzuweisen, daß nicht nur das, was er sagt, wahr sei, sondern daß es auch Alles sei, was er darüber wisse, daß er nichts verschweige, damit nicht, wie es häufig so leicht genommen wird, um sich Verlegenheiten zu entziehen, um nicht verfolgt zu werden, der Zeuge sagt, er weiß nichts. Darüber habe ich Erfahrungen gemacht, daß Leute es mit diesem Satze „ich weiß nichts" sehr leicht nehmen. Sie glauben, einen Eid ablegen zu können, wenn sie sagen, ich weiß nichts. Und doch hat der Zeuge es sehen, es hören müssen, denn er war dabei. Sagt er dennoch, er wisse nichts, so ist das Gegentheil zu beweisen nicht möglich, wie überhaupt der Beweis einer Negation unmöglich ist.

Ich habe, glaube ich, schon in Kürze auseinandergesetzt, daß ich gegen den Antrag des Herrn Staatsanwalts Lauhn bin, welcher sich dahin ausspricht, daß der Zeuge in der Voruntersuchung beeidigt werde. Ich bin für die Regel der Beeidigung in der Hauptverhandlung; Ausnahmen ergeben sich sehr leicht, sie liegen auf der flachen Hand und sind schon erwähnt worden.

Ein zweiter Antrag geht dahin, daß die Beeidigung erst nach der Vernehmung erfolgen soll; ich habe den Hauptgrund meines Antrages, daß ausnahmslos vor der Vernehmung die Beeidigung geschehe, bereits angegeben. Ich möchte aber auf einen weiteren praktischen Grund aufmerksam machen, der mir ebenfalls erfahrungsweise vorgekommen ist. Es ist eine sehr peinliche Sache, die namentlich von der Vertheidigung häufig ausgebeutet wird, Zeugen, Belastungszeugen dadurch zu eliminiren, daß man gegen ihre Beeidigung protestirt. Nun, es kann manchmal ein zutreffender Grund sein, insbesondere der Grund, ihre Aussage sei nicht so wichtig. Allein es werden auch durchaus ungerechtfertigte Gründe geltend gemacht, so daß es fast ein Unglück ist, in die Verhandlung vorgerufen zu werden und demnächst als Helfer der Rechtspflege wahrzunehmen, daß dasjenige, was man ausgesagt, zerrissen und zuletzt noch eine Debatte eingeleitet wird, ob man die Wahrheit gesagt habe und werth sei oder würdig, einen Eid abzulegen. Diese Debatte wird oft in so unzarter Weise geführt, der Zeuge steht da, er hat das Bewußtsein, vollkommen seine Schuldigkeit gethan zu haben, er muß aber von beiden Seiten hören, das, was er gesagt habe, sei gleichgiltig, vielleicht wird auch ein Satz zerrissen, in Widerspruch mit seiner Aussage angegeben und beantragt, seine Vertheidigung nicht vorzunehmen, der Gerichtshof zieht sich zurück, und vielleicht wird seine Aussage zurückgewiesen.

Diese Debatten scheinen ganz überflüssig zu sein; sie sind schädlich für die Wichtigkeit des Aktes, vor dem Richter hinzutreten, sie sind verletzend, sobald man als Grundsatz aufnimmt, die Zeugen haben die Verpflichtung, die Wahrheit vor dem Richter vor der Vernehmung zu beschwören.

Ich erlaube mir daher den Antrag, wie er von dem Herrn Referenten vorgetragen worden ist, zu befürworten, mit der einzigen Ausnahme, daß ich die Vereidigung des Zeugen vor seiner Vernehmung in der Hauptverhandlung beantrage.

Geheimer Sekretair Dr. **Staudinger** aus München: Meine Herren! Fürchten Sie nicht, daß ich die ganze Debatte nochmal von vorne anfange und auf die Frage, ob die Beeidigung in der Hauptverhandlung oder in der Voruntersuchung erfolgen solle, wiederholt eingehe. Ich bekenne mich zu dem Antrage, daß allerdings in der Voruntersuchung eine Beeidigung vorzunehmen sei, bin aber auch der Ueberzeugung, daß mit dieser Ansicht die andere, daß die Beeidigung der Vernehmung erst nachzufolgen habe, in vollständigem, wenigstens praktischem, Widerspruche steht.

Unter den Gründen, warum man die Vereidigung der Vernehmung erst nachfolgen lassen will, ist der hauptsächlichste, daß man sagt, man könne im

Voraus nicht wissen, in wie weit eine Vereidigung statthaft sei, ob und in wie weit dieser gesetzliche oder faktische Bedenken entgegen stehen. Solche Gründe, welche der Vereidigung entgegen stehen können, sind entweder persönlicher oder sachlicher Art; persönlicher, insofern als eine Person in Frage steht, die keinen Eid leisten darf, oder eine Person, die wegen eines Verhältnisses zu dem Angeschuldigten zur Eidesleistung nicht zugelassen werden soll. Die sachlichen Gründe sind die, daß der Zeuge bei der That betheiligt war, der Mitthäterschaft oder der strafbaren Theilnahme verdächtig ist.

Meine Herren! Die Gründe persönlicher Art können und werden schon in der Regel durch die sogenannten Generalfragen festgestellt werden, etwas Weiteres, was schon in die interiora der Zeugschaftsleistung hineinfiele, ist nicht wohl denkbar. Was aber die Gründe sachlicher Art betrifft, so werden sie, meine Herren, das glaube ich als die Regel behaupten zu dürfen, durch die Vernehmung der betreffenden Zeugen auch nicht klar gestellt, am allerwenigsten durch einen unbeeideten Zeugen, weil er, wenn er betheiligt ist, rückhaltend deponiren wird, und der Richter auch nicht klar wird. Der Zusammenhang, in welchem etwa ein Zeuge mit dem Thäter in Bezug auf die That steht, wird in der Regel erst klar durch die Vernehmung anderer Zeugen und, wenn Sie diesem Punkte, dieser Maßregel Bedeutung zugestehen wollen, so wäre es konsequent, die Vereidigung nicht nach der Vernehmung eines einzigen Zeugen, sondern am Schlusse der Voruntersuchung vorzunehmen. Hiegegen aber, meine Herren, spricht das erheblichste praktische Bedenken; es führt zu der Schwierigkeit, daß der Untersuchungsrichter am Ende alle Zeugen nochmal herein kommen lassen müßte oder selbst hinausführe. Wie wäre es denn, wenn ein Zeuge gestorben ist? Hier hätte man gar keine beeidigte Vernehmung. Wenn deßhalb in der Voruntersuchung beeidigt wird, so bin ich überzeugt, daß dieses vor der Aussage geschehen muß.

In der Hauptverhandlung allerdings wäre es möglich erst nach der Vernehmung alle Zeugen zu beeidigen.

Auf einen andern Punkt erlaube ich mir noch aufmerksam zu machen; soviel mir bekannt ist, wird in verschiedenen deutschen Ländern die Beeidigung in der Voruntersuchung auch schon vor der Vernehmung über die sogenannten Generalfragen vollzogen, und ich erinnere mich, gelesen zu haben, daß eine Frauensperson einmal wegen Meineids verurtheilt wurde, weil sie ihr Alter um ein Paar Jahre zu gering angegeben hatte. Jedenfalls sind die Generalfragen ungreifbar, denn sie betreffen Dinge, wie z. B. ob der Zeuge Freund oder Feind zu dem Verdächtigen ist, ob er in anderen Beziehungen zu demselben steht — über die eigentlich gar keine Beeidigung stattfinden darf, namentlich die Fragen, in wie weit der Zeuge mit dem Verdächtigen im Zusammenhange steht, in wie weit er an der That selbst betheiligt ist.

Meine Ansicht geht also dahin, die Beeidigung in der Voruntersuchung zu vollziehen, jedoch dieselbe der Vernehmung vorausgehen zu lassen, aber erst nach Abhörung der persönlichen Verhältnisse des Zeugen.

Rechts-Anwalt **Steinfeld** aus Eschwege: Es wurde geltend gemacht, daß auch schon bei einem früheren Juristentage die Vereidigung der Zeugen in der Voruntersuchung beantragt und beschlossen worden sei. Ich bestreite das, weil ich bei der damaligen Debatte mich selbst betheiligt habe. Es wurde damals der Beschluß gefaßt, daß ein Zeugenzwang im Strafverfahren stattfinden solle, und daß die Verpflichtung zur Zeugenschaftsleistung schon im vorbereitenden Verfahren vorhanden sei. Es heißt, schon in der Voruntersuchung ist Jeder verpflichtet, sich beeidigen zu lassen; es ist aber kein Gewicht auf „Voruntersuchung" zu legen, sondern der Gegensatz ist nur der, ob Jemand erst verpflichtet sei, in der Hauptverhandlung Zeugniß abzulegen oder schon in der Voruntersuchung. Also, wie gesagt, so ist der Sinn jenes Beschlusses, und er ist daher von dem heute zu fassenden völlig verschieden.

Ueber die Sache selbst will ich keine Bemerkung machen, ich hoffe, daß die hohe Versammlung dem Antrage beitreten wird, daß die Zeugen im Strafverfahren erst während der Hauptverhandlung vereidigt werden sollen. Die Gründe, die dagegen vorgeführt worden sind, sind meiner Ansicht nach nicht stichhaltig, während die dafür vorgebrachten Gründe wohl erheblich sind. Es ist die Erfahrung hauptsächlich, welche für die Ansicht spricht, daß die Vereidigung in der Hauptverhandlung vorgenommen werde. Die Zeugen haben wirklich erst ein klares Bild, wenn die Hauptverhandlung vor sich geht; der Zeuge scheut sich sehr häufig eine Behauptung zurückzunehmen, die er bereits beeidigt hat, ich weiß das aus eigener Erfahrung. Sehr oft wird die Frage gestellt, darf ich ohne der Gefahr der Bestrafung mich auszusetzen das zurücknehmen?

Was aber die Beeidigung anbelangt, so ist nicht die Frage, die von einem der Herren Vorredner berührt wurde, ob der Zeugeneid überhaupt vorgenommen oder abgeschafft werden soll, diese Frage steht nicht auf der Tagesordnung, deßhalb will ich mich nicht darauf einlassen. Soviel aber wird man jedenfalls zugeben, daß der Zeugeneid im Strafverfahren und im Civilprozeß nach der heutigen Anschauung nicht entbehrt werden kann. Das Volk legt auf den Eid ein großes Gewicht; der redliche Mann zwar wird die Wahrheit sagen, auch ohne durch einen Eid sich dazu verpflichtet zu haben, der andere aber wird darauf Rücksicht nehmen, er sagt zur Partei oder dem Angeklagten: ich will Dir helfen, aber das kannst Du mir doch nicht zumuthen, daß ich einen falschen Eid schwöre.

Ober-Staatsanwalt v. **Gravenitz** aus Marienwerder: Ich bin nach meiner Erfahrung der Ansicht, daß es nothwendig sei, die Zeugen in der Voruntersuchung zu vernehmen. Ich bin der Ansicht, daß überhaupt nur durch einen Eid, der alsbald nach dieser Zeugenaussage geleistet wird, diese ein Volles und Ganzes bildet; ich bin der Meinung, daß die gerichtliche Zeugenaussage überhaupt nur den erforderlichen Grad von Sicherheit gewährt, wenn dieselbe von dem Zeugen in fortwährendem Hinblick auf den von ihm zu leistenden Eid abgegeben wird, wenn dadurch der große Ernst des Mannes hervorgerufen und fortwährend erhalten wird.

Der Zeuge soll seine Aussage abgeben in der Erinnerung der nahe liegenden Ereignisse, über die er vernommen wird. Nun denken Sie sich den Fall, der Zeuge wird zwar vernommen, aber nicht eidlich vernommen. Herr Dr. Schaffrath erwähnte den Unterschied zwischen Zeugen, die gewissenhaft sind, und solchen, die nicht gewissenhaft sind. Aber, meine Herren! Es giebt noch eine dritte Klasse von Zeugen, das sind die, wie man sie am meisten findet, welche die ernste gerichtliche Vernehmung nicht gewohnt sind, Zeugen, denen man mit allem Ernst zu Leibe gehen muß, um ihnen klar zu machen, worauf es ankommt. Es giebt ferner unklare konfuse Zeugen; diese gehören darum noch nicht zur Klasse der Gewissenlosen.

Nun, meine Herren, denken Sie sich, die Voruntersuchung ist geschlossen — wir können die Voruntersuchung leider nicht entbehren, wir können das Verfahren nicht auf die mündliche Verhandlung beschränken — es kommt erst nach Monaten zur Schwurgerichtsverhandlung. Nun wird der Zeuge wieder vernommen, wir wollen annehmen, er hat gewissenhaft seine Aussage abgegeben, er wird gefragt, aber die Sache ist jetzt aus seinem Gedächtniß entschwunden. Bei dem gebildeten Manne ist allerdings Bürgschaft vorhanden, daß, wenn ihm die frühere Aussage, die er nicht beeidigt hat, vorgehalten wird, er sagt, ja jetzt weiß ich es, ich erinnere mich, ich komme zurück auf meine frühere Angabe. Bei dem Nichtgebildeten trifft dies weniger zu. Sie haben sonach unter Umständen keine werthvolle, die Wahrheit garantirende Aussage, Sie haben nur eine unbeeidete Aussage und eine spätere Vernehmung, in welcher es oft nicht mehr möglich ist, den Zeugen auf die ganze Thatsache hinzuweisen.

Ich will mich nicht weiter aufhalten, es sind das im Wesentlichen die Gründe, die mich nach langer, langer Erfahrung bestimmen, die Beeidigung in der Voruntersuchung für nothwendig zu halten. Ich will auf die praktischen Gründe, die angedeutet worden sind, nicht eingehen, ich will nicht eingehen darauf, daß der Zeuge vielleicht später nicht an die Gerichtsstelle kommen kann, ich will nicht darauf eingehen, daß die geistigen Kräfte desselben vielleicht abgenommen haben, und will nur auf Eines aufmerksam machen. Ob die Zeugen in der Voruntersuchung beeidigt werden sollen oder nicht, ist eine Frage, die der verständige Untersuchungsrichter in jedem Momente zu prüfen und zu beantworten hat, die der Richter immer vor sich haben muß. Er wird nicht verpflichtet sein, den Zeugen zu vereidigen, wenn er nur das geringste Bedenken hat; aber soviel ist gewiß, wo es sich um des Menschen Leben, Ehre und Freiheit handelt, muß er den Augenblick fassen, um die ganze Wahrheit zu ergründen. Nun habe ich nur noch eine kurze Bemerkung über die Frage, ob die Zeugen vorher beeidigt werden sollen oder nicht. Da bin ich nun der Ansicht, daß Zeugen erst nachher beeidigt werden sollen und müssen. Ich bin der Ueberzeugung, daß die Zeugen nicht vernommen werden müssen, nachdem sie den Eid geleistet haben, sondern in fortwährender Hinweisung auf das feierliche Ereigniß, das noch bevorsteht. Hat der Zeuge von gewöhnlicher Kraft und Intelligenz seinen Zeugeneid vorher geleistet, dann, meine Herren, da werden Sie mir kaum Unrecht geben, läßt unwillkürlich, ohne daß er es beabsichtigt, seine Aufmerksamkeit nach; er hat gewissenhaft den Eid geleistet, damit ist seine Gewissenhaftigkeit beruhigt, was er weiter sagt, das hat diejenige Kraft nicht mehr, als wenn er die Eidesleistung noch vor sich hat.

Appellations-Gerichts-Präsident v. **Schab** aus Amberg: Ich habe nur eine kurze Bemerkung, meine Herren. Ich habe ein großes Bedenken, die Beeidigung der Zeugen in der Voruntersuchung aufzugeben; wenn diese aufgehoben ist, so bekommen wir ein Material, wofür gar keine Garantie besteht, es wird deßhalb auch der Schluß, der aus diesem Material gezogen wird, unbegründet und unverbürgt werden, wenigstens mehr bezweifelt und unzuverlässig, als er erscheinen muß, wenn die Zeugen beeidigt sind; wir werden unbegründete Verweisungen in die öffentliche Sitzung bekommen, unbegründete, unverlässige Einstellungen. Es läßt sich allerdings eine unbegründete Verweisung in der öffentlichen Sitzung repariren, denn es ist hier Gelegenheit gegeben, daß die Zeugen vortreten, beeidigt werden und so der Richter Garantieen für seine Aussagen sich verschafft. Aber was geschieht nach unbegründeten und unsichern Einstellungen? Nichts. Die Akten werden reponirt und selten werden Fälle eintreten, wo der Staatsanwalt Material bekommt, die Akten aus der Registratur wieder vorholen zu lassen und den Antrag auf Fortsetzung der Untersuchung zu stellen. Meine Herren! Sie wissen, wie leicht es in unserem engeren Vaterlande ist, falsche Zeugen zu werben. Wie viel leichter wird es sein, wenn ein Zeuge weiß, er riskirt Nichts, er sei durch keinen Eid, durch keine religiöse Rücksicht, durch Nichts gebunden, die Wahrheit zu sagen? Es findet sich dann leicht ein Zeuge, der eine falsche Aussage macht, die den Verdächtigen entlastet. Die

Untersuchung wird dann eingestellt; es können vielleicht spätere Momente ergeben, daß der Zeuge falsch ausgesagt hat in der Voruntersuchung — aber es wird selten vorkommen. Dann allerdings ist die Möglichkeit gegeben, die Untersuchung fortzusetzen.

Es ist das ein großes Bedenken, und ich erlaube mir, darauf aufmerksam zu machen.

Ober-Landesgerichtsrath **Keller** aus Wien: Ich möchte mir nur noch eine Bemerkung erlauben. Wenn Herr Präsident v. Schab bemerkt hat, wir hätten keine Garantie für die Richtigkeit der Aussagen eines Zeugen, welcher in der Voruntersuchung nicht beeidigt worden, denn er riskire Nichts, so scheint mir das nicht richtig. Nicht nur in Oesterreich, sondern auch in den Gesetzen vieler anderer Länder ist eine falsche Aussage vor Gericht, ohne Unterschied, ob sie beeidet ist oder nicht, ein Verbrechen. Also die Aussage steht unter der Sanction dieser Strafgesetze, daß der Zeuge vor Gericht die Wahrheit zu sagen hat.

Da die Beeidigung, wie ich früher erwähnt habe, in der Voruntersuchung denn doch nicht mit dieser Feierlichkeit und im Zusammenhange mit den übrigen Garantieen der Wahrheit vorkommt, so hat sie gewiß nicht den Werth, den sie vor den versammelten Richtern, dort wo es sich eigentlich darum handelt, die Wahrheit zu erfahren, hat.

Ich glaube deßhalb, daß die Vernehmung in der Voruntersuchung nicht aufhöre, bedeutungsvoll und wichtig zu sein. Insbesondere wird dies zutreffen rücksichtlich des Hauptzweckes der ganzen Voruntersuchung, der darauf zielt, den Abschluß der Verhandlung vorzubereiten und begründete Anträge auf Anklage oder Einstellung der Verfahrens zu stellen.

Aus diesen Gründen kann ich die eben geäußerte Bemerkung nicht billigen.

Präsident Dr. **Schwarze**: Der Schluß der Debatte wurde vielseitig beantragt, so daß ich die Frage an Sie richte: ob Sie damit einverstanden sind, daß die Debatte geschlossen wird, vorbehaltlich der Aeußerung des Herrn Kritzler, der sich noch zum Worte gemeldet hat, und des Herrn Referenten.

(Die Versammlung bejaht die Frage.)

Landgerichts-Assessor Dr. **Kritzler** aus Michelstadt (Hessen-Darmstadt): Es haben bereits solche Koryphäen in der Criminaljustiz gesprochen und die Gründe für und wider die Vereidigung der Zeugen in der Hauptverhandlung angegeben, daß ich nicht wiederholt in die Sache eingehen will. Ich halte mich nur verpflichtet, darauf aufmerksam zu machen, daß im Großherzogthum Hessen seit zwei Jahren eine neue Prozeßordnung erlassen worden ist, und daß diese den Grundsatz aufstellt, daß die Zeugen in der Voruntersuchung und zwar am Schlusse derselben beeidigt werden. Dieser Grundsatz hat sich seit dem zweijährigen Bestehen bewährt. Die Zeugen werden in der Voruntersuchung am Schlusse beeidigt; es ist also Garantie dafür gegeben, daß die Untersuchung nicht ohne Grund eingestellt, daß der Angeklagte nicht ohne Grund vor das Gericht verwiesen wird. Weiter bestimmt die Hessische Kriminalprozeßordnung, daß in der Hauptverhandlung die Beeidigung stattfinde, und zwar im Anfange der Hauptverhandlung. Es werden sohin durch die Beeidigung im Anfange der Hauptverhandlung diejenigen praktischen Gegengründe, die für die Beeidigung am Schlusse sprechen, widerlegt. Auf dieses hat schon Herr Staatsanwalt Lauhn aufmerksam gemacht, und ich will es nicht wiederholen. Ich bin deßhalb dafür, daß die Zeugen in der Voruntersuchung, und zwar am Schlusse derselben beeidigt werden müssen, und die Beeidigung in der Hauptverhandlung vor der Vernehmung zu wiederholen ist.

Professor Dr. **Abegg** aus Breslau: Ich bin einen Augenblick schüchtern geworden durch die Aeußerung des Herrn Keller. Er hat bemerkt, daß der Zweck des Juristentages der sei, nicht sowohl durch theoretische und gelehrte Untersuchungen zu unterhalten, als praktische Erfahrungen mitzutheilen, und das hat mich schüchtern gemacht, ob ich den Auftrag, Referent zu werden, annehmen oder hätte ausschlagen sollen. Ich wage nicht, meine geringen praktischen Erfahrungen anzuschlagen, welche ich als Bayrischer Rechtspraktikant gemacht habe, aber es wird mir erlaubt sein, zu erwähnen, daß ich bei dem Landrichter Puchta in Franken in Praxis war, und ich danke ihm heute noch von Herzen für die treffliche Anweisung, welche er mir gegeben hat.

Ich wollte das nicht sagen ad captandam benevolentiam, oder um meine Kompetenz zu rechtfertigen, ich bin überzeugt, daß sie von vorneherein nicht bestritten werden wird.

Es handelt sich um zwei Punkte, der eine in Bezug auf die Vereidigung in der einen oder andern Periode, der andere, ob vor- oder nachgehend; damit hängt die Frage nach der größeren Sicherheit des Eides zusammen, ob diese oder jene Methode mehr Bürgschaft leistet für die Wahrheit. Ich habe bezüglich dieser Frage meine Ansicht dahin ausgesprochen, daß ich einen entschiedenen Werth auf diese oder jene Methode nicht lege. Ich habe ausgesprochen, daß der einzelne Mann für den Eid bürgt, und der Richter, wenn er die Vereidigung vornimmt, sich ansieht, mit wem er es zu thun hat.

Die praktische Erfahrung steht auf beiden Seiten gleich, dieselbe wurde hier und dort vorgeführt, und man wird daher die Frage von einem andern Standpunkte betrachten müssen. Derselbe liegt im Wesen des neuen Verfahrens, der Charakter, das Wesen des öffentlich mündlichen Verfahrens muß in Betracht gezogen werden. Das gebietet, daß in der Hauptverhandlung die Vereidigung vorgenommen wird. Indeß wird man Ausnahmen für gewisse Fälle der Voruntersuchung zulassen müssen.

Herr Schaffrath ist im Irrthum, wenn er Herrn Lauhn vorwirft, er hätte Erfahrungen nicht machen können, weil in Preußen bloß in der Voruntersuchung, nicht in der Hauptverhandlung die Zeugen vereidigt werden. Es geschieht das in vielen wichtigen Fällen, es wird in Preußen gar mancher Eid in der Hauptverhandlung abgeleistet. Die Zeugen in der Voruntersuchung und Hauptverhandlung sind keineswegs immer dieselben. Eine Reihe von Zeugen wird in der Voruntersuchung vernommen, welche aus verschiedenen Gründen nicht zur Hauptverhandlung berufen werden, und eine Reihe von Zeugen kommt in der Hauptverhandlung vor, welche in der Voruntersuchung nicht haben vernommen werden können. Ich will weiter darauf aufmerksam machen, daß nach den Gesetzen aller Länder vor der Hauptverhandlung sowohl dem Statsanwalt, als dem Vertheidiger gestattet ist, ein Verzeichniß derjenigen Personen dem Gerichte einzureichen, welche sie als Zeugen vernommen zu sehen wünschen. Dem Vorsitzenden steht das Recht zu, von diesen einige auszuschließen, die übrigen auf Kosten dessen, der sie vorschlägt, vorzuladen.

Herr Schaffrath hat auf eine Bedenklichkeit bezüglich des promissorischen Eides aufmerksam gemacht gegenüber dem assertorischen. Die Bedenklichkeit ist nicht so groß. Die Verletzung des assertorischen Eides, welche in dem Augenblicke vorgenommen wird, wo geschworen wird, ist allerdings etwas anderes, als die Verletzung des promissorischen Eides von Seiten eines Kassabeamten, daß er mit Treue und Redlichkeit verfahren will, und der sich nach 10 Jahren an der Kassa vergreift. Dieser Eidesbruch, der durch ein eigenes Delikt verübt wird, ist etwas anderes, als die Verletzung des promissorischen Eides, durch welchen geschworen wird, die Wahrheit sagen zu wollen über Alles, worüber gefragt werden wird, und dieser Eid ist leichter vergleichbar dem assertorischen, die Wahrheit gesagt zu haben. Ich muß indessen wiederholen, daß der assertorische Eid, welcher am ersten August geleistet worden und auf welchen bei einer späteren Vernehmung verwiesen wird, sich dadurch nicht in einen promissorischen verwandelt. Das ist ein Grund, warum ich glaube, daß der Eid der Vernehmung vorausgehen soll.

Dagegen ist ein anderer Herr Kollege im Irrthum, daß die Beeidigung der Vernehmung über die Generalfragen vorausgeht. Kein Richter wird einen Menschen, der ihm nicht bekannt ist, schwören lassen und ihn dann fragen, wer er ist, sondern überall geht die Vernehmung über die Personalia voraus, und wenn die Vereidigung der Aussage vorausgeht, so folgt sie doch immer der Vernehmung über die Generalia; es versteht sich von selbst, daß die persönlichen Fragen verbunden werden müssen mit der Vernehmung. Ich kenne einen Fall, in welchem sich eine Person für eine andere ausgegeben hat. Der Eid wurde in einer Civilsache geleistet, und die Aussage war in allen andern Punkten richtig, aber Titius schwur: „ich bin Sempronius." Die Geschworenen haben einen fahrlässigen Meineid angenommen.

Ich empfehle Ihnen zur Annahme den Antrag, daß als Regel in der Hauptverhandlung die Vereidigung erfolgt; die Ausnahmen braucht man nicht zu spezialisiren, man wird einem gewissenhaften und einsichtsvollen Richter gestatten müssen, in der Voruntersuchung nach Lage des Falles die Vereidigung vorzunehmen.

Die Modifikation, welche ich im Barbasch'schen Antrage vorgenommen, bezieht sich darauf, daß der Antrag sagt: „daß, nachdem alle Zeugen verhört sind, die Vereidigung stattfinde", während meine Fassung sagt, daß sie mit der Vernehmungshandlung verbunden werde, und daß die Beeidigung von der Vernehmung nicht getrennt werden soll. Ich habe diesen Bemerkungen nichts mehr beizufügen.

Präsident Dr. **Schwarze**: Wir gehen zur Abstimmung über. Es scheint mir selbstverständlich, daß die Anträge des Herrn Referenten, und nicht die des Herrn Barbasch zur Abstimmung gebracht werden.

Außer den Anträgen des Herrn Referenten liegen noch die Anträge des Herrn Staatsanwalts v. Lauhn vor.

Was diese Anträge betrifft, so stellen sich die beiden ersten als Gegenanträge zu den Anträgen des Herrn Referenten dar, und erledigen sich durch die Abstimmung über die Anträge des Herrn Referenten, blos bezüglich des dritten ist die Frage, ob derselbe besonders zur Abstimmung gebracht werden soll.

Es ist Sache der Entschließung des Herrn Antragstellers, ob er überhaupt Abstimmung über den dritten Antrag verlangt oder nicht.

Staats-Anwalt **v. Lauhn** aus Naumburg: Ich würde auf keine besondere Abstimmung antragen.

Präsident Dr. **Schwarze**: Demnach würde sich die Abstimmung folgendermaßen gestalten.

Der erste Antrag des Herrn Referenten lautet dahin:

„der Juristentag spricht seine Ueberzeugung dahin aus, daß das Wesen und der Charakter des mündlichen Verfahrens es erfordern, die Vereidigung der Zeugen ohne Unterschied der Belastungs- und Entlastungszeugen in der Hauptverhandlung vorzunehmen"

Der zweite Antrag geht dahin:

„daß von diesem Grundsatze nothwendige Ausnahmen anzuerkennen seien, denen gemäß die Vereidigung nach richterlichem Ermessen auch schon in der Voruntersuchung erfolgen kann."

Dieser Antrag ist eventuell, und würde wegfallen, wenn der erste abgelehnt würde. Ich bringe den ersten Antrag zur Abstimmung.

Der dritte Antrag kommt zur Abstimmung, gleichviel ob der erste angenommen wird oder nicht.

Professor Dr. **Abegg**: Ich würde bitten, in den Antrag I. das Wörtchen „öffentlich", welches aus Versehen weggeblieben ist, noch aufzu nehmen.

Advokat Dr. **Schaffrath** aus Dresden: Ich widerspreche der Aufnahme dieses Wortes in den I. Antrag. Es ist dies jetzt zu spät und formell nicht mehr zulässig.

Präsident Dr. **Schwarze**: Ich halte das Wort „öffentlich" für weniger wichtig. Man ist in neuerer Zeit gewohnt, die Worte „öffentlich-mündliches" Verfahren zusammenzuziehen, und ich würde für die Beschlußfassung in dem Beisatz eine wesentliche Aenderung nicht finden.

Professor Dr. **Abegg**: Ich habe hier mein Manuskript, und bitte, es zu lesen, es findet sich darin das Wort „öffentlich", der Herr, welchem ich es diktirt habe, hat es übersehen. Ich habe dem Herrn Vorsitzenden das Original eingereicht, und es ist deshalb mein Verlangen begründet.

Präsident Dr. **Schwarze**: Ich muß mich allerdings an das halten, was ich vorgelesen habe, ich habe die Abschrift mehrmals vorgelesen, und da der Herr Antragsteller ebenfalls zugegen war, hatte er Gelegenheit, die Korrektur vorzunehmen. Ich halte die Sache nicht für bedeutend, und erlaube mir den Beschluß der Versammlung darüber einzuholen, ob das Wort „öffentlich" noch beigesetzt werden darf.

(Wird durch die Majorität genehmigt.)

Ich bringe nunmehr den ersten Antrag zur Abstimmung. Ich habe ausdrücklich erklärt, daß der zweite Antrag, in welchem sich die Ausnahme befindet, zur besonderen Abstimmung gebracht werden muß. Er ist als besonderer Antrag formulirt, und es ist natürlich, daß diejenigen Herren, welche den Antrag I. annehmen, sich nicht präjudiziren. Wird der Antrag angenommen, so fällt der Gegenantrag des Herrn Staats-Anwalts v. Lauhn.

Ich bitte diejenigen Herren, welche wollen, daß die Vereidigung in der Hauptverhandlung vorgenommen werden soll, die Hand zu erheben.

(Wird angenommen.)

Der zweite Antrag des Herrn Referenten ist bereits bekannt gegeben.

Ich bringe denselben zur Abstimmung.

(Wird angenommen.)

Der dritte Antrag lautet:

„Die Vereidigung, in welcher Periode des Verfahrens sie auch stattfinde, ist mit dem Vernehmungsakte der Zeugen zu verbinden, und zwar in der Regel vorausgehend demselben."

Dr. **Rosenbacher** aus Prag: Ich wollte fragen, ob noch ein Antrag auf Trennung der Abstimmung über diesen Punkt zulässig sei; ich beantrage, die Abstimmung so zu trennen, daß zunächst gesondert abgestimmt werde über die Frage, ob die Vereidigung in continuo mit der Vernehmung stattfinde, und dann abgestimmt werde darüber, ob die Vereidigung vor oder nach der Vernehmung stattzufinden habe.

Professor Dr. **Abegg**: Ich bin mit dieser Trennung einverstanden.

Staats-Anwalt v. **Lauhn**: Wenn ich vorhin die Erklärung abgegeben habe, „ich verlange die Abstimmung nicht", so meinte ich die Abstimmung für jetzt über den dritten Antrag. Nachdem aber der Herr Vorsitzende diesen dritten Punkt hervorgehoben hat aus dem Antrage des Herrn Referenten, so steht mein dritter Antrag entgegen dem Antrage des Herrn Referenten, und ich würde nun darauf antragen, die Abstimmung vorzunehmen, weil es sich um die Frage handelt, ob die Versammlung den assertorischen oder promissorischen Eid will. Da sich die beiden Anträge entgegenstehen, beantrage ich, über meinen Antrag abzustimmen.

Präsident Dr. **Schwarze**: Nach meiner Meinung ist nach dem Resultate der Abstimmung Herr Staatsanwalt v. Lauhn berechtigt, seinen frühern Antrag wieder aufzunehmen, weil ein novum eingetreten ist.

Ich bringe zunächst den dritten Antrag des Herrn Referenten zur Abstimmung, und zwar, da der Herr Referent mit dem gestellten Antrage auf Trennung einverstanden ist, bringe ich gegenwärtig nur den ersten Theil des dritten Antrags, dahin gehend:

„der Juristentag spricht seine Ueberzeugung dahin aus, daß die Vereidigung, in welcher Periode des Verfahrens sie auch stattfinde, mit dem Vernehmungsakte zu verbinden ist."

zur Abstimmung.

(Wird angenommen.)

Der zweite Theil des Antrages kommt nunmehr zur Abstimmung, dahin gehend:

„und zwar, daß der Vernehmung des Zeugen die Vereidigung in der Regel vorausgehe."

(Wird angenommen.)

Der Antrag ist in seiner Totalität angenommen, es wird nicht nöthig sein, über den gesammten Antrag noch einmal abstimmen zu lassen.

Ich gehe über auf den dritten Antrag des Herrn Staats-Anwalts v. Lauhn.

Ich will ihn bekannt geben:

„Ein Zeuge, der in der Voruntersuchung bereits eidlich vernommen worden ist, kann und muß seine später geleistete Aussage auf seinen geleisteten Eid nehmen, und nur ausnahmsweise und unter besondern Umständen kann das Richter-Kollegium die nochmalige Vereidigung des Zeugen beschließen."

Ich halte diesen Antrag nicht im Widerspruch mit den seitherigen Beschlüssen, und würde denselben ungetrennt zur Abstimmung bringen.

(Der Antrag wird abgelehnt.)

Damit sind diese Gegenstände erledigt; es knüpft sich aber daran die weitere Beschlußfassung darüber, ob die ganze Materie, welche nunmehr erledigt ist, dem Plenum nur zur Kenntnißnahme angezeigt, oder ob sie zur Berathung und Beschlußfassung in's Plenum gebracht werden soll.

Advokat Dr. **Völk** aus Augsburg: Ich beantrage, daß die Sache dem Plenum zur Berathung und Beschlußfassung überwiesen werde. Ich habe einen Grund dafür, daß bei der Abstimmung über die erste Frage eine Gegenprobe nothwendig geworden ist, woraus hervorgeht, daß eine bedeutende Minorität besteht; man kann deshalb nicht sagen, daß es die einhellige Ueberzeugung dieser Abtheilung ist, daß der Satz, der an der Spitze angenommen wurde, der richtige sei. Ich habe aber hiefür noch einen anderen Grund, den ich nur kurz andeuten will, damit ich nicht in die Debatte zurückkomme. Es herrscht unter verschiedenen Herren z. B. noch ein Mißverständniß über die Bedeutung des ersten Satzes. Wie derselbe liegt, kann ich für ihn stimmen, und bin doch dafür, daß die Zeugen alle in der Voruntersuchung beeidigt werden. Bei uns in Bayern muß jeder Zeuge, der in der öffentlichen Hauptverhandlung vernommen wird, beeidigt werden. Dieses, und nicht mehr sagt der erste Satz. Sie müssen erst künstlich durch die Debatte und die Gegensätze, welche Sie in die verschiedenen Anträge hineinlegen, herausbringen, daß die Zeugen in der Voruntersuchung nicht beeidigt werden sollen. Nun glaube ich nicht, daß es zulässig ist, als Ueberzeugung des Juristentages der Welt einen Ausspruch bekannt zu geben, welchem diejenigen beistimmen können, welche die Beeidigung auch in der Voruntersuchung wollen. Es hat sich, wie mir scheint, und in meiner Nachbarschaft ist das bemerkt worden, das Mißverständniß eingeschlichen, als ob man bei uns in Bayern nur in der Hauptverhandlung immer beeidige, in der Voruntersuchung aber nicht, während man sowohl in der Voruntersuchung, als auch in der Hauptverhandlung beeidigt. Daran scheint man bei der Redaktion des Satzes nicht gedacht zu haben.

Ich glaube, daß es zur Aufklärung der verschiedenen Anschauungen und Auffassungen, und weil eine bedeutende Minorität sich gebildet hat, bei der Wichtigkeit der Sache nothwendig ist, dieselbe zur weiteren Berathung ins Plenum zu verweisen, und ich stelle hierauf den Antrag.

Hofgerichtsrath **Brauer** aus Bruchsal: Ich wollte hauptsächlich dem Grundsatz entgegentreten, daß es einer künstlichen Auslegung hier bedürfe. Wir sind der Juristentag, wo juristische Auslegungen vorzunehmen sind, und da ist es die Grundregel, daß nicht blos auf den Buchstaben, sondern auf den Geist der betreffenden Verhandlung Rücksicht genommen werde. Nun ist kein Zweifel vorhanden, in welchem Sinne dieser Antrag gemeint sei, und was damit entschieden werden wollte. Wenn gesagt worden ist, es sei nicht daran gedacht worden, daß doppelt beeidigt werde, so muß ich daran erinnern, daß das nach dem französischen Recht und nach manchen andern Gesetzgebungen der Fall ist, und man darf voraussetzen, daß die meisten Juristen das wissen. Der deutsche Charakter hat mit Recht die doppelte Beeidigung als eine Entwürdigung erklärt.

In der Sache selbst bin ich einverstanden, sie ans Plenum zu bringen und zwar, weil der Grundsatz der Oeffentlichkeit und Mündlichkeit des Verfahrens in Frage steht, also der Hauptgrundsatz, welcher wichtig genug erscheint, vor das Plenum gebracht zu werden.

Präsident Dr. **Schwarze**: Ich erlaube mir eine kurze Bemerkung zur Aeußerung des Herrn Dr. Völk. Dieselbe hat allerdings, wenn man den Antrag allein sieht, eine gewisse Berechtigung, ich bin aber nicht berechtigt als Vorsitzender Anträge zu redigiren und zu korrigiren. Es wäre sehr erwünscht gewesen, wenn seine Bemerkung früher gemacht worden wäre. Wenn Herr Völk glaubt, daß Mißverständnisse obwalten könnten, so könnte man damit helfen, wenn derjenige Herr, welcher das Referat übernimmt, ausdrücklich die präzise Erklärung gebe, wir haben mit Annahme dieses Satzes den Grundsatz aussprechen wollen, daß in der Regel die Vereidigung der Zeugen erst in der Hauptverhandlung erfolge. Wenn diese authentische Interpretation gegeben wird, so wird sich Herr Völk beruhigen können.

Ich frage, ob die Versammlung die gefaßten Beschlüsse dem Plenum zur Berathung und Beschlußfassung vorlegen lassen will.

(Wird angenommen.)

Damit ist dieser Gegenstand erledigt und ich schlage vor, eine viertelstündige Pause zu machen.

(Pause.)

Präsident Dr. **Schwarze**: Ich bitte, die Plätze einzunehmen. Ich habe zunächst die Herren Vertrauensmänner zu ersuchen, sich heute Nachmittags 5 Uhr einzufinden, um Vorschläge für die Bildung der ständigen Deputation zu machen.

Wir gehen zur Tagesordnung über, und ich ersuche den Herrn Referenten v. Schab, den gütigst zugesagten Vortrag zu erstatten.

Referent App.-Ger.-Präs. v. **Schab**: Meine höchstgeehrten Herren! Von der ständigen Deputation des Deutschen Juristentages erging mir der ehrende Auftrag, dem VI. Juristentage Bericht zu erstatten:

über die Anträge des General-Staats-Anwaltes Dr. Schwarze und des Advokaten Dr. Gotthelf, die Berufung im Strafverfahren betreffend.

Die Anträge enthält die in Ihren Händen befindliche Tagesordnung (Seite 16—17).

Ueber beide Anträge gab der Herr Staatsanwalt Dr. Wirk in Wolfenbüttel umfassende Gutachten ab.

Ich werde mich über den Antrag des Dr. Gotthelf vorerst verbreiten, weil der des Dr. Schwarze auf dem Grund und Boden des Berufungssystems steht, während der erste Antrag die Abschaffung dieses Institutes bezielt.

Die Frage über den Werth der Berufung gegen die von Saatsrichtern, — ständigen Richtern — rechtsgelehrten Staatsbeamten gefällten Urtheile und über die Zweckmäßigkeit, diese Berufung beizubehalten oder aufzuheben, wird sowohl von den Schriftstellern als von den Gesetzgebern verschieden angesehen.

Gegen die zweite Instanz sprechen sich unter andern aus: Dr. Schwarze, Marquartsen, Walther, Voitus, Tippelskirch, Amann, Glaser, Molitor, Wiest, Schletter, Vollert;

für die Beibehaltung der Berufung erklären sich z. B. Mittermaier, Temme, Merkel, Goltdammer, Arnold, Groß, Langenn, Gerau, Ruppenthal, Brotrab, Haager, Rubo rc.

Die Gesetzgebungen betreffend, so gestatten die Braunschweig'sche, die Altenburg'sche Strafprozeßordnung, so wie die Oldenburg'sche und Lübeck'sche keine Berufung gegen Urtheile der Staatsrichter; gemäß der am 18. Mai 1864 sanktionirten Strafprozeßordnung für Baden findet gegen Urtheile der Strafkammer der Kreisgerichte, sowie gegen Urtheile der Schwurgerichte nur das Rechtsmittel der Nichtigkeitsbeschwerde in den gesetzlich bestimmten Fällen statt.

Dagegen besteht in den größeren deutschen Staaten, sowie in Frankreich, Belgien und in der Schweiz die Appellation; in den Niederlanden, wo der Rekurs mehrere Jahre abgeschafft gewesen, wurde er wieder eingeführt. Das Gutachten des Herrn Staats-Anwalts Wirk empfiehlt den Antrag I. des Herrn Dr. Gotthelf zur Annahme, jedoch in folgender Fassung:

„Den Wahrspruch, — auch den von ständigen Richtern abgegebenen — in Bezug auf seinen Inhalt der Anfechtung durch Rechtsmittel zu unterwerfen, ist wider den Begriff und die Natur des Wahrspruches und verletzt die Rechtspflege in ihrer innersten Wahrheit und Würde."

Meine Herren! Der Gegenstand der heutigen Berathung kam seit ungefähr anderthalb Decennien zur genauesten Erörterung; ich bin nicht im Stande, etwas Neues hinzuzufügen, mir verbleibt nur, meine Ansicht auszusprechen und kurz zu begründen.

Die große Verschiedenheit der Ansichten, sowohl in der Literatur als in der Gesetzgebung, macht die Lösung der vorwürfigen Frage äußerst zweifelhaft, und es bedarf einer genauen Abwägung der Gründe für und wider, damit nicht durch eine voreilige Entscheidung, bei welcher man, statt das Institut der Berufung zu verbessern, es lieber ganz aufhebt, Nachtheile herbeigeführt werden, an welche die Freunde der Aufhebung selbst nicht denken.

Ich gestehe, die Berufung ist der schwarze Fleck, aber er wird sich ohne Schädigung des Ganzen nicht vertilgen lassen; ich spreche mich deßhalb für die Beibehaltung der Berufung aus, und werde versuchen, die Hauptargumente der Gegner zu widerlegen.

Wenn diese behaupten, die Appellation sei bei der Form des Anklageprozesses, bei der Zulässigkeit der Berufung gegen das Verweisungserkenntniß, dann bei der Mündlichkeit und Unmittelbarkeit der Beweisaufnahme vor dem entscheidenden Gerichte als eine vermehrte Garantie für eine wahrhafte und gerechte Entscheidung der Thatfrage unnöthig, so ist hierauf zu entgegnen, daß in diesen Momenten keineswegs eine genügende Garantie liegt, denn die der Verhandlung vor dem entscheidenden Gerichte vorausgehende Voruntersuchung und das Verweisungserkenntniß sind unerschöpfend, haben nur den Zweck, einen zur Erkennung der Anklage hinreichenden Verdacht zu ermitteln beziehungsweise festzustellen; dem Vortrage, welcher die Fällung des Verweisungserkenntnisses vorbereitet, darf weder der Angeklagte, noch dessen Vertheidiger anwohnen, bei sehr vielen, vielleicht bei den meisten Fällen stimmen die Richter, welche an dem Verweisungsbeschlusse theilgenommen, auch bei der endlichen Entscheidung mit; findet eine unmittelbare Vorladung zur Hauptverhandlung und Entscheidung statt, so geht eine noch unvollständigere Vorverhandlung voran, und verschwindet in solchen Fällen eine Garantie, auf welche die Gegner so großen Werth legen — vollkommen. Allerdings übt die Mündlichkeit und Unmittelbarkeit der Beweisaufnahme vor den entscheidenden Richtern einen vortheilhaften Einfluß auf eine richtigere und vollkommenere Beurtheilung der Thatfrage, insbesondere im Vergleiche zu dem früheren schriftlichen Verfahren, allein sie kann den Richtern die souveraine Macht der unabänderlichen Entscheidung über die Thatfrage nicht vindiziren; diese Entscheidung beruht in der Regel in einer schwierigen, aus künstlicher Schlußfolgerung gezogenen Beurtheilung, wobei Verstand, Erfahrung, größere oder geringere Kombinationsgabe Einfluß üben und deshalb vorgefaßte Ansichten und Täuschung sehr leicht Platz greifen.

Gegen die Unabänderlichkeit des Verdiktes der Jury bestehen solche Bedenken nicht, weil durch eine mehr formale Behandlung des Anklage- und Verweisungsverfahrens, sowie der Hauptverhandlung selbst, durch die unabhängige Stellung der Geschworenen, der größeren Zahl der zu Gericht Sitzenden, durch das sowohl dem Angeklagten, als dem Staatsanwalte zustehende ausgedehnte Rekusationsrecht, sowie durch die in einigen Gesetzgebungen verlangte Einstimmigkeit oder in andern Staaten erforderte Mehrheit von acht Stimmen, oder durch den Hinzutritt der Richter zu der Abstimmung, wenn die Schuld nur mit einfacher Stimmenmehrheit ausgesprochen ist, mächtige Garantieen geschaffen sind, und endlich ein sehr wichtiges Mittel gegen den Ausspruch der Geschworenen zu Gunsten des Angeklagten darin besteht, daß der Schwurgerichtshof, wenn er einstimmig der Ansicht ist, daß die Geschworenen durch Schulderklärung in der Hauptsache sich geirrt haben, die Urtheilsfällung aussetzen und die Sache an ein anderes Schwurgericht zur wiederholten Verhandlung und Aburtheilung verweisen kann.

Bei den mit Staatsbeamten besetzten Gerichten bestehen solche Garantieen nicht und sind auch nicht alle, namentlich die Letzteren (die Erfindung eines Analogon ist undenkbar) nicht einführbar; — demnach wäre ein unbedingtes Vertrauen in die Vollkommenheit der ständigen Richter, welche man ihnen in der Unabänderlichkeit ihrer Entscheidung über die Schuldfrage beilegen würde, nicht zu rechtfertigen, und müßte der Werth der Mündlichkeit bedeutend verlieren, wenn man aus ihrem Bestande das Wegfallen der Appellation ableiten wollte.

Die Berufung ist eine ebenso wichtige Garantie, wie die Oeffentlichkeit und Mündlichkeit, und man darf sich zu deren Beseitigung nicht so leicht durch den Zug, den die Theorie genommen, hinreißen lassen.

Die Gegner des Berufungssystems führen ferner an, die unmittelbare Wahrnehmung, aus welcher das Gericht I. Instanz sein Urtheil geschöpft hat und über welche nun das Gericht II. Instanz entscheiden soll, sei keiner Uebertragung auf eine andere Instanz fähig.

Ich gebe zu, daß eine ganz gleichförmige und identische Reproduktion in vielen Fällen nicht möglich sein wird, aber eine solche völlig gleichförmige und identische Reproduktion ist auch nicht nothwendig.

Die Gründe, warum ein Angeklagter gegen ein verurtheilendes Erkenntniß appellirt, sind verschieden: entweder behauptet er keine strafbare Handlung begangen zu haben — oder er beschwert sich, weil das Gericht seine That nicht unter das richtige Strafgesetz subsumirt hat, — oder weil die Strafausmessung zu hoch gegriffen sei.

In allen diesen Fällen handelt es sich bei Entscheidung der Berufung lediglich um eine Rechtsfrage, welche das Obergericht eben so gut entscheiden kann, auch wenn es den Vortheil der unmittelbaren Anschauung nicht hat.

Der Mangel der Unmittelbarkeit wird sich nur in den Fällen fühlbar machen, wo der Angeklagte behauptet, mit Unrecht für schuldig erklärt worden zu sein, wo also eine Berufung über die Thatfrage im engeren Sinne vorliegt; — allein diesem Mangel läßt sich sehr leicht abhelfen; die Prozeßgesetzgebung soll nur vorschreiben, daß sich der Verurtheilte in einem solchen Falle nicht auf die kurze Erklärung beschränken dürfe, er sei unschuldig, sondern daß er vielmehr die Gründe speziell angeben müsse, warum er, trotz dem anscheinend vollständigen Beweise der Thäter nicht sei; — er muß z. B. angeben, daß und warum die gegen ihn sprechenden Verdachtsgründe eine andere ihn nicht belastende Erklärung zulassen, oder daß die Zeugen so verworren und widersprechend ausgesagt haben, daß ihre Depositionen unglaubwürdig seien ꝛc.

Auf diese Weise wird die ganze Verhandlung II. Instanz auf einen einzelnen Punkt — den Beschwerdepunkt — konzentrirt. Wenn nun dieser Punkt zum Gegenstand sorgfältiger Untersuchung und Erörterung gemacht wird, — wenn dem Angeklagten gestattet ist, in II. Instanz Zeugen vorzuschlagen ohne Rücksicht, ob er im Stande ist die desfallsigen Gebühren im Voraus zu erlegen, — welche Befugniß ohnedies gegenüber den unbeschränkten Befugnissen der Staatsanwaltschaft eine Forderung der Gerechtigkeit ist, wenn ferner dem die Verhandlung II. Instanz leitenden Vorsitzenden zugegestanden wird, Zeugen, welche er zur vollständigen Aufklärung der Sache für nothwendig erachtet, zur öffentlichen Verhandlung zu laden, ohne erst einen desfallsigen Vertagungsbeschluß des Gerichtshofes abwarten zu müssen, so wird sich kaum mehr behaupten lassen, daß das Obergericht weniger gut informirt sei, als das Untergericht, — im Gegentheil wird ersteres besser informirt sein; denn nicht das ganze Ergebniß der früheren Verhandlung ist in Frage, der größere Theil derselben bleibt von der Beschwerde unberührt, — der kleinere Theil aber, in welchem die Beschwerde gefunden wird, erscheint durch die Verhandlung II. Instanz in einem weit klarerem Lichte.

Wenn auch die Reproduktion in manchen Fällen, jedesmal wird dieses nicht eintreten, ein anderes Resultat liefert, weil der Angeklagte, die Zeugen oder die Sachverständigen bei der zweiten Vernehmung nicht dasselbe aussagen, sich auf dieselbe Weise benehmen zc., so ist dieses unerheblich, denn im Wesentlichen werden die Aussagen immer das Gleiche enthalten, der Eindruck der Reproduktion wird daher im Wesentlichen immer der gleiche sein, wenn auch einzelne Nebenumstände, auf welche der besonnene Richter keinen Werth legen wird, hie und da wechseln; nur höchst selten kommt es auf die einzelnen Worte und Geberden des Angeklagten oder der Zeugen an, nur der Totaleindruck, welchen die Persönlichkeit des Redenden auf die Richter macht, und das Bleibende seiner Behauptungen bilden die Grundlage der richterlichen Entscheidung.

Bei Festhaltung des Berufungssystems muß man überhaupt nicht annehmen, daß es sich bei demselben lediglich um eine Prüfung der erstrichterlichen Entscheidung handle, daß es nur darauf ankomme, ob das Gericht I. Instanz nach dem ihm vorgelegt gewesenen Beweismaterial seine Ueberzeugung von der Gewißheit oder Unwesenheit der Thatsachen mit genügenden Gründen ausgesprochen hat, und durch welche Gründe es hiezu bestimmt worden ist, sondern man muß von dem Grundsatze ausgehen, daß es nach dem Zwecke des Verfahrens im Strafprozesse **überall** der Ermittelung und Feststellung der Wahrheit gilt, wodurch die gerechte Anwendung der Gesetze bedingt ist, und daß es ganz gleichgültig sein muß, in welchen Formen und welchen Stadien des Verfahrens die Wahrheit festgestellt wird.

Daß hierbei der Kostenpunkt, welchen die Reproduktion da, wo sie nach den oben gegebenen Direktiven angeordnet werden muß, verursacht, nicht in Betracht gezogen werden darf, ist selbstverständlich, weil es sich um nothwendige Bedingungen und Garantieen für eine zuverlässige Feststellung der Wahrheit und des Rechtes, also um den wesentlichsten Zweck des ganzen Verfahrens handelt.

Es ist auch die Bedenklichkeit über allzugroße Vermehrung der Kosten unbegründet, wenigstens in dem Maaße unbegründet, in welchem es von den Gegnern des Berufungssystems aufgestellt wird, weil bei Gestattung der Berufung die Rechtsmittel gegen das Verweisungserkenntniß beschränkt werden können, weil mit dem System der Nichtappellation eine größere Ausdehnung und der häufigere Gebrauch der Nichtigkeitsbeschwerde und die restitutio (Wiederaufnahme der Untersuchung) in Verbindung steht und dadurch größere Kosten veranlaßt werden, die auch dadurch sich vermehren, daß bei Nichtgestattung der Berufung eine viel stärkere Besetzung der endgiltig aburtheilenden Gerichte eintreten müßte.

Endlich behaupten die Gegner, daß die Berufung über die Entscheidung der Thatsache nicht vereinbarlich sei mit dem Prinzipe der Aburtheilung nach subjektiver Ueberzeugung der Richter.

In der Theorie mag diese Behauptung gegründet sein, allein diesen Satz in ein Prozeßgesetz aufzunehmen, scheint mir unzulässig, weil er den Bedürfnissen nach einem genügend gesicherten, vollkommenen Rechtsschutz für den Staat, wie für Einzelne widerstrebt.

Die Ueberzeugung kann eine gewissenhafte — aber dennoch irrige, eine unrichtige sein, die der Berichtigung durch Andere fähig ist; — das Urtheil der Richter II. Instanz hat deshalb nicht den Anspruch auf das Prädikat einer größeren Gewissenhaftigkeit, aber ihre Ueberzeugung kann eine richtigere, eine weniger irrige sein, wenngleich das „Errare humanum" sich nicht wegdenken läßt.

Möglich, daß der Irrthum sich in der Person des zweiten Richters fortsetzt, möglich aber auch, daß er durch ihn verlassen wird, und deshalb darf der Gesetzgeber nicht anstehen, dieser Möglichkeit den Weg zu öffnen.

Der Appellationsrichter wird sich nie mit der Frage befassen, ob der Unterrichter die konkrete Ueberzeugung gewinnen konnte, sondern stets mit der, ob er sie selbst zu gewinnen im Stande ist.

Gewiß hat auch die Ueberzeugung Mehrerer einen größeren Werth als die von Wenigeren; diese Werthsgarantie liegt aber in der Bildung einer 2. Instanz, wo die Anzahl der Richter verstärkt ist, und wenn man auch nicht annehmen darf, daß der Richter II. Instanz in Bezug auf Gewissenhaftigkeit und Urtheilsfähigkeit ein richtigerer Mensch ist, so muß doch zugegeben werden, daß der Oberrichter ein an Erfahrungen gereifterer, in Urtheilen geübterer Mann ist, daß er allen persönlichen Beziehungen und Einwirkungen ferner steht, und daß in Folge der Beschwerderechtfertigung von ihm eine schärfere Prüfung herbeigeführt wird.

Wenn auch zwischen rechtsgelehrten Richterkollegien und Schwurgerichten Aehnlichkeit besteht, so ist doch zwischen beiden in politischer Beziehung ein mächtiger Unterschied, und es ist deshalb sehr bedenklich, beide Institute in der wichtigen Frage der Berufung gleichzustellen.

Ich möchte sehr bezweifeln, ob die Urtheile rechtsgelehrter Richter ohne Rekurs im Volke so gut aufgenommen werden, wie die Verdikte der Geschworenen, der Richter aus dem Volke; — sein Vertrauen, welches in der Berufung eine wichtige Garantie erblickt, würde verletzt werden, es würde den eingewurzelten Volksanschauungen und Gewohnheiten empfindlich entgegengetreten werden.

Meine Herren! Die zweite Instanz ist um der Gerechtigkeit willen nothwendig, und ich schlage Ihnen daher vor:

„über den Antrag I. des Herrn Dr. Gotthelf zur Tagesordnung überzugehen."

Ich würde beantragen, zunächst über diesen Antrag des Herrn Dr. Gotthelf die Diskussion zu eröffnen, weil er für die folgenden präjudiziell ist.

Präsident Dr. **Schwarze**: Der Herr Referent schlägt vor, daß zunächst über den Satz I. der Gotthelf'schen Anträge die Diskussion eröffnet werde, da derselbe präjudiziell ist für die folgenden in No. 2 aufgestellten Anträge.

Ich eröffne die Diskussion.

Gerichts-Assessor Dr. **Kubo** aus Berlin: Meine Herren! Im Anschlusse an das Referat des Herrn Präsidenten v. Schab bin ich vollständig der Ansicht, daß wir zur Tagesordnung übergehen, ich glaube indessen, daß ein gestellter derartiger wichtiger Antrag mehr verdient, als lediglich durch Tagesordnung beseitigt zu werden, und ich würde eine motivirte Tagesordnung dahin empfehlen:

„in Erwägung, daß die wissenschaftlichen Forschungen rücksichtlich des Appellationsverfahrens in Strafsachen noch nicht zum Abschluß gelangt sind, geht der sechste deutsche Juristentag über den Antrag des Herrn Dr. Gotthelf zur Tagesordnung über."

Wenn es mir noch gestattet ist, eine kleine Bemerkung zu machen, so dürfte sie darin bestehen, daß meines unmaßgeblichen Ermessens es dem Juristentag wohl ansteht, gewissermaßen das Siegel auf wissenschaftliche Forschungen zu drücken, nicht aber derartige Urtheile zu fällen, die gewissermaßen die wissenschaftliche Ader unterbinden und wissenschaftlichen Forschungen gegenüber sich als Machtsprüche darstellen. (Bravo!) Seitens der Wissenschaft, und wir haben hier unter uns gefeierte Lehrer, die gerade über diesen Gegenstand geschrieben haben, ist viel bezüglich der Appellation verfaßt worden. Tagtäglich, möchte ich fast sagen, um mich einer Hyperkel zu bedienen, werden neue Experimente erdacht, und ich glaube, daß noch nicht derartige Proben dargelegt sind, um auf Grund derselben ein Verfahren für die II. Instanz einführen zu können, das mit dem in der I. in Einklang steht. Darum müssen wir uns zwar, glaube ich, mit dem Anerkenntnisse bescheiden, daß ein solches Verfahren bis jetzt noch nicht gefunden ist. Ein Beweis dafür, daß ein solches Verfahren nicht zu finden sei, ist bis jetzt noch nicht erbracht, und darum bitte ich Sie, dem Antrage des Herrn Referenten und der von mir vorgeschlagenen Begründung des Uebergangs zur Tagesordnung beizutreten.

Advokat Dr. **Eller** aus Mannheim: Der Vorschlag, welchen der Herr Redner vor mir gemacht hat, ist die bequemste Art, über die Sache wegzukommen; es scheint mir aber die Aufgabe des deutschen Juristentags eine andere zu sein, als eine so wichtige Frage geradezu zu beseitigen, und sie dadurch für den Augenblick todtzuschweigen, indem man sagt: „Wir haben diese Ansicht, diese Ueberzeugung nicht." Es scheint mir geboten zu sein, die Gründe, die für und wider sprechen, und welche in der Wissenschaft besprochen worden sind, auch von unserer Seite zu besprechen. Als der Juristentag geriren wir uns als die Vertreter der öffentlichen Meinung der Juristenwelt, und da die Frage wichtig ist, so sind wir berufen, in dem Moment, wo sie uns entgegengebracht wird, uns darüber auszusprechen. Die Frage ist nicht blos theoretisch geblieben, sondern sie ist unmittelbar praktisch geworden, sie ist nach den Vorgängen in Braunschweig und anderen kleinen deutschen Staaten und in Baden in Wirksamkeit gebracht worden, indem der dort früher bestandene Rekurs in Straffachen, und zwar in der großen Masse der mittleren Straffachen, die nicht vor die Schöffengerichte als Kontraventionen und nicht als Verbrechen vor die Schwurgerichte gewiesen sind, aufgehoben ist. Der Rekurs, die Berufung über die Thatfrage, ist in diesen Fällen aufgehoben, und blos die Nichtigkeitsbeschwerde zugelassen. Es ist diese Einrichtung von vielen Seiten mit Beifall aufgenommen worden, ich glaube aber, daß sie im Volke einen sehr verstimmenden und entmuthigenden Eindruck macht.

Wir Juristen sind freilich meistens nicht Sub- oder Objekte der Strafgerichtsbarkeit, und wir müssen nach meiner Meinung, indem wir juristische Fragen, und namentlich Fragen des Strafrechtes besprechen, dem Satze unseres großen Kant folgen, nach welchem man dem Vorurtheile am besten dadurch begegnet, daß man sich in die Lage des Andern versetzt. Wir müssen uns bei dieser wichtigen Frage des Rekurses an die Stelle des Angeklagten versetzen, und dann wird die Antwort in Bezug auf die Nothwendigkeit und Statthaftigkeit des Rekurses wohl eine andere sein, als wenn wir rein nach doktrinairen Begriffen, nach juristisch-philosophisch klingenden Kombinationen urtheilen, von deren Werth und Bedeutung Niemand spricht.

Es handelt sich um eine eminent praktische Frage von der größten Bedeutung, in welcher wir sehen, daß in Staaten, in welchen das Rechtsleben wenigstens von der Seite des öffentlich-mündlichen Verfahrens dem ganzen übrigen Deutschland gegenüber viel entwickelter ist, für die Berufung entschieden wurde, und in der man eben jetzt in Deutschland im Begriffe ist zu kompromittiren und zu experimentiren, wenn man ihr nicht ganz aus dem Wege gehen will.

Ich glaube, es ist Aufgabe des Juristentags, gegenüber diesen Experimenten, die offenbar weiter um sich zu greifen drohen, in diesem Momente seine Ueberzeugung auszusprechen. Die Akten über diese Frage werden heute nicht geschlossen werden, allein es ist nöthig und zweckmäßig, daß der Juristentag sich darüber auf die eine oder andre Weise ausspricht. Die Art und Weise, wie der Herr Referent die Frage behandelt hat, scheint so erschöpfend zu sein, daß ich wenigstens neue Gründe den vorgebrachten nicht hinzuzufügen habe, allein ich unterstütze die von ihm vorgeschlagene Tagesordnung, die etwas positives ist. Die vorliegende Frage verlangt, wenn sie auch nicht definitiv entschieden wird, doch ein Entscheidung, die ihrer würdig ist, von uns.

Ministerial-Rath Dr. **Kalb** aus München: Ich möchte nur einen kleinen Baustein zur weiteren Begründung der Anträge des Herrn Referenten beifügen.

Im Allgemeinen erlaube ich mir zu demjenigen, was über die Nothwendigkeit oder doch Zweckmäßigkeit der Beibehaltung der Berufung gegen die Entscheidungen rechtsgelehrter Richter schon bemerkt worden ist, noch auf die betr. Bestimmungen und Ausführungen in dem Entwurfe einer Strafprozeß-Ordnung für den Preußischen Staat vom Jahre 1865, sowie auf die Bemerkungen zu verweisen, welche in der zu diesem Entwurfe erschienenen Schrift des Herrn Geheimeraths Dr. Abegg hierüber enthalten sind.

Ich will hier aber vorzugsweise nur einen praktischen Gesichtspunkt hervorheben, indem ich behaupte, daß, soweit wenigstens meine Erfahrungen reichen, durch die Abschaffung der Berufung dem Angeschuldigten eine Wohlthat entzogen würde.

Die Bayerische Strafprozeß-Ordnung gewährt bekanntlich gegen die Strafurtheile der Bezirksgerichte in Vergehenssachen das Rechtsmittel der Berufung an die Appellations-Gerichte, und zwar sowohl dem Angeschuldigten als dem Staatsanwalte.

Die Wahrnehmungen nun, welche über die Ergebnisse der eingelegten Berufungen gemacht worden sind, gehen nach vollkommen glaubwürdigen Aufzeichnungen dahin, daß im Laufe der drei letzten Jahre von 7600 solcher Berufungen zwei Dritttheile verworfen, und von dem übrigen einen Dritttheil nur der vierte Theil zum Nachtheil, drei Viertheile aber zum Vortheil der Angeschuldigten abgeändert worden sind.

Unter solchen Umständen würde ich es für höchst bedenklich halten, ein Rechtsinstitut abzuschaffen, dessen Bestand, wenigstens in dem hier dargelegten Kreise der Erfahrungen, dem Angeschuldigten in der That in weit überwiegendem Maße zum Vortheile gereicht.

Präsident Dr. **Schwarze**: Wenn Sie mir erlauben, einige Worte sprechen zu dürfen, so ersuche ich meinen Herrn Stellvertreter das Präsidium zu übernehmen und konstatire, daß es mir sehr leid thut, daß ich trotz der Anführungen für die zweite Instanz mich nicht von dem Satze trennen kann, daß eine zweite Instanz in vollem Widerspruche steht mit der Mündlichkeit und Oeffentlichkeit, und daß namentlich alle diejenigen Einrichtungen der zweiten Instanz, die ich innerhalb und außerhalb Deutschlands kennen gelernt habe, nicht geeignet sind, den Bedürfnissen, welche man durch die zweite Instanz decken zu müssen glaubt, zu genügen. Ich will Sie mit meiner Ansicht nicht weiter aufhalten, und ich erlaube mir nur einfach zu konstatiren, daß in meinem engeren Vaterlande, wo zwar auch eine Berufungsinstanz gegen den Ausspruch rechtsgelehrter Richter vorhanden ist, ich oft den Verhandlungen der ersten und zweiten Instanz in derselben Sache beigewohnt habe, und ich kann die Herren versichern, daß, wenn ich nach zwei Monaten die Verhandlung in der zweiten Instanz angehört habe, ich mir sagen mußte, es ist eine andere Geschichte, die vorgetragen wird; das ist etwas Anderes, als in der ersten Instanz; ich habe nie sagen können, daß der Staatsanwalt oder der Vertheidiger irgendwie nachlässig die Sache behandelt hätte, aber diese Erfahrung kann ich konstatiren, und es ist dieses, wie mir scheint, ein nothwendiges Produkt dessen, daß wir zwei ganz verschiedenartige Systeme mit einander vermischen, indem wir das System der Mündlichkeit und das System der Schriftlichkeit auf dieselbe Sache anwenden. Wir sind, glaube ich, Alle in diesem Saale fest überzeugt, daß nur durch das mündliche Verfahren in Wahrheit den Anforderungen an ein gerechtes Urtheil entsprochen werden kann; ist dies der Fall, sind wir überzeugt, daß die Mündlichkeit allein unter allen denjenigen menschlichen Einrichtungen, die da existiren, das Möglichste leistet, dann, meine Herren, müssen Sie auch die Nachtheile der Mündlichkeit in den Kauf nehmen. Das schriftliche Verfahren bietet namentlich den Vortheil durch die Aktenmäßigkeit, daß ununterbrochen durch alle drei Instanzen, gleichviel wie viel Sie aufstellen wollen, das Material vorgeführt wird, und daß darin die Garantie der richterlichen Entscheidung liegt. Es kann das nicht in Abrede gestellt werden, aber ich halte es nicht für richtig, wenn in der Appellationsinstanz die Einrichtung des schriftlichen Verfahrens Vorzüge hat, dieser auch den Vorzug zu geben vor der Mündlichkeit. Darüber, glaube ich, muß man sich klar sein, wenn man ein System aufstellt, welches die meisten Vortheile bietet. Daß Nachtheile mit jedem Systeme verbunden sind, wird niemals in Abrede gestellt werden, aber Kompromisse können niemals großen Werth haben, weder in der Politik, noch hier. Meine Herren! Wenn Sie überzeugt sind, daß die Mündlichkeit eine gute und richtige reelle Basis für den Richter bietet, dann habe ich von allen Herren, die gesprochen haben, noch nicht den Beweis gehört, daß in der That der Richter der zweiten Instanz dasselbe Material vorgelegt erhält; es wird eben die zweite Instanz eine neue erste sein, und doch ist es das Wesen der zweiten

Instanz, daß der Richter prüft, ob der Ausspruch des ersten Richters rechtmäßig und sachgemäß ist. Aber wenn der Richter zweiter Instanz neues Beweismaterial erhält, so bekommt man eine neue Entscheidung.

Man hat mir zwar, ich weiß es, eingeworfen, das habe ja nichts zu bedeuten, wenn nur dadurch die Gerechtigkeit befördert werde. Das bestreite ich nicht. Ich habe wiederholt die Erfahrung gemacht, daß Zeugen in der zweiten Instanz ihre Aussage ändern, das ist natürlich; Sie werden diesen Zeugen keinen Vorwurf machen. Ich habe wiederholt wahrgenommen, daß ein Zeuge, der vielleicht eine beschränktere Auffassung hatte oder große Gewissenhaftigkeit, seine Aussage nachträglich ändert. Warum? Weil er hört, daß andere Zeugen, die mit größerer Sicherheit aufgetreten sind, etwas Anderes als er aussagten; er hat sich sofort konformirt diesen Zeugen. Ich habe die Erfahrung gemacht, daß Zeugen sich nachher mit einander besprochen haben, sich gegenseitig über ihre Aussagen befragten, mit einander stritten; hier machen sie die rechten Aussagen.

Es ist eine alte Erfahrung, daß im Laufe der Zeit Leute nicht mehr wissen, was sie in der Verhandlung mit angehört, und was sie selbst erlebt haben, sie vermischen mit einander, was sie von Anderen gehört und gesehen haben, und was ihre eigene Erfahrung ist.

Man hat zwar öfter gesagt, zwei Instanzen müssen wir haben, da die erste Instanz eine Zusammensetzung ist, die gar keine Garantieen bietet. Meine Herren! Da glaube ich damit antworten zu sollen, nehmen Sie 22, 23, 24 Instanzen; nach meiner Ansicht, stellen alle zweiten und folgenden Instanzen niemals die Fälle der ersten Instanz gleich dar; ich glaube, der Hauptschwerpunkt liegt lediglich in der ersten Instanz, nur organisire man die erste Instanz tüchtig. (Bravo!)

Man stelle tüchtige Richter an, man besolde sie so, daß sie nicht avanciren wollen, man sage: Ihr seid in diesen Kreis gesetzt, und sollt Land und Leute kennen lernen, in Euren Händen liegt die Entscheidung über Ehre, Leben und Tod — inappellabel. Also, die Einwendung, daß die Fehler erster Instanz von der zweiten Instanz korrigirt werden, kann ich nicht zugeben. Aber man hat auch gesagt: „Was werden das für gewissenlose Richter werden, die sagen dürfen, wir entscheiden inappellabel. Da wäre ja gar keine Furcht mehr vor der zweiten Instanz."

Meine Herren! Das scheint eine Einwendung zu sein, die rechtschaffene Juristen nicht sagen sollen; aber ich behaupte umgekehrt: der thätige, pflichttreue Richter wird gehoben werden, wenn er weiß, welche Verantwortung er als inappellabel hat. Ich frage Sie nun, was ist denn das, was den Herren Geschwornen ein so stolzes Selbstbewußtsein einflößt?

Mir haben einmal zwei verschiedene Herren gesagt: „Ihr Juristen habt das Appellationsgericht über Euch, wir aber entscheiden inappellabel, da kann kein Mensch mehr etwas dagegen sagen."

Meine Herren! Darin liegt viel. Ich will mich nicht als Modell hinstellen, aber ich kann sagen, daß ich eine ungeheuer schwere Verantwortung habe, und ich muß gestehen, das, was mich reizt auf der andern Seite, ist, daß ich mir sagen kann: du stehst ja so weit unabhängig da. Wenn man den Richtern sagt, Ihr seid nur abhängig vor Gott und dem Gewissen für das, was Ihr entscheidet; eine Entscheidung müßt Ihr treffen, und könnt Euch nicht mit dem Satze trösten, den ich einmal gelesen habe: ja, wozu sind denn die Appell-Gerichte da? (Heiterkeit); ihr müßt auch das vertreten, was Ihr entscheidet; wenn wir uns auf dieses Kapitel einlassen, so wird auch dadurch die Aufmerksamkeit und Pflichttreue der Richter geschärft werden.

Man hat auch gesagt, was werden das für Entscheidungsgründe werden? Die Entscheidungen sind zu motiviren, und ich will hier nicht den schlechten Satz wiederholen, den einmal ein Jurist gesagt hat, „es lassen sich zuletzt für jede Entscheidung Gründe finden." Aber so viel ist sicher, meine Herren, daß auch die Gerichte erster und zweiter Instanz Entscheidungsgründe haben müssen, daß wir aber doch nicht rückwärts sagen können, weil die Herren keine Entscheidungsgründe zu geben haben, so werden sie auch nachlässig entscheiden.

Dieser ganze Satz scheint mir unrichtig zu sein, so oft er auch aufgestellt worden ist. Warum sollte der Richter nicht auch richtige Entscheidungsgründe geben können? Blos weil die zweite Instanz wegfällt? Wir mögen die Entscheidungsgründe hoch oder niedrig anschlagen, einen gewissen Werth werden sie allerdings immer behalten.

Ich glaube, man hat auch gesagt, die Kassationen und Revisionen werden noch mehr vorkommen, als gewöhnlich; das scheint mir aber übertrieben, und zweitens ist es faktisch widerlegt. Es hat sich ein geehrter Herr Vorredner auf Baden berufen; ich will ein anderes deutsches Land vorführen: In Braunschweig existirt seit 1849 oder 1850 keine zweite Instanz.

Fragen Sie doch die Braunschweiger Juristen, ob sie ein Bedürfniß finden, eine zweite Instanz herzustellen. Ich habe mich in Braunschweig sehr oft erkundigt und gehört, es sei kein Bedürfniß vorhanden. Das kleine Land Altenburg — ob ein Land groß oder klein ist, ist schließlich gleich — hat keine zweite Instanz seit 1855. Dort hat man seit 11 Jahren also die Probe gemacht, und fragen Sie dort, so werden Sie die Antwort erhalten, daß weder Advokaten noch Staatsanwälte, weder Richter noch

Publikum, eine zweite Instanz verlangen; sie sind zufrieden. Wir haben ferner Oldenburg, wo die zweite Instanz ausgefallen ist.

Meine Herren! Das sind doch auch Thatsachen, die angeführt werden können, und es sind Einrichtungen, die wie ein deus ex machina hineinfallen, wie in Altenburg, und sich bewähren, wenn sie einmal da sind.

Ich bin der Meinung, meine Herren, die Hauptgarantie liegt, wie schon in dem römischen Recht steht, in der fides judicantium, und diese ist in aller Weise zu kräftigen und zu stählen.

Es muß jeder Richter das volle Bewußtsein der Verantwortlichkeit haben, er muß ausgerüstet sein mit allen Mitteln, welche die menschliche Weisheit zu schaffen vermag, Erkenntnißquellen zu eröffnen, und er muß offen sagen können, daß er in jeder Beziehung unabhängig dastehe, daß er nur Gott und sein Gewissen vor Augen habe.

Das ist mein Votum!

Advokat Dr. **Eller** aus Mannheim: Nachdem das materielle Verfahren zur Sprache gekommen ist, will ich mit wenigen Worten ein Paar schlagende Gründe, wie ich glaube, vorbringen. Ich kann mich nicht dazu verstehen, dem Begriffe der Mündlichkeit als Moloch quasi die Unabhängigkeit der Richter in den Rachen zu werfen. Ich lasse mich überhaupt nicht durch Begriffe leiten, durch Begriffe allein bestimmen, wo es sich um Fragen des praktischen Lebens handelt. Ich stimme ein, daß die Aufmerksamkeit, Gewissenhaftigkeit, Pflichttreue der Richter eine wesentliche Garantie für die Gegenstände der Rechtssprechung sind, ich habe auch durchaus keinen Grund, und möchte einem Mißverständnisse vorbeugen, daß die Einrichtung, wie sie seit drei Jahren bei uns besteht, in Bezug auf die Pflichttreue und Gewissenhaftigkeit der Richter in irgend einer Weise Veranlassung zu Klagen gegeben habe, im Gegentheil habe ich gefunden, daß selbst da, wo die beschränkte Nichtigkeitsbeschwerde an den Kassationshof, obersten Gerichtshof — bei uns heißt er Oberhofgericht, — gelangte, Fälle vorgekommen sind, in denen der erkennende Richter es schmerzlich vermißt hat, daß er nur die Nichtigkeitsbeschwerde zu prüfen vermochte und nicht in der Lage sei, auch als Berufungsinstanz zu sprechen.

Der wesentliche Zweck ist ja, wie Sie Alle wissen, die Wahrheit, die Gerechtigkeit, und in dieser Beziehung, glaube ich, wird sich uns, wie Jedermann, das aufdrängen, was, ich darf es wohl öffentlich aussprechen, mir etwas Uebermächtiges zu sein schien.

Als ich zum ersten Mal nach Beendigung der Universitätsstudien in die Praxis kam, hörte ich von der Rechtskraft eines Straferkenntnisses und hörte von dem Ablaufe einer Nothfrist für den Rekurs gegen Straferkenntnisse; da konnte ich das Ding nicht begreifen. Ich sagte mir, wie kann in Strafsachen, wo es sich um die Wahrheit handelt, überhaupt eine solche Rechtskraft eintreten, das ist ja nicht möglich. Wenn in irgend einer Sache Grund vorliegt, ein schlagender, der eben die Ungerechtigkeit des Straferkenntnisses darthut, so kann doch nicht von einer Rechtskraft eines Straferkenntnisses die Rede sein.

Nun freilich, aus dem praktischen Leben kommt der Satz, daß die Gerichte nicht mit Geschäften überhäuft werden dürfen, daß irgend einmal endlich doch die Frage entschieden sein müsse, und auf diesem praktischen Bedürfnisse beruhe die Rechtskraft in Strafsachen. Wenn wir nun sehen, daß im Civilverfahren man nova in der zweiten Instanz unbedingt zuläßt als nothwendig, weil man sagt, die Parteien erfahren erst durch das Urtheil erster Instanz, um was es sich eigentlich handelt, das Urtheil erster Instanz hätte sie erst aufmerksam gemacht auf den Stand der Sache, und darum müsse man in der zweiten Instanz den Vortrag von Neuheiten gestatten, so sage ich, ist doch dieser Satz, über welchen übereinstimmende Behauptungen vorkommen, doch noch viel mehr schlagend in Bezug auf das Strafverfahren. In Civilsachen hat die Partei einen Anwalt zur Seite, sie hat Zeit, zu überlegen, sie hat die größten Freiheiten nach allen Richtungen, sie kann die Gründe für und wider sammeln, sie kann sich Beweise verschaffen, das Alles kann der Angeklagte in Strafsachen nicht; hier steht der Angeklagte, und wenn er der geschickteste Jurist ist, wehrlos einer überwältigenden Macht gegenüber. Ich war selbst schon in der Lage und kann beurtheilen, was es heißt, Angeschuldigter zu sein.

Ich sage also, erst durch das Urtheil erfährt der Angeschuldigte, um was es sich handelt, und zwar noch in einer andern Weise, wie die Partei im Civilprozeß, und Sie werden, wenn Sie die Nothwendigkeit in Civilsachen einsehen, gewiß auch in Strafsachen dem Angeschuldigten den Vortrag von Neuheiten gestatten. Das scheint ein durchschlagender Grund zu sein. Ich kann nicht gelten lassen, daß man sagt, dafür hat er das Rechtsmittel der Wiederaufnahme des Verfahrens. Das ist etwas Anderes, das hängt von anderen Umständen ab, das verlangt Beweis, daß erhebliche Dinge vorzubringen sind. Es müssen Dinge von Erheblichkeit sein, während sich, wenn Sie die Berufungsinstanz haben, die Neuheiten von selbst ergeben. Wenn das Verfahren in zweiter Instanz ein anderes ist, als in erster Instanz, und die Zeugen anders aussagen, so sehe ich nicht ein, warum der Angeklagte mit dem Richter festgenagelt bleiben soll an dieses Kreuz des Verfahrens in der ersten Instanz und davon nicht soll loskommen dürfen. Der Zweck des Strafverfahrens, das Streben nach materieller Wahrheit, bedingt die Zulassung der Berufung, und namentlich die Zulassung von Neuheiten, die ohne

Berufung nicht möglich ist. Ich glaube, dem Antrage des Referenten beitreten zu sollen.

Assessor Dr. **Kubo** aus Berlin: Meine Herren! mein Bestreben geht dahin, in keinerleiweise etwas anzuregen, was zur Hervorrufung und Erneuerung der großen Kontroverse Anlaß geben könnte. Ich glaube: wir müssen uns in den Grundprinzipien einigen und ich bitte Sie daher, nicht etwa durch den höchst gefährlichen Gedanken sich leiten zu lassen, daß, wenn die erste Instanz gut und vorzüglich gut ist, dadurch ein Hilfsmittel gegen die Appellation gegeben sei.

Die Appellation ist eine Bedingung der Gerechtigkeit, mit ausdrücklichen Worten hat es Carpzow erklärt, sie sei ein Hilfsmittel der Vertheidigung für die Unschuld des Angeklagten gegen die Verkehrtheit und insbesondere gegen die Unerfahrenheit der Richter.

Die Richter mögen noch so gut sein, wie sie wollen, über den einfachen Sinn des Menschen kommt Niemand hinaus und Irrthümer sind überall möglich. Gerade diese Aufgabe hat aber die Appellation, daß sie die Irrthümer der ersten Instanz heile. Ich halte dieses Gebot der Appellation für ein Gebot der Gerechtigkeit, es ist ein sachliches Gebot des Strafverfahrens, das in gar keiner Weise aus formellen Gründen verworfen werden kann. Sehr begründet war es daher, wenn in dem Vaterlande des Herrn Vorsitzenden etwa in den dreißiger Jahren mehrere Mitglieder des dortigen Ständehauses erklärten, sie würden gegen das mündliche Verfahren stimmen, weil ihrer Ansicht nach das mündliche Verfahren nicht vereinbar sei mit der Repetition in zweiter Instanz; die zweite Instanz müsse aber nothwendig bestehen. Der Appellation, meine Herren! bedürfen wir gegenwärtig noch, weil wir bis jetzt noch nicht dazu gelangt sind, ein Verfahren in erster Instanz zu haben, das vollständig genügt. Darum, glaube ich, sei principaliter die von mir vorgeschlagene motivirte Tagesordnung anzunehmen, eventuell der Gotthelf'schen Antrag abzulehnen. Ich fürchte, wenn wir den Gotthelf'schen Antrag annehmen, so schütten wir das Kind mit dem Bade aus.

Vizepräsident Dr. v. **Groß**: So wie ich die Sache auffasse, ist der Antrag Gotthelf's untergegangen in dem Antrage auf einfache Tagesordnung des Herrn Referenten.

Will also Jemand, daß ich den Antrag Gotthelf's zur Abstimmung bringe, so ersuche ich, die Diskussion wieder aufzunehmen.

Präsident Dr. **Schwarze**: Erwarten Sie nicht, meine Herren! daß ich alle meine Argumente wieder in's Feld führen werde; aber ich bin dem Herrn Dr. Eller sehr dankbar, daß er mich aufmerksam macht auf etwas, was ich vorher vergessen habe. Ich habe, meine Herren! auch eine lange Erfahrung hinter mir, ich bin Mitglied von Gerichten aller Instanzen gewesen. Ich war lange Zeit Mitglied des obersten Gerichtshofs; aber mit diesen novis zweiter Instanz habe ich mich nie befreunden können. Sehr oft waren es gemachte nachgebrachte Zeugen, denen die Unwahrheit an der Stirne angeschrieben stand, durch welche versucht wurde, was feststand, hintennach zu verdunkeln.

Aber ich sehe davon ab, meine Herren!

Die Bemerkung des Herrn Dr. Eller ist nach meiner Ansicht nur eine Reproduktion der Idee, deren Widerlegung ich bereits vorhin versucht habe, nämlich der Behauptung, daß die I. Instanz die Sache nicht ordentlich, vollständig und gehörig untersuche, und beziehentlich dem Angeklagten Gelegenheit gegeben werde, sich zu vertheidigen.

Wenn in der That die Sache sich so verhalten sollte, daß der Angeklagte erst durch das erstrichterliche Urtheil Aufklärung darüber erhält, worin der Schwerpunkt des Beweises gegen ihn liegt, dann, meine Herren! glaube ich, ist freilich die Lage des Angeklagten viel mehr gefährdet, wenn die zweite Instanz dasteht, als wenn die erste Instanz so instruirt, daß der Beklagte in erster Instanz Gelegenheit hat, seine Entlastungsbeweise vorzubringen.

Sie sind niemals im Stande, nach meiner Ueberzeugung, in einer zweiten Instanz diesen Mangel und diese Gebrechen der ersten Instanz zu repariren. Ich halte es für ein Gebrechen der ersten Instanz, wenn der Beklagte erst durch das Urtheil erfährt, wohin der Hauptschwerpunkt des Beweises hinneigt, es scheint mir das eine wesentliche Beeinträchtigung der Vertheidigung zu sein.

Ich glaube aber, der Satz des Herrn Dr. Eller beweist deßhalb zu viel, weil der Angeklagte ja die ganze Sache auch erst nach den ersten zehn Tagen in Bezug auf das erstinstanzliche Urtheil erfahren kann. Wenn nun der Angeklagte erst am eilften Tage etwas erfährt, wovon er glaubt, er hätte, wenn er es früher gewußt hätte, mit Vortheil Gebrauch in erster Instanz machen können, so ist er in derselben Lage. Also das, was ihm am 11. Tage nicht schadet, soll ihm am ersten und zweiten Tage schaden? Er muß dann immer auf das Rechtsmittel der Wiederaufnahme zurückgreifen.

Ich würde mich nun, meine Herren! mit dem Antrage des Herrn Dr. Rubo gerne befreunden — ich gebe ihm zu, der Schwerpunkt der Frage liegt darin, ist es möglich, in der zweiten Instanz eine solche Reproduktion vorzunehmen, welche den Anforderungen des mündlichen Verfahrens im Interesse der Vertheidigung entspricht; ich habe nicht das Interesse der Anklage, sondern der Vertheidigung im Auge, diese wird vorzugsweise durch eine Reproduktion in zweiter Instanz gefährdet, weil sie nicht im Stande ist, dem Richter vollständig die Sache wie in erster Instanz vorzuführen.

Ich würde mich also dem Antrage des Herrn Dr. Rubo anschließen.

Ober-Staats-Anwalt v. **Graevenitz** aus Marienwerder: Meine Herren! Ich halte mich verpflichtet, in Kurzem die Resultate meiner Erfahrungen darzulegen. Ich bin seit langer Zeit Staatsanwalt, und seit längerer Zeit Ober-Staatsanwalt in Marienwerder, also Vorstand der Staatsanwaltschaft eines sehr ausgedehnten Bezirkes, und in dieser Eigenschaft habe ich sämmtliche Appellationssachen bei den Appellgerichten zu vertreten. Das sind sehr zahlreiche Sachen, und wir haben damit in der Regel drei Tage in der Woche zu thun. Auf Grund dieser Praxis bin ich überzeugt, daß zur Zeit eine Berufungsinstanz in denjenigen Entscheidungen, welche von rechtsgelehrten Richtern gefällt sind, nicht zu entbehren ist. Es ist ganz unzweifelhaft, daß die Berufungsinstanz in diesen Sachen dem Prinzipe der Mündlichkeit nicht entspricht, es ist ganz unzweifelhaft, daß eine mündliche Verhandlung in der Vollständigkeit und Reinheit, wie sie die erste Instanz giebt, sich nicht reproduziren läßt; — aber ich stelle dem doch immer gegenüber, daß nach meinen Erfahrungen die erste Instanz bis jetzt in der Vollständigkeit das Verfahren noch nicht entwickelt hat, — und nehme da kein Land aus —, daß man nicht gezwungen wäre, die Möglichkeit einer neuen Prüfung zuzulassen. Wie gesagt, auf die theoretische Frage habe ich mich in dieser Beziehung bereits erklärt, ich werde mich darauf nicht weiter einlassen, nur das will ich hervorheben, daß von den sehr vielen Appellations-Sachen, in denen ich plaidirt habe, der bei weitem größere Theil im Falle der Verurtheilung richtig vom Erstrichter geprüft worden war. Aber, meine Herren! ich muß eben so offen anerkennen, daß eine Reihe von Fällen vorgekommen ist, wo wir uns anders überzeugt haben; die Appellinstanz geht mit größerer Vorsicht dabei zu Werke als der Erstrichter, welcher in Nebenpunkten sich geirrt haben kann. Ich muß daher vom praktischen Standpunkte aus sagen, ich lasse die Appellation bis auf Weiteres zu und halte sie für nothwendig.

Oberhofgerichtskanzler **Haaß** aus Mannheim: Ich erlaube mir noch eine Erfahrungsthatsache festzustellen; in Baden ist seit dem Jahre 1864 ein Hofgericht, welches in allen Strafsachen zu erkennen hat, von welchen die Rede ist; der Rekurs war zulässig gegen alle Urtheile dieser Hofrichter an das oberste Gericht, das Oberhofgericht. Letzteres hatte also über alle Berufungen in Strafsachen zu erkennen. In dieser Weise wurden bei dem Oberhofgerichte 300 Rekurse im Jahre erledigt, und ich kann aus meiner 20jährigen Erfahrung bestätigen, daß von diesen $^2/_3$ zu Gunsten des Angeklagten reformirt worden sind. Wir Juristen in Baden sind also durchaus nicht darüber einig, daß jeder Rekurs abgeschnitten werde. Wir nehmen an, daß es sich hier eben rein um ein Opfer der Theorie handelt, daß aber im praktischen Leben der Justiz dadurch vielleicht kein guter Dienst geleistet wird.

Dr. **Steinfeld** aus Eschwege: Es ist von einer Seite angeführt worden, daß in vielen Fällen auf dem Wege der Appellation oder des Rekurses Urtheile zu Gunsten des Angeklagten reformirt wurden, und ich glaube nicht die Qualität der Urtheile untersuchen, sondern fragen zu sollen: kommt es im Leben vor, daß reformatorische Urtheile zu Gunsten des Angeklagten gefällt werden? und wenn das der Fall ist, so glaube ich, ist das schon Grund genug, die ganze Appellation beizubehalten Denn es ist besser, daß in 99 Fällen die Appellation zurückgewiesen wird, und einmal zu Gunsten des Angeklagten reformirt wird, als das Rechtsmittel ganz zu beseitigen. Es ist meiner Ansicht nach auch ein Postulat der Gerechtigkeit; Niemand soll, ohne ein Strafgesetz verletzt zu haben, verurtheilt werden, und ich glaube daher nicht, daß man Gründe hat für die Abschaffung dieses Rechtsmittels, denn, wie gesagt, die Gerechtigkeit fordert dasselbe.

Wenn man angeführt hat, daß in der zweiten Instanz deshalb manchmal andere Resultate sich herausgestellt haben, weil das faktische Verhältniß geändert worden ist, und aus diesem Grunde ein Erkenntniß zu Gunsten des Angeklagten aufgehoben wurde, so kann ich diesen Grund nicht gelten lassen. Dieser Grund spricht ja gerade für Beibehaltung der Appellation, denn er liefert den sichern Beweis, daß vielfach Irrungen vorkommen, nicht blos von Seite der urtheilenden Gerichte, sondern auch von Seite der Zeugen, wie überhaupt von Seite derjenigen, die das Material zum Urtheil herbeischaffen sollen. Und wenn das die Erfahrung gezeigt hat, so sehe ich keinen Grund ein, ein Rechtsmittel, welches von jeher in der juristischen Welt anerkannt worden ist, auf einmal aufzugeben; es entspricht dies auch nicht dem Volksbewußtsein, dem Rechtsbewußtsein, welches im Volke wurzelt. Derjenige, der vor dem Strafgerichte steht, will eine volle Gerechtigkeit; ist er von einem Gerichte verurtheilt worden, trägt er immer den Gedanken in sich, er wäre freigesprochen worden, wenn nur ein höheres Gericht darüber gestanden hätte.

Kreisgerichtsrath **Hufschmid** aus Mannheim: Ich bin selbst Richter eines inappellabeln Kriminalgerichtes, und ich erkläre schon jetzt, daß ich den Antrag des Herrn Rubo unterstützen werde. Ich muß gestehen, daß meine Erfahrungen, die ich bis jetzt in der Sache gemacht habe, in der That nicht hinreichen, um über das eine oder das andere Prinzip so ohne Weiteres den Stab brechen zu können. Man sagt, die zweite Instanz sei deshalb unzulässig oder überflüssig, weil dort die Kriminalsachen ein ganz anderes Gesicht bekommen können, als in erster Instanz, man glaubt, die Zeugen könnten dort anders aussagen, und es würde dann gleichsam ein anderer Fall oder derselbe Fall unter einer ganz anderen Voraussetzung wiederholt werden.

Man hat auf der anderen Seite weiter angeführt, es hätte ja der Angeschuldigte den Vortheil, daß vor der öffentlichen mündlichen Verhandlung ein Verweisungsverfahren stattfinden müsse. Gerade dieses Verweisungsverfahren, das bei uns in Baden eine so bedeutende Rolle spielt, halte ich von mindestens zweifelhaftem Werthe. Das Verweisungsverfahren, das bei uns sehr ausgebildet ist, und bei dem z. B. immer ganz andere Richter mitwirken müssen als beim Urtheil, dauert naturgemäß zum Theil ziemlich lang; dadurch passirt dann bei uns in erster Instanz oftmals das, was Herr Schwarze an der zweiten Instanz aussetzt, nämlich daß Zeugen sich des Vorfalls nicht mehr erinnern, und erklären: „lesen Sie mir einmal das Protokoll vor, ich weiß nicht mehr, wie es zugegangen ist". Das ist ein Fall, den Sie bei uns jeden Augenblick hören können.

Es scheint also dieser Trost mit dem Verweisungsverfahren, das als Schutzmittel für den Angeklagten dienen soll, von zweifelhaftem Werthe zu sein.

Man glaubt ferner, daß Wiederholungen in zweiter Instanz eine unverhältnißmäßige Vertheuerung der Justiz im Allgemeinen herbeiführen müssen im Verhältniß zu dem inappellabeln Verfahren, — allein dies ist durchaus unrichtig. Es sind nämlich bei uns in erster Instanz zur Aburtheilung überall fünf Richter nothwendig. Es versteht sich von selbst, daß damit ganz außerordentlich viele Arbeitskräfte konsumirt werden, und zwar zuweilen um ein Urtheil über eine ganz unbedeutende Sache, eine Ehrenkränkung und dgl., zu fällen, was gar nicht mit einer solchen starken Besetzung im Verhältniß steht. Ueberdies giebt es Fälle, namentlich bei kleineren Gerichten, in welchen man fünf Richter gar nicht zusammenbringen kann, dann müssen die Amtsrichter, selbst vom Lande, hereingeholt werden, was immer Kosten veranlaßt, oder es sind einmal Ferien, wo die Hälfte der Gerichtsmitglieder beurlaubt ist, dann muß die Sache an ein anderes entfernteres Gericht verwiesen werden, was die nöthige Zahl von Richtern hat, weil es überhaupt stärker besetzt ist; es müssen dann höhere Gebühren den Zeugen bezahlt werden zur Hin- und Herreise, so daß man sieht, daß die Wohlfeilheit des Verfahrens dadurch nicht gefördert wird. Was endlich das Bewußtsein des Volkes betrifft, was die Behauptung anlangt, das Volk habe keine Lust nach Appellationen, so muß ich gestehen, daß meine Erfahrung zum gegentheiligen Resultate führt. Man sagt freilich: die Richter, Staatsanwälte u. dgl. hätten in andern Ländern gar kein Bedürfniß nach Appellation, das finde ich ganz natürlich, sie haben keinen Beruf nach weiterer Geschäftsvermehrung; aber was der Angeschuldigte wünscht, das hat man in der Mehrzahl der

Fälle nicht untersucht. Es ist auch die Zahl der Kassationsprozeduren, die man bei uns eingeleitet hat, eine verhältnißmäßig sehr bedeutende und widerlegt das, was vorhin in Bezug auf die Erfahrung verschiedener kleiner Länder gesagt wurde, vollständig. Ich erinnere mich im Augenblicke nicht an die Zahl, ich weiß nur soviel, daß jeder, der glaubt etwas ausführen zu können, das Rechtsmittel der Kassation ergreift, was natürlich nicht in allen Fällen helfen kann, weil die Gesetzesverletzung in den seltensten Fällen nachzuweisen ist.

Ich will nur noch im Allgemeinen beifügen, daß es immerhin bedenklich erscheint, bei politischen Vergehen, Preßvergehen, Vergehen gegen die Ruhe und Ordnung keine Appellation zuzulassen. Man muß eben immer doch daran denken, daß Richter auch Menschen sind, und daß der Zustand der richterlichen unabhängigen Stellung, wie ihn Herr Dr. Schwarze vorgebracht hat, ein Zustand, in dem der Richter an gar kein Avancement mehr zu denken braucht, wie die englischen Westminsterrichter, daß dieser Zustand, sage ich, bis jetzt leider noch nicht zur vollkommenen Einführung gelangt ist, was die mancherlei Kollegen, die anwesend sind, mir wahrscheinlich bestätigen werden; ich glaube auch, daß die Budgetkommissionen der deutschen Landtage zur Aussetzung einer englischen Richterbesoldung noch lange nicht Lust haben werden. (Bravo!)

Dr. **Völk**: Ich will mich, meine Herren, darauf beschränken, einige praktische Bemerkungen zu machen. Ich gebe zu, daß dasjenige, was Herr General-Staatsanwalt Schwarze gesagt hat, nicht wird zu widerlegen sein. Allein damit, daß man uns theoretisch konstruirt, so wäre es eigentlich am richtigsten, bekommen wir noch nicht die der Gerechtigkeit am meisten entsprechenden Resultate.

Schon die verschiedenen Wünsche, welche sowohl von Seite des Herrn Dr. Gotthelf, als von Seite des Herrn General-Staatsanwalts Dr. Schwarze niedergelegt worden sind, scheinen mir keinen Anspruch auf Realisirbarkeit zu haben. Sie müssen dann die erfahrensten und bestbezahltesten Richter in die erste Instanz verlegen; das aber würde dazu führen, die jüngsten Leute zu Oberappellationsgerichtsräthen zu machen, und diese dann zu Appellationsgerichts- und Bezirksgerichtsräthen avanciren zu lassen. (Heiterkeit.) Das werden Sie, nachdem das Instanzenverhältniß einmal nicht zu ändern ist, nicht gut können; so lange Sie eine erste und letzte Instanz haben, werden dort die Richter am wenigsten Erfahrung haben, sie werden immer weiter avanciren und an den Staatssäckel und das Wohlwollen der Budgetkommissionen herantreten. Das läßt sich also nicht anders machen. Nur gebe ich, wie gesagt, vollständig zu, daß man vielleicht bei einem neuen Prozeß, welcher aber auf einer ganz anderen Basis beruhen müßte, als sie jetzt in Deutschland vorhanden ist, eine erste Instanz schaffen könnte, welche das Bedürfniß einer Appellation vielleicht nicht erkennen läßt; allein bei den Zuständen, wie sie mir in Deutschland bekannt sind, und bei den Zuständen, wie sie mir namentlich in Bayern bekannt sind, glaube ich, daß man durch Abschaffung der II. Instanz der Gerechtigkeit einen großen Dienst nicht leisten würde.

Es kommt bei uns, wie statistisch nachgewiesen ist, ziemlich häufig vor, daß die zweite Instanz zu Gunsten des Angeklagten entscheidet. Ich habe, meine Herren, seit nahezu 20 Jahren nahezu tausend Vertheidigungen geführt, und ich kann sagen, daß ich in dieser Weise einige Erfahrungen gemacht habe. Ich kann also sagen, daß ich vollständig überzeugt bin, daß, wenn es eine Abhülfe in II. Instanz nicht gegeben hätte, nach meiner Erfahrung und in Fällen, welche ich vertreten habe, wenigstens fünfzig bis sechszig Leute eine, und zwar manchmal eine mehrjährige Strafe hätten tragen müssen, wenn es bei dem erstinstanzlichen Urtheile geblieben wäre. Das würde gar nicht reichen. Es ist noch nicht lange her, daß das Appellationsgericht zwei freisprechende Urtheile gegen die Urtheile I. Instanz gefällt hat und eines davon auf Antrag des Staatsanwalts selbst.

Wenn also das Verfahren unserer I. Instanz zu solchen Ergebnissen führt, so halte ich es für im hohen Grade bedenklich, dem Angeklagten derartige Hülfsmittel abzuschneiden; denn es handelt sich doch wohl hauptsächlich um ein Recht des Angeklagten, zu verlangen, daß seine Sache nochmal vorgetragen, geprüft und entschieden werde.

Man sagt nun freilich, es giebt die Verhandlung in II. Instanz gar oft ein anderes Bild, und es ist von Seite des Herrn Präsidenten sogar bemerkt worden, daß dieses ein Grund sei gegen die Beibehaltung der II. Instanz. Aber, meine Herren! das ist gerade der Grund für die Beibehaltung der II. Instanz. Gerade weil es dem Angeklagten möglich wird, der Sache in der II. Instanz einen ganz anderen Schein, ein ganz anderes Bild, eine ganz andere Auffassung und thatsächliche Unterlage zu geben, gerade deshalb ist die II. Instanz gegenwärtig nothwendig, oder man müßte von der Voraussetzung ausgehen, daß Alles, was von Seite der II. Instanz vorgebracht würde, eitel Schein, Lug und Trug sei, und so fein gesponnen, daß kein Richter und Staatsanwalt dahinter kommen könnte. Wenn aber mit Mitteln, welche bei Gericht erlaubt sind, der Angeklagte in der II. Instanz ein Bild seiner Sache zu entwerfen vermag, daß ihm die Mehrheit der Richter das Zeugniß giebt, er könne nicht verurtheilt werden, so hat er von seinem Rechte Gebrauch gemacht, welches ihm nur mit der größten Gefahr entzogen werden kann. Man kann nicht sagen, daß die Aussagen der Zeugen, wenn sie in II. Instanz anders sind, in I. Instanz richtig, in II. unrichtig gewesen seien.

Ich muß auch aus meiner Erfahrung bestätigen, daß manchmal der Angeklagte, nachdem er aus der I. Instanz herausgegangen ist und das Urtheil gehört hat, eigentlich erst weiß, um was es sich handelt; es kommt nicht selten vor, und namentlich mehr bei unmittelbaren Verhandlungen, als bei denen schon eine Voruntersuchung vorausgegangen ist, daß der Angeklagte gar keine Ahnung hat, wie er bestraft werden kann. Ich könnte hievon aus meiner Erfahrung zahlreiche Fälle erzählen, und ich will nur einen anführen. Es kam einmal ein Kaminkehrermeister zu mir, welcher zu 18monatlicher Gefängnißhaft verurtheilt worden war, im größten Schrecken; er meinte, er würde lediglich wegen Uebertretung der Feuerpolizei zur Zahlung einer Geldstrafe von ein Paar Gulden verurtheilt werden, und hat nicht gewußt, wie die Sache zugegangen. Der Mann wurde nämlich wegen fahrlässiger Brandstiftung zu 18monatlicher Gefängnißstrafe verurtheilt. Es war gar nicht schwer, in II. Instanz nachzuweisen, daß ihn gar keine Schuld treffen kann. Er hat eben nicht gewußt, nach welcher Richtung er seine Vertheidigung richten müsse. Es ist also nicht selten, daß erst, wenn eine Sache durch die I. Instanz gegangen ist, darauf aufmerksam gemacht wird, was darin das richtige sei.

Glauben Sie nicht, meine Herren, daß in solchen Fällen, in denen es dem Angeklagten darum zu thun ist, seine Sache eingehender untersucht zu sehen, Sie lediglich eine Verhandlung aus den Akten haben; das ist zum Theil nicht richtig. Meiner Erfahrung nach, und das werden die anwesenden Herren Richter bestätigen können, kommt es gerade in zweifelhaften Fällen z. B. häufig vor, daß die ganze Verhandlung mit allen Zeugen, die in der I. Instanz vernommen worden sind, mit noch etlichen dazu, reproduzirt wird; wir haben dann eine vollständig und unmittelbar lediglich auf mündliche Verhandlung gegründete Beweisführung in II. Instanz.

Das kommt nun so, der Angeklagte ist verurtheilt worden, er hat vielleicht geglaubt, er werde freigesprochen, und nicht geglaubt, daß er dieses oder jenes Entlastungszeugen bedürfe; die Entlastungszeugen werden geladen, was liegt näher, als daß die Belastungszeugen des Staatsanwalts ebenfalls geladen werden.

Dann haben wir freilich in II. Instanz ein neues Bild; ja wohl — aber es ist die Aufgabe II. Instanz, wenn dem Angeklagten das Berufungsrecht zugegeben ist, ein neues Bild zu schaffen. Sie können doch nicht verlangen, daß die II. Instanz dasselbe Bild wie die I. geben soll; dann dürfen Sie sie allerdings ruhig aufgeben, und wenn Sie gar kein Bild mehr zulassen, so bekommen Sie auch keine verschiedenen. Das ist richtig.

Ich bin also aus praktischen Gründen, so wie auch die Sache in den mir bekannten Prozeßordnungen entschieden ist, für die Ansicht des Herrn Referenten und, meine Herren, ich möchte Sie davor warnen, ehe man nicht so weit ist, Sicherheit und Garantie in der I. Instanz für den Angeklagten zu bieten, die Unzulässigkeit der II. Instanz auszusprechen, und damit wesentlich den Angeklagten zu schädigen und die Gerechtigkeit zu gefährden.

Ober-Hofgerichtsrath **Brauer** aus Mannheim: Es könnte unbescheiden herauskommen, wenn ich um das Wort gebeten habe, nachdem bereits so viele ausgezeichnete Redner gesprochen haben. Indessen entschuldigt mich der Umstand, daß ich aus einem Lande bin, wo dieses Verfahren seit drei Jahren eingeführt ist.

Was die angeführten Zeugnisse betrifft, so fällt es verschieden aus, je nach dem Auge, das den Gegenstand betrachtet. Ich muß gestehen, daß ich in der Lage bin, mit dem geehrten Redner vor mir in Widerspruch zu gerathen, und muß gestehen, daß ich in meinem Geschäftskreise die von ihm angeführten Erfahrungen nicht gemacht habe. Es hat sich, was ich natürlich finde, eine Anhänglichkeit an das Alte gezeigt, und namentlich waren die Leute, welche die Nichtigkeitsbeschwerde ergreifen wollten, erstaunt, daß sie nicht mehr zurückkommen konnten auf die Thatfrage. Das liegt in der Natur der Sache. Mir scheint, daß die Tragweite der Nichtigkeitsbeschwerde in viel zu beschränktem Sinne aufgefaßt wird. Ich glaube, daß der von Herrn Völk angeführte Kaminfeger auf dem Wege der Kassation ebenfalls zu seinem Rechte gekommen wäre. Es darf jedenfalls nicht außer Acht gelassen werden, daß die Kassation gegen Urtheile der Strafrichter sich wesentlich unterscheidet von der Kassation gegen Urtheile der Geschworenen. Diese Kassation geht weiter. Es fällt darunter die Rechtssubsumtion in solchen Fällen, wo es sich um Würdigung der Thatsache handelt. Ich sollte denken, daß in so grellen Fällen, wie der angeführte, dieses Rechtsmittel wäre zur Geltung gekommen. Ich mache aber geltend, es giebt eine nothwendige Konsequenz des Denkens und der Natur, die sich von selbst Bahn bricht, so sehr man die Anhänglichkeit an das Alte sucht, und es festhalten will. Dazu rechne ich auch diese Aufhebung des Rekurses. Sie ist eine nothwendige Folge der Einführung der Mündlichkeit und Oeffentlichkeit. Es kann gar keine Verhandlung reproduzirt werden, ohne die Möglichkeit, daß bei einer zweiten Verhandlung eine andere Anschauung zu Tage treten kann, es ist aber nicht gewiß, daß die zweite besser war, und die erste Verhandlung nicht vielleicht wahrheitsgetreuer. Das ist eine Erfahrung, die in keiner Weise widerlegt worden ist. Wenn angeführt wurde eine 20jährige Erfahrung, so muß ich darauf hinweisen, daß diese auf dem Gebiete des alten Verfahrens war, und es hat viele Stimmen gegeben, die der Ansicht waren, daß thatsächliche Anschauungen, die vom Obergerichte ausgingen, vielleicht nicht größere Garantie darboten, daß der Richter der unteren Instanz mit der anderen Anschauung sich nicht vereinigen könne, und sich nicht ohne Grund verletzt fühle.

Etwas Anderes ist es, wenn es sich um einen Rechtsgrund handelt. Hier findet eine höhere Würdigung in anderer Weise statt. Ich erinnere daran, wie es mit allem Aehnlichen von jeher gegangen, ich erinnere, wie es sich darum handelte, den Indizienbeweis aufzuheben, hat man geschrieen und gelärmt, und er ist doch umgefallen; ich erinnere, wie es sich um die Einführung der Oeffentlichkeit und Mündlichkeit handelte, hat es sogar Feuerbach nur leise gewagt, sich dafür zu erklären. Ich erinnere, wie man bezüglich der Geschworenen allerlei Zweifel gehabt, und sie schließlich doch durchgedrungen sind, weil die Sache in der Volksthümlichkeit begründet war. Ich erinnere an die freie Beweiswürdigung, und hier muß ich Herrn Eller ins Gedächtniß rufen, daß sie sich Bahn gebrochen hat.

Dr. **Eller** aus Mannheim: Das Leben spottet der Schulbegriffe.

Ober-Hofgerichtsrath **Brauer** aus Mannheim: Ich acceptire dankend das in dieser Aeußerung des Herrn Eller für meine letzten Anführungen liegende Zugeständniß. Ich muß aber auf einen andern Standpunkt aufmerksam machen, den der Partei. Hier ist es ganz natürlich, daß der Anwalt, der in die Lage kommt, eine Partei zu vertreten, die Sache anders ansieht, als der Richter, das ist in der Natur begründet, das wird sich in anderer Richtung wiederholen, und läßt sich nicht als Gegengrund anführen. Ich habe geglaubt, sprechen zu müssen, da in dieser Richtung verhältnißmäßig wenig gesagt worden; übrigens bin ich einverstanden mit Herrn Rubo, eine motivirte Tagesordnung eintreten zu lassen, denn jedenfalls hat sich gezeigt, daß die Stimmen auseinandergehen, und es ist zu wünschen, daß die Sache zwar nicht ganz vertagt werde, aber doch bis eine weitere Erfahrung und Ueberlegung eintritt.

Staatsanwalt **Schnuder** aus Braunschweig: Ich will Ihnen die Erfahrungen darlegen, die ich in meinem engeren Vaterlande Braunschweig gemacht habe, wo die Berufungsinstanz in Strafsachen seit 1850 nicht besteht. Ehe ich darauf eingehe, muß ich Ihnen die Einrichtung der Gerichte mittheilen. Es erkennen Kollegialgerichte von 3 Richtern in Zuchtpolizeisachen auf eine von Seiten des Staatsanwaltes erhobene Anklage. Die 3 Richter erkennen über die Thatfrage als Geschworene einstimmig, sie müssen in ihrem Wahrspruche einstimmig sein; wenn dies nicht der Fall ist, erfolgt eine Freisprechung. Es besteht die Einrichtung, daß gegen freisprechende Erkenntnisse des Gerichts der Staatsanwalt keine Kassation mit Wirkung auf den gegebenen Fall hat, sondern blos eine Kassation, die im Interesse des Rechtes erfolgen kann, so daß der freigesprochene Angeklagte freigesprochen bleibt und wegen derselben That nicht in Untersuchung gezogen werden kann. Es besteht die Einrichtung, daß dem Angeklagten wegen Verletzung des Strafgesetzes Kassation zusteht, und der abgegebene Wahrspruch unanfechtbar ist. Die gemachten Erfahrungen haben keinen Mangel dieser Einrichtungen herausgestellt seit den 15 Jahren, da dieselben bestehen. Ich bin vollständig mit dem Urtheil, welches Herr Schwarze abgegeben hat, einverstanden. Man hat sich bei uns davon überzeugt, daß eine Reproduktion des mündlichen Verfahrens in zweiter Instanz ein anderes Bild giebt. Es ist zwar eine Reproduktion nach dem Gesetze nicht möglich, allein wenn in einzelnen Fällen die Kassation wegen Inkompetenz des Gerichtes oder Verletzung einer formellen Vorschrift erfolgt, der Kassation stattgegeben und das Verfahren wiederholt werden muß, so hat sich jedesmal ein anderes Bild dargestellt. Es hat dieß zwar ein Herr Vorredner als wünschenswerth bezeichnet, allein die durch Einlegung der Kassation hervorgerufene Verzögerung und der sich hieraus ergebende Umstand, daß die Zeugen nicht mehr wissen, was sie gesagt haben, und sich auf ihre früheren Aussagen berufen, ist der Grund, warum ein anderes Bild entsteht, worin ich dem Herrn Schwarze vollkommen beipflichte. Es ist nämlich zu bedenken, daß nach unserem Verfahren die Aussagen nicht alle aufgeschrieben werden, und daß die Voruntersuchung so kürzlich ist, daß sie nur als Grundlage zur Herbeischaffung des Materials für die Anklage dient.

Der Umstand, daß sich ein anderes Bild darstellt in zweiter Instanz, ist nach meiner Ansicht im Interesse der Strafjustiz nicht zu wünschen, und wenn so häufige Freisprechungen eintreten, so ist nach meiner Ansicht das öffentliche Interesse nicht gewahrt.

Ich stimme vollkommen dem Urtheil des Herrn General-Staatsanwalts Dr. Schwarze in Bezug auf den Werth der Berufungen in Strafsachen bei.

Rechtsanwalt **Beckh** aus Lindau: Ich möchte nur kurz zwei Gründe anführen.

Es ist in dem Satze, welcher gegenwärtig der Besprechung unterliegt, nur die Berufung betreffs der Thatfrage berührt.

Wir haben statistische Tabellen vorlesen hören. Aus diesen Tabellen, die heutzutage vornämlich als Beweisgründe geltend gemacht werden, geht gleichwohl nicht hervor, ob die Berufungen, welche hier zur zweiten Instanz gekommen sind, sich auf die Thatfrage oder aber auf die Rechtsfrage bezogen haben; es müßte mir erst statistisch nachgewiesen werden, welche von den Berufungen sich auf die Thatfrage, welche auf die Rechtsfrage bezogen haben. Es wird daher mit den statistischen Tabellen nichts bewiesen.

Daß die zweite Instanz so und so viele Berufungen zu Gunsten des Angeklagten entscheidet, stellt noch keineswegs den Satz fest, daß speziell in so und so viel Fällen, wo die Thatfrage zur zweiten Instanz gelangte, zu Gunsten des Angeschuldigten erkannt wurde. Ich kann also den statistischen Anführungen kein Gewicht beilegen.

Einen andern Punkt hat Herr Eller angeregt, daß nämlich der Standpunkt der Partei ins Auge zu fassen sei, also nicht der allgemein menschliche Standpunkt, welchen man bei der Kriminaljustiz ins Auge zu fassen hat. Wenn wir uns aber auf den Standpunkt der Partei stellen, so würde man noch schlimmer wegkommen. Herr Eller hat selbst gesagt, daß zum Oberhofgericht gegangen werden müsse, das ist die letzte Instanz, dann hätte man also vom Appellgericht noch eine Oberberufung, nicht eine Nichtigkeitsbeschwerde, zu ergreifen. Der Angeklagte wird appelliren wollen, so lange er kann, und wenn er nicht mehr kann doch noch; ich kann aus meiner Praxis einen Fall anführen, in welchem ich den Angeklagten dreimal vertreten habe, mit Unglück. Er sagte schließlich, „ich gehe an den König,“ und da ich ihm sagte, der König habe durch den obersten Gerichtshof gesprochen, sagte er, „dann gehe ich an den Kaiser von Oesterreich.“ Von diesem Standpunkt also dürfen wir nicht ausgehen.

Ich würde mich aber trotzdem dem Antrage des Herrn Rubo anschließen, wenn ich nicht dächte, er sei präjudiziell für den Antrag des Herrn General-Staatsanwalt Schwarze, welcher gegen Erkenntnisse kollegialischer Strafgerichte die Berufung wenigstens zum Nachtheile des Beschuldigten nicht einräumen will.

Diesen Satz möchte ich durch Uebergang zur Tagesordnung nicht beseitigt haben, und nur wenn ich sicher wäre, daß der Antrag des Herrn General-Staatsanwalts Schwarze angenommen, und ihm nicht präjudizirt werde, würde ich dem Antrage des Herrn Rubo beistimmen; so lange ich aber dessen nicht sicher bin, stimme ich gegen den Rubo'schen Antrag.

Vize-Präsident v. **Groß**: Erlauben Sie mir eine Einschaltung. Nach meiner Auffassung, ist der Antrag des Herrn General-Staats-Anwalts Schwarze ein eventueller, er stellt sich auf den Boden des bestehenden Appellationsverfahrens, und will doch dem Staatsanwalt die Berufung abgeschnitten haben. Ich glaube meinerseits, daß dieser Antrag jedenfalls noch zur Berathung und Beschlußfassung kommt, und nicht beseitigt wird dadurch, daß Sie über den Antrag des Herrn Dr. Gotthelf die Tagesordnung beschließen. Derselben Ansicht ist auch Herr General-Staatsanwalt Schwarze, der voraussichtlich bei dem nächsten Theil der Diskussion das Präsidium wieder übernehmen wird.

General-Staatsanwalt Dr. **Schwarze**: Ich erlaube mir die Bemerkung, daß es für mich ein Herzensbedürfniß ist, daß der Antrag zur Diskussion kommt, denn ich halte es für außerordentlich wünschenswerth, daß, wenn wir die Berufung beibehalten, der von mir aufgestellte Satz angenommen wird.

Vize-Präsident v. **Groß**: Es ist der Schluß der Diskussion beantragt. Ich frage, ob Sie, vorbehaltlich der eingezeichneten Redner, den Schluß der Debatte beschließen wollen?

(Wird angenommen.)

Staatsanwalt v. **Stenglein**: Ich hatte nicht vor, in der Frage zu sprechen, da jeder Redner, welcher gegen etwas opponirt, ohne etwas anderes in Vorschlag zu bringen, in übler Lage ist, allein es droht die heutige Diskussion zur Ovation für das Institut der Berufung zu werden, was ich verhindern möchte. Es scheint mir insbesondere, daß man bis jetzt in der Diskussion die Berufung mehr in abstracto, als in concreto aufgefaßt hat, als ein Rechtsmittel von beliebiger idealer Gestaltung, aber nicht als das Rechtsmittel, wie es auf Grund des Französischen Prozesses fast in allen deutschen Ländern geworden ist. Wenn wir die Berufung als ein Rechtsmittel ansehen, mittelst welches durch eine schriftliche zweite Verhandlung die erste mündliche corrigirt werden soll, so werden wir nothwendigerweise, nachdem wir mit Genugthuung gehört haben, daß alle hier versammelten Juristen auf dem Boden des mündlichen und nicht des schriftlichen Prozesses stehen, uns ein Dementi geben, wir werden sagen, wir sind zwar Anhänger des mündlichen Prozesses, allein wir glauben, daß auf schriftlichem Wege eine Verbesserung des mündlichen Prozesses eintreten kann. Das ist doch offenbar eine unlogische Folgerung. Ich glaube, daß wir die Nothwendigkeit zugestehen müssen, daß, so lange der Appellationsproceß im Schriftenwechsel oder in der Möglichkeit besteht, mündlich das, was in erster Instanz konstatirt ist, zu reproduciren, alles das, was dem zweiten Richter vorgetragen wird auf schriftlichem Wege, nur ein höchst unvollkommenes und schlechtes Bild von den Verhandlungen giebt, so daß von dem besser informirten Richter zum schlechter informirten appellirt wird, und das ist kein Zustand, welchen wir wünschen wollen. Allein ich gestehe, ich gehe noch einen Schritt weiter, ich finde kein viel günstigeres Verhältniß auch dann, wenn wir einen Appellationsprozeß hätten, in welchem in zweiter Instanz die sämmtlichen Zeugen wieder vernommen werden. Die Sache ist einfach die: warum sollen Zeugen in späterer Zeit, nachdem ihr Gedächtniß geschwächt ist, nachdem durch neue Vernehmung ihrer selbst und anderer Zeugen, die sie gehört haben, das ganze Bild der Sache, wie sie es ihrer Erinnerung eingeprägt, in wesentlichen Theilen verwischt und alterirt wurde, in der späteren Zeit eine bessere Aufklärung geben können, als in einer früheren

Periode des Prozesses, wo diese Erinnerung frischer ist, und wo sie unmittelbar aussagen? Das scheint mir ein Grund gegen den Appellationsprozeß auch in dieser verbesserten Form zu sein, welcher entschieden das Institut der Berufung als höchst unvollkommen erscheinen läßt.

Wie ich gleich Eingangs bemerkte, so wäre ich, wenn ich mich frage, was Besseres vorgeschlagen werden könnte, in einiger Verlegenheit. Man kann, wie Herr Antragsteller Gotthelf gethan hat, einige Verbesserungen in Vorschlag bringen, allein, daß damit die Sache wirklich abgethan ist, wird man nicht sagen können. Ich lege auf den finanziellen Punkt ein untergeordnetes Gewicht. Es wird, wie mit Recht ausgeführt worden, wenn wir auch die Berufung abschneiden, eine Reihe von Fällen Kosten nach sich ziehen, was die Sache so ziemlich ausgleichen würde, und der finanzielle Punkt darf nicht entscheidend sein, wenn die Gerechtigkeit im Spiele ist.

Allein, auch abgesehen davon, kann bis jetzt keine Maßregel vorgeschlagen werden, welche so vollständig befriedigt, daß sie die Berufung ersetzen könnte.

Um nun andererseits zu verhindern, daß unser einfacher oder motivirter Uebergang zur Tagesordnung so betrachtet werden könnte, als wenn wir die Berufung in ihrer dermaligen Gestaltung billigten, und als ob wir keine Verbesserung des Prozesses in dieser Richtung für möglich und anstrebbar hielten, uns aber auch für die Zukunft nichts zu vergeben, möchte ich folgende motivirte Tagesordnung vorschlagen:

„In Erwägung

1) daß zwar die Berufung, wie sie in den Prozeßgesetzen Deutschlands geordnet ist, den Anforderungen der Gerechtigkeit nicht vollständig entspricht, daß aber
2) in Theorie und Praxis ein genügender Ersatz dafür nicht vorgeschlagen wurde,

geht die Versammlung zur Tagesordnung über."

Landgerichtsrath **Martins** aus Elberfeld: Ich bin seit 25 Jahren Mitglied verschiedener rheinpreußischer Gerichte gewesen und habe theils in erster, theils in zweiter Instanz in Strafsachen zu sitzen gehabt, aber nach meiner Erfahrung hat sich die Berufung als ungenügend gezeigt und namentlich als unvereinbar mit dem Hauptgrundsatze des öffentlichen und unmittelbaren Verfahrens, wie es in dem Gotthelf'schen Antrag zu 1 hervorgehoben ist. Es scheint mir daher unbedenklich, diesen Grundsatz auch hier auszusprechen, daß sie etwas Ungenügendes und daher zu Beseitigendes sei. Wenn wir auch auf den zweiten Gotthelf'schen Antrag uns näher einlassen und aussprechen, daß gewisse Garantieen denkbar und nothwendig sind, um die erste Instanz in genügender Weise abzuändern und die Rechtsprechung zu sichern, so würde der Satz des Antrages sub 2, da die sechs Punkte nicht kumulativ hervorgehoben werden, immer schon etwas Ersatz bieten dafür, daß wir uns gezwungen sehen, die Berufung als dem Prinzip der Mündlichkeit und Unmittelbarkeit des Verfahrens widersprechend zu erklären. Ich würde daher für unbedenklich halten, den Antrag des Herrn Dr. Gotthelf, wie er dasteht, anzunehmen, im Uebrigen würde ich mich dem Antrage des Herrn Rubo anschließen.

Vize-Präsident v. **Groß**: Ich frage, ob der Herr Redner den Antrag des Herrn Gotthelf erneuere?

Landgerichtsrath **Martins**: Ich erneuere ihn nicht, ich halte ihn nur für unbedenklich.

Staatsanwalt **Schnuder**: Ich nehme den Antrag des Herrn Gotthelf auf.

Referent Appell.-Ger.-Präs. v. **Schab**: Ich will nicht lange aufhalten, ich habe nur bezüglich dessen, was die Herren Redner auf Grund ihrer Erfahrungen vorgebracht haben, zu bemerken, daß ich auch meine Erfahrungen gemacht habe.

Ich sitze seit dem Jahre 1849, wo die Mündlichkeit und Oeffentlichkeit des Verfahrens eingeführt wurde, bei Gerichten, ich war Mitglied des Appellationsgerichtes, des Oberappellationsgerichtes, ich war Oberstaatsanwalt, und habe die Erfahrung gemacht, welche auch von anderer Seite bestätigt wird, daß wenigstens die Hälfte der Berufungen sich auf die Thatfrage bezogen habe, und wenn es auch wenige sind, wie von einem Redner hervorgehoben worden, so würde das keinen Ausschlag geben, denn es ist zu gefährlich, dem Angeklagten diese Wohlthat zu nehmen. Die gegen die Zulassung der Appellation erhobenen Einwendungen sind theils von mir widerlegt worden, theils von denjenigen, die mich unterstützt haben.

Ich will nur auf einen Punkt aufmerksam machen: Welche Verlegenheit würde durch die Aburtheilung der Polizei-Uebertretungen herbeigeführt? Hier müßte die Berufung offenbar fallen. Wir könnten nicht die Berufung zulassen gegen Urtheile bezüglich geringfügiger Gesetzes-Uebertretungen, während wir dieselbe fallen lassen bei Vergehen. Es kann doch unmöglich zugegeben werden, daß derjenige, der eine Contravention begeht, von dem Einzelrichter endgültig abgeurtheilt werde, wir kommen also schon für die Uebertretungen entweder zu Collegialgerichtshöfen, oder zu einem Schöffen-Institut. Ich frage, wo sind Mittel, um Aburtheilungen der Polizei-Uebertungen in zweiter Instanz zu verschaffen. Man wird sagen, man könne viel durch Mandate abschneiden, aber nicht die Hälfte wird abgeschnitten. In Bayern sind in einem Jahre 54,168 Contraventionen vorgefallen; wenn die Hälfte eine öffentliche Verhandlung veranlaßte, und 27,000 Fälle zur

Verhandlung gezogen würden, so bedenken Sie, wie ungeheuer die Gerichte belastet würden, wie das Publikum belastet wird, welches sehr weit gehen muß, denn die Sprengel, wo die Einzelrichter placirt sind, sind sehr klein, und in so kleine Sprengel kann man die Bezirksgerichte unmöglich placiren.

Vize-Präsident v. **Groß**: Ich schreite zur Abstimmung, und würde die gestellten Anträge in folgender Weise zur Beschlußfassung bringen; zuerst die Anträge auf Tagesordnung, dann den Gotthelf'sche Antrag selbst. Der Antrag auf Tagesordnung ist der weitest gehende, und ich würde ihn in erster Linie zur Abstimmung bringen, dann würde ich die beantragte motivirte Tagesordnnng des Staatsanwalts Stenglein zur Abstimmung bringen, wie sie bereits bekannt gegeben ist, dann würde die motivirte Tagesordnung des Herrn Rubo zur Abstimmung kommen, die nicht so weit geht in der Verwerfung bezüglich der Mißbilligung des Gotthelf'schen Antrages; dieselbe geht dahin:

„In Erwägung, daß die wissenschaftlichen Forschungen über die Berufung noch nicht zum Abschluß gekommen, geht die Versammlung zur Tagesordnung über."

Würden diese 3 Anträge verworfen, so würden die Anträge des Herrn Dr. Gotthelf zur Abstimmung kommen.

(Gegen diesen Modus wird keine Einwendung erhoben.)

Der Antrag auf Uebergang zur einfachen Tages-Ordnung wird abgelehnt.

Der Antrag des Herrn Staatsanwalts Stenglein auf Uebergang zur motivirten Tagesordnung wird abgelehnt.

Der Antrag des Herrn Rubo wird angenommen.

Dadurch erledigt sich der Gegenstand der Berathung, und wir haben über den Gotthelf'schen Antrag nicht abzustimmen.

Was die Behandlung der Angelegenheit im Plenum betrifft, so wird darüber erst Beschluß zu fassen sein, wenn die Berathung über den Schwarze'schen Antrag stattgefunden hat, da beide Anträge zusammenhängen.

Ich möchte nicht, daß der Antrag des Herrn General-Staatsanwalt Dr. Schwarze nicht mit der gehörigen Gründlichkeit und Ausführlichkeit berathen würde, dazu reicht aber die Zeit nicht aus, denn wir kommen in zwei oder drei Stunden nicht über den Antrag hinaus, und ich würde vorschlagen, den Gegenstand dem nächsten Juristentag vorzubehalten.

(Stimmen: Fortsetzung! und Fortsetzung Nachmittags.)

Die sofortige Fortsetzung wird beschlossen.

Präsident Dr. **Schwarze**: Ich lade den Herrn Referenten ein, Vortrag zu erstatten.

Referent App.-Ger.-Präs. v. **Schab**: Ich habe nur einen kurzen Bericht über den Antrag des Herrn General-Staatsanwalts Schwarze erstattet, und bemerke im Voraus, daß ich mit demselben nicht einverstanden bin. Ich meine indessen, daß sich die Sache dadurch etwas geändert hat, daß wir bezüglich des Gotthelf'schen Antrags eine motivirte Tagesordnung beschlossen haben. Es frägt sich, ob dieser Beschluß nicht auch auf den Antrag des Herrn General-Staatsanwalts Schwarze übertragen werden soll. Wenn bezüglich des Gotthelf'schen Antrags die Akten nicht geschlossen sind, so sind sie es auch nicht bezüglich des Antrags des Hrn. Dr. Schwarze. Wenn seiner Zeit entschieden wird, daß die Berufung überhaupt nicht zulässig sein solle, dann fällt der Antrag des Herrn General-Staatsanwalts Dr. Schwarze. Es frägt sich, ob nicht auch bezüglich dieses Antrages zur motivirten Tagesordnung übergegangen werden soll, da ein solcher Beschluß bezüglich des Gotthelf'schen Antrages gefaßt worden ist.

Staats-Anwalt v. **Tauhn** aus Naumburg: Ich kann der Ansicht nicht beitreten, welche so eben ausgesprochen wurde. Ich glaube nicht, daß wir zur Tagesordnung übergehen sollen, weil wir bezüglich des Gotthelf'schen Antrags zur Tagesordnung übergegangen sind. Ich glaube vielmehr daß, weil wir zur Tagesordnung übergegangen sind und durch diesen Ausspruch angenommen haben, daß die Appellation nicht abzuschaffen ist, es gerade an der Zeit sei, daß wir uns über den Schwarze'schen Antrag aussprechen, und ich würde deshalb beantragen, über den Antrag in Diskussion zu treten.

Oberhofgerichts-Rath **Brauer** aus Mannheim: Ich muß protestiren gegen die Annahme, daß wir den Antrag abgeworfen hätten, das haben wir nicht im Sinne gehabt.

Dr. **Stern** aus Wien: Ich möchte mich ebenfalls gegen die Ansicht aussprechen, als ob man mit dem Antrage des Herrn Dr. Rubo auf motivirte Tagesordnung gleichzeitig den gegenwärtigen Antrag in derselben Weise erledigen könne; denn es ist meines Erinnerns von allen Rednern betont werden, daß die Berufung dem Angeklagten nicht entzogen werde. Die Berufung wurde fortwährend als eine Rechtswohlthat des Angeklagten angesehen, während es sich im vorliegenden Falle darum handelt, ob der Staatsanwalt die Berufung haben solle. Ich wäre daher dafür, daß auf den vorliegenden Antrag eingegangen werde.

Rechtsanwalt **Beckh** aus Lindau: Ich hatte das kommen sehen und deshalb vorhin angeregt, daß wir uns nicht präjudiziren dürften durch die Abstimmung über den Antrag des Herrn Rubo bezüglich der späteren Behandlung des Schwarze'schen Antrags; darauf wurde aber von Seite des Herrn Vorsitzenden erklärt, daß das nicht der Fall sei, und aus der Versammlung wurde Nichts erinnert: es liegt deshalb rechtskräftiger Beschluß vor, daß uns kein Präjudiz entgegen steht.

Präsident Dr. **Schwarze**: Ich muß der Ansicht des Herrn Bechy beitreten. Es ist ausdrücklich hervorgehoben worden, daß man sich durch die Annahme des Rubo'schen Antrags nicht präjudiziren lassen wolle für den gegenwärtigen, und die Versammlung hat sich einverstanden erklärt. Der Herr Referent hat mir soeben mitgetheilt, daß er seinen Antrag auf Uebergang zur Tagesordnung zurückziehen wolle. Wenn kein weiterer Widerspruch erfolgt, so gehen wir auf die Sache selbst ein, und ich lade den Herrn Referenten ein, Vortrag zu erstatten.

Referent App.-Ger.-Präs. v. **Schab**: Der Antrag des Herrn General-Staatsanwalts Dr. Schwarze lautet: „Der Deutsche Juristentag wolle aussprechen:

a) „dem Staatsanwalte ist die Berufung gegen die Endverkenntnisse der Kollegialstrafgerichte zum Nachtheile des Angeklagten nicht einzuräumen."

Dr. Wirk stimmt diesem Antrage, insoferne er die Appellabilität des Wahrspruches der ständigen Richter an sich statuirt, nicht bei und wiederholt sein Gutachten zum Gotthelf'schen Antrag, daß der Wahrspruch überhaupt inappellabel sei — ohne Unterschied zwischen schwurgerichtlichen und nicht schwurgerichtlichen Sachen, desgleichen ohne Unterschied zwischen Ankläger und Angeklagten, und erklärt sich damit einverstanden, daß dem Staatsanwalte ein Rechtsmittel gegen den Rechtsspruch und die Strafzumessung nicht einzuräumen, aber auch dem Angeklagten rücksichtlich der Strafzumessung ein Rechtsmittel nicht zu gestatten sei.

Die in den Motiven hervorgehobenen Bedenken gegen die Zulässigkeit der staatsanwaltschaftlichen Berufung gegen die Erkenntnisse der Kollegialstrafgerichte zum Nachtheile des Angeklagten rühren sichtlich von der prinzipiellen Gegnerschaft des Herrn Antragstellers gegen das Berufungssystem her; darum die Behauptung, daß im mündlichen Verfahren der zweitinstanzliche Richter stets, selbst in Fällen der totalen Reproduktion schlechter instruirt sein werde, als der erstinstanzliche, die Entscheidung des schlechter instruirten Gerichtes nicht mehr gelten könne, als die des besser instruirten, und darum eine reformatio in durius, welche durch die staatsanwaltschaftliche Berufung angestrebt worden, nicht respektirt werden könne.

Diese Bedenken lösen sich durch den Bezug auf das oben bezüglich des Gotthelf'schen Antrages I. Vorgetragene.

Die Staatsanwaltschaft vertritt eine bestimmte, rechtsuchende Partei, nämlich den Staat in Verfolgung seiner Strafrechte; als solcher muß ihr das Recht der Berufung über alle gerichtlichen Urtheile zugestanden werden, welche sie mit dem Gesetze im Widerspruche erachtet, um eine Abänderung durch ein höheres Gericht herbeizuführen; es ist kein Grund vorhanden, Anklage und Vertheidigung hier ungleich zu stellen und durch eine solche Ungleichheit den Ankläger zur Schädigung des allgemeinen Interesses zu verhindern, daß er nach allen Kräften auf die Repression hinwirke, wobei der Staatsanwalt, wenn er pflichtgemäß handelt, immer vor Augen haben wird, daß er nur das Interesse des Rechtes, nicht aber das einseitige, eine möglichste Verurtheilung, zu vertreten habe.

Soll der Staatsanwaltschaft das Aufsuchen einer weiteren Rechtshilfe abgeschnitten sein, wenn ein Angeklagter von der wohl begründeten Anklage von zwei hyperphilanthropischen Richtern ohne stichhaltigen Grund freigesprochen wird?

Ich erachte demnach den Antrag des Herrn Dr. Schwarze für nicht begründet und nehme auch nicht den geringsten Anstand, mich auch für die Zulässigkeit der staatsanwaltschaftlichen Berufung gegen die Strafzumessung zu erklären; denn die Zumessung muß eine gerechte sein, und so gut auf Berufung des Verurtheilten die zu hoch erkannte Strafe auf das rechte Maaß herabgesetzt werden muß, ebenso muß die zu niedrig zuerkannte soweit hinaufgesetzt werden, als die Gesetze und die thatsächlichen Verhältnisse es erfordern.

Das Gericht erster Instanz kann einen gesetzlich anerkannten Straferhöhungsgrund nicht berücksichtiget haben, es kann in einem Falle, wenn das Gesetz dem Richter die Wahl zwischen zwei verschiedenen Strafarten, z. B. zwischen Geld- und Gefängnißstrafe läßt, den Angeklagten in die Strafe genommen haben, welche ihm nach seinen persönlichen oder finanziellen Verhältnissen weniger fühlbar ist u. dgl.; warum soll hier der Ankläger keine Appellation haben, und seinen Beruf, das öffentliche Interesse zu vertreten, mit dem Urtheile der ersten Instanz abschließen, welche bezüglich des Strafmaßes ebenso, wie bezüglich des Schuldausspruches in einem Irrthume befangen sein kann?

Ich kann deshalb den Antrag des Herrn General-Staats-Anwalts Dr. Schwarze nicht befürworten und stelle bezüglich des Punktes a. den Antrag: zur Tagesordnung überzugehen.

Dr. **Stern** aus Wien: Meine Herren! Ich habe mich bei der frühern Debatte über die Zulassung der Berufungs-Instanz in der Thatfrage jener Ansicht angeschlossen, welche von der Zulässigkeit dieser Berufung ausging. Dagegen möchte ich mich jetzt gegen die Ansicht des Herrn Referenten aussprechen und zwar aus folgenden Gründen. Wenn wir eine Berufung in der Thatfrage haben, wobei also eine reformatio in pejus möglich ist, so haben wir zwei divergirende Erkenntnisse, zwischen welchen beiden wir eine Vermittelung suchen müssen. Diese Vermittelung könnte nur in eine dritte Instanz gelegt werden, und die Folge davon wäre, daß diese eigentlich nicht eine Kassationsinstanz, sondern eine dritte Instanz für die Thatfrage wäre, wie sie zwar allerdings noch in vielen Ländern dermalen besteht, die wir aber nichtsdestoweniger durch die Wissenschaft und praktische Erfahrung als verworfen ansehen müssen.

Also schon aus diesem einfachen Grunde, weil wir eine dritte Instanz für die Thatfrage nicht schaffen können, und weil wir daher zwei divergirende Erkenntnisse hätten, aus welchen erst das richtige Erkenntniß gesucht werden müßte, spreche ich mich gegen die Berufung in pejus aus.

Wenn von Seite des Herrn Referenten bemerkt worden ist, daß der Staats-Anwalt und die Vertheidigung in den Mitteln gleich sein müssen, so möchte ich dem entgegensetzen das Axiom: in dubio pro reo. Wenn zwei Erkenntnisse verschiedener Instanz vorliegen, von denen das eine für, das andere gegen den Angeklagten sich ausgesprochen hat, so läßt sich nicht läugnen, es wird immer und immer ein Zweifel vorhanden sein müssen, ob nicht doch der erste Richter richtiger geurtheilt hat, als der zweite, und daß dann eigentlich die Wirkung dieses Satzes in dubio pro reo eintreten müßte, daß also der Angeklagte trotz des verurtheilenden Erkenntnisses der zweiten Instanz vermöge des Erkenntnisses der ersten Instanz freigesprochen werden müßte; woraus sich konsequenterweise ergibt, daß ein Berufungsrecht gegen freisprechende Erkenntnisse erster Instanz dem Staatsanwalt nicht eingeräumt werden könne.

Staats-Anwalt **v. Tauhn** aus Naumburg: Ich verkenne nicht, daß der Antrag des Herrn General-Staats-Anwalts Dr. Schwarze sehr viel einnehmendes hat, er zeugt von einem gewissen Wohlwollen, und man wird bestochen, da er gerade von dieser Seite ausgeht. Ich erlaube mir aber die Erklärung abzugeben, daß ich mich gegen den Antrag aussprechen muß. Ich fasse die Stellung des Staatsanwalts auf, wie sie das preußische Gesetz in Kürze definirt. Es heißt: dem Staatsanwalt liegt die Pflicht ob, darüber zu wachen, daß kein Schuldiger der Strafe entgeht, und zweitens, daß kein Unschuldiger verfolgt wird.

Ich glaube nicht, daß sich gegen diese Bestimmung etwas einwenden läßt, und wenn Sie die Pflicht des Staatsanwaltes auf diese Weise zusammenfassen, so kommen Sie nothwendig zu dem Resultat, der Staatsanwalt muß sowohl zu Gunsten, als zu Ungunsten des Angeklagten ein Rechtsmittel einlegen können, wenn es seine Pflicht erfordert. Wenn Sie diese Ansicht nicht gelten lassen und den Antrag des Herrn General-Staatsanwalts Dr. Schwarze annehmen, dann kommen Sie in eine gewisse Rechts-Ungleichheit, denn Sie nehmen gerade mit diesem Antrage an, daß dem Staatsanwalt eine Berufung nicht zustehe gegen das Erkenntniß eines Kollegialgerichts. Ich mache hier keinen Unterschied und glaube, ihn auch nicht machen zu sollen, ob es sich um eine Thatfrage handelt, oder um die Anwendung des Gesetzes. Nehmen Sie an, daß zwei Angeklagte da sind, die sich in derselben Lage befinden, sie haben ganz dasselbe verschuldet. Das eine Gericht findet den und den Paragraphen aus dem Strafgesetz für anwendbar, ein anderes Gericht findet ihn nicht für anwendbar. Nun, meine Herren! wo bleibt da die Rechtsgleichheit, wenn der Staatsanwalt nicht im Stande sein soll, im Wege der Berufung die Abänderung des einen Erkenntnisses herbeizuführen? Und das, glaube ich, spricht hauptsächlich gegen den vorliegenden Antrag. Ich würde also meine Ansicht dahin aussprechen und meinen Antrag besonders dahin formuliren: dem Staatsanwalt ist die Berufung gegen Endерkenntnisse der Kollegial-Strafgerichte zum Nachtheile des Angeklagten ebenso wie zum Vortheile des Angeklagten einzuräumen.

Dr. **Rosenbacher** aus Prag: Ich erlaube mir, den Antrag des Herrn General-Staats-Anwalts Dr. Schwarze zu unterstützen, und will, um nicht Wiederholungen vorzubringen, mich auf das, was Herr Dr. Stern in Bezug auf die Berufung in der Thatfrage gesagt hat, beziehen. Ich glaube aber diesen Antrag auch in Bezug auf die Berufungsbefugniß der Staatsanwaltschaft in der Rechtsfrage aus dem Grunde unterstützen zu dürfen, weil ich denke, daß im Allgemeinen, wenn einmal ein Richterkollegium erklärt hat, daß schon in der Handlung des Angeklagten vom rechtlichen Standpunkt aus kein Verbrechen war, man unmöglich dem Angeklagten mit Bestimmtheit die Absicht, ein Verbrechen zu begehen, zumuthen kann. Wenn rechtsgelehrte Richter, die mit dem Strafgesetzbuch durch ihren Beruf vertraut sind, sagen und finden, es liegt kein Verbrechen vor, so kann man nicht sagen: der Angeklagte wollte ein Verbrechen begehen, oder der Angeklagte mußte wissen, daß er ein Verbrechen begehe. Und deshalb finde ich keine Ungleichheit, wenn man dem Angeklagten eine Berufung einräumt gegen die Rechtsauslegung, und dem Staatsanwalt nicht; denn es ist Sache des Staatsanwalts, den rechtswidrigen Vorsatz nachzuweisen, und dieser kann in Fällen, die so zweifelhaft sind, daß die Instanzen selbst von einander abweichen, nicht nachgewiesen werden.

Ich erlaube mir, darauf hinzuweisen, daß im Civilverfahren in vielen Staaten die Vorschrift besteht, daß, wenn die erste und zweite Instanz verschieden geurtheilt haben, die oberste Instanz die Kosten aufheben kann, wie in Oesterreich, weil man nicht annehmen kann, daß, wo die Gerichte verschiedener Ansicht sind, die eine oder die andere Partei muthwillig streite; mit noch viel weniger Recht kann angenommen werden, daß, wenn die Gerichte über die Auslegung des Gesetzes und die Subsumtion streitig sind, der Angeklagte eine Strafe verdient hat. Aus diesem Grunde stimme ich dem Antrage des Herrn General-Staats-Anwalts Dr. Schwarze bei.

Oberlandesgerichtsrath **Tienbacher** aus Wien: Ich muß mich gegen die Bemerkungen des Herrn Vorredners wenden. Es wurde gesagt, wenn zwei verschiedene Erkenntnisse vorliegen, eines aus erster Instanz, welches sagt, der Angeklagte sei schuldig, und eines aus der zweiten Instanz, welches sagt, der Angeklagte sei nicht schuldig, so müsse diese Differenz ausgeglichen werden. Dieser Ausgleich soll geschehen durch die dritte Instanz; man wolle keine dritte Instanz, daher könne man eine reformatio in pejus nicht zulassen. Ich bin der Meinung, daß dies ein Grund gegen die Berufung in melius sei, denn wenn die erste Instanz sagt, der Angeklagte ist schuldig, und die zweite, der Angeklagte ist nicht schuldig, so ist ein Ausgleich des Widerspruchs zwischen den beiden Erkenntnissen und auch hier die dritte Instanz nöthig. Ich glaube daher, daß dieser Grund zu weit geht. — In dubio pro reo, wurde gesagt; wenn schon in der ersten Instanz Zweifel wäre, so müsse derselbe zu Gunsten des Angeklagten entschieden werden. Dasselbe könnte man sagen, wenn bei dem Gerichtshof, bestehend aus 3 oder 5 Mitgliedern, nur ein einziges von diesen für den Angeklagten war, denn die Ansicht eines Richters muß doch auch Gewicht haben. Dessenungeachtet bin ich der Meinung, daß nirgends ein Gerichtshof, wo nicht Einstimmigkeit vorgeschrieben ist, die Ansicht aufstellt, daß, wenn eine Stimme für den Angeklagten ist, dieser freigesprochen werden müsse. Dasselbe gilt für das, was bezüglich der Absicht vorhin besprochen wurde. Wenn ein Richter glaubt, der Angeklagte habe nicht die böse Absicht, das Verbrechen zu begehen, so folgt daraus noch nicht, daß die Ansicht der beiden andern Richter nicht durchgreifend sein müsse; so ist es beinahe in allen Staaten Deutschlands nicht blos, sondern überhaupt der gebildeten Welt. Ich bin daher der Meinung, daß der angeführte Grund zu weitgreifend ist und auch gegen einen früheren Beschluß verstoßen würde. Was die Sache selbst angeht, so bin ich der Meinung, daß, wenn man ausgeht von dem großen Prinzipe der Rechtspflege überhaupt, man nicht zum Schlusse kommt, daß, wenn man sich schon einmal auf Grund dieses Prinzips für die Zulässigkeit der Berufung in melius erklärt hat, man die Berufung in pejus wegweisen kann. Wir wollen durchaus nicht die Richter herabsetzen, aber die Ueberzeugung ist feststehend, daß die Gerichtshöfe und Einzelgerichte erster Instanz, wir könnten sogar hinaufgehen in die höhern Instanzen, nicht so besetzt sind, um eine volle Garantie für die Richtigkeit ihrer Aussprüche zu bieten. Ich will nicht von der bösen Absicht reden, denn der rechtliche Wille ist ebenso nothwendig wie die rechte Erkenntniß; aber der rechtliche Wille selbst kann sehr beeinflußt werden in politisch-bewegten Zeiten, in Orten mit verschiedenen Nationalitäten.

Wenn ich mich zur rechten Erkenntniß wende, so glaube ich darauf hinauszukommen, was einer der Herren Vorredner gesagt hat — man müßte alle jungen Männer von der Rechtspflege ausschließen, denn auch der talentvollste und intelligenteste junge Mann wird gestehen müssen, daß er doch wenig Erfahrung hat; man lernt nicht schwimmen, ohne in's Wasser zu gehen, und man lernt Recht sprechen nur durch die Theilnahme an der Judikatur der Gerichtshöfe.

Von den irrigen Urtheilen, beziehentlich Freisprechungen ist gewiß die größere Anzahl diejenige, welche einen Schuldigen freispricht, und ich glaube zur Ehre der Justiz aller Staaten sagen zu können, die geringere Zahl ist es, welche einen Unschuldigen schuldig spricht.

Für das Letztere ist gesorgt, wenn man dem Unschuldigen, überhaupt dem Verurtheilten ein Rechtsmittel läßt, und die hohe Versammlung hat bereits dieses Rechtsmittel ihm gelassen; warum sollte man für die Mehrheit der Fälle, wo ein Schuldiger freigesprochen wird, das Rechtsmittel beseitigen, welches man für die Minderheit der Fälle zugelassen hat?

Ich weiß sehr gut, daß man für die Beseitigung des Rechtsmittels in pejus die Humanität in's Feld geführt hat. Ich bin kein Gegner der Humanität, ich würde sie in ähnlichen Fällen selbst ansprechen. Aber ich bitte doch zu berücksichtigen, wir haben es nicht mit humanen Bestrebungen, sondern mit der Rechtspflege zu thun, und der Richter spricht mit blutendem Herzen den Schuldigen schuldig, dagegen erklärt er den Nichtschuldigen frei, ein so großer Gegner desselben er auch sein möchte.

Sollte es denn wirklich die Humanität erfordern, daß man gegen Jemanden nicht in zweiter Instanz verhandeln dürfe, obgleich derselbe — denn ich setze einen Schuldigen voraus, der in erster Instanz freigesprochen worden ist — wenn er in der ersten Instanz gerechter Weise verurtheilt worden wäre, vielleicht zu vielen Jahren schweren Kerkers verurtheilt worden wäre; sollte dieser blos durch das Uebel, welches ihm in der zweiten Verhandlung droht, und durch die Ungemächlichkeit einer zweiten und höhern Instanz sich entziehen können?

Was mich an der ganzen Sache vorzugsweise schreckt, ist, daß ich aus den Anträgen herausgelesen habe, als ob selbst wegen noviter reperta eine neue Verhandlung zu Ungunsten des Angeklagten nicht zulässig sein soll, und ich muß gestehen, wenn schon das eine anerkannt würde, das letztere wäre entschieden verwerflich.

Wenn Sie den Prozeß als einen Parteistreit auffassen, so glaube ich nicht, daß es im Interesse der Vertheidigung liegt, dem Gegner die Hände zu binden; ich selbst wäre dafür, daß die Parteien gleich gestellt seien; aber von dem Prinzipe der Waffengleichheit aus wäre es entschieden verwerflich, wenn man die eine Partei an die zweite Instanz gehen läßt, während die andere festgehalten wird. Man gebe Alles auf, was diese Waffengleichheit in irgend einer Weise stört, beseitige das größere Recht des Staatsanwalts, welches ihm eingeräumt ist in Bezug auf die Vorladung der Zeugen, man beseitige dessen erhöhte Stellung auf dem Podium, man ziehe ihm den schwarzen Frack aus und ziehe ihm eine Bluse an, das ist Alles gleichgültig, aber man nehme ihm die Waffen nicht, die ihm nothwendig zustehen müssen: man nehme ihm nicht das Wort — und welche andere Waffe hat der Staatsanwalt, als Vernunft- und Gesetzesgründe, — und diese soll man nicht fürchten, denn dadurch kann nur die Wahrheit gefördert, aber nicht verdunkelt werden. Es ist von Ueberbürdung der Gerichte gesprochen worden, wenn man dem Staatsanwalte das Berufungsrecht einräumen will. Ich habe einiges gelesen über diese Frage, worüber schon viel geschrieben worden, und ich kann auch aus eigener Erfahrung bestätigen, daß die Ueberbürdung keine zu große sein dürfte. Ich bin 17 Jahre Staatsanwalt bei einem großen Gerichtshof gewesen, wo sehr viele Berufungen eingelegt wurden, aber nur 10 Prozent davon waren über die Thatfrage und die meisten über die Rechtsfrage. Und wenn auch 10 Prozent die Thatfrage betroffen haben, warum, meine Herren, wollen Sie hier die Berufung ausschließen? Was die Geschäftsüberbürdung betrifft, so werden diese 10 Prozent nicht mehr viel dazu beitragen.

Es wurde auch von der Rücksicht gesprochen, die man dem Gerichtshofe schuldig sei; ich will zwar nicht von den Erfahrungen sprechen, welche ich als Richter gewonnen habe, obgleich ich auch als Richter in meinem engeren Vaterlande fungirte; aber doch will ich sagen, daß mir selbst sehr viele Richter gesagt haben, daß sie sich freuen, daß diese oder jene Rechtssache, worüber sie judizirt haben, einer höheren Instanz unterbreitet werde. Ich bitte das nicht so zu nehmen, als ob die Richter der ersten Instanz lediglich in Leichtfertigkeit sagen würden: Es spricht noch ein höherer Richter, wozu wären denn die höheren Instanzen da? Das sind Phrasen, die man im Scherze spricht. Ich bin überzeugt, daß es nicht vorgekommen, daß ein Richter so leichtsinnige Reden geführt hat und wenn — so hat er gewiß vorausgesetzt, daß man es im Scherze nimmt. Sehr ernst aber habe ich die Richter oft darüber sprechen hören, daß sie sich freuen, daß eine höhere Instanz nochmal über denselben Gegenstand mit reiferer Erwägung und Ueberlegung urtheilt; denn sehr schwer wird es oft dem richterlichen Herzen, das „Schuldig" zu sprechen, weil der Richter nicht immer ganz sicher ist, daß sein Verstand auch richtig geurtheilt hat.

Ich selbst lege der Berufung einen doppelten Werth bei, und es scheint mir immer, daß dieser doppelte Werth größtentheils einseitig aufgefaßt wird und nicht zweiseitig.

Wenn man immer davon spricht, daß durch die Berufungen nur wenige Reformationen hervorgehen, so möchte ich mich darauf beziehen, was ein sehr verehrter Herr Vorredner bereits erwähnt hat: Wenn von hundert Erkenntnissen in der zweiten Instanz zwei alterirt werden, so müssen wir doch annehmen, daß durch diese 2 Reformationen der Gerechtigkeit ein besserer Dienst geleistet wird, als durch die nicht geänderten Urtheile. Warum sollte man diesen besseren Dienst der Gerechtigkeit hier wegweisen?

Aber ich rede nicht davon, daß durch ein Erkenntniß höherer Instanz ein durch die erste Instanz bereits ausgesprochenes Unrecht wieder gut gemacht werden kann. Ich sage, das Bewußtsein, es giebt noch ein höheres Gericht, es giebt noch eine höhere Instanz, welche die ganze Sachlage erster Instanz prüft, ist eine Mahnung, eine lebendige Mahnung an den Richter erster Instanz, selbst die Verhandlung so zu führen, die vorgebrachten Beweismittel so ernst zu prüfen, daß man ihm nicht sagen könne, er sei lässig in wichtigen Sachen vorgegangen und habe nicht die nöthige Rücksicht auf die Ehre und Freiheit seiner Mitbürger gehabt.

Ich will davon nicht weiter reden, ich appellire an das Bewußtsein aller Herren, ob sie nicht ähnliche Gedanken beschlichen haben bei der Behauptung, die Berufung an die zweite Instanz sei entbehrlich.

Daß es ein Widerspruch wäre, auf Grund des Prinzips der mündlich öffentlichen Verhandlung die reformatio in pejus, d. h. die Berufung abzuschneiden, dagegen aber sie wiederum zuzulassen, wenn es sich um einzelrichterliche Urtheile handelt, das glaube ich, wird man doch nicht in Abrede stellen. Wenn die Mündlichkeit und Oeffentlichkeit, die ebenso bei dem Einzelrichter zu pflegen ist, wie bei Kollegialgerichten, wenn die Oeffentlichkeit und Mündlichkeit, sage ich, entscheidend sein sollte, so muß sie entscheidend sein für beiderlei Urtheile. Was wird dieses aber für einen Eindruck machen, wenn man das Urtheil der Einzelrichter für inappellabel erklären würde, und wenn es sich auch nur um die Inappellabilität zu Gunsten des Angeklagten handelte. Ich muß gestehen, ich bin immer etwas erschrocken darüber, wenn man Prinzipien aufstellt in den Tag hinein, wo es sich noch gar nicht festgestellt hat, wie das Prinzip in praxi durchzuführen ist. Ich habe bereits ausgesprochen, daß keine Garantieen verbleiben, wenn die reformatio in pejus abgewiesen wird, wenn man dem Staatsanwalte die Möglichkeit abschneidet, an die höhere Instanz zu gehen.

Ich kenne diese Garantieen nicht, sie sind nicht vorhanden.

Ich will zum Schlusse nur noch eine Bemerkung machen. Als im Jahre 1850 in meinem engeren Vaterlande die Staatsanwaltschaft eingeführt wurde, da war sie vielen eine **terra incognita** und ist angegriffen worden von vielen Seiten, auch von sehr ehrenwerthen Parteien. Aber Eines haben Alle zugegeben — und man hat sehr viel darüber gesprochen — Eines haben selbst die größten Gegner zugegeben, daß es ein Vortheil sei, daß künftig Strafanzeigen nicht so unter den Tisch geworfen werden können; und etwas Aehnliches hat es auch mit den Freisprechungen, wenn es sich um einzelrichterliche Urtheile handelt.

Man ist beruhigt darüber im Publikum, daß es einen Mann giebt, dessen Aufgabe es ist, im Interesse des Staates die Gesellschaft zu vertreten, und daß auch dieser schweigt bei Freisprechungen, wo er sprechen könnte. Schweigen, wenn man nicht sprechen kann, kann aber nicht gut thun.

Daher stelle ich an die Versammlung die Bitte, der Staatsanwaltschaft ebenso das Berufungsrecht zu lassen, wie dem Angeklagten.

Staats-Anwalt v. **Stenglein**: Ich erlaube mir einige Bemerkungen gegen den Antrag des Herrn Präsidenten Dr. Schwarze. Einer der Herren Vorredner hat erwähnt, daß wenn das Urtheil einer Instanz für den Angeschuldigten vorliegt, man doch ganz gewiß in Zweifel ziehen könne, ob derselbe mit bösem Vorsatze gehandelt hat. Es kann das natürlich nur die Rechtsfrage, nicht die Thatfrage betreffen, wobei in Zweifel gezogen ist, ob er mit Vorsatz gehandelt hat oder nicht. Allein auch bezüglich der Rechtsfrage glaube ich, ist die Sache beengt. Meine Herren! Es handelt sich nicht immer um die Frage, ob Jemand mit Vorsatz gehandelt hat, oder nicht; nehmen Sie an, es würde Jemand freigesprochen wegen Irrthums in der Auffassung der Bestimmungen über die Verjährung, wegen irrthümlicher Annahme der aufgehobenen Zurechnungsfähigkeit, wegen irrthümlicher Annahme der Ersatzleistung und dergleichen, in allen diesen Fällen kann die erste Instanz zur Freisprechung gekommen sein, ohne daß der mindeste Zweifel ist, daß der Thäter mit Vorsatz gehandelt hat, und daß er rechtswidrig gehandelt hat. Subjektive Gründe entschuldigen ihn und führen auf die Freisprechung. Die zweite Instanz kann der Ueberzeugung sein, daß die erste Instanz die Bestimmungen irriger Weise angewendet hat und kommt zur Verurtheilung, da der Vorsatz nicht in Frage steht. Konsequent mit dieser Anschauung müßten wir zu Detailvorschriften kommen, zu welchen keine Veranlassung ist.

Ich gestehe, es macht mir einen eigenthümlichen Eindruck, ich habe bereits in der vorigen Debatte ausgesprochen, ich bin kein Freund von Berufungen; allein man hat doch mit einigem Grunde uns entgegen gehalten: es liegt doch einige Garantie der besseren Wahrheit in der Berufung, es ist einige Garantie geboten dafür, daß das höhere Gericht die Sache mit noch größerer Gründlichkeit prüfe, etwas Richtigeres, Besseres und Wahreres zu Tage fördere, als die erste Instanz. Wenn dieses richtig ist, dann wäre es inkonsequent, wenn Sie die Berufung zu Ungunsten des Angeklagten abschneiden, zu Gunsten des Angeklagten aber zulassen wollten. Meine Herren! Der Angeklagte hat ein Recht, das ihm gewährt werden muß, aber auch die Verletzten und die Staatssicherheit haben ein Recht, und so gut für das eine gesorgt wird, so gut muß auch für das andere gesorgt werden; und wenn ein Irrthum in erster Instanz entstanden ist, und in zweiter Instanz eine Garantie dafür liegt, eine bessere Wahrheit zu finden, so muß derselben freier Lauf gelassen werden.

Ich habe schließlich noch einen letzten Grund, welcher mich gegen den Antrag bestimmt. Ich kann den Antrag nur von dem Standpunkte aus gerecht finden, daß man in dem Staatsanwalte einen einseitigen Ankläger findet: wenn aber der Staatsanwalt der unparteiische Vertreter des Rechts und der Wahrheit ist, so wird kein Grund gefunden werden können, um ihm ein Rechtsmittel zu entziehen, womit er Wahrheit und Recht verfechten kann. Ich möchte aber nicht in unsere deutsche Gesetzgebungen auch nur Etwas hinein gebracht haben, was die Staatsanwaltschaft auf den Standpunkt eines einseitigen Anklägers bringt.

Es ist das nicht so ungefährlich, als man denkt, und ich kann es wohl aussprechen, es hat mich tief mit Schmerz für die Rechtsentwickelung erfüllt, daß in neuerer Zeit eine gewisse Agitation entstanden ist, die fort und fort den Staatsanwalt in diese einseitige Rolle drängen wollte; schließlich bringt ein solches Bestreben saure Früchte, und wenn es solche bringt, ist es meiner Ueberzeugung nach um die Zukunft des Anklageprozesses gethan.

Der Anklageprozeß, bei welchem ein Staatsbeamter mitwirkt, der großen Einfluß auf das Urtheil haben wird, kann, wenn er eine solche einseitige und verwerfliche Stellung einnimmt, nur schädlich einwirken, und wenn es so wäre, dann wäre es konsequent, die Staatsanwaltschaft überhaupt aufzuheben; kommt es nicht zu dieser Konsequenz, so geben Sie dem Staats-Anwalt gleiche, freie und offene Waffen.

Präsident Dr. **Schwarze**: Meine Herren! Gestatten Sie mir nur ein Wort, um eine Bemerkung über die Motive meines Antrages zu machen und eine Thatsache zu konstatiren. Dem, was Herr Staatsanwalt Stenglein gesagt hat, schließe ich mich unbedingt an, soweit es die Stellung und Aufgabe der Staatsanwaltschaft betrifft, ich ziehe aber andere Konsequenzen in Bezug auf das Rechtsmittel der Berufung.

Ich habe in meinen Motiven auseinandergesetzt, daß ich es gerade mit der Stellung und Aufgabe des Staatsanwalts, die Herr v. Stenglein mit so beredten Worten geschildert hat, vereinbar, ja als konsequent damit finde, daß er die Berufung nicht hat. Es thut mir leid, ich kann aber darauf nicht weiter eingehen.

Ich erlaube mir weiter zu konstatiren, daß ich in meinen Motiven ausdrücklich angeführt habe, daß das Wort Berufung sich auf die Thatfrage bezieht, daß es aber ebenso natürlicher Weise nicht ausgeschlossen ist, daß ob noviter reperta der Staatsanwalt einen weiteren Antrag stellen kann.

Ich habe zum Schlusse noch die Thatsache zu konstatiren, daß im Königreich Sachsen dem Staatsanwalte das Berufungsrecht unbedingt abgeschnitten ist. Ich habe seit 11 Jahren die Ehre, an der Spitze der Staatsanwaltschaft zu stehen, das Gesetz selbst ist von mir bearbeitet worden, und ich habe neuerlich den Auftrag von meinem allergnädigsten Könige erhalten, eine neue Strafprozeß-Ordnung zu entwerfen — allein die Erfahrung, die ich seit 11 Jahren gemacht habe, spricht so entschieden für die Aufrechthaltung des Grundsatzes der Strafprozeßordnung, daß bis jetzt kein Anlaß besteht, den Satz zu beseitigen, daß der Staatsanwalt die Berufung gegen Kollegialerkenntnisse zum Nachtheil des Angeklagten nicht hat.

Oberapp.-Ger.-Rath **v. Groß**: Meine Herren! Ich will die Argumente, welche von den Herren Lienbacher und v. Stenglein vorgebracht worden sind, nicht wiederholen, ich beschränke mich auf drei kurze Bemerkungen.

Jede Beschränkung des Rechtsmittels, meine Herren, ist nicht blos eine Beschränkung der Partei, wenn ich diesen Ausdruck gebrauchen darf, der dieses Rechtsmittel zustehen würde, sondern ist gleichzeitig und mehr noch eine Beschränkung des obersten Gerichtshofes, an den dieses Rechtsmittel gehen würde. Diese Beschränkung würde noch dazu eine solche sein, daß die Thätigkeit des Berufungsrichters nothwendig einseitig würde; sein Wirkungskreis als Berufungsrichter über die Thatfrage würde gewissermaßen halbirt, es fehlt eine nothwendige Hälfte, es ist kein wohlgeordnetes organisches Ganze mehr. Das wäre die eine Bemerkung.

Die zweite betont wiederholt den Gesichtspunkt der Waffengleichheit und erinnert an die Verhandlungen früherer Juristentage. Sie werden sich erinnern, daß dieses Prinzip der Waffengleichheit ausgesprochen wurde. Ich gehöre zu denen, die nicht Jedem das Gleiche, wohl aber das, was er zu seiner Thätigkeit braucht, geben wollen, aber ich erinnere Sie daran, daß der Juristentag mit großer Majorität das Prinzip der Waffengleichheit zwischen dem Staatsanwalte und der Vertheidigung proklamirt hat, und daß die öffentliche Meinung sehr viel Werth darauf legt, ob mit Recht oder Unrecht, kann ich dahin gestellt sein lassen. Nun, meine Herren, wie kommt es heraus, wenn jetzt zum ersten Male das Prinzip der Waffenungleichheit zur

Anwendung kommt, wenn dem Staatsanwalte die Waffen entzogen werden, wenn der Juristentag jetzt sein Prinzip verwerfen und dem Staatsanwalte die Berufung nehmen, der Vertheidigung dieselbe aber gestatten wollte? wenn Sie dem Einen den Prügel geben und dem Andern den Stock? Ich habe schon bemerkt, daß ich nicht das Prinzip der Waffengleichheit zum Ausgangspunkt nehme, sondern nach dem Staatsinteresse frage, und da wiederhole ich, was Herr Obergerichtsrath Lienbacher so beredt gesagt hat: das Staatsinteresse, welches dafür vorhanden ist, daß eine ungerechtfertigte Freisprechung aufgehoben wird, ist mindestens eben so groß, als dasjenige, daß eine ungerechtfertigte Verurtheilung wieder aufgehoben wird.

Rechts-Anwalt **Steinfeld** aus Eschwege: Ich habe mich heute bereits für die Beibehaltung der Berufung zu Gunsten des Angeklagten ausgesprochen, und man könnte, wenn ich sie jetzt dem Staatsanwalte nehmen wollte, dies für inkonsequent halten. Ich glaube das nicht; es liegen nicht gleiche Grundlagen vor.

Es ist wohl der Grundsatz nicht zu bestreiten, daß der Staatsanwalt das Recht und die Pflicht hat, den Angeklagten zu verfolgen, und auch dafür zu sorgen, daß kein Unschuldiger einer Strafe unterworfen wird. Mit diesem Grundsatze stimmt aber ganz wohl überein der Antrag des Herrn Dr. Schwarze. Man muß zunächst unterscheiden die Lage des Angeklagten und die derjenigen Behörde, welche gegen ihn operirt. Wenn Jemand eines Vergehens angeklagt wird, wenn eine Denunziation gegen ihn erhoben wird, so wird die Staatsanwaltschaft Schritte genug thun, um Alles dasjenige hervorzuziehen, was das Verbrechen in das rechte Licht setzt, wodurch sich aber auch die etwaige Schuldlosigkeit des Angeklagten herausstellen kann. Der Angeklagte aber hat eine ganz andere Stellung, er ist nicht in der Lage, Alles dasjenige so hervorzusuchen, wie das von anderen Seiten geschieht. Wenn ich auch nicht vom einem Waffenkampfe desselben sprechen will, so ist doch die Lage des Angeklagten eine ganz andere. Es ist meiner Ansicht nach der Gerechtigkeit angemessen, daß man einen Angeklagten nur dann verurtheilt, wenn gar kein Zweifel mehr an dessen Schuld besteht. Spricht aber ein Kollegialgericht, ein aus rechtsgelehrten Mitgliedern bestehendes Gericht, den Angeklagten frei, und der Staatsanwalt appellirt, so ist es doch gewiß eine sehr bedenkliche Sache, nunmehr, ohne daß etwa neue Thatsachen, daß nova aufgefunden werden, also auf die frühere Grundlage hin, nochmal den Angeklagten vor's Gericht zu stellen und ihn der Möglichkeit auszusetzen, schuldig erkannt zu werden. Wir kommen da möglicher Weise zu einem Resultate, das auch gewiß höchst auffallend sein muß; man nehme den Fall, das erste Gericht bestehe aus fünf Mitgliedern, und alle fünf sprechen den Angeklagten frei ohne Ausnahme; das höhere Gericht, welches etwa aus sieben Mitgliedern besteht, verurtheilt den Angeklagten per majora, vier sprechen schuldig und drei dagegen, so haben wir hier zusammen acht, welche den Angeklagten freigesprochen haben. Das wird uns doch schwer aufs Herz fallen, wenn wir solche Urtheile hören. Wenn man sagt, das höhere Gericht bestehe aus intelligenteren, gelehrteren und besseren Richtern, so ist das eine petitio principii, die ich nun und nimmermehr anerkenne.

Ich beantrage nach dem Gesagten die Annahme des Schwarze'schen Antrags.

Assessor Dr. **Kubo** aus Berlin: Mir ist es nicht gegeben, daß ich mich in schönen Gedanken und in schönen Worten ergehen könnte, aber ich glaube im Kreise von Juristen ist es vor Allem nothwendig, Klarheit zu verschaffen und besonders Klarheit zur Geltung zu bringen.

Das erheblichste Hülfsmittel für uns alle ist dafür die juristische Gliederung, und wie wir uns vor Wörtern fremder Sprachen hüten müssen, die Dunkelheit und Blindheit geben und das Gefühl anregen, so müssen wir uns auch vor Kunstausdrücken wahren, die etwas aussprechen, ohne daß man sich der Sache selbst klar bewußt geworden ist.

Zu solchen Wörtern möchte ich unter anderen auch die Bezeichnung „Rechts-mittel" zählen.

Meine Herren! Es wird hier von Verletzung der Waffengleichheit gesprochen, wenn Sie dem Antrage des Herrn General-Staatsanwalts Dr. Schwarze beitreten würden. Ich möchte das nicht annehmen; die Waffengleichheit findet im Kampfe selber Statt; außerhalb desselben soll sie nicht erzielt werden. Ein Rechtsmittel wollen wir die Berufung nicht nennen. Wollen wir die Berufung der Sache nach bezeichnen, so müssen wir sagen, die Berufung ist für den Angeklagten die weitere Vertheidigung, für den Staatsanwalt die weitere Verfolgung.

Ich glaube, wir können hier als Mitglieder des deutschen Juristentags uns nur freuen, wenn wir in Uebereinstimmung mit den Beschlüssen früherer Juristentage uns befinden: auf dem III Juristentag in Wien, im Jahre 1862 war es aber, daß ein Antrag gestellt wurde, dahin zielend, man wolle erklären, daß die damals in Oesterreich und Sachsen noch bestehende Freisprechung von der Instanz abgeschafft werde, und da geschah es, daß nur ein Redner aufstand und erklärte, dieses Institut sei werth zu Grabe getragen zu werden. Einstimmig wurde der Antrag angenommen.

Darf ich nun um einen Augenblick bitten, um festzustellen, welcher Unterschied sich zwischen der Freisprechung von der Instanz und der weiteren Verfolgung des Staatsanwalts zeigt, die man mit dem Ausdrucke Berufung bezeichnet? Ein Unterschied zeigt sich, meine Herren. Ich gestehe es zu.

Aber er fällt zum Nachtheile der sog. Berufung aus. In allen deutschen Gesetzgebungen, soweit ich sie zu verfolgen Gelegenheit hatte und es mir vergönnt war, sie aufzufassen, in all' diesen Gesetzgebungen war die weitere Verfolgung nach der Freisprechung von der Instanz nur für den Fall zulässig, daß neue Thatsachen gefunden wurden, auf die man die neue weitere Verfolgung stützen konnte.

Der Kunstausdruck „Berufung" geht stillschweigend darüber hinweg, ob die Berufung Seitens des Staatsanwalts Nichts weiter als eine neue fortgesetzte Verfolgung ohne die Voraussetzung neuer Thatsachen ist, oder nicht.

Meine Herren! Die Verschiedenheit der Spanne Frist, Berufungs-Frist genannt, und der Frist zwischen der Freisprechung von der Instanz und der Wiederaufnahme des Verfahrens ist nur eine Zeitfrage, die an sich von keinem besonderen Gewichte ist.

Meine Herren! Ich bitte Sie daher sehr, stehen Sie davon ab, die weitere Verfolgung hier noch weiter zu sanktioniren.

Es genügt, wenn man den Staatsanwalt in eine Lage versetzt, die Sache möglichst vorzubereiten, so daß er in keiner Weise gezwungen werden darf, eher zu einem Antrag zu schreiten, als wenn er sagt: ich habe genug gesammelt, ich glaube durchkommen zu können. Kommt er aber nicht durch, so müssen wir uns damit bescheiden, daß nicht Alles ergründet werden kann. Eine weitere Verfolgung aber wollen wir, nachdem der Angeklagte einmal vor Gericht gestanden, nicht wieder aufnehmen. Die Versöhnung liegt im Begriff der Gerechtigkeit, welche Jeder von uns gewahrt wissen will, und ich werde mich freuen, wenn es mir in irgend einer Weise gelungen sein sollte, wenigstens die Annahme zu unterstützen, daß von Verletzung der Waffengleichheit durchaus nicht die Rede sein kann, ebenso wenig wie von Verletzung des Gerechtigkeitsprinzips, wenn wir dem Staatsanwalt nicht das Recht der weiteren Verfolgung des Angeklagten, wohl aber dem Angeklagten das Recht der weiteren Vertheidigung geben. (Bravo.)

Dr. **Hierl** aus Passau: Ich bin nicht in der Absicht gekommen, in der Sache das Wort zu ergreifen, ich bin nur durch einige Bemerkungen der Herren Vorredner veranlaßt worden, um das Wort zu bitten. In der Hauptsache haben zwei andere Herren Vorredner bereits den Gedanken ausgesprochen, welchen auszusprechen ich mich veranlaßt gesehen hätte. Ich erlaube mir nur eine kurze Bemerkung beizufügen. Die Gegner des Antrages des Herrn General-Staatsanwalts Dr. Schwarze scheinen mir alle von der Ansicht auszugehen, als ob nothwendigerweise die Urtheile der zweiten Instanz richtiger sein müßten als diejenigen der ersten Instanz, als ob nothwendig, wenn Jemand in zweiter Instanz schuldig gesprochen, während er in erster

Instanz freigesprochen wurde, das Urtheil der zweiten Instanz richtig, das der ersten Instanz aber unrichtig sein müßte.

Es ist bei der Debatte über die frühere Frage bereits vielfach hervorgehoben worden, wie mangelhaft das Beweisverfahren in zweiter Instanz ist, und daß die Richter zweiter Instanz nach dem gegenwärtigen Beweisverfahren schlechter unterrichtet sind, als die Richter erster Instanz; deshalb liegt auch die Gefahr außerordentlich nahe, daß in solchen Fällen wirklich Unschuldige in zweiter Instanz verurtheilt werden könnten. Ich glaube, es ist besser, wenn 99 Schuldige freigesprochen werden, als wenn ein einziger Unschuldiger ungerecht verurtheilt wird, und darum bin ich gegen die Berufung des Staatsanwalts.

Dr. **Otto** aus Heilbronn: Ich habe nur ein kurzes Wort zu sagen. Ich komme von einem Lande, wo die Staatsanwaltschaft nur für die Schwurgerichtshöfe besteht, also auch so ziemlich eine terra incognita ist; daher mag es kommen, daß ich über die außerordentlich glänzende Vertheidigung, welche die Gegner des gestellten Antrages aufbrachten, sehr verwundert, ja ich möchte sagen, verletzt war. Alle Gründe sehen sich wunderschön an und entspringen einem Gefühle der Gerechtigkeit, das ich auf der andern Seite wieder ehren muß; aber wenn ich mich erinnere, wie war es denn, ehe die Staatsanwaltschaft eingeführt wurde in den Ländern des alten Verfahrens, wie in Würtemberg, wo wir leider das Unglück haben, uns noch nicht der Staatsanwaltschaft zu erfreuen? Dort war mit dem Ausspruche erster Instanz Alles zu Ende; man hatte eine Anklage ex officio, aber keinen Rekurs ex officio. Warum nicht? Warum sind die Männer des alten Rechts nicht auf die Idee gekommen, dem Richter der ersten Instanz das Recht zu geben, ohne Staatsanwaltschaft anzuklagen, und dem Richter der zweiten Instanz das Recht einzuräumen, die Sache an sich zu ziehen?

Einfach deshalb, weil dem Gefühle der Gerechtigkeit mit der Freisprechung Genüge geschehen ist, weil das öffentliche Gewissen nicht mehr fragt, wenn das Staatsorgan gesprochen hat, ob nicht das andere Staatsorgan vielleicht eine andere Ansicht hat; das öffentliche Gewissen ist befriedigt und hat zu schweigen.

Ich habe Nichts weiter beizufügen, meine Herren! als dieses: wir werden uns doch nicht entschließen, etwas Schlimmeres einzuführen, als das frühere Verfahren geboten hat.

Assessor a. D. **Ulrichs** aus Burgsdorff: Nur wenige Worte, meine Herren! Ich möchte den Gründen, welche von den Vertheidigern des Schwarze'schen Antrages gehört worden sind, noch ein anderes Motiv beifügen. Ich habe in meiner Heimath, in Hannover, wo ich manchmal vertheidigt habe vor Kollegialgerichten, auch in Berufungssachen, die Erfahrung gemacht, daß, wenn die obere Instanz eine Freisprechung der ersten Instanz verworfen hat, und eine Verurtheilung hat folgen lassen, nicht nur in der Person des Angeklagten, sondern auch der Zeugen und der Bevölkerung, soweit ich davon Kenntniß hatte, sich in allen diesen Fällen eine wahre Erbitterung gezeigt hat. Es scheint in solcher reformatio in pejus von Seiten der zweiten Instanz eine wahre Kränkung des öffentlichen Rechtsbewußtseins zu liegen, weshalb ich sie auch für eine Härte halte. Ich glaube, daß eine Schmälerung der Achtung daraus hervorgehen würde in manchen Fällen, in der doch bisher die deutschen Gerichte stehen und gestanden haben. Namentlich scheint nach Vermuthungen und Privatnachrichten das vom Herrn Vorredner bereits berührte Mißverhältniß vorzukommen, daß in erster Instanz, welche mit 3 Richtern besetzt ist, während in zweiter Instanz 5 Richter sitzen, einstimmig freigesprochen wurde, während die höhere Instanz nur mit 3 Stimmen verurtheilte, in welchen Fällen die freisprechenden Richter doch ebenso rechtsgelehrt sein werden, als die Verurtheilenden. Man könnte gegen dieses Moment nun zwar sagen, daß auch bei der reformatio in melius dasselbe stattfinde, daß 3 Richter freisprechen, während 5 verurtheilen, aber ich glaube mich auf den allgemeinen Satz beziehen zu müssen: in dubio pro reo. Sodann glaube ich kein Gewicht legen zu sollen auf den Grund, welchen einer der Herren Redner angegeben hat, daß es nämlich weit mehr vorkommt, daß ein Schuldiger freigesprochen wird bei einem deutschen Gerichte, als daß ein Unschuldiger verurtheilt würde. Ich bestreite dem Herrn Vorredner die Möglichkeit, das mit Bestimmtheit aussprechen zu können, denn wo ist Wahrheit, was ist thatsächliche Wahrheit? Schon die Glosse zum corpus juris sagt: quid est enim veritas, ipse deus.

Der Richter hat es mit der oft so schwierigen Frage zu thun, ob bewiesen oder nicht bewiesen, mit dem immerhin zweifelhaften Bilde, das die Beweisführung darbietet, und so muß es auch in der That sein. Denn wohin würde es führen, wenn ein wirklich Schuldiger ohne Beweisführung seiner Schuld verurtheilt würde?

Aus diesen und den übrigen Gründen, die die Herren Vorredner angeführt haben, bin ich für den Antrag, jedoch zur klareren Andeutung des Inhaltes des Antrages würde ich das Amendement stellen, daß

ad a. das Wort beigesetzt werde: „wohl aber zu Gunsten desselben.“

Präsident Dr. **Schwarze**: Es ist der Schluß der Debatte beantragt, und wenn keine Einwendung erfolgt, so ist dieselbe geschlossen, vorbehaltlich des Wortes für die angemeldeten Redner die Herren Rechtsanwalt Beckh und Dr. Staudinger.

Rechtsanwalt **Beckh** aus Lindau: Ich habe nur wenige Worte zu sagen. Ich hätte gerne mit dem Worte begonnen, mit welchem der Herr Vorredner geschlossen: Es ist besser, wenn 99 Ungerechte freigesprochen werden, als wenn ein Einziger ungerecht verurtheilt wird.

Ich finde, daß als Spitze der Ausführungen der Gegner des Schwarze-schen Antrags immer festgestellt wird: „Die Wahrheit muß erkannt werden, und es ist eine Unterdrückung der Wahrheit, wenn dem Staatsanwalte nicht die Möglichkeit geboten wird, auch in zweiter Instanz Beweismittel gegen den Angeklagten vorzuführen".

Meine Herren! Es kann mit dieser Wahrheit doch blos gemeint sein die nackte Wahrheit. Eine Unterdrückung dieser kann aber meines Erachtens, außer in dem Falle, wenn neue Thatsachen nicht mehr vorgeführt werden dürfen, nicht angenommen werden.

Wenn einmal ein Kollegialgericht sich ausgesprochen hat, es liege kein Reat vor, ein anderes Gericht aber entgegengesetzter Ansicht ist, so muß die Sache zweifelhaft sein. Es kann also im Interesse der absoluten Wahrheit nicht liegen, die Sache zur zweiten Instanz zu devolviren.

Herr Lienbacher hat davon gesprochen, daß es dem Richter erster Instanz das Bewußtsein seiner Verantwortung erhöhe, wenn er ein Gericht über sich weiß. Dem widerspreche ich nun thatsächlich vollständig. Ich kann versichern, daß ich, wenn ich auch keine lange Praxis habe, doch aus derselben weiß, daß Richter schon erklärt haben, „die zweite Instanz kann ja anders urtheilen". Wenn er angeführt hat, daß ein Richter mit schwerem Herzen schuldig gesprochen habe, so gebe ich das zu, das spricht aber nicht für die Gegnerschaft des Schwarze'schen Antrags. Es spräche vielmehr gegen diesen Antrag, wenn er mit schwerem Herzen freigesprochen hätte. Aber wir haben sicher noch keinen Richter gefunden, der gesagt hätte, daß er mit schwerem Herzen freigesprochen habe, und auch das öffentliche Rechtsbewußtsein wird dem Richter eine Freisprechung nie vorwerfen, sie hat sich nie in solcher Weise ausgesprochen.

Es ist gesagt worden, man habe keine Garantie für eine richtige Rechtsprechung, wenn wir nicht eine Berufungsinstanz hätten.

Das ist ein Vorwurf, der dem gesammten Richterstande und der Staatsanwaltschaft gemacht wird.

Wenn die Staatsanwaltschaft mit dem großen Apparat, der ihr zu Gebote steht, und die Kollegialgerichte nicht im Stande sind, dem Staate die gehörige Garantie zu bieten, sollen diese dann die Appellationsgerichte bieten? Es geht nicht zu sagen: diese allein bieten Garantie für die Rechtsprechung! Es ist doch dem Staate genug Garantie gegeben, wenn der Staatsanwalt in solcher Weise auftreten kann mit allen Hilfsmitteln, und die Untergerichte als Kollegialgerichte in solcher Weise über das Verbrechen urtheilen!

Man hat vorhin gesagt, es seien so und so viele Fälle vorgekommen, in welchen eine Verurtheilung in erster Instanz ungerechter Weise erfolgt sei, und die zweite habe abhelfen müssen.

Meine Herren! Es giebt auch Fälle, in welchen die erste Instanz mit vollem Rechte freigesprochen hat, die zweite aber verurtheilt; ich kenne einen Fall sehr genau, in welchem die zweite Instanz aussprach, die erste Instanz habe unrichtig geurtheilt, und in welcher dann die dritte, der oberste Gerichtshof, ausgesprochen hat, „nachdem die zweite Instanz die Thatsachen einmal so festgestellt hat, läßt sich in thatsächlicher Beziehung nichts mehr sagen," und wo sie dann nur aus Rechtsgründen der Nichtigkeitsbeschwerde stattgegeben hat. Daraus geht aber hervor, daß auch die zweiten Instanzen irren können, und daß in der That die Gefahr besteht, daß Unschuldige zu so und so viel Jahren und Wochen Gefängniß verurtheilt werden.

Dr. **Völk** aus Augsburg: Ich möchte mir, da über die Versammlung eine sichtliche Ermüdung gekommen ist, nur ein Paar Worte erlauben.

Einmal erkläre ich, daß ich das Wort „Berufung" bei dem betreffenden Antrag gerade so verstehe, wie der Herr Antragsteller selbst, lediglich in Bezug auf die Thatfrage. Damit erledigt sich eine Reihe von dem, was von Herrn v. Stenglein bezüglich der Verjährung gesagt worden ist. Ferner glaube ich, daß man, wenn man hier gleichsam vom Kampfe zweier Parteien, des Vertheidigers und des Angeklagten auf der einen Seite, und des Staatsanwalts auf der andern Seite spricht, die Sache schief aufgefaßt hat. Es geht nicht an, die Operation der Sühne des verletzten Rechtes als einen Prozeß zwischen dem Angeklagten und dem Staatsanwalte darzustellen, ich perhorreszire diesen Standpunkt und glaube, daß Alles wegfällt, was von Gleichheit und Ungleichheit der Waffen gesagt wurde. Die Hauptfrage ist: Verlangt das öffentliche Interesse, das öffentliche Gewissen, daß, wenn einmal ein Gerichtshof ein freisprechendes Urtheil erlassen hat, noch dem Staatsanwalte ein Rechtsmittel gegeben sein müsse, um das freisprechende Erkenntniß wieder aufzuheben? Ich sage, Nein. Es ist vorhin bemerkt worden, es müßte, wenn nach Stimmen gezählt würde, doch dahin kommen, daß, auch wenn nur ein einziger Richter seine Stimme für die Freisprechung abgegeben, diese zu erfolgen habe. Das Prinzip hat allerdings seine große Berechtigung, und wir sehen, daß es in der Einstimmigkeit der englischen Geschworenengerichte seinen Ausdruck gefunden hat. Der Grundsatz, der ihm unterliegt, ist der: Wenn einmal eine bestimmte Anzahl wohl unterrichteter, mit sittlicher und geistiger Integrität behafteter Männer und Mitbürger an ihrem Mitbürger eine Schuld nicht zu erkennen

16

vermag, so ist sie nicht so gewiß, daß man den Angeklagten zu strafen vermöchte. Darin liegt die Grundursache des Instituts der Einstimmigkeit der englischen Geschwornen; man hat erkannt, daß die Geistesoperationen, welche in Thätigkeit gesetzt werden bei Abwägung von Beweismitteln für die Existenz einer Schuld oder Nichtschuld, in thatsächlicher Beziehung nicht solche sind, welche sich diskutiren und an einander messen lassen. Es ist anerkannt worden in einer Schrift des Herrn Generalstaatsanwalts Schwarze selbst, wenn ich nicht irre, daß das Judiziren, die Rechtsanwendung auf eine gegebene Thatsache, eine ganz andere Geistesoperation von Seite des Richters voraussetzt, als die Frage, ob Jemand eine bestimmte That unter bestimmten Umständen begangen hat. Es geht nach dieser Geistesoperation wohl an, daß eine erste, zweite und dritte Instanz mit der Rechtsanwendung auf eine bestimmte Thatsache sich befaßt, es geht aber nicht an, daß die erste, zweite und dritte Instanz in dieselben Gründe eingeht, weil sie nicht dasselbe Faktum erhält. Sie werden sagen, es sei eine Inkonsequenz gewesen, wenn man die Berufung in der Thatfrage für den Angeklagten zugelassen habe. In der Beziehung bin ich durch das, was gesagt worden ist, daß es sich hier um eine weitere Vertheidigung des Angeklagten handelt, weiterer Ausführung und Widerlegung überhoben, und ich habe hier nichts weiteres beizufügen. Es ist keine Inkonsequenz, durch das Berufungsrecht dem Angeklagten weitere Gelegenheit zu geben, seine Unschuld darzuthun. Es sind verschiedene Dinge, wenn der Gerichtshof ausspricht, ich finde keine Schuld des Angeklagten, und wenn man dem Angeklagten gegenüber die Sache beruhen läßt. Eben deshalb, glaube ich, — und weil, wie Sie selbst zugestanden haben, die Berufungsinstanz nur ungenügende Garantieen bietet, wie auch allgemein anerkannt worden, daß sie ein ganz besonders lobenswerthes Institut nicht sei und nur in Ermangelung eines bessern beibehalten werde, — werden Sie um so weniger den Angeklagten der Gefahr aussetzen wollen, in zweiter Instanz bei dieser Mangelhaftigkeit des Verfahrens verurtheilt zu werden. Hier entsteht die Waffenungleichheit, gegenüber den Mitteln, welche die Staatsanwaltschaft am Appellationsgericht hat, und den Mitteln, welche der Angeklagte an einem entfernten Gerichtsorte besitzt; er muß seine Zeugen zum Appellgerichte bestellen, der Staatsanwalt setzt auf Staatskosten, so viel er will, auf die Liste, der Angeklagte dagegen muß die Zeugen in den meisten Fällen bezahlen, oft 30—40 Stunden weit bezahlen. In dieser Richtung kann bei einer großen Entfernung vom Gerichtsorte von Waffengleichheit nicht entfernt die Rede sein. Ich will über diesen Punkt weggehen. Die Hauptsache ist die: Man kann nicht mehr sagen, daß das öffentliche Gewissen und das öffentliche Interesse verletzt ist, wenn einmal ein Gericht ein freisprechendes Erkenntniß erlassen hat.

Fünf Geschworene, die Minorität, sprechen frei, und das öffentliche Gewissen findet nichts darin, daß sieben Geschworene, obwohl sie den Angeklagten schuldig befunden, nicht den Ausschlag geben zu seiner Verurtheilung. Man findet das natürlich, man sagt, wenn einmal fünf ehrliche, intelligente Mitbürger nicht finden können, daß der Angeklagte schuldig ist, so kann der Staat kein Interesse haben, daß seine Verurtheilung ausgesprochen werde. Wollen Sie ein Gericht erster Instanz, ein Kollegium, bei welchem der Staatsanwalt thätig sein kann in viel eminenterer Weise als der Angeschuldigte, wollen Sie ein solches Gericht, welches ein freisprechendes Erkenntniß erläßt, nicht den fünf Geschworenen gleichstellen, und wollen Sie behaupten, daß, wenn die erste Instanz freispreche, das öffentliche Gewissen noch verletzt sei? Nimmermehr!

Geheim-Secretair Dr. **Staudinger** aus München: Ich erlaube mir einige Worte.

Ein Herr Redner hat eine Parallele zwischen der vorliegenden Frage und dem alten Institute der **absolutio ab instantia** gezogen. Diese Behandlung hat sich Ihres lauten Beifalls zu erfreuen gehabt, und nur dieser Umstand veranlaßt mich, mir zu erlauben, in dieser Beziehung Ihnen mehr Vorsicht zu empfehlen.

Bei der **absolutio ab instantia** wurde das weitere Verfahren auf eine unbestimmte Zeit wenigstens so lange sistirt, bis die Verjährungsfrist abgelaufen war. Es war also in diesem Falle der Angeschuldigte geraume Zeit der Gefahr ausgesetzt, neuerdings vor Gericht gezogen, von Haus und Hof gebracht und in's Gefängniß geführt zu werden.

Anders ist es in der vorliegenden Frage. Hier wird wenigstens in allen Gesetzgebungen die Annahme des Berufungs-Rechts auf Seite der Staats-Anwaltschaft durch das Einhalten einer bestimmten Frist bedingt; ist diese gegen ein freisprechendes Urtheil in der Regel außerordentlich kurz bemessene Frist abgelaufen, dann besteht Gewißheit darüber für den Angeschuldigten, daß er mit einer weiteren strafrechtlichen Verfolgung nicht mehr beunruhigt wird. Es besteht also ein Unterschied, und es kann aus der Verwerfung der **absolutio ab instantia** für die vorliegende Frage nichts gefolgert werden.

Dr. **Stern** aus Wien: Es wurde eben von Seiten des Herrn Dr. Völk in die Widerlegung Alles dessen, was von Seiten der Herren Vorredner vorgebracht wurde, eingegangen, so daß ich mich darauf beschränke, das festzustellen, was in der lit. a. des Schwarze'schen Antrages enthalten ist. Nach meiner Ansicht kann nicht gezweifelt werden, daß die Berufung nur in der Thatfrage und nicht in der Rechtsfrage zu verstehen sei; ferner daß es sich nur um die Berufung gegen Erkenntnisse von Collegialgerichten und nicht von Einzelgerichten handele, daß also die Frage, ob gegen ein freisprechendes Erkenntniß eines Einzelrichters dem Staatsanwalte die Berufung zustehe, durch den Beschluß, den wir fassen werden, in keiner Weise berührt werde. Es ist ferner zu erwägen, daß hier nicht enthalten ist, was von Herrn Oberlandes-Gerichtsrath Lienbacher darin gesucht werden wollte, daß dem Staatsanwalte gar kein Rechtsmittel gegen freisprechende Erkenntnisse erster Instanz zustehe, sondern es hat der Staatsanwalt auch noch, wenn Sie diesen Satz annehmen, das Rechtsmittel der Restitution, der Wiederaufnahme des Verfahrens, wenn ihm neue Beweismittel zu Gebote stehen; aber jenes Rechtsmittel der Berufung, daß er ohne Vorbringen neuer Thatsachen, neuer Thatumstände an ein neues Gericht gehen könne, dieses, und nur dieses, soll ihm in diesem Absatze genommen werden. Ich möchte noch auf eins entgegnen, was in statistischer Beziehung von Herrn Oberlandes-Gerichtsrath Lienbacher bemerkt wurde, daß nämlich eine Ueberbürdung der Gerichte durch die Berufungen der Staatsanwaltschaft nicht zu fürchten sei, nachdem in einem längeren Zeitraum kaum 10% Berufungen gegen freisprechende Urtheile in Oesterreich vorgekommen seien. Das hat in Oesterreich seinen guten Grund; wir in Oesterreich haben in zweiter Instanz durchgehends schriftliches Verfahren, wir haben keine mündliche Verhandlung, es ist nicht einmal dem Angeklagten oder seinem Vertheidiger das Wort vor dem erkennenden Gerichtshofe zweiter Instanz gegeben. Die zweite Instanz urtheilt nur auf Grundlage der Akten, welche ihr vorliegen, auf Grundlage des Zeugenverhörs- und Schlußverhandlungs-Protokolls, für dessen Redigirung nicht einmal jene Vorsichten gesetzlich bestehen, welche zum Beispiele nach der Straf-Prozeßordnung für das Königreich Sachsen vorgeschrieben sind. Da ist es denn natürlich, daß die Staatsanwaltschaft sich beengt sieht und sehen muß, auf Grund eines schriftlichen Elaborats, welches der Richter erster Instanz dem Richter zweiter Instanz vorlegt, die Berufung zu ergreifen, während der ersten Instanz ein lebendiges Bild der Sache vor Augen geführt wurde. Wenn also gesagt wurde, daß nur beiläufig 10% Berufungen bei Freisprechungsfällen von der Staatsanwaltschaft bei uns in Oesterreich ergriffen worden sind, so ist dies also wohl nur eine Konsequenz der bei uns bestehenden Prozedur, und daraus kann meines Erachtens hinsichtlich der vorliegenden Frage gar kein Schluß gezogen werden, da andere Länder andere statistische Tabellen und andere Ergebnisse zu Tage fördern.

Wenn endlich von Seite eines Herrn Gegners des Schwarze'schen Antrags sehr oft bemerkt wurde, die Staatsanwaltschaft müsse im Interesse des Rechts und der Wahrheit die Berufung ergreifen können, die Wahrheit müsse zu Tage gefördert werden, und dies sei das Grundprinzip des Strafprozesses, so müßte dies am Ende dahin führen, daß die Staatsanwaltschaft gehalten wäre, immer die Berufung zu ergreifen, so oft gegen ihren Antrag ein freisprechendes Erkenntniß erlassen wurde, nicht aber daß dies in ihr Belieben gestellt werden könne, woraus sich dann weiter ergäbe, daß zu einem „Schuldig" das Erkenntniß einer Instanz, zu einem „Nichtschuldig" aber das Erkenntniß zweier Instanzen erforderlich wäre, welche Konsequenz aber der sogenannten Waffengleichheit offenbar nicht entspräche.

Ich empfehle sonach die Schwarze'schen Anträge zur Annahme.

Präsident Dr. **Schwarze**: Ich schließe die Diskussion, und wir gehen zur Abstimmung über.

Advokat Dr. **Eller** aus Mannheim: Ich hätte nur in Bezug auf die Fragestellung eine Frage. Es ist erklärt worden, daß sich die Berufung nur auf die Thatfrage und in keiner Weise auf die Rechtsfrage bezieht; ich möchte nun wissen, wie es beim Strafausmaß ist. Nach der Art und Weise, wie die Sache behandelt wurde, würde ich annehmen, daß gerade dadurch, daß wir diesen Antrag annehmen, wir positiv aussprechen, daß beim Strafausmaß und anderen Fragen dem Staatsanwalte die Berufung zustehe. Ich kann nur dafür stimmen, wenn die Meinung die ist, daß dem Staatsanwalte ein Antrag auf reformatio in pejus bezüglich des Strafmaßes nicht zustehe.

Präsident Dr. **Schwarze**: Ich bedauere die Motive nicht hier zu haben; dort ist entwickelt, daß die Berufung sich sowohl auf die Thatfrage als auf das Strafmaß bezieht. Wenn Sie mir gestatten, daß ich diese authentische Interpretation in Worte fasse, so würde ich das Amendement einbringen: „dem Staatsanwalte ist die Berufung in Bezug auf die Thatfrage und das Strafmaß nicht eingeräumt." Aber ich muß ihrem Ermessen anheimstellen, ob Sie mir dies nachträglich gestatten.

Ein Mitglied aus Wien: Ich glaube, daß es Mehrere geben kann, welche dem Staatsanwalte das Berufungsrecht hinsichtlich des Strafmaßes recht gern einräumen möchten, bezüglich der Thatfrage aber nicht, und ich bitte daher, diese beiden Punkte in der Fragestellung von einander zu trennen.

Präsident Dr. **Schwarze**: Dem Antrage steht kein Bedenken entgegen.

Genehmigen Sie, meine Herren, daß nachträglich der Satz, wie er von mir vorgeschlagen ist, aufgenommen werde?

(Wird mit Majorität genehmigt.)

Ich gehe nun zur Abstimmung über. Diese wird sich auch richten auf den Antrag des Herrn Ulrichs, der den Antrag gestellt hat, nach „zum

Nachtheile" des Angeklagten die Worte einzuschalten, wohl aber zum „Vortheile desselben."

Für die Abstimmung wäre die Frage bezüglich der Thatfrage und des Strafmaßes, wenn Sie damit einverstanden sind, zu trennen.

Ich stelle nun vorerst die Frage, stimmen Sie folgendem Antrage bei:

„Dem Staatsanwalte ist die Berufung über die Thatfrage gegen Endaerkenntnisse der Kollegial-Strafgerichte zum Nachtheile des Angeklagten nicht einzuräumen."

(Wird angenommen.)

Treten Sie weiter dem Antrage bei:

„Dem Staatsanwalte ist die Berufung, betreffend das Strafmaß gegen Enderkenntnisse der Kollegial-Strafgerichte zum Nachtheile des Angeklagten nicht einzuräumen."

(Wird angenommen.)

Es kommt nun der Antrag des Herrn Ulrichs, daß nach „zum Nachtheile" die Worte eingeschaltet werden „wohl aber zu Gunsten."

Die Herren, welche dafür sind, bitte ich die Hand zu erheben.

(Wird abgelehnt.)

Nun, meine Herren, bin ich der Meinung, daß wir den Punkt b auf sich beruhen lassen.

Vize-Präsident Dr. v. **Groß**: Ich beantrage den Schluß der Diskussion und die Verschiebung des Punktes b auf den nächsten Juristentag.

Präsident Dr. **Schwarze**: Ich bringe zunächst den Präjudicialantrag des Herrn Vize-Präsidenten Dr. v. Groß zur Abstimmung. Wollen Sie, daß der Antrag unter b auf den nächsten Juristentag verschoben und der ständigen Deputation zur Vorbereitung überwiesen werde?

(Wird angenommen.)

Ferner bitte ich, daß Sie darüber Beschluß fassen, ob die Beschlüsse über den Antrag Gotthelf's und Schwarze's dem Plenum bloß zur Kenntnißnahme oder zur Berathung und Beschlußfassung vorzulegen seien. Die Herren, welche der Meinung sind, diese Beschlüsse dem Plenum zur Berathung und Beschlußfassung zu übergeben, bitte ich die Hand aufzuheben.

(Wird angenommen.)

Die Beschlüsse resp. Anträge werden also dem Plenum zur Berathung und Beschlußfassung vorgelegt.

Ich habe zu bemerken, daß mehrere Vertrauensmänner nicht erschienen sind, also eine Erklärung nicht abgegeben haben. Genehmigen Sie vielleicht, daß statt derselben die Herren v. Stenglein und Lienbacher zu Vertrauensmännern erwählt werden?

(Wird genehmigt.)

Dann, meine Herren, frage ich Sie, ob Sie uns ermächtigen, daß das Protokoll von uns durchgesehen und legalisirt werde?

(Wird angenommen.)

Nun noch einen letzten Punkt:

Es liegt ein Antrag des Herrn Assessor Ulrichs vor an das Präsidium der III. Abtheilung; er möchte ums Wort bitten auf etwa drei Minuten zu einer in die dritte Abtheilung gehörenden persönlichen Bemerkung über das Verfahren der ständigen Deputation und zu einer Rechtsverwahrung. Meine Herren! Ich habe mich Ihrem Beschlusse zu unterwerfen, aber meine Ansicht ist, daß ich den Antrag für unzulässig halte, denn wir sind meines Erachtens nicht kompetent über Beschwerden gegen die ständige Deputation zu urtheilen. Das gehört dem Plenum zu.

Wollen Sie, daß dem Herrn Assessor Ulrichs in dieser Richtung das Wort gegeben werde?

(Die Versammlung beschließt, dem Herrn Ulrichs das Wort nicht zu geben.)

Dann erlauben Sie mir, daß ich den Schluß der Sitzung verkünde und damit den herzlichsten tiefgefühlten Dank verbinde, daß Sie Nachsicht mit meiner Amtirung gehabt, aber auch andererseits den Sachen diese eingehende Aufmerksamkeit geschenkt haben.

Ich glaube, die Arbeiten der dritten Abtheilung des Juristentags brauchen sich nicht zu schämen und haben hinter den andern Arbeiten nicht zurückzutreten. Es ist in München mit einer Hingebung, einem Eifer und einer Sachkenntniß gearbeitet worden, wie selten.

Ich erlaube mir, meine Freude darüber auszudrücken, vorzüglich aber nochmals meinen Dank für die Nachsicht, mit welcher Sie meine Amtirung beurtheilt haben.

Und nun: leben Sie wohl, Gott befohlen, auf Wiedersehn!

(Auf Antrag eines Mitgliedes der Abtheilung wird in lauten Beifallrufen dem Herrn Präsidenten Anerkennung und Dank ausgedrückt.)

(Schluß der Sitzung Nachmittags 3 Uhr.)

Erste Sitzung der vierten Abtheilung am 27. August 1867.

Ministerial-Rath Dr. **Kalb:** Sehr geehrte Herren! Von der ständigen Deputation des Deutschen Juristentages bin ich beauftragt, Ihnen vorzuschlagen, als Vorsitzenden der IV. Abtheilung den Herrn Oberhandelsgerichts-Präsidenten Baron v. Sternenfels aus Stuttgart durch Akklamation zu wählen.

(Die Versammlung genehmigt durch Akklamation die Wahl.)

Ich bitte deshalb Herrn Baron v. Sternenfels den Präsidentenplatz einzunehmen.

(Geschieht.)

Präsident Baron v. **Sternenfels:** Meine Herren! Ich danke Ihnen für das Vertrauen, das Sie mir erwiesen haben. Ich bin mir bewußt, daß meine Kräfte sehr schwach sind, eine so zahlreiche Versammlung zu leiten, ich glaube auch, daß Sie viel brauchbarere Persönlichkeiten gefunden hätten, um Ihnen vorzusitzen, und denke, nur dem Eifer, den ich bisher der Sache des Deutschen Juristentages gewidmet, und weil ich allen Versammlungen bis jetzt beigewohnt habe, es zuschreiben zu dürfen, daß die Anerkennung dieser geringen Leistung durch Ihren Beifall ausgedrückt wurde. Ich danke Ihnen nochmals für die erwiesene Ehre und bitte jeden der Herren für seinen Theil mich in meinen Arbeiten zu unterstützen.

Die erste Obliegenheit eines Präsidenten ist, der Versammlung einen Vize-Präsidenten vorzuschlagen; ich erlaube mir als solchen vorzuschlagen Herrn Dr. Marquardt Barth aus Kaufbeuren, und ersuche denselben, wenn er und Sie damit einverstanden sind, seinen Platz neben mir einzunehmen.

Zunächst habe ich zur Wahl der Schriftführer zu schreiten.

Als ersten Schriftführer schlage ich Ihnen vor Herrn Dr. Seuffert von hier. Wenn Sie damit einverstanden sind, und der bezeichnete Herr bereit ist, so ersuche ich ihn, auf dem Bureau Platz zu nehmen.

Als zweiten Schriftführer bringe ich in Vorschlag den Herrn Finanz-Assessor Steinheil aus Stuttgart. Wenn Sie nichts dagegen haben, so ist auch diese Wahl genehmigt.

Nun ist die Tagesordnung für heute und morgen festzusetzen.

Es liegen zur Berathung in der vierten Abtheilung vor: Der Antrag über die Gerichtsbarkeit für Studirende, worüber Herr Professor Dr. Gneist den Vortrag übernommen hat. Dieser Herr ist aber Vorsitzender in der ersten und zweiten Abtheilung, also für die Zeit, in der er dort zu präsidiren hat, nicht im Stande, das Referat über diese Frage zu erstatten; ich würde deshalb diese Frage auf die morgige Sitzung festsetzen. Eine weitere Frage für die vierte Abtheilung betrifft drei zusammenhängende Gegenstände, über die Beweisverbindung, über die richterliche Feststellung der Beweislast und über die Eventualmaxime.

Diese drei Fragen hängen so innig zusammen, daß man sie wohl nicht trennen kann. Ich würde deshalb vorschlagen, diese drei Fragen nicht auf die heutige Tagesordnung zu setzen, sondern für morgen als zweiten Gegenstand vorzunehmen.

Eine weitere Frage betrifft das Verfahren in Schädens-Prozeßsachen. Hierüber ist Herr Dr. Schaffrath Berichterstatter, und diesen Gegenstand wollen wir heute vornehmen. Wenn kein Einwand hiegegen erhoben wird, so nehme ich die Tagesordnung als festgesetzt an.

Rechtsanwalt **Makower** aus Berlin: Mir scheint kein Grund vorhanden zu sein, warum wir von der heutigen Tagesordnung die erwähnten drei zusammenhängenden Gegenstände streichen sollen. Wenn nicht Zeit genug ist, so können wir die Frage wegen des Schädenprozesses auf morgen verschieben, besonders da wir erst heute ein neues Buch über ihn erhalten haben, das doch erst durchgelesen werden muß; mir scheint es daher am zweckmäßigsten, wenn wir jene drei Fragen heute behandeln.

Rechtsanwalt Dr. **Mayersohn** aus Würzburg: Gegen diesen Antrag bin ich durchaus. Ich glaube nicht, daß wir dieses Material heute vollenden können.

Ich halte überhaupt dieses Material für das Wichtigste der Tagesordnung. Es muß dasselbe gründlich erörtert werden, da es maßgebend ist, und besonders für uns in Bayern. Die heutige noch übrige Tageszeit reicht hiefür nicht aus.

Ich bin daher mit der Ansicht des Herrn Präsidenten einverstanden, daß wir die Civil-Prozeß-Frage morgen auf die Tagesordnung setzen.

Präsident Baron v. **Sternenfels**: Wenn Niemand mehr das Wort ergreift, so bringe ich den Antrag des Herrn Makower zur Abstimmung, der dahin geht, daß die drei Fragen über das Prozeßverfahren in der heutigen Sitzung zur Erledigung kommen sollen. Wer für diesen Antrag ist, den bitte ich, sich zu erheben.

(Die Minorität erhebt sich.)

Er ist also abgelehnt.

Wir kommen nun zur Frage über den Schädenprozeß. Allerdings ist das Lehmann'sche Gutachten erst heute vertheilt worden, und hat auch Herr Schaffrath früher hiervon keine Kenntniß bekommen. Derselbe ist aber gleichwohl bereit, in seinem Berichte das Nöthige über das Gutachten vorzutragen, und ersuche ich Herrn Schaffrath, Bericht zu erstatten.

Berichterstatter Dr. **Schaffrath** aus Dresden: Meine Herren! Der Antrag, über den ich Ihre Berathung einleiten soll, ist von dem Regierungs-Assessor Lincke in Glauchau gestellt und lautet folgendermaßen:

„Der Deutsche Juristentag wolle aussprechen:

1) das Verfahren im Schädenprozesse, wie es in den meisten Theilen Deutschlands besteht, bedarf einer gründlichen Umgestaltung.

2) Insbesondere gilt dieses nach folgenden Richtungen:

a) sowohl bei Ermittelung der Existenz des Schadens, als bei Bestimmung der Höhe des Schadenersatzes hat der erkennende Richter bei Prüfung der von den Parteien gegebenen Unterlagen in der Hauptsache und an erster Stelle seinem freien Ermessen zu folgen;

b) Sachverständige sind nur als Gehülfen des Richters, nicht als Beweismittel in der Hand der Parteien herbeizuziehen;

c) der Würderungs-Eid hat nur eine subsidiäre Geltung und ist nicht aufzulegen, nur nachzulassen;

d) das Verfahren soll ein vom strengen Beweiszwange befreites summarisches sein;

e) gegen die Entscheidung des Erstrichters ist nur einmalige Einwendung eines Rechtsmittels zulässig."

Ueber diesen Antrag ist durch unsere ständige Deputation von meinem Kollegen, dem Advokaten Dr. Lehmann in Dresden, den ich leider hier vermisse, der aber vorzugsweise legitimirt ist, ein Gutachten über diese Sache abzugeben, weil er schon vor einigen Jahren, im Jahre 1865, eine vortreffliche Monographie: „Der Nothstand des Sächsischen Schädenprozesses" herausgegeben hat, ein Gutachten eingefordert worden, welches aber — wie Sie wissen — leider! erst vor einer Stunde in unsere Hände gekommen ist. In diesem Gutachten spricht sich mein Kollege Dr. Lehmann im Allgemeinen für Annahme des von dem Regierungs-Assessor Lincke gestellten Antrages von Seite des Juristentages aus.

Er ist namentlich für unveränderte Annahme des 1. Satzes und des 2. Satzes unter Ziff. a., b. und d., er erklärt sich aber gegen Punkt 2. Ziff. c. u. e. Er beantragt nämlich den ganzen Wegfall des Würderungseides und erklärt sich endlich gegen den Punkt e. in Bezug auf die im Schädenprozesse zulässigen Rechtsmittel. Wenn ich vorhin sagte, daß Dr. Lehmann für Annahme des Punktes 2. Ziff. a. sei, so erläutere ich dies dahin, daß er jedenfalls die Weglassung der Worte: „Bei Prüfung der von den Parteien gegebenen Unterlagen" beantragt, so daß also nach diesem Gutachten Punkt 2, lit. a. nur lauten würde:

> „Sowohl bei Ermittelung der Existenz des Schadens, als bei Bestimmung der Höhe des Schadensersatzes, hat der erkennende Richter in der Hauptsache und an erster Stelle seinem Ermessen zu folgen."

Allein S. 21 formulirt Dr. Lehmann den Antrag, wie er ihn vom Juristentage angenommen wünscht, dahin:

> „Die Frage über die Existenz und Höhe von Schäden kann in das freie richterliche Ermessen gestellt werden, und darf sich der Richter dem nicht entziehen."

Dies ist der wesentliche Inhalt des Gutachtens.

Ich gehe auf die vortreffliche Begründung der Ansicht meines Kollegen nicht näher ein. Sie haben sie entweder schon selbst gelesen, oder werden noch Zeit bekommen, sie selbst zu lesen. — Was nun meine Meinung über den vorliegenden Antrag betrifft, so bin ich im Allgemeinen mit dem Antrage selbst und mit dem Gutachten des Herrn Dr. Lehmann einverstanden. Wenn ich dessenungeachtet nicht direkt die ausdrückliche Annahme von Seiten des Juristentages empfehle, so hat das, wie ich später motiviren werde, in den geschichtlichen Vorgängen des Juristentages seinen Grund.

Was den ersten Satz betrifft, so würde ich allerdings, auch abgesehen von dem aus der Geschichte des Juristentages abzuleitenden Grunde, mit dessen ausdrücklicher Annahme keineswegs einverstanden sein. Der Satz: Das Verfahren im Schädenprozesse, wie es in den meisten Theilen Deutschlands besteht, bedarf einer gründlichen Umgestaltung, ist mir für einen Beschluß des Juristentages an und für sich und ohne die nachfolgenden Sätze zu allgemein. Man kann darunter außerordentlich viel und außerordentlich wenig verstehen.

Dieser erste Satz erhält seinen Inhalt erst durch die nachfolgenden Sätze, und deswegen würde ich ihn nicht für geeignet halten, ihn zum Beschlusse des Juristentages zu erheben.

Mit dem 2. Satz Ziff. a., der der eigentliche Kernpunkt des Antrages überhaupt ist, sind wir wohl alle einverstanden, denn daß der Schädenprozeß nicht nur in den meisten, sondern fast in allen Ländern Deutschlands in einem wirklichen Nothstand sich befinden, darüber herrscht wohl allgemeines Einverständniß, insbesondere unter den Praktikern. Es würde auch dieser Satz namentlich mit der von Dr. Lehmann beantragten Weglassung der Worte: „Bei Prüfung der von den Parteien gegebenen Unterlagen", ohne weiteres von uns angenommen werden können, nur würde ich noch vorschlagen, daß auch die Worte wegfallen: „in der Hauptsache und an erster Stelle." Diese Worte schwächen nur den Sinn des Antrages ab. Der Satz würde demnach so lauten: „Sowohl bei Ermittelung der Existenz des Schadens, als bei Bestimmung der Höhe des Schadenersatzes hat der erkennende Richter seinem freien Ermessen zu folgen." Vielleicht könnte man auch noch, wie Dr. Lehmann ebenfalls andeutet, Anstoß nehmen an der hervorgehobenen Unterscheidung zwischen der „Existenz" des Schadens und der „Höhe" des Schadens. Diese Unterscheidung könnte möglicherweise zu dem Mißverständnisse führen, als wenn in Bezug auf die Verpflichtung zum Schadenersatz etwas hätte ausgesprochen werden sollen, weil die Existenz des Schadens nicht gut gedacht werden kann ohne gleichzeitige Voraussetzung der Verpflichtung zum Schadenersatz. Um dem vorzubeugen, würde vielleicht diese Unterscheidung zu unterlassen sein.

Allein ich bin nicht für direkte und ausdrückliche Annahme dieses Punktes Ziff. a., und zwar deshalb nicht, weil in der Hauptsache für den Juristentag diese Frage bereits erledigt ist. Der vierte Juristentag in Mainz hat nämlich im Jahr 1863, nachdem er dieselbe Frage bereits auf den Juristentagen in Dresden und Wien ausführlich ventilirt hatte, laut Band II. unserer Verhandlungen, S. 278, den Grundsatz ausgesprochen, daß der Richter die Wahrheit der Thatsachen, so weit sie unter den Parteien streitig ist, nach freier Ueberzeugung zu prüfen habe. Diejenigen Herren, welche den betreffenden Verhandlungen auf den drei einander folgenden Juristentagen beigewohnt haben, werden sich erinnern, daß der Sinn dieses Beschlusses dahin ging, alle und jede Beweisregel in Bezug auf den Beweissatz aufzuheben, und Alles der freien Ueberzeugung des Richters zu überlassen. Damit scheint mir auch bezüglich des Schädenprozesses alles das ausgedrückt, was der vorliegende Antrag bezweckt. Es würde sich also nur um Anwendung jenes allgemeinen Grundsatzes auf den Schädenprozeß handeln. Wollen wir doch wieder einen materiellen Beschluß fassen, so würde dieses wenigstens ohne Bezugnahme auf jenen allgemeinen Ausspruch nicht wohl möglich sein, oder es würde wenigstens schwierig sein, nicht in Inkonsequenzen und Wiederholungen zu verfallen. Ich werde Ihnen deshalb vorschlagen, eine mit dem Antrag materiell in Einklang stehende motivirte Tagesordnung anzunehmen.

Was die 3 Sätze unter b. c. d. anbetrifft, so scheinen mir dies lediglich Konsequenzen des Beschlusses vom J. 1863 zu sein, daß der Richter die Wahrheit der Thatsachen nur nach seiner Ueberzeugung zu prüfen habe. Ich bin zwar nicht für Annahme dieser Sätze; wenn Sie es aber wünschen sollten, daß wir uns über diese Sätze zu b., c. u. d. materiell und direkt aussprechen, so würde ich mir einige kleine Veränderungen erlauben. Der Satz: „Sachverständige sind nur als Gehilfen des Richters beizuziehen" scheint mir zu präzeptiv oder zu prohibitiv zu sein. Ich würde beantragen, daß das Wörtchen: „nur" verwandelt werde in: „auch", so daß der Richter sich der Sachverständigen bedienen kann, wenn er es für nothwendig hält; ferner würde ich die Einschaltung: „nach Befinden des Gerichtes" beantragen, denn außerdem könnte man den Satz dahin verstehen, als ob wir meinten, daß der Richter in jedem Falle Sachverständige zu benützen habe. Das ist weder die Ansicht des Antragstellers, noch die meinige, noch hoffentlich die Ihrige; im Gegentheil, wir wollen, daß der Richter in den meisten Fällen sich selbst so viel Urtheil und Erkenntniß der Thatsachen zutraue, als der Sachverständige hat. Was den Punkt c. anbetrifft, so ist die Fassung des Antragstellers mir eigentlich etwas dunkel geblieben, ich habe die Worte nicht recht verstanden „der Würderungseid ist nicht aufzulegen, sondern nachzulassen."

Jedenfalls wird aber nach dem allgemeinen Grundsatz, „der Richter hat die Thatsachen nach eigener freier Ueberzeugung zu prüfen", sobald nämlich dieser Grundsatz in seinem wahren Geiste von dem Richter angewendet wird, derselbe nur ausnahmsweise, nur in einer wahren Ueberzeugungsnoth, in einem Ueberzeugungsnothstand, wenn er auf keinem andern Wege zu einer Ueberzeugung kommen kann, zu diesem Eide greifen. Er wird ihn aber auch dann nicht gerade Würderungseid nennen.

Der Satz d. „das Verfahren soll ein vom strengen Beweiszwang befreites summarisches sein" ist, wenn er nicht mehr enthalten soll, als die Worte andeuten, in dem Satze Punkt 2. Ziff. a. vollständig enthalten und nur eine Konsequenz desselben. Sobald der Richter nur nach freier Ueberzeugung die Thatsachen prüft, kann natürlich auch nicht von einem strengen Beweiszwang die Rede sein. Sollte aber der Sinn des Satzes der sein, daß alles und jedes Beweisverfahren als überflüssig wegfalle, so würde damit mehr gesagt sein, als wir annehmen können, denn irgend ein Beweismittel wird nicht geradezu ausgeschlossen werden können. Der letzte Satz: „gegen die Entscheidung des Erstrichters ist nur einmalige Einwendung des Rechtsmittels zulässig" ist formell und materiell bedenklich. Der Satz hängt mit der heutigen ganzen Gesetzgebung über die Rechtsmittel zusammen. Im Schädenprozeß selbst liegt kein Grund, etwas Besonderes über die Rechtsmittel festzusetzen für den Gebrauch, oder über die Einheit oder Vielheit von Rechtsmitteln; ich würde daher vorschlagen, diesen Punkt abzulehnen. Wenn man sich aber doch darüber aussprechen müßte, so sollte man, glaube ich, statt der Worte: „eines Rechtsmittels" setzen: „der Berufung." Wenn man sich überhaupt vorstellt, daß wir in allen Ländern Deutschlands mitten in der Reform des ganzen Civil-Prozesses, namentlich auch der Rechtsmittel stehen, daß fast alle einverstanden sind, es solle überhaupt nur einmalige Berufung zulässig sein, daß neben der Berufung höchstens noch die Richtigkeitsbeschwerde zugelassen werden soll, so wird sich um so mehr der letzte Satz als überflüssig darstellen. Aus diesem Grunde würde ich für Annahme des Kernpunktes sub a sein, in erster Linie aber muß ich Ihnen die motivirte Tagesordnnng anrathen, und zwar in folgender Fassung:

„In Erwägung, daß bereits der vierte Juristentag in Mainz sich für den Grundsatz ausgesprochen hat, daß der Richter die Wahrheit der Thatsachen, soweit sie unter den Parteien im Streite ist, nach seiner Ueberzeugung zu prüfen hat; in Erwägung, daß dieser Grundsatz selbstverständlich auch und ganz besonders im Schädensprozeß, sowohl bei Ermittelung der Existenz des Schadens, als bei Bestimmung der Höhe des Schadenersatzes gilt und anzuwenden ist, beschließt der Juristentag über den Antrag zur Tagesordnung überzugehen."

Man wird mir vielleicht einwenden, daß ich doch in dem Beschlusse des vierten Juristentages zu viel suche und finde, daß, wenn auch alle Thatsachen, welche zur Begründung des Schadenersatzes nothwendig sind, von dem Richter nach seiner Ueberzeugung zu prüfen sind, doch damit nicht jene Befugniß und Verpflichtung des Richters ausgesprochen werden soll, die Höhe der Summe festzusetzen. In meinem Antrage habe ich aber auch gesagt, daß der Grundsatz ganz besonders im Schädenprozesse, sowohl bei Ermittelung der Existenz des Schadens, als bei Bestimmung der Größe des Schadens gelte, so daß also auch jenes Arbitrium, zu welchem der Richter nicht nur berechtigt, sondern verflichtet ist, immerhin selbst in dieser motivirten Tagesordnung mitbegriffen ist. Damit glaube ich diesen Einwand, von dem ich voraussehe, daß er mir gemacht wird, im Voraus widerlegt zu haben. Ich weiß wohl selbst, wie dringend Sie Alle diese Reform des Schädenprozesses wünschen, und deshalb kann es wohl sein, daß viele von Ihnen mit dieser motivirten Tagesordnung nicht einverstanden sind. Für diesen Fall, wiewohl andere Anträge natürlich in diesem Falle selbst kommen werden, erlaube ich mir Ihnen eine Fassung im Voraus zum Besten zu geben:

Ich würde also eventuell folgenden Beschluß empfehlen:

„In einem jeden Falle, in welchem die Verpflichtung zum Schadenersatze in rechtlicher Gewißheit beruht, ist auch der Betrag des Schadens von dem Richter nach seiner freien Ueberzeugung, nach Befinden unter Zuratheziehung von Sachverständigen, oder unter Zuerkennung des Noth- oder Legal-Eides festzusetzen, sowohl auf einseitigen Antrag, als auch von Amtswegen, selbst wenn über die Höhe des Schadens eine ganz oder theilweise ohne Erfolg gebliebene Beweisaufnahme stattgefunden hat."

In erster Reihe bitte ich also dem Antrage auf motivirte Tagesordnung beizutreten und nur eventuell den von mir formulirten materiellen Antrag anzunehmen.

Advokat Dr. **Eller** aus Mannheim: Die Frage, die uns beschäftigt, ist eine sehr bedeutende für den Rechtsverkehr und das bürgerliche Leben überhaupt.

Ich bin mit den Anträgen, die mein Freund, der Berichterstatter Schaffrath, gestellt hat, nur theilweise einverstanden; in manchen Beziehungen scheinen sie mir etwas zu weit zu gehen, in anderen wieder nicht weit genug.

Ich wende mich zunächst zu der Frage, ob wir uns für eine motivirte Tagesordnung über diese wichtige Frage aussprechen sollen, und denke, daß wir besser thun, wenn wir in positiver Weise die Ansicht der deutschen Juristenwelt hier zusammenfassen, was, wie ich glaube, in wenigen Sätzen geschehen kann, und auch dem Sinne des Ihnen vorgelegten Antrags entspricht.

Ich muß etwas zurückgreifen in Bezug auf die Frage von der Beweiswürdigung, wie sie auf drei vorausgehenden Juristentagen besprochen und auch zu einem Beschlusse gebracht wurde. Das schrankenlose richterliche Ermessen in Bezug auf diese Frage ist damals vielfach bekämpft worden, und der Beschluß, den Herr Dr. Schaffrath vorgelesen hat, ist gerade von der Ansicht ausgegangen, daß wir im Civil-Rechtsstreite die Thatsachen, den festen Boden der Rechtsverhältnisse, nicht in solcher Weise verlassen dürfen, daß der Richter gleichsam in freier Luft schwebe, so daß er fast jeder Grundlage entbehrend nach reinem subjektivem Ermessen seinen Spruch fällt. Wir haben nicht nur Urkunden und Eide vorbehalten, sondern auch die Frage von der Zulässigkeit der Beweismittel, und haben zu erkennen gegeben, daß wir dem reformatorischen, ich möchte sagen, revolutionären Grundsatz, den damals Professor Endemann aufgestellt hat, daß der Richter gleichsam Herr des ganzen Beweismaterials sein soll, daß er nicht nur auf das, was die Parteien vorgetragen haben, sondern auch auf das, was ihm durch andere Vorgänge, gleichviel, ob auf dem Forum, oder im Hause, oder auf der Straße, oder bei einer andern Gelegenheit zur Kenntniß gekommen, seine Ueberzeugung gründen dürfe, nicht huldigen.

Wir haben dieses schrankenlose richterliche Ermessen, das sich nicht auf das beschränken sollte, was die Parteien vorgetragen haben, zurückgewiesen, und mit vollem Rechte.

Es geht ein gewisser Zug durch die juridische Welt, mit den Thatsachen fertig zu werden und Alles ins Ermessen zu stellen.

Es ist ein Gegenschlag gegen das Zopfthum, das den Richter zur Maschine gemacht hat, und ihm genau vorschrieb, in dem Falle mußt Du so erkennen, in dem andern so.

Dagegen hat sich das erwachende Gefühl der Richter als Menschen geregt; es hat dagegen reagirt, allein wir dürfen nicht gestatten, daß diese Reaktion eine zu weit gehende werde. Das Rechtsleben verlangt auch Sicherheit und darf nicht preisgegeben werden der schrankenlosen Willkür der Richter.

Im Geschäftsleben muß auch bezüglich der Beurtheilung der Thatfragen Jeder im Voraus seine Berechnung treffen können, und wenn er sie richtig gemacht hat, so muß er sicher sein, daß er in seinem Privateigenthum geschützt wird, denn sonst existirt es nicht, sondern beruht auf dem Gutdünken des erkennenden Richters, der, wenn er auch die beste Absicht hat, doch als Mensch irren kann. Deshalb sind die erwähnten Beschränkungen in den Beschluß des Juristentags aufgenommen worden und mit vollem Rechte, mit Rücksicht auf den Rechtsschutz der Parteien. Wenn wir also nicht so im Allgemeinen jenen Beschluß so interpretiren dürfen, daß das schrankenlose richterliche Ermessen gilt, dann drängt sich die Nothwendigkeit auf, einen Ausspruch über die Beweisfrage für den Schadenersatz zu geben. Gerade diese ist allerdings eigener Natur, denn die Zufügung eines Schadens verhindert in der Regel gerade dasjenige, was man sonst im bürgerlichen Rechtsverkehre zu thun im Stande ist. Man kann sich eine Urkunde verschaffen, man kann sich wohl nach Beweismitteln umschauen in Bezug auf Rechtsgeschäfte. Allein in Bezug auf den Schaden, der durch eine widerrechtliche Handlung zugefügt wird, kann man diese Kautelen nicht anwenden.

Es muß daher die Würdigung des Schadens in anderer Weise eintreten und es ist anzuerkennen eine dringliche Nothwendigkeit, daß Bestimmungen getroffen werden, wodurch in anderer Weise die Sache geregelt wird, nämlich durch das freie richterliche Ermessen. Das gilt keineswegs für die Frage nach der Existenz des Schadens; dies ist eine Frage, die wir ganz gut den andern Thatfragen gleichstellen können, in Bezug auf welche wir das richterliche Ermessen schon befreit haben von den früheren Schranken, wonach es nicht mehr heißt: Es müssen zwei klassische Zeugen da sein 2c. In Bezug auf die Frage von der Existenz des Schadens können wir also auf jenen allgemeinen Ausspruch des Juristentags in Mainz uns beschränken.

Anders ist die Sache in Bezug auf die Größe des Schadens. Da müssen oft minutiöseste und langwierigste Erhebungen stattfinden, und am Ende gewisse Schlüsse hinzutreten, gewisse Vermuthungen angewendet werden Da zeigt sich, daß nach dem Schlusse der ganzen Operation es doch nur auf das freie Ermessen des Richters ankommt, und deswegen sind wir genöthigt, in Bezug auf die Größe eines als existent anerkannten Schadens das freie Ermessen des Richters unbeschränkt eintreten zu lassen. Wenn wir den Werth des Lebens eines Menschen, eines Gliedes eines Menschen, das auf kulpose oder dolose Weise verletzt worden ist, bestimmen sollen, so bleiben uns nur Vermuthungen übrig; einen positiven Beweis können wir nicht aufbringen, denn nie wird der Beweis gelingen, wie lange der Betreffende gelebt hätte, oder wie lange er das Glied hätte gebrauchen können. Auf der andern Seite steht das Prinzip der Gerechtigkeit, daß der Schaden auch vollständig ersetzt wird. Darin stimme ich meinem Freunde Schaffrath bei, daß die Sachverständigen Werkzeuge der Erkundigung des Richters, daß sie eben nicht durchaus maßgebend sein sollen in Bezug auf die Bestimmung der Größe des Schadens. In dieser Beziehung habe ich bei der Besprechung der Beweisfrage in Mainz schon angedeutet, daß, während man überhaupt unseren Richtern in Bezug auf die Rechtsfrage Uebermenschliches zutraut, daß ihre Worte eine unumstößliche Wahrheit seien, man auf der andern Seite sie in Bezug auf Thatfragen gleichsam zu Idioten stempelt, welche sich über die gewöhnlichsten Fragen des Alltagslebens vom Sachverständigen Belehrung holen müssen. Der Richter hat als Mann des Lebens auch seine Erfahrung zu benutzen, dabei alle Verhältnisse in Berücksichtigung zu ziehen, danach zu urtheilen, und zwar nicht blos aufsteigend in der Schadensberechnung, sondern eben so auch herabgehend.

Ich habe vor ungefähr 20 Jahren in einer französischen Zeitung ein Urtheil gelesen, dessen Entscheidungsgründe mir unvergeßlich sind. Es war ein Mann auf dem Boulevard in Paris mit einer eisernen Stange gegangen und hatte aus Versehen ein Schaufenster eingestoßen, dessen Glasscheibe einen Werth von 3000 Frcs. hatte. Er wurde auf Schadenersatz belangt. Positiv war erwiesen, daß das Fenster 3000 Frcs. gekostet, und ebenso, daß der Mann aus Unvorsichtigkeit dieses Fenster eingeschlagen habe. Meine

Herren! Die deutschen Richter, die sonst, wenn Jemand um das Leben gebracht ist, sich besinnen, ob er 300, 500 oder 1000 fl. werth ist für seine Familie, die hätten diesen Fall (ich spreche jetzt von der Praxis, die in der Uebung, wenn auch nicht in der Gesetzgebung fest begründet ist) — die hätten in diesem Falle die 3000 Frcs. Entschädigung zuerkannt, da der Schaden erwiesen war. — Das Civil-Tribunal der Seine hat erkannt: In Erwägung, daß es allerdings nothwendig ist, daß ein Kaufmann das Publikum durch Schaustellung anzieht, daß dieses durch den heutigen Verkehr geboten ist, in Erwägung, daß auf der anderen Seite, wenn auch Jemand einen vorsätzlich zugefügten Schaden zu seinem vollen Betrage ersetzen muß, Niemand in die Lage gebracht werden darf, indem er einen öffentlichen Weg benützt, sich durch die Folge seiner Unvorsichtigkeit in übermäßigen Schaden hineingezogen zu sehen, wird dem Kläger eine Entschädigung von 200 Frcs. zuerkannt. Das war ein Urtheil, das ich ein prätorisches nennen möchte. Solche prätorische Urtheile sollen und müssen in der Schadenersatzfrage zur Geltung kommen, und solche haben wir im Auge, wenn wir sagen, es soll freies richterliches Ermessen in Bestimmung der Größe eines Schadens eintreten.

Da die Ersatzverbindlichkeit auch wirklich erwiesen sein muß, so stimme ich mit dem zweiten Vorschlag des Herrn Schaffrath, so weit ich ihn in Kürze der Zeit habe fassen können, nur in sofern überein, daß ich die Worte: „bei Ermittelung der Existenz des Schadens" hinweggelassen haben möchte, weil in Bezug auf diesen Punkt die Beweisfrage die gleiche ist, wie in allen anderen Fällen, wogegen hervorgehoben werden muß, daß bei Bestimmung der Höhe des Schadenersatzes der erkennende Richter seinem freien Ermessen zu folgen habe. — Die Worte: „bei Prüfung der von den Parteien gegebenen Unterlagen" schienen mir ursprünglich nicht nothwendig, allein sie jetzt zu streichen, nachdem man davon gesprochen hat, daß in Bezug auf die Thatfrage der Richter gleichsam von Amtswegen eine Prüfung eintreten zu lassen hat, das veranlaßt mich doch, den Antrag auf Beibehaltung dieser Worte zu stellen, oder wenigstens formell zu beschließen, daß die Worte: „Prüfung von Amtswegen" zu streichen seien, damit darüber kein Zweifel bestehe.

Wir wollen und müssen nämlich an der Verhandlungs-Maxime festhalten, denn sonst machen wir den Richter zum Inquirenten und führen die Inquisitions-Maxime ein, wodurch wir das ganze Gebäude des Civilprozesses zerstören, wie es jetzt in einer aufgeklärten Zeit aufgebaut wird.

Meine Herren! Wenn man für einen Civilprozeß stimmt, in welchem die Parteien ihre Anträge stellen und der Richter an die Anträge der Parteien gebunden ist, wie kann man für eine Inquisitorial-Einrichtung stimmen, in welcher der Richter frei ist und sich nicht zu bekümmern hat um das, was die Parteien vorgetragen haben? Das könnte dazu führen, daß der Richter aus Gründen, an welche kein Mensch gedacht hat, aus vorgefaßter Meinung zu einer Bestimmung des Schadenersatzes geführt wird, die nicht gerechtfertigt ist. An der Verhandlungsmaxime aber wollen wir festhalten und auch im Beweisverfahren im Schadensprozesse dem Richter nur gestatten, nach freiem Ermessen das Beweismaterial, das die Parteien ihm vorgeführt haben, zu prüfen, ihn aber nicht zum Beweisführer und zum Beurtheiler des ihm nicht vorgeführten, nicht einmal vorgeschlagenen, nicht Gelegenheit zu Gegenerinnerungen bietenden Beweismaterials machen.

Den Würderungseid halte ich für nothwendig in gewissen Fällen, wie Herr Schaffrath andeutete. Der Satz d. fällt natürlich hinweg, das Beweisverfahren muß eintreten; ob summarisch oder ordentlich, hängt von prozessualischen Einrichtungen ab. Mein Antrag geht dahin: „daß Sie nicht eine motivirte Tagesordnung, sondern einen bestimmten positiven Satz aussprechen, daß bei Bestimmung der Höhe des Schadenersatzes der erkennende Richter seinem freien Ermessen zu folgen hat, daß Sachverständige lediglich als Gehilfen des Richters beizuziehen sind, und daß der Würderungseid eine subsidiäre Geltung hat." — Wenn ich schließlich noch den Satz auslegen darf: „Er ist nicht aufzulegen, nur nachzulassen," so glaube ich, ihn dahin verstehen zu müssen (und so hat er eine große Bedeutung), daß der Richter in Bezug auf eine vielleicht größere Summe, die er von dem Würderungseide abhängig macht, ihn nachlassen kann, so daß die Schadenersatz-Verbindlichkeit nicht in ihrem Betrage überhaupt, sondern nur die höhere von dem Würderungseide abhängig ist.

Das sind die Anträge, die ich in Bezug auf diese Sache zu stellen habe.

Rechts-Anwalt **Makower** aus Berlin: Meine Herren! Ich bin nicht ganz mit dem Antrage des letzten Herrn Redners einverstanden, wenngleich im Wesentlichen; dagegen weiche ich ab von dem Vorschlage des Herrn Referenten. Ich glaube, der Beschluß eines früheren Juristentages präjudizirt in keiner Weise der hier vorliegenden Frage; man kann über die Frage, ob positive Beweisregeln überhaupt gelten sollen, oder das freie Ermessen des Richters entscheiden soll, oder ob Beides verbunden werden soll, was so ziemlich in allen Prozeßordnungen der Fall sein wird, der verschiedensten Meinung sein und nichts destoweniger den Satz, welcher den Kernpunkt dieses Antrages bildet, annehmen.

In gleicher Weise wurde verfahren bei dem Prozeß-Ordnungs-Entwurfe, der vermuthlich jetzt dem Reichstage des norddeutschen Bundes vorgelegt werden wird, der von einer Kommission der preußischen Regierung ausgearbeitet wurde, und den ich näher kennen zu lernen Gelegenheit hatte. Im Allgemeinen ist dort ausgesprochen, daß der Richter freies Ermessen bei Würdigung des Beweises hat, und nur in einzelnen Beziehungen sind positive Beweisregeln beibehalten worden, namentlich ist die Würdigung von Urkunden und der Eideszuschiebung positiv geregelt worden.

Obschon im Prinzip anerkannt ist, daß der Richter das Resultat der Beweisführung frei zu würdigen hat, hat man doch für nothwendig gefunden, einen Satz hinsichtlich des Schadensprozesses in diesen Entwurf aufzunehmen, und ich würde empfehlen, im Satze II. a. ausdrücklich auszusprechen, daß sowohl bei Ermittelung der Existenz des Schadens, als auch bei Bestimmung der Höhe des Schadensersatzes der erkennende Richter bei Prüfung der von den Parteien gegebenen Unterlagen seinem freien Ermessen zu folgen hat. Den Grund, warum ich mich dem Herrn Eller im 1. Punkte nicht anschließe und auch bei Ermittelung der Existenz des Schadens das freie richterliche Ermessen eintreten lassen möchte, finde ich darin, daß der Nachweis, daß überhaupt ein Schade geschehen ist, sich nicht immer führen läßt und uns Praktikern gerade dieser Fall die größten Schwierigkeiten macht. — Denken Sie sich den Fall, Jemand verkauft dem Anderen Wolle, um sie zum Markte zu liefern, er unterläßt die Lieferung mala fide; zu demselben Zeitpunkte hat aber die Wolle keinen höheren Marktpreis; der Käufer ist sehr in Verlegenheit gesetzt, in seinen Dispositionen gestört, aber daß ihm ein positiver Schaden entstanden sei, wird nicht dargethan werden können, denn er konnte die Wolle zu dem Marktpreise, der nicht höher war, als der Contractpreis, kaufen. Hier hilft nur das Recht des Richters, aus den Umständen des Falles zu ermessen, ob eine Beschädigung als eingetreten erachtet werden solle. — Auch das Quantum des Schadensersatzes soll der Richter nach seinem Ermessen prüfen. In einzelnen Fällen läßt sich ein Anhaltspunkt dafür, wie viel Schaden zugefügt wurde, nicht geben. Bei den Franzosen waltet kein Zweifel ob, daß die Schadensersatzklage in Zusammenhang steht mit der actio injuriarum; wir haben sie in das deutsche Recht durch das Handelsgesetzbuch bekommen, und in mehreren Kommentaren ist dieser Gesichtspunkt hervorgehoben. Die unberechtigte Führung einer fremden Firma verpflichtet zum Schadensersatz. Macht Jemand eine Etiquette mißbräuchlich nach und benutzt sie, so ist es, wenn man nicht nachweisen kann, an welche einzelne Personen die Waare und zu welchem Preise sie abgegeben wurde, kaum möglich, positiv den Schaden nachzuweisen. Für alle diese Fälle will der gestellte Antrag ein Auskunftsmittel gewähren. Ich halte daher für gerechtfertigt, auszusprechen: Bei Ermittelung der Existenz eines Schadens und bei Bestimmung der Höhe des Schadenersatzes hat der erkennende Richter seinem freien Ermessen zu folgen.

Herr Eller hat mit Recht hervorgehoben, daß die Worte, welche Herr Schaffrath wegläßt, stehen bleiben müssen, die Worte nämlich: „bei Prüfung der von den Parteien gegebenen Unterlagen." Wir machen sonst einen Sprung von einem Extrem in das andere. Wir wollen den Richter nicht zwingen, unbedingt und ausschließlich auf positive Unterlagen den Schadensersatz zu ermitteln, Sache der Parteien ist es aber, den erlittenen Schaden nachzuweisen. Ich lege großes Gewicht darauf, daß Sie die Worte: „bei Prüfung der von den Parteien gegebenen Unterlagen" nicht weglassen. Mein Antrag würde lauten: „Der Juristentag wolle aussprechen: Sowohl bei Ermittelung der Existenz des Schadens, als bei Bestimmung der Höhe des Schadensersatzes hat der erkennende Richter bei Prüfung der von den Parteien gegebenen Unterlagen seinem freien Ermessen zu folgen." Alles Uebrige im Lincke'schen Antrage gehört nicht hierher. Der Schadensprozeß ist wie ein anderer; was allgemein von Rechtsmitteln gilt, muß auch bei dem Schadensprozesse gelten.

Herr Schaffrath hat eventuell noch einen anderen Antrag gestellt, den er formulirt hat; Eines fiel mir aber auf, er hat in seinen Antrag aufgenommen, was wir möglichst beseitigt zu sehen wünschen, den Schätzungseid der Partei. Diese Eide sind unzuverlässig, wir wollen sie vermeiden, und eben deshalb räumen wir dem Richter das Recht ein, wenn die Parteien alle Unterlagen gegeben haben, welche das Ermessen leiten können, nun auch als vernünftiger Mann zu ermessen, welches seiner Meinung nach der Schade ist. Alle Anträge also bis auf den ersten, den ich mir erlaubt habe, vorzutragen, bitte ich abzulehnen und im II. Satze die Worte: „in der Hauptsache und an erster Stelle" wegzulassen.

Rechts-Anwalt **Schreck** aus Pirna: Meine Herren! Die Debatte hat ihre Schwierigkeiten, um deswillen, weil gleichzeitig eine ziemliche Anzahl von Punkten hereingezogen wurde. Ich gestatte mir zunächst, auf die Frage zurückzukommen, ob es zweckmäßig sei, den im Antrage unter I. zu lesenden Satz mit auszusprechen, dahin lautend: „Das Verfahren in Schädenprozessen, wie es in den meisten Theilen Deutschlands besteht, bedarf einer gründlichen Umgestaltung." Der Herr Referent hat dagegen eingewendet, dieser Satz sei zu allgemein, es sei damit nicht viel oder vielleicht auch zu viel ausgesprochen. Ich vermag dieses Bedenken nicht zu theilen, sobald wir durch die darauf folgenden Sätze das motiviren, was wir mit dem ersten Satze gesagt haben. Ich würde die Bedenken des Herrn Referenten nur dann theilen, wenn der erste Satz von uns allein hingestellt würde. Ich komme auf den II. Satz. Was diesen anlangt, so muß ich mich für den eventuellen Antrag des Herrn Referenten entscheiden. Derselbe hat an erster Stelle die motivirte Tagesordnung vorgeschlagen und zwar unter Bezugnahme auf die auf dem Juristentage von 1863 gefaßten Beschlüsse über die Beweiswürdigungsfrage. Es fand der Herr Referent, daß die erste Zeile des II. Satzes unter a. überflüssig sei, weil man über diesen Satz bereits einen Ausspruch erlangt habe. Ich vermag jedoch dieses Bedenken aus dem Grunde nicht zu theilen, weil ich die Frage über die Bestimmnng der Höhe des Schadensersatzes nicht als eine Feststellung von Thatsachen ansehen kann. Die Frage über die Existenz des Schadens und ihre Beantwortung ist eine Thatfrage; wenn aber der Richter die Höhe des Schadens feststellt, judicirt er nicht über eine Thatfrage, er judicirt nicht einmal immer über etwas, was in der Vergangenheit liegt, sondern er arbitrirt häufig auch zugleich mit für die Zukunft. Aus diesem Grunde kann ich das Bedenken des Herrn Referenten nicht theilen. Dagegen theile ich das weitere Bedenken, welches von ihm aufgestellt wurde gegen den in der Mitte des Satzes sub a stehenden Passus: „bei Prüfung der von den Parteien gegebenen Unterlagen," dann: „in der Hauptsache und an erster Stelle." Diese Worte sind zweifelhaft und zu allgemein. Der Herr Referent hat eventuell einen Antrag gestellt, der sich anschließt an die in Sachsen im Laufe dieses Jahres emanirte Novelle. Gestatten Sie mir, noch einige Worte zur Erläuterung dieses eventuellen Antrages beizufügen, aus dem Grunde, weil ich bei der Vereinbarung dieses Satzes in Dresden thätig gewesen bin. Als in Dresden für das Königreich Sachsen der Entwurf einer Prozeßordnung berathen wurde, lag bereits der Entwurf derselben Civil-Prozeßordnung vor, welche die Kommission in Hannover vereinbart hat, und es ist der Satz, welchen der Herr Referent eventuell vorschlägt und zum Gegenstand eines eventuellen Antrages gemacht hat, zugleich wesentlich gestützt auf den Inhalt des Entwurfes einer allgemeinen deutschen Prozeßordnung. Ich erlaube mir, den Satz noch einmal vorzulesen, er heißt: „In einem jeden Falle rc. rc." (Redner liest bis: „Gewißheit beruht"). Diese Vorfrage muß, wenn das, was nun kommt, gelten soll, bereits feststehen; dann heißt es: „ist auch der Betrag des Schadens rc."; durch das Wort „auch" ist angedeutet, daß man hier nicht blos den in Mainz adoptirten Grundsatz der freien Beweiswürdigung adoptiren, sondern dem Richter auch bezüglich der Höhe des Schadens freies Ermessen zuschreiben will. Ferner heißt es: „Zuratheziehung von Sachverständigen„; hier ist also die Zuratheziehung von Sachverständigen nachgelassen; dann heißt es: „ist auch festzustellen rc."; dieser Satz ist präzeptiv, der Richter soll nicht nur die Befugniß, sondern auch die Verpflichtung haben, die Höhe des Schadens festzustellen.

Was die Zuerkennung der Noth- oder Legaleide betrifft, so hat Herr Kollege Makower gesagt: Gerade diese Eide wollen wir nach den Ansichten, die in neuerer Zeit überwiegend geworden sind, beseitigt wissen. Ich verstehe aber darunter mehr diejenigen Eide, wo es um Erfüllungs- oder Reinigungseid sich handelt, nicht aber den Eid, um welchen es sich hier handelt, so gerne ich die Grundsätze anerkenne, die von Herrn Makower vertheidigt wurden. Gerade im Schädenprozesse mag ich dem Richter nicht verbieten, solche Eide zuzulassen, weil es Fälle gibt, wo weder das Auge des Richters, noch des Sachverständigen, ausreichen kann, sondern wo nur der Beschädigte wissen kann, ob und in wie weit ein Schade ihm zugefügt worden ist. Es gibt z. B. auf dem Gebiete der Industrie und des Handels Geheimnisse, die weder von den Sachverständigen, noch von den Richtern beurtheilt werden können, und wenn der Richter in einem solchen Falle die Befugniß hat, den Schätzungseid zuzulassen, ohne daß ihn dieser Eid absolut bindet, dann glaube ich, kann die Einschaltung des fraglichen Satzes, der auf die Noth- und Legaleide sich bezieht, unbedenklich geschehen.

Ferner heißt es im eventuellen Antrage des Referenten: „sowohl auf einseitigen Antrag, als auch von Amtswegen 2c.“ Man hat also ausgesprochen, daß nicht nur der Kläger, sondern auch der Beklagte das Recht haben soll, den Antrag zu stellen, daß der Richter nach freiem Ermessen in jedem Falle die Höhe des Schadens feststelle, selbst dann, wenn über die Höhe eine ganz oder theilweise ohne Erfolg gebliebene Beweisaufnahme stattgefunden hat. Hier ist wesentlich zu betonen das Wort: „ganz“, weil eben im Schadensprozesse sehr leicht der Fall vorkommen kann, daß gerade durch den dolus des Beschädigers der Beschädigte aller Beweismittel beraubt worden ist, so daß wohl die Frage der Existenz eines Schadens festgestellt, aber nicht über die Höhe Beweis geführt werden konnte. Da man nun nicht zu ersehen vermag, weshalb man blos motivirte Tagesordnung beschließen soll, und weil der Satz, der den Gegenstand des eventuellen Antrages des Herrn Referenten bildet, im vollen Einklang steht mit dem Entwurfe der Deutschen Civilprozeßordnung, erlaube ich mir Ihnen anzuempfehlen, daß Sie den eventuellen Antrag des Herrn Referenten adoptiren.

Dr. **Steinfeld** aus Eschwege: Es gehört zum wesentlichen Berufe des Deutschen Juristentages allgemeine Rechtsregeln und Rechtsgrundsätze auszusprechen und womöglich zur legislatorischen Anerkennung zu bringen. Zu diesen allgemeinen Rechtsprinzipien gehört auch das Prinzip, welches Herr Referent anführte, worüber der deutsche Juristentag in Mainz sich dahin ausgesprochen hat, daß der Richter nicht an bestimmte positive Beweisregeln gebunden sein, sondern nach seiner freien inneren Ueberzeugung, wie er sie aus den Verhandlungen gewinnt, urtheilen soll.

Wenn dieser Grundsatz anerkannt ist, so bedarf es nicht noch einer speziellen Annahme des hier aufgestellten Satzes, wenn es sich um Ermittelung der Größe eines Schadens handelt. Es liegt hier, wie Herr Referent richtig bemerkte, nichts weiter vor, als eine Konsequenz des allgemein anerkannten Prinzipes. Dieses Prinzip ist allerdings in der Praxis noch nicht zur Gesetzeskraft erhoben worden; wäre dieses der Fall, dann würde der fragliche spezielle Fall wohl gar nicht zur Sprache gekommen sein. Ich bin deshalb auch der Meinung, daß wir, wie Herr Referent in seinem primären Antrage vorgeschlagen hat, zur Tagesordnung übergehen.

Referent Dr. **Schaffrath**: Meine Herren! Einige Einwendungen, die gegen mich gemacht worden sind, namentlich von Seiten meines Freundes und Kollegen Makower beruhen auf Mißverständniß. Ich habe, als ich die Weglassung der Worte: „Bei Prüfung der von den Parteien gegebenen Unterlagen" beantragte, durchaus nicht an der Verhandlungsmaxime rütteln wollen; meine Absicht war nur, dem Richter, der von dem bisherigen strengen Beweiszwange sich nicht trennen will, nicht in der Neigung Vorschub zu leisten, sich an das Bisherige zu halten. Sie geben mir gewiß zu, daß die Worte: „Bei Prüfung ꝛc." auch so verstanden werden können, daß die Richter sich in den förmlichen Zustand des Nichtwissens versetzen und nur an das von den Parteien Gesagte halten sollen. Um diesem Mißverständniß entgegen zu wirken, habe ich beantragt, diese Worte wegzulassen. Ich habe aber nicht gesagt, daß der Richter gegen die von den Parteien gestellten Anträge, oder auch nur ohne solche Etwas thun, daß er über solche hinausgehen, oder gar ohne jedes thatsächliche Vorbringen der Parteien eine Entscheidungsgrundlage von Amtswegen suppliren dürfe. Ich glaube immerhin, Sie könnten die Weglassung dieser Worte mit mir gut beschließen. Was Herr Kollege Makower darüber sagte, daß wir die Verhandlungsmaxime nicht verlassen dürften, damit bin ich einverstanden. Sie müssen bedenken, wie darüber, ob Verhandlungsmaxime oder Inquisitionsmaxime im Civilprozesse gelten soll, nicht in jedem speziellen Theile, über eine spezielle Prozeßgattung, sondern im allgemeinen Theile zu bestimmen sei. Wenn nun im allgemeinen Theile stehen wird: „Im Civilprozeß hat der Richter sich lediglich an die von den Parteien gegebenen Thatsachen zu halten und von Amtswegen nichts zu suppliren", so versteht sich das dann auch vom Schädenprozesse. Jetzt und hier wollen wir also über die Verhandlungs- oder Inquisitionsmaxime nichts bestimmen; und wenn Sie dieses nicht wollen, müssen wir die Worte: „Bei Prüfung ꝛc." weglassen, weil wir dadurch ein starres Festhalten an der Verhandlungsmaxime aussprechen, während wir doch darüber hier nichts bestimmen wollen.

Herr Makower wollte auch wegen der böswilligen Schadenzufügung besondere Bestimmungen treffen; damit aber verirren wir uns aus dem prozessualen auf das Gebiet des materiellen oder des Civilrechtes. Auf den Grund, auf dem die Schadenersatzverpflichtung beruht, haben wir bei prozessualen Bestimmungen nicht Rücksicht zu nehmen; mag der Schaden culpos oder dolos sein, dies kann auf die prozessuale Behandlung keinen Einfluß haben, sonst könnte man so viele Schädenprozeßarten bekommen, als es Verpflichtungsgründe gibt, also für promissorische, kulpose und dolose Schadenzufügungen einen eigenen Prozeß! Bekanntlich beruhen die Verpflichtungen zum Schadenersatz nicht gerade nur auf Delikten, auf dolus und culpa, sondern auch auf Versprechen. Nehmen Sie z. B. bei dem heute so ausgebildeten Versicherungswesen nur den versicherten Schaden an! Bei diesem spricht die Billigkeit eben so für den, der Schadenersatz leisten soll, als für den, der ihn erhalten soll. Wenn man sagt, warum soll der Beschädigte begünstigt werden, während der Beschädiger ein niederträchtiger Mensch ist, so trifft das bei den Schäden nicht zu, die auf Versprechungen und Versicherungen beruhen; man soll also nicht das Kind mit dem Bade ausschütten und zu weit in Begünstigung der Festsetzung des Schadens gehen.

Ebenso ist es ein Mißverständniß von Seite des Herrn Makower, wenn er glaubt, ich wolle dem Richter gestatten, in allen Fällen einen Eid zuzuerkennen. Die Worte in meinem eventuellen Antrag „nach Befund" beziehen sich nämlich nicht nur auf den ersten Satz: „unter Zuratheziehung von Sachverständigen," sondern auch auf die Worte: „unter Zuerkennung eines legalen Eides." Nur wenn er findet, daß es nothwendig ist, soll der Richter auf einen Eid erkennen dürfen, nur dann, wenn er auf anderm Wege geradezu keine Ueberzeugung erhält, (und solche Fälle sind denkbar), dann, sage ich, in einem Nothstande seiner Ueberzeugung soll der Richter auch noch auf einen Eid erkennen dürfen. Ich glaube, mit dieser Beschränkung werden auch Sie gegen die Worte: „oder unter Zuerkennung eines Eides" keine Bedenken haben, die Herr Makower mit Recht erhoben hätte, wenn ich in meinem Antrage ausgeführt hätte, daß der Richter, wie bisher, immer zu diesem Mittel greifen könnte, um es selbst bequem zu haben und sich keine Ueberzeugung verschaffen zu müssen.

Endlich muß ich noch der Meinung entgegentreten, als wenn es sich bei Festsetzung der Höhe des Schadens nicht auch um Beurtheilung von Thatsachen handle. Auch im Schädenprozesse soll nur der wirkliche Schaden ersetzt werden, nicht mehr und nicht weniger. Die Wirklichkeit aber beruht nur auf Thatsachen, mithin beruht auch die Höhe und die Festsetzung der Höhe des Schadens nur auf Thatsachen. Auch die Parteien werden dem Richter thatsächliche Verhältnisse anführen müssen. Nur auf diesen wird sich das richterliche Ermessen aufbauen; rein aus der Luft wird der Richter niemals quantificiren dürfen, ohne fürchten zu müssen, ungerecht zu werden, entweder übertriebenen oder zu geringfügigen Schadenersatz zuzusprechen. Allerdings bedarf der Schädenprozeß so dringend einer Reform, daß es wohl möglich ist, daß Sie sich mit der blos motivirten Tagesordnung nicht begnügen, wiewohl ich wiederhole, daß dieses eine den Zweck des Antrages vollständig erfüllende und die vorsichtigste Beschlußfassung wäre, weil wir dann eines Widerspruches mit dem in Mainz gefaßten Beschlusse oder einer bloßen Wiederholung desselben nicht beschuldigt werden könnten. Indessen für den Fall, wenn Sie sich mit der motivirten Tagesordnung nicht begnügen, habe ich eben noch den eventuellen Antrag gestellt und glaube, daß derselbe dem ziemlich unbestimmten Antrage des Herrn Lincke vorzuziehen sein wird. Ich glaube, daß meine Fassung präziser und weniger einem Mißverständniß ausgesetzt ist.

Präsident Baron v. **Sternenfels**: Wenn sich Niemand mehr zum Wort meldet, können wir zur Beschlußfassung übergehen. Der Antrag des Herrn Lincke ist in den Händen sämmtlicher Mitglieder, ich werde ihn also nicht zu verlesen brauchen.

Der Herr Berichterstatter hat zweierlei Anträge gestellt, einen prinzipalen und einen eventuellen. Der prinzipale geht auf Uebergang zur motivirten Tagesordnung und lautet, um ihn nochmals in's Gedächtniß zurückzurufen: „In Erwägung ꝛc." (wird verlesen).

Da dieser Antrag präjudiziell ist, erlaube ich mir an die hohe Versammlung die Frage, ob man auf diesen Antrag eingehen will oder nicht; sollte die Frage bejaht werden, so werde ich fragen, ob man in der von dem Herrn Antragsteller motivirten Weise den Uebergang zur Tagesordnung annehmen wolle, oder mit Modifikationen. Würde die erste Frage verneint werden, so wären wir an den von verschiedenen Seiten gestellten Anträgen angekommen.

(Der Antrag auf Uebergang zur motivirten Tagesordnung wird von der Versammlung abgelehnt.)

Wir haben nunmehr auf die materiellen Anträge einzugehen, und unter diesen lautet der Antrag des Herrn Berichterstatters folgendermaßen: „In einem jeden Falle ꝛc." (verliest denselben.) Der diesen Antrag zunächst liegende wäre jener des Herrn Eller.

Dr. **Eller** aus Mannheim: Ich ziehe meinen früheren Antrag zurück, indem ich ihn dahin stelle, daß ich mich mit dem eventuellen Antrage des Herrn Dr. Schaffrath bis zu dem Worte „sowohl" vereinige. Nur den zweiten Satz, von „sowohl" an, beantrage ich in dem Antrag des Herrn Dr. Schaffrath zu streichen.

Präsident Baron v. **Sternenfels**: Der dritte Antrag ist von Herrn Makower, der sich ganz an den Antrag des Herrn Lincke anschließt mit einer geringen Modifikation, nämlich mit Ausnahme der Worte: „in der

Hauptsache und an erster Stelle." Ich will ihn verlesen, indem ich weglasse, was er weggelassen haben will. Er lautet: „Sowohl bei Ermittlung rc." (wird verlesen.)

Ich will nun den Antrag des Herrn Berichterstatters zuerst zur Abstimmung bringen, dann, je nach Beantwortung der Frage, den Antrag des Herrn Eller und in dritter Reihe jenen des Herrn Makower. Der eventuelle Antrag des Herrn Berichterstatters Dr. Schaffrath lautet nach der neuesten Modifikation folgendermaßen:

„In jedem Falle, in welchem die Verpflichtung zum Schadenersatze in rechtlicher Gewißheit beruht, ist der Betrag des Schadenersatzes von dem Richter nach seiner freien Ueberzeugung, nach Befinden unter Zuratheziehung von Sachverständigen oder unter Zuerkennung eines Legal- oder Notheides festzusetzen."

Wenn die Versammlung über diese Frage genügend aufgeklärt ist, habe ich zunächst die Frage zu stellen, ob der Antrag des Hrn. Dr. Schaffrath angenommen werden soll.

Vize-Präsident Dr. **Marquardt Barth** aus Kaufbeuern: Herr Dr. Schaffrath hat diese Modifikation, nämlich die von Herrn Eller beantragte Weglassung des Schlußsatzes, sich nicht angeeignet; ich glaube, man würde einfacher zum Ziele kommen, wenn man zuerst über den Satz des Herrn Eller abstimmte, und dann darüber, ob der Zusatz des Herrn Dr. Schaffrath angenommen wird.

(Herr Eller verliest nochmals seinen Antrag: „In jedem Falle rc.")

Präsident Baron **v. Sternenfels**: Die Herren, die mit diesem Antrage bis zu dem Worte: „sowohl" einverstanden sind, bitte ich aufzustehen.

(Die Gegenprobe ergibt, daß sich die Majorität dagegen erklärt.)

Mit dem Wegfalle des ersten Theiles des Antrages scheint mir die Grundlage dieser beiderseitigen Anträge gefallen zu sein, und ich erlaube mir, auf den Antrag des Herrn Makower überzugehen, der folgendermaßen lautet:

„Sowohl bei Ermittelung des Schadens, als bei Bestimmung der Höhe des Schadenersatzes hat der erkennende Richter bei Prüfung der von den Parteien gegebenen Unterlagen seinem freien Ermessen zu folgen."

Ich frage, ob dieser so eben verlesene Antrag angenommen wird; die Herren, die dafür sind, bitte ich, sich zu erheben.

(Die Majorität erhebt sich.)

Der Antrag des Herrn Makower ist also angenommen.

Es würde nun zwar noch übrig bleiben, die Punkte b., c. u. d. des Lincke'schen Antrages in Erwägung zu ziehen; wenn aber kein besonderer Antrag gestellt wird, über diese Punkte oder einen oder mehrere derselben besonders abzustimmen, so würde ich es unterlassen.

(Es erfolgt kein Antrag.)

Somit ist dieser Gegenstand erledigt.

Da etwas Weiteres nicht auf der Tagesordnung ist, so können wir unsere heutige Sitzung schließen.

Zweite Sitzung der vierten Abtheilung am 28. August 1867.

(Anfang der Sitzung Vormittags 8½ Uhr.)

Präsident **Baron v. Sternenfels**: Meine Herren! Wir haben zunächst die Wahl der Vertrauensmänner vorzunehmen.

(Dieselbe erfolgt nach den Vorschlägen des Präsidenten.)

Der erste ordentliche Gegenstand der Tagesordnung ist das Referat über die Gerichtsbarkeit der Studirenden, worüber Herr Professor Gneist Vortrag erstatten wird.

Professor Dr. **Gneist** aus Berlin: Meine Herren! Die Aufhebung der in Deutschland bestehenden Universitäts-Gerichte ist in neuerer Zeit von den Studentenschaften mehrfach beantragt worden, wie von Breslau 1862, von Göttingen 1864, von Berlin im Sommer-Semester 1867.

Die eingehendste Erörterung findet sich in den Verhandlungen von Delegirten sämmtlicher Preußischer Universitäten, welche im Herbst 1849 unter Vorsitz von Ministerial-Kommissarien in Berlin gepflogen worden sind.

Für den deutschen Juristentag sind 2 Gutachten erstattet. Das Eine, vom Herrn Professor Dr. Geyer, erklärt sich für die Aufhebung der Universitäts-Gerichte aus den durchgreifenden Gründen, welche gegen alle Ausnahms-Gerichte sprechen. Das Andere, vom Herrn Universitätsamtmann Courtin zu Heidelberg, erklärt sich im Ganzen für die Beibehaltung aus Gründen der Nützlichkeit. Die lange Erfahrung und das wohlerworbene Ansehen eines solchen Universitäts-Richters werden es rechtfertigen, wenn der Berichterstatter dies letztere Gutachten vorzugsweise ins Auge faßt. Die darin niedergelegten Beobachtungen und Gesichtspunkte sind zum größten

Theile berechtigt, wenn man auch aus denselben Vordersätzen zu andern Schlußfolgerungen gelangen kann.

Der Berichterstatter erachtet weder Ausnahmsgesetze noch Ausnahmsgerichte für Studirende als nothwendig. Schon in der Fragestellung ist aber angedeutet, daß die drei Seiten der Frage auseinander gehalten werden müssen, nämlich: die akademische Civilgerichtsbarkeit, die Strafgerichtsbarkeit und die sogenannte Disziplinargewalt.

I. Die erste Frage ist demnach, ob besondere Universitäts-Gerichte für die Schuldverhältnisse der Studenten nothwendig oder zweckmäßig erscheinen.

Die Antwort ist bis zu einem gewissen Maße bedingt durch die Vorfrage, ob Ausnahmsgesetze für die Studentenschulden zu rechtfertigen sind, welche ich entschieden verneine.

Die Sachwidrigkeit erscheint am deutlichsten in den Fällen, welche allerdings nicht die Mehrzahl bilden, wo Männer in reifern Jahren sich noch dem Studium widmen. Soll einem Großjährigen, im Unterschied von andern Berufen, die Handlungsfähigkeit blos deshalb versagt werden, weil er sich den Wissenschaften widmet? oder soll ein Großjähriger, nachdem er bereits vollkommen dispositionsfähig gewesen, später wieder entmündigt werden, weil er sich einem geistigen Berufe zuwendet? Das Sinnlose der Standesprivilegien in Schuldsachen tritt hier am stärksten hervor.

Umgekehrt für minderjährige Studenten tritt nicht mehr und nicht weniger als die communis ratio ein, welche für alle Minderjährigen gilt. Unerfahrenheit, Leichtsinn, die Ungebundenheit des akademischen Lebens, Verführung, besondere Neigung zu Vergnügungsausgaben, die Leichtigkeit, mit welcher der Student Kredit findet, sind alles nur Momente, die gemeinrechtliche Beschränkung der Handlungsfähigkeit auch hier gelten zu lassen.

Andererseits trifft wieder die Ausnahme einer nützlichen Verwendung für den minderjährigen Studenten ebenso verbindlich zu, wie für andere Minderjährige. Auch Vormünder und Eltern müssen die standesmäßigen Bedürfnisse der mit ihrer Einwilligung Studirenden als versio in rem nach der gemeinen Rechtsregel anerkennen.

Die besondern Schuldgesetze für Studirende laufen nur auf einen verunglückten Versuch hinaus, die Gegenstände, die Summen und die Fristen des Studenten-Kredits fixiren zu wollen, was nicht angeht, weil alles dabei auf persönliche, auf örtlich und zeitlich wechselnde Verhältnisse ankommt.

Es scheint freilich unbedenklich, wenn ein Gesetzgeber Stubenmiethe, Bettzins, Kostgeld als nützliche Verwendungen anerkennt. Soll es aber auch dafür gelten, wenn sich ein Student eine herrschaftliche Wohnung miethet, oder wenn er zu jeder Mahlzeit eine Flasche Champagner oder eine Bowle als obligatorisch ansieht? Umgekehrt ist es wunderlich, wenn die Gesetzgebung den „Friseurlohn" unserer juvenes comti als nützliche Verwendung behandelt.

Ebenso verkehrt ist der Versuch der Gesetzgebung Maximal-Summen für den Studenten-Kredit zu fixiren, während die Studienkosten sich im letzten Menschenalter vordoppelt haben, und unverkennbar doch auch das Vermögen und die gewohnheitsmäßigen Bedürfnisse des jungen Mannes in Betracht kommen müssen. Alle solche Gesetze sind daher frühzeitig veraltet, vielleicht niemals praktisch gewesen.

Alles weist in diesen Verhältnissen auf ein freies richterliches Ermessen hin, bei dem Studenten, wie bei jedem andern Minderjährigen. Unsere Civil-Richter, welche selbst studirt haben, welche die Ortssitte, und aus einer vielseitigen Praxis die Ortsbedürfnisse junger Leute überhaupt kennen, sind zu diesem Urtheile ebenso befähigt, wie besondere Universitäts-Richter.

Unangemessen erscheint auch das System der sogenannten konsentirten Studentenschulden. Der Konsens zur Kontrahirung von Schulden durch ein Richteramt erscheint dabei ebenso unangemessen, wie die Bevorzugung der Forderung. Das richtige Verhältniß würde vielmehr sein, daß die akademischen Behörden oder gewisse Unterbeamte Bescheinigungen über die thatsächlichen Umstände ertheilen unter welchen der Studirende Kredit erhalten hat, welche von den ordentlichen Gerichten als Beweis für die versio in rem gebührend anerkannt werden würden.

Ebenso ungehörig sind die außerdem vorkommenden Privilegien. Die überkurzen Verjährungsfristen sind nur ein Privilegium odiosum, welches den Gläubiger zur Härte drängt, dem Schuldner, wenn er davon Gebrauch macht, den Vorwurf gemeiner Denkungsweise zuzieht. Noch weniger ist über die Freiheit von Personalarrest ein Wort zu verlieren.

In Bayern, wo alle solche Ausnahmsgesetze kassirt sind, wird sicherlich die Erfahrung dafür sprechen, daß kein Bedürfniß dafür vorhanden ist.

Ein Bedürfniß zu Ausnahmsgerichten wird also durch ein Bedürfniß von Ausnahmsgesetzen nicht zu begründen sein. Wohl aber sind es Zweckmäßigkeits-Gründe, welche dafür geltend gemacht werden, in dreifacher Richtung.

1) Im Interesse der Studirenden und deren Eltern erscheint es allerdings bedenklich, Studenten ohne Weiteres einer ungemessenen Reihe von Civilklagen auszusetzen. Die strengen Formen des Mandats- und Bagatellprozesses in manchen Ländern werden prozessualische Versäumnisse

und unbilligen Schaden herbeiführen. Die Mitwirkung des Universitätsgerichts erscheint wohlthätig als Warnung und Rath für den Unerfahrenen, als Schutz gegen Uebereilung und wucherlichen Druck, als geeignetes Organ zur Korrespondenz mit den Eltern, denen nicht selten jede andere Verbindung in der Universitätsstadt fehlt.

2) Ihre Mitwirkung erscheint aber auch im Interesse des Gläubigers. Der rechtliche Gläubiger wenigstens sucht sie nach, wenn irgend möglich. Er betrachtet die Ordnung der Schuldverhältnisse durch die Universitäts-Behörden als eine Wohlthat in beiderseitigem Interesse. Auch das Element des Ehrgefühls kommt an dieser Stelle zu einer berechtigten Geltung.

3) Endlich ist die Kenntnißnahme von den Schuldklagen für die akademische Disziplin von Wichtigkeit, sofern das Dasein gewisser Schulden den evidentesten Beweis des Unfleißes und Verderbs der Sitten zu geben vermag.

Alle Zeugnisse aus alter Universitätspraxis stimmen darin überein, diese wohlthätige Wirksamkeit zu bestätigen. Durchschnittlich wird die große Masse der Schuldklagen auf diesem Wege gütlich erledigt; nur wenige Prozente kommen bei den Universitätsgerichten zu einer Entscheidung durch Urtheil. Es giebt kaum ein anderes Beispiel einer so wirksamen Vermittelungs-Instanz. Auch die Berliner Universitäts-Konferenz von 1849 hat die Wirksamkeit der Universitätsgerichte zu „allseitiger Zufriedenheit" in dieser Richtung einstimmig anerkannt.

Alle diese Gründe beweisen aber nichts für ein Ausnahmsgericht, sondern sie beweisen nur die Zweckmäßigkeit einer Schieds-Instanz bei den akademischen Behörden. Die Schieds-Instanz genügt dem Interesse des Schuldners wie des Gläubigers, wie zur disciplinarischen Kenntnißnahme. Die exekutorische Kraft der schiedsmännischen Vergleiche ist in den meisten Landesgesetzen bereits anerkannt. Der französch-rheinische Prozeß verlangt die Angehung eines Vergleichs-Büreaus sogar als Regel. Es mag das als Regel zu weit gehen: hier aber treffen die stärksten Gründe der Erfahrung für die Zweckmäßigkeit und Wirksamkeit einer Vermittelungs-Instanz zusammen. Ich komme daher auf das Votum zurück, welches die Universitäts-Konferenz von 1849 auf Bauerband's Antrag einstimmig angenommen hat:

I. Die akademische Gerichtsbarkeit in Civilsachen ebenso wie die Ausnahmsgesetze für die Schuldverhältnisse der Studenten sind aufzuheben.
Statt derselben genügt es zu allen Zwecken, wenn die Gesetze über das Schiedsverfahren die akademischen Be-

hörden als obligatorische Vermittlungs-Instanz (für Schuldklagen gegen Studirende) anerkennen.

Bleibt diese Vermittelung wirkungslos, so tritt die Wirksamkeit der ordentlichen Gerichte ein, was rückwirkend den guten Erfolg hat, einseitigen Richtungen, namentlich der Uebertreibung des disziplinarischen und moralischen Gesichtspunkts in Schuldsachen entgegenzuwirken.

II. Die zweite Frage über die Angemessenheit besonderer Universitäts-Gerichte für Polizei-Uebertretungen und leichtere Vergehen der Studirenden hängt wiederum mit der Vorfrage zusammen, ob es einer Ausnahms-Gesetzgebung für diese Gebiete bedarf.

Es ist richtig, wenn Herr Courtin sagt, daß der junge Mann mit dem Beziehen der Universität in eine Ungebundenheit eintritt, welche kein anderer Jüngling genießt. Die jungen Leute der andern Berufsklassen unterliegen immer noch einer gewissen Aufsicht ihrer Prinzipale oder Meister, und ihr Beruf nimmt sie den ganzen Tag über in Anspruch, während es dem Studirenden freisteht zu arbeiten oder nicht, und eine spezielle Ueberwachung seines Thuns und Treibens nicht statt findet. Fern von seiner Familie schließt der Studirende sich enge an seine Freunde an, oder lebt in den Studenten-Vereinen ausschließlich mit diesen. In diesem Zusammenleben findet er seinen schönsten Lebensgenuß; aber mit dem Frohsinn gedeiht auch der jugendliche Muthwille und Uebermuth, und sich stark fühlend in der Vereinigung seiner Genossen, läßt sich der Student oft zu Handlungen und Exzessen hinreißen, an die er als Einzelstehender nie gedacht hätte. Diese Verhältnisse, zusammen mit den überkommenen Begriffen von Studentenehre, scheinen die Folgerung zu rechtfertigen, daß die gewöhnliche, für den mündigen und seßhaften Staatsbürger berechnete Gesetzgebung nicht ausreicht, und daß das Thun und Treiben dieser jugendlichen Schaaren in besonderer Weise zu ordnen und zu beurtheilen ist.

Prüfen wir, ob diese Folgerung eine wirklich berechtigte ist.

Es wird zunächst ein Ausnahmsgesetz für die Studenten-Duelle beansprucht. Man macht geltend, daß bei den meisten Studenten-Duellen eine ernste Absicht den Gegner an Leib oder Leben zu beschädigen nicht vorliege, daß sie mit besondern Schutzmitteln, Binden und Bandagen, mit strengster Beobachtung der Kampfregeln vollzogen werden rc., — Alles gewiß berechtigte Gesichtspunkte bei der Abmessung einer relativ-bestimmten Strafe, aber keine genügende Gründe für ein Ausnahmsgesetz. Es folgt daraus nur, daß das Strafgesetz das Minimum der Duell-Strafe so niedrig halten muß, um diese mildernden Umstände richtig zu bemessen. Macht man dagegen ein Ausnahmsgesetz für Studenten, so befestigt man nur den

Glauben an ein Standes-Privilegium gegen die allgemeine Rechtsordnung; man erschwert den Studenten-Verbindungen, welche das Duell grundsätzlich ausschließen wollen, ihre ohnehin schwierige Stellung; man begünstigt andererseits die duellirenden Corps und Verbindungen, wie dies die bewußte Tendenz reaktionairer Zeiten und Strömungen in Deutschland wirklich war und hier und da noch heute ist. Es ist nicht recht, durch die überleichte Behandlung der Studenten-Duelle auszudrücken, daß sie nichts zu bedeuten haben; vielmehr soll auch die akademische Jugend an den Gedanken gewöhnt werden, daß die Grundregeln der Rechtsordnung für alle Stände und Berufe dieselbe Geltung haben müssen.

Man verlangt ferner besondere Gesetze für die Verbindungen der Studirenden. So weit indessen diese Beschränkungen den Zweck haben, Sitte, Ordnung und Frieden innerhalb der akademischen Genossenschaft zu erhalten, gehören sie nicht in das Gebiet der Rechtsordnung und der Landesgesetzgebung, sondern in das Gebiet der Statuten und der akademischen Disziplin. So weit dieser Gesichtspunkt nicht entscheidend ist, kann man auch den Studenten nur nach den allgemeinen Vereinsgesetzen behandeln, wie jeden anderen jungen Mann. Es scheint mir ein ungerechtfertigtes privilegium odiosum, wenn die Universitätsgerichte versuchen, den allgemeinen Vereins- und Preßgesetzen eine abweichende Anwendung auf Studirende zu geben. Von Rechten, welche jeder junge Mann des Handels- und Gewerbestandes übt, kann man auch Studenten nicht ausschließen.

Man hat ferner bemerkt, daß es spezifische Vergehen innerhalb des akademischen Lebens giebt, wie die Verrufserklärung, die Komitate für ausgewiesene Studenten, die in dem gewöhnlichen Strafgesetze keine Ahndung fänden. Es folgt daraus aber nur, daß in den akademischen Statuten ein Platz für diese Dinge sein muß.

Derselbe Gesichtspunkt ist endlich entscheidend für die an sich richtige Bemerkung, daß die Polizei-Uebertretungen und Vergehen der Studirenden eine disziplinarische Seite an sich haben. Es weist das Alles nur auf die Nothwendigkeit einer genossenschaftlichen Ordnungsgewalt hin, nicht aber auf exzeptionelle Strafgesetze.

Auch auf diesem Gebiete ist also ein Ausnahmsgericht nicht zu rechtfertigen durch die Nothwendigkeit eines Ausnahmsrechtes. In Bayern und Württemberg, wo die allgemeinen Polizeigesetze auch für den Studenten durchweg gelten, hat sich gewiß noch kein Bedürfniß zur Herstellung von Ausnahmsgesetzen ergeben.

Dennoch hat man das Ausnahms-Strafgericht zu rechtfertigen gesucht aus folgenden sehr bedenklichen Gründen:

1) Es sei weder gerecht noch zweckmäßig, die Exzesse der

Studenten nach der gemeinen Rechtsregel zu strafen. Bei der gewöhnlichen Erscheinung derselben, Straßenlärm, Trinkgelagen, Nachtwächterprügeleien, Sachbeschädigungen, Verhöhnungen der Philister rc., müsse jugendlicher Uebermuth und Unbedachtsamkeit billige Rücksicht finden. Ganz gewiß! Aber nicht nur Rücksicht finden bei Studenten, sondern auch bei anderen jugendlichen Exzessen. Und nicht bei jedem Studenten-Exzesse ohne Weiteres, sondern je nach Umständen, Tendenzen und Personen. Durch Ausnahmsgerichte wie durch Ausnahmsgesetze macht man aus den gewöhnlich vorhandenen Strafmilderungsgründen wirkliche praesumtiones juris et de jure, d. h. Standes-Privilegien, vermöge deren junge, vornehme Herren das Recht zu haben glauben, andere um deshalb roher zu behandeln, weil sie sich selbst gebildeter dünken! Die Göttinger Studenten sagen dagegen mit Recht, daß sie durch das Ausnahmsrecht in die Stellung einer Kaste gedrängt würden, mit besonderen Anschauungen von Recht und Gesetz, von Ehre und Moral; die laxe Handhabung gewisser Gesetze bei den akademischen Gerichten führe geradehin zu einer indirekten Beförderung gewisser Gesetzesübertretungen. Ich behaupte sogar umgekehrt: mit Rücksicht auf ihren künftigen Beruf ist alle Veranlassung vorhanden, gerade die akademische Jugend von der unglücklichen Vorstellung frei zu halten, als ob gewisse Stände die Rechtsordnung leichter übertreten dürften, als andere.

2) Man hat ferner von der Seite des Verfahrens aus das Bedenken, die akademische Jugend im ordentlichen öffentlichen Verfahren auf den Anklagebänken und in der Untersuchungshaft mit dem Verbrecher, mit dem Vagabunden, mit der „Hefe des Volkes" zusammen zu bringen. Allein dasselbe Bedenken gilt für alle Personen gebildeter Stände, jung und alt, Männer und Frauen. Um so mehr sollen sie sich in Acht nehmen, mit dem Strafgesetz in Kollision zu kommen. Mit dem privilegirten Gerichtsstand überhaupt muß nothwendig auch diese Rücksicht für Studirende fallen. Steht es mit den polizeilichen Detentionslokalen gar zu arg, so werden die begründeten Beschwerden der Studenten eine Veranlassung zu besseren Einrichtungen geben für alle Personen in ähnlicher Lage. Aus gleichen Gründen verwerflich ist auch die Bestimmung mancher Landesgesetze, daß der Student die von den ordentlichen Gerichten erkannten Freiheitsstrafen in dem Karzer als Standesgefängniß abzubüßen habe.

3) Häufig hat man besondere polizeiliche Exekutivbeamte für die Studentenverhältnisse als nöthig angesehen. Da der gewöhnliche Polizeidiener sich mit den jungen Herren nicht recht zu benehmen wisse, so sollen die Universitäts-Pedelle das unangenehme Geschäft der Verhaftung und des Herumzankens mit den übermüthigen, vornehmen jungen Herren übernehmen. Gewöhnlich erscheint dabei eine gegenseitige Beschuldigung; den Polizeidie-

nern wird Rücksichtslosigkeit, den Pedellen Parteilichkeit für die Studenten vorgeworfen. Beides oft nicht ohne Grund, wie dies bei privilegirten Gerichtsständen unvermeidlich.

Auch Herr Courtin erklärt sich entschieden gegen die Beibehaltung solcher exemten Exekutivbeamten, welche zu stätigen Reibungen zwischen den Universitäts- und Polizeibehörden führen. Die wirklich begründeten Beschwerden über ein rücksichtsloses Polizeidiener-Thun werden schließlich dahin führen, daß man daran denkt, in Universitätsstädten das dienende Polizeipersonal sorgfältiger auszuwählen.

In Summa werden also auch auf diesem Gebiete die entscheidenden Gründe gegen den privilegirten Gerichtsstand durchgreifen.

Ich komme daher zu dem Resultate:

II. Die akademische Gerichtsbarkeit über Vergehen und Uebertretungen der Studirenden, ebenso wie die Ausnahmsgesetze für solche sind aufzuheben.

Es bedarf solcher auch für die Duelle und für die Verbindungen der Studirenden nicht.

III. Unentbehrlich dagegen ist eine Disziplinargewalt innerhalb der Universität mit dem Charakter einer genossenschaftlichen Ordnungsgewalt, nach der Erfahrung aller Zeiten.

Die Universität ist zugleich Lehr-Anstalt, und man könnte versucht sein, jene Gewalt ohne Weiteres aus der pädagogischen Zucht der Schule abzuleiten. Allein die freie Entwickelung unseres Universitätslebens verbietet diese Parallele. Ueberhaupt wird man den unmittelbaren pädagogischen Einfluß nicht allzuhoch veranschlagen dürfen. Nicht mit Unrecht bemerkt die Universitäts-Konferenz von 1849, Seite 181, „daß die erziehende Einwirkung der Dozenten auf die Studenten (außer so weit sie durch persönliche Berührung in wissenschaftlicher Hinsicht vermittelt werde) sehr gering, illusorisch und in größeren Städten sogar unmöglich sei. Die persönliche Würde der Universitätslehrer, ihr gutes Beispiel und die Macht wahrer Wissenschaftlichkeit in ihren Vorträgen sei die ächte, spezifisch akademische Form, wie sie auf das Gemüth des Studenten einzuwirken hätten; nicht aber werde es dadurch erreicht, daß die Studenten in den Professoren auch ihre offiziellen Richter erblickten."

Immer aber war und ist die Universität ein genossenschaftlicher Verein zu den hohen Zwecken der Wissenschaft, der in alter Freiheit nur bestehen kann mit einer genossenschaftlichen Selbstbeschränkung und Zucht. Diese korporative Ordnungsgewalt ist bedingt einerseits durch die besondere Lage der studirenden Jugend, andererseits durch den Zweck des wissenschaftlichen Studiums. Die deutsche Universität gewährt eine Ungebundenheit, eine Freiheit der Wahl und der Zeitverwendung, wie sie die Hochschulen anderer Länder nicht darbieten. Diese Freiheit hat aber von jeher nur bestanden mit dem Korrektiv einer Ordnungsgewalt in der Körperschaft selbst, die bis zu einem gewissen Maße auch den Eltern und Vormündern verantwortlich ist für die der Universität anvertraute Jugend. In noch stärkerem Maße ist Ehre, Ordnung und Sitte des Studentenlebens eine Forderung des wissenschaftlichen Berufs. Der Student hat hier, wie in jeder ehrenhaften Genossenschaft, ein Recht der Theilnahme nur, sofern und so lange er sich der Ordnung fügt, die für dies freie Zusammenleben von Lernenden und Lehrenden unerläßlich ist.

Diese Ordnungsgewalt ist keine staatliche jurisdictio und fällt daher auch nicht unter die Verfassungsbestimmungen, welche jede Ausnahmsgerichtsbarkeit verbieten. Bei der Unklarheit, die über staatsrechtlichen Verhältnissen zu walten pflegt, ist es rathsam, die 5 Unterschiede zwischen beiden Gebieten scharf hervorzuheben. Zunächst

1) ist der Gegenstand dieser Ordnungsgewalt ein anderer: nicht die allgemeine Rechtsordnung, sondern nur das Verhalten der Theilnehmer innerhalb der Genossenschaft selbst. Die Berliner Konferenz von 1849 rechnet zum Disziplinargebiet (Seite 81) unzweifelhaft richtig:

Unsittliche Lebensweise und Unfleiß; Ordnungswidrigkeiten in den Lokalien der Universität;

Unschicklichkeiten und Beleidigungen gegen Lehrer und Beamte der Universität.

Darüber hinaus wird aber eine weitere Formulirung schwerlich gelingen, da die Ordnungsgewalt alles dem Zwecke der Körperschaft Widerstreitende einbegreift. Ein Gesetz über die Begrenzung derselben wird niemals einer generalis clausula entbehren können, umfassend: jedes Verhalten, welches der Bestimmung und Würde der Wissenschaft, der Ordnung und Sitte des Studentenlebens widerspricht. Nach den Gewohnheiten, Lebensanschauungen und Interessen der akademischen Körperschaften ist eine übertriebene Bevormundung dabei erfahrungsmäßig nicht zu besorgen. Hierher gehören die Injurien der Studenten unter sich, nicht blos zur Verhütung von Duellen, sondern in Anerkennung der nothwendigen Rücksichten des genossenschaftlichen Zusammenlebens. Hierher gehören die Verrufserklärungen und die Duelle von dem Gesichtspunkte der Friedensstörung in der Genossenschaft. Hierher gehören die Studentenverbindungen mit einem besonderen Recht zu ihrer Auflösung, so weit sie zu Unfleiß, Ausschweifung, Raufereien, zum Druck gegen Nichtverbindungsgenossen entarten.

2) Die strafende Autorität innerhalb dieses Gebietes sollen die verfassungsmäßigen Statuten der Universität sein, nicht die allgemeinen Landesgesetze. Für die Gesetzgebung eignen sich diese Gegenstände nicht, weil sie kein Theil allgemeiner Rechtsordnung sind, vielmehr wechselnd nach Zeit und Ort, vielfach verschieden für kleine und große Städte, überhaupt variabel und so unberechenbar, daß sich Jahr für Jahr das Bedürfniß einer Schärfung oder Milderung oder Aufnahme neuer Klauseln ergeben kann.

3) Das Strafensystem ist wesentlich verschieden. Der Schwerpunkt aller akademischen Strafe ist die Ausschließung von der Genossenschaft in ihren verschiedenen Formen. Die geringeren Strafen sind poenae medicinales zur Vermeidung dieses äußersten Erfolgs. Mit Recht sagt die Universitäts-Konferenz Seite 190: „Die Tendenz der akademischen Strafen kann immer nur darin bestehen, den irrenden und fehlenden Studenten entweder durch richtigere Erkenntniß und Anfrischung seines Willens auf einen besseren Weg zu bringen, oder ihn als einen für die Zwecke der Korporation entschieden verderblichen aus ihrer Mitte zu entfernen."

Geldstrafen erscheinen auf diesem Gebiete in der Regel als unanwendbar, weil damit nicht sowohl der Student als seine Angehörigen bestraft würden, und weil die eventuelle Ummwandlung der Geld- in Freiheitsstrafe einen verletzenden Unterschied zwischen reichen und armen Studenten herbeiführen würde.

4) Der vierte Unterschied betrifft die Organe der Ordnungsgewalt. Es können dies nicht die richterlichen Beamten des Staates sein, sondern nur die „akademischen Behörden", d. h. Rektor und Senat, mit der Befugniß, Deputationen und Kommissarien zu ernennen. Die rasch wechselnde Besetzung der Universitäts-Aemter und die manchmal nicht ganz geeigneten Persönlichkeiten werden dabei eine stätige, rechtskundige Assistenz durch einen ständigen Syndikus rathsam machen. Die polizeilich-büreaukratische Richtung in Deutschland seit 1819 hat aber aus dem berathenden Syndikus einen vom Staate angestellten Einzelrichter gemacht, — eine Einrichtung, die schon um deshalb fehlerhaft erscheint, weil man nicht besoldete Richter anstellen soll, welche nicht genug zu thun haben, und welche immer nur einseitig mit einer spezifischen Klasse von Personen und Fällen befaßt sind.

5) Der fünfte Unterschied betrifft das Verfahren der Ordnungs-Strafgewalt. Es kann dies kein öffentlich mündlicher Anklageprozeß sein, wie die Studenten-Petitionen verlangen, sondern nur ein amtliches Verfahren ex officio. Die öffentlichen Anklage-, Prozedur- und Beweis-

formen würden an dieser Stelle nicht blos ohne Noth weitläufig und kostspielig, sondern grundlos und zweckwidrig sein. Es handelt sich hier nicht um öffentliche Anwendung der Strafgesetze, sondern um Ahndung eines Verhaltens innerhalb der Genossenschaft mit dem äußersten Ziele einer Ausschließung aus derselben. Schon die Universitäts-Konferenz von 1849 hat sich deshalb einstimmig gegen die Oeffentlichkeit, gegen die Jury, gegen das Rechtsmittel-System an dieser Stelle erklärt. Nur die prozessualische Grundmaxime: **audiatur et altera pars**, muß auch hier gelten, d. h. die Anschuldigung ist vollständig mitzutheilen und die Selbstvertheidigung dagegen auf Verlangen zu hören.

Dies ist die spezifische Gestalt der Ordnungs-Strafgewalt im Unterschied von der Kriminal-Jurisdiktion des Staates. Die Nothwendigkeit einer solchen wird auch von den entschiedensten Gegnern der Universitätsgerichte anerkannt. Selbst die Studenten-Petitionen erkennen sie an, wenn auch mit einigem Zögern und einiger Abneigung. Sie ist niemals populär, in neuerer Zeit durch Mißbrauch der Disziplinargewalten noch unpopulärer geworden; aber sie ist darum nicht minder nothwendig. Die Sitten des deutschen Studententhums waren im achtzehnten Jahrhundert nichts weniger als musterhaft; zeit- und ortsweise leben auch heute vereinzelte Klagen dagegen auf. Wenn wir die Freiheit des deutschen Studentenlebens hoch halten, so wollen wir das Eine nicht vergessen: sie besteht nur unter einer lebendigen Ordnungsgewalt der Korporation. Das neuere Verbindungswesen zeigt das achtbare Bestreben, diese Gewalten aus seiner eigenen Mitte heraus zu stärken; für das Ganze kann sie nur in den akademischen Behörden liegen. Wo diese Zucht im Innern der Genossenschaft erschlafft, tritt nicht die volle Freiheit an ihre Stelle, sondern lediglich die Polizeigewalt des Staates!

Die praktische Schwierigkeit der Organisation liegt nun aber darin, daß beide Gebiete sich gegenseitig berühren. Die gewöhnlichen Gegenstände eines Strafverfahrens gegen Studirende, wie Straßenunfug, Trunkenheit, Schlägerei, Hazardspiel, Sachbeschädigungen &c., haben fast regelmäßig zugleich eine disziplinarische Seite. Das Verhältniß beider wird sich in dreifacher Weise gestalten können.

Oft ist der strafgerichtliche Gesichtspunkt überwiegend, z. B. wenn ein Student, schwer beleidigt und gereizt, eine schwere Körperverletzung zugefügt hat; nicht selten wird der disziplinare Gesichtspunkt daneben ganz zurücktreten.

Oft ist der disziplinare Gesichtspunkt überwiegend, z. B. bei öffentlichem Unfug mit leichtfertigen Frauenzimmern, bei übermüthigen Verhöhnungen gegen Kommilitonen; nicht selten wird der strafgerichtliche Gesichtspunkt dabei ganz zurücktreten.

Noch öfter werden beide Gesichtspunkte sich ungefähr decken, z. B. eine gewöhnliche Nachtwächterprügelei wird mit 3 bis 8 Tagen Karzer wohl disziplinarisch genügend abgemacht sein: von dem Kriminalgericht kann aber auch außerdem noch auf 8 Tage Gefängniß erkannt werden. Soll nun der Student stets beide Strafen zugleich abbüßen?

Dies ist der Hauptgesichtspunkt, aus welchem Herr Courtin die Verbindung einer niederen Strafgerichtsbarkeit mit den Universitäten rechtfertigt. Dies war bisher auch der herrschende Gesichtspunkt bei den Deutschen Staatsregierungen. „Es sei eben unmöglich, disziplinäre und polizeiliche Vergehen der Akademiker in einer solchen Weise zu definiren und auseinander zu halten, daß sie in keiner Beziehung mehr zu einander stehen. Ihre Verbindung sei in den meisten Fällen unlösbar. Und da die Staatsgerichte auf die Grundsätze der akademischen Disziplin keine Rücksicht nehmen können, so führe dies entweder zu einer doppelten Bestrafung wegen desselben Vergehens, oder zur Unmöglichkeit einer Geltendmachung der Disziplin für solche Fälle."

Die Frage liegt in der That so: sollen um dieser Kollision willen beide Gewalten in einer Person vereint werden, oder sollen sie dennoch getrennt bleiben?

Dies ist der Angelpunkt, der bisher nicht zur Genüge hervorgehoben ist.

Ich behaupte: gerade wegen dieses stätigen Zusammentreffens müssen die beiden Gewalten getrennt bleiben, so sehr die beamteten Gewohnheiten dahin neigen, sich die Kollisionsfälle durch Vereinigung in einem Amte bequem zu machen.

Ich behaupte: gerade die Vereinigung in einem Richteramte ist die eigentliche Wurzel der begründeten Beschwerden gegen die Universitätsgerichte.

Gerade aus jener Vereinigung entstand die ungebührliche Ausdehnung der Disziplin, ihrer Grundsätze und ihrer Methode auf Schuldklagen und Strafsachen der Studenten an Stelle rechtlicher Grundsätze. Es hat sich dafür sogar ein amtlicher Sprachgebrauch gebildet, der zur „Disziplin im weiteren Sinne" das ganze polizeiliche und ökonomische Verhalten der Studenten rechnet, d. h. solche Dinge, die eben kein Gegenstand der Disziplin sind.

Aus jener Vermengung entstand die ungebührliche Ausdehnung der Landesgesetzgebung auf Spezialitäten, welche in die Universitäts-Statuten gehören, wie die verunglückten Versuche, die gültigen Studentenschulden zu fixiren, die grundlos abweichenden Strafnormen für Vergehen und Uebertretungen der Studenten.

Aus jener Vermengung entstand die ungebührliche Ausdehnung der Disziplinar-Strafen auf Verhältnisse, welche juristisch beurtheilt werden müssen, z. B. die grundsätzliche Abmachung der Studenten-Duelle mit bloßer Karzerstrafe, die Erzwingung von Ehrenwortsschuldscheinen durch Androhung der Relegation und dergleichen.

Aus jener Vermengung entstand die Verdrängung der akademischen Behörden aus ihrer altberechtigten Stellung durch Staatsbeamte. Mit Recht erklärte sich die Universitäts-Konferenz von 1849 S. 191 einstimmig gegen die selbstständige Strafbefugniß des Universitätsrichters, „weil diese Befugniß noch aus der nun überwundenen Periode der akademischen Gerichtsbarkeit datirt, in welcher dieselbe aus politischen Gründen der Universität zwar belassen, thatsächlich jedoch fast ganz genommen war.

Aus jener Vermengung entspringt endlich die Uebertragung inquisitorischer Formen auf Civil- und Strafsachen, in denen auch der Student ein Recht auf die ordnungsmäßigen Prozeßformen haben muß.

Mit Recht beschweren sich die Berliner Studenten: „Das patriarchalische Forum der Senate hat für alles dies nur das wüste Chaos eines für fast alle Fälle gleichen Disziplinar-Verfahrens. Schuldklagen, Strafsachen, Injurien werden ganz willkürlich bald nur in Folge besonderer Anträge von Betheiligten, bald auf Grund von bloßen Denuntiationen der Kognition unterworfen, und ebenso willkürlich nach Befinden unterdrückt oder abgeurtheilt. Die Studenten werden vorgeladen und vernommen, nicht als Ankläger oder Beschuldigte, nicht als Kläger oder Beklagte, sondern als Subjekte der Disziplinargewalt."

Dieser unberechtigten Fusion ist nur dadurch abzuhelfen, daß man die beiden Gewalten, — die Gerichtsgewalt des Staates und die Ordnungsgewalt der Korporation — konkurrirend neben einander bestehen läßt, wie sie nach Gegenstand, Quelle, Strafsystem, Organen und Verfahren grundsätzlich verschieden sind.

Wie soll dabei aber verhütet werden, daß nicht der Student in den meisten Fällen einer doppelten Bestrafung unterliege?

Man kann dagegen nicht den Grundsatz anrufen, daß bei idealer Konkurrenz poena major absorbet minorem; denn die kriminale und disziplinare Strafbarkeit bilden keinen concursus delictorum.

Man kann sich allenfalls auf den Takt der Strafverfolgungs-Behörden verlassen in den Fällen, in welchen der disziplinare Gesichtspunkt überwiegt, der strafrechtliche zurücktritt. In den sehr häufigen Fällen aber, wo beide sich decken, kann man es dem Staatsanwalt, dem Polizeianwalt, dem Denunzianten nicht verdenken, wenn sie pflichtmäßig und amtseifrig ihren Strafantrag bei den ordentlichen Gerichten stellen, wozu in manchen Fällen wirklich dringende Veranlassung sein kann. Ich glaube, der Erfolg hat namentlich in Tübingen sich schon herausgestellt, daß das korrekte System praktisch hart wirken kann.

Es wird sich daher für diesen besonders gearteten Kollisionsfall wohl eine leichte Nachhülfe der Gesetzgebung empfehlen, bestehend in einer legalen Ermächtigung und Anweisung, die Strafklage nach erfolgter Disziplinar-Bestrafung nur zu erheben, wo ein öffentliches oder Privat-Interesse eine Genugthuung darüber hinaus entschieden verlangt.

Sehr zweckmäßig wird sich das Verhältniß gestalten, wo es möglich ist, das Syndikat der Universität mit der Staatsanwaltschaft bei dem Ortsgerichte der Universität zu verbinden. Es wird dadurch eine große Vereinfachung und Schnelligkeit des Verfahrens erreicht, welche für Disziplinarsachen unbedingt nothwendig ist. Die Syndikats-Geschäfte, mit ihren begutachtenden Anträgen, Informations-Einziehungen 2c. passen sehr wohl zur Stellung des Staatsanwalts, und haben keineswegs jene Bedenken der Vereinigung der Disziplinarbehörde mit dem Richteramt. Vor allem aber entsteht ein unmittelbar wirksames Korrektiv gegen die Schlaffheit der Universitätsbehörden, gegen jenen Mangel an Energie, der bei den gelehrten Körperschaften in Ausübung ihrer Ordnungs-Strafgewalt nicht selten einreißt. Doch bezeichne ich diese Verbindung nur als eine mögliche und zweckmäßige, und beschränke meine Anträge auf folgende Sätze:

III. Gesondert von der ordentlichen Strafgerichtsbarkeit des Staates und damit konkurrirend, bedürfen die Universitäten einer eigenen Ordnungsstrafgewalt zur Aufrechterhaltung der Ehre, Ordnung und Sitte des Studentenlebens.

Diese Ordnungsstrafgewalt ist durch das Gesetz zu begrenzen, durch die Universitäts-Statuten zu regeln, durch Rektor und Senat zu handhaben.

Zur Vermeidung einer grundlos doppelten Bestrafung wird sich eine gesetzliche Anweisung an die Strafverfolgungs-Organe rechtfertigen des Inhalts, daß nach erfolgter Disziplinarbestrafung ein Strafantrag bei den Gerichten nur zu stellen ist, wenn ein öffentliches oder Privat-Interesse eine schärfere Ahndung darüber hinaus entschieden fordert.

Es liegt hier ein festgeschürzter Knoten vor, der aus nicht einfachen realen Verhältnissen sich geschürzt hat: dies wird die Weise sein, den Knoten zu lösen.

Präsident: Ich ersuche die hohe Versammlung, sich über diese Anträge auszusprechen.

Advokat Dr. **Dauner** aus Kaufbeuren: Ich möchte rücksichtlich des Strafrechts auf die ideale Seite des Studentenlebens aufmerksam machen.

Der Student hat, wenn er seinen Beruf auf der Universität erfüllen will, eine ideale Richtung zu nehmen. Wenn er das nicht thut, so ist er besonders in unserer Zeit, die eine ganz abnorm materielle Richtung nimmt, sehr übel daran. Es ist zwar ein sehr richtiger Grundsatz gegen ein Ausnahmsgesetz, insbesondere bezüglich der Duelle geltend gemacht worden, nämlich der, daß, wenn hier ein Ausnahmsgesetz oder eine Ausnahmsgerichtsbarkeit eingeführt wird, der junge Mann, der gerade, wenn er einmal in's praktische Leben übertritt, ein Muster von Gesetzmäßigkeit sein soll, den Geist der privilegirten Stände in dasselbe mitbringt; indessen ich glaube, diese Besorgniß ist nicht begründet. Nach dem ganzen Gange der Studien muß der Student sich mit Idealen erfüllen. Wenn er in das Philisterium tritt, so wird er leider schnell genug ernüchtert. Daß das Studententhum eine eigenthümliche Epoche ist, die jeder, der wirklich als Student gelebt hat, nicht gerne in seinen Erinnerungen vermissen möchte, das glaube ich, brauche ich nicht erst zu sagen. Ich möchte nun in dieser Beziehung nur auf die Duelle aufmerksam machen. Es besteht bezüglich derselben einmal ein Vorurtheil, das leider in der neuern Zeit wieder kräftig geworden zu sein scheint; aber es ist einmal etwas gegebenes, und wenn der Student, der sich diesem Vorurtheil nicht zu widersetzen wagt, den gewöhnlichen schweren Strafen unterworfen wird, so ist dieses meiner Ueberzeugung nach wirklich eine Unbilligkeit. In früherer Zeit hat die Studentenschaft in der Burschenschaft sich selbst geholfen durch die Ehrengerichte. Wird der Student gefordert und er kömmt der Forderung nicht nach, so muß er sich dem Vorwurfe der Feigheit preisgeben, und es ist so ziemlich um seine soziale Stellung geschehen. Sitzt er aber als Vertreter im Ehrengericht, so kann er seiner bessern Ueberzeugung Folge leisten; und daß wirklich aus dem Innern der Studenten heraus eine Abhilfe gegen das Duell möglich ist, hat die Vergangenheit bewiesen, die Burschenschaft in der Zeit ihrer Blüthe, wo die Duelle beinahe gar nicht mehr zum Vorschein kamen; und ich glaube nicht, daß in neuerer Zeit die Studenten so zurückgegangen sind, daß man ihnen nicht eine solche Verbesserung, besonders wenn die Professoren mithelfen, aus ihrer Mitte heraus anvertrauen dürfte; ich glaube daher recht wohl, daß wenigstens in Beziehung auf das Duell eine Rücksicht in den Strafgesetzen genommen werden soll.

Man könnte nun sagen, wir haben es lediglich mit der Formalität, mit dem Prozesse zu thun. Ich würde dem mich unterwerfen, nachdem aber der Herr Referent, der in so ausgezeichneter Weise die Sache auseinander gesetzt hat, selbst auf die Ausnahmsgesetze eingegangen ist, so glaubte ich auch das hier berühren zu dürfen.

Rechts-Anwalt **Makower** aus Berlin: Meine Herren! Ich möchte nur mit wenigen Worten meine Stellung zu den Anträgen, die Herr Professor Gneist gestellt hat, bezeichnen. Ich bin einverstanden mit dem ersten prinzipiellen Satze, daß die Civilgerichtsbarkeit über die Studirenden den ordentlichen Gerichten übertragen werde; ich bin einverstanden mit dem zweiten Satze, daß auch die Strafgerichtsbarkeit über die Studirenden an die ordentlichen Gerichte übertragen werde; ich bin endlich einverstanden mit dem dritten Satze, daß die Disziplinargewalt der Universität nothwendig ist, und daß sie von den Gesichtspunkten ausgehen muß, die Herr Prof. Gneist ausführlich auseinander gesetzt hat; ich muß aber gegen die von Herrn Prof. Gneist vorgetragenen Zusätze mich erklären, und zwar zunächst, daß, wenn die Civilgerichtsbarkeit den ordentlichen Gerichten übertragen wird, die Universität ein obligatorisches Vermittlungsamt vor Einleitung des Prozesses sei. Hiefür sehe ich keinen Grund ein; ich habe mich für die Disziplinargewalt der Universität erklärt, weil ich sie als Genossenschaft für sich betrachte. Der Gläubiger aber steht außerhalb der Genossenschaft. Derselbe Grund, der für die Studirenden geltend gemacht werden kann, müßte vernünftiger Weise ebenso gut für die Gymnasiasten geltend gemacht werden. Ein Primaner, der eine Schuld kontrahirt, steht mit dem Studenten auf gleicher Stufe; man müßte verlangen, daß der Gläubiger nicht eher das ordentliche Gericht angehe, als bis er sich an den Rektor des Gymnasiums gewendet hat; ähnlich ist es bei anderen Verbindungen, bei Polytechniken oder Genossenschaften von Kaufs- oder Gewerbsleuten, die ein eigenes Standesinteresse haben; überall ist es der Genossenschaft wünschenswerth, daß ihre Vermittelung angerufen würde. Indeß, da man die Disziplinargewalt der Universität belassen will, kann man es dem einzelnen Gläubiger überlassen, wenn er will, die Vermittelung der Universität anzurufen; diese Anrufung aber für obligatorisch zu erklären, halte ich deshalb nicht für gerechtfertigt, weil man den Gläubiger zu derselben zwingt, nicht aus Rücksicht für ihn, sondern für die Genossenschaft, die ihn nichts angeht.

Von einem ähnlichen Gesichtspunkte sehe ich die letzte Frage an, nämlich das von Herrn Gneist hervorgehobene Bedenken, daß, wenn neben der Disziplinargewalt auch noch der Staat strafe, eine doppelte Bestrafung eintrete.

Diese Schwierigkeit ist keine neue, sie ist überall, wo ein Disziplinargericht besteht, aufgetaucht; man hat dieselbe Schwierigkeit bei der Disziplinargewalt über die Richter, bei dem Militär und auf anderen Gebieten, wo dieselbe Handlung wegen Verletzung der allgemeinen Strafgesetze und disziplinär geahndet wird, so daß man zweimal gestraft werden kann. Nehmen Sie nun den Fall, ein Primaner verletze einen oder mehrere Mitschüler, so wird nicht blos strafrechtlich eingeschritten, sondern derselbe auch von dem Gymnasium entlassen werden. Dergleichen Fälle kommen also auch außerhalb der Universität vor; ich gebe zu, daß es vernünftig und angemessen wäre, wenn in dem Falle, wo bereits disziplinäre Strafe vollstreckt wurde, hierauf Rücksicht genommen würde, und ich denke, daß die Richter, welche in den meisten Fällen die Handlung und ihre Folgen in ihrer Totalität beurtheilen, hierbei auch auf die bereits erlittene Strafe Rücksicht nehmen werden; gesetzlich aber dieses vorzuschreiben, halte ich nicht für gerechtfertigt, denn die Universität hat nicht das Verbrechen gegen die Staatsordnung, sondern nur die Verletzung ihrer Ordnung zu bestrafen. Deshalb haben diese Strafen auch einen ganz anderen Zweck, einen anderen Rechtsgrund und eine andere Natur. Herr Prof. Gneist hat unter Anderem hervorgehoben, daß Geldstrafen hier unanwendbar sind, und daß die Kardinalstrafe Entlassung von der Universität ist. Diese Strafe quadrirt aber nicht mit den Strafen im Strafgesetzbuch. Wir thun genug, wenn wir die 3 Prinzipien des Herrn Prof. Gneist annehmen, aber den Zusatz ad 1 und ad 3 ablehnen.

Advokat **Schrey** aus Leipzig: Aus dem Vortrage des Herrn Prof. Gneist haben wir gehört, daß doch, wenn die disziplinäre Gerichtsbarkeit über die Studirenden aufrecht erhalten werden soll, Organe da sein müssen, die sie handhaben. Daß diese Organe jedenfalls die geeignetsten sein werden, um im Wege des Vergleiches die Gläubiger mit den Studirenden zu vereinigen, glaube ich, können wir bestimmt annehmen. Im Wesen des Studenten liegt es, daß er aufrichtig gegen die Gläubiger zu Werke geht, er kann sich an den meisten Universitäten keiner Advokaten bedienen; also glaube ich, daß dieser Vorschlag des Herrn Prof. Gneist ein sehr praktischer ist, und wohlthätiger sein wird, daß bei den akademischen Behörden das Recht bleibe, zwischen dem Gläubiger und Stundenten erst eine Vergleichung zu versuchen.

Ich wende mich aber gegen einen andern Vorschlag des Herrn Prof. Gneist; er sagt in seinem letzten Satze, daß zuvörderst die Disziplinarbehörde einzugreifen habe, und sie dann ermessen möge, ob noch zu einer Abgabe der Sache an die Kriminalbehörde zu schreiten sei. Ich glaube, daß diesem Vorschlag ein praktisches Bedenken entgegen steht. Erwäge ich nämlich, daß in den Kreis der disziplinären Ahndung auch z. B. Duelle gezogen werden sollen, so glaube ich, daß die Erhebung des Thatbestandes der Staatsbehörde zukommt, und die akademische Behörde es nicht über sich nehmen könne, die vielleicht schwierigen Erhebungen zu besorgen, und dann die Sache an die Kriminalbehörde des Staates abzugeben. Als Vorstand einer Advokatenkammer erinnere ich mich eines Verhältnisses, in welchem in meinem Vaterlande die Advokaten stehen; sie sind in dreifacher Gewalt, erstens sind sie kriminell verantwortlich für ihre Vergehen, zweitens disziplinär der Advokaten-Kammer und drittens disziplinär der über ihnen stehenden Gerichtsbehörde. Dabei hat sich das Verhältniß gebildet, daß der erste Angriff bei wirklichen Vergehen dem Staate überlassen wird, dann giebt der Staat die Akten an die Anwaltskammer und diese pflegt zu erwägen, ob sie noch einschreiten will oder nicht. Ich denke mir bezüglich der Studenten-Verhältnisse etwas Aehnliches. Würde die Ahndung von Seite des Staates eine solche sein, daß sie auch disziplinarisch angemessen ist, so würde, glaube ich, die akademische Behörde, wenn sie durch das Gesetz ermächtigt wäre, von der disziplinarischen Ahndung absehen. Ich würde den Herrn Referenten bitten, zu erwägen, ob nicht der disziplinarische Angriff der akademischen Behörde unter allen Umständen überlassen werden und ihr anheim gegeben werden solle, die Erhebung des Thatbestandes der Staatsbehörde zu überlassen, oder selbst zu handeln. Gegen die Verbindung der Staatsanwaltschaft mit dem Syndikate muß ich mich, was mein engeres Vaterland anbetrifft, entschieden aussprechen. Es ist bekannt, daß in Preußen der Staatsanwalt eine andere Stellung einnimmt, er ist Organ der Staatsgewalt im Allgemeinen, welches auf die Aufrechthaltung der Gesetze sehen muß; in Sachsen aber ist der Staatsanwalt blos eine Kriminalbehörde, und da würde ein Eingreifen desselben in die Verhältnisse der Studirenden eine förmliche Unmöglichkeit sein. Der Staatsanwalt würde bei den jungen Männern nicht das Vertrauen finden, welches man den akademischen Behörden vindizirt.

Professor **Dr. Gneist**: Ich erkenne die von einem Herrn Redner hervorgehobene ideale Seite des deutschen Studentenlebens an; sie ist in der Regel ein Moment bei Abmessung der verdienten Strafe; ich bitte aber nicht vergessen zu wollen, daß dieses nichts spezifisch akademisches ist, sondern wir die ideale Richtung doch wohl auch bei den Künstlern, Polytechnikern anerkennen müssen.

Die von einem Redner mit Recht empfohlenen Ehrengerichte bleiben; sie werden um so zweckmäßiger wirken, wenn Sie neben denselben die Gesetze walten lassen. Dieß macht die Ehrengerichte lebendiger, als wenn Sie eine Ausnahmsstellung für die Studirenden annehmen; Vertrauen schenken wir den Studirenden gerade dadurch, daß wir keine Ausnahmsgerichte für dieselben machen.

Was die gegen die Zusätze gemachten Einwendungen anlangt, so sagt man, eine solche Vermittelungs-Instanz der akademischen Behörden sei unvereinbar mit Prozeßgrundsätzen. Der Grund aber, warum wir sie hier anerkennen sollen, ist derselbe, aus dem wir sie in Preußen überhaupt anerkennen, wo sie in den meisten Fällen wirksam ist.

Es wurde ferner gesagt, die akademische Strafe bleibe — inkommensurabel. In Thesi wohl, aber im praktischen Leben nicht. Wenn Sie dem Studenten die Wahl zwischen Relegation oder 14 Tagen Gefängniß lassen, so wird er das letztere wählen, denn die Relegation ist nach Verhältniß eine äußerst empfindliche bürgerliche Strafe, welche die Laufbahn des Studirenden fast für ein Jahr unterbricht.

Ich habe nicht die Absicht, die Reihenfolge, bezüglich des Einschreitens der Disziplinar- und der Strafgewalt fest zu bestimmen; auch ich wünsche, daß die Staatsgewalt den ersten Angriff vornimmt. Unser Beweisverfahren vor der Disziplinargewalt taugt nichts, wir haben nur das dürftige Vorlesen eines unordentlich aufgenommenen Zeugenprotokolls. Mein Antrag bezieht sich auf die materiellen Verhältnisse. Wo eine Disziplinarstrafe erfolgt ist, mag der Staatsanwalt erwägen, ob dringender Grund da ist, noch einen Strafantrag zu stellen. Auch ich bin der Meinung, daß man den Staatsanwalt in allen zweifelhaften Fällen eingreifen lasse, und habe nur die Verbindung der Staatsanwaltschaft mit dem Syndikat, wo sie möglich ist, als wirksam empfohlen.

(Entgegen dem von einem Mitgliede gestellten Antrag, nunmehr in die Spezialdebatte einzutreten, beschließt die Versammlung den Schluß der Debatte.)

Bei der nunmehr vorgenommenen Abstimmung wird der I. Punkt des Herrn Referenten, der sich gegen die akademische Gerichtsbarkeit in Civilsachen und gegen die Ausnahmsgesetze für die Schuldverhältnisse ausspricht, einstimmig angenommen.

Die Frage, betr. das 2. alinea des I. Satzes und lautend: „statt derselben genügt es . . . . als obligatorische Vermittelungs-Instanz anzuerkennen," wird ausweislich gemachter Gegenprobe mit Majorität angenommen.

Die Frage, betr. den II. Hauptpunkt des Referenten und lautend: „die akademische Gerichtsbarkeit über Vergehen und Uebertretungen . . . . . Studirenden nicht," wird mit großer Mehrheit angenommen, womit der von Hrn. Dr. Dauner gestellte Antrag lautend: „es empfiehlt sich . ." hinweg fällt.

Der III. Hauptpunkt des Referenten, alinea 1 u. 2, lautend: „Gesondert . . . . . . zu handhaben," wird mit großer Mehrheit angenommen.

Zu alin. 3 des III. Hauptpunktes lautet ein Antrag des Hrn. Drewcke aus Köln:

> „Zur Vermeidung grundlos doppelter Bestrafung wird es sich empfehlen, eine gesetzliche Bestimmung in dem Sinne zu erlassen, daß die Gerichte, in so fern eine Disziplinar-Bestrafung vorausgegangen ist, ermächtiget werden, eine der Art oder dem Maße nach geringere oder auch gar keine Strafe eintreten zu lassen."

Dieser Antrag, sowie der des Referenten alin. 3 des Satzes III. wurde durch die Majorität abgelehnt.

Präsident: Wir treten nunmehr in die Berathung der Frage ein, betr. den Beweisantritt im Civilprozesse, worüber ich das Referat übernommen habe. Ich ersuche den zweiten Herrn Vorsitzenden die Leitung der Verhandlungen zu übernehmen.

(Herr Dr. Barth aus Kaufbeuren übernimmt den Vorsitz.)

Vize-Präsident: Ich ersuche Herrn Freiherrn v. Sternenfels das Referat zu erstatten.

Referent Freiherr **v. Sternenfels:** Die Frage:

> „Ist es für das mündliche Verfahren im Civil-Prozesse angemessen, daß der Beweis-Antritt in der ersten mündlichen Verhandluug erfolge?

und

> daß der vorbereitende Schriftenwechsel sich auch auf die Benennung der Beweismittel über die unter den Parteien bestritten gebliebenen Thatsachen erstrecke?

ist schon auf dem 1. und 2. Juristentage erörtert worden. Verh. des 1. Juristentages S. 18 (1. Waldeck'sche Grundsatz.)

> „ob mit der Angabe der thatsächlichen Behauptungen in Klage, Einrede, Replik ꝛc., die Angabe der Beweismittel zu verbinden sei?"

(S. 328, (Prot. der 4. Abtheilung), S. 347, (Prot. der Plenar-Sitzung,) Vertagung bis zum 2. Juristentag).

Beide Fragen sind zwar nicht identisch, indem die erste bejaht werden kann, wenn auch der Beweisantritt noch am Schluß der mündlichen Verhandlung erfolgen darf. Die Intention des Antragstellers ging aber unzweifelhaft dahin, daß der Richter über Beweissatz und Beweislast erst dann sich aussprechen soll, wenn über das Faktum erschöpfend verhandelt ist, und daß ein Beweisantritt vor jenem Ausspruch des Richters nicht erfolgen solle.

Bei dem 2. Juristentag lagen 3 Gutachten über die Waldeck'schen Thesen vor, von Andre, Plank und mir. Andre und ich sprachen sich für diese Thesis aus, Plank dagegen. Von der Abtheilung wurde sie angenommen. (Verhandlung des 2. Juristentags, B. 1. S. 3, 52 u. 79. Bd. 2. S. 504—509.)

Nach diesen Vorgängen könnte es scheinen, daß eine wiederholte Erörterung* dieser Frage nicht am Platze sei. Allein durch die inzwischen stattgehabten gesetzgeberischen Arbeiten in verschiedenen Ländern ist dieselbe einer so eingehenden Untersuchung unterworfen worden, und alle bekannt gewordenen Entwürfe, der Bayerische, der Preußische, der deutsche und der Oesterreichische, haben so übereinstimmend eine abweichende Ansicht aufgestellt, daß es als Aufgabe des Juristentags erscheint, nach diesem Umschwung in der Rechtsauffassung, sich auch seinerseits wiederholt auszusprechen.

Dem gegenwärtigen Juristentag liegen zwei neue Gutachten vor, von Herrn Ober-Ger.-Präs. v. Düring in Köln und von Herrn Advokat Ruhwandl in München.

1) v. Düring hält die Beantwortung der Frage von der Entscheidung darüber, ob ein Beweis-Interlokut in die Gesetzgebung aufgenommen wird, oder nicht, abhängig.

Ohne die Gründe für oder gegen das Beweis-Interlokut vollständig zu erörtern, spricht er sich für ein solches mit bindender Kraft für den ersten Richter, und wenn nicht dagegen appellirt worden, auch für den zweiten Richter aus, wie das in der Hannöverschen Prozeßordnung festgestellt ist. — Daß mit einem solchen Beweis-Interlokut die Verbindung des Beweisantritts mit den thatsächlichen Aufstellungen nicht vereinbar ist, versteht sich von selbst.

Für den Fall dagegen, daß einem Verfahren der Vorzug gegeben werden sollte, nach welchem lediglich den Parteien selbst es überlassen bleibt, vorher zu beurtheilen, ob und was sie zum Nachweis der von ihnen aufgestellten Thatsachen beibringen wollen, erklärt er sich für Bejahung der aufgeworfenen Frage. Als Vortheile eines solchen Verfahrens werden hervorgehoben:

a) daß die Parteien dadurch veranlaßt werden, von vornherein nach genügenden Mitteln zur Bewahrheitung ihrer Behauptungen sich umzusehen und erfolglose Widersprüche zu vermeiden, und daß der Richter gleich Anfangs einen richtigen Blick in die Lage des Rechtsstreites bekommt, auch mit Vergleichs-Vorschlägen in Zeiten hervortreten kann,

b) daß dadurch derjenige Zeitaufwand, welcher durch einen separaten Beweisantritt herbeigeführt wird, erspart bleibt. Dies wird als der entschiedenste Vortheil bezeichnet. Allerdings — wird bemerkt — werde die Verbindung des Beweismaterials mit den thatsächlichen Aufstellungen es unvermeidlich machen, daß die Vorbereitungen für das erste Verfahren umständlicher ausfallen und die Fristen geräumiger bemessen werden müssen; allein der dadurch herbeigeführte Aufenthalt werde stets ein geringerer sein, als der mit einer separaten Beweisantretung nothwendig verbundene.

Die Behauptung, daß bei dieser Beweisverbindung von den Parteien viele nutzlose Beweisantretungen zu Tage kommen müssen, wird nicht hoch angeschlagen, weil die Parteien regelmäßig im Voraus darüber, was vom Gegner eingeräumt wird und was nicht, unterrichtet sind.

Um die Vortheile dieser Beschleunigungen zu sichern, hält der Verfasser des Gutachtens aber die Vorschrift, daß schon in den vorbereitenden Schriften nicht blos das Thatsächliche behauptet, sondern auch die Beweise dafür angeboten werden, für erforderlich; denn wenn eine Partei erst im Verhandlungstermin mit Behauptungen oder Beweisen hervortreten darf, auf welche die andere Partei nicht vorbereitet war, so ist die Letztere befugt, Aussetzung der Verhandlung auf einen spätern Termin zu verlangen, und wäre man damit dann wieder auf Verschiebung der Sache von einem Termin zu andern angelangt, was eben vermieden werden sollte.

Zur Durchführung dieser Vorschrift wird die weitere Beachtung empfohlen, daß, wenn die Parteien Abweichungen von den Schriftsätzen oder nova in der mündlichen Verhandlung vorbringen sollten, ihnen allemal dann, wenn der Gegner seine Erklärung auf das abweichend oder neu Vorgebrachte im ersten Verhandlungstermin verweigern sollte, die Kosten der dadurch nothwendig werdenden Aussetzung der Verhandlung zur Last fallen sollen.

Für den Fall, daß es sich dennoch herausstellen sollte, wie bei jener Vorschrift zuviel neues Material erst bei der mündlichen Verhandlung zur Sprache kommen müsse, wird vorgeschlagen, diesem Uebelstand dadurch vorzubeugen, daß eine etwas geräumigere Frist für die erste Verhandlung vorgeschrieben, und daneben dem Kläger für den Fall, daß die Gegenanträge des Beklagten ihn veranlassen sollten, mit neuen Thatsachen hervorzutreten, zur Pflicht gemacht werde, diese in einem mindestens 8 Tage vor dem Termine zu übergebenden Schriftsatze anzukündigen, wiederum bei Strafe der Uebernahme der Kosten der etwa veranlaßten Aussetzung der mündlichen Verhandlung.

2) Ruhwandl spricht sich unbedingt für Bejahung der Frage aus. Er bemerkt: entweder gehe man davon aus, daß es des Richters Pflicht sei, nachdem er das Vorbringen der Parteien über die Thatsachen kennt, von vornherein positiv zu bezeichnen, was und von wem zu beweisen sei, oder davon, daß es der Partei gesetzlich obliege, eben so gut wie alles Erhebliche zu behaupten, so auch es zu beweisen. Bisher sei in Deutschland der erste

Standpunkt der maßgebende gewesen, allein der andere sei mindestens eben so zulässig; die Wahl sei daher nach Rücksichten der Zweckmäßigkeit zu treffen. Für die Entscheidung des Richters dürfe auf dem Gebiete der Thatsachen nur das Bedeutung haben, was erheblich und wahr sei. Habe aber das bloße Behaupten für den Richter noch gar keinen Werth, so liege in der Pflicht der Partei, das Erhebliche zu behaupten, von selbst auch schon die entsprechende Obliegenheit des Beweises. Die strenge Durchführung dieses Prinzips häufe zweifellos eine schwere Last der Verantwortlichkeit auf die Anwälte, und es sei daher leicht erklärlich, daß der zuerst erwähnte Standpunkt sich ein weites Feld erobert habe. Man habe es besser gefunden, die Aufladung der Last ganz zu unterlassen, weil man die Mittel nicht hatte, sie erträglich zu machen. Jetzt aber sei die Gesetzgebungstechnik mehr befähigt, sich von dem zweiten Grundsatz leiten zu lassen. Es wird hierbei Gewicht gelegt auf das Prinzip der Mündlichkeit, auf das Fragerecht des Richters, auf zweckmäßige Einschränkung der Eventual-Maxime, auf die freie Beweiswürdigung und auf die Umgestaltung der Berufungs-Instanz durch die den Parteien gewährte Möglichkeit, die von ihnen in 1. Instanz begangenen Versehen und sonstigen Fehler wirkungslos zu machen.

Als charakteristische Eigenthümlichkeiten der Beweisverbindung werden hingestellt, daß die entscheidende Beurtheilung über Beweissatz und Beweislast durch das Gericht lediglich mittelst Motivirung des Enderkenntnisses erfolge; was von Seiten des Gerichts früher gesondert über angebotene Beweise verfügt worden, sei bloße Zulassung oder Abschneidung des offenbar Ueberflüssigen und Ungehörigen. Wenn das Gericht ein positives Beweisdekret erlasse, ohne an die demselben zu Grunde liegende Auffassung gebunden zu sein, so erscheine dies als ein durchaus ungehöriges Institut. Das Gericht solle nicht Rath ertheilen, am allerwenigsten einen unhaltbaren. Ganz etwas Anderes sei das Fragerecht. Die Beweisverbindung wird deshalb von dem Verfasser des Gutachtens als das System des negativen Beweisdekrets bezeichnet. In der Schlußverhandlung müsse je nach den Umständen ganz oder abgekürzt das gesammte Material der ersten Verhandlung reproduzirt, die Beweiserhebung gepflogen und die Beweisausführung daran geknüpft werden. Wenn in der Schlußverhandlung eine Ergänzung oder Umgestaltung relevanter Thatsachen oder ein neuer Beweisgrund sich ergeben, so gehöre dieses Ergebniß mit zur Grundlage des Urtheils, nova anderer Art seien für die Instanz ausgeschlossen. Eine erneute Beweiserhebung sei also blos in den seltenen Fällen veranlaßt, wenn das Gericht Thatsachen, Beweisgründe oder Beweismittel als offenbar unerheblich oder ungehörig vorläufig zurückgewiesen habe und bei der Schlußverhandlung eine entgegengesetzte Ansicht gewinne.

Der Verfasser geht nun zur Widerlegung der Einwendungen gegen das von ihm befürwortete System über. Vor Allem werde dagegen eingewendet, daß es doch gar zu gefährlich, also hart gegen die Parteien sei, ihnen die volle Verantwortlichkeit dafür aufzuladen, daß sie bei den Operationen des Behauptens und Beweisens korrekt und vollständig verfahren; mehr sei noch der Richter im Stande, ähnlichen Gefahren zu entgehen. Allein hiergegen komme in Betracht, daß gerade die Partei auf ihrem Standpunkt in der Regel weniger Mißgriffen ausgesetzt sei, als der Richter; denn die Partei kenne das konkrete Sachverhältniß ziemlich allseitig, nicht nur ihre eigene, sondern auch des Gegners Position von vornherein viel genauer, als der Richter es anfangs zu erfahren pflege. Der Haupteinwand bestehe darin, daß bei diesem System zu viel Stoff in einer Sitzung gehäuft werde, wodurch ein Mangel genügender Haltepunkte veranlaßt werde, Ueberladung mit Unerheblichem und Verwirrung entstehen, welche Verschleppungen durch Vertagungen zur Folge haben. Hierauf wird entgegnet: es sei ein kaum hoch genug anzuschlagender Werth darauf zu legen, daß die Parteien sich thatsächlich genöthigt sehen, schon vor dem Beginn des Rechtsstreites und bei der Vorbereitung zur mündlichen Verhandlung mit der größten Sorgfalt, Geduld und Ausdauer die Sache für das ganze Gebiet der Behauptungen nicht nur, sondern auch für das des Beweises zu studiren. Hierdurch werde der Umfang der bestrittenen Thatsachen vermindert, die Beherrschung des Materials ermöglicht und die Sicherheit des Blickes gefördert. Kein System übe den Zwang zum fraglichen rechtzeitigen Studium so kräftig und allgemein, wie das des negativen Beweisdekrets. Es gebe kein so umfangreiches und verwickeltes Material, daß nicht bei angemessener Zeitverwendung durch zweckmäßige Eintheilung und Leitung der nöthige Grad von Ordnung und Klarheit in die Verhandlung gebracht werden könnte. In Sachen, welche ein hohes Maß von Schwierigkeiten in sich tragen, treten auch die mit dem bindenden Beweisurtheile verknüpften Gefahren in hohem Grade hervor und lassen sich schwerer beseitigen, als bei dem System des negativen Beweisdekrets. Rekapitulationen und Wiederholungen lassen sich bei diesem System allerdings oft nicht vermeiden und seien eher zu begünstigen, als abzuschneiden. Allein was haben Anwälte und Richter nach gemeinrechtlichem System zu erdulden durch oftmaliges Lesen und Wiederlesen derselben Aktenbündel! Und dem gegenüber soll es so entsetzlich sein, wenn ein Rechtsfall in mündlich öffentlicher Verhandlung zwei= oder gar mehrmal zu besprechen und anzuhören ist? Die Furcht vor Nachschleppungen neuer Thatsachen und Beweise werde viel zu weit getrieben. Ursache des Nachholens könne nur zweierlei sein, einmal Nachlässigkeit im Vorbereitungsstadium und dann absichtliches Zurückhalten. Im mündlich öffentlichen Verfahren und insbesondere im System des negativen Beweisdekrets kann ein massenhafter Mißstand dieser Art sich nicht festsetzen.

In meiner bisherigen Darstellung habe ich Ihnen, meine Herren, in Kürze das Resultat der eingekommenen Gutachten über die Frage der Beweisverbindung vorgelegt. Wenn es mir erlaubt ist, meine Ansicht auszusprechen, so geht diese dahin:

Die schwierigste und zeitraubendste Operation beim Beweisverfahren besteht in der Einziehung des angetretenen Beweises. Wollte man diese Operation dem Richter zumuthen, ehe er sich von der Erheblichkeit der angebotenen Beweise versichert hat, so wäre das eine ganz unzweckmäßige Einrichtung, weil oft über eine Menge unerheblicher Thatsachen Beweis eingezogen werden müßte, und selbst bei den erheblichen es an einer scharfen Präzisirung des Beweissatzes fehlen würde. Dies ist aber nicht die Absicht bei der vorgeschlagenen Beweisverbindung. Dem Richter soll die Kognition über die Erheblichkeit der angebotenen Beweise und über die Zulässigkeit der beantragten Beweismittel vor der Einziehung derselben nicht entzogen, sondern es soll zur Erhebung des angetretenen Beweises erst geschritten werden, nachdem die Parteien vollständig darüber verhandelt haben, und der Richter durch eine Beweisverfügung sich darüber ausgesprochen und seine Gründe dargelegt habe. Die Aufstellung der Behauptungen und Anbietung der Beweise ist Sache der Parteien. Nach gemeinem Recht sind beiderlei Funktionen in zwei Stadien unterschieden worden, zwischen ihnen lag der Ausspruch des Richters darüber, ob die Behauptungen für die Entscheidung des Streites schlüssig, und wem die Beweislast obliege. Dies war eine Hauptveranlassung zur Verlängerung des Streites; der Richter übernahm eine Funktion, welche dem Gebiete der Instruktion durch die Parteien selbst angehört. Das öffentlich mündliche Verfahren bringt es mit sich, daß der Rechtsstreit durch die Anwälte geleitet und der richterliche Ausspruch nur auf die Entscheidung bestehender Streitpunkte beschränkt wird. Ist in dem ersten Verfahren den Parteien für Aufstellung aller möglichen Behauptungen Thür und Thor geöffnet, ohne ihnen Veranlassung zu geben, sich umzusehen, ob sie ihre Behauptungen auch bewahrheiten können, so wird das factum leicht unsäglich weitläufig und verwickelt, und wenn es dann zum Beweisverfahren kommt, zeigt es sich oft, daß Behauptungen oder der Widerspruch gegen dieselben wegen Mangels glaubwürdiger Beweise unhaltbar sind. Beweismittel aller Art werden über die einzelnen Behauptungen gehäuft, während oft durch klare Urkunden die Einziehung der übrigen Beweise, namentlich des Zeugenbeweises, überflüssig wird. Wie viel Zeit geht verloren durch die separate Anzeige der Beweismittel, die Erklärung darauf, die Antretung des Gegenbeweises und Erklärung des Gegners auf diese?

Durch die Beweisverbindung werden die Parteien veranlaßt, von vornherein sich Rechenschaft zu geben, ob sie ihre Behauptungen auch beweisen können, und manche Behauptungen und manche Widersprüche werden unterbleiben, wenn der Erfolg derselben sich von Anfang an klar gemacht wird.

Es ist eingewendet worden, daß die Mühe der Herbeischaffung der Beweise vergeblich aufgewendet sei, wenn die Behauptung vom Gegner zugegeben werde. Dieser Einwand ist aber nicht begründet. Denn es ist nicht nothwendig, sogleich mit der Klage- oder Einredeschrift die Beweise anzugeben, sondern es kann füglich abgewartet werden, welche Behauptungen vom Gegner bestritten werden. Zur gehörigen Vorbereitung für die mündliche Verhandlung ist alsdann freilich erforderlich, daß vor derselben die Beweismittel in einer vorbereitenden Schrift dem Gegner bekannt gemacht werden, allein dies läßt sich gar nicht vergleichen mit der Mühewaltung der Beweisantretungsschriften, welche nach Feststellung des Beweisresoluts nach gemeinem Recht zur Vorlage kommen.

Ein Haupteinwurf gegen die Beweisverbindung besteht darin, daß hierdurch der Berathungsstoff zu sehr gehäuft werde und bei einigermaßen verwickelter Sache ein größeres Maß von Scharfsinn und Gedächtnißtreue bei den Richtern vorausgesetzt werden müsse, als man zu verlangen berechtigt sei. Allein diese Gefahr ist bei Weitem übertrieben worden. Weitläufige und verwickelte Rechtssachen werden immer größeren Zeitverlust und größere Anstrengung in Anspruch nehmen; die Verbindung des Beweisantritts mit den Behauptungen vermehrt diese Anstrengung aber nicht erheblich, denn die Substantiirung der thatsächlichen Behauptungen und Präzisirung der Beweissätze ist auch bei dem bisherigen Prozeß unerläßliche Bedingung des ersten Instruktionsverfahrens, und wenn diese Präzisirung Hand in Hand geht mit den Beweismitteln, wird sie um so vollständiger und vorsichtiger, aber auch bündiger ausfallen, als wenn auf gut Glück Behauptungen aufgestellt werden, welche keinen sicheren Rückhalt haben. Urkunden werden bei zweckmäßiger Prozeßleitung in der Regel schon im ersten Verfahren vorgelegt werden, zumal wenn sie das bestrittene Faktum selbst bilden. Die Benennung von Zeugen oder Sachverständigen macht den Beweisantritt aber nicht weitläufig, da sie sich gewöhnlich nur auf Nennung der Namen beschränkt.

Wird die Häufung des Stoffes bei der Endentscheidung nach eingezogenem Beweis gefürchtet, so berührt dieser Einwand nicht die Beweisverbindung, sondern die Lossagung von dem bindenden Beweis-Interlokut. Dies ist eine Frage, worüber sich der Juristentag schon bei seinen ersten Versammlungen auf Grund der Waldeck'schen Thesen schlüssig gemacht hat, und in allen neueren Gesetzgebungswerken ist die Freiheit des Richters von dem Gebundensein durch ein Beweis-Interlokut anerkannt. Ich glaube daher diesen Gegenstand nicht näher erörtern zu dürfen und beschränke mich nur auf die Bemerkung, daß, wenn mit der Beweisverfügung ein Thatbestand und Entscheidungsgründe herausgegeben werden, wie dies die neueren Gesetzgebungswerke festsetzen, die Gefahr, daß etwas Erhebliches aus der ersten Verhandlungstagfahrt übergangen, oder unzulässigerweise nova vorgebracht werden könnten, nicht vorhanden ist.

Schließlich nur noch eine Bemerkung: In meinem Heimathlande ist seit nahezu 2 Jahren ein neues Verfahren in Handelsstreitigkeiten nach dem Muster des in Hannover berathenen deutschen Entwurfs eingeführt. Hierbei wurde auch — abweichend von den bisher in Württemberg bestehenden Grundsätzen — das System der Beweisverbindung angenommen. Die Folge davon war: erhebliche Abkürzung des Verfahrens; und eine solche Häufung des Berathungsstoffes, daß die Gerichte denselben in einer Sitzung nicht zu bewältigen vermocht haben, ist nicht vorgekommen. Diese Institution hat sich also bereits praktisch bewährt, und mein Antrag geht dahin:

die vorliegende Frage zu bejahen.

Präsident: Ich eröffne die Diskussion.

Rechts-Anwalt **Sehlmacher** aus Pyritz in Pommern: Ich war für das hannöversche Beweis-Interlokut, was leider die meisten Juristen abgeworfen haben; dagegen halte ich nicht für nothwendig, wie im hannöverschen Prozesse vorgeschrieben ist, einen Termin zum Antritt des Beweises festzusetzen; ich halte es für eine Verzögerung des Verfahrens. Daraus folgt keineswegs, daß der Richter alle Beweismittel kennen soll, die die Parteien in petto haben. Ich halte es für die Parteien gefährlich, die Beweismittel alle sofort zu benennen, weil daraus der Gegner die Schwäche einer Sache erkennen und leicht Etwas bestreiten kann, was er sonst einräumt. Dagegen halte ich es für die Pflicht des Anwaltes, daß er sich vollständig klar mache und der Partei sage, welche Behauptungen sie erweisen kann, welche Gegenbeweise sie erbringen kann. Dadurch übersieht er das ganze Faktum und kann der Partei sagen: Mit solchen Behauptungen kannst Du unmöglich durchkommen. Er kann sich also den ganzen Fall zurecht legen; er weiß, welche Beweismittel seine Partei zu Händen hat, und kann darüber Auskunft geben sofort nach der mündlichen Verhandlung. Das scheint mir der geeignetste Zeitpunkt zu sein, die Beweismittel zu benennen; nicht früher, aber auch nicht später. Denn sonst wird erstens der Richter mit einem Ballast beschwert, von dem er nicht weiß, ob er davon Gebrauch machen kann, zweitens die Parteien brauchen nicht vorzeitig herauszurücken und sich Blößen zu geben. — Ich würde das Amendement vorschlagen: „Die Beweismittel sind sofort nach Verkündigung des Beweisbeschlusses zu benennen."

Advokat Dr. **Mayersohn** aus Aschaffenburg schließt sich dem Antrage an mit der Modifikation, daß der Beweisantritt schon mit der Klage verbunden werden solle, nimmt aber, nachdem Advokat Ruhwandl diesen Antrag als zu weit gehend bekämpft hat, denselben zurück.

Advokat-Anwalt **Frenckel** von Kaiserslautern führt aus, daß sich das im Vortrage empfohlene Verfahren längst im französisch-rheinischen Prozesse verwirklicht finde und als zweckmäßig bewährt habe.

Präsident **v. Sternenfels**: Nachdem der Antrag des Herrn Dr. Mayersohn, der sich nur wenig von der Ansicht des Gutachtens unterscheidet, zurückgezogen ist, bleibt nur noch die Ansicht des ersten Herrn Redners übrig. Derselbe will die Erlassung des Beweisresolutes vorausgehen lassen der Benennung der Beweismittel, allein das ist gerade die zu entscheidende Frage, das ist das System des bisherigen gemeinen Rechtes, daß der Richter ausspricht, was erheblich ist, und daß dann erst die Parteien kommen, um den Beweis für ihre Behauptungen anzutreten. Dieses soll aber durch das neue Verfahren abgeschnitten werden, damit nicht unnöthige und keine Aussicht auf Beweis habende Behauptungen aufgestellt werden, und der Richter nicht genöthigt sein soll, Kombinationen darüber zu machen, was das Resultat sei, wenn diese Behauptungen erwiesen werden oder nicht. Ich rathe, bei der Verbindung der Beweisantretung mit den Behauptungen zu verharren.

Vize-Präsident: Wir haben nur das Gutachten des Herrn Referenten, welches die einfache Bejahung der vorliegenden Frage empfiehlt, und den Vorschlag des Herrn Sehlmacher, welcher lautet:

> „Die Beweismittel sind sofort nach der Verkündigung des Beweisbeschlusses zu benennen."

Ich nehme an, daß, wenn die Herren die Frage bejahen, damit der Antrag des Herrn Sehlmacher erledigt ist.

Ich frage daher: Will die Versammlung aussprechen: „Es ist für das mündliche Verfahren im Civilprozesse angemessen, daß der Beweisantritt in der ersten mündlichen Verhandlung erfolge, und daß der vorbereitende Schriftenwechsel sich auch auf die Benennung der Beweismittel über die unter den Parteien bestritten gebliebenen Thatsachen erstrecke?"

(Wird mit großer Majorität angenommen.)

Die Frage 11, welche Sie auf Seite 26 des Büchleins finden, lautet:

> „Soll im Civilprozesse durch die Beweisverfügung, unter der Voraussetzung, daß dieselbe für das Endherkenntniß nicht bindend ist, neben der Bezeichnung der relevanten, bestrittenen Thatsachen und der Anordnung des Beweiseinzugs ausgesprochen werden, welcher Partei die Beweislast obliegt, oder soll dies auf die Endentscheidung ausgesetzt bleiben, soweit es zur Begründung derselben noch nöthig ist?"

Referent über diese Frage ist der Rechtsanwalt Dr. Ruhwandl, und ersuche ich denselben, mit der Berichterstattung zu beginnen.

Referent Dr. **Ruhwandl** aus München: Indem ich die Berathung der hochgeehrten Versammlung über die soeben verlesene Gesetzgebungsfrage als Berichterstatter einleite, kann ich mich, da mit dem Gegenstande jeder Civil-Jurist vertraut ist, auf eine ganz kurze Darstellung beschränken.

Unter Beweislast, (auch Beweispflicht genannt), versteht man bekanntlich das Verhältniß, vermöge dessen das Nichtbewiesensein einer zum Angriffe oder zur Vertheidigung im Rechtsstreite gehörigen Thatsache einer bestimmten Partei zum Nachtheile in der Sache selbst gereicht. Der Richter stellt also die Beweislast fest, indem er diesen Nachtheil im Urtheil verwirklicht, und es ist hienach die Beweislast dem Wesen nach ein Moment des Endurtheils.

Eine Abhängigkeit der Bestimmung der Beweislast von der Wahrheit der Parteibehauptungen besteht aber allerdings nicht, und somit kann, — was bekanntlich im gemeinen deutschen Prozeßrechte geltend wurde, — die Beweislast schon am Schlusse des ersten Verfahrens rechtskräftig festgestellt, d. h. es kann auch in dieser Hinsicht ein bedingtes Definitiv-Urtheil erlassen werden.

Für eben erwähntes System ist die Gesetzgebungsfrage, worüber ich zu berichten habe, demnach keine offene, und man müßte deshalb in die Formulirung jener Frage die Voraussetzung der nicht bindenden Beweisverfügung aufnehmen.

Auf der entgegengesetzten Seite steht wieder ein System, bei welchem die in Rede stehende Frage aufhört, eine offene zu sein. Wird nämlich auch im Gebiete des Beweises Alles auf die Verantwortlichkeit der Parteien gestellt, ebenso wie bezüglich der Behauptungen, so versteht es sich von selbst, daß ein Ausspruch des Gerichts über die Beweislast vor dem Endurtheile keinen Platz hat.

Wie im gemeinen Prozesse die Bejahung der ersten Alternative unserer Frage, nämlich die Forderung vorläufiger richterlicher Beweislastsbestimmung, so ist für das eben bezeichnete gegenüberstehende System die Verneinung jener ersten Alternative unzweifelhaft.

Demgemäß beschränkt sich unsere Aufgabe auf das Feld jener Prozeß-Systeme, welche zwischen den bezeichneten Gegensätzen sich bewegen.

Etwas Bindendes wird hier nicht verlangt, die in Rede stehende Thätigkeit des Gerichts kann aber noch als eine unmaßgebliche wirksam sein, und so bleibt für unser System nichts mehr übrig, als die Wahl der Art, in welcher jener unmaßgebliche richterliche Einfluß auf die Beweisantretung geübt werden soll. Gänzlich wird nämlich ein solcher Einfluß, eine Beihilfe des Gerichts nie fehlen dürfen und praktisch auch nie fehlen, sondern sich mindestens durch das im mündlichen Verfahren unentbehrliche Leitungs- und Frage-Recht der Richter geltend machen. Soll man sich nun hieran genügen lassen, oder verlangen, daß das Gericht mittels Beweisurtheils seine unmaßgebliche Ansicht durch Aufforderung einer der Parteien kund gebe?

Das ist die Frage.

Die beiden Gutachten, welche in den Verhandlungen des Deutschen Juristentages enthalten sind, nämlich jenes einem größeren Ganzen als Theil einverleibte des Herrn von Sternenfels aus Würtemberg vom Jahre 1861 für den zweiten Juristentag, und das auf die Frage konzentrirte sehr eingehend motivirte des Herrn Struckmann aus Hannover von 1865, stimmen insoweit überein, daß ersteres unbedingt die vorläufige richterliche Feststellung der Beweislast beseitiget wissen will, letzteres damit einverstanden ist für den Fall, wenn im Civilprozesse an die erste mündliche Verhandlung sich unmittelbar auch der Beweisantritt anschließt. — Nur dann, wenn das Gesetz die Beweisantretung vom ersten Verfahren trennt, sohin ein Beweisdekret dem Beweisantritte vorausgehen läßt, — was denn auch Herr Struckmann für das Bessere hält, — erachtet derselbe es für empfehlenswerth, daß das Beweisdekret auch über die Beweislast sich vorläufig ausspreche.

Man stützt sich bei dieser Ansicht hauptsächlich auf den Grundsatz, daß das Gericht die Parteien in Bezug auf ihre Thätigkeit zum Zwecke des Beweises zu belehren habe und geht von der Voraussetzung aus, es komme erfahrungsgemäß der Fall einer Wiederaufnahme der Verhandlung wegen Aenderung der Ansicht des Gerichtes im Punkte der Beweislast nur höchst selten vor. Den Beistand, — sagt man — welchen das Beweisdekret den Parteien in diesem Punkte leiste, könne man auch nicht aufgeben, ohne dadurch nutzlose Beweisanhäufungen oder schädliche Mißgriffe der Parteien in Beurtheilung der Beweislast zu verursachen.

Von Seite der Gegner dieser Ansicht beruft man sich darauf, daß eine nicht bindende Anweisung dem Gerichte als solchem nicht zugemuthet werden solle, auch um so weniger Werth habe, als im Interesse der Rechtspflege nicht darauf ausgegangen werden dürfe, dem entgegen zu wirken, daß jede Partei auch in der Richtung des Gegenbeweises, wenn möglich, thätig sei, — dieses vorausgesetzt aber gar kein Grund bestehe, die allenfallsige Diskussion über die Beweislast aus der Schlußverhandlung, das Urtheil hierüber aus der Definitivsentenz, wohin sie dem Begriffe nach gehöre, in ein früheres Stadium vorzurücken.

Die übrigen Erwägungen für und wider scheinen mir theils untergeordneter Natur zu sein, theils nicht rein auf die vorliegende Frage sich zu beziehen und daher für einen einleitenden Vortrag zu weit zu gehen.

Indem ich sohin zum Schlusse komme, führe ich noch folgendes an: Im Jahre 1862 wurde von der vierten Abtheilung des III. Juristentages im Anschlusse an eine frühere Resolution, durch welche die Trennung des Beweisantrittes vom ersten Verfahren gutgeheißen war, nach einer Berathung, welche die vorliegende Frage nur ganz nebenher berührte, mit Stimmenmehrheit der Satz als Ansicht der genannten Abtheilung aufgestellt:

„Das Gericht hat in einem mit Gründen versehenen Dekrete die Beweislast zu regeln und den Beweis zu verordnen. Das Gericht ist bei der Entscheidung an dieses Beweisdekret nicht gebunden.“ (Siehe Verhandlungen des III. Juristentages, Band III., Lieferung 2, S. 591.)

Was den Schlußabsatz dieser Resolution betrifft, nämlich das Verlangen eines nicht bindenden Beweisdekrets, so ergab sich inzwischen kein Schwanken von Seite der Mehrheit der Mitglieder, welche die späteren Juristentage besuchten, und auch in den seither bearbeiteten Gesetzentwürfen war die gleiche Auffassung vorherrschend.

Nicht dasselbe kann man von der Frage der Behandlung der Beweislast sagen und darum ward es für angemessen erachtet, sie neuerdings gesondert dem Juristentage vorzulegen, um so mehr, als auch über Beweisverbindung oder Trennung lebhafter Streit fortdauert.

Für Ihren Berichterstatter ist die Frage in erster Linie keine offene, weil derselbe das erwähnte dem gemeinrechtlichen in diesem Punkte am schärfsten entgegengesetzte System vorzieht, welches die Beweisverbindung mit aller Verantwortlichkeit den Parteien auferlegt.

Aber auch bei jedem für die Parteien bequemeren Verfahren bin ich der Meinung, daß die Befugniß der Richter zur Verhandlungsleitung und Fragestellung genüge und zugleich das grundsätzlich richtigere Mittel sei, um den durch vorläufigen Ausspruch über die Bemeislast erstrebten Zweck zu erreichen.

Soll ich demnach einen bestimmten Antrag stellen, so geht derselbe dahin, die zweite Alternative der erörterten Gesetzgebungsfrage zu bejahen, sohin als Ansicht der IV. Abtheilung des Juristentags zu erklären:

„Im Civilprozeß soll, unter der Voraussetzung, daß die Beweisverfügung für das Enderkenntniß nicht bindend ist, der Ausspruch darüber, welcher Partei die Beweislast obliegt, auf die Endentscheidung ausgesetzt bleiben, soweit es zur Begründung derselben noch nöthig ist.“

*) Nachdem der Vorsitzende Dr. Marquardt Barth die Debatte eröffnet hatte, gibt Makower aus Berlin eine Schilderung des Prozeßganges nach den dermal in Preußen geltenden Gesetzen, woraus hervorgeht, daß die Parteien den Beweisantritt mit dem thatsächlichen Vorbringen zu verbinden haben und hienach ein den Richter nicht bindendes Beweis-Resolut erfolgt, daß der praktische Verlauf im Wesentlichen ganz derselbe ist, gleichviel ob im Resolute sich die vorläufige Ansicht des Richters über die Beweislast ausgesprochen findet oder nicht. Macht sich in diesem Punkte ein Zweifel geltend, so tritt die Entscheidung in jedem Falle erst mittels des Endurtheils ein. — Von praktischer Bedeutung — sagt Makower — sei demnach nur die Vormittags berathene Frage, ob mit den thatsächlichen Behauptungen die Beweisantretung verbunden werden müsse.

Dr. Mayersohn aus Aschaffenburg, dann die Advokat-Anwälte Drewcke aus Köln und Frenkel aus Kaiserslautern, letztere beide an das französisch-rheinische Verfahren anknüpfend, erörtern, daß ein vorläufiger Ausspruch des Gerichtes über die Beweislast nothwendig sei, stellen daher den Antrag, zu erklären:

> „Im Civilprozesse soll durch die Beweisverfügung, auch unter der Voraussetzung, daß dieselbe für das Enderkenntniß nicht bindend ist, neben der Bezeichnung der relevanten bestrittenen Thatsachen und der Anordnung des Beweiseinzugs ausgesprochen werden, welcher Partei die Beweislast obliegt",

und da Makower angeführt hatte, es werde in Preußen das Beweis-Resolut nie mit Gründen versehen, so nimmt hievon Dr. Mayersohn Veranlassung zu dem weiteren Antrage: der Juristentag wolle auch die Nothwendigkeit der Motivirung des Beweisdekrets ausdrücklich aussprechen, worüber dann Frenkel, diesem Antrage beistimmend, sich ausführlich verbreitet.

Dr. Söltl aus München hebt die Vortheile eines vorausgehenden unwiderruflichen Ausspruches über die Beweislast hervor, tritt aber für den Fall, wenn von diesem Systeme abgegangen werde, dem Antrage des Referenten bei.

Freiherr von Sternenfels aus Stuttgart erklärt sich aus prinzipiellen und Zweckmäßigkeits-Gründen für die vom Referenten befürwortete Beantwortung der Frage. Der Richter soll über das, was der Kognition

---

*) Da die vorliegende Frage in den letzten Jahren so vielfach anderweitig erörtert worden ist, so scheint eine ausführliche Mittheilung der Diskussion entbehrlich; Herr Dr. Ruhwandl hat die Güte gehabt, aus den stenographischen Verhandlungen den obigen Auszug zu fertigen.

des Anwalts unterliegt, keinen Rath ertheilen, der zudem, da man ein nicht bindendes Resolut voraussetze, keine Sicherheit gewähre. — Zweckmäßig aber sei es gewiß nicht, voraussichtlich oftmals ganz überflüssige Streitigkeiten über die Beweislast herbeizuführen, während gar kein Nachtheil daraus entstehen könne, wenn der Richter diesen Punkt vorläufig ganz dahin gestellt sein lasse, vielmehr durch das Bestreben beider Theile, das Beweismaterial möglichst vollständig zu liefern, nur die Sache selbst gewinne. Gegen den Antrag, die Nothwendigkeit von Gründen zum Beweis-Resolut auszusprechen, wendet sich Redner mit dem Einwurfe, daß dieser Antrag nicht Gegenstand der Tagesordnung sei, erklärt sich jedoch materiell damit einverstanden.

Dr. Schmidt aus Dresden unterstützt gleichfalls den Antrag des Referenten.

Dr. Malß aus Frankfurt a. M. hält sich in der Frage nicht für hinlänglich orientirt, und charakterisirt daher nur im Allgemeinen die Ergebnisse, welche eine Reform der Prozeßgesetze nach seinem Dafürhalten herbeiführen müsse. — Eines dieser Ergebnisse werde sein, daß die Frage nach der Beweislast aus den Prozessen fast gänzlich verschwinde.

Makower aus Berlin ergreift noch einmal das Wort, um besonders den Aeußerungen des Dr. Drewcke aus Köln gegenüber nachzuweisen, daß, wenn auch sonst die Grundsätze des gemeinen und des Französischen Prozesses gewaltig divergiren und keine Verarbeitung zu einem Ganzen zulassen, doch gerade der vorläufige richterliche Ausspruch über die Beweislast sich auch im Französischen Prozesse beseitigen lasse.

Nachdem noch der Referent, welcher bezüglich der Motivirung des Beweis-Resoluts schon im Laufe der Diskussion auf den einschlägigen entsprechenden Beschluß des dritten Juristentages (Verhandlungen Band 2, Lieferung 2, S. 591) hingewiesen, noch Einiges zur Aufrechthaltung seines Antrages beigefügt hatte, wurde der von ihm befürwortete Satz, wie er am Schlusse des Referats formulirt ist, durch die Majorität angenommen.

Präsident: Wir gelangen zur weiteren Frage: „Soll im Civilprozeß für das Vorbringen von Thatsachen, Einreden und Beweismitteln in erster Instanz eine Präklusivfrist bestehen, und bejahendenfalles, welche?“

Als Referent ist Herr Justizrath König in Cleve bezeichnet, derselbe ist nicht anwesend, und es hat deshalb Herr Kollege Dr. Ruhwandl die Güte gehabt, den Vortrag zu übernehmen.

Da ich wegen Uebernahme des Präsidiums an der Debatte mich nicht betheiligen werde, so sei es mir erlaubt, jetzt das Wort zu ergreifen, wozu ich durch den eigenthümlichen Umstand veranlaßt bin, daß ich selbst ein Gutachten in dieser Frage abgegeben habe, welches ich aber heute modifiziren muß. Ich habe in meinem Gutachten ausgesprochen, daß Einreden, welche bis zum

Schlusse der Verhandlung, auf welche die Beweisverkündung folgt, nicht geltend gemacht worden sind, auch nicht mehr zugelassen werden sollen, wenn sie ein besonderes Beweisverfahren nothwendig machen und nicht sofort durch liquide Beweismittel nachgewiesen werden können. Ich habe mich jedoch bei dem Gange der Debatten im Gesetzgebungs-Ausschuß für den Civilprozeß der Bayerischen Kammer der Abgeordneten aus den Belehrungen, die ich durch Freunde aus der Pfalz erhalten habe, überzeugt, daß der Grund, warum ich diese Beschränkung wünschte, erfahrungsgemäß ein durchschlagender nicht sei. Ich fürchtete nämlich, daß, wenn man später die Zulassung neuer Einreden gestatte, der Prozeß sich ins Unendliche fortspinne, die Herren aus der Pfalz haben mich aber versichert, daß das Auskunftsmittel, die besonderen Kosten, die durch die Verschleppung entstehen, der Partei aufzuerlegen, die ihre Einrede erst später vorgebracht, vollständig ausreiche, um gleichwohl den Fall, daß eine solche Einrede nachträglich vorgebracht wird, zulässig zu machen. Aus diesem Grunde habe ich meine Anschauung berichtigt und bin der Meinung, daß Einreden zugelassen werden sollen bis zum Schlusse der Verhandlung, die dem Endurtheile vorausgeht. Jetzt gebe ich dem Herrn Berichterstatter das Wort.

Dr. **Ruhwandl**: Ich bemerke vor Allem, um in Bezug auf den ernannten Referenten die kurze Andeutung des Herrn Vorsitzenden zu ergänzen, daß Herr Justizrath König in Folge eines in seiner Familie eingetretenen Unglückes verhindert war den Juristentag zu besuchen, daß er aber seinen Vortrag allerdings bearbeitet und der ständigen Deputation des Juristentages eingesendet hat. Ohne eine solche Vorarbeit wäre kaum die Möglichkeit gegeben gewesen, daß ich mich zu einem Vortrage hätte entschließen können. Ich habe dieses mit außerordentlicher Sorgfalt und Klarheit bearbeitete Referat genau durchgesehen und werde die Ehre haben, es vorzulesen, mit Hinweglassung des Entbehrlichen. Es wird die Debatte wahrscheinlich abkürzen.

(Herr Referent verliest den folgenden Vortrag.)

Bericht des Advokat-Anwalts Justizrath König zu Cleve:

Auf der Tagesordnung für den sechsten deutschen Juristentag befindet sich als sogenannte Gesetzgebungsfrage die folgende:

„Soll im Civilprozeß für das Vorbringen von Thatsachen, Einreden und Beweismitteln in erster Instanz eine Präklusivfrist bestehen, und bejahendenfalls, welche?"

Die ständige Deputation hat zur Vorbereitung der Diskussion dieser Frage zwei Gutachten, das eine von dem Advokaten Dr. Barth in Kaufbeuren, und das andre von dem Obergerichtsanwalt Dr. André in Osnabrück eingeholt. Beide sprechen unter der Voraussetzung, daß der Richter an sein Beweisinterlokut gebunden ist, sich übereinstimmend dahin aus, daß nach dem Beweisinterlokut neue Einreden nicht mehr zugelassen werden können, dagegen beantworten sie unter derselben Voraussetzung die Frage in Betreff der Beweismittel nicht in gleicher Weise. Während André verlangt, daß nach dem Erlaß des bindenden Beweisinterlokuts in einem ferneren Termine unter Zugrundelegung vorbereitender Schriftsätze die Beweisantretung erfolge dergestalt, daß nach diesem Termine ohne besondere Gründe (Erfordernisse der Restitutionsklage, Wegfallen von Beweismitteln) keine ferneren Beweismittel mehr angegeben werden dürfen, glaubt Barth, daß selbst da, wo das Prozeßsystem ein bindendes Interlokut kenne, bis zum Schluß des Prozesses noch solche Beweismittel zuzulassen seien, deren Berücksichtigung möglich sei, ohne daß ihretwegen ein besonderes Beweisverfahren nöthig werde.

Noch mehr weichen die beiden Gutachter für den Fall von einander ab, wenn die Voraussetzung gemacht werde, daß der Richter nicht an die Beweisverfügung gebunden sei. Dann werde man, so meint André, weiter zum Französischen Verfahren überzugehen, Beweis und Behauptungen zu verbinden und vor dem Endurtheile (von prozeßhindernden Einreden abgesehen) keine Einreden und Beweise zu präkludiren haben, es sei denn, daß der Richter sie als vexatorisch verwerfe. Dagegen stellt Barth die Ansicht auf, daß auch da, wo das System des bindenden Beweisinterlokuts nicht adoptirt sei, nach dem Schlusse der ersten mündlichen Verhandlung neue Einreden zwar zuzulassen seien, aber nur unter der Bedingung, daß ihre Berücksichtigung im Endurtheile möglich sei, ohne daß ihretwegen ein besonderes Beweisverfahren nothwendig werde. An dieselbe Bedingung knüpft er auch die Zulassung neuer Beweismittel.

Es ist nicht zu verkennen, daß einem deutschen Juristen und für einen deutschen Juristentag auf den ersten Blick es fast unmöglich scheint, die Frage:

> „soll für das Vorbringen von Einreden und Beweismitteln eine Präklusivfrist bestehen?

zu verneinen. Diese Verneinung enthielte ja die Verleugnung des Eventualitätsprinzips, eines Prinzips, welches bislang wir Deutsche als eines der heilsamsten Palladien gegen Prozeßverschleppung verehrten, und welches uns dermaßen in Fleisch und Blut gedrungen ist, daß wir mit dem Aufgeben desselben fast unser deutsches Wesen hinzugeben glauben. Wir werden um so mehr Anstand nehmen, die Frage zu verneinen, wenn wir hören, daß dem Französischen Prozeß das Eventualitätsprinzip fremd sei, und in dem Aufgeben desselben abermals ein Verlassen des deutschen Rechtsbodens und Hinübergehen zu fremden Recht gefunden werden könnte. Giebt es doch namhafte Juristen, welche das Eventualitätsprinzip gerade aus diesem Grunde vor Allem hoch halten und selbst in Kollision mit anderen Prinzipien lieber diese opfern, als an dem Eventualitäsprinzip irgendwie rütteln möchten. Ich will hier nur Leonhard nennen. Wenn wir in dessen Kritik des Preußischen Entwurfs einer Prozeßordnung (zur Reform des Civilprozesses für Deutschland, 2. Beitrag, S. 37) lesen:

> „Wenn diese folgenschwere Behauptung (nämlich, daß die Eventualitätsmaxime mit dem Prinzip der Mündlichkeit unvereinbar wäre) eine richtige wäre, so würde es für Deutschland eine Frage von der allergrößten Bedeutung sein, ob man nicht auf eine neue Rechtsbildung zu verzichten habe, mit welcher das Eventualitätsprinzip sich als unvereinbar erweist,"

so scheint derselbe selbst das große Prinzip der Mündlichkeit der Eventualitätsmaxime opfern zu können.

Eine nähere Betrachtung der Sache ergiebt jedoch zweierlei, einmal daß das Eventualitätsprinzip im Verhältniß zu andern Prinzipien doch nur einen untergeordneten Charakter hat, lediglich ein Zweckmäßigkeitsprinzip ist, über seinen Zweck „Prozeßverzögerung zu verhindern" hinaus daher keine Geltung haben darf, und von diesem Gesichtspunkte aus einer wesentlichen Modifikation empfänglich ist, sodann aber, daß auch das Französische Prozeßrecht das Eventualitätsprinzip nicht ganz entbehrt, und seine übrigen Prinzipien der Aufnahme der deutschen Eventualmaxime, wenn dieselbe auf ihren Zweck beschränkt und demgemäß modifizirt wird, nicht widerstreiten.

Das Wesen des Eventualitätsprinzips besteht nach deutschem Prozeßrecht darin, daß bei Strafe der Präklusion sowohl der Verklagte in seiner Klagebeantwortung 2c., als auch der Kläger in seiner Replik 2c. „Alles auf einmal" vorzubringen hat. Die Französische Prozeßordnung spricht eine solche Präklusion im Allgemeinen nicht aus. Einzelne Bestimmungen,

> z. B. daß Nichtigkeitseinreden gegen Prozeßakte sofort bei Verlust derselben vorgebracht werden müssen (art. 173 c. d. proc.), daß alle verzögerlichen Prozeßeinreden zu gleicher Zeit sofort geltend gemacht werden müssen (art. 186 ibid), daß die Einrede der Inkompetenz nach der Einlassung auf die Hauptsache nicht mehr gehört werden soll (art. 169 ibid),

statuiren zwar für wenige Einreden unter gewissen Voraussetzungen eine Präklusion, im Allgemeinen ist es aber nach dem Französischen Prozeßrechte dem freien Ermessen der Anwälte überlassen, ob sie es für angemessen halten, sämmtliche Einreden auf einmal vorzubringen. Das Französische Gesetz hat es vorgezogen, statt einer starren, die Gestaltung des einzelnen Falles möglicherweise beeinträchtigenden gesetzlichen Vorschrift den Anwälten zu vertrauen, daß sie bei Behandlung der Prozesse den kürzesten, einfachsten und wenigst kostspieligen Weg einschlagen. (conf. Perrot über Rheinischen Prozeß, 2. Band, S. 64). Daß indeß auch nach Französischem Rechte die Anwälte, wenn auch nicht durch eine Präklusionsbestimmung, doch in sonstiger Weise auf das „Eventualisiren" angewiesen sind, ergiebt die ganze Struktur des Französischen Prozesses. Nicht immer folgt der mündlichen Verhandlung eine Beweisverfügung; hält der Richter die Einrede des Verklagten für unbegründet, oder hat der Verklagte für diese Einrede vor dem Schluß der mündlichen Verhandlung den ihm obliegenden Beweis nicht angetreten, so ergeht sofort das ihn kondemnirende Endurtheil, und für das Vorbringen eventueller Einreden ist kein Raum mehr vorhanden. Ebenso wird selbst die gleichzeitig vorgebrachte eventuelle Einrede, wenn sie nicht von einem eventuellen Beweisantrage begleitet wird, sofort verworfen und in der Sache endlich entschieden, so daß auch dann für das Vorbringen von Beweisen die Instanz keinen Raum mehr bietet. Ein vorsichtiger Anwalt wird es daher nicht darauf ankommen lassen, Einreden oder Beweise für spätere Zeit zurückzuhalten und seine Partei der Gefahr auszusetzen, mit diesen Einreden und Beweisen durch den natürlichen Gang des Prozesses abgeschnitten zu werden. Außerdem läuft der Verklagte, auch wenn in Betreff der zuerst vorgebrachten Einreden ein Beweisinterlokut ergeht und sich auf diese Weise bei der weiteren mündlichen Verhandlung noch Gelegenheit zur Vorbringung neuer Einreden findet, Gefahr, daß die erste Einrede für unbegründet erklärt und er in die Kosten des stattgehabten Beweisverfahrens verurtheilt wird, ungeachtet er vielleicht schließlich mit der eventuellen Einrede in der Hauptsache triumphirt. Es ist daher der Satz wohl nicht unrichtig, daß das Eventualprinzip dem Französischen Rechte nicht ganz fremd, wenn gleich für die Durchführung desselben nicht in der rigorösen Weise des deutschen Rechts gesorgt ist. Deutsches und Französisches Recht stehen sich daher in dieser Beziehung nicht so diametral entgegen, daß es nicht erlaubt sein sollte, auch bei Adoptirung sonstiger Prinzipien des Französischen Rechts z. B. des nicht bindenden Beweisdekrets noch die Frage zu erörtern, ob und in wie weit an dem Eventualitätsprinzip festzuhalten ist.

Ich setze bei Erörterung dieser Frage voraus:

1) mündliches Verfahren, nicht bloß schriftliches Verfahren mit mündlicher Schlußverhandlung,

2) ein Prozeßsystem, nach welchem das Beweisresolut für das Enderkenntniß nicht bindend ist.

In dem angeführten André'schen Gutachten wird zwar für das bindende Beweisinterlokut nochmals eine Lanze gebrochen. Ich halte diesen Punkt indeß für einen abgethanen und daher die Frage, ob und wann in einem Verfahren, welches nur ein bindendes Beweisinterlokut kennt, für das Vorbringen von Einreden und Beweisen Präklusion eintreten soll, für eine fast müssige. Zum Ueberfluß sei nur bemerkt, daß ich es für unzweifelhaft halte, daß nach dem System des Hannoverschen Prozesses über Beweisinterlokute vor, aber auch nur bis zum Schlusse der ersten mündlichen Verhandlung neue Einreden zuzulassen sind; nach diesem System ist ja das Beweisinterlokut schon ein, wenn auch bedingtes, Definitivurtheil, und das Endurtheil hat sich nur mit der Frage zu befassen, ob die Bedingungen des Interlokuts eingetreten sind. Das Stadium der Behauptungen ist mit dem Erlaß des Beweisinterlokuts abgeschlossen, und ohne Restitution gegen das Interlokut für Behauptungen kein Raum mehr vorhanden.

Anders verhält es sich da, wo der Beweisvorbescheid nicht bindet. Ob man denselben Dekret, Verfügung, Resolut, Interlokut, oder Urtheil nennt, ist gleichgültig; nicht ebenso unerheblich dürfte es sein, ob diesem Vorbescheide Gründe beigefügt werden oder nicht. Mit großem Recht hat der dritte Juristentag (conf. S. 124 der Verhandlungen desselben) ausgesprochen, daß das Beweisdekret mit Gründen versehen sein müsse. Nach Preußischem Prozesse erläßt der Richter Beweisdekrete ohne Gründe; die Folge davon ist, daß bisweilen die Parteien und Anwälte die Bedeutung des Dekrets nicht zu erkennen vermögen; es besteht auch bei solchen unmotivirten Dekreten oft völlige Ungewißheit darüber, ob es mit diesem Dekrete abgemacht, und ob wenigstens nach der Ansicht der das Dekret erlassenden Richter nach Erledigung des Dekrets die Endentscheidung zu erwarten, oder ob nicht vielmehr nur ein einzelner Punkt herausgerissen und möglicherweise noch mehrere dergleichen Dekrete ergehen werden. Da wo mündliches Verfahren besteht, hat das Absetzen von Gründen den für unsere Frage sehr erheblichen Werth, daß in denselben ein Zeugniß des Richters darüber, was vor dem Beweisinterlokut mündlich verhandelt worden ist, zu finden ist, und also eine Erkenntnißquelle für die Entscheidung der Frage geschaffen wird, was von dem, was bei späterer mündlicher Verhandlung vorgetragen wird, neu ist oder nicht. Ich will daher die fernere Voraussetzung machen, daß der Richter das Beweisinterlokut vollständig motivirt d. h. das, was vor ihm verhandelt worden erwägt, und ausführt, wie ihn dieses veranlaßt hat, den in dem Bescheid normirten Beweis anzuordnen.

Zuvörderst ist nun meines Erachtens die Behauptung, daß mit dem Grundsatze, daß das Beweisinterlokut nicht binde, das Eventualitätsprinzip unvereinbar sei, durchaus unrichtig. Richtig ist, daß mit dem bindenden Beweisinterlokut die Beseitigung des Eventualitätsprinzip unvereinbar ist; richtig mag es auch sein, daß bei dem nicht bindenden Beweisbescheide die Beseitigung des Eventualitätsprinzip möglich, aber unmöglich ist die Beibehaltung dieses Prinzips auch da, wo der Richter an seinen Beweisbescheid nicht gebunden ist, nicht. Einen thatsächlichen Beweis dafür liefert das Preußische Prozeßrecht, wie solches durch die Novellen vom 1. Juni 1833 und 21. Juni 1846 gebildet und seit vielen Jahren geübt wird. Nach diesen Novellen tritt am Ende des mündlichen Schlußvortrages vor dem Beweisdekrete die strengste Präklusion neuer Einreden ein, und dennoch erläßt der Preußische Richter ein abänderliches Dekret. Der Satz: „der Richter ist nicht an sein Beweisdekret gebunden," hat nur den Sinn, daß er sein Dekret abändern kann, nicht aber, daß er und die Parteien nicht an das dem Dekret vorhergegangene Behauptungsmaterial gebunden seien. Auch wenn diese Behauptungen keinen Zusatz mehr erhalten dürfen, kann dennoch der Richter von seinen Ansichten über Beweispflicht, Fassung des Beweissatzes und Relevanz des Beweises abgehen. Ein Weiteres bedeutet der Satz: „l'interlocutoire ne lie pas" nicht.

Unwesentlich ist für die Frage, ob mit dem System des nicht bindenden Beweisdekrets das Eventualprinzip unvereinbar sei, auch der Umstand, ob in dem ersten mündlichen Vortrage mit den Behauptungen auch schon die Beweise der bestrittenen Thatsachen verbunden sein sollen oder nicht. Zugegeben kann nur werden, daß in einem Prozeßsystem, welches die Behauptenden im Falle des Bestreitens sofort den Beweis anzubieten und anzutreten nöthigt, das Eventualprinzip weniger nothwendig ist, indem ein solches System den Anwälten nicht gestattet, abzuwarten, ob der Richter von Amtswegen einen Beweis anordnet, und daher die größere Gefahr, welche das Zurückhalten eventueller Einreden oder der Beweise mit sich führt, von selbst zum Vorbringen aller Einreden und Beweise „auf einmal" in der Regel zwingt. Aber immerhin läßt sich weder leugnen, daß die Durchführung des Eventualprinzips im Sinne des gemeinen deutschen Rechtes, d. h. die förmliche Präklusion neuer Einreden und Beweise noch kräftiger das Zurückhalten eventueller Einreden und Beweise hindert, noch auch, daß die Durchführung dieses Prinzips möglich bleibt, auch wenn für Behauptungen und Beweisverfahren zwei besondere, durch Abschnitte und Ruhepunkte getrennte Prozeßstadien nicht bestehen.

Zweifelhafter dagegen ist, ob bei der Voraussetzung, daß der Richter an das Beweisinterlokut nicht gebunden sei, der Durchführbarkeit des Eventualprinzips das Mündlichkeitsprinzip entgegenstehe. Beide Prinzipien sollen unter jener Voraussetzung unvereinbar sein. Bindet das Beweisinterlokut nicht — so räsonnirt man — so beschränkt sich der auf das Beweisinterlokut folgende fernere mündliche Vortrag nicht auf die Frage, ob der aufgegebene Beweis geführt sei, sondern auch das Beweisinterlokut unterliegt der Kritik; es muß auf die demselben vorhergegangenen Behauptungen zurückgegangen werden, und da diese nicht durch Schrift fixirt sind, so läßt sich nicht mehr unterscheiden, was neu und was alt ist.

Dieses Räsonnement ist unter anderen zur Beseitigung des Eventualprinzips adoptirt in den Motiven des preußischen Entwurfs einer Prozeßordnung; pag. 3 daselbst heißt es: „Wählt man das Prinzip der Mündlichkeit und läßt zur Sicherung desselben die Gerichtsakten fallen, so ist es nothwendig, auch die Eventualmaxime im Sinne des deutschen Rechts aufzugeben. Da es an den schriftlichen Unterlagen fehlt, welche die Prüfung möglich machten, ob ein Vorbringen der Partei ein neues sei, so findet die Eventualmaxime im Sinne des deutschen Rechts keinen Platz. Sie muß vielmehr dem Grundsatze weichen, daß das Gericht mit der Sache bei jeder neuen mündlichen Verhandlung dergestalt von Neuem befaßt wird, daß sie gleichsam als neue gilt."

Ich halte dieses Raisonnement nicht für richtig. Das Wesen des Mündlichkeitsprinzips besteht darin, daß die erkennenden Richter das Vorbringen der Parteien unmittelbar aus dem Munde der Parteien oder deren Anwälte erfahren und nicht erst durch das Mittel eines Referenten davon Kenntniß erhalten sollen; damit steht nicht im Widerspruche, daß, nachdem der erkennende Richter gesprochen, die zur Vorbereitung des mündlichen Vortrages gewechselten Schriften, die beim mündlichen Vortrage wenn auch nur als Anhaltspunkt für das Gedächtniß der Richter zu Protokoll genommenen oder schriftlich übergebenen Anträge, so wie die dem Interlokut beigefügten Erwägungsgründe als Beweismittel wenigstens für die Frage benutzt werden können, ob die bei späterer mündlicher Verhandlung vorgebrachten Einreden und Beweise etwas Neues sind oder nicht. Einen Beweis dafür, daß der preußische Gesetzentwurf an die Unmöglichkeit, Altes von Neuem zu unterscheiden, gewissermaßen selbst nicht glaubt, liefert der § 324 desselben. Nachdem dieser Paragraph dem Richter die Befugniß ertheilt hat, ein Angriffs- oder Vertheidigungsmittel, dessen Berücksichtigung einen Vorbescheid nöthig machen würde, als zur Berücksichtigung nicht geeignet zu verwerfen, wenn dasselbe nach seiner Ueberzeugung zum Zweck des Verschleifs der Sache geltend gemacht wird, bestimmt derselbe weiter: „von dieser Befugniß hat das Gericht insbesondere Gebrauch zu machen, wenn das Angriffs- oder Vertheidigungsmittel nicht bei der ersten, sondern erst bei einer späteren mündlichen Verhandlung vorgebracht wird." Hiernach soll also gerade bei dem Korrektiv, welches der Mangel des Eventualprinzips hervorgerufen hat, die Eigenschaft der Neuheit eines Vorbringens entscheidend sein. Ist es nicht ein offenbarer innerer Widerspruch, der Zulassung des Eventualprinzips die Unmöglichkeit der Prüfung, ob ein Vorbringen ein neues sei, entgegenzusetzen, und ein Korrektiv einzuführen, bei welchem gerade die Prüfung, ob ein Vorbringen ein neues sei, nothwendig ist?

Ich bin daher entschieden der Meinung, daß, selbst wenn das Interlokut nicht bindet, selbst wenn mit den Behauptungen auch schon die Beweise verbunden werden müssen und selbst beim Prinzip der Mündlichkeit des Verfahrens der Eventualmaxime im Sinne des gemeinen deutschen Rechts Eingang zu verschaffen sei. Nur läßt der Umstand, daß das Interlokut nicht schon ein bedingtes Definitivurtheil ist und bei jedem wiederkehrenden mündlichen Vortrage nicht blos die Beweisfrage, sondern die Hauptsache in ihrer Totalität erörtert werden kann, eine erhebliche Modifikation des Eventualitätsprinzips zu. Der Zweck des Eventualitätsprinzips ist kein anderer, als der, Verzögerung und Verschleppung der Prozesse zu verhüten. Die Struktur eines Prozesses, welcher nur bindende Interlokute kennt, mag von der Art sein, daß mit dem Eintritt eines gewissen Stadiums nova absolut nicht mehr zugelassen werden können; in einem Prozeßsystem, wo das Interlokut nicht bindet, ist dieses anders; hier ist es möglich, die Anwendung der Eventualmaxime auf ihren Zweck zu beschränken. Eine solche Beschränkung ist durch die Betrachtung, daß das Finden des materiellen Rechts durch formelle Prinzipien über den Zweck der letzteren hinaus nicht gehindert werden darf, geboten. Wird durch die vorgebrachten nova das Endurtheil nicht verschoben, — und ob dieses stattfindet, richtet sich in jedem einzelnen Falle nach der Lage desselben, — so besteht kein Grund, dieselben für präkludirt zu erachten; für solche nova trifft die ratio des Eventualitätsprinzips nicht zu, und es würde daher unverständig sein, auch auf sie dieses Prinzip anzuwenden.

Von dieser Betrachtung ausgehend, halte ich es für vollständig genügend, folgenden Satz aufzustellen:

> „Es muß für das Vorbringen von Einreden und Beweismitteln in erster Instanz eine Präklusivfrist bestehen, jedoch mit der Maßgabe, daß auch später noch nova vorgebracht werden dürfen, wenn durch deren Berücksichtigung nach Lage des einzelnen Falles das Endurtheil nicht hinausgeschoben wird."

Treten wir mit diesem Satz der Frage näher: „Welche Präklusivfrist ist zunächst für das Vorbringen von Einreden zu bestimmen?"

Das Eventualprinzip gebietet, Alles auf einmal vorzubringen, und da beim Prinzip der Mündlichkeit die Schriften nur vorbereitend sind und der Schwerpunkt des Prozesses in der mündlichen Verhandlung liegt, so entspricht es der Natur der Sache, daß der Schluß der ersten mündlichen Verhandlung auch den Präklusivtermin für das Vorbringen von Einreden bilden muß. Welchen Einfluß hat die Modifikation, daß solche Einreden, welche das Endurtheil nicht verschieben, dennoch auch später zuzulassen sind? Wird auf den ersten mündlichen Vortrag das Endurtheil gesprochen, so bietet selbstredend die Instanz keine Gelegenheit mehr, neue Einwendungen hervorzubringen; anders steht die Sache, wenn ein Beweisdekret ergeht und demnächst die Sache abermals zur mündlichen Verhandlung gelangt. Die Sache kann, wenn eine neue Einrede angebracht wird, so liegen, daß ohne die neue Einrede endlich erkannt werden könnte, aber auch die neue Einrede das Endurtheil nicht hinausschiebt, indem auch sie kein Interlokut erfordert, z. B. weil die der neuen Einrede zum Grunde liegenden Thatsachen nicht streitig sind und es sich nur um Entscheidung einer Rechtsfrage handelt. Unbedenklich ist in diesem Falle die neue Einrede noch zu berücksichtigen. Oder die Sache liegt so, daß ohne die neue Einrede noch nicht definitiv erkannt worden wäre. In diesem Falle wird die neue Einrede jedenfalls zur Berücksichtigung kommen müssen, wenn über dieselbe sofort ohne Beweis-Interlokut entschieden werden kann; hier bewirkt sogar möglicherweise, falls nämlich die Einrede angenommen und die Klage definitiv abgewiesen wird, die Berücksichtigung derselben nicht eine Verzögerung, sondern eine Beschleunigung des Endurtheils. Aber auch dann, wenn die Einrede für sich ein Beweisinterlokut erfordert, wird sie zuzulassen sein, wenn ohnedies in der Sache ein Beweisinterlokut nöthig ist. Das Letztere kann aus einem doppelten Grunde der Fall sein, einmal aus dem Grunde, weil der Richter von dem früheren Beweisinterlokut abgeht, z. B. hinsichtlich des Beweissatzes und der Beweispflicht dasselbe ändert, sodann aber aus dem Grunde, weil das frühere Beweisinterlokut und Beweisverfahren sich nicht auf alle schon früher vorgebrachten Einreden erstreckte. Das Eventualitätsprinzip gilt nach gemeinem deutschen Rechte für die Parteien, aber nicht für den Richter (Jüngster Reichsabschied von 1654 § 37 ff., Bayer, Vorlesungen über den gemeinen ordentlichen Civilprozeß pag. 39). Der Richter kann es für zweckmäßig gehalten haben, das Beweisverfahren nur in Bezug auf einen Theil der vorgebrachten Einreden anzuordnen und in Bezug auf die übrigen vorläufig auszusetzen. Hat in diesem Falle das in Folge des Beweisinterlokuts stattgehabte Beweisverfahren nicht das Resultat gehabt, daß ein Endurtheil möglich ist, so wird der Richter auch in Betreff der übrigen alten Einreden interloquiren müssen, und das Prinzip, daß neue Einreden das Endurtheil nicht hinausschieben dürfen, würde nicht hindern, gleichzeitig über alte und neue Einreden interlokutorisch zu erkennen.

Nicht so einfach ist die Beantwortung der Frage: „Welche Präklusivfrist ist für das Vorbringen von Beweismitteln zu bestimmen?“ Es hängt dieselbe von der ebenfalls dem sechsten Juristentag vorliegenden Vorfrage ab:

> „Ist es für das mündliche Verfahren im Civilprozeß angemessen, daß der Beweisantritt in der ersten mündlichen Verhandlung erfolge, und daß der vorbereitende Schriftwechsel sich auch auf die Benennung der Beweismittel über die unter den Parteien bestritten gebliebenen Thatsachen erstrecke?"

Die Erörterung dieser Vorfrage kann selbstredend hier keine Stelle finden, sondern muß dem Referenten über diese Vorfrage überlassen bleiben. Es sei nur bemerkt, daß nach meiner Ansicht die Parteien auch bei der ersten mündlichen Verhandlung den Beweis der bestritten gebliebenen Thatsachen zu erbieten haben, so daß der Richter nur über die Zulassung und Relevanz erkennt. Die Frage, ob ein allgemeines Beweiserbieten genügen soll, oder ob nicht vielmehr wenigstens die Beweisart (durch Zeugen, Sachverständige ꝛc. ꝛc.) mit dem Beweiserbieten angegeben, oder ob nicht sogar schon die einzelnen Beweismittel (Namen der Zeugen ꝛc. ꝛc.) bezeichnet werden sollen, halte ich an und für sich für eine untergeordnete; aber so viel ist gewiß, daß von der Art, wie das Prozeßgesetz diese Punkte regulirt, abhängt, wann der Präklusivtermin für das Vorbringen der Beweismittel eintreten soll. Irgend ein Präklusivtermin wird fixirt werden müssen. Mir scheint der dem Eventualprinzip inwohnende Grundsatz: „Alles auf einmal" in seiner Konsequenz dahin zu führen, daß bei der ersten mündlichen Verhandlung auch der Beweispunkt so weit, *als es möglich ist*, zu erschöpfen ist. Ich halte daher dafür, daß jede Partei zu verpflichten ist, schon gleich für die Behauptungen, in Betreff deren sie beweispflichtig ist, *den Beweis zu führen*, oder doch dann, wenn nach der Natur der Beweisart ohne richterliche interlokutorische Anordnung die sofortige Beweisführung unmöglich ist, den Beweis durch den Antrag auf Erlassung dieser Anordnung anzutreten.

> Besteht z. B. der Beweis in Urkunden, so sind diese, vorausgesetzt, daß sie im Besitz des Beweispflichtigen sind, bei der ersten mündlichen Verhandlung vorzulegen; ist die Partei nicht im Besitz der Urkunden, so hat sie bei der mündlichen Verhandlung diejenige richterliche Anordnung zu beantragen, durch welche die Herbeischaffung derselben ermöglicht wird; besteht der Beweis in Zeugen, so hat sie dieselben anzugeben und ein Interlokut zu beantragen, welches zur Vernehmung derselben führt, ꝛc. ꝛc.

Hält man an diesem System fest, so bildet der Schluß der ersten mündlichen Verhandlung auch den Präklusivtermin für das Vorbringen von Beweismitteln; neue Beweismittel dürfen daher grundsätzlich später nicht mehr zugelassen werden, womit freilich nicht gesagt werden soll, daß dieselben auch nicht ausnahmsweise aus besonderen, im Gesetze zu bezeichnenden Gründen zulässig sind, z. B. bei Vorhandensein von Restitutionsgründen, Wegfallen von Beweisen (hannöverscher Prozeß), wenn bei Aufnahme des Beweises sich neue Beweise ergeben (§ 35 der preußischen Novelle vom 1. Juni 1833) und dergleichen mehr. Jedenfalls ist aber auch bei den Beweismitteln das Eventualprinzip auf seinen Zweck zu beschränken, d. h. auch nach Ablauf der Präklusivfrist ist bei jeder ferneren mündlichen Verhandlung das Vorbringen von Beweismitteln noch zulässig, wenn nach Lage der Sache durch deren Berücksichtigung die Entscheidung nicht hinausgeschoben wird.

Hiernach formulire ich meinen Antrag dahin, der Juristentag möge folgende Sätze feststellen:

1) Auch unter der Voraussetzung, daß die Beweisverfügung für das Endrkenntniß nicht bindend ist, muß für das Vorbringen sowohl von Einreden als von Beweismitteln eine Präklusivfrist bestehen, jedoch mit der Maßgabe, daß später neue Einreden und Beweismittel unter der Bedingung zugelassen werden dürfen, wenn deren Berücksichtigung die Endentscheidung nicht hinausschiebt.

2) Die erwähnte Präklusivfrist läuft für die Einreden mit dem Schlusse der ersten mündlichen Verhandlung ab, für die Beweismittel mit dem ersten Beweisantretungstermine, also falls Beweis mit Behauptungen verbunden wird, ebenfalls mit dem Schluß der ersten mündlichen Verhandlung.

Dr. **Seuffert** aus München: Meine Herren! Ich kann mich mit dem Antrage, der hier an Sie gebracht ist, nicht vollständig einverstanden erklären. Ich muß insbesondere Bedenken dagegen erheben, daß es allgemein heißt, es sollten Einreden nur bis zum Beginn der mündlichen Verhandlung vorgebracht werden dürfen; ich glaube, daß man hier das Wort „Einrede“ nicht im allgemeinen Sinne gebrauchen darf, sondern zu unterscheiden hat:

1) zwischen Prozeßeinreden und Sacheinreden. Was die letzteren betrifft, z. B. die Einrede der Zahlung, der Kompensation, so bin ich der Ansicht, daß sie zulässig sein sollen bis zum Schlusse der mündlichen Verhandlung, so daß, wenn ein-, zwei- oder dreimal in der Sache verhandelt wird, auch noch bei der dritten Verhandlung neue Einreden vorgebracht werden dürfen. Es wird z. B. bei der dritten Verhandlung erst Beweis geführt über die Zahlungseinrede. Durch die Vernehmung der Zeugen stellt sich aber heraus, daß nicht Zahlung in Frage stehe, sondern daß ein Nach-

laßvertrag abgeschlossen wurde. Ich glaube, daß der Beklagte die Einrede des **pactum de non petendo** jetzt noch soll formuliren dürfen.

2) Bezüglich der Einreden, die sich auf das **procedere** beziehen, müssen wir, glaube ich, eine weitere Unterscheidung machen, und diejenigen, deren Nichtberücksichtigung eine Ungiltigkeit des Verfahrens nach sich ziehen würde, von denjenigen unterscheiden, welche nach der Auffassung der positiven Gesetzgebung, — die hier mehr oder weniger weit gehen kann, — eine solche Ungiltigkeit nicht nach sich ziehen sollen. Was die letzteren anlangt, so glaube ich, daß dieselben längstens am Beginne der mündlichen Verhandlung vorgeschützt werden müssen.

Ein paar Beispiele!

Ich denke an den Einwand der mangelnden Prozeß-Vollmacht, an den Einwand der mangelnden Kaution, an den Einwand, daß die Vorladung nicht in gehöriger Form erfolgte, u. s. w.

Andere Prozeßeinreden dagegen, die sich auf den Rechtsbestand des ganzen Verfahrens beziehen, z. B. auf den Mangel der Gerichtsbarkeit des angegangenen Gerichts oder der Gerichtsstandsfähigkeit des Beklagten, werden wir bis zum Schlusse der mündlichen Verhandlung berücksichtigen müssen, indem deren Geltendmachung auch noch nachher eine Vernichtung des Verfahrens herbeiführen würde.

Ich glaube also zunächst unterscheiden zu müssen zwischen Prozeß- und Sacheinreden, — unter den Prozeßeinreden aber auseinanderhalten zu müssen diejenigen, welche nach der positiven Gesetzgebung, wenn sie nicht berücksichtigt werden, eine Ungiltigkeit nach sich ziehen, und solche, die sie nicht nachziehen.

Auch bezüglich der Beweismittel werden wir eine Unterscheidung machen, nämlich auf die eine Seite den Zeugenbeweis, auf die andere alle übrigen Beweismittel stellen müssen.

Wenn man auch die Beschränkung des Zeugenbeweises nicht annehmen will, so wird man doch der Ansicht sein, daß man denselben in sichere, feste Bahnen einschließen muß. Ich glaube daher, daß für den Zeugenbeweis eine Präklusivfrist gesetzt werden soll, und als solche wird zu bezeichnen sein die Frist, welche von dem Richter entweder nach freiem Ermessen oder der Anweisung des Gesetzes entsprechend zum Antritt des Zeugenbeweises bestimmt wird, so zwar, daß nachher weitere Zeugen nur in ganz besonderen Ausnahmsfällen vorgeschlagen werden können. Ich sehe mich daher zu folgendem Antrage veranlaßt:

1) Behauptungen und Beweise können bis zum Schlusse der mündlichen Verhandlung vorgebracht werden.

2) Prozeßeinreden, deren Nichtberücksichtigung keine Ungiltigkeit des Verfahrens nach sich zieht, müssen längstens am Beginne der mündlichen Verhandlung vorgeschützt werden.

3) Zeugen können regelmäßig nur innerhalb der vom Richter nach eigenem Ermessen oder auf Grund gesetzlicher Anordnung bestimmten Beweisantretungsfrist vorgeschlagen werden.

Rechts-Anwalt **Makower**: Meine Herren! Mein Antrag geht dahin, auszusprechen: „Im Civilprozeß soll für das Vorbringen von Thatsachen und Beweismitteln in erster Instanz eine Präklusivfrist nicht bestehen.“ Der Antrag ist also entgegengesetzt dem Antrage des Herrn Referenten, und weicht in einigen Beziehungen ab von dem eben vorgebrachten Antrage. Der Gedanke, von welchem ich ausgehe, ist folgender: Mit der Eventual-Maxime haben wir in Preußen bestimmte Erfahrungen gemacht. So stramm als bei uns wurde sie schwerlich irgendwo gehandhabt. Wir sind von einem Extrem in's andere gefallen; ursprünglich hatten wir eine Gerichtsordnung, die fortwährendes Vorbringen neuer Thatsachen zuließ. Da kam ein prozeßpolitischer Grund, nämlich der, daß man den Prozeß zu Ende bringen müsse, und man führte eine starre Eventualmaxime ein. Der Kläger bringt die Klage vor; der Beklagte anwortet, die Parteien können auch Replik und Duplik wechseln, aber bei Leibe keine neue Thatsachen anführen, wenn sie nicht eigentliche Repliken und Dupliken sind; und wenn die Sache in die mündliche Verhandlung kommt, legte man den Parteien die Hand auf den Mund und sagte: Neues dürft Ihr nicht vorbringen. Deshalb ist der vom Herrn Justizrath König gemachte Vorschlag schon lange aufgetaucht, indem man sagte: Laßt uns doch noch die erste mündliche Verhandlung, damit wir bei der ersten Verhandlung vor dem erkennenden Richter anführen können, was wir wollen. Ich bin aber bei genauer Prüfung der Frage zu der Ansicht gekommen, daß uns nichts übrig bleibt, als einfach den Rheinlanden in dieser Frage zu folgen, indem wir die Präklusivfristen für das Vorbringen von Thatsachen und Beweismitteln überhaupt beseitigen, und ein anderes Kompelle für das rechtzeitige und gegen das verspätete Vorbringen aufsuchen. Ein solches kann z. B. darin gefunden werden, daß der Anwalt, welcher Verzögerungen veranlaßt, die Kosten persönlich trägt. Es ist dies ein polizeiliches Mittel, welches die Struktur des Prozesses nicht stört, während dies durch die Eventualmaxime allerdings geschieht. Sie mögen den terminus vorrücken oder zurückschieben, so ist mit dieser Maxime der Prozeß in spanische Stiefel geschnürt; deshalb bin ich der Meinung, nehmen Sie einfach meinen Satz an. Was der Herr Sekretär vorgebracht hat, erledigt sich auf andere Weise. Der Gesichtspunkt von den Einreden, die später nicht mehr vorgebracht werden können, wenn sie nicht früher geltend gemacht worden sind, kommt in anderer Weise zur Erledigung, wenn wir den Grundsatz haben, daß unter Umständen ein acquiescement gilt, daß nämlich Verzicht angenommen wird, wenn etwas nicht in Ordnung ist und nicht sofort gerügt wird. Das tritt namentlich ein bei der Unregelmäßigkeit der Ladungen. Anlangend das Prinzip selbst, so kommt noch in Betracht, daß kein Advokat mit einer vernünftigen und offenbar erheblichen Einrede auf die Gefahr hin zuwarten wird, daß der Richter durcherkennen und ihm den Einwand abschneiden werde. Nehmen Sie den Fall, Jemand hat eine Schuld bezahlt, können Sie sich da denken, daß der Advokat im ersten Termine davon schweigen, und einen anderen Einwand vorbringen wird? Ich glaube also, daß man ruhig das Prinzip annehmen kann, wie es sich in den Rheinlanden bewährt hat, zumal wenn der Richter eine freie Stellung einnimmt und in Folge der Verspätung einer Einrede sagen kann: Ich entnehme aus dem Umstande, daß Du die erste Audienz ungenützt hast vorübergehen lassen, daß diese Einrede nicht ernstlich gemeint ist.

Bei dieser freieren Stellung des Richters finden sich die Mittel, die wir in der Eventualmaxime haben, auf anderem Wege, und deshalb empfehle ich pure den Satz, welchen ich formulirt habe, anzunehmen.

Dr. **Mayersohn** aus Aschaffenburg: Ich kann mich der Ansicht des geehrten Herrn Vorredners durchaus nicht anschließen. Es gibt keinen Prozeß ohne Präklusiv-Vorschriften; es läßt sich auch ein Prozeß ohne derartige zwingende Vorschriften nicht konstruiren; das ist ja das Mittel, wodurch man die Prozesse abkürzt, ihnen einen regelmäßigen Lauf anweist. Ich nehme mit dem Vorredner an, daß selbst, wenn die von ihm vorgeschlagene Freiheit gestattet ist, der redliche Advokat die Frist einhalten, nicht nova nachbringen und Einreden nachtragen wird; allein wir müssen Vorschriften machen, die für Alle passen, und deshalb empfiehlt sich weit mehr der Antrag, wie er vom Herrn Kollegen Ruhwandl, Namens des Herrn König, gestellt wurde, und für welchen ich stimme.

Dr. **Steinfeld** aus Eschwege: Ich verkenne nicht die Gründe des Antrages des Herrn Makower, der die Eventualmaxime im Deutschen Verfahren über Bord werfen will, aber ich halte unsere Deutsche Rechtswissenschaft noch nicht für so weit ausgebildet, daß es möglich wäre, jetzt schon davon Gebrauch zu machen. Es hat dieser Grundsatz mit dem französischen Verfahren so viel gemein und hängt mit so vielen materiellen Bestimmungen des französischen Verfahrens über Beweismittel zusammen, daß ich fürchte, mit Annahme dieses Grundsatzes würden wir uns ganz zum französischen Prozeß-Verfahren bekennen und auf Eigenheiten des französischen Verfahrens übergehen, was wir nicht nothwendig haben, indem unser Verfahren sich ohne Annahme dieser Grundsätze zweckmäßig verbessern läßt. Wenn man die Eventualmaxime über Bord wirft, ist es leicht möglich, daß die Partei die eine oder andere Streitfrage herausgreift, und wenn man glaubt, der Prozeß sei aus, wird die zweite Streitfrage vorgebracht. Ein sehr ausgebildeter Anwaltstand wird seiner Reputation zu lieb nicht wagen, successive die Streitpunkte zur Ausführung zu bringen. Bis wir aber einen solchen Anwaltsstand haben, werden Jahre vorübergehen. Das mündliche Verfahren verlangt eine größere Bevormundung, als das schriftliche. Ich würde es bedenklich finden, die Eventualmaxime vor der Hand ganz aufzugeben; mir scheint der von Herrn Justizrath König gestellte Antrag vollkommen begründet. Die Modifikationen, welche Herr Dr. Seuffert in Vorschlag brachte, wollen wir nicht verwerfen, aber sie sind nicht Gegenstand der Untersuchung von Seite des Herrn Justizrath König gewesen, und verlieren sich zu sehr ins Einzelne. Daß Einreden, von welchen die Gültigkeit des Verfahrens abhängig ist, zu jeder Zeit und sogar von Amtswegen gebracht werden können, pflegt jetzt schon gesetzliche Vorschrift zu sein, und daß andere Einreden bei Beginn der ersten Verhandlung oder vor der materiellen Einlassung in den Streit vorzubringen sind, ist ein in den neuesten Gesetzgebungsarbeiten anerkannter Grundsatz. Daß endlich materielle Einreden später noch vorgebracht werden können, wenn sie an die Stelle anderer Einreden getreten sind, wovon uns Herr Dr. Seuffert Beispiele angeführt hat, folgt gleichfalls aus den vom Herrn Justizrath König aufgestellten Prinzipien. Ich empfehle Ihnen die Annahme seines Antrages.

Dr. **Frenkel**: Ich verkenne nicht, daß das Aufgeben der Eventualmaxime mit außerordentlichen Vortheilen verbunden ist, aber es sind hier eben doch drei Voraussetzungen wesentlich, die wir in Deutschland z. B. noch nicht haben:

1) Bestimmungen des materiellen Rechtes, wie sie im Cod. Nap. niedergelegt sind,
2) eine Stellung der Anwälte, wie sie in den Rheinlanden besteht,
3) eine Stellung und Thätigkeit der Richter, die wir in Deutschland nicht kennen, und welche bei anderen Gelegenheiten Gegenstand der Erörterungen gewesen ist, nämlich: die freie Stellung der Richter bei der Beweiswürdigung.

Sie erinnern sich an die Verhandlungen, bei welchen es sich um den Grundsatz der freien Beweiswürdigung handelte, und Bedenken dagegen hervorgehoben wurden, dem Richter eine souveräne Stellung einzuräumen. Das Mittel, auf welches von Herrn Makower hingewiesen wurde, um etwaige mit dem Aufgeben der Eventualmaxime verbundene Nachtheile beseitigen zu können, ist eben wieder das souveräne Eingreifen des Richters, wonach er eine ihm frivol erscheinende Einrede zurückweisen darf. Eine solche Stellung möchte ich dem Deutschen Richter nicht zuweisen, sie widerspricht meines Erachtens der Stellung, welche der Richter auf dem gesetzlichen Boden einnehmen muß, und der Stellung, die der Anwalt einzunehmen hat, und das ist ein weiteres Bedenken, welches ich gegen das Aufgeben der Eventualmaxime vorführen möchte.

Oberappell.-Ger.-Rath **Becker** aus Oldenburg: Meine Herren! Ich kann unmöglich am Schlusse der Verhandlung bei der Ermüdung der Mitglieder eine so wichtige Frage erschöpfend erörtern, ich bin auch nicht hiezu vorbereitet, und will mir nur erlauben, die kurze Erfahrung des hannöverschen Landes zu erwähnen. Hannover hat seit 18 Jahren den Sprung gewagt, der meines Erachtens die nothwendige Konsequenz aller Beschlüsse ist, die der Juristentag im prozessualen Verfahren gefaßt hat; es hat die sämmtlichen Präklusivfristen für die Einreden abgeschafft, und es ist in Hannover kein Anwalt und kein Richter, der nicht sagte, wir Alle sind damit zufrieden, und das geben wir nicht mehr auf.

Advokat Dr. **Eller** aus Mannheim: In Hannover tritt der Ausschluß alles neuen Vorbringens ein mit dem Schlusse der ersten Verhandlung.

Oberappell.-Ger.-Rath **Becker**: Es versteht sich meines Erachtens von selbst, daß nach dem Schlusse der Verhandlung, auf die das betreffende Urtheil folgt, keine fernere Einrede folgen kann. Ich glaube auch nicht, daß Herr M a k o w e r dieses aufstellt.

Rechtsanwalt **Makower** aus Berlin: Ich gehe allerdings weiter, und zwar aus folgender Erwägung: Die Anwälte tragen die Sache vor, der Richter erläßt ein Resolut, nun kommen erhebliche Einreden zum Vorschein. Was geschieht bei uns? Es wird in Folge des Beweisresoluts Beweis erhoben. Die Anwälte können die neuen Einreden in der Instanz nicht mehr geltend machen, und müssen die Sache bis zum Endurtheil in der alten Lage verhandeln. Ich meine, so lange die Parteien zum Richter sprechen können, und so lange der Richter das Endurtheil noch nicht gefällt hat, sollen die Parteien in der Lage sein, neue Einreden vorzubringen. Wenn man dies Prinzip nicht annimmt, so muß man aus prozessualen Gründen die Restitutionen zulassen, welche höchst bedenklich sind, und welche ich gerade abschneiden möchte.

Dr. **Seuffert** aus München: Nachdem die meisten Herren Vorredner sich mit meinem Prinzipe einverstanden erklärt haben, im Uebrigen aber, wie mir scheint, meine Vorschläge von der Versammlung als zu der vorliegenden Frage nicht unumgänglich gehörig erachtet werden, so ziehe ich meine Zusatz-

Anträge zurück, so daß mein Antrag und jener des Herrn Makower vollständig übereinstimmen.

Berichterstatter Dr. **Kuhwandl**: Der Antrag des Berichterstatters, an den ich mich anschließe, geht schon viel weiter, als jedes bisherige Verfahren mit dem Eventualprinzipe.

Was Herr Makower verlangt, scheint mir ein Extrem, dessen Unhaltbarkeit sich aus den Folgerungen klar machen läßt, zu denen es führen müßte. Denken Sie sich z. B. den Fall: Ein Anwalt findet, nachdem die ganze Sache in mündlicher Verhandlung abgeschlossen ist und das Gericht sich in die Gerichtszimmer zurückgezogen hat, in seinen Papieren eine übersehene Einrede; nach Makower's Antrag dürfte er nun beantragen, das Gericht solle sofort aus dem Berathungszimmer wieder hervortreten, er habe noch eine Einrede nachzubringen; jedenfalls wäre das zweckmäßiger, als wenn man das Gericht fortgehen ließe, und nach der mündlichen Verhandlung um neue Verhandlung bäte. — Wenn man den Satz ausspricht, es sollen Einreden unbedingt nachgebracht werden können, so muß man sich doch auch vorstellen, wie sich die Sache praktisch machen wird. In der Regel würde Wiederaufnehmen des ganzen Verfahrens hervorgerufen werden, und das wäre denn doch sehr bedenklich, die Eventualmaxime soweit auszuschließen, daß im Allgemeinen jede Partei befugt wäre, vor dem Endurtheil die Wiederaufnahme der Verhandlung zu beantragen. Bedenklich auch darum, weil die andere Partei, sobald die Verhandlung wieder eröffnet ist, ebenfalls die Befugniß hat, ohne Rücksicht auf das Vorgebrachte neues Material zur Entscheidung beizubringen. Hiegegen gäbe es, wie schon bemerkt wurde, schlechterdings kein sicherndes Gegengewicht, als ein gleichsam souveränes Ermessen des Gerichtes, welches gutzuheißen ich mich nicht entschließen könnte.

Vize-Präsident: Wir können zur Abstimmung schreiten. Wir haben den Antrag des Herrn Makower und den Antrag des Herrn Justizraths König. Die Anträge des Herrn Dr. Seuffert sind zum Theil zurückgenommen, theils vereinbart mit dem Antrage des Herrn Makower. Der Sinn beider Anträge ist derselbe, wenn ich sie richtig aufgefaßt habe, nämlich daß, so lange die Verhandlung dauert, die dem Enderkenntnisse vorausgeht, auch noch neue Einreden und solche Beweismittel, deren Objekte noch nicht konsumirt sind, vorgebracht werden dürfen. — Ich glaube, um nun Jedermann Gelegenheit zu geben, seine Meinung auszudrücken, wird es am zweckmäßigsten sein, den Antrag des Herrn Makower zuerst zur Abstimmung zu bringen, weil dieser sich blos auf die Frage beschränkt, ohne alle Modalität, ob eine Präklusiv-Frist bestehen soll oder nicht. Wird der Antrag des Herrn Makower angenommen, so wäre damit die Präklusiv-Frist verneint; wird der Antrag abgeworfen, so wäre dann die Modalität der Präklusiv-Frist ins Auge zu fassen und hätten dann die beiden Anträge des Herrn Justizraths König zur Abstimmung zu kommen.

Der Antrag des Herrn Makower lautet:

„Im Civilprozesse soll für das Vorbringen von Thatsachen und Beweismitteln in erster Instanz eine Präklusiv-Frist nicht bestehen.“

Wer nun mit diesem Antrage einverstanden ist, den bitte ich, sich zu erheben.

(Die Majorität erhebt sich.)

Der Antrag ist mit Majorität angenommen.

Dr. **Mayersohn** aus Aschaffenburg: Die Betheiligung an der vierten Abtheilung hat sehr abgenommen, es haben sich sehr Viele eingeschrieben, aber wenige sind anwesend, so daß es schwierig ist, in der Majorität den Ausdruck der Willensmeinung der vierten Abtheilung zu finden. Ich möchte daher, obgleich die Abstimmung schon erfolgt ist, doch den Antrag stellen, die Beschlußfassung über diese Frage bis auf den nächsten Juristentag ausgesetzt sein zu lassen, wo dann überdies Erörterungen über weitere Fragen stattfinden werden, welche mit dieser Frage nothwendig in Verbindung stehen. So kommt jedenfalls auch die Frage über die Beschaffenheit der Berufung, ob mit der Berufung nova vorgebracht, neue Beweismittel bezeichnet werden dürfen, znr Verhandlung. Daher glaube ich, wird es sich empfehlen, die Beschlußfassung über diese Frage, da sich ohnedem nicht eine so große Majorität dafür erklärt hat, für den nächsten Juristentag offen zu lassen.

Berichterstatter Dr. **Ruhwandl**: Auf früheren Juristentagen wurde die Uebung eingeführt, daß, wenn die Anzahl der Votanten auf beiden Seiten ziemlich gleich war, man das als einen zweifelhaften Ausdruck des Juristentages überhaupt erachtete; denn die Aeußerungen des Juristentages können der Natur der Sache nach nur dann von Werth sein, wenn eine bedeutende Majorität sich für einen Satz ausgesprochen hat. Allein wir hätten vielleicht ein anderes Mittel, die Wirkung dessen, daß wir in so geringer Anzahl versammelt sind, zu verbessern. Wir könnten die Verhandlung dieser Frage durch das Plenum beantragen.

Vize-Präsident: Ich möchte mich für die Ansicht des Herrn Dr. Ruhwandl aussprechen, da es doch von großem Interessé wäre, die Meinung des Plenums über diese Frage zu hören, zumal da gerade gegenwärtig in dieser Beziehung umfassende Gesetzesarbeiten im Gange sind.

Freiherr **v. Sternenfels**: Das Plenum hat schon öfters Gegenstände, die von Abtheilungen an dasselbe gewiesen wurden, nicht zur Berathung vor dem Plenum für geeignet erachtet, wohl aber auf den folgenden Juristentag verschoben.

Das könnte das Plenum allerdings auch hier thun bei der Wichtigkeit dieser Frage, die allerdings mit andern Fragen wesentlich zusammenhängt. Deswegen stimme ich auch für Verweisung an das Plenum, beziehungsweise an den nächsten Juristentag, aber nicht deswegen, weil die Majorität zweifelhaft ist, denn die scheint mir hier unzweifelhaft.

Dr. v. **Kerstorff** aus Augsburg: Wir haben sonst den Grundsatz befolgt, dem Plenum nicht vorzugreifen, wenn wir über Fragen nicht definitiv beschlossen haben. Ich glaube nun, in Rücksicht auf die geringe Zahl der hier Anwesenden sollte an das Plenum einfach von dem Präsidium die Mittheilung gemacht werden über den Vorgang, und wäre es dann dem Plenum anheim zu stellen, ob es die Sache in pleno vornehmen will, oder aus den oben erwähnten Erwägungen in Verbindung mit andern Fragen dem künftigen Juristentage zur weitern Beschlußfassung vorbehalte. Selbst einen Beschluß fassen, glaube ich, sollten wir hier nicht.

Vize-Präsident: Wenn also die Herren damit einverstanden sind, so wird dem Plenum angezeigt werden, daß Beschluß gefaßt ist, jedoch nicht bei einer großen Anzahl von Mitgliedern, und daß bei der Wichtigkeit des Gegenstandes es dem Ermessen des Plenums anheim gegeben wird, die Sache noch einmal in Berathung zu ziehen, oder auf den nächsten Juristentag zu verschieben.

Freiherr v. **Sternenfels** (übernimmt den Vorsitz): Ueber die nun gefaßten Beschlüsse, nämlich über den Schädenprozeß, über die Gerichtsbarkeit bezüglich der Studirenden und über die Beweisverbindung rc., soll im Plenum Bericht erstattet werden.

Ich glaube, es wird genügen, wenn wir der Plenar-Versammlung einfach die Beschlüsse vorlegen, die wir gefaßt haben, und dazu scheint mir es der Bestellung der besondern Referenten nicht zu bedürfen, sondern dies kann allenfalls von dem Vorsitzenden geschehen, wozu ich ganz bereit bin.

Rechtsanwalt **Makower** aus Berlin: Ich habe erhebliche Bedenken dagegen. Unser Statut sagt: Wenn 10 Mitglieder es beantragen, kann die Verhandlung im Plenum auch über die ihm nur zur Kenntnißnahme mitgetheilten Beschlüsse der Abtheilungen aufgenommen werden. Deshalb erscheint es mir zweckmäßiger, wenn jeder der bisherigen Herren Referenten über die Sache, die er vertheidigt hat, im Plenum Bericht erstattet.

Präsident Freiherr v. **Sternenfels**: Es ist also der Vorschlag gemacht worden, daß unsere Berichterstatter auch über unsere Verhandlung im Plenum zu berichten haben. Wenn die Versammlung damit einverstanden ist, so würde ich vorschlagen, den Herrn Dr. Schaffrath zu ersuchen, über den I. Punkt Bericht zu erstatten, Herrn Dr. Gneist über den II. und Herrn Dr. Ruhwandl über Punkt III.

(Die Versammlung erklärt ihre Zustimmung.)

Es bleibt nur noch übrig, die Verhandlung dieser Abtheilung zu schließen und ihr für die Ausdauer zu danken, die sie bewiesen hat.

(Auf den Antrag des Dr. Mayersohn drückt die Abtheilung dem Herrn Präsidenten ihren Dank aus.)

Zweite Plenarversammlung
des Sechsten Deutschen Juristentages
zu München am 29. August 1867
im großen Saale des Odeons.

Präsident Geheimrath **von Wächter**: Meine Herren! Ich gebe mir die Ehre, die zweite Plenarsitzung des Juristentages zu eröffnen, und lade den ersten Herrn Sekretair ein, das Protokoll der ersten Plenarsitzung zu verlesen.

(Es geschicht, und das Protokoll wird auf die Frage des Präsidenten von der Versammlung genehmigt.)

Weiter bemerke ich, daß die stenographischen Protokolle aller Abtheilungen bereits gefertigt auf der Kanzlei liegen, und daß das stenographische Protokoll der ersten Plenarsitzung noch heute Nachmittag auf der Kanzlei aufgelegt wird. Auch wird der Bericht des Herrn Stadtrichters Hiersemenzel während der Sitzung noch vertheilt werden können.

Wir gehen nun zum Hauptgegenstand der heutigen Tagesordnung über. Derselbe betrifft die Referate über die Verhandlungen in den Abtheilungen. Ich habe schon vorgestern bemerkt, daß das Hauptgewicht unserer Arbeiten in den Verhandlungen der Abtheilungen liegt. Es haben die Abtheilungen mit ungemeiner Hingebung und mit großem Fleiße gearbeitet, und es ist deshalb ein reiches Material theils zur Kenntnißnahme, theils aber auch zur Berathung resp. Beschlußnahme vorbereitet. In dieser Beziehung erlaube ich mir an den betreffenden Punkt der Geschäftsordnung zu erinnern. Die Abtheilungen berathen und fassen Beschluß, von diesen Beschlüssen haben sie uns in Kenntniß zu setzen; sie können den Antrag an uns stellen, daß auch wir in unserer Versammlung den Beschluß in Berathung ziehen und das Plenum seine Ansicht durch Beschlußfassung über den von der Abtheilung gefaßten Beschluß ausspricht, oder die Abtheilungen können anordnen, daß die von ihnen gefaßten Beschlüsse bloß mit Angabe der Gründe zur Kenntnißnahme an uns gebracht werden. In der Regel ist aber der Grundsatz fest zu halten, daß zur Berathung und Beschlußnahme im Plenum nur diejenigen Beschlüsse der Abtheilungen geeignet sind, welche ein allgemeineres Interesse haben, daß hingegen diejenigen Beschlüsse, welche Gegenstände von speziellem Fach-Interesse betreffen, uns blos zur Kenntnißnahme mitgetheilt werden. Ich erlaube mir, die einzelnen Referenten nach der Ordnung der Abtheilungen aufzurufen. Zuerst kommen wir an das Referat der kombinirten ersten und zweiten Abtheilung über die Haftpflicht des Staates und der Gemeinde für Schädensansprüche aus Verletzung der Amtspflichten der Beamten. (Festschrift, S. 19. B. 2.)

Kreisgerichts-Direktor v. **Stößer** aus Lörrach: Hochgeehrte Herren! Wie der Herr Präsident bereits eröffnet hat, war der Gegenstand der Verhandlung in der ersten und zweiten Abtheilung die Frage: Soll der Staat, beziehungsweise die Gemeinde für Schäden und Nachtheile, welche die von ihm angestellten Beamten durch vorsätzliche oder kulpose Verletzungen ihrer Dienstpflicht einem Dritten zufügen, überhaupt haften und bejahenden Falls in erster Reihe, unbedingt oder nur subsidiär. Dem von der Deputation bestellten Berichterstatter lagen zwei Gutachten vor, erstens von Herrn Staatsrath Zachariä in Göttingen, zweitens von Herrn Geheimen-Rath Dr. Bluntschli in Heidelberg. Das erste ist sehr ausführlich, es ist seiner Zeit in der Tübinger Zeitschrift veröffentlicht worden, und dort ist eine geschichtliche Entwicklung unserer Frage dargelegt. Es ist darin erinnert, daß sowohl in der Gesetzgebung, wie in der Wissenschaft die weitest gehenden Ansichten über diese Frage vertreten sind, es ist insbesondere hervorgehoben, daß diese Frage von zwei Gesichtspunkten aufgefaßt werden kann, von der analogen Beiziehung privatrechtlicher Grundsätze, oder von dem staatsrechtlichen Gesichtspunkte aus. Der erstere Begutachter stellt sich auf den letzteren Standpunkt und sucht namentlich darzustellen, daß hier die Beamten der Staatsgewalt nicht als einfache Mandatare aufgefaßt werden können, sondern innerhalb ihrer Sphäre Repräsentanten der staatlichen Gewalt sind, bezw. daß ihre Handlungen und Unterlassungen den Staat zu verpflichten geeignet sind. Er kömmt zu dem Schlusse, daß im Allgemeinen die Frage bejaht werden müsse, unterscheidet jedoch zwei Fälle: 1) solche, wo es sich um Rechtsgeschäfte rein privatrechtlicher Natur handelt, 2) solche, wo es sich um Geltendmachung der staatlichen Gewalt handelt. Bei dem ersten anerkennt er unbedingt die Haftpflicht des Staates, bei dem zweiten nur subsidiär.

Von wesentlich anderem Gesichtspunkte ist das zweite Gutachten ausgegangen, indem es sich mehr auf den privatrechtlichen Standpunkt stellt. Der Berichterstatter ist zwar im Wesentlichen den Ansichten im ersten Gutachten gefolgt, und hat im Anschlusse hieran den Vordersatz aufgestellt: Der Staat haftet für Schäden und Nachtheile, welche seine Beamten einem Dritten durch widerrechtliche Handlungen zugefügt haben. Zur Bezeichnung der Voraussetzungen sowie des Grundes waren dem ersten Satze noch mehrere Sätze beigegeben, die er der ersten Abtheilung zur Prüfung unterstellte, allein von Herrn Dr. Brinz aus Tübingen wurde auf die Schwierigkeit dieser Frage im Allgemeinen hingewiesen und bemerkt, daß noch keine evidente communis opinio zu bestehen scheine. Er trug Bedenken, ob der Juristentag überhaupt auf diese schwierige Frage sich einlassen soll, und wäre eher geneigt gewesen, die Sache im Allgemeinen, vorausgesetzt daß nicht besondere Rechtsverpflichtungen obwalten, zu verneinen. Von anderer Seite, nämlich von den Herren Dr. von Kißling und Professor Götz wurde dagegen im Allgemeinen die Frage für spruchreif erklärt und der Antrag gestellt, die Frage unbedingt in einem allgemeinen Antrage zu bejahen. Es wurde jedoch nicht verkannt, daß mit diesem allgemeinen Satze nicht hinreichend gesorgt sei, damit der Juristentag nach allen Richtungen hin eine klare und bestimmte Erklärung abgeben könne, und so kam es, daß der Vorsitzende der ersten Abtheilung einen dilatorischen Antrag stellte und zwar dahin: „Die Abtheilung spricht aus, daß der Staat, beziehungsweise die Gemeinde, für Schäden und Nachtheile haften, welche die von ihnen angestellten Beamten durch vorsätzliche oder kulpose Verletzung ihrer Dienstpflicht einem Dritten zufügen. Die Vorbedingungen dieser Verhaftung nach Maßgabe des erstatteten Gutachtens bedürfen jedoch einer nochmaligen Erörterung im Einzelnen, welche dem nächsten Juristentag vorbehalten wird." Dieser dilatorische Antrag, womit im allgemeinen unsere Frage bejaht, jedoch anerkannt ist, daß die näheren Voraussetzungen und Beschränkungen, unter welchen die Haftpflicht eintritt, noch weiterer Erörterungen bedürfen, wurde mit überwiegender Mehrheit von der ersten Abtheilung angenommen und schließlich beschlossen, diesen Ausspruch zur Kenntniß des Plenums zu bringen.

Präsident: Es ist also das Resultat der Berathung der kombinirten ersten und zweiten Abtheilung über diese wichtige Frage uns blos zur Kenntnißnahme mitgetheilt worden. Ich erlaube mir zu fragen, ob die Versammlung einverstanden ist, daß uns die betreffenden Beschlüsse der Abtheilung blos als zur Kenntnißnahme mitgetheilt gelten sollen?

(Zustimmung.)

Wir kommen zur zweiten Frage, bei welcher die Abtheilung auf Berathung und Beschlußfassung auch von unserer Seite den Antrag stellt; es ist die Frage über die Wuchergesetze. Referent darüber ist Dr. Jacques aus

Wien, ich lade denselben ein, uns das Resultat der Berathungen der Abtheilung vortragen zu wollen.

Referent Dr. **Jacques** aus Wien: Meine hochgeehrten Herren! Die Plenar-Versammlung hat die erste und zweite Abtheilung damit beauftragt, über die Frage der Wuchergesetze in eine eingehende Verhandlung zu treten, und mir als dem Referenten des Gegenstandes in der kombinirten Abtheilung ist der ehrenvolle Auftrag geworden, die gefaßten Beschlüsse dieser hochgeehrten Versammlung vorzulegen. Und zwar hat diese Vorlage in dem Sinne zu erfolgen, daß ich Ihnen nicht blos das Resultat der Berathung der beiden Abtheilungen zur Kenntnißnahme vortrage, sondern als einen Gegenstand Ihrer Beschlußfassung. Wir fanden uns aber zu diesem Letztern veranlaßt aus einem zweifachen Grunde: zuerst, weil es den beiden Abtheilungen bedenklich schien, eine Frage, welche in ihrem einen Theile auch dem Kriminalrechte angehört, einseitig abzuthun, ohne daß es den Herren der dritten Abtheilung, welche speziell die Fachmänner des Kriminalrechts sind, möglich wird, sich in dieser Frage, welche ihrem eigenen Ressort angehört, äußern zu können. Was den zweiten Grund betrifft, so glaubte man, die vorliegende Frage als eine für die Gesetzgebung und das praktische Rechtsleben Deutschlands so wichtige ansehen zu müssen, daß es, zumal mit Rücksicht auf die vielen und schwer zu überwindenden Hindernisse, die sich ihrer glücklichen Lösung so oft schon entgegengestellt haben, der kombinirten Abtheilung, welche ihren Beschluß mit Einstimmigkeit gefaßt hat, sehr wünschenswerth erschien, daß ein Votum des Plenums des Juristentags, ein Votum, versehen mit dem ganzen Gewicht seiner großen moralischen Autorität, über diese Frage entscheide.

Ich bin demnach auch nicht in der Lage, meinen Gegenstand mit jener lapidaren Kürze, wie dies meinem sehr geehrten Herrn Vorgänger auf dieser Tribüne gegönnt war, zu erledigen, sondern muß mir vielmehr Ihre gütige Aufmerksamkeit für eine etwas eingehendere Erörterung desselben erbitten.

Drei Hauptgesichtspunkte sind es, aus welchem die Frage der Wuchergesetzgebung behandelt werden muß: zuerst der rein-juristische, und im Zusammenhange damit der volkswirthschaftliche Gesichtspunkt, von welchem aus gefragt wird um die eigentliche Rechtsgrundlage und um die praktischen Wirkungen von Wuchergesetzen, zweitens der kriminalistische Gesichtspunkt, und drittens der civilrechtliche Gesichtspunkt.

Ich werde mir erlauben, auf jeden dieser einzelnen Gesichtspunkte in möglichster Kürze einzugehen.

Vorausschicken muß ich aber das Eine:

Die Frage, wie sie von Seiten der ständigen Deputation zur Begutachtung und zur Verhandlung gestellt worden war, lautet dahin:

1) Sind die Wuchergesetze aufzuheben?

2) Ist die Feststellung des Zinsfußes der Vereinbarung der Paziszenten zu überlassen?

Ueber diese Frage waren zwei Gutachten eingelaufen: das eine von Hrn. Professor Goldschmidt in Heidelberg, das andere vom Herrn Rechts-Anwalt Dr. Schaffrath in Dresden. Beide Gutachten nun sprechen sich für die Bejahung der beiden Fragen aus, mit dem Unterschiede jedoch, daß das Gutachten von Goldschmidt bei der unbedingten Aufhebung der Wuchergesetze es als wünschenswerth erachtet, rücksichtlich des Anatozismus, der Berechnung von Zinseszinsen, spezielle Bestimmungen zu treffen, während Schaffrath eine ziemliche Anzahl von Uebergangs-Bestimmungen als zulässig erklärt hat.

Wie nun der Gegenstand vor die kombinirte Abtheilung gebracht wurde, lag dieser ob, sich zu fragen:

Was ist der eigentliche Rechtsgrund von Wuchergesetzen? und diese Frage mußte um so mehr gestellt werden, als man in der Abtheilung sich von vorneherein darüber klar sein mußte, daß man sich nur dann für Wuchergesetze entscheiden könne, wenn gebieterische Rücksichten auf das öffentliche Wohl es rechtfertigen würden, hier von den Fundamental-Grundsätzen des Privatrechtes, speziell des Vertrags-, des Obligationenrechts abzugehen, worauf sonst immer und ausschließlich der freie Wille der Parteien maßgebend zu sein hat, ohne daß von Seite der staatlichen Gesetzgebung irgend eingegriffen werde.

Die kombinirte Abtheilung ging von der Ansicht aus, daß, nachdem in Bezug auf die beiden andern Hauptfaktoren des wirthschaftlichen Lebens, nämlich Grund und Boden und Arbeit, die staatliche Gesetzgebung von vorneherein anerkannt hat, es sei nicht möglich, sie einer Preisregulirung, einer bestimmten Taxirung zu unterziehen, und es könne die Preisbestimmung dabei lediglich durch den freien Willen der Parteien nach Maßgabe des Bedürfnisses und des Angebots d. h. lediglich nach inneren Gesetzen erfolgen, daß sehr wichtige durchschlagende Gründe vorhanden sein müßten, wenn gerade in Bezug auf die Kapitalbenützung von Seite der Staatsgesetzgebung Bestimmungen sollten getroffen werden dürfen. Die beiden Abtheilungen kamen zu der Ueberzeugung, daß es vom volkswirthschaftlichen Gesichtspunkte angesehen, und mit Rücksicht auf den eigentlichen Rechtsgrund der Wuchergesetze nicht möglich sei, sich für dieselben zu erklären. Die beiden Abtheilungen gingen von der Ueberzeugung aus, daß Wuchergesetze zunächst in Widerspruch stünden mit einer richtigen Gesetzgebungspolitik und zwar in Widerspruch deshalb, weil es nicht möglich ist, nie und nimmer möglich war, und nie möglich sein wird, die Umgehung der Wuchergesetze zu behindern, und zwar nicht möglich deshalb, weil, wie die Praxis lehrt, zum Behufe dieser Umgehung gerade diejenigen, in deren Interesse die Wuchergesetze gegeben sein sollen, sich in Verbindung setzen und vereinigen, mit denjenigen, gegen welche sie gerichtet sein sollen, nämlich die Schuldner mit den Gläubigern.

Die kombinirte Abtheilung ist ferner zu der Ueberzeugung gelangt, daß vom Standpunkte der Moral und Gerechtigkeit Wuchergesetze nicht könnten gerechtfertigt werden, und zwar einerseits deshalb, weil bei dem heutigen wirthschaftlichen und finanziellen Wesen der Staaten der Staat unausgesetzt sich genöthigt sieht, sich selbst von den wuchergesetzlichen Bestimmungen bei seinen Anleihen zu befreien, und weil es für das öffentliche Rechtsbewußtsein eine Störung und Hemmung enthält, wenn, während der Staat auf der einen Seite sich ein Privilegium für eine angeblich unsittliche Handlung einräumt und denen, die sie mit ihm begehen, sogar Ehren und Auszeichnungen verleiht, auf der andern Seite den Privaten gegenüber diese Handlung in deren Verkehr als eine unsittliche und strafbare ausgelegt werden will. Die beiden Abtheilungen gingen ferner von der Ueberzeugung aus, es seien die Wuchergesetze mit der Moral und Gerechtigkeit auch deshalb in Widerspruch, weil die moderne Entwicklung des wirthschaftlichen Lebens es nothwendig gemacht hat, daß im kaufmännischen Verkehre von den Wuchergesetzen abgegangen werde, weil es das neue Handelsgesetzbuch, welches jetzt über ganz Deutschland verbreitet ist, ausgesprochen hat, daß bei Darlehen, welche Kaufleuten gegeben werden, von Wuchergesetzen nicht die Rede sein könne, wobei noch insbesondere auf den sehr weiten Kaufmannsbegriff des Handelsgesetzbuchs (nach Art. 4, dann 271—274) Rücksicht zu nehmen ist, und weil in Folge dessen es als mit der Gerechtigkeit und Moral in Widerspruch stehend erkannt werden muß, daß das, was bei den Kaufleuten zugelassen ist, was ihnen gegenüber als berechtigt erscheint, im übrigen rechtsgeschäftlichen Verkehr als unsittlich und strafbar angesehen werden wolle. Die kombinirte Abtheilung war deshalb überzeugt, daß Wuchergesetze vom Standpunkte der Moral und Gerechtigkeit aus sich nicht rechtfertigen lassen.

Die Abtheilung war aber auch ferner überzeugt, daß Wuchergesetze in Widerspruch stehen mit einer richtig verstandenen Volkswirthschaftspflege und Politik; dieß aber deshalb, weil sie nicht allein nicht dazu beitragen, den Zinsfuß zu erniedrigen, sondern vielmehr dazu führen, den Zinsfuß zu steigern, und zwar kam die Abtheilung zu dieser Ueberzeugung aus folgender Erwägung:

Der solide Kapitalbesitzer, welcher solide Kapitalnehmer sucht, um sein Kapital nutzbringend zu plaziren, ist bei den bestehenden Wuchergesetzen nicht in der Lage, dieses Placement des Kapitals vorzunehmen, wenn der jeweilige

Zinsfuß im Lande über den gesetzlich stipulirten hinausgeht, ohne die Wuchergesetze zu umgehen, was er nicht thun kann, weshalb in sehr vielen Fällen der solide Kapitalbesitzer seine Kapitalien gar nicht auf Darlehen plaziren kann, weil er zu dem unzureichenden Zinsfuße, den ihm das Gesetz aufnöthigt, in solchen Zeiten sein Kapital nicht plaziren will, und zu höheren als den gesetzlichen Zinsen nicht plaziren kann, ohne eine Umgehung des Gesetzes, also eine strafbare Handlung, zu der er sich nicht entschließen will, vorzunehmen. Die Abtheilung war überzeugt, daß in Folge dessen durch den Bestand von Wuchergesetzen den unsoliden Kapitalbesitzern, welche bereit sind, das Wuchergesetz zu umgehen, Scheingeschäfte jeder Art, Scheinkäufe, Scheinzessionen, Scheinassignationen zu machen, um der richterlichen Gewalt des Staates zu entgehen, durch den Bestand von Wuchergesetzen ein Monopol eingeräumt wird, welches natürlicherweise dazu führt, daß bei ihrer Kapitalelozirung der Zinsfuß noch höher gesteigert wird, weil die Assekuranzprämie wegen der Gefahr der Entdeckung und Bestrafung höher gestellt werden muß. — Die Abtheilung war ferner der Ansicht, daß vom volkswirthschaftlichen Standpunkte aus die Wuchergesetze heute um so weniger als gegerechtfertigt angesehen werden können, weil heutzutage eine Solidarität bezüglich des gesammten Kapitalsmarktes besteht, weil die verschiedenen Kapitalsmärkte der einzelnen Staaten in einem solchen Zusammenhange stehen, daß das Kapital immer dorthin strömt, wo die besten Bedingungen der Verzinsung, der Rentabilität ihm zu Theil werden. Das Bestehen von Wuchergesetzen führt nun zu dem doppelten Resultate, daß das Kapital aus denjenigen Staaten, wo sie bestehen und aufrecht erhalten werden, hinströmt zu denjenigen Staaten, wo sie nicht bestehen oder nicht aufrecht erhalten werden; weil aber ferner in den modernen Staaten den Handelsleuten in Handelsgeschäften, sowie den großen kaufmännischen und industriellen Assoziationen Zinsfreiheit zugestanden ist, so wenden sich die Kapitalien denselben zu, da sie in der Lage sind, einen höheren Zinsfuß zu gewähren, und wenden sich von denen ab, welche hierzu nicht in der Lage sind, nämlich von den Grundbesitzern und dem kleinen Gewerbestande.

Die Abtheilung war deshalb überzeugt, daß der Realkredit, der hypothekarische Kredit durch die Wuchergesetze am schwersten beeinträchtigt werde, weil es nicht möglich ist, bei hypothekarischen Darlehen einen höheren als den gesetzlichen Zins einzuräumen, und weil in Folge dessen die Kapitalien in Staaten, wo Wuchergesetze bestehen, sich von dem Realkredit und der Elozirung zu Hypothekaranlehen ab-, und denjenigen Anlagsformen zuwenden, welche von den Schranken der Wuchergesetze befreit sind.

Die Abtheilung war endlich auch noch überzeugt, daß Wuchergesetze sich wirthschaftlich um so weniger rechtfertigen, als ja die Staatsgesetzgebung in heutiger Zeit sich unausgesetzt veranlaßt gefunden hat, größeren Kredit-Assoziationen und Instituten Privilegien einzuräumen in Bezug auf die Befreiung von den Wuchergesetzen, als endlich auch das Bedürfniß nach Hypothekenbanken sich unabweislich geltend gemacht hat, welche von den Schranken der Wuchergesetze befreit sind. In Folge dessen erscheinen die Wuchergesetze nach der Ueberzeugung der Abtheilung als in ihrer Wirksamkeit schon auf ein Minimum begrenzt, vermindern aber ihrerseits das Kapitalangebot und verweisen die Kapitalien auf einen engeren Kreis von Wirksamkeit, was nachtheilig ist mit Rücksicht darauf, daß es wünschenswerth ist, daß die Kapitalien in allen Zweigen der Produktion gleichmäßig zur Verwendung kommen.

Das, meine Herren, sind die wirthschaftlichen Gründe, das der juristische Ausgangspunkt, von welchen die Abtheilung geleitet gewesen, ausgegangen ist, um zu erklären, daß sie die Wuchergesetze nicht gerechtfertigt finden könne, um zu erklären, es sei in der Frage der Kapitalsbenützung, in der Frage der Bestimmung des Preises der Kapitalien ebenso vorzugehen, wie in allen andern Fragen des Privat- und insbesondere Obligationenrechts, daß endlich der freie Wille der Parteien allein und ohne Eingriff von Seite des Staates maßgebend sein solle für die Rechtsgeschäfte, welche abgeschlossen, für die Rechtsverhältnisse, welche begründet werden. In Folge dessen ist der erste Satz, welchen die Abtheilung Ihnen zur Annahme empfiehlt, der, „es sei die Feststellung des Zinsfußes der freien Vereinbarung der Paziszenten zu überlassen.“

Der zweite Gesichtspunkt, von dem die Abtheilung ausgehen mußte, um zur Lösung der ihr vorliegenden Frage zu gelangen, war der, in wie weit sich, nachdem einmal ausgesprochen ist, daß die Zinsbestimmung der freien Vereinbarung der Parteien überlassen bleiben solle, Wucherstrafgesetze rechtfertigen können.

Es ist nämlich in mehreren Staaten Deutschlands vorgekommen, und ich als Oesterreicher bin in der Lage, es zu meinem Bedauern von meinem engeren Vaterlande sagen zu müssen, daß, obgleich im Prinzip die Freigebung des Zinsfußes ausgesprochen worden ist, Wucherstrafgesetze in dem Sinne aufrecht erhalten wurden, daß die Ausbeutung der Nothlage, des Leichtsinns und der Verschwendungssucht, der Unerfahrenheit und der Verstandesschwäche durch den Wucher als ein kriminelles Delikt gestraft werden, daß also Wucherstrafgesetze aufrecht erhalten werden sollen neben der Aufhebung der Wucherbeschränkungen im Civilrechte. — Die Abtheilung, welche zu vertreten ich die Ehre habe, ist der Ueberzeugung gewesen, daß Wucherstrafgesetze heutzutage nicht mehr als gerechtfertigt angesehen werden können weder vom Standpunkt der Moral im Allgemeinen und der Gerechtigkeit, noch vom Standpunkte des positiven Rechts und der obersten Fundamentalrechtssätze. Vom ersten Standpunkte deshalb nicht, weil es als eine Verletzung der Moral und der Gerechtigkeit erscheinen muß, wenn derjenige, der mit freier Willensbestimmung in einen Vertrag eingewilligt hat, welchem in Folge dessen ein höherer, als der gesetzliche Zins, aufgelegt wurde, sich berechtigt sehen soll, denjenigen, welcher den Vertrag mit ihm geschlossen hat, der strafenden Gerichtsbarkeit des Staates zu überliefern und zugleich dadurch sich selbst der übernommenen Verbindlichkeit zu entziehen. Die Abtheilung erkannte eine Verletzung der Gerechtigkeit darin, daß der, welcher mit freiem Willen einen Vertrag geschlossen hat, den durch ihn selbst hervorgerufenen Irrthum des Andern, der im Vertrauen auf die freie Willensentschließung des Ersteren den Vertrag eingegangen ist, zu dessen Schaden und zu seinem Vortheil mißbrauchen, ihn denunziren und, während er solchergestalt doch selbst in geradezu betrügerischer Weise vorgeht, jenen einer strafbaren Handlung solle zeihen können. Dies erkannte die I. und II. Abtheilung als mit der Gerechtigkeit in Widerspruch stehend und ging ferner von der Ueberzeugung aus, daß die heute bestehenden Wucherstrafgesetze in den verschiedenen Staaten Deutschlands es am deutlichsten an den Tag legen, daß von einem Rechtsbewußtsein, von einer bestimmten Rechtsüberzeugung in Bezug auf die spezielle Strafbarkeit des Wuchers, insoweit er nicht Betrug ist, nicht die Rede sein könne, weil ja diese Strafgesetze in der verschiedensten Weise in Bezug auf die Strafbarkeit des Wuchers geurtheilt haben. Es finden sich Bestimmungen in den einzelnen Staaten, welche den einfachen Wucher als strafbar erklären, in anderen Staaten Bestimmungen, wonach der Wucher nur dann als strafbar erscheint, wenn er ein gewohnheitlicher oder gewerbsmäßiger ist; in anderen Staaten, z. B. im Großherzogthum Baden, wieder die Bestimmung, daß der gewohnheits- und gewerbsmäßige Wucher nur dann strafbar ist, wenn die wucherlichen Vortheile in verkleideter, verschleierter Form stipulirt werden. Es sind ferner wesentliche Verschiedenheiten in anderer Richtung in den deutschen Strafgesetzbüchern, es ist z. B. in einzelnen bestimmt, daß die kaufmännischen Geschäfte von den Wucherstrafgesetzen gänzlich ausgenommen sein sollen, was mit den Privilegien zusammenhängt, von denen ich früher bei den civilrechtlichen Beschränkungen gesprochen habe. Es zeigt sich endlich in den deutschen Strafgesetzbüchern das größte Schwanken darüber, ob der Wucher, insoweit er ein Delikt ist, ein Privatdelikt oder ein öffentliches sei, ob derselbe nur auf Verlangen des Beschädigten verfolgt werden könne, oder aber von Amtswegen von Seite der Staatsanwaltschaft zu verfolgen sei. Ich erlaube mir, hier wieder speziell von meinem engeren Vaterlande zu sprechen in dem Sinne, daß ich darauf aufmerksam mache, wie bei dem neuen Wuchergesetze, welches wir am 14. Dezember 1866 erhalten haben, zugleich mit der Aufhebung des civilrechtlichen Wuchers die strafgesetzlichen Bestimmungen beibehalten wurden und sich darin die merkwürdige Bestimmung findet, daß auf der einen Seite der strafbare Wucher als ein Privatdelikt erscheint, aber auf der andern Seite es nicht gestattet ist, daß der Beschädigte auf die Erhebung der Wucherklage in dem Zeitraum von einem Jahre verzichte. Während nun mit dem Begriff des Privatdelikts sonst von vornherein in allen Gesetzgebungen die Zulässigkeit eines Verzichtes des Beschädigten verbunden ist, hat Oesterreichs neueste Wuchergesetzgebung die höchst eigenthümliche Bestimmung (um nicht mehr zu sagen) getroffen, daß auf der einen Seite der Wucher als Privatdelikt erscheint, und auf der andern Seite ein Verzicht nicht zugelassen werden soll; also ein offenbares Schwanken darüber, ob der strafbare Wucher in der That ein öffentliches Delikt und von Amtswegen zu verfolgen sei, weil man eben den Verzicht nicht zuläßt, oder ob er nur als Privatdelikt lediglich im Interesse des Beschädigten verfolgt werde, da man bestimmt, daß ein Antrag des Beschädigten vorliegen müsse.

In Folge alles bisher Gesagten, meine Herren, da die Abtheilung der Ueberzeugung sich nicht verschließen konnte, daß das Rechtsbewußtsein Deutschlands nicht dahin geht, daß Wucherstrafgesetze bestehen sollen, und da der Nichtbestand solcher Rechtsüberzeugung am deutlichsten durch die merkwürdigen Schwankungen der verschiedenen Wucherstrafgesetzgebungen Deutschlands zu Tage tritt, mit Rücksicht auf den weiteren Umstand, daß die in der Wuchergesetzgebung fortgeschrittensten deutschen Staaten, wie Bayern, Sachsen, Oldenburg, Württemberg, die Wucherstrafgesetze vollständig aufgehoben haben, hat die Abtheilung geglaubt, ihre Ueberzeugung dahin aussprechen zu müssen, daß Wucherstrafgesetze nicht gerechtfertigt seien, und der Wucher nur insofern als strafbares Delikt angesehen werden könne, als er sich unter die Kategorie des Betrugs subsumiren läßt, dann nämlich, wenn der Kapitalnehmer von dem Kapitalgeber in der Richtung induzirt wurde, daß dieser durch Arglist ihm die wahren Zinsbedingungen, welche aufgelegt werden sollten, verschleierte, so daß er sich gegen die Uebervortheilung zu schützen außer Stande war. Nur in diesem Falle, welcher unter den allgemeinen kriminalistischen Begriff des Betruges fällt, ist nach unserer Ueberzeugung der Wucher strafbar, nicht aber als spezielles Delikt dort, wo er nicht Betrug ist; in Folge dessen hat die Abtheilung als zweiten Satz, welchen sie Ihnen zur Annahme empfiehlt, den aufgestellt:

„Es seien die Wucherstrafgesetze aufzuheben."

Damit gelange ich zur dritten und letzten Seite des Gegenstandes, über welchen vorzutragen ich die Ehre habe, nämlich zur civilrechtlichen Frage. Meine Herren! Es ist eine eigenthümliche Erscheinung, daß selbst in den Staaten, welche neuerlich sich dazu entschlossen haben, den Anforderungen der volkswirthschaftlichen Lehre und der geläuterten Jurisprudenz zu entsprechen und die Wuchergesetze aufzuheben, die umfassende Tragweite des Grundsatzes unbeschränkter Zinsfreiheit noch nicht erkannt und noch eine ganze Reihe von civilgesetzlichen Bestimmungen aufrecht geblieben ist, welche ausschließlich nur aus dem früher bestandenen Grundsatze der Zinsbeschränkungen erklärt werden können, daher von Rechtswegen mit ihm hätten fallen sollen. Ich weise darauf hin, daß in Oesterreich neben der Aufhebung der Wuchergesetze im Allgemeinen zugleich eine ganze Reihe von Bestimmungen im bürgerlichen Gesetzbuche bestehen geblieben sind, welche mit dem Grundsatze der Zinsfreiheit völlig unvereinbar sind, und daß in Preußen, wo die Wuchergesetze theilweise, d. h. für die nicht bedeckten Darlehen, aufgehoben sind, während sie für die Hypothekendarlehen zur Stunde noch bestehen (es ist übrigens bekanntlich schon ein Antrag auf Aufhebung derselben auch bei diesen im Abgeordnetenhause eingebracht), neben dieser partiellen Aufhebung der Wuchergesetze im Landrechte eine Reihe von civilgesetzlichen Bestimmungen in Geltung geblieben sind, welche blos Korollarien und Konsequenzen des alten Wucherprinzips bilden.

Hier befand sich die Abtheilung, meine Herren, in einer etwas schwierigen Lage; sie stand der Alternative gegenüber, Ihnen entweder ziemlich komplizirte und umfassende Vorschläge vorzulegen in dem Sinne, welche Bestimmungen der Civilgesetze zugleich mit der Verkündigung des Grundsatzes der Zinsfreiheit aufgehoben werden sollen, oder aber hierüber ganz hinauszugehen und nur einen allgemeinen Grundsatz auszusprechen, welcher aber in seiner Formulirung möglichst präzis und scharf gehalten sein müßte, damit die Ueberzeugung der Abtheilung, alle wie immer lautenden Konsequenzen des Wucherprinzips seien aus den Civilgesetzbüchern zu beseitigen, einen klaren und bestimmten Ausdruck erhalte. Die erste Alternative war schwer einzuschlagen; denn die kurze Zeit, welche dem Juristentage zugemessen ist, die eigenthümliche Art seiner Thätigkeit, welche es unmöglich machen, in eine förmliche Berathung von Gesetzentwürfen oder detailirten Gesetzesvorschlägen einzugehen, ferner der Umstand, daß die Autorität des Juristentages am meisten gekräftigt wird, wenn derselbe nur allgemeine Rechtsüberzeugungen mit der größten Bestimmtheit ausspricht, das waren die Ursache, daß die Abtheilung sich bewogen fand, hier in die einzelnen Detailbestimmungen nicht einzugehen. Die Abtheilung verkannte aber nicht die große Bedeutung des Grundsatzes, der ausgesprochen werden sollte, daß nämlich alle Konsequenzen des Wucherprinzips aus den Civilgesetzgebungen beseitigt werden möchten, und um Ihnen mit wenigen Worten zu sagen, an welche Bestimmungen etwa die Abtheilung dabei gedacht hat, erwähne ich nur beispielsweise Einiges:

Die Frage des Anatozismus, ob Zinseszinsen sollten bedungen werden können, und zwar pro futuro, für zukünftig verfallende Zinsen gleich beim Abschluß des Vertrages, oder erst pro praeterito, für bereits verfallene Zinsen; ferner die Frage, ob es gestattet sein soll, einen Vorabzug an Zinsen für längere Zeit, als ein halbes Jahr, zu machen, während die neueren Gesetze meist einen Abzug für länger, als ein halbes Jahr, verbieten; — weiter die Frage, ob usurae ultra alterum tantum zugelassen werden sollen, oder ob das alte römische Prinzip, welches die Einhebung von Zinsen, wenn dieselben einmal das Kapital übersteigen, nicht zuläßt, weiter bestehen soll oder nicht. — Ich erwähne außerdem noch der weiteren Frage, ob mit Aufhebung der Wuchergesetze das mit den bisherigen Zinsbeschränkungen zusammenhängende Verbot des Pactum antichreticum, der Pfandnutzung, aufgehoben werden solle, ob also dem Gläubiger die Benützung des Faustpfandes als antichresis hinfort solle zugestanden werden, — eine Frage, welche in den meisten neueren Gesetzbüchern im Gegensatz zum alten römischen und deutschen Recht verneinend entschieden wird. Ich erwähne letztlich noch der wichtigen Frage, ob das Pactum commissorium, nämlich die Bestimmung, daß, wenn zur Zeit des Verfalls die Schuld nicht bezahlt wird, das Pfand verfallen soll, ein Vertrag, welcher heut verboten ist, während er in der klassischen Zeit des römischen Rechts erlaubt war, — auch dann noch verboten bleiben soll und kann, wenn die Bestimmungen über den Wucher gefallen sind, wenn das Prinzip der Zinsfreiheit einmal durchgeführt worden ist. Ich habe erklärt, meine Herren, welche Gründe es waren, die die Abtheilung bestimmt haben, in die Details nicht einzugehen; dieselben Gründe waren es auch, welche dazu veranlassen mußten, in eine Frage nicht einzugehen, welche bei Aufhebung der Wuchergesetze so vielfach ventilirt worden ist, nämlich in die, ob irgendwelche Uebergangsbestimmungen Platz greifen sollen, ja ob dann überhaupt einzelne neue positive Bestimmungen getroffen werden müßten, um dem Prinzip der Zinsfreiheit gewisse angebliche Bedenklichkeiten wenigstens für die erste Zeit zu benehmen. Dahin gehört z. B. die Frage von dem dem Darleiher etwa zuzugestehenden Kündigungsrechte innerhalb einer bestimmten kurzen Kündigungsfrist in dem Falle, als von ihm höhere Zinsen, als die gewöhnlich üblichen, zugestanden worden sind. Diese Frage wird in den verschiedenen Gesetzgebungen verschieden entschieden, z. B. in Sachsen dahin, daß dieses Recht dem Darleiher zustehe, in Belgien dahin, daß es ihm nicht zustehe. Diese Frage also wäre ebenfalls Gegenstand der Erörterung. Eine weitere Frage, die sich als Objekt einer Erörterung dargeboten hätte, wäre die, ob solche Zinsen, welche über das gesetzliche Zinsmaß hinausgehen, im Konkurse das Vorzugsrecht der Forderung genießen, oder aber in eine spätere Rangklasse, etwa nach den Hauptstämmen überhaupt, oder nach dem Kapital gesetzt werden sollen. Auch in Bezug auf diese Frage haben verschiedene Gesetzgebungen verschieden entschieden; wie denn z. B. die Gesetzgebung Bremens solchen höheren Zinsen die Vorzugsklasse versagt hat, und es wäre Sache der Erörterung in der Abtheilung gewesen, ob in dieser Richtung eine Uebergangsbestimmung getroffen werden soll. Die Abtheilung ist aber, wie gesagt, der Ueberzeugung gewesen, daß der richtige Weg der sei, auch in das Detail dieser Fragen nicht einzugehen, und zwar deshalb nicht, weil eine vollständig ausreichende, eine erschöpfende Behandlung in der kurzen Zeit und bei den eigenthümlichen Verhältnissen, unter welchen wir thätig sind, nicht möglich ist, und weil eine inkomplete, nicht entsprechende Beantwortung der Würde des Juristentages, wie seiner Autorität in Deutschland Eintrag gethan haben würde, welche wir zu wahren vor Allem berufen sind. In Folge dessen ist die Abtheilung zu dem Beschlusse gelangt, Ihnen den Antrag bezüglich der civilrechtlichen Frage in folgender Weise vorzulegen:

„Es seien diejenigen Bestimmungen der Civilgesetzgebung zu beseitigen, welche aus dem bisher in Geltung gestandenen Grundsatze der Beschränkung der Zinsfreiheit erfließen."

Das ist der dritte Satz, welchen Ihnen die Abtheilung zur Annahme empfiehlt, der Satz also, daß alle diejenigen Bestimmungen der Civilgesetze, die sich geradezu als Korollarien, als Konsequenzen der bisher bestehenden Beschränkungen der Zinsfreiheit darstellen, aus den Civilgesetzbüchern beseitigt werden sollen.

Das, meine Herren, ist der gesammte Inhalt dessen, was ich Ihnen zu sagen hatte.

Demnach lautet der kombinirte Antrag der I. und II. Abtheilung, welcher Ihrer Beschlußfassung vorgelegt wird, folgendermaßen:

„Die Wucherstrafgesetze und diejenigen Bestimmungen der Civilgesetzgebungen, welche aus dem bisher in Geltung gestandenen Grundsatze der Beschränkung der Zinsfreiheit erfließen, sind aufzuheben; die Feststellung des Zinsfußes ist der Vereinbarung der Paziszenten zu überlassen."

Die Abtheilung hat die Annahme dieses Antrages, wie Eingangs erwähnt, mit Einstimmigkeit beschlossen, und sie ist von dem Wunsche geleitet gewesen, daß der Juristentag sich bestimmt finden möge, durch ein imposantes Votum die Ueberzeugung, welche er in dieser Richtung hegt, nach Deutschland kundzugeben. Die Abtheilung hat auf ein solches Votum ein um so höheres Gewicht gelegt, als in den größten und bedeutendsten Staaten Deutschlands die Frage der Wuchergesetzgebung noch an der Tagesordnung ist, als sie es in Oesterreich noch ist, als sie es, wie ich früher angedeutet habe, in einem gewissen Theile in Preußen noch ist, und als den Kammern, welche mühsam und mit der größten Schwierigkeit an jener Aufgabe des Fortschritts und der Freiheit arbeiten und den langen Kampf mit traditionellen Vorurtheilen durchkämpfen, eine wichtige Unterstützung gegeben wird, wenn auch der Juristentag mit der hohen moralischen Autorität, die ihm inwohnt, sich dahin ausspricht:

„Es sei die rechtliche Ueberzeugung dieses Areopags deutscher Rechtsgelehrsamkeit und Rechtspflege, die Wuchergesetze aufzuheben und alle Bestimmungen zu beseitigen, welche aus dem Grundsatze der Beschränkung der Zinsfreiheit resultiren."

(Lebhafter Beifall.)

Präsident: Wir haben aus beredtem Munde die wichtigen Gründe gehört, welche die Abtheilung bestimmten, den Antrag uns nicht blos zur Kenntnißnahme zu bringen, sondern zur Berathung und Beschlußfassung vorzulegen.

Ich erlaube mir, die Versammlung zu fragen, ob sie bereit ist, in die Berathung und Beschlußfassung über diesen Punkt einzutreten? Wenn mir keine Verneinung zugerufen wird, so nehme ich an, daß dies der Wille der Versammlung ist.

(Niemand widerspricht.)

Ich erlaube mir nun, Diejenigen einzuladen, welche das Wort in der Sache nehmen wollen, und bemerke in Bezug auf unsere Geschäftsordnung, daß diejenigen Mitglieder, welche einen Antrag im Plenum stellen wollen, diesen Antrag dem Präsidium schriftlich einzureichen haben.

Es verlangt Niemand das Wort. Ich darf daraus schließen, daß die Anträge der Abtheilung sofort Ihrer Entscheidung vorgelegt werden dürfen.

Die Anträge gehen dahin, sich zunächst über das Prinzip auszusprechen, und zwar dahin:

„Die Wucherstrafgesetze und diejenigen Bestimmungen, welche aus dem bisher in Geltung bestandenen Grundsatze der Beschränkung der Zinsfreiheit erfließen, sind aufzuheben; die Feststellung des Zinsfußes ist der Vereinbarung der Paziszenten zu überlassen."

Ich frage, ob die Versammlung mit diesen beiden Anträgen einverstanden ist? Es erhebt sich keine Stimme dagegen.

Sie sind somit einstimmig vom Plenum angenommen.

(Beifall.)

Wir kommen nun an den dritten Punkt, die Frage über das Konkursrecht. Berichterstatter ist Herr Rechtsanwalt Makower aus Berlin.

Rechtsanwalt **Makower** aus Berlin: Es liegt mir ob, Ihnen die Beschlüsse der Abtheilung in der Akkordfrage lediglich zur Kenntnißnahme mitzutheilen.

Die Sache liegt so: Herr Lesse hat Anträge gestellt hinsichtlich des Akkordes im Konkurse; hierauf sind Gutachten erfordert worden. Mit Rücksicht auf diese hat Herr Lesse seine Anträge modifizirt. Diese Anträge sind sehr detaillirt, und es schien der Abtheilung zweckmäßig, die Grundgedanken, um welche es sich handelt, in etwas anderer Form zur Entscheidung zu bringen. —

Da ich lediglich den Beschluß mitzutheilen habe, und nicht einmal die Motive desselben, so erlaube ich mir, Ihnen die fraglichen Sätze vorzutragen, und daran eine ganz kurze Erläuterung zu knüpfen, um den Sinn klar zu machen, in welchem von der Abtheilung diese Beschlüsse gefaßt worden sind.

Statt der Lesse'schen Anträge, welche sich Seite 22—23 der kleinen Festschrift abgedruckt finden, sind folgende Beschlüsse gefaßt worden:

> „Der Juristentag erklärt den Erlaß einer gemeinsamen Konkursordnung für wünschenswerth."

Es wurde nämlich die Frage ventilirt, ob man sich auf eine gemeinsame Akkordordnung vorläufig beschränken solle, und die Abtheilung war der Meinung, daß man schon gegenwärtig an die Bearbeitung einer gemeinsamen Konkursordnung gehen könne, wobei sich dann auch das Akkordverfahren gemeinsam reguliren lasse.

Der zweite Satz geht dahin:

> „Der Juristentag empfiehlt für dieselbe die Aufnahme von Bestimmungen über den Akkord, wonach dieser als Zwangsvergleich für die mit Pfand- und Vorzugsrechten nicht versehenen Gläubiger wirkt und der Bestätigung durch das Gericht bedarf."

Dieser Satz, über welchen am erheblichsten gestritten wurde, drückt aus, daß die Abtheilung der Meinung war, es sei zweckmäßig, wie es in der preußischen Konkursordnung vom 8. Mai 1855 geschehen ist, innerhalb des Konkursverfahrens den Abschluß eines Akkordes möglich zu machen, welcher nicht nur eine Stundung der Forderungen herbeiführen, sondern auch den Gemeinschuldner von der Verpflichtung befreien kann, den Ausfall zu ersetzen, welchen die Gläubiger durch den Akkord erleiden.

Für diese Meinung wurden hauptsächlich Gründe der Zweckmäßigkeit geltend gemacht, welche überall da zu beachten seien, wo ein concursus creditorum stattfindet, und wo das Recht des Einzelnen nicht bis zum Aeußersten zur Geltung kommen kann, ohne daß das Recht vieler Anderer darunter leidet. Die Fassung des Beschlusses wurde mit besonderem Grunde vorsichtig gewählt. Es ist ausgesprochen, daß dieser Zwangsvergleich gleich wirken soll für alle mit Pfand- und Vorzugsrechten nicht versehenen Gläubiger, d. h. nach preußischer Terminologie für alle Konkursgläubiger. Hiermit sollte ausgedrückt werden, daß die Frage, welche Gläubiger Pfandrechte haben, welche Gläubiger bevorzugte Forderungen haben, den einzelnen Landesgesetzgebungen überlassen bleiben, uud daß nichts destoweniger die Bestimmungen über den Akkord gemeinsame sein könnten.

Es lag der Abtheilung daran, das materielle Recht in den einzelnen Ländern bei Erörterung dieser Frage unberührt zu lassen, und bloß den allgemeinen Satz geltend zu machen, daß alle diejenigen Gläubiger, welche nach dem Rechte ihrer Länder gleichberechtigt sind, unter einander einen solchen Zwangsvergleich schließen können.

Der dritte Satz geht dahin:

„Der Juristentag hält die Ueberweisung der kaufmännischen Konkurse an die Handelsgerichte für zweckmäßig.“

Gegen diesen Vorschlag wurde in der Abtheilung nichts erinnert; ich möchte ihn nur noch von dem Gesichtspunkte aus befürworten, daß die Bedenken, welche gegen das preußische Akkordverfahren und die Bestätigung durch das Gericht bisher bestanden, sicher zum größten Theile wegfallen würden, wenn man die Handhabung der Konkursordnung und die Bestätigung des Akkordes in die Hände der Kaufleute legte, welche mit den thatsächlichen Verhältnissen vertrauter sind, als die rechtsgelehrten Richter.

Der letzte Satz enthält den wichtigsten Punkt:

„Der Juristentag erachtet Vorschriften über das gerichtliche Akkordverfahren außerhalb des Konkurses nicht für erforderlich.“

Von Seiten des Herrn Lesse war der entgegengesetzte Grundsatz beantragt worden.

Die Abtheilung erklärte sich auf meinen Vorschlag damit einverstanden, daß es nicht zweckmäßig sei, ein solches Verfahren einzuführen, und da ich annehmen darf, daß im Wesentlichen meinen Motiven zugestimmt wurde, so führe ich kurz aus denselben an: daß überall da, wo eine gute Konkursordnung vorhanden ist, welche den Akkord gestattet, sich das Bedürfniß, noch außerdem ein anderweitiges gerichtliches Akkordverfahren zur Abwendung des Konkurses herzustellen, nicht zeigt, und daß es, um besonderen Fällen gerecht zu werden, genügt, außergerichtliche Vergleiche vor dem Konkurse und in demselben zu gestatten.

Die vier von der Abtheilung angenommenen Sätze lauten im Zusammenhange wie folgt:

1) Der Juristentag erklärt den Erlaß einer gemeinsamen Konkursordnung für wünschenswerth;

2) empfiehlt für dieselbe die Aufnahme von Bestimmungen über den Akkord, wonach dieser als Zwangsvergleich für die mit einem Pfand- oder Vorzugsrecht nicht versehenen Gläubiger wirkt, und der Bestätigung durch das Gericht bedarf;
3) hält die Ueberweisung der kaufmännischen Konkurse an die Handelsgerichte für zweckmäßig;
4) erachtet Vorschriften über ein gerichtliches Akkordverfahren außerhalb des Konkurses nicht für erforderlich.

Präsident: Die Abtheilung, wenn ich den Herrn Referenten richtig aufgefaßt habe, legt dem Plenum ihre Beschlüsse lediglich zur Kenntnißnahme vor, und ich erlaube mir, die Versammlung zu fragen, ob sie in dieser Hinsicht mit der Abtheilung einverstanden ist, von ihrer Seite nicht weiter in die Sache einzugehen, sondern sich mit der Kenntnißnahme zu begnügen?

Obergerichtsanwalt **Dr. Eller** aus Mannheim: So ungern ich in diesem Augenblicke die Versammlung in Anspruch nehme, so muß ich doch darauf aufmerksam machen, daß der Beschluß der Abtheilung durchaus nicht den Bedürfnissen des Lebens entspricht. Der Zweck des Antrages, welcher der Abtheilung vorlag, ist der, einen außergerichtlichen Vergleich ohne die Nachtheile des Konkursverfahrens zu ermöglichen. In einem großen Theile Deutschlands, in demjenigen, in welchem französische Gesetzgebung besteht, ist der Abschluß eines Privatvergleichs ohne vorgängige Einleitung des Konkurses sogar mit der Strafe der leichtsinnigen Zahlung bedroht. Es mag das dieser Abtheilung vielleicht entgangen sein. Der Hinweis auf die Nichtnothwendigkeit eines gerichtlichen Konkursverfahrens mit dem Hinweis auf den Privatakkord trifft darum nicht zu. Er entspricht dem wirklich vorhandenen Bedürfniß nicht. Anerkannt wird, daß durch diesen Vorbehalt der außergerichtliche Akkord ohne Einleitung des Konkursverfahrens für zulässig erachtet wird; die bestehende Gesetzgebung eines ziemlich großen Theiles von Deutschland verbietet aber diesen außergerichtlichen Akkord unter Strafandrohung. In dieser Beziehung sind die Vorschläge nicht genügend, und ich möchte den Antrag stellen, daß dieser letzte Punkt wenigstens einer späteren Berathung vorbehalten werde.

Präsident: Der Herr Redner bespricht bereits die materielle Seite, während die formelle noch nicht beschlossen ist. Es ist eine Bestimmung des Statuts, daß der Antrag auf Berathung im Plenum, wenn er nicht von der Abtheilung gestellt worden ist, im Plenum wenigstens von 10 Mitgliedern unterstützt sein muß, ehe er überhaupt zur Entscheidung kommen kann. Von Herrn Dr. Eller ist zwar ein Antrag nicht formell gestellt, aber materiell liegt er in dem Eingehen auf die Sache. Ich frage, ob gegen den Antrag der Abtheilung die in Rede stehenden Beschlüsse der Abtheilung über die Konkursfragen zur Berathung und Beschlußfassung im Plenum gebracht werden sollen?

Wird dieser Antrag unterstützt?

Er ist nicht unterstützt. Es hat deshalb bei der Mittheilung der Abtheilung sein Bewenden.

Wir haben hiemit die Berathungs-Gegenstände der ersten und zweiten Abtheilung erledigt, und kommen an die Arbeiten der dritten Abtheilung.

Die erste Berathung derselben erstreckte sich über Fragen in Betreff der Vollstreckung der Freiheitsstrafen.

Ich lade Herrn Generalstaatsanwalt Dr. Schwarze aus Dresden ein, uns darüber Vortrag zu erstatten.

General-Staats-Anwalt Dr. **Schwarze** aus Dresden: Meine Herren! Es ist der dritten Abtheilung durch Beschluß die Erledigung der Frage zugewiesen worden, welche dahin lautete:

> „Entspricht es der Gerechtigkeit, daß die Strafvollstreckung gegen alle zu derselben Art von Freiheitsstrafe Verurtheilten in völlig gleicher Weise, also ohne jede Berücksichtigung der Individualität, insbesondere der Bildung der Verurtheilten erfolgt, und wenn solche gleichmäßige Strafvollstreckung nicht der Gerechtigkeit entspricht, wie ist alsdann der letzteren Rechnung zu tragen, ohne auf der einen Seite das Prinzip der Gleichheit vor dem Gesetze in Wahrheit zu verletzen und auf der andern Seite der bloßen Willkühr bei der Strafvollstreckung weiten Spielraum zu gewähren?"

Die ständige Deputation hat in Folge dieser Frage drei Gutachten eingeholt, das eine von Herrn Gefängnißdirektor Eckert in Bruchsal, das andere von Herrn Strafanstaltsdirektor Schück in Breslau, das dritte von Professor Dr. Holtzendorff in Berlin.

Alle diese drei Gutachten stimmen in der Hauptsache überein; es hat jedoch die Abtheilung bei Berathung der Frage geglaubt, sich zunächst an diejenigen Sätze anschließen zu sollen, welche in dem Gutachten des Herrn Direktor Eckert enthalten sind, und die in dem I. Bande der diesjährigen Verhandlungen S. 208 aufgestellt sind. Herr Direktor Eckert hat folgende Sätze aufgestellt:

„1) Es entspricht der Gerechtigkeit nicht, daß die Strafvollstreckung gegen alle zu derselben Art von Freiheitsstrafe Verurtheilten in völlig gleicher Weise, also ohne jede Berücksichtigung der Individualität erfolgt;

2) die Arten der Freiheitsstrafen sind mit genauer Bezeichnung des Strafsystems und der Quantität der Beschränkung der Freiheit vorerst gesetzlich festzustellen, in dem Gesetze aber auch

3) die thunlichste Individualisirung bei der Behandlung aller Gefangenen vorzusehen."

Der Beschluß, welchen die Abtheilung in Bezug auf diese drei Sätze gefaßt hat, geht dahin, daß der erste Satz anzunehmen sei, daß jedoch ein weiteres Eingehen auf den zweiten und dritten Satz werthlos erscheine.

Es ist mir der ehrenvolle Auftrag Seitens der Abtheilung geworden, Ihnen diese Beschlüsse und zwar nur zur Kenntnißnahme mitzutheilen. Ich habe mich daher gegenwärtig darauf zu beschränken, nur in aller Kürze Ihnen die Motive anzugeben, welche dem Beschlusse der Abtheilung in Bezug auf den ersten Punkt unterliegen, namentlich auch deshalb, weil vielleicht die Fassung dieser Anträge in der Allgemeinheit, wie sie vorliegen, und ohne nähere Kenntniß der Gründe leicht zu Mißverständnissen über den Sinn der Anträge Anlaß geben könnte, und somit auch über den Sinn des Beschlusses der Abtheilung.

Es ist durchaus nicht der Sinn dieser Anträge, also auch nicht des Beschlusses der Abtheilung, mit diesem irgendwie das Privilegium eines gewissen Standes etabliren zu wollen, damit also in Wahrheit das Erforderniß der Gleichheit vor dem Gesetze zu verletzen. Im Gegentheil, es ist in den Motiven ausführlich entwickelt worden, daß gerade in dieser Gleichhaltung der Gefangenen in derselben Strafanstalt ohne Berücksichtigung ihrer Individualität eine Verletzung der Gleichheit vor dem Gesetze liegen würde, und zwar deshalb, weil die Strafe in ihrer Vollstreckung den Einen ganz anders trifft, wie den Andern, und weil, wie schon das Strafgesetz selbst dem Richter dadurch, daß es relative Strafgrenzen aufstellt, nicht blos die Ermächtigung ertheilt, sondern auch die Verpflichtung auflegt, auf die Individualität der Verurtheilten, auf den höhern oder niedern Grad der sittlichen Verschuldung, nicht blos auf die äußere kriminalistische Thatsache Rücksicht zu nehmen, es doch andererseits dringend nothwendig ist, daß bei der Strafvollstreckung, der praktischen Durchführung der erkannten Strafe, derselbe Grundsatz wenigstens insoweit zur Geltung zu bringen sei, daß nicht diese Individualität wiederum unberücksichtigt bleibt, und dadurch dem Einen ein schwereres Uebel zugefügt wird, als dem Andern.

Diese Berücksichtigung der Individualität muß vermitteln, daß Jeder mit dem Maße gemessen werde, wie er es verdient, daß derjenige, der eine höhere Bildung besitzt, gleichviel welchem Stande er immer angehöre, welcher eine in der äußeren Erscheinung höchst verwerfliche That begangen, doch mit Bezug auf die Motive der That und auf die in diesen Motiven zu Tage tretende ganze geistige und sittliche Bildung, bezüglich dieser Individualität, wie es kurz bezeichnet worden, auch bei der Strafvollstreckung seine Anerkennung finde, gleichviel welchen Strafzweck man überhaupt zu Grunde legt.

Man war in der Abtheilung der Ueberzeugung, daß es nothwendig sein werde, in der Strafanstalt selbst Vorkehrung zu treffen, daß diese Individualität berücksichtigt werden könne; darüber war man sich in der Abtheilung klar, daß mit konsequenter Durchführung dieses Satzes die ohnedem so verschiedenartigen Strafsysteme in unsern Strafgesetzbüchern mehr oder weniger wesentliche Modifikationen erleiden müssen, daß es aber nicht Aufgabe des Juristentages sein könne, diese nähere Ausführung gewissermaßen in Gesetzesartikel zu fassen und vorzulegen, oder aber die Grenzen der Gesetzgebung und Verwaltung in Bezug auf die Ausführung dieses Satzes näher feststellen und regeln zu können.

Es verkennt die Abtheilung durchaus nicht, daß die Durchführung dieses Satzes zu großen Schwierigkeiten führen muß, daß namentlich die Frage, ob die Einzelhaft oder die gemeinschaftliche Haft maßgebend sein soll, wesentlich von dieser Frage mitbeeinflußt wird, und eben deshalb glaubte die Abtheilung, sich darauf beschränken zu müssen, den großeu Grundsatz allgemein aufstellen und Ihnen mittheilen zu sollen, dagegen die beiden andern Anträge des Herrn Direktor Eckert auf sich beruhen zu lassen, weil in ihnen schon Spezialitäten und Gesichtspunkte aufgeführt sind, die ohne nähere Durchführung und Erörterung weder in ihrer theoretischen Tragweite, noch in der praktischen Durchführbarkeit beurtheilt werden könnten.

Es beschränkt sich daher die Abtheilung darauf, Ihnen durch mich anzuzeigen, daß sie den ersten Satz als Beschluß aufstellt und gewissermaßen vertritt, dagegen die beiden andern Sätze des Herrn Direktor Eckert gegenwärtig auf sich beruhen lassen will.

Präsident: Auch diese Anträge sind uns blos zur Kenntnißnahme vorgelegt. Es scheint, daß auch die Versammlung damit einverstanden ist. Wir werden daher in unseren Berathungen weiter gehen. Der zweite Gegenstand, über den die dritte Abtheilung berathen und Beschluß gefaßt hat, betrifft die Vereidigung der Zeugen im Strafverfahren. Ich lade den Herrn Geh. Justizrath Dr. Abegg aus Breslau ein, uns darüber referiren zu wollen.

Geh. Justizrath **Dr. Abegg** aus Breslau: Meine Herren! Der Antrag, dessen Berathung der dritten Abtheilung obgelegen hat, findet sich auf pag. 25 unserer Festschrift angegeben. Ich habe geglaubt, so wie der Antrag gestellt ist, ihn nicht zur Berathung bringen zu können; er enthält einige Widersprüche, namentlich unter Ziff. 2 im Schlußsatze, von welchem ich glaube, daß er kaum Gegenstand der Berathung sein dürfte. Es wird bemerkt, daß, wenn ausnahmsweise in der Voruntersuchung Zeugen beeidigt werden, dies kein Hinderniß sein soll, die übrigen Zeugen in der Hauptverhandlung zu beeidigen. Ich glaube nicht, daß Jemand hierüber in Zweifel sein wird. Genug, ich habe geglaubt auf Grund der Gutachten, die von Dr. Lißt in Wien und Staatsanwalt Gareis in Pirna erstattet worden sind für diesen Juristentag, und der hiervon unabhängigen Arbeiten, welche von Herrn General-Staats-Anwalt Dr. Schwarze und von mir geliefert wurden, die Sache in eine andere Form bringen zu müssen, und ich erlaube mir, die Sache so zum Vortrag zu bringen, wie sie in der Abtheilung zur Berathung gebracht worden ist.

Indem es um 2 Hauptfragen sich handelt, einmal ob die Vernehmung der Zeugen in der Voruntersuchung oder in der Hauptverhandlung stattfinden solle, und dann weiter um die Frage, je nachdem die Beeidigung in der einen oder anderen Periode erfolgt, ob die Vereidigung der Aussage vorausgehen oder nachfolgen soll, haben diese 2 Hauptgesichtspunkte verschiedene Vertheidiger gefunden. Jedoch sind auch zuweilen zwei Gesichtspunkte vereinigt zur Anerkennung gebracht worden. Man kann nämlich dabei ausgehen entweder von der Bedeutung und dem wesentlichen Charakter unseres Verfahrens, und dies ist der Gesichtspunkt, den wir zunächst festhalten wollen, oder zweitens kann man ausgehen von einem gewiß hochwichtigen Gesichtspunkte, nämlich dem, welche Art des Verfahrens das am Meisten, was durch den Eid erreicht werden soll, sichert, die getreue und wahrhaftige Aussage. Indem wir zunächst einen Blick geworfen haben in unseren Betrachtungen auf das Moment, welches aus der Natur des Verfahrens entnommen werden muß, haben wir geglaubt, ausführen zu dürfen, (und es ist dieses die überwiegende Meinung in der Abtheilung gewesen), daß der Charakter und das Wesen des mündlich-öffentlichen Strafverfahrens es erfordern, daß alle die Handlungen, welche einen entscheidenden Einfluß auf das Urtheil der Richter, der Geschworenen, und ich kann wohl hinzusetzen, so weit es überhaupt in Betracht kommen kann, des zuhörenden Publikums ausüben, auch von einem gewissen öffentlichen Charakter begleitet sein müssen. Wenn wir nämlich auch nicht im Allgemeinen an der Gewissenhaftigkeit der Zeugen zweifeln wollen, indem nach einer juristischen Regel das Gute zu präsumiren ist, so werden wir doch nicht in Abrede stellen können, daß der Gedanke, vor vielen Anwesenden zu sprechen und den Eid zu leisten, geeignet sei, den Ernst und die Würde der Handlung noch mehr zu bestätigen.

Die Vereidigung in der Hauptverhandlung, da regelmäßig hier die Grundlage zu dem von den Richtern und den Geschworenen zu fassenden Urtheile gewonnen werden soll, ist der Gesichtspunkt, den ich in dieser Beziehung darum an die Spitze gestellt habe, weil ich die Gewissenhaftigkeit, Religiosität und Treue als gemeinsam für jede Rechtsverfolgung ansehe, mit andern Worten, weil ich glaube, daß ein redlicher und gewissenhafter Mensch, mag er in der Voruntersuchung oder in der Hauptverhandlung vereidigt sein, in beiden Fällen seine Gewissenhaftigkeit wahren wird.

Es wird mir verziehen werden, wenn ich momentan abgehe von den strengen juristischen Grundsätzen und in ein der Vereidigung gewiß nicht fremdes Gebiet übergehe, in das der Religion. Wenn wir der blos subjektiven Versicherung des Mannes oder Zeugen überhaupt, daß etwas so sei, nicht glauben; wenn wir der Meinung sind, uns eine größere Gewährleistung dadurch zu verschaffen, daß dieser beeidigt wird, so gehen wir dadurch in das Gebiet der Religion über, wir verlangen neben der subjektiven Gewährleistung der Persönlichkeit auch die objektive der Religion. Aber wir dürfen uns nicht verhehlen, meine Herren! diese objektive Grundlage liegt wieder im Subjekt, hat dieses Religion, hat es religiöse Auffassung und Gewissenhaftigkeit, so wird es dadurch sich gebunden fühlen, — hat der Zeuge diese nicht, so ist es eine bloße Annahme, daß die Grundsätze der Religion, zu welcher er sich äußerlich bekennt, Einfluß auf ihn ausüben werden. Mit andern Worten ist hierin ausgedrückt, was ein berühmter griechischer Tragiker, Aeschylus, schön mit den Worten ausgesprochen hat:

> „Nicht sowohl bürgt der Eid für die Wahrheit des Mannes, als der Mann für die Wahrheit seines Eides."

Ich will dieses nicht als Satz hinstellen, so daß es keine Ausnahme hievon geben sollte; es ist eine bekannte Erfahrung, daß mancher Mensch auch im gewöhnlichen Leben erklärt, daß etwas wahr sei, wenn man aber fragt: kannst Du dies beschwören? so sagt er „nein"; ich brauche dies nicht weiter auszuführen. Ich bin damit auf einen andern Gesichtspunkt gekommen, der von der entgegengesetzten Partei und Auffassung ausgegangen ist, welche in der Voruntersuchung die Vereidigung vorgenommen wissen will. Es handelt sich hier nur um die Nützlichkeit.

Die Vertheidiger der verschiedenen Ansicht gehen davon aus, möge nun diese Gewissenhaftigkeit mehr oder minder angenommen oder in Zweifel gezogen werden, welche Art und Weise des Verfahrens giebt die größte Gewährleistung, daß richtig ausgesagt wird, und da macht man darauf aufmerksam, daß in der Voruntersuchung der Eid der Natur der Sache gemäß in die frühere Periode fällt, der begangenen That rasch nachfolgt, die Sache auch dem Zeugen lebendig im Gedächtnisse vorschwebt, während in der später, vielleicht Monate nachher erst erfolgenden Hauptverhandlung es möglich sei, daß die Sache dem Gedächtnisse entschwunden sein kann, und daß es daher richtig sei, nicht nur die Fixirung überhaupt, sondern auch die eidliche Fixirung in die Voruntersuchung zu legen.

Man hat ferner geltend gemacht, daß in der Voruntersuchung es sich auch um solche Handlungen und solche Vornahmen des Richters handle, welche von entscheidendem Einfluß auf das Schicksal des Angeklagten seien, so z. B. die Entscheidung, ob derselbe in Untersuchungshaft genommen werden soll oder nicht, und mancherlei Anderes, was mehr oder minder drückende oder präjudizielle Folgen für ihn haben kann, und daß daher wohl durch gebührende Vorsicht gemahnt werde, für Beschlüsse über solche Vornahmen und Zwangsmaßregeln gegen einen möglicher Weise sogar Unschuldigen eine Grundlage zu haben, wie sie nur eine vereidigte Aussage darbieten könne.

Das sind die Hauptmomente, die geltend gemacht worden sind für die Vereidigung in der Voruntersuchung; sie sind uns Anderen, welche für die Vereidigung in der Hauptverhandlung gesprochen haben, nicht entgangen; wir haben nur geglaubt, dem sei dadurch Rechnung zu tragen, daß wir nothwendige Vorbehalte ausnahmsweise anerkannt haben, und wie die Sache auch möge entschieden werden — bekanntlich hat sie unsere deutsche Gesetzgebung verschieden beantwortet, — die überwiegende Zahl der deutschen Gesetzgebungen legt das Hauptgewicht in die Hauptverhandlung und gebietet in dieser die Vernehmung und Beeidigung der Zeugen. Ich habe unter andern Gesetzgebungen die Würtembergische und Badische erwähnt; dennoch wird auch bei diesen eine Ausnahme zugelassen, und umgekehrt wiederum die anderen, welche in der Voruntersuchung, wie die preußische, regelmäßig den Eid zulassen wollen, schließen dadurch nicht aus, daß eine Beeidigung, welche in der Voruntersuchung ausgesetzt wurde, in der Hauptverhandlung nachgeholt werde, oder daß Zeugen, welche zum ersten Male in der Hauptverhandlung vernommen werden, dann auch ihren Eid dort ableisten.

Ich wage nicht darüber eine Entscheidung vorzulegen oder was wir beschlossen haben, als allgemein aufzustellen, es handelt sich hier um die Erfahrungen, die in der Praxis gemacht worden sind, welche der verschiedenen Methoden es verbürgt, daß man einen möglichen Irrthum, ein Versehen, ein Vergessen wieder gut mache, oder nicht. Ich muß nun gestehen, ich lege keinen großen Werth auf den Unterschied, der sich in der Frage, die wir berühren, ergiebt.

Ein gewissenhafter Zeuge, möge er in der Vor- oder Hauptverhandlung vernommen werden, dem Eid vorausgehend oder nachfolgend seine Aussage abgegeben haben, wird keinen Anstand nehmen zu sagen: Ich habe mich geirrt, ich bitte mir eine Berichtigung zu gestatten; und ein gewissenloser wird es in dem einen und in dem andern Falle bei seiner Aussage bewenden lassen, damit er sich nicht der Gefahr des Widerspruchs aussetze.

Die Praktiker, auf deren Urtheil ich ein hohes Gewicht lege, haben sowohl in einer Verhandlung, welche bei einem früheren Juristentage gepflogen wurde, als in unserer Abtheilung, ferner auch die Praktiker, welche ich Gelegenheit gehabt habe, über die mich sehr interessirende Frage zu Rathe zu ziehen, haben zum Theil entgegengesetzte Erfahrungen mitgetheilt. Es lag daher nahe, nach andern Quellen mich umzusehen, und ich habe statistische Nachrichten der Thätigkeit der Strafgerichte in Oesterreich, Preußen, Bayern, Sachsen, Würtemberg, Baden, Hessen und von anderen Staaten, deren Mittheilung ich der Güte verschiedener Justizministerien verdanke, genau verglichen, und habe allerdings eine Thatsache gefunden, über die allgemeine Klagen geführt werden; es ist das, daß die Untersuchungen über die Verletzung der Eidespflicht gegen früher zugenommen haben. Ich will nicht ein Urtheil aussprechen, ob diese Zunahme wirklich in einer Abnahme der Moralität und Religiosität des deutschen Volkes ihren Grund hat; ich glaube nicht, ich glaube der Grund liegt in dem neuen Verfahren, welches, nämlich das öffentliche, es leichter macht, diesen Fall zur Erkenntniß zu bringen. Aber, was ich von dem praktischen Standpunkte aus habe erwähnen wollen, ist dieses:

Ich habe die statistischen Nachrichten gelesen, und habe ersehen, daß wegen Verletzung der Eidespflicht, Meineids oder wie diese nach den Terminologien der verschiedenen Strafgesetzbücher genannt wird, so und soviele Verurtheilungen und Freisprechungen erfolgt sind; es hat mir das aber keine Grundlage geben können für die Frage, mit der wir uns beschäftigen, denn die Eidesverletzung kann vorkommen und kommt vor bei Leistung von Eiden in Civilprozessen als Zeugen- und Parteien-Eide, bei Leistung der Eide von Zeugen in Kriminalsachen, bei Eiden von Sachverständigen u. s. f. Es ist also keine Grundlage hiermit gegeben, woraus zu entnehmen wäre, daß so und so viele Verurtheilungen in dem und dem Lande erfolgt sind, welche sich auf die Frage beziehen, mit der wir es zu thun haben. Es würde eine ungeheure Arbeit erfordern, oder gar nicht möglich sein, anzuführen: diese Verurtheilungen sind erfolgt in solchen Fällen, in welchen die Vereidigung der Zeugen in der Voruntersuchung, oder in welchen sie in der Hauptverhandlung geschah, diese sind erfolgt in Fällen, wo die Vereidigung vorausgegangen, andere in Fällen, wo sie erst der Aussage nachgefolgt ist. Darum glaube ich, dürfen wir auf die Erfahrungen ein so großes Gewicht nicht legen; es wäre auch möglich, daß solche Erfahrungen, die in einem Jahre, in einem bestimmten Zeitabschnitte gemacht wurden, in einer andern Zeit wieder andere wären, weil gerade hier die Abhängigkeit von der Individualität stattfindet. Ich habe schon um Verzeihung gebeten, daß ich mir vom Kriminalrechte auf die Moral abzuschweifen erlaubte, aber wir müssen anerkennen, unser Recht und Strafrecht steht in tiefem Zusammenhang mit allen Elementen des Volkslebens, und das, worauf es hier ankommt, ist gehörige Volks- und Jugendbildung, Einflößung religiöser Grundsätze und die Einwirkung, welche möglich macht den Anforderungen zu entsprechen, welche auch vom Rechtsstandpunkt aus gemacht werden. Ist dies der Fall, so lege ich weit geringeres Gewicht darauf, ob die Gesetzgebung die eine oder die andere Form annimmt. Wenn daher der Hauptschwerpunkt nicht in diesen Nützlichkeitsgründen liegt, für welche sich für und wider Gründe anführen lassen, so muß er in der Form und Gestalt des Prozesses liegen, und darum habe ich beantragt und wurde mit Majorität in der Abtheilung angenommen, die Vereidigung in der Hauptverhandlnng vorzunehmen. Ich habe aber in dem Satze nicht ausdrücklich gesagt „als Regel," weil sich das bei jedem Satze von selbst versteht, daß er Ausnahmen zuläßt, und wir kommen zu dem Ergebniß, daß die Vereidigung wohl in der Voruntersuchung stattfinden kann, nur nicht, wie nach einigen Gesetzgebungen der Fall ist, stattfinden soll. Was das Erstere betrifft, daß die Beeidigung in der Voruntersuchung stattfinden kann, so lassen sich zwei Auffassungen denken; die eine ist, die Fälle genau und speziell anzugeben, in welchen eine Ausnahme stattfindet, die andere, es dem einsichtsvollen Ermessen des Richters zu überlassen, wie ich beantragt habe. Es ist schwer alle Fälle genau zu präzisiren; ich rechne dahin nicht bloß diejenigen, welche einige Gesetzgebungen anführen, wenn nicht zu erwarten sei, daß der Zeuge in der Hauptverhandlung erscheine; es kann dieß der Fall sein nicht bloß bei Erkrankung oder sonst wo ein frühzeitiges Absterben zu besorgen ist, sondern es könnte auch sein, daß Jemand in wichtigen Geschäften eine Reise macht, Vorbereitung zur Auswanderung trifft u. s. w. Aber ich glaube, man solle nicht in eine solche Kasuistik eingehen, denn es sind noch andere Fälle denkbar, und es wird der Rechtsverständige keinen Mißbrauch von dem Rechte machen, welches ihm als Ausnahme zugestanden ist; aber Ausnahmen solcher Art sind von Niemandem, auch von denen nicht bestritten worden, welche „regelmäßig" die Beeidigung in der Hauptverhandlung beliebt haben.

Damit verband sich eine andere Frage, welche nicht in den Gutachten berührt wurde, nämlich, soll der Zeuge, nachdem man sich über dessen Persönlichkeit vergewissert hat, dann erst beeidigt werden, wenn er seine Aussage vollständig gemacht hat, wie es z. B. die Vorschrift des Preußischen Rechtes ist, wo der Zeuge vollständig examinirt wird und dann den assertorischen Eid schwört, daß er die Wahrheit gesagt habe — oder soll, wie es gemeinrechtlich und in Deutschland seit Jahrhunderten der Fall ist, der Zeuge, nachdem er über die Personalien und Generalien gehört worden, den promissorischen Eid schwören, daß er die Wahrheit sagen werde. Ich wiederhole nochmals, dem gewissenhaften Menschen wird es einerlei sein, ob man zu ihm sagt: „Nimm dich in Acht, sage getreu die Wahrheit, denn du mußt sie beschwören," oder ob man sagt, „du hast geschworen, behalte dieß im Gedächtnisse und habe Gott vor Augen" — aber praktisch ist es nicht einerlei, wie ich die Sache beurtheile. Es hat sich auch hier wieder der Nützlichkeitsstandpunkt geltend gemacht, und man hat die Frage dabei erörtert, ob die eine oder andere Weise mehr begünstige oder hindere, eine Aenderung oder Zurücknahme einer früher gemachten Aussage zu bewirken oder nicht. Ich habe mich hierüber bereits ausgesprochen und will nicht durch Wiederholung die Geduld der hohen Versammlung ermüden, aber eins will ich nur geltend machen für den promissorischen Eid: Wenn Jemand geschworen hat, er wolle über Alles, worüber ich ihn fragen will, die Wahrheit aussagen, so geht dieser Eid gleichsam in die Zukunft, an alle künftige Vernehmungen, ich kann ihn heute, morgen, in 14 Tagen vernehmen und immer sagen, du hast geschworen, du mußt die Wahrheit sagen, ich erinnere dich an deinen Eid, ich erinnere dich daran, daß dieses für die Zukunft gegebene Versprechen dich noch jetzt bindet. Es scheint mir aber nicht sehr konsequent zu sein, wenn man Jemandem erklärt, du hast eidlich ausgesagt, daß du bei der früheren Vernehmung die Wahrheit gesagt hast, und du sollst jetzt auf diesen erklärten Eid hin neuerlich vernommen werden, wie es z. B. der neue Preußische Entwurf gethan. Die Verweisung auf den Eid, den Jemand geleistet hat, die Wahrheit gesagt zu haben, scheint mir nicht eine vollkommene Bürgschaft zu leisten; er kann damals vollkommen die Wahrheit gesagt haben, und kann jetzt dieselbe in neuen Punkten verletzen, ohne dem Eide entgegenzutreten. Ich habe mich darüber ausgedrückt, es lasse sich nicht gut annehmen, daß der assertorische Eid sich plötzlich in einen promissorischen Eid verwandle. Man kann in den Sachen, die das Gewissen betreffen, nicht vorsichtig genug sein. Wir haben uns also über den letzten Punkt dahin geeinigt, daß in der Regel die Vereidigung der Vernehmung vorausgehen solle. — Indessen muß ich allerdings bekennen, wie ich die Sache zur Berathung und Beschlußfassung in die Abtheilung gebracht habe, hat sie, wenngleich die größere Majorität meinen Anträgen beigetreten ist, doch geglaubt, es sei dem Plenum dieselbe nicht nur zur Notiz mitzutheilen, sondern auch anheim zu stellen, ob und in wiefern es in die Sache weiter eingehen wolle.

Präsident: Die Abtheilung hat über die Ihnen eben vorgetragene Frage folgende Beschlüsse gefaßt: Ich will sie Ihnen vorlesen, weil die Abtheilung den Antrag stellt, daß auch wir darüber Beschluß fassen (verliest dieselben). Ich habe aber im Anfange der heutigen Sitzung mir erlaubt, auf den Gesichtspunkt hinzudeuten, von dem ich glaube, daß wir bei der Frage, ob wir etwas im Plenum berathen und darüber Beschluß fassen, oder ob wir den Beschluß der betreffenden Abtheilung blos als zur Kenntnißnahme mitgetheilt erachten wollen, ausgehen sollen, daß nämlich die Fragen, die wir zu berathen hätten, alle Fraktionen des Juristentages gleichmäßig interessiren, und dieselben ein in jeder Beziehung kompetentes Urtheil darüber abzugeben im Stande sind.

Bei dieser Frage nun habe ich große Zweifel, ob sie nicht blos zunächst den Kriminalprozessualisten interessire, und ob nicht eine reiche Erfahrung nöthig ist, über diese Frage gehörig zu entscheiden. Ich habe jedoch der Versammlung anheim gegeben, ob sie in Berathung über diesen Gegenstand treten und Beschluß darüber fassen will.

Da, wenn die Abtheilung einen solchen Antrag stellt, eine Unterstützung durch 10 Mitglieder nicht erforderlich ist, so stelle ich zunächst die Frage, ob Jemand über den Antrag der Abtheilung, und zwar über den formellen, daß wir die Sache nicht blos zur Kenntniß nehmen, sondern auch darüber berathen sollen, das Wort nehmen will?

Professor Dr. **Gneist** aus Berlin: Die Wichtigkeit der Frage für die Gestalt der Strafprozeß-Gesetzgebung wird Niemand bestreiten, aber die Frage hat besondere Schwierigkeiten für eine Diskussion in dieser großen Versammlung. Um sich in der Frage zu entscheiden, bedarf es zunächst einer längeren Praxis als Voruntersuchungsrichter; wenn man diese nicht hat, wie vielleicht die Mehrzahl von uns eine langjährige Praxis nicht haben, so wäre die hohe Versammlung in der Lage, zahlreiche Zeugen hören zu müssen über ihre Erfahrung in der angeregten Frage. Diese heute zu hören, scheint mir die Zeit zu kurz gemessen, und ohne die, welche in der Frage sehr betheiligt sind, beiderseits etwas ausführlich gehört zu haben, würde auch die Entscheidung durch eine so massenhafte Abstimmung, glaube ich, keinen eigentlichen entscheidenden Werth haben. Ich erlaube mir daher den Antrag, die geehrte Versammlung wolle, trotz des gestellten Antrages der Abtheilung, auf die materielle Diskussion und Beschlußfassung verzichten und sich mit der Kenntnißnahme begnügen.

Staatsanwalt **v. Tauhn** aus Naumburg: Nach meinem Dafürhalten hat diese Frage eine besondere Wichtigkeit für den Kriminalprozeß. Ich habe gerade den Gegensatz aufgestellt; ich habe behauptet, daß es nothwendig ist, in der Voruntersuchung die Zeugen zn vereidigen. Es sind bei der Diskussion viele Stimmen in der Abtheilung für meine Ansicht aufgetreten, und es ist auch dann bei der Abstimmung das Resultat gewesen, daß die Majorität für die Ansicht der Abtheilung eine sehr geringe war. Wenn der geehrte Herr Vorredner gesagt hat, es wäre dieß eine Frage, die im Ganzen von einem geringen Theile der Versammlnng beurtheilt werden könnte, so muß ich das bestreiten.

Ich glaube, es ist das gerade eine Frage, die ein allgemeines Interesse hat und die namentlich Seitens der Vertheidigung auch mitbeleuchtet werden kann. Ich würde deshalb den Antrag stellen, dem Beschlusse der Abtheilung Folge zu geben und uns in die Berathung dieser Frage eintreten zu lassen.

Advokat Dr. **Völk** aus Augsburg: Ich habe, meine Herren, in der Abtheilung den Antrag gestellt, daß die uns hier vorliegende Frage vor das Plenum nicht nur zur Kenntnißnahme, sondern auch zur Beschlußfassung zu verweisen sei, und Sie werden mir erlauben, in Kürze die Gründe anzugeben, die mich hierzu bestimmt haben.

Der Wortlaut des ersten Satzes, welchen Ihre Abtheilung angenommen hat, ist ein solcher, daß auch diejenigen mit ihm einverstanden sein können, welche die regelmäßige Beeidigung in der Voruntersuchung haben wollen. Es ist hier fortwährend davon gesprochen worden, daß es Gegensätze seien, ob ein Zeuge in der Voruntersuchung oder Hauptverhandlung beeidigt werde.

Das sind keine Gegensätze, meine Herren, nach dem Bayerischen Strafprozesse beeidigt man den Zeugen seit 1849 in der Voruntersuchung und in der Hauptverhandlung.

Präsident: Ich erlaube mir den geehrten Herrn Redner einzuladen, bei der formellen Frage vorläufig zu bleiben.

Dr. **Völk**: Das ist, glaube ich, die formelle Frage, wenn Sie den ersten Satz, Herr Präsident, lesen wollen, der ausspricht, man beeidige den Zeugen in der Hauptverhandlung, so können allerdings die miteinverstanden sein, die alle Gegner des Antrages sind.

Präsident: Wir sind bei der Frage, ob überhaupt von Seiten des Plenums der Gegenstand berathen und Beschluß darüber gefaßt werden soll.

Dr. **Völk**: Gerade um dieses Gegenstandes Willen, um das Verständniß des Satzes darzulegen, habe ich beantragt, die Sache in die Hauptverhandlung zu verweisen.

Ich weiß bestimmt, daß verschiedene für den ersten Satz gestimmt haben, die sich dagegen verwahren, die regelmäßige Vereidigung in der Voruntersuchung aussprechen zu wollen.

Ich will die Herren mit dem Materiellen nicht behelligen, da vielleicht wichtigere Materien zu berathen sind, als die vorliegende; aber ich wollte nur konstatiren, daß hier ein Mißverständniß vorliegt, und ein Gegensatz angenommen wird, der nicht vorhanden ist.

Obertribunalsrath **Goltdammer** aus Berlin: Ich will mit einem Worte unterstützen, was Herr Professor Gneist gesagt hat, also auch seinen gestellten Antrag. Die Frage ist eine eminent praktische, und ich glaube kaum, daß eine Versammlung, in der so viele sind, die sich mit der Frage in ihrem praktischen Leben nie beschäftigt haben, hierüber Beschluß fassen kann.

Ich selbst bin davon ausgegangen, daß die Frage eine theoretische Prozeßfrage sei, allein durch lange, reiche Erfahrungen im Französischen und Preußischen Rechte bin ich zur Ueberzeugung gekommen, daß es kaum eine Frage giebt, die mehr praktischen Grund hat, als diese. Diese praktischen Gründe aber im Plenum erörtern zu wollen, scheint nicht der Platz zu sein, also bitte ich den Antrag des Herrn Dr. Gneist anzunehmen.

General-Staatsanwalt Dr. **Schwarze** aus Dresden: Ich erlaube mir blos deshalb das Wort zu nehmen, um der Ausführung des sehr geehrten Herrn Dr. Völk entgegenzutreten. Ich halte das für eine Pflicht, die mir als seitherigem Präsidenten der III. Abtheilung obliegt.

Herr Dr. Völk hat gestern schon dieselbe Bemerkung gemacht, wie heute, daß der I. Satz, wie ihn Herr Referent formulirt und die Abtheilung angenommen hat, zu Mißverständnissen führe, und er deshalb wünsche, daß die Sache an das Plenum zur Berathung und Beschlußfassung gebracht werde. Ich glaube, hier nicht blos für mich, sondern auch für die große Mehrzahl der III. Abtheilung die Thatsache konstatiren zu dürfen, daß bei der Berathung selbst über den Sinn kein Zweifel bestand, und es sowohl denjenigen Herren, die glaubten, daß der Antrag des Herrn Referenten an einer Zweideutigkeit leide, daß er mit Rücksicht auf die Gesetzgebungen Deutschlands mißverstanden werden könnte, obgelegen hätte, in der Debatte einen anderen, besser formulirten Antrag einzubringen; aber die Schäden und Gebrechen, die wir uns zu Schulden kommen ließen, beziehen sich nur auf die Redaktion des Antrages, und diese können wir hier unmöglich heilen. Wenn die hohe Versammlung beschließen sollte, es werden die von der Abtheilung aufgestellten Sätze hier diskutirt, so will ich zur Vermeidung jedes Zweifels über den Sinn dieses Satzes Folgendes bemerken: Wir haben nicht darüber gesprochen, ob in der Voruntersuchung oder in der Hauptverhandlung ein Zeuge vereidigt werden soll, sondern die Frage war: „Soll, wenn eine einmalige Vereidigung stattfindet, diese einmalige Vereidigung stattfinden in der Voruntersuchung oder erst in der Hauptverhandlung?" Dies war der Kern der Differenz, und diese hat gelöst werden sollen durch den Satz: „Die Vereidigung erfolgt in der Hauptverhandlung;" dies heißt also, die Vereidigung erfolgt nur in der Hauptverhandlung mit einigen Ausnahmen.

Präsident: Es sind zwei Anträge gestellt in Beziehung auf die formelle Behandlung der Sache, die direkt einander entgegenstehen. Der eine will Berathung und Beschlußfassung von Seite des Plenums, der andere nur Kenntnißnahme. Die Fragestellung ist sehr einfach. Ich muß die Frage dahin stellen, daß ich von dem Antrage der Abtheilung ausgehe: Ist das Plenum dafür, dem Antrage der Abtheilung gemäß nun in die Berathung dieser drei kriminal-prozessualischen Fragen einzutreten und darüber Beschluß zu fassen? Wer dafür ist, den bitte ich die Hand zu erheben.

(Mit Majorität abgelehnt.)

Wir nehmen sie also blos zur Kenntniß.

Der nächste Gegenstand betrifft die Frage, betreff. „die Berufung im Strafverfahren“.

Ich lade den Herrn Appellationsgerichts-Präsidenten v. Schab ein, uns hierüber Bericht erstatten zu wollen.

Appellationsgerichts-Präsident **v. Schab**: Hochverehrte Herren! Die III. Abtheilung hatte sich mit dem Antrage des Hrn. Dr. Gotthelf zu beschäftigen, welcher dahin lautet:

„Der deutsche Juristentag wolle als seine Rechtsüberzeugung aussprechen:

I. Das Institut einer Berufungsinstanz für die Thatfrage steht im Widerspruch mit den Prinzipien der Mündlichkeit und Unmittelbarkeit des Strafverfahrens und bietet keine Garantie für eine materiell richtige Rechtsprechung. Dieses Institut verdient daher auch für jene Fälle abgeschafft zu werden, in denen rechtsgelehrte Richter zur Entscheidung der Thatfrage berufen sind.“

Es kam hierüber ein Gutachten des Hrn. Staatsanwalts Dr. Wirk in Wolfenbüttel ein, das sich im Ganzen mit dem Antrage des Hrn. Dr. Gotthelf einverstanden erklärte, jedoch sein Gutachten und den Schluß seines Gutachtens mit einigen Modifikationen abgab.

Nach einer mehrstündigen Berathung, in welcher mit großer Sorgfalt die Gründe für die Beibehaltung und die Gründe für die Abschaffung der Berufung beleuchtet und hervorgehoben wurden, kam die Abtheilung zur Ansicht und Ueberzeugung, daß die Akten nicht spruchreif seien. Es hat sich nämlich gezeigt, daß die wissenschaftlichen Forschungen noch keineswegs beendet, daß auch die Erfahrungen, welche die Praxis bisher bieten konnte, noch nicht zum Abschluß gekommen sind, namentlich in letzterer Beziehung deshalb nicht, weil noch sehr wenige Gesetzgebungen die Berufung abgeschafft haben. Es sind dieses die Staaten Baden, Oldenburg, Altenburg, Lübeck und Braunschweig. Es sind im Verhältniß zu unserem Gesammtvaterlande diese Staaten in sehr geringer Anzahl vertreten, und die Zeit ist eine sehr kurze, seitdem dort die Berufung abgeschafft ist. Aus diesen Gründen hat die Abtheilung beschlossen, zur motivirten Tagesordnung über diesen Antrag überzugehen, und der Beschluß, den ich Ihnen mitzutheilen habe, lautet:

„In Erwägung, daß die wissenschaftlichen Forschungen bezüglich des Appellations-Verfahrens in Strafsachen noch nicht zum Abschlusse gelangt sind, geht der deutsche Juristentag über den Antrag des Rechtsanwalts Gotthelf zur Tagesordnung über."

Zugleich wurde aber beschlossen, die Sache zur Berathung und Beschlußfassung an das hohe Plenum zu bringen.

Präsident: Die Abtheilung hat eine motivirte Tagesordnung in dieser Frage beschlossen, indem sie glaubt, daß die ganze Frage noch in wissenschaftlicher und praktischer Gährung sich befinde, und es deshalb nicht angemessen sei, daß jetzt schon der Juristentag über diese Frage sich ausspricht. Ich hätte zunächst die formelle Frage vorzulegen, ob wir in der Sache selbst verhandeln sollen, aber ich glaube, gleich das Formelle mit dem Materiellen verbinden zu dürfen, wenn Sie mich nicht korrigiren. Ich frage deshalb die geehrte Versammlung, ob sie über diese Frage auch zur Tagesordnung übergehen wolle? Sind Sie damit einverstanden? Wer nicht einverstanden ist, den bitte ich, die Hand zu erheben.

(Der Uebergang zur Tagesordnung wird einstimmig beschlossen.)

Mit diesem Gegenstande ist noch ein anderer in Verbindung, der auch das Appellations-Verfahren betrifft. Ich lade den Herrn General-Staatsanwalt Dr. Schwarze aus Dresden ein, uns darüber ebenfalls kurz berichten zu wollen.

General-Staatsanwalt Dr. **Schwarze:** Meine Herren! Es ist von mir selbst der Antrag eingebracht worden, der auf Seite 16 der Festschrift unter a. und b. bezeichnet ist. Als Referent war der Herr Appellationsgerichts-Präsident v. Schab in Amberg bestimmt. Derselbe hat gestern Vortrag gehalten. Da er selbst anderer Meinung war, als der Beschluß der Abtheilung lautet, glaubte er, es sei vielleicht zweckmäßig, dieses Referat in die Hände des Antragstellers zurückzugeben. Ich habe nunmehr die Ehre, Ihnen vorzutragen, daß die Abtheilung gestern in Bezug auf die beiden Anträge unter a. und b. folgenden Beschluß gefaßt und gleichzeitig dahin konkludirt hat: Ihnen den einen dieser Beschlüsse zur Berathung und Beschlußfassung vorzutragen.

Der erste Antrag, den ich gestellt habe, lautete:

„Der deutsche Juristentag wolle aussprechen: a. Dem Staatsanwalt ist die Berufung gegen die Enderkenntnisse der Kollegial-Strafgerichte zum Nachtheil des Angeklagten nicht einzuräumen."

Aus den Motiven dieses Antrages geht übrigens hervor, in welch' enger Begrenzung hier das Wort „Berufung" genommen, und daß insbesondere hiermit die Nichtigkeitsbeschwerde, die Berufung in Betreff der Rechtsfrage, nicht hat eingeschlossen werden wollen. Da jedoch darüber Zweifel entstehen können, weil die Ausdrucksweise und Einrichtung in den einzelnen Gesetzgebungen verschieden ist, hat die Abtheilung beschlossen, den Antrag Ihnen in folgender Fassung zur Annahme vorzuschlagen:

„Dem Staatsanwalt ist die Berufung gegen die Enderkenntnisse der Kollegialstrafgerichte in Betreff der Thatfrage und des Strafmaßes zum Nachtheile des Angeklagten nicht einzuräumen."

Meine Herren! Es steht also der Antrag ebensowohl, wie der von der Abtheilung gefaßte Beschluß, auf dem Boden der Berufung. Die Frage, ob die Berufung in Strafsachen beim mündlichen Verfahren zu gestatten sei, ist hier nicht Gegenstand der Kontroverse und Entscheidung gewesen, sondern lediglich die Frage, ob dann, wenn die Berufung im Allgemeinen eingeführt ist, sie nunmehr auch dem Staatsanwalte zum Nachtheil des Angeklagten in Betreff der Thatfrage und in Betreff des Strafmaßes einzuräumen sei. Die Gründe, welche dem Antrage unterliegen, welcher in der gestrigen Debatte im Wesentlichen adoptirt wurde, sind folgende: — ich kann natürlicherweise dabei nicht behaupten, daß diese Gründe allenthalben von der Majorität so zu sagen Mann für Mann gebilligt worden sind, ich kann hier nur konstatiren, weil ich selbst als Präsident der Abtheilung an der Diskussion nicht theilnehmen konnte, was vorzugsweise von Rednern in Uebereinstimmung mit meinen Motiven vorgebracht wurde. — Man ist davon ausgegangen, daß die Berufung bereits im früheren schriftlichen Verfahren ein beneficium des Angeklagten gewesen ist, daß man neuerdings die Berufung im mündlichen Verfahren beibehalten, daß man zunächst an das ältere Verfahren hat anschließen wollen, daß man im älteren Verfahren eine Revision des freisprechenden Erkenntnisses zum Nachtheile des Angeklagten von Amtswegen oder auf Antrag eines vom Staate bestellten Beamten im Allgemeinen nicht gekannt hat, daß man also auch das Bedürfniß der Einführung eines solchen Instituts nicht gefühlt hat. Man hat nun aber auch geglaubt, daß mit der Einführung der Staatsanwaltschaft in das neue Verfahren keine Nothwendigkeit gegeben sei, von diesem alten Grundsatze des deutschen Prozesses zum Nachtheile des Angeklagten abzuweichen. Man hat viel davon gesprochen, was die Aufgabe und Stellung der Staatsanwaltschaft sei; ich will Sie mit dieser Kontroverse nicht behelligen, ich will blos konstatiren, daß nach Ansicht des Antragstellers und Jener, die gestern seine Ansicht getheilt haben, es schlechterdings nicht Aufgabe des Staatsanwalts als Beamten des Staates sein könne, von einseitigem, befangenem Standpunkte aus die Anklage zu vertreten, daß es in vollem Widerspruche mit den Anforderungen der Gerechtigkeit und der sittlichen Würde des Staates sein müsse, einen Beamten aufzustellen, der von solchem Parteistandpunkte aus den Angeklagten zu verfolgen habe, daß die Staatsanwaltschaft keinen anderen Beruf haben könne, als darüber zu wachen, daß dem Rechte und Gesetze Genüge geleistet, in Wahrheit ein gerechtes Urtheil herbeigeführt werde, daß sie an sich nicht immer die Aufgabe sich stellen könne, um jeden Preis die Anklage aufrecht zu erhalten und die nachträgliche Verurtheilung eines Freigesprochenen herbeizuführen, — daß vielmehr es nothwendig sei, daß die Staatsanwaltschaft in Verbindung mit der Vertheidigung dazu beitrage, daß das materielle Recht, die materielle Wahrheit erörtert und festgestellt werde; daß es daher aber auch nothwendig sei, die Vertheidigung mit den erforderlichen Befugnissen auszurüsten, um das Gleichgewicht zwischen der Anklage und Vertheidigung herzustellen. Es ist nun aber ferner hervorgehoben worden, es liege in dem hier aufgestellten Satze eine Beeinträchtigung der Parteigleichheit, der Waffengleichheit und wie diese Worte mehr heißen, unter denen bei aller Eleganz des Ausdrucks sich dunkle Begriffe verbergen, eine Beeinträchtigung der Staatsanwaltschaft.

Dieser Behauptung trete ich entschieden entgegen. Es ist keine Beeinträchtigung der Staatsanwaltschaft, vielmehr liegt in dem Gegensatze eine Beeinträchtigung des Angeklagten; eine Beeinträchtigung der Staatsanwaltschaft liegt in dem Satze deshalb nicht, weil, wenn der Staatsanwalt die Anklage vertritt, wenn der Gerichtshof über die Anklage entschieden hat, der Staat und der Vertreter desselben, der Staatsanwalt, der Pflicht, die ihm in der bürgerlichen Gesellschaft obliegt, Genüge geleistet hat. Es ist die Anklage vertreten, es ist über sie von Seiten des Gerichts entschieden worden. Liegt denn irgend ein praktisches Bedürfniß vor, nunmehr die Anklage weiter zu verfolgen, gewissermaßen eine accusatio ulterior zu gestatten? Ganz anders bei dem Angeklagten. Wir müssen in der Appellation des Angeklagten die defensio ulterior erblicken, der fortan sich wehrt gegen eine gegen ihn erhobene und vom Gerichte erkannte Anklage. Das ist ein anderes Verhältniß, als wenn ein Staatsanwalt opponirt gegen eine richterliche Entscheidung seiner Anklage. Es liegt eine große Benachtheiligung des Angeklagten noch in anderer Beziehung vor. Wir müssen annehmen, daß jedes Gericht, wenn es das Urtheil spricht, seine Schuldigkeit thut, daß es mit Gewissenhaftigkeit und Pflichttreue die Beweise prüft, und daß es mit seinem Gewissen vereinigen kann, was es im Erkenntniß ausgesprochen hat. Nun wird appellirt. Das Obergericht entscheidet den Gegensatz; jetzt liegen zwei verschiedene Erkenntnisse vor, und nun soll dasjenige Erkenntniß mehr gelten, welches gegen den Angeklagten ausgefallen ist. Liegt denn nicht in diesem Widerspruche, daß es im höchsten Grade zweifelhaft ist, ob der Angeklagte schuldig befunden werden könne? Muß man nicht sagen, daß, wenn mit Einstimmigkeit die Richter erster Instanz den Angeklagten für nicht schuldig befunden haben, hierin ein wesentliches Zeugniß für die Schwäche der Anklage liegt, da dieses Zeugniß nicht aufgehoben werden kann durch das entgegenstehende Zeugniß des Gerichts, abgesehen von der vielleicht mangelhaften Instruktion des obergerichtlichen Verfahrens? Ich glaube, der Satz: „In dubio pro reo“ verlangt hier seine volle Geltung.

Aber, meine Herren, wenn ich mich hier mehr auf theoretischem Grund und Boden bewegt habe, will ich mir erlauben, ohne einen Vorwurf zu befürchten, ich wäre nicht in das Praktische eingegangen, einen Grund aus der Praxis vorzuführen.

Der Angeklagte ist losgesprochen, er vertraut auf den Spruch; der Staatsanwalt appellirt; in wie seltenen Fällen glaubt da der Angeklagte, daß er nothwendig habe, eine große Vertheidigung auszurichten, um gegen neue Angriffe des Staatsanwalts sich zu schützen? Er beruhigt sich dabei, das Gericht erster Instanz hat mich losgesprochen; man wird sagen, er weiß, daß das Obergericht reformiren kann, er muß also seine Vertheidigung präpariren. Was heißt das, in's Praktische übersetzt? Das heißt, der Staatsanwalt benennt zehn bis zwanzig Zeugen, die werden auf Staatskosten geladen; der Angeklagte muß in der Regel, wenigstens nach der Praxis, die Zeugen auf seine Kosten laden, muß eine weite Reise machen an die Bezirks-, Kreis- oder Hauptstadt, wo das Obergericht seinen Sitz hat. Das ist, meine Herren, eine Partei-Ungleichheit nach meiner Anschauung, die nicht blos auf dem Papiere steht, sondern wesentlich oft in die Verhältnisse dieses Mannes eingreift.

Aus allen diesen Gründen glaubte die Abtheilung, man müsse in Bezug auf die Entscheidung der Thatfrage und des Strafmaßes zu Gunsten des Angeklagten doch dadurch eine Beruhigung fassen können, daß ein verfassungsmäßig niedergesetzter Gerichtshof die Nichtschuld des Angeklagten festgestellt hat, und der Staat kein Interesse haben könne, eine weitere Verfolgung der Anklage anzubahnen.

Insbesondere, was das Strafmaß anlangt, wurden gestern verschiedene Stimmen laut dahin, daß wenigstens in Bezug auf das Strafmaß dem Staatsanwalte nicht eine Berufung eingeräumt werden sollte, selbst wenn man sie in Bezug auf die Schuldfrage einräumen wollte, deshalb, weil hier ein Strafmaß gegen das andere steht, bei der Strafabmessung man aber nicht mit Bestimmtheit sagen kann: dieses Maß ist richtiger, als jenes. Ich erlaube mir zum Schlusse meines Vortrages zu konstatiren, daß der Satz, den ich die Ehre gehabt habe, vorzutragen, z. B. in dem Königreiche Sachsen in voller Geltung sich befindet, und ich glaube, die Herren aus meiner eigenen Erfahrung in meiner amtlichen Stellung, die ich die Ehre habe in meinem Vaterlande zu bekleiden, und zwar nunmehr elf Jahre seitdem das neue Verfahren eingeführt ist, versichern zu können, daß ich nicht die Ueberzeugung habe gewinnen können, daß irgend ein praktisches Bedürfniß vorliege, dem Staatsanwalte dieses exorbitante Recht zu verleihen; der Staatsanwalt hat nach der sächsischen Gesetzgebung nicht das Recht, eine Berufung gegen eine in Folge kollegialer Berathung erfolgte Freisprechung einzulegen. Ich versichere Sie, daß weder die Rechtspflege, noch die Gerechtigkeit dabei beschädigt wird, wohl aber, daß ein großes Vertrauen und eine gewisse Sicherheit sich etablirt hat; andererseits aber strafen wir sehr strenge, und es mögen die Gerichte die schwerere Verantwortlichkeit für ihre Entscheidung fühlen, wenn sie den Angeklagten freisprechen.

Das ist kurz die Motivirung des ersten Satzes; was den zweiten Satz betrifft, so kann ich dabei ganz kurz sein.

Die Abtheilung des Juristentages hat beschlossen, diesen Antrag auf sich beruhen zu lassen und auf den nächsten Juristentag zu überweisen. Ich würde daher das sehr geehrte Präsidium zu bitten haben, den Antrag unter **a.** in der von mir eingereichten modifizirten Fassung zur Abstimmung zu bringen.

Präsident: Die Abtheilung hat den Antrag gestellt, daß wir über den von ihr gefaßten Beschluß in Berathung treten und ebenfalls Beschluß fassen. Ich habe die Vorfrage zu stellen, wollen Sie hierüber berathen und Beschluß fassen?

(Die Majorität erklärt sich hiefür.)

Wir treten also in die Verhandlung ein.

Staats-Anwalt **v. Tauhn** aus Naumburg: Sie werden es von mir als besonderes Wagstück ansehen, wenn ich als Staatsanwalt auftrete gegen den General-Staatsanwalt. Sie werden es um so gewagter finden, wenn ich die Erklärung abgebe, daß ich mich gegen diesen Antrag ausspreche, und daß er nach meinem Dafürhalten nicht zu vereinigen ist mit dem Institut der Staatsanwaltschaft. Sie haben gehört, daß der Antragsteller unter Anderen erklärt hat, es sei nicht zu verlangen von dem Staatsanwalt, daß er immer seine Anklage aufrecht erhalte und es sei daher unbegründet, wenn er seine Anklage verfolge, nachdem eine Freisprechung erfolgt ist.

Meine Herren! Ich bin auch weit entfernt, gegen eine solche Ansicht aufzutreten, denn dazu bin ich zu lange Staatsanwalt. Ich weiß, daß oft eine Freisprechung erfolgt, wobei der Staatsanwalt nicht daran denkt, Rechtsmittel dagegen einzulegen. Der Antrag des Herrn General-Staatsanwalts Dr. Schwarze aber bezieht sich auf die Kollegialgerichte, auf die Erkenntnisse, die von diesen ausgegangen sind und die mit einer Freisprechung in erster Instanz geendet haben.

Nun, meine Herren! da fragt es sich zunächst, warum dieser Unterschied zwischen den Kollegialgerichten und dem Einzelrichter? Würde das

Ansehen des Einzelrichters gewinnen, wenn der Staatsanwalt zum Nachtheile des Angeklagten gegen sein Erkenntniß einschreitet, während die Kollegialgerichte so hoch stehen, daß der Staatsanwalt gegen ihre Erkenntnisse nichts mehr machen kann? Es ist nach meinem Dafürhalten nicht genug, daß der Staats-Anwalt die Anklage erhebt und sich bei dem freisprechenden Erkenntnisse beruhigt, das würde zum Theil eine halbe Maßregel sein. Sobald er Grund hat, ein anderes Erkenntniß in zweiter Instanz zu erwarten, so ist er verpflichtet, die Sache weiter zu verfolgen. Die Pflicht des Staatsanwaltes ist, wie ich sie auffasse, eine doppelte: er soll zunächst darauf sehen, daß kein Schuldiger der Strafe entgeht, und hat auch darüber zu wachen, daß kein Unschuldiger verfolgt und bestraft wird. Wenn Sie in diese beiden Theile die Funktionen des Staatsanwaltes trennen und wieder zusammenfassen, dann werden Sie gar keinen Unterschied machen können zwischen der Entscheidung zu Gunsten oder zu Ungunsten des Angeklagten, sondern Sie werden zum Schlusse kommen, daß der Staatsanwalt eben so gut zu Ungunsten des Angeklagten ein Rechtsmittel einlegen kann und muß, wie er es zu seinen Gunsten einzulegen hat, wenn es seiner Ueberzeugung entspricht. Ein anderer Grund ist der, daß bei dem Grundsatz, wie Sie ihn annehmen wollen, eine Rechtsungleichheit entsteht, und das scheint mir der hauptsächlichste Grund dagegen zu sein.

Wenn zwei Angeklagte in verschiedenen Bezirken wohnen und ein und dieselbe That begangen haben, so kann bei den verschiedenen Gerichten eine Verschiedenheit der Ansichten über die Anwendung dieses Gesetzes bestehen. Dies kann zur Folge haben, daß in dem einen Gerichtssprengel strafbar ist, was in dem andern nicht strafbar ist, und dazu, meine Herren! bedürfen wir einer höhern Instanz.

Mein Antrag geht also dahin, der Juristentag wolle seine Ueberzeugung dahin aussprechen, daß dem Staatsanwalt sowohl zu Gunsten, als zu Ungunsten des Angeklagten ein Rechtsmittel einzuräumen ist.

Oberl.-Ger.-Rath Dr. **Tienbacher** aus Wien: **Brevis esse studeo.** Von den Gründen, welche für das Berufungsrecht des Staatsanwalts sprechen, erlaube ich mir, nur zwei anzuführen, der eine ist ein materieller, der andere ein formeller.

Der erste Grund, der materielle, ist der der Gerechtigkeit. Mir scheint, man bringt seine Huldigung dem formellen, nicht aber dem materiellen Rechte, wenn man will, daß sich der Staatsanwalt mit der Freisprechung eines Angeklagten zufrieden stellen muß, obgleich derselbe schuldig ist, und obgleich der Staatsanwalt nachweisen könnte, daß er schuldig ist.

Es ist schön, fortwährend davon zu sprechen, man solle nicht einseitig als Staatsanwalt sein, der Staatsanwalt solle auch dafür sorgen, daß nicht ein Unschuldiger gestraft wird. Meine Herren! ich betrachte das für so selbstverständlich, daß ich mich noch immer gewundert habe, wie man darüber so lange reden kann; denn wenn im Strafgesetzbuche steht, der Verbrecher solle gestraft werden, so ist es doch ganz selbstverständlich, daß ein Nichtverbrecher nicht gestraft werden soll. Wenn es übrigens wirklich die Hauptaufgabe des Staatsanwaltes wäre, dafür zu sorgen, daß kein unschuldiger Mensch gestraft werde, dann glaube ich, hätten wir nichts Besseres zu thun, als die Strafgesetze sammt der Strafprozeßordnung ganz abzuschaffen, denn dann würde ganz gewiß kein Unschuldiger bestraft. Das ist der materielle Grund, den ich Ihnen vorführen zu müssen glaubte. Ich habe aber auch einen formellen Grund, und das ist der Grund der Waffengleichheit. Ich habe bereits in der Abtheilungssitzung erwähnt, wie viel noch nöthig wäre, um die volle Gleichstellung des öffentlichen Anklägers mit der Vertheidigung des Angeklagten zu bewirken; ich werde das nicht wiederholen, aber worauf ich um keinen Preis verzichten möchte, so lange man als Staatsanwalt für die Wahrheit zu kämpfen hat, das ist das Schwert der Wahrheit. Es ist gesagt worden, das Schlagwort der Waffengleichheit hier anzuwenden, gehe nicht an; ich muß in dieser Beziehung gestehen, daß Herr General-Staats-Anwalt Dr. Schwarze ein wahres Wort gesprochen hat.

Es handelt sich in der That hier nicht um Gleichheit oder Ungleichheit der Waffen, es handelt sich vielmehr um Waffenlosigkeit der einen Partei, während der andern volle Waffen in die Hand gegeben sind. Oder ist es Waffengleichheit, wenn die Vertheidigung das Berufungsrecht, der öffentliche Ankläger aber kein gleiches Mittel hat, wenn der öffentliche Ankläger seine innerste Ueberzeugung, daß der Schuldige mit Unrecht freigesprochen wurde, nicht vertreten und zur Geltung bringen kann? Ich behaupte, daß die Beseitigung des Berufungsrechts des Staatsanwalts gegen ein freisprechendes Urtheil eigentlich nach keiner Seite recht befriedigen kann, obgleich mehrere der Herren so warm dafür gesprochen haben. Ich finde nur einen Einzigen, für den die Beseitigung dieses Rechtsmittels befriedigend sein wird, und das ist der freigesprochene Schuldige, der wird freilich keine zweite Verhandlung verlangen.

Ganz anders ist es aber schon mit dem freigesprochenen Nichtschuldigen. Ich gebe zu, daß das Platznehmen auf der Anklagebank, das Vorführen sämmtlicher Schuldbeweismittel im hohen Grade peinlich ist. Ich gebe zu, Niemand würde Lust haben, blos um öffentlich seine Unschuld zu vertheidigen, eine Anklage gegen sich erheben zu lassen; wohl aber wird Derjenige, gegen den einmal eine Anklage erhoben ist, um keinen Preis auf die Verhandlung über diese Frage verzichten und darum wird er auch, wenn sich trotz der Freisprechung in erster Instanz noch Zweifel über seine Unschuld erheben können, gewiß nichts dagegen haben, daß auch in zweiter Instanz gegen ihn verhandelt werde. Es ist in manchen Strafprozeßordnungen und insbesondere in der meines engeren Vaterlandes für jeden Staatsbürger das Recht statuirt, wenn ein übler Ruf gegen ihn entstanden ist, als habe er ein Verbrechen verübt, vor Gericht zu treten und eine Untersuchung zu begehren, und ich muß gestehen, mir hat dieses Mittel, welches dem Gekränkten eingeräumt ist, um seine Ehre wieder herzustellen, jederzeit besonders gefallen, und in demselben Sinne sehe ich in der erneuerten Verhandlung nur einen Vortheil für den unschuldig Beschuldigten. Man hat gesagt, es liege eine Begünstigung des Staatsanwalts in diesem Berufungsrechte: Darauf erwidere ich nur das Eine: Der Staatsanwalt klagt ja nicht für sich, er klagt für den Staat, er klagt für die beleidigte Gesellschaft, es ist nicht seine Sache, die er vertritt, sondern die Sache des Volkes, und glauben Sie mir, meine Herren! man ist im Volke nicht zufrieden, wenn sich die Ueberzeugung des Volkes einmal dahin ausgesprochen hat, Einer sei schuldig, diesen losgesprochen sehen zu müssen und zu wissen, daß die öffentliche Anklage kein Mittel hat, diese Lossprechung anzugreifen. Es wurde auch des Richters erwähnt, völlig als ob es in dessen Interesse läge, daß dem Staatsanwalt das Recht der Berufung verkümmert werde. Ich glaube nicht, meine Herren! daß der Richter, der nichts als seine innerste Ueberzeugung ausspricht, wozu er auch durch Eid verpflichtet ist, ein Interesse hat, daß gegen sein Erkenntniß nicht die Berufung ergriffen wird; im Gegentheil, ich glaube, daß es ihm zur Beruhigung gereicht, wenn auch die zweite Instanz den Angeklagten freispricht, so daß dadurch vielleicht Stimmen der Unzufriedenheit, die sich gegen das erste Urtheil erhoben haben, vollständig niedergeschlagen werden. Hat ihn aber die zweite Instanz schuldig gesprochen, so müssen Sie anerkennen, — das müssen Sie, so lange Sie überhaupt ein Rechtsmittel zugeben — daß die zweite Instanz mit höherer Einsicht geurtheilt hat, als die erste Instanz.

(Verschiedene Rufe nach Schluß.)

Ich habe nur noch auf einige Aeußerungen der Gegner zu antworten. Die Herren sagen, das Berufungsrecht des Staatsanwalts gegen freisprechende Urtheile stehe im Widerspruche mit der mündlichen Verhandlung, aber ich bin der Ueberzeugung, daß die Gegner bei dieser Ansicht mit sich selbst im Widerspruche stehen, denn auch die Schuldigsprechung des Angeklagten basirt auf der mündlichen Verhandlung; wenn also die Berufung gegen das freisprechende Urtheil mit der Mündlichkeit der Verhandlung im Widerspruche stände, dann müßte auch die Berufung gegen das verurtheilende Erkenntniß mit demselben im Widerspruche sein.

Die Gegner des Berufungsrechts des Staatsanwalts gegen freisprechende

Urtheile sind ferner mit sich selbst im Widerspruche, weil sie dieses Berufungsrecht nur bei Urtheilen der Kollegialgerichte aufgehoben, bei Urtheilen der Einzelrichter aber aufrecht erhalten wissen wollen. Da aber die letzteren eben so gut auf Grund der mündlichen Verhandlung ergehen, wie die Urtheile der Kollegialgerichte, so kann in der Mündlichkeit des Verfahrens der Grund nicht liegen, warum man dem Staatsanwalt dieses Berufungsrecht nehmen sollte.

Es wurde ferner angeführt, daß bei der neuerlichen Verhandlung in der zweiten Instanz die völlige Reproduktion des Bildes nicht möglich sei, welches sich die erste Instanz gebildet hat. Ich muß gestehen, daß ich an und für sich nicht bestreiten kann, daß man bei der zweiten Verhandlung dasselbe Bild des Schuld- oder Unschuldbeweises nicht mehr bekommen kann, welches der Erstrichter bekommen hat; wollte man aber hieraus auf die vorliegende Frage einen Schluß ziehen, so müßte man da noch viel weiter gehen; es würde sich derselbe Schluß ziehen lassen, so oft ein Zeuge, der schon in der Voruntersuchung vernommen ist, in der öffentlichen Verhandlung wieder vernommen wird, und derselbe Schluß, wenn ein Zeuge schon einmal vernommen ist und eine spätere Vernehmung desselben Zeugen in der nämlichen Verhandlung das ganze frühere Bild seiner Aussage verwischt, und es würde ferner derselbe Fall gegeben sein, wenn auf Grund neu aufgefundener Thatsachen die Verhandlung wieder aufgenommen wird, endlich, wenn in Folge der Berufung des Angeklagten die Sache in zweiter Instanz noch einmal verhandelt wird. Dieses Argument geht also viel zu weit, und es schlägt darum zugleich alles Andere nieder, worauf man gewiß nicht verzichten will.

Nun noch zwei kurze Bemerkungen.

Die Eine ist die, daß sich von Seite der Gegner eines Begriffsspiels bedient wurde, um ihren Antrag zu rechtfertigen; man sagt: Was ist Berufung? Das Rechtsmittel der Berufung ist kein eigentliches Rechtsmittel, sondern es ist für die Vertheidigung nur eine fortgesetzte Vertheidigung und für die Anklage nur eine fortgesetzte Verfolgung. Ich bin damit einverstanden, mir scheint die Berufung auch das Mittel zu sein, um das früher verkannte Recht nunmehr zur Anerkennung zu bringen, das gilt aber gleich für die Anklage, wie für die Vertheidigung.

Es wurde auf die Divergenz hingewiesen, wenn die obere Instanz ein anderes Urtheil fällt, als die untere Instanz, weil dann verschiedene Stimmen für und wider seien.

Meine Herren! wenn wir auf diesen Grund eingehen, dann behaupte ich, müssen wir Stimmeneinhelligkeit für alle Erkenntnisse verlangen, oder wir müssen alle Rechtsmittel verweigern.

Es wurde dann weiter bemerkt, daß die Staatsanwälte eine so große Macht hätten, den Schuldbeweis zu führen, daß, wenn er überhaupt zu führen sei, alle Beweismittel schon zur ersten Verhandlung gesammelt werden könnten. Ich bestreite das. Dazu bin ich selbst zu lange Staatsanwalt gewesen, um nicht zu wissen, wie schwer es ist, das ganze Beweismaterial oft in kurzer Zeit zu sammeln. Ich spreche aus Erfahrung, wenn ich behaupte, daß es umgekehrt oft der Vertheidigung viel leichter wird, wenn es sich um einen reichen Angeklagten handelt, oder um einen Solchen, der eine große Patronage hat, ihre Beweismittel zu sammeln.

(Rufe nach Schluß.)

Wenn die Herren den Schluß wünschen, so schließe ich auch und ich bin nur der Meinung, daß diejenigen Herren, welche auf die frühere Gepflogenheit, auf die Einrichtung, wie sie früher bestanden hat, sich berufen, doch einen sehr fatalen Grundsatz vertreten, wenn sie sagen, daß deshalb, weil früher keine Staatsanwaltschaft existirt habe, somit auch kein Berufungsrecht derselben bestanden habe, auch jetzt kein solches ihr eingeräumt werden dürfe.

Der Satz, daß etwas nicht sein dürfe, weil es früher nicht war, nimmt sich sehr schlecht aus im Munde von Reformern. Es ist übrigens selbstverständlich, daß, so lange ein Organ nicht existirt hat, welches die öffentliche Anklage zu vertreten berufen war, dieselbe auch kein Rechtsmittel ausüben konnte.

Ich behaupte aber, daß gerade das Bedürfniß, ein Rechtsmittel gegen ein freisprechendes Urtheil zu haben, mit dahin geführt hat, ein Organ für die Wahrung des öffentlichen Interesses zu schaffen, und das ist der Staats-Anwalt.

Zum Schlusse muß ich noch bemerken, daß ich keineswegs beabsichtige, den Antrag zu stellen, die hohe Versammlung möge heute beschließen, daß dem Staatsanwalt das Berufungsrecht gegen freisprechende Urtheile auch ferner zu belassen sei. Ich schließe mich ganz der Anschauung an, welche einen früheren Antrag derselben Richtung zum Falle gebracht hat, daß nämlich zur Zeit die Resultate der Wissenschaft noch nicht so weit gediehen seien, um diese Frage zur Entscheidung reif erkennen zu können. Ich bin daher der Meinung, die hohe Versammlung wolle beschließen, es sei bezüglich der Frage über das Berufungsrecht des Staatsanwalts gegen freisprechende Urtheile zur Tagesordnung überzugehen, und ich bin gewiß, daß der Geist der Deutschen Wissenschaft diese bis jetzt noch nicht spruchreife Frage in kurzer Zeit zur Reife bringen wird. Diesem Resultate der Wissenschaft werden wir uns dann mit Vergnügen anschließen.

Bezirksgerichts-Rath Dr. **Hierl** aus Passau: Meine Herren! Ich stimme für die Beseitigung des Berufungsrechtes des Staatsanwaltes gegen freisprechende Urtheile nicht als Gegner, sondern als Freund der Staatsanwaltschaft. Es liegt im Interesse dieser so vielfach angefeindeten Einrichtung, daß ihr alle jene Attribute genommen werden, welche geeignet sind, einen gehässigen Schein auf dieselbe zu werfen. Das ist aber unstreitig der Fall bei der Berufung gegen freisprechende Urtheile. Wer durch den Spruch eines Kollegialgerichts freigesprochen ist, hat die Vermuthung für sich, daß er auch wirklich unschuldig ist, oder daß seine Schuld nicht genügend nachgewiesen ist.

Ich beschränke mich auf diesen einen Gesichtspunkt, welcher in der bisherigen Debatte noch nicht hervorgehoben worden ist, und ich verzichte auf eine Wiederholung aller jener Gründe, welche bereits in der überzeugendsten Weise von Herrn General-Staatsanwalt Schwarze für seinen Antrag vorgebracht worden sind.

Dr. v. **Kißling** aus Linz: Meine Herren! Sie haben vorhin bereits nach Schluß gerufen, ich weiß das sehr wohl zu würdigen, aber ich fürchte mich einer Unterlassungssünde schuldig zu machen, wenn ich gegenüber den Ausführungen und Anträgen des Herrn Oberlandes-Gerichtsraths Lienbacher vom Standpunkte der Oesterreichischen Juristen aus kein Wort sprechen würde. Derselbe hat behauptet, daß er aus dem materiellen Grunde für die Beibehaltung der Berufung ist, weil die Gerechtigkeit zu wahren sei. Ich glaube die Gerechtigkeit zu wahren, sollte die Staatsanwaltschaft den Richtern überlassen, und speziell möchte ich unserer Oesterreichischen Staatsanwaltschaft empfehlen, das Gebiet der Gerechtigkeit mit voller Beruhigung dem Oesterreichischen Richterstande zu überlassen; er wird es ganz gewiß zu wahren und auch, ohne daß die Staatsanwaltschaft ängstlich hinter ihm steht, gerechte Urtheile zu fällen wissen. Herr Oberlandes-Gerichts-Rath Lienbacher hat behauptet, daß das ihm keine Garantie gebe, wenn z. B. zwei Richter für die Freisprechung sind und einer gegen die Freisprechung; dann müsse man ein höheres Gericht anrufen. Nun frage ich aber, wenn in der zweiten Instanz nur 3 Richter für die Verurtheilung und 2 für die Freisprechung sind, so hat er eben, wenn er beide Ergebnisse summirt, 4 Stimmen für die Freisprechung und 4 für die Schuldigerklärung. Ich möchte wissen, woher er die Wage hat, um abzuwiegen, daß gerade die 4 Richter, welche für Schuldlosigkeit stimmen, die Irrigen sind. Also gerade aus materiellen Gründen möchte ich gegen die Ansicht des Herrn Oberlandes-Gerichtsraths Lienbacher mich aussprechen und zwar auf Grund der Erfahrungen, die wir Oesterreichische Juristen in vergangener und halbvergangener Zeit leider haben machen müssen. Und auf Grund dieser Erfahrungen möchte ich der hohen Versammlung empfehlen, den Antrag, wie ihn Herr General-Staatsanwalt Schwarze gestellt hat, anzunehmen.

(Lebhafter Beifall.)

Dr. **Steinfeld** aus Eschwege: Ich will nur bemerken, daß in der bisherigen Debatte ein Hauptgrund völlig außer Acht gelassen worden ist und das ist der: Wenn nicht die völlige Gewißheit sich herausgestellt hat, daß Jemand, der eines Verbrechens angeschuldigt ist, dieses Verbrechen wirklich begangen hat, so muß, wenn wir die Hauptsätze der Gerechtigkeit befolgen wollen, Freisprechung erfolgen. Eine solche Gewißheit hat sich eben nicht herausgestellt, wenn ein gelehrtes Richterkollegium in erster Instanz den Angeklagten freigesprochen hat, und in zweiter Instanz denselben verurtheilt. Aus diesem einzigen Grunde schon bin ich der Ansicht, daß die Appellation gegen freisprechende Kollegial-Urtheile beseitigt werden müsse.

(Bravo! Rufe nach Schluß.)

Advokat **Beckh** aus Lindau: Ich habe den Wunsch der Versammlung nach Schluß gehört und werde ganz kurz sein. Bei jeder strafrechtlichen Untersuchung kommen zwei Prinzipien zum Streit: die Rechtssicherheit der im Staate zu einer Gemeinschaft verbundenen Individuen, die des Staats und die Rechtssicherheit des Individuums. Meine Herren! Wenn Jemand in erster Instanz freigesprochen ist, und es wird vom Staatsanwalt appellirt, dann ist die Rechtssicherheit des Individuums auf's Aeußerste bedroht. Das steht fest. Daß aber die Rechtssicherheit des Staats, d. h. der im Staate zu einer Gemeinschaft verbundenen Individuen noch als bedroht erklärt werden kann, nachdem in erster Instanz von einem Kollegialgerichte ein freisprechendes Urtheil ergangen ist, kann mit Grund wohl nicht behauptet werden. Wenn, wie vorhin bemerkt wurde, es unbedingt sicher wäre, daß in zweiter Instanz ein besseres Urtheil geschöpft würde, als in der ersten, dann würde die Sache anders sein. Das ist aber nicht der Fall; und so lange also der zweiten Instanz nicht unbedingt eine höhere Bedeutung beigemessen werden kann, als der ersten, so lange kann man auch nicht sagen, daß durch ein freisprechendes Urtheil der ersten Instanz die Sicherheit des Staats bedroht sei.

Präsident: Da der Letzte der angemeldeten Redner auf's Wort verzichtet hat, so schließe ich die Debatte und gebe das Wort dem Herrn Referenten zur Schlußäußerung.

Referent Dr. **Schwarze**: Ich habe nur Weniges zu bemerken. Den Ausführungen des Herrn Oberlandes-Gerichtsraths Lienbacher gegenüber weise ich nur einfach darauf hin, daß das Hauptargument, welches er vorgebracht hat, auf einer ganz falschen Basis beruht. Er hat vorzugsweise dafür gekämpft, daß die Mündlichkeit in der zweiten Instanz eine Möglichkeit sei, und darum auch die Berufung des Staatsanwalts.

Ich habe bei Einleitung meines Vortrags hervorgehoben, daß wir mit unserem Antrag auf dem Boden der Berufung stehen, und daß wir gar nicht in diesem Augenblick streiten, ob die Berufung im mündlichen Strafverfahren möglich sei.

Wenn Herr Lienbacher ferner immer von dem Satze ausgeht, daß es der Schuldige ist, der freigesprochen wird, so scheint mir das ein Petitio principii zu sein, denn es fragt sich eben, ob er unschuldig oder schuldig ist. Wenn darin, daß Jemand in zweiter Instanz verurtheilt worden ist, eine Garantie dafür läge, daß er schuldig sei, dann, meine Herren, würde ich vollständig die Waffen strecken. Wenn aber zwei verfassungsmäßige Gerichte in pflichtmäßiger Ausübung ihres Amtes widersprechende Erkenntnisse fällen, und das Eine ausspricht, der Mensch ist schuldig, und das Andere er ist unschuldig, dann, meine Herren, ist doch ein Zeugniß dafür gegeben, daß die Sache zweifelhaft sei. Wenn Herr Lienbacher auch sagt, der Ehrenmann werde begehren öffentlich freigesprochen zu werden, um so ganz von allem Verdacht gereinigt zu werden, so gebe ich das zu, ich frage aber, ob der Ehrenmann auch begehren wird, daß er zum zweiten Male vor Gericht gestellt werde, um sich noch einmal reinigen zu lassen. (Beifall.)

Ich wende mich nun noch gegen meinen Freund, Herrn Staatsanwalt v. Lauhn. Derselbe hat gesagt: Ja, der General-Staatsanwalt Schwarze hat immer nur die Kollegial-Strafgerichte genannt und hat ihnen alle mögliche Ehre vindizirt, aber gegen die freisprechenden Erkenntnisse der Einzelrichter will er die Berufung zulassen. Gewiß will ich das, weil die Einzelrichter eben nicht die Garantie geben können, die ein Kollegium giebt; das ist ein Satz, der durch die ganze Prozeßordnung durchgeht, daß die Entscheidung eines Kollegial-Gerichts einen höheren Werth hat, als die des Einzel-Richters.

Wenn Herr v. Lauhn ferner gesagt hat, es würden bei Durchführung meines Antrags außerordentliche Difformitäten in der Rechtsprechung herbeigeführt, weil, wenn 2 Angeklagte, die derselben That beschuldigt sind, in verschiedenen Bezirken zur Aburtheilung gebracht würden und dort verschiedene erstrichterliche Erkenntnisse über sie gefällt würden, es nicht einmal möglich wäre, diese Ungleichheit auszugleichen, so glaube ich, daß der Herr v. Lauhn zuviel beweiset und damit gar nichts. Wie denn, wenn — ich erlaube mir ein größeres Land anzuführen, z. B. Bayern — wenn die beiden Angeklagten zu verschiedenen Appell.-Gerichts-Bezirken gehören, wie soll dann die Gleichheit hergestellt werden, wenn auch diese Appell-Gerichte verschiedene Erkenntnisse fällen? Sollte übrigens ein solcher Fall einmal vorkommen, so giebt es ein viel einfacheres Remedium, als die Berufung; man trägt einfach bei dem betreffenden Obergerichte darauf an, daß eine der ersten Instanzen mit dem Auftrage versehen wird, auch über denjenigen Angeklagten abzuurtheilen, der nicht ihrer Kompetenz unterstellt ist.

Alle diese Bedenken scheinen mir übrigens darauf hinauszukommen, daß die Gerichte der ersten Instanz nicht die Garantieen bieten, die sie bieten, sollen.

Ich erlaube mir zu wiederholen, was ich vorgestern schon gesagt habe, man rüste die Gerichte erster Instanz so aus, daß sie volle Garantie bieten und volles Vertrauen verdienen, dann werden alle diese Bedenken sich erledigen, und namentlich sehe man darauf, daß die Gerichte der ersten Instanz in einer Weise besetzt werden, daß wir auch in dieser Beziehung volle Garantie finden.

Wir werden alle Schwächen der ersten Instanz nie durch Instanzen heilen können, und wenn wir zwanzig übereinander häuften. Der Schwerpunkt jeder Gerichtsverfassung wird immer in der ersten Instanz liegen und liegen müssen.

(Lebhafter Beifall.)

Erlauben Sie mir, daß ich schließe, denn ich fürchte den Respekt vor der hohen Versammlung zu verletzen, wenn ich noch einmal schon erörterte Gründe wiederholen würde. Sie haben sie gehört, meine Herren, und nun entscheiden Sie zwischen mir und meinen Gegnern.

(Lebhafter Beifall.)

Präsident: Es liegen zwei Anträge vor. Der Eine ist der der Abtheilung, den ich Ihnen schon am Anfange der Diskussion vorgelesen habe, und der zweite ist der Gegenantrag des Herrn Oberlandes-Gerichts-Raths Lienbacher, welcher dahin geht: „Der sechste Deutsche Juristentag geht über den Antrag auf Beseitigung des Berufungsrechts des Staatsanwalts gegen freisprechende Urtheile aus denselben Gründen, wie über den Antrag auf Beseitigung des Berufungsrechts überhaupt, zur Tagesordnung über."

Ich glaube, meine Herren, daß ich zuerst den positiven Antrag der Abtheilung werde zur Abstimmung zu bringen haben, und dann erst, wenn dieser abgelehnt würde, den Antrag des Herrn Lienbacher.

Wenn gegen diese Abstimmungsweise nichts erinnert wird, so frage ich den Juristentag, ob er dahin seine Rechtsüberzeugung aussprechen wolle, daß dem Staatsanwalte eine Berufung gegen ein freisprechendes Urtheil der Kollegial-Strafgerichte zum Nachtheil des Angeklagten, sei es in der Thatfrage, sei es in Bezug auf das Strafmaß nicht einzuräumen sei. Wer dagegen ist, den bitte ich seine Hand zu erheben.

(Eine Minderheit erhebt die Hände.)

Der Antrag der Abtheilung ist mit entschiedener Majorität angenommen.

Wir haben nun alle Anträge der ersten, zweiten und dritten Abtheilung erledigt. Ueber die vierte Abtheilung werden wir wohl kurz wegkommen, da ihrer Anträge nur wenige sind und sie auch nur zur Kenntnißnahme dem Plenum übergeben wurden.

Ich werde eine Pause von einer Viertelstunde machen wegen einer nothwendigen Berathung der gewählten Vertrauensmänner, erlaube mir aber Sie zu bitten, mir noch einen Augenblick Ihre Aufmerksamkeit schenken zu wollen.

Ich bekam vorhin während der Sitzung ein Telegramm, dessen Inhalt Sie gewiß Alle mit großem Bedauern vernehmen werden.

Ich bekam die Nachricht aus Leipzig — freilich nicht ganz beglaubigt, aber doch wohl unzweifelhaft — daß unser edler Nestor und Freund Mittermaier gestern Abend gestorben ist.

Im Juristentag wird darüber nur eine Stimme sein, daß wir einen um die Wissenschaft sehr verdienten, in jeder Beziehung höchst achtungswürdigen Gelehrten und Freund verloren haben.

Weihen wir ihm einen ehrenden Nachruf.

(Die Versammlung erhebt sich beistimmend.)

(Pause von 12 bis $12^1/_2$ Uhr.)

Präsident: Ich erlaube mir, meine geehrten Herren, die Sitzung wieder fortzusetzen. Wir haben noch zu erledigen die Anträge und Beschlüsse der IV. civilprozessualischen Abtheilung. Diese beschäftigen sich zunächst mit der Frage über den „Beweis im Schädenprozesse".

Ich lade Herrn Rechtsanwalt Dr. Schaffrath aus Dresden ein, darüber referiren zu wollen.

Rechtsanwalt Dr. **Schaffrath** aus Dresden: Bei der Berathung des von dem Herrn Präsidenten angegebenen Antrages des Hrn. Regierungs-Assessors Lincke in Glauchau, welcher Seite 29 der Festschrift unter Nr. 14 gedruckt vorliegt, hat die IV. Abtheilung folgenden Beschluß gefaßt:

„Der Juristentag spreche als seine Ueberzeugung aus:

sowohl bei Ermittelung der Existenz des Schadens, als bei Bestimmung der Höhe des Schadenersatzes hat der erkennende Richter bei Prüfung der von den Parteien gegebenen Unterlagen seinem freien Ermessen zu folgen."

Bekanntlich hat der deutsche Juristentag in Mainz im Jahre 1863 nach wiederholten Berathungen und Verhandlungen der zwei schon vorhergegangenen Juristentage in Dresden und Wien endlich für den ganzen Civilprozeß den allgemeinen Grundsatz ausgesprochen: der Richter habe die Wahrheit der Thatsachen, so weit sie unter den Parteien streitig ist, nach freier Ueberzeugung zu prüfen.

Es handelt sich daher in der Hauptsache nur um die spezielle Anwendung dieses allgemeinen Grundsatzes auf den Beweis von Schäden.

Und diese Anwendung hat denn die IV. Abtheilung in dem so eben Ihnen mitgetheilten Beschlusse gesucht und gefunden. Unter diesen Umständen glaube ich einer weiteren Begründung des Beschlusses der IV. Abtheilung mich enthalten zu dürfen und mir dadurch hauptsächlich Ihren Dank zu erwerben.

Präsident: Ich frage die verehrte Versammlung, ob sie damit einverstanden ist, daß dieser Beschluß der Abtheilung lediglich zur Kenntniß genommen werde? Wer dem entgegen ist, erhebe die Hand.

Da dies von keiner Seite geschieht, so gilt dieses als beschlossen.

Nun lade ich den Herrn Professor Dr. Gneist aus Berlin ein, über die Frage in Betreff der „akademischen Gerichtsbarkeit" zu berichten.

Professor Dr. **Gneist** aus Berlin: Meine Herren! Daß die Frage der akademischen Gerichtsbarkeit nach bloßen Grundsätzen zu verneinen sei, ist schon der erste Eindruck der gestellten Thesis. Die Abtheilung hat sich die Sache doch nicht zu leicht machen wollen; es wird sich empfehlen, zuweilen daran zu erinnern, daß es nicht immer genügend ist, wenn eine Versammlung von dieser Bedeutung nur über die Obersätze, über die sogenannten Prinzipienfragen entscheiden will, die häufig der sehr viel leichtere Theil der Entscheidung sind, sondern es empfiehlt sich und entspricht der Würde der Juristen, die mit der Anwendung des Rechtes befaßt sind, sich zu überzeugen, daß man mit bloßen Prinzipienfragen die Welt nicht regiert, sondern daß es bedarf einer Erwägung der Untersätze der juristischen Thätigkeit, d. h. der durchschnittlichen Zustände, der konkreten Verhältnisse, wie sie mitunter sich sträuben gegen den abstrakten Satz. Die Verhandlungen, die gedruckt werden, werden der geehrten Versammlung die Ueberzeugung gewähren, daß diesen Untersätzen ihr Recht zu Theil geworden ist. Wir haben uns überzeugt, daß sich die Hauptfrage eigentlich nicht trennen läßt von der Vorfrage, ob Ausnahmsgesetze für die Studirenden nöthig sind, und daß diese Vorfrage wesentlich in drei verschiedene Gesetzgebungsfragen zerfällt. Die erste Gesetzgebungsfrage ist: Sind für den Kredit, für die Schuldsachen der Studenten Ausnahmsgerichte und Gesetze nöthig? Diese Frage ist leichter zu erledigen, als man glaubt. Rechtlich ist für den Großjährigen gar kein Grund, ihn anders zu behandeln, als andere Großjährige, blos weil er sich den wissenschaftlichen Studien widmet; man wird ihn deshalb nicht entmündigen wollen, — und für den Minderjährigen ist kein Grund, ihn anders zu behandeln, als andere Minderjährige, weil er studirt. Er wird ungefähr eben so viel an Leichtsinn und der Möglichkeit der Verführung darbieten, als Andere, und es ist kein Grund, die **communis ratio** zu verlassen, — und andererseits wird man den minderjährigen Studenten, wie den Haussohn, aus der **versio in rem** inklusive seines Vaters haftbar ansehen müssen. Der ganze Apparat für besondere Schuldgesetze für Studenten läuft hinaus auf einen total verunglückten Versuch. Der Gesetzgeber hat sich eingebildet, man könne die Gegenstände, man könne die Summen und Fristen einer nützlichen Verwendung bestimmen; das geht nicht, weil diese immer von persönlichen Verhältnissen, von dem Vermögen, von den Gewohnheiten und Bedürfnissen eines jungen Mannes, von zahlreichen anderen Umständen abhängig sind.

Man erkennt allerseits an, diese Gesetze sind sämmtlich veraltet, sie sind nicht richtig, sie sind in der Geburt unpraktisch, sie sind eine vollständige Todtgeburt.

Diese Kreditgesetze der Studenten sind über Bord zu werfen. Es sind nur Zweckmäßigkeitsgründe, die man für die akademischen Civilgerichte geltend machen kann und geltend macht. Es ist wahr, daß der Student Gefahr läuft, durch schwere prozessualische Versäumnisse in Schaden zu kommen. Nach der Natur des Studenten, die uns gewiß lebendig in der Erinnerung ist, ist dieses allerdings nicht ohne Grund zu besorgen, und es ist deshalb wünschenswerth, daß die akademische Behörde ihm mit Mahnung und Rath zur Seite stehe und ihn gegen frivole Klagen und Uebereilung in Schutz nehme.

Meine Herren! Der Gläubiger ist meiner Erfahrung nach eben so lebhaft interessirt an der Mitwirkung der akademischen Behörde. Mir ist noch kein Gläubiger vorgekommen, der nicht gewünscht und erbeten hätte diese sachgemäße Vermittelung. Es sind sämmtliche Universitätsrichter, die sich ausgesprochen haben über die Frage, und in noch höherem Maße die großen akademischen Namen, die als Rektoren fungirt haben, einstimmig in der Anerkennung, daß es kaum eine wirksamere Stellung giebt, als dieser Eintritt der akademischen Behörde als Vermittelungsamt bei Schuldsachen der Studenten. Das vollständige Glücken des Vermittelungsversuches ist die Regel; daß durch Urtheil und Recht erkannt wird, die Ausnahme. Es giebt kaum ein zweites Beispiel in der deutschen Justiz, wo sich die Vermittelungs-Instanz so vollkommen wirksam der Regel nach dokumentirt hat. Was folgt daraus, meine Herren? Ein Ausnahmsgericht für die Schuldsachen der Studenten? Gewiß nicht. Es folgt nur daraus, was die Erfahrungen bestätigen, die einfache Wahrheit: Es handelt sich hier um eine regelmäßig wirksame Vermittelungs-Instanz, die man anerkennen und walten lassen soll, wie sie seit Menschenaltern waltet.

Der französische Prozeß macht bekanntlich das **bureau de conciliation** zur Regel im Prozeß; die gemeinrechtliche Praxis hält den Vergleichstermin partikularrechtlich für obligatorisch. Das geht als Regel zu weit.

Aber, meine Herren, hier liegt ein Fall vor, der sich nach feststehender Erfahrung durch seine Wirksamkeit, durch seine entschiedene Wirksamkeit empfiehlt; hier kann man die Maxime des Hrn. Courtin ganz sicher annehmen, nämlich: die akademischen Behörden und Korporationen zu einer obligatorischen Vermittelungs-Instanz zu machen, was sie der Sache nach seit Menschenaltern sind.

Der Antrag der Abtheilung geht daher dahin:

„Der Juristentag möge als seine Ueberzeugung aussprechen:

Die akademische Gerichtsbarkeit in Civilsachen, ebenso die Ausnahmsgesetze für die Schuldverhältnisse der Studenten sind aufzuheben; statt derselben genügt zu allen Zwecken, wenn die Gesetze über das Schiedsverfahren die akademischen Behörden als obligatorische Vermittelungs-Instanz für die Schuldverhältnisse der Studenten anerkennen."

Die zweite Gesetzgebungsfrage ist die, ob ein Universitätsgericht mit der niederen Strafjustiz, also für Polizei-Uebertretungen und gewisse Vergehen der Studenten, nothwendig und zweckmäßig wäre?

Die Vorfrage der Ausnahmsgesetze auf diesem Gebiete wird in dem uns erstatteten Gutachten bejaht. Man macht geltend die besondere Lage des deutschen Studenten, die ungebundene Freiheit, die ideale Richtung des deutschen Studententhums, und da verlangt man zuerst Ausnahmsgesetze für das Duell.

Nun, meine Herren! die Duelle der Studirenden sind Ihnen großentheils aus der Praxis bekannt, ohne daß ich gerade persönliche Bemerkungen zu machen nöthig hätte, und Niemand wird verkennen, daß das, was Herr Courtin anführt, richtig ist.

Es giebt selten Duelle solcher Art, wo man vorweg sagen kann, die ernste Absicht, an Leib und Leben zu schädigen, ist vorhanden; es wird mit strengster Beobachtung der Kampfregeln, Binden und Bandagen vorgegangen. Das sind unzweifelhaft Umstände, die der Richter berücksichtigen muß bei Abmessung einer relativ bestimmten Strafe. Es folgt daraus, daß der Gesetzgeber das Minimum der Duellstrafe so zu halten hat, daß die Strafe des Duells, des Vollzugs wie der Herausforderung, diese Milderungsgründe mit zu berücksichtigen gestattet.

Aber diese Milderungsgründe zu Ausnahmsgesetzen zu machen, bedeutet etwas Anderes. Machen Sie Ausnahmsgesetze für den Studenten und das Militär in dieser Richtung, und Sie befestigen damit den Gedanken von Standesprivilegien gegenüber der allgemeinen Rechtsordnung, der man nicht gerecht wird durch Ausnahmsgesetze. Ein Hauptnachtheil dieser Ausnahmsgesetze wäre auch der, den Verbindungen, die das ehrenhafte Bestreben verfolgen, das Duell aufzugeben, ihre Stellung zu erschweren gegenüber den anderen Verbindungen.

Sodann behauptet man noch, ein Ausnahmsgesetz für die Verbindungen der Studenten sei nöthig; — mit Verwechslung zweier total verschiedener Gesichtspunkte, die zuweilen nicht unabsichtlich vermengt werden.

Wenn es sich darum handelt, Studentenverbindungen aufzulösen, zu verbieten aus Gründen des akademischen Lebens, weil sie zu Unfleiß, Ausschweifung, Raufereien und Parteikämpfen unter den Studirenden führen, so sind dies berechtigte Gesichtspunkte, die aber nicht den Landesgesetzen und Landesgerichten angehören, sondern der akademischen Disziplin und Genossenschaftsbehörde der Universität zugehören. Soweit dagegen die Landesgesetzgebung das Vereins- und Versammlungsrecht nicht beschränkt, ist kein Grund vorhanden, den jungen wissenschaftlich gebildeten Mann anders zu behandeln, als man den jungen Handeltreibenden und Gewerbetreibenden behandelt. Es ist nicht recht, durch ein privilegium odiosum dieses Gesetz für die Studirenden anders interpretiren zu wollen, als für jeden andern jungen Mann.

Diese beiden Fragen haben, richtig behandelt, Nichts gemein. So steht es mit den übrigen Ausnahmsgesetzen. Die Ausnahmsgesetze laufen auf Nichts weiter hinaus, als darauf, der inkorrekten Gewalt wegen der akademischen Disziplin einen faschen Ausdruck zu geben.

Die Nothwendigkeit des Ausnahmsgerichts auf diesem Gebiete hat man aus Gründen behauptet, die nicht haltbar sind, nachdem in Deutschland die privilegirten Gerichtsstände überhaupt gefallen sind. Man sagte, es sei nicht billig, vor den gewöhnlichen Gerichten die Studenten nach den Landesgesetzen zu behandeln bei gewöhnlichen Exzessen; man müsse den jugendlichen Uebermuth, Leichtsinn und Verführung berücksichtigen. Ja! berücksichtigen bei Abmessung relativ bestimmter Strafen; aber diese Rücksicht wird man nicht blos nehmen bei Studenten, sondern bei jedem jugendlichen Exzeß, und umgekehrt diese Rücksicht nicht nehmen bei jedem Studenten ex officio, ohne Weiteres, sondern erst fragen nach der Tendenz, welche die Exzesse dieser jungen Herren zuweilen verfolgen. Setzt man sich darüber hinweg durch Ausnahmsgerichte und Ausnahmsgesetze, so macht man aus diesen Thatsachen einen Milderungsgrund, man macht eine praesumtio juris et de jure, und das ist nichts weiter, als ein verkapptes Standesrecht, vermöge dessen eine gewisse Klasse sich daran gewöhnt, von Jugend auf zu glauben, gewisse Gesetze leichter übertreten zu dürfen, als Andere, und dem künftigen Juristen, dem künftigen Theologen, dem künftigen Mediziner und Philologen wollen wir das am allerwenigsten durch Ausnahmsgerichte und Ausnahmsgesetze einprägen.

Sodann sagt man, es sei höchst ungerecht, diesen jungen Mann von Erziehung und Bildung um des leichtsinnigen Aktes willen auf die öffentliche Anklagebank, mit der Hefe des Volkes zusammen in Untersuchungshaft zu bringen.

Darauf läßt sich blos sagen: Diese Bedenken walten ob für alle Personen der gebildeten Stände, seien sie jung oder alt, männlichen oder weiblichen Geschlechts; das ist nicht eine spezielle Lage des Studenten, sondern höchstens ein Postulat der gebildeten Klasse, daß überhaupt Detentionsgefängnisse derart seien, daß man die Leute etwas besser behandelt, als es jetzt häufig geschieht. Aber für die Studenten einen eximirten Gerichtsstand zu schaffen, ist nicht zu rechtfertigen, ebensowenig die Idee, daß man exemte Exekutivbeamten für die Studirenden haben müsse, weil der Polizeidiener nicht wüßte, mit dem jungen Manne fertig zu werden; das verstände blos der Pedell, der sich mit dem jungen Manne angemessen herumzankt.

Nein, meine Herren! auch keine eximirten Exekutivbeamten; dagegen hat Courtin mit vollem Rechte erklärt: diese Pedelle werden in der Regel der Parteilichkeit für die Studenten beschuldigt, und es soll der Senat in der Universitätsstadt, wie die Stadt und der Staat daran denken, die Exekutivpolizeibeamten mit größerer Sorgfalt auszuwählen, damit sie mit dem Publikum umzugehen wissen, nicht blos mit Studenten, sondern sich mit Personen der gebildeten Klassen mit Anstand und Sicherheit benehmen können.

Also kein Ausnahmsgesetz, kein Ausnahmsgericht ist prinzipiell festzuhalten; die Gründe, welche gegen eximirte Gerichte sind, greifen hier durch.

Wir stellen den Antrag:

> „Die akademische Gerichtsbarkeit bezüglich der Uebertretungen der Studirenden, ebenso wie die Ausnahmsgesetze für solche, sind aufzuheben. Es bedarf solcher auch für die Duelle und Verbindungen der Studirenden nicht."

Endlich mußten wir uns sagen, mit diesen prinzipiellen Thesen sind wir nicht am Ende; es existirt ein drittes Ding, die Ordnungsgewalt der akademischen Behörde, die Disziplinargewalt. Das Dasein dieser Gewalt ist historisch; unser deutsches Universitätsleben hat eine Freiheit des Lebens, eine Wahl der Thätigkeit entwickelt, welche die Hochschulen aller anderen Länder vergeblich erstreben. Aber das wollen wir nicht verkennen, das ist nur möglich gewesen, weil die deutschen Universitäten, mit der Studentenfreiheit aufgewachsen, gleichzeitig eine genossenschaftliche Ordnungsgewalt in sich hatten. Diese Ordnungsgewalt darf man nicht aus der pädagogischen Zucht der

Schule ableiten wollen; darüber sind unsere Studenten hinaus, und als Pädagogen richten unsere Senate auch wenig aus, besonders in großen Städten. Aber es ist ein genossenschaftliches Institut, es gehört zu dieser freien Genossenschaft, die dieses Maß der Freiheit der Bewegung gibt, auch aus sich heraus ein Organ der Ordnung und Zucht zu bilden. Das ist ein Bedürfniß der besonderen Lage der Jugend, welche wir die Universitäten beziehen lassen; die Universität ist bis zu einem gewissen Maß auch den Aeltern und Vormündern verantwortlich für die anvertraute Jugend, und vor Allem ist es die entschiedenste Forderung der Würde und des Berufs der Wissenschaft, die Ehre, Ordnung und Sitte des Studentenlebens aufrecht zu erhalten. So wie in jeder ehrenhaften Genossenschaft Niemand das Recht der Theilnahme hat, als soweit er sich der Ordnung fügt, die durch den höchsten Zweck dieser Gesellschaft bestimmt ist, so verhält es sich innerhalb der Universität. Es läßt sich die Gewalt nicht entbehren, und die Erfahrung lehrt, wo diese Zucht erschlafft, daß da nicht die Freiheit eintritt, wie der jugendliche Mann glaubt, sondern an die Stelle der akademischen Zucht tritt stets die Polizeigewalt des Staates.

Das Dasein dieser Ordnungsgewalt wird selbst von den Gegnern der Universitätsgerichte als unvermeidlich angesehen, Studentenpetitionen erkennen sie an, wenn auch mit Widerwillen. Man muß sie ohne Rückhalt anerkennen, wenn man es mit der Freiheit der Studenten gut meint, und sich klar machen, daß diese Ordnungsgewalt total verschieden ist von der Kriminal-Jurisdiktion des Staates, dem Gegenstande nach, der Quelle nach, dem Strafsystem nach, dem Verfahren nach. Der öffentliche mündliche Anklageprozeß, die meisten Maximen des Kriminalprozesses haben hier keinen Gegenstand. Es handelt sich nicht um die öffentliche Handhabung der Strafgesetze, sondern um die Verfolgung eines fehlerhaften Verhaltens innerhalb der Genossenschaft, deren Verfahren, deren äußerstes Ziel blos die Ausschließung von der Genossenschaft in verschiedenen Formen ist.

Diese beiden Gebiete haben wir zu sondern, und nun kommt die Schwierigkeit zum Vorschein. Bei der Mehrzahl der Fälle, welche vor die Polizeigerichte gehören, tritt auch der disziplinare Gesichtspunkt ein, und nun entsteht die Frage: Soll der akademische Bürger zu Ehren der Wissenschaft und des Berufes regelmäßig zweimal gestraft werden? Das ist der Gesichtspunkt, welchen Courtin hervorhebt, das ist der Standpunkt der Regierung in Beibehaltung der Universitätsgerichte. Grundsätzlich zu sondern sind die beiden Gewalten; man darf die Strafgerichtsbarkeit und die Disziplinargewalt der Universitäten nicht zusammenwerfen.

Indem die deutsche Praxis sie seit 1819 zusammenwarf, entstand die Verwirrung, welche den Gegenstand der heutigen Beschwerden bildet. Der

Universitätsrichter im Eifer des Berufes übertrug die disziplinare Methode, das Verfahren auf das Gebiet, das der Student juristisch behandelt und entschieden zu sehen verlangt; man übertrug in die Gesetzgebung eine Menge von Spezialitäten, welche in die Statuten der Universität gehören; man drohte Disziplinarstrafen an, wo sie nicht hingehören; man verdrängte den Rektor, den Senat aus ihrer alten Stellung und setzte vom Staate angestellte Einzelrichter an ihre Stelle. Während man sonst gegen die Bureaukratie eiferte, schuf man sie hier; endlich übertrug man die Inquisition und Verhandlung auf Fälle, welche disziplinarisch behandelt werden müssen. Das sind die Verwirrungen, die aus dem Ineinandermengen der Gebiete entstehen. Wir halten es für unvermeidlich, dem Studenten Recht zu verschaffen; die Gebiete müssen gesondert bleiben, der Senat und die Gerichte des Staates; wir wollen vermeiden, daß der Student doppelt bestraft werde. In vielen Fällen ist die doppelte Strafe gerecht, in manchen Fällen würde sie unbillig sein, und man suchte eine Formulirung; es wurde von zwei Seiten ein Vorschlag gemacht, man solle gesetzlich nachhelfen; es wurde erinnert, daß die Staatsanwaltschaft bei der Strafverfolgung einzugreifen habe, auch bei der disziplinaren Bestrafung, wenn das öffentliche oder Privatinteresse eine schärfere Bestrafung verlange. Von anderer Seite wurde vorgeschlagen, man solle sagen, der Richter solle ermächtigt sein, bei Ausmessung der Kriminalstrafe die schon erlittene Disziplinarstrafe zu berücksichtigen.

Es hielt aber schwer, auf diesem Gebiete eine Formulirung zu finden, und der Vorschlag blieb in der Minorität mit der ausgesprochenen Ueberzeugung, die Praxis der Staatsanwaltschaft bei der Verfolgung, wie die Praxis der Gerichte werde im Ganzen gerecht verfahren, wegen desselben Vergehens nicht zweimal bestrafen und damit für den Studenten ein privilegium odiosum schaffen wollen.

Deshalb beschränkt sich die Abtheilung auf folgende zwei Sätze mit Weglassung der Kollisionsfrage, welche der Praxis überlassen bleibt:

> „Gesondert von der ordentlichen Strafgerichtsbarkeit des Staates und damit konkurrirend bedürfen die Universitäten einer eigenen Ordnung der Strafgewalt zur Aufrechthaltung der Ehre, Ordnung und Sitte des Studentenlebens. Diese Ordnungsgewalt ist durch die Gesetze zu begrenzen, durch die Universitätsstatuten zu regeln und durch den Rektor und Senat zu handhaben."

Präsident: Sie haben den Antrag der Abtheilung, welcher Ihnen blos zur Kenntnißnahme mitgetheit worden ist, gehört, und ich erlaube mir, Sie zu fragen, ob Sie damit einverstanden sind, oder ob ein Antrag auf Berathung und Beschlußfassung gestellt wird?

Da Letzteres nicht der Fall ist, so sehe ich den Gegenstand als erledigt an.

Die vierte Abtheilung hat weiter in Berathung gezogen einige Fragen über das Beweisverfahren im Civilprozeß; ich lade Herrn Advokat Ruhwandl aus München ein, darüber Bericht erstatten zu wollen.

Berichterstatter Dr. **Ruhwandl**: Sie wissen Alle, daß die Juristenwelt über ein bestimmtes Prozeßsystem noch nicht einig geworden ist. In jedem Prozeßsystem spielen gewisse Grundsätze mehr oder weniger bedeutende Rollen, und davon wurden für unsere Berathungen zunächst zwei Punkte herausgehoben, welche sich auf das Beweisverfahren und dessen Verhältniß zum übrigen Prozesse beziehen. —

Der erste davon ist ausgedrückt in der von der ständigen Deputation vorgelegten Frage:

> „Ist es für das mündliche Verfahren im Civilprozesse angemessen, daß der Beweisantritt in der ersten mündlichen Verhandlung erfolgt und daß der vorbereitende Schriftenwechsel sich auch auf die Benennung der Beweismittel über die unter den Parteien bestritten gebliebenen Thatsachen erstreckt?"

Diese Frage ist in der vierten Abtheilung eingehend behandelt und mit großer Majorität bejaht worden. Ich glaube noch erwähnen zu dürfen, daß bei dem zweiten Juristentage dieselbe Frage verneint worden war. Es hat sich aber bekanntlich inzwischen auf dem Gebiete der wissenschaftlichen Bearbeitung und vorzüglich auf dem der Bestrebungen im Gesetzgebungswerke ein Umschwung der Meinungen gebildet, und so ist auch die Majorität, welche diesen Antrag zur Annahme empfahl, eine sehr große. Die Abtheilung beschloß übrigens, diesen Ausspruch der Plenar-Versammlung lediglich zur Mittheilung zu bringen.

Die zweite, den Beweis betreffende Frage war die:

> „Soll im Civilprozesse durch die Beweisverfügung, unter der Voraussetzung, daß dieselbe für das Enderkenntniß nicht bindend ist, neben der Bezeichnung der relevanten bestrittenen Thatsachen und der Anordnung des Beweiseinzugs ausgesprochen werden, welcher Partei die Beweislast obliegt, oder soll dies auf die Endentscheidung ausgesetzt bleiben, soweit es zur Begründung derselben noch nöthig ist?"

Ueber diese Frage waren die Ansichten etwas mehr getheilt, als bezüglich der ersten, und wurden insbesondere, wenn ich nicht irre, von dem Standpunkte der rheinisch-französischen Juristen aus Einwendungen dahin geltend gemacht, daß man besser thun würde, jedenfalls die Beweislast in das Beweisdekret aufzunehmen, weil sonst das ganze Beweisverfahren in der Luft schwebe u. dgl.

Der Antrag, den ich als Referent stellte, erklärt sich für die zweite Alternative, und die Majorität trat demselben bei. Auch dieser Ausspruch soll der Versammlung nur zur Kenntnißnahme vorgelegt werden.

Nicht ganz so steht es mit dem dritten Punkte, der nicht unmittelbar das Beweisverfahren betrifft, sondern die bekannte Frage der Eventualmaxime, ausgedrückt in der Gesetzgebungsfrage:

„Soll im Civilprozeß für das Vorbringen von Thatsachen, Einreden und Beweismitteln in erster Instanz eine Präklusivfrist bestehen, und bejahendenfalls, welche?

Der als Referent bestellte Justizrath König aus Cleve war in der Versammlung nicht gegenwärtig, hatte jedoch ein umfassendes Gutachten eingesendet, welches in der Abtheilung beinahe vollständig vorgetragen wurde. — Nach ziemlich eingehender Berathung bildeten sich hauptsächlich zwei entgegenstehende Ansichten. Allenthalben ging man wohl von der Voraussetzung aus, die Eventualmaxime sei auf das Aeußerste zu beschränken, nämlich auf den Fall, wenn absolute Zweckmäßigkeit sie gebiete. — Darüber hingegen, wie weit diese Zweckmäßigkeit führe, ergaben sich zwei Ansichten, eine extreme, in dem Sinne extrem, wie sie sich formulirt in dem Antrage des Herrn Makower aus Berlin: „Im Civilprozeß soll für das Vorbringen von Thatsachen und Beweismitteln in erster Instanz eine Präklusivfrist nicht bestehen", und die des Referenten.

Der Vortrag des Herrn Justizraths König, welcher dem rheinischen Verfahren angehörig und mit demselben daher sehr vertraut ist, geht nämlich nicht so weit, sondern begehrt, daß im Prinzipe doch eine gewisse Präklusivfrist, d. h. ein Endpunkt für die Verhandlungen in Anwendung der Eventualmaxime im Prozesse nothwendig sei. Er formulirt seinen Satz folgendermaßen:

„1) Auch unter der Voraussetzung, daß die Beweisverfügung für das Enderkenntniß nicht bindend ist, muß für das Vorbringen sowohl von Einreden als von Beweismitteln, eine Präklusivfrist bestehen, jedoch mit der Maßgabe, daß später neue Einreden und Beweismittel unter der Bedingung zugelassen werden dürfen, wenn deren Berücksichtigung die Endentscheidung nicht hinausschiebt.

2) Die erwähnte Präklusivfrist läuft für die Einrede mit dem Schlusse der ersten mündlichen Verhandlung ab, für die Beweismittel mit dem ersten Beweisantretungstermine, also, falls Beweis mit Behauptungen verbunden wird, ebenfalls mit dem Schlusse der ersten mündlichen Verhandlung."

Als es nun zur Abstimmung kam über diese Frage, welche ziemlich viel Zeit in Bezug auf die Verhandlung in Anspruch genommen hatte, war die Versammlung bereits sehr gelichtet, und es ergab sich eine Majorität, aber nicht von großer Bedeutung, für den weitestgehenden Antrag, daß im Civilprozesse für das Vorbringen von Thatsachen, Einreden und Beweismitteln jede Präklusivfrist auszuschließen sei.

Die Gründe, die auf der entgegengesetzten Seite vorgebracht wurden, z. B. daß, wenn dieser weitgehende Satz angenommen werden sollte, man dazu kommen müßte, dem Richter eine ganz ungemessene Gewalt in die Hände zu geben, diese Gründe und der Umstand, daß die Majorität ganz klein war, bestimmte die Abtheilung, nicht ganz einfach sich auf Mittheilung dieses Ergebnisses zu beschränken, sondern der Plenar-Versammlung anheim zu geben, ob nicht, wenn voraussichtlich eine Berathung der Frage im Schooße derselben nicht mehr möglich sei, dieselbe doch für wichtig genug erachtet werden sollte, um sie einem weiteren Juristentage zur nochmaligen Berathung und Beschlußfassung zu überweisen.

Präsident: In Bezug auf die beiden ersten Beschlüsse der vierten Abtheilung hat dieselbe kein Bedenken, sie blos zur Kenntnißnahme mitzutheilen. Wenn die Versammlung dagegen keinen Widerspruch erhebt, so nehmen wir sie also blos zur Kenntniß.

Was den dritten Beschluß betrifft, so scheint die Abtheilung etwas in Zweifel über die Sache gewesen zu sein, jedenfalls aber glaubt sie, daß die Frage, die allerdings eine sehr wichtige ist, wohl werth sei, mit dem ganzen durch die Verhandlung gewonnenen Material dem nächsten Juristentage zur weiteren Verhandlung und Entscheidung überwiesen zu werden, da gerade bei der Wichtigkeit der Frage und bei ihrem tiefen Eingreifen in alle prozessualischen Verhältnisse es nicht zu viel sein werde, wenn auch andere Juristentage mit ihr sich beschäftigen. Ich frage Sie, ob Sie mit diesem Antrage einverstanden sind? Wenn von keiner Seite ein Widerspruch erhoben wird, so gilt der Antrag für genehmigt.

(Es erhebt sich kein Widerspruch.)

Wir kommen nun zum dritten Punkt der Tagesordnung, nämlich an die Wahl der ständigen Deputation des Juristentages.

Die Funktionen der ständigen Deputation sind von großer Bedeutung für den Juristentag. Sie hat die Angelegenheiten und Interessen des Juristentags von einer Zusammenkunft bis zur nächsten zu wahren, unter Anderem namentlich für den Druck der Protokolle und für alle unsere pecuniären Verhältnisse zu sorgen, unsere Beschlüsse auszuführen, Zeit und Ort des nächsten Juristentages zu bestimmen u. dgl. Schon deshalb darf sie nicht aus zu wenig Mitgliedern zusammengesetzt sein, und es sollen in ihr möglichst die verschiedenen Theile Deutschlands repräsentirt werden. Nach dem Statut hat sie aus 18 Mitgliedern zu bestehen, zu denen noch der Präsident des letzten Juristentages hinzukommt als Ehrenpräsident der Deputation, aber nicht als geschäftsführender Präsident, welcher Letztere aus der Mitte der Deputation gewählt wird. Nun sind es nach dem Statut zwei verschiedene Wege, die Deputation zu bestimmen. Der eine ist durch Stimmzettel eine Wahl zu treffen, so daß jedes Mitglied 18 Stimmen aufschreiben würde und später das Bureau das Resultat festzustellen hätte, was freilich sehr viel Zeit in Anspruch nehmen würde. Der andere Weg, der bisher stets beliebt worden ist, ist der durch Akklamation nach einer Liste, welche die von Ihnen gewählten Vertrauensmänner mit dem Präsidenten und den 4 Vize-Präsidenten nach reiflicher Berathung und unter Berücksichtigung aller Verhältnisse verfaßt haben. Ich habe daher zunächst die Frage an Sie zu richten, ob Sie die Abstimmung durch Stimmzettel oder die durch Akklamation vorziehen?

Wer damit einverstanden ist, daß die Abstimmung durch Akklamation vorgenommen werde, den ersuche ich, die Hand zu erheben.

(Die Majorität spricht sich für Abstimmung durch Akklamation aus.)

So lege ich Ihnen nun die von Ihren Vertrauensmännern verfaßte Liste vor, bei welcher besonders darauf Bedacht zu nehmen war, daß aus München eine verhältnißmäßig größere Zahl, als aus andern Städten berufen werde, weil der Sitz der Deputation diejenige Stadt ist, in welcher der letzte Juristentag getagt hat.

Die Vertrauensmänner haben folgende Wahl getroffen: Ministerial-Rath Dr. Kalb aus München, Staatsanwalt v. Stenglein aus München, Advokat Dr. Ruhwandl aus München, Justiz-Ministerial-Assessor Dr. Faeustle aus München, Stadtgerichtsrath Graf v. Wartensleben aus Berlin, Professor Dr. Gneist aus Berlin, Rechtsanwalt Makower aus Berlin, Justizrath Dorn aus Berlin, Obergerichtsrath Dr. Plank aus Meppen, Präsident Freiherr von Rizy aus Wien, Oberlandesgerichtsrath Dr. Keller aus Wien, Dr. Berger aus Wien; da Letzterer mit seiner Gesundheit zu kämpfen hat und lediglich aus diesem Grunde diesmal nicht am Juristentag Theil nahm, so ist es nicht gewiß, ob er die Berufung in die Deputation annehmen wird; deshalb wurde beschlossen, Ihnen vorzuschlagen, daß für den Fall seiner Ablehnung wir ihm den Professor Dr. Glaser aus Wien substituiren; Ober-Handelsgerichs-Direktor Freiherr v. Sternenfels aus Stuttgart; General-Staatsanwalt Dr. Schwarze aus Dresden, Kreisgerichts-Direktor v. Stößer aus Lörrach, Geheimer Justizrath Professor Dr. Ihering aus Gießen, Ober-Appellations-Gerichtsrath Freiherr v. Groß aus Jena, Ober-Appellations-Gerichtsrath Becker aus Oldenburg.

Sie sehen, daß wir aus den verschiedensten Gauen die Wahl getroffen haben; leider aber konnten wir nicht alle Deutsche Stämme repräsentiren, weil wir an die Schranke von 18 Personen gebunden sind. Wir würden gerne aus Braunschweig, aus Mecklenburg, den 3 Hansestädten Mitglieder gewählt haben, aber bei den andern Rücksichten, die wir nothgedrungen nehmen mußten, war es uns unmöglich.

Ich erlaube mir die hohe Versammlung zu fragen, ob sie diese Liste genehmigt?

(Die Versammlung genehmigt die Liste durch Akklamation.)

Ich ersuche nun die gewählte Deputation gleich nach der Sitzung im Präsidial-Zimmer mit mir zu einer kurzen Berathung zusammen zu treten.

Es ist damit die Tagesordnung erschöpft; aber es sind noch einige einzelne Punkte außer der Tagesordnung zu erledigen.

Es wurde mir vorhin von Herrn Assessor **Ulrichs** aus Burgsdorf in Hannover der Wunsch vorgetragen, eine motivirte Rechtsverwahrung gegen die Ausschließung eines gestellten Antrags vor der Versammlung zu verlesen und auf den Tisch niederzulegen. Ich kenne den Inhalt der Verwahrung nicht näher, aber es scheint ihr eine Beschwerde gegen die ständige Deputation zu unterliegen. Meines Erachtens, haben die Mitglieder der Deputation das größte Interesse, daß eine solche Beschwerde nicht unterdrückt, sondern an die Oeffentlichkeit gebracht werde, um die nöthige Aufklärung geben zu können; ich frage daher die Versammlung, ob sie dem Herrn **Ulrichs** das Wort geben will?

(Die Versammlung giebt ihre Zustimmung zu erkennen.)

(Herr **Ulrichs** fängt die Reklamation zu verlesen an, wird aber bald durch Rufe nach Schluß wiederholt unterbrochen; zuletzt giebt der Präsident dem General-Staatsanwalt Dr. **Schwarze** das Wort zur Aufklärung des Sachverhalts.)

General-Staatsanwalt Dr. **Schwarze**: Meine Herren! Der Antrag, den Herr **Ulrichs** bei der ständigen Deputation eingereicht hat, ist allerdings von der ständigen Deputation unterdrückt worden, aber deshalb, weil die Deputation der Ueberzeugung war, daß dieser Antrag, wenn er hier nur zur Verlesung kommen würde, die tiefste Indignation bei allen Anwesenden erregen müßte, weil er im schroffsten Widerspruch nicht blos mit der positiven Gesetzgebung, sondern auch mit dem natürlichen Schamgefühl des Menschen steht. Deshalb hat die Deputation geglaubt, in ihrem Rechte zu sein, den Antrag zu unterdrücken, der nicht eine juristische Seite, sondern eine soziale, oder wenn ich lateinisch reden soll, eine **sexuelle** hat. Sie werden zugeben, daß der Juristentag weder seiner Natur, noch seiner Aufgabe nach dazu berufen ist, dergleichen Fragen zu erledigen. Wir glaubten vielmehr uns der schwersten Verantwortung auszusetzen, wenn wir dem Antrag die leiseste Folge hätten geben wollen.

(Beifall von allen Seiten.)

Präsident: Damit ist diese Sache erledigt.

Ich habe noch über einige Einsendungen und Einladungen Ihnen Mittheilungen zu machen.

(Dies geschieht.)

Ich habe endlich noch in den Gesammt-Angelegenheiten des Juristentags einen umfassenden Dank auszusprechen. Ich glaube hier, meine Herren, in Ihrem Namen sprechen zu dürfen, und bin gewiß, in Ihrem Sinne zu sprechen, wenn ich den herzlichsten und wärmsten Dank hier öffentlich ausspreche für das allseitige Entgegenkommen, das wir in unserem Streben in München gefunden haben, von der Spitze durch alle Schichten durch, wenn ich den ehrfurchtvollsten Dank ausspreche dem verehrten Könige, der dieses schöne Land regiert, für die gütige Aufnahme unseres Wunsches, hier zu tagen, und für die gnädigste Förderung unserer Zwecke, den lebhaftesten Dank ausspreche dem Königlichen Prinzen, der persönlichen Antheil genommen hat an unserem Juristentage und durch Seinen Eintritt in unseren Verein die schönste und uns überaus wichtige Anerkennung unserer Zwecke öffentlich ausgesprochen hat, und der durch die That an der Universität München bewiesen hat und beweist, wie sehr er die Wissenschaft hochhält, und wie sehr er von der Wahrheit des Satzes durchdrungen ist, daß Wissen Macht ist, (Bravo!) den wärmsten Dank der Staatsregirung, die über dieses Land wacht, und allen Behörden in München, die auf die freundlichste Weise uns entgegengekommen sind, und insbesondere dem Rathe der Stadt München, der Stadt, die für Deutsche Kunst und Wissenschaft eine wahre unschätzbare Perle ist, und zugleich ein Sitz der Alles ausgleichenden und versöhnenden Süddeutschen Gemüthlichkeit, den herzlichsten Dank den Münchnern Kommissionen, und namentlich dem Lokal-Komité und ihrem verehrten Vorstande, die mit der größten Aufopferung sich hingegeben haben, um unser Hiersein in jeder Beziehung ersprießlich zu machen und uns die freundlichsten Rückerinnerungen an unser Zusammensein in München mitnehmen zu lassen.

Endlich aber, meine Herren, habe ich noch für meine Person einen besondern Dank Ihnen Allen darzubringen für das große Vertrauen, mit dem Sie in diesen Tagen an mir festgehalten haben, für die Unterstützung, die Sie mir gewährten, und für die Haltung, durch die Sie allein es möglich gemacht haben, daß unser Zusammensein und Zusammenwirken auf eine so ersprießliche und ungetrübte Weise sich gestalteten.

Darf ich noch mit ein paar Worten einen Rückblick werfen auf den diesmaligen Juristentag, so glaube ich, ohne anmaßend zu sein, sagen zu dürfen, daß der diesmalige Juristentag mit Befriedigung auf die Tage, die er hier zugebracht, und auf das, was er in denselben gethan hat und zu leisten suchte, zurückblicken kann.

In den Abtheilungen wurde auf das Fleißigste gearbeitet und in langen Sitzungen mit der größten Unverdrossenheit ein schätzbares Material bereitet, das nicht blos als sogenanntes schätzbares Material in den Archiven vergraben sein soll, sondern für das die Zeit kommen wird, wo es seine Früchte trägt; im persönlichen Verkehr fanden wir das freundlichste und gemüthlichste Zusammensein und die Ausgleichung der verschiedensten Ansichten; im Ganzen, dort wie hier, ein einmüthiges durch keinen Mißton gestörtes Zusammenwirken. Und so glaube ich, meine Herren, sagen zu können, der sechste Juristentag hat gezeigt, wie Hunderte Deutscher Juristen aus allen Gauen ihres Vaterlandes unbeirrt durch die Ereignisse der letzten Zeit in dem einmüthigen Streben nach dem Wohle des gesammten Deutschen Vaterlandes sich einträchtig die Hände reichen und in ihrer Eintracht trotz der Verschiedenheit der Ansichten und Ueberzeugungen ein, ich darf es wohl sagen, leuchtendes Beispiel gaben, wie der Deutsche für die Interessen der ganzen Deutschen Nation zu wirken suchen soll.

Halten wir fest an unserer Verbindung und an dem Geiste, der in unserm Zusammensein und unseren Verhandlungen stets geherrscht hat.

Lassen Sie uns den sechsten Juristentag schließen mit dem innigen Wunsche für das Wohl unseres gesammten Vaterlandes und mit dem zuversichtlichen Vertrauen, daß jeder Deutsche, wo es gilt, bereit sein wird, mit allen seinen Kräften einzustehen für das, was Deutsches Recht und Deutsche Ehre verlangt. (Bravo.)

Ober-Appellations-Gerichts-Direktor **v. Molitor**: Ich drücke die Ueberzeugung von Ihnen Allen aus, indem ich unserem verehrten Herrn Präsidenten unseren Dank ausspreche für die treffliche ausgezeichnete Leitung unserer Verhandlungen. Er hat auch an diesem Juristentage seine ganz besondere Begabung für dieses mitunter schwierige Geschäft, ich möchte sagen, den angebornen Beruf dazu bewiesen und uns zum tiefften innersten Dank verpflichtet. Sprechen wir diese Anerkennung und diesen warmen Dank aus in einem schallenden Hoch auf unsern verehrten Herrn Präsidenten.

(Die Versammlung erhebt sich zu einem dreifachen stürmischen Hoch.)
(Schluß des sechsten Juristentags.)

Berichtigungen zum ersten Bande der Verhandlungen
des VI. Deutschen Juristentages.

Erste Lieferung. S. 13 Z. 2 l. deren statt dessen.
Seite 22 Z. 14 ob. Das „nicht" zu streichen.
„ 31 letztes Wort der Note l. Verfahrens st. Verstoßes.
„ 46 Z. 16 v. u. l. für „die" der Gemeindebeamten.
„ 62 Z. 17 nach „Strafvollstreckung" einzuschalten: nicht.
„ 108 Z. 5 l. Beweiswürdigung st. Beweisführung.
ibid: l. Berufungs- st. Berufs.
„ 109 Z. 10. Nach „Jener" einzuschalten: allein.
„ 110 Z. 1 l. Diese st. die.
„ 114 Note 14, Z. 5 l. Parteien st. Partei.
„ 115 Note 16, Z. 1 nach „postulirt" einzuschalten: dasselbe.
„ 123 Z. 12 und 13 der Schlußpunkt Z. 12 zu deliren und Z. 13 zu setzen bei st. „Bei."
„ 125 Note 29 Z. 2 l. er st. es.
„ 131 Z. 13 l. hiergegen st. hingegen.
„ 144 Z. 18 l. gemeinrechtliche st. gemeinschaftliche.
„ 151 Z. 21 l. nicht übersieht st. übersieht.
„ 162 letzte Zeile l. verwirft st. vorwirft.
„ 213 Z. 18 v. u. l. Beweisführung st. Beweisanführung.
„ 237 letzte Zeile l. Hunderte st. Hunderten.
„ 398 Z. 18 l. letzterer st. ersterer. Z. 19 l. ersterer st. letzterer.
„ 414 Z. 18 l. verpönten st. vergönnten.

Druck von G. Jansen in Berlin.

www.ingramcontent.com/pod-product-compliance
Lightning Source LLC
LaVergne TN
LVHW091040021026
849161LV00002BA/221
* 9 7 8 3 1 1 2 4 0 5 1 9 2 *